Do Roraima ao Orinoco

Volume I

FUNDAÇÃO EDITORA DA UNESP

Presidente do Conselho Curador
Mário Sérgio Vasconcelos

Diretor-Presidente | *Publisher*
Jézio Hernani Bomfim Gutierre

Superintendente Administrativo e Financeiro
William de Souza Agostinho

Conselho Editorial Acadêmico
Divino José da Silva
Luís Antônio Francisco de Souza
Marcelo dos Santos Pereira
Patricia Porchat Pereira da Silva Knudsen
Paulo Celso Moura
Ricardo D'Elia Matheus
Sandra Aparecida Ferreira
Tatiana Noronha de Souza
Trajano Sardenberg
Valéria dos Santos Guimarães

Editores-Adjuntos
Anderson Nobara
Leandro Rodrigues

GOVERNO DO ESTADO DO AMAZONAS

Wilson Miranda Lima
Governador

Universidade do Estado do Amazonas

André Luiz Nunes Zogahib
Reitor

Kátia do Nascimento Couceiro
Vice-Reitora

editoraUEA

Isolda Prado de Negreiros Nogueira Horstmann
Diretora

Maria do Perpetuo Socorro Monteiro de Freitas
Secretária Executiva

Sindia Siqueira
Editora Executiva

Samara Nina
Produtora Editorial

Isolda Prado de Negreiros Nogueira Horstmann (Presidente)
Allison Marcos Leão da Silva
Almir Cunha da Graça Neto
Erivaldo Cavalcanti e Silva Filho
Jair Max Furtunato Maia
Jucimar Maia da Silva Júnior
Manoel Luiz Neto
Mário Marques Trilha Neto
Silvia Regina Sampaio Freitas
Conselho Editorial

Theodor Koch-Grünberg

DO RORAIMA AO ORINOCO

Resultados de uma viagem no Norte do Brasil e na Venezuela nos anos de 1911 a 1913

Volume I
Descrição da viagem

2ª edição

Tradução
CRISTINA ALBERTS-FRANCO

Título original: *Vom Roroima zum Orinoco: Ergebnisse einer Reise in Nordbrasilien und Venezuela in den Jahren 1911-1913.* Erster Band: Schilderung der Reise

© 2022 Editora Unesp

Direitos de publicação reservados à:
Fundação Editora da Unesp (FEU)
Praça da Sé, 108
01001-900 – São Paulo – SP
Tel.: (0xx11) 3242-7171
Fax: (0xx11) 3242-7172
www.editoraunesp.com.br
www.livrariaunesp.com.br
atendimento.editora@unesp.br

© das imagens:
Nachlass Theodor Koch-Grünberg, Völkerkundliche Sammlung der Philipps-Universität Marburg

Dados Internacionais de Catalogação na Publicação (CIP) de acordo com ISBD
Elaborado por Odilio Hilario Moreira Junior – CRB-8/9949

K76d

Koch-Grünberg, Theodor
    Do Roraima ao Orinoco: Resultados de uma viagem no Norte do Brasil e na Venezuela nos anos de 1911 a 1913 – Volume I: Descrição da viagem / Theodor Koch-Grünberg; traduzido por Cristina Alberts-Franco. – 2. ed. – São Paulo: Editora Unesp, Editora UEA, 2022.

    Tradução de *Vom Roroima zum Orinoco: Ergebnisse einer Reise in Nordbrasilien und Venezuela in den Jahren 1911-1913.* Erster Band: Schilderung der Reise
    Inclui bibliografia.
    ISBN: 978-65-5711-119-2 (Editora Unesp)
    ISBN: 978-65-80033-82-9 (Editora UEA)

    1. Relato de viagens. 2. Descrições e viagens. 3. Antropologia. I. Alberts-Franco, Cristina. II. Título.

2022-638   CDD 910.4
                                                                                                                                             CDU 913

Editora afiliada:

Asociación de Editoriales Universitarias
de América Latina y el Caribe

Associação Brasileira de
Editoras Universitárias

Este livro é dedicado a

ERLAND NORDENSKIÖLD,

amigo dos índios.

NOTA DOS EDITORES

Procurando equilibrar a viabilidade do projeto editorial e o maiúsculo interesse científico da obra, a Editora Unesp traz ao público brasileiro a integralidade dos três primeiros volumes de *Do Roraima ao Orinoco*, por serem aqueles que constituem a espinha dorsal do trabalho de Theodor Koch-Grünberg.

SUMÁRIO

	Apresentação – José Mindlin	9
	Introdução – Nádia Farage e Paulo Santilli	11
	Nota da tradutora – Cristina Alberts-Franco	21
	Prefácio – Theodor Koch-Grünberg	27
1	Pelos rios Negro e Branco	29
2	Em São Marcos	41
3	As savanas de Chiquiba e as primeiras serras	45
4	Com o chefe Pitá em Koimélemong	53
5	De volta a São Marcos	83
6	De novo em Koimélemong	91
7	Rumo ao Roraima	97
8	Entre os Taulipáng do Roraima	111
9	*Dreizehnlinden* no alto Surumu	129
10	Os últimos dias em Koimélemong e São Marcos	137
11	Rumo ao Oeste	151
12	No emaranhado de ilhas de Maracá	183
13	Na terra dos bravos Waíka	195
14	Acampamento Paciência	211
15	Rumo ao Merewari, pelo divisor de águas	221
16	No ninho de febre Motokurúnya	235
17	Rumo ao Ventuari	259
18	Estação de chuvas	273
19	Entre os Majonggóng	299
20	Antonio Yaracúne	311
21	De volta	317
22	Por novos caminhos em direção ao Orinoco	335
	Final	365

APRESENTAÇÃO

José Mindlin

Desde que me conheço por gente, ouço falar da dívida brasileira, tanto externa quanto interna, mas sempre no campo financeiro. Pelo jeito isto ainda vai continuar pelos tempos afora. Existem, entretanto, outras dívidas, e este livro representa o resgate de uma delas.

Refiro-me àquela que o Brasil tinha, desde 1924, com Theodor Koch-Grünberg, por não haver traduzido sua obra magistral sobre as tribos indígenas do norte do Brasil. Felizmente a Editora Unesp teve a iniciativa de editar o texto integral de *Do Roraima ao Orinoco*, do qual estão sendo publicados os três primeiros volumes. Trata-se de obra fundamental do grande antropólogo alemão, que dedicou sua vida fazendo expedições no norte do Amazonas, entre a Venezuela e a Guiana Inglesa, enfrentando inúmeros sacrifícios que culminaram com sua morte por malária.

Theodor Koch-Grünberg teve contato pessoal com numerosas tribos, algumas das quais até então inteiramente desconhecidas, estudou várias de suas línguas e com sua obra permitiu um conhecimento da maior importância sobre as tribos em apreço. Sua principal expedição deu-se de 1911 a 1913 e constitui o objeto da obra editada pela Editora Unesp, ora apresentada ao público brasileiro, com tradução de Cristina Alberts-Franco.

Com esta publicação presta-se um grande serviço aos estudos antropológicos brasileiros, pois a obra de Koch-Grünberg ainda hoje é considerada de importância fundamental. Um especialista no assunto, o antropólogo Erwin H. Frank, professor da Universidade Federal de Roraima, em alentado estudo sobre a "construção da paisagem étnica roraimense" de 1750 aos nossos dias, afirma: "O autor que, sem dúvida, mais do que qualquer outro, contribuiu para a formação do quadro étnico ortodoxo na atual Roraima ... foi Theodor Koch-Grünberg, antropólogo alemão que faleceu em Vista Alegre".

Embora Erwin H. Frank conteste algumas das afirmações de Koch-Grünberg, isso não diminui a admiração que professa por ele, independentemente de suas divergências, inevitáveis quando um especialista opina sobre a obra de outro, prática essa que faz parte da natureza humana, mas que, não creio, altere o alto conceito que o trabalho de Koch-Grünberg desperta no mundo acadêmico. Cabe notar que, no período de quase um século decorrido entre a obra de

Koch-Grünberg e o ensaio de Frank, o conhecimento sobre as populações indígenas no Brasil progrediu consideravelmente, razão pela qual, provavelmente, a publicação de sua obra em português provocará outros debates, o que me parece perfeitamente natural e saudável.

O fato é que muitos antropólogos brasileiros que não conhecem o idioma alemão terão, pela primeira vez, acesso a esta obra que vem provocando, há quase um século, a admiração dos especialistas.

Merecem louvor especial a Editora Unesp, por ter decidido a publicação, e a tradutora Cristina Alberts-Franco, sem cujo empenho a obra de Koch-Grünberg ainda poderia ficar por muito tempo fora do alcance dos estudiosos brasileiros.

INTRODUÇÃO

Nádia Farage

Paulo Santilli

Decorrido um século da publicação alemã original, *Do Roraima ao Orinoco: Resultados de uma viagem no Norte do Brasil e na Venezuela nos anos de 1911 a 1913*, obra-prima do etnólogo alemão Theodor Koch-Grünberg, é, finalmente, editada no Brasil. A presente edição vem, assim, reparar uma grave lacuna editorial, trazendo ao público brasileiro mais amplo a etnografia poderosa que nos legou o autor acerca dos povos indígenas de língua Karib — que, hoje, conhecemos por Pemon —, nos campos e serras do rio Branco, que percorreu entre os anos de 1911 e 1913.

Apresentar *Do Roraima ao Orinoco* requer, preliminarmente, reconhecer sua importância para a etnologia norte-amazônica — de valor comparável àquele que se reconhece — e para a etnologia brasileira em seu conjunto.

Obra de referência para o circuito especializado — desde sua edição alemã no começo do século XX (1916-1928) até, mais tarde, em sua versão em espanhol, editada na Venezuela (1979-1982) —, seu impacto se fez sentir também na literatura sul-americana: como é sobejamente conhecido, o *corpus* mitológico dos povos circum-Roraima, transcrito por Koch-Grünberg, foi a leitura que, essencialmente, inspirou Mário de Andrade na composição de *Macunaíma*, marco modernista que transformou temas Karib em temas nacionais, ficcionalizando, para perplexidade e deleite de um público urbano, um *trickster* azarado e, ao mesmo tempo, malicioso em luta contra o capitalismo canibal. De tal inspiração trata grande parte da crítica literária que se debruçou sobre *Macunaíma*. De forma um tanto menos evidente, sem seguir em detalhe temas mitológicos, Alejo Carpentier viria, mais recentemente, a utilizar a etnografia de Koch-Grünberg para compor o romance *Os passos perdidos* (1985).

No campo da literatura etnográfica, a obra do viajante etnólogo não teve fortuna crítica equivalente, por motivos que exploraremos adiante. A edição alemã da obra foi divulgada no Brasil por Egon Schaden (1953) e Herbert Baldus (1953), que se encarregou de publicá-la parcialmente na *Revista do Museu Paulista*. Além dessas publicações, a edição venezuelana, em três volumes, entre 1979 e 1981, facilitou o acesso de pesquisadores brasileiros à etnografia.

Esta obra extensa e de fôlego surpreendente, o autor define, com modéstia, como "observações de viagem". São dados registrados com minúcia quase obsessiva, como se tivesse a ambição de captar o movimento da vida, a cor dos dias e das estações. Por isso, queixa-se até mesmo de seus filmes fotográficos, em preto e branco: "Toda vez, lamento não poder fixar essa sinfonia: de cores. Como a fotografia é insuficiente!". Sua escrita, entretanto, nada fica a dever às imagens; além de detalhista, é forte e envolvente. Por meio dela, vemo-nos em um batelão, discutindo os planos de viagem do etnógrafo; vemo-nos, ainda, em uma sala de baile na Boa Vista de ontem, homens e mulheres engalanados, cuja dança fazia subir, em nuvens, a poeira do chão de terra batida; por meio dela, afinal, assistimos às danças *parishera* e *tukui,* contra o fundo de rocha nua da cordilheira da Pacaraima; adentramos, a medo, a floresta, e ultrapassamos perigosas cachoeiras, enquanto o autor, equilibrando-se fleumaticamente na ponta da canoa, anota mitos ou faz croquis das curvas sinuosas do rio.

Podemos concordar com a definição dada pelo autor às suas "observações de viagem" apenas em um sentido bastante restrito, uma vez que, em teoria e método, seu trabalho constitui um momento de transição entre o relato de viagem e a etnografia, tal como o gênero viria a se consolidar no século XX. Em outros termos, Koch-Grünberg é um viajante, talvez, no despontar do século XX, o último viajante naturalista de uma tradição oitocentista na Amazônia que, além de etnógrafo e filólogo, traz ainda em sua bagagem o telescópio, o barômetro e o teodolito, com vistas a uma história natural. O povoamento humano da região, sua origem e diversidade, não deixam de ser vistos sob o ângulo de tal história.

Do Roraima ao Orinoco é, sem sombra de dúvida, a obra da maturidade do autor.

Até realizar a expedição etnográfica que lhe dá origem, entre os anos de 1911 e 1913 — que percorreu milhares de quilômetros, desde a bacia do rio Branco, visando a alcançar as nascentes do rio Orinoco —, patrocinada pelo Baessler-Institut de Berlim, Koch-Grünberg já havia acumulado extenso conhecimento bibliográfico sobre as populações indígenas sul-americanas, bem como considerável experiência de campo. Ainda na casa dos vinte anos, participou da segunda expedição de Hermann Meyer ao Brasil central (de 1898 a 1900), destinada à exploração do rio Ronuro, tributário do alto Xingu. Muito provavelmente, aquele foi o momento decisivo a pautar sua carreira subsequente, inteiramente devotada ao americanismo.

No período que se seguiria, Koch-Grünberg viria a defender seu doutorado sobre os Kadiweo, além de publicar vários artigos sobre povos sul-americanos, baseados em pesquisa bibliográfica (veja-se o prefácio de Baldus à edição de 1953). Em 1901, foi convidado por Bastian para trabalhar no Museu Etnográfico de Berlim; sua vida profissional seguiria ligada aos museus alemães, havendo, por fim, ocupado o cargo de diretor do Museu Etnológico de Stuttgart, que deixou por ocasião de sua última aventura amazônica. Entre 1903 e 1905, realizava uma expedição, com duração de dois anos, entre os povos indígenas no alto rio Negro; os resultados de tais pesquisas foram divulgados em diversos artigos e em uma monografia.[1]

Em face dessa trajetória, podemos supor que a escolha da região do Branco-Orinoco tenha sido estratégica: seu interesse de pesquisa parece ter recaído sobre os povos Karib e Arawak no norte amazônico porque constituíam, à época, terra incógnita linguística e etnologicamente, muito mais do que os campos e a cordilheira que habitavam o eram em termos geográficos. O mapeamento das famílias linguísticas Arawak — este, iniciado no rio Negro — e Karib é o móvel da investigação, a que todos os outros aspectos se subordinam.

---

[1] *Dois anos entre os indígenas: viagens no noroeste do Brasil* (1903/1905), publicada pela Fundação Universidade do Amazonas (2005), em comemoração ao centenário da viagem.

Com efeito, até aquele início do século XIX, a extensão da tríplice fronteira Brasil-Venezuela--Guiana Inglesa havia sido visitada por alguns naturalistas e, amiúde, por funcionários governamentais, em particular por expedições voltadas à arbitragem de fronteiras. Nesta última linha, insere-se a expedição dos irmãos Schomburgk (1903; 1922-1923), que, realizada na década de 1830, dá início ao litígio fronteiriço entre Brasil e Inglaterra, o qual também notabilizou-se pelos dados etnográficos e linguísticos coletados, além daqueles relativos à história natural. Como se verá, tanto no diário de viagem (v.I) quanto na compilação etnográfica constante no v.III, Koch-Grünberg recorre, muitas vezes, ao relato dos Schomburgk, bem como ao do naturalista francês Coudreau.

A viagem dos anos 1911-1913 não chegou a seu objetivo final, as nascentes do rio Orinoco; para consegui-lo, Koch-Grünberg já previa que seriam necessários maiores recursos e equipe mais estável do que os guias e remeiros índios obtidos a custo em seu trajeto. A oportunidade veio anos depois, na década de 1920, quando se engajou na equipe formada pelo norte-americano Hamilton Rice. No início dessa expedição viria a falecer, vítima de malária, em outubro de 1924, no povoado de Vista Alegre, no médio rio Branco, aos 52 anos. A expedição de Rice se realizou e alcançou as nascentes do Orinoco; seus resultados, centrados na geografia física, demonstram o quanto, certamente, padeceu da falta do etnógrafo (Rice, 1978).

Mas voltemos à viagem de Koch-Grünberg, pois sua definição nos interessa de perto: em dois anos de exploração de uma região até hoje de difícil acesso, a pé ou em canoas, que tinham de ser arrastadas nas muitas cachoeiras daquela área montanhosa, o etnógrafo fez um registro impressionante e minucioso da socialidade Pemon. O registro dos dados etnográficos — em que sobressaem os mitos —, é feito em meio a outros registros e, como aludimos anteriormente, não obedece àquilo que, pouco depois, se consagraria como método antropológico: em vez de deixar-se levar pelo ritmo da vida indígena, é Koch-Grünberg quem, com sucesso ou não, mobiliza as pessoas, às vezes a aldeia inteira, e as traz para sua própria aventura. Com efeito, é no ritmo da viagem, ora lento — em longos dias de espera em aldeias ou acampamentos improvisados —, ora frenético — ao escalar montanhas ou seguir o curso dos rios —, é no campo da comunicação que ela, a seu modo, também implica, que Koch-Grünberg estabelece seu convívio com os povos indígenas da região circum-Roraima e apreende sua língua e seu pensamento.

A etnografia que daí resulta é, decerto, igualmente estranha ao padrão contemporâneo, que se haveria de instituir após Malinowski:[2] organizada em tópicos, busca ser abrangente, mas não se determina por um foco temático, que a fizesse sistemática e totalizadora, como se vê no v.III. O inventário das línguas Karib e Arawak, como se nota em seu diário, é um alvo importante do etnógrafo e responde a um esforço de classificação, cuja genealogia remonta aos estudos de Von Martius, com que Koch-Grünberg se familiarizara desde os anos de formação. Lemos em seu diário:

> Naquela época em Tübingen, em vez de estudar filologia clássica, que era o que deveria estar fazendo, eu escrevia com cuidado, em cadernos separados, as línguas indígenas que Martius coligiu antigamente, orde-

---

[2] Veja-se o comentário de Viveiros de Castro (1987) sobre o caso análogo da etnografia produzida, no mesmo período, por Nimuendaju.

nadas segundo as famílias linguísticas; agora eu mesmo estou sentado aqui entre os índios e me torturo dia após dia com os intrincados sons do Macuschí e do Wapischána.

Um resultado correlato à investigação linguística é o *corpus* mitológico que reúne, cujas traduções interlineares e livres cumprem, e mesmo ultrapassam, as exigências contemporâneas.

Se comentamos o método, uma palavra deve ser dita, ainda, sobre as opções teóricas do autor, em face da antropologia que, naqueles anos, se praticava na Alemanha.

Como bem aponta Taylor (1984), o campo antropológico alemão, entre fins do século XIX e início do XX, foi aquele que dedicou atenção às sociedades sul-americanas, área abandonada pela antropologia francesa e pela inglesa, que então se voltavam à Oceania e à África. Tal interesse intelectual alemão pelas terras baixas sul-americanas, segundo a autora, deveu-se, de um lado, à proeminência dos naturalistas na configuração acadêmica das ciências humanas e naturais na Alemanha; e, de outro — o que é mais importante —, ao baixo impacto da expansão imperialista alemã que, somado à influência tardia do iluminismo no país recém-unificado, fez que a representação do exótico se constituísse, exponencialmente, na imagem setecentista do selvagem sul-americano. O americanismo dos anos 20-30 do século XX, afirma Taylor, foi, assim, notadamente, fruto do pensamento intelectual alemão — Koch-Grünberg, Nimuendaju e padre W. Schmidt, entre outros —, marcado por interrogações de cunho evolucionista e difusionista. Koch-Grünberg permaneceu preso a tais preocupações teóricas que, como se sabe, logo tornar-se-iam anacrônicas diante da antropologia que nascia na França, na Inglaterra e nos Estados Unidos no mesmo período.

O evolucionismo — são tantos os autores a afirmá-lo — facultou o surgimento do campo disciplinar da antropologia sobretudo porque, ao postular uma história una, postulava, igualmente, a unidade de um sujeito da história, a humanidade. Porém, apesar da aparente continuidade, foi necessário conceituar o passado como alteridade: à medida que se tornou estranho, outro, em relação ao universo burguês, foi possível perscrutá-lo, tanto nas fontes escritas quanto em seus testemunhos vivos, fossem eles camponeses europeus ou sociedades aborígenes (Burke, 1989). Este foi o passo decisivo que liberou a investigação sobre origens, cujo desvendamento se revestiu, nas ciências humanas modernas, de tão alto e solene valor científico (Foucault, 1981; Rago, 2004).

A origem é pergunta basal da investigação de Koch-Grünberg, origem das populações humanas na região, acerca da qual, supunha, podiam contar os percursos de palavras e objetos.

Tratava-se de uma história humana, Koch-Grünberg disso não duvidava: estava diante de "representantes de eras primitivas", eles próprios escalonados em diferentes graus de civilização. Assim é que, em várias passagens de seu diário, escandalizado com o que vê, anota suas saudades dos povos mais civilizados do Uaupés.

Na busca pela origem, ganham inteligibilidade as hipóteses que subscreve quanto à difusão das línguas Karib e Arawak no continente: generalizadas à época, supunham, para um passado nem tão remoto, a ocupação da costa guianense por levas migratórias Karib, vindas das ilhas. Koch-Grünberg projeta, assim, um quadro em que os Arawak teriam constituído uma civilização mais antiga e refinada na costa, invadida pelos Karib que, dominadores, porém culturalmente inferiores, teriam assimilado seus bens culturais. Tais hipóteses foram contraditadas pela pesquisa linguística e histórica ulterior, que, baseada em fontes escritas, demonstrou que os assim chamados Karib insulares eram falantes de língua Arawak.

No que se refere aos objetos, parecem cumprir, do ponto de vista evolucionista, duplo objetivo: de um lado, podem, comparativamente, atestar o passado; de outro, representam um momento, a existência — que o autor supunha precária e evanescente — daqueles povos, de onde deriva o sentido primeiro da coleção. Koch-Grünberg não escapa do que Taylor chamou de paixão museográfica, cuja voracidade o faz adentrar casas alheias apontando seus objetos de desejo para trocar por apitos e demais quinquilharias europeias. Afinal, devia formar a coleção para o Instituto Baessler, patrocinador da viagem.

No quadro global do evolucionismo que pauta a obra, merece ainda comentário a noção de cultura e/ou civilização de que se vale a reflexão de Koch-Grünberg.

À primeira vista, o uso da noção de cultura parece próximo àquele que lhe conferiria a antropologia boasiana: tradição, conjunto de usos, crenças e costumes, suscetível à entropia no tempo e no espaço das relações sociais configuradas na colonização. Ilustra-a a seguinte passagem:

> Na margem esquerda há algumas cabanas de índios Wapischána semicivilizados. São empregados das fazendas de gado que encontraremos de agora em diante. Maldições em português, farrapos europeus, avidez por aguardente, essa é toda sua civilização!

Por esse viés, Koch-Grünberg registra, com enfado, a realidade do Aleluia, movimento religioso que tomava as aldeias Pemon e Kapon àquela altura, fruto — diríamos hoje — da interpretação própria que fizeram aqueles povos das tentativas de catequese cristã. Triste caricatura é o que vê Koch-Grünberg:

> Sem dúvida, essas melodias, comparadas com as melodias de dança originais dos índios, como *parischerá* e *tukúi*, entre outras, "dão uma triste impressão de semelhança, como os farrapos de chita em corpos acostumados ao ar livre", para usar as palavras do sr. Von Hornbostel.

Sob esse uso — anacrônico, porém familiar — da noção de cultura, encontra-se uma equação, tanto mais surpreendente aos olhos contemporâneos, entre cultura e raça, que a distancia da teoria antropológica que, à época, já se gestava, seja na Inglaterra, seja nos Estados Unidos.

Proclamar quanto a noção de cultura, desenvolvida nos Estados Unidos, deve à tradição romântica alemã é, decerto, um truísmo antropológico. Em contrapartida, pouco sabemos da deriva que ela sofre em seu próprio berço; ademais, a história da antropologia alemã até a primeira metade do século XX, por motivos históricos, é pouco explorada pela historiografia.

Enquanto, no restante da Europa e nos Estados Unidos, a disciplina pouco a pouco ganhava autonomia, afirma Pollak (1989; veja-se também Kuper, 1996; Gould, 2003) que a antropologia alemã, nas primeiras décadas do século XX, permaneceu firmemente ligada às ciências naturais, notadamente aos ramos da medicina legal e da genética. Tratava-se de uma ciência empírica — continua o autor — de orientação fortemente tipológica, que carregava como premissa uma correlação estreita e necessária entre traços raciais e manifestações culturais.

Nessa linha, podemos interpretar o firme vínculo que, na narrativa de Koch-Grünberg, se estabelece entre cultura e a definição biológica da raça, a tal ponto que os conceitos mal se distinguem, tornam-se sinônimos:

> O Majari é considerado o "celeiro" do baixo Uraricoera. Suas margens são férteis e próprias para o cultivo da mandioca. Os índios que vivem lá, relativamente numerosos, fornecem aos criadores de gado do Uraricoera a *farinha* de mandioca, esse alimento indispensável aos lares brasileiros. O baixo curso do Majari é habitado por índios Wapischána, mas a moral e a pureza da raça sofreram muito sob a influência dos "civilizadores". O alto curso é habitado por índios Taulipáng, que, sob todos os aspectos, se mantiveram mais puros.

Estabelecida a equação entre cultura e raça, a decorrência é que toda pretensa perda é degenerescência. Tal se verifica no tratamento que o autor dispensa à figura do mestiço: nele, a cultura é degenerada porque fruto de mistura racial. A mestiçagem seria, assim, aos olhos do autor, a explicação de vários males sociais, que afligiam tanto as populações indígenas quanto a população brasileira regional. Como nos lembra Poliakov (1989), o inusitado do racismo do século XX é o fato de haver sido gestado no "próprio coração da Europa erudita".

Em busca da pureza, Koch-Grünberg pretere os Wapishana nos campos — "já que não há mais nada a ganhar desses índios contagiados pela cultura" — e vai ao encontro dos montanheses, os "magníficos Taulipáng".

Se tal horizonte teórico resumisse sua obra, Koch-Grünberg seria só mais um evolucionista a cair no esquecimento. Há mais, porém.

Com efeito, um humanismo rebelde insiste em transbordar — e, por que não, trair — seus limites teóricos, o que torna a narrativa de Koch-Grünberg tensa e, muitas vezes, contraditória, mas, talvez por esse motivo, aguda. Vejamos a seguinte passagem:

> A pequena embarcação está lotada de passageiros, de modo que, à noite, mal se consegue abrir caminho entre as redes de dormir. Os passageiros são, em parte, funcionários públicos, em parte latifundiários, em parte lavradores pobres do alto rio Branco; a cor de sua pele traz todos os matizes entre o branco e o negro. Reina aí, coisa tão agradável nesses países, apesar de toda a cortesia, uma absoluta irreverência para com toda e qualquer diferença social e racial. Quão benéfica seria uma viagem dessas para muitos que, no Velho Mundo, andam por aí de nariz empinado, tão cônscios de sua dignidade!

Oscilando, ao que tudo indica, entre uma bagagem teórica racista e um ideário político liberal, Koch-Grünberg consegue retratar as tensões estruturais do universo social regional que, àquela altura, se consolidava, baseado na espoliação da terra e do trabalho indígenas.

O etnógrafo percorreu a bacia do rio Branco durante um período em que ocorriam drásticas transformações na região. Desde a década de 1870, levas de migrantes ali chegavam e se instalavam, empurradas pelas secas do Nordeste brasileiro.

Em uma primeira fase, dedicaram-se à exploração da balata, no baixo e médio rio Branco, com impacto significativo sobre a demografia local, provocado tanto pelo deslocamento populacional quanto pela mortandade entre os índios trazidos dos campos e engajados à força no trabalho insalubre. A decadência da borracha, no início do século XX, contribuiu para o estabelecimento da pecuária nos campos naturais que se estendem ao norte, pelo curso do rio Branco e seus afluentes Uraricoera e Tacutu, em pleno território Wapishana e, em menor escala, Pemon.

Os campos e as serras no vale do rio Branco, em sua totalidade, eram considerados, desde o período colonial, propriedade do Estado, dividida em três fazendas: São Marcos, São Bento e São José. A grilagem dessas terras, acentuada nas duas primeiras décadas do século, gerou contendas legais e/ou armadas entre os ocupantes e o recém-instalado Serviço de Proteção aos Índios (SPI), órgão federal que administrava as fazendas estatais. A baixa intensidade da presença governamental na região fez que as terras das fazendas estatais — que se superpunham, lembremos, aos territórios indígenas — fossem impunemente invadidas; tal processo, Koch-Grünberg percebe com clareza:

> O governo brasileiro poderia expropriar legalmente todos esses fazendeiros altivos quando bem entendesse, se tivesse poder para tanto nesses territórios longínquos e não temesse provocar uma revolução.

As linhas de força que atravessavam o campo político regional naquele início de século — o Serviço de Proteção aos Índios, os missionários, igualmente recém-instalados, os fazendeiros, os povos indígenas e suas diversas interações com esses atores — encontram-se mapeadas na narrativa de Koch-Grünberg; nesse sentido, seu testemunho, em particular seu diário, constitui uma fonte fundamental para a história indígena, bem como para a história política de Roraima.

Nas aldeias, o etnógrafo ouve e registra os casos locais de expulsão da terra, de violência física, de terror, enfim, instaurado pelos autoproclamados senhores contra a população indígena. Indignado, reage:

> Pobre povo sem direitos! Pobre país onde coisas como essas acontecem, e até muito piores, sem que as autoridades se oponham a elas, ainda por cima protegendo os malfeitores!

Mais do que isso, na convivência, propiciada pela viagem — quando, juntos, fumavam cigarros para espantar mosquitos ou, tiritando, procuravam aquecer-se em volta de fogueiras —, o etnógrafo e seus acompanhantes Taurepáng, Arekuna ou Mayongóng trocaram — sublinhe-se o verbo e a simetria que implica — experiências e outras narrativas, forjaram afetos. A dimensão humana, própria ao exercício antropológico, neste ponto, sobrevém, e a viagem, para Koch-Grünberg, parece ter-se tornado experiência etnográfica, no sentido lato da expressão.

Cabe, portanto, reiterar que, em que pesem teoria e método, *Do Roraima ao Orinoco* é a obra inaugural da literatura etnográfica para a Guiana ocidental; muitas das suas intuições nem sequer foram examinadas pelas gerações de antropólogos que se seguiram.

Há que destacar, como já aludimos, o mapeamento que Koch-Grünberg empreende da família linguística Karib na região. Em um eixo este-oeste, registra os seguintes falantes Karib: Macuschi, Taulipáng, Arekuna, Sapará, Wayumará, Purukoto, Yekuana e Yauarana. Entre estes, bolsões Arawak: os Wapishana nos rios Branco e médio Uraricoera; os Guinau, no alto Uraricoera. De modo correlato, esse mapeamento iluminou questões relativas à etnonímia na região, em dois pontos capitais: de um lado, demonstrou a operação constante de fluvionímicos; de outro, apontou a existência de subgrupos dialetais nomeados, que as fontes escritas, até o século XIX, tomaram por povos distintos. Deve-se observar que, em respeito a esse trabalho específico de Koch-Grünberg, bem como a seu valor como fonte para os estudos históricos em etnonímia, a presente edição optou por não modernizar sua grafia.

Koch-Grünberg também registra as línguas consideradas isoladas, como Auaké, Kaliana, Makú, Piaroa, Marakana, Schirianá e Waiká. Cabe mencionar apenas que Schirianá, ou Waiká, etnônimos que Koch-Grünberg supunha referirem-se a falantes de língua isolada, seriam posteriormente classificados por Migliazza na família linguística Yanomami.

Passemos, por fim, aos pontos altos da etnografia que são, sem dúvida, o *corpus* mitológico Pemon (Taulipáng, Arekuna e Macuschi) que colige e os temas cosmológicos que explora, em particular o xamanismo e a magia. Temas, como bem apontou Viveiros de Castro (1987) acerca de Nimuendaju, negligenciados pela antropologia até tempos recentes. Podemos acrescentar que essa tendência foi ainda mais aguda para a área etnográfica das Guianas, cuja etnologia, classicamente, prendeu-se às questões relativas à morfologia social (veja-se Basso, 1977; Rivière, 2001).

Koch-Grünberg foi o primeiro etnógrafo a apontar aspectos centrais das práticas xamânicas na região, baseadas na presença de xamãs já mortos e, ao lado do tabaco, no uso intensivo de plantas mágicas. A presença de xamãs mortos, que o etnógrafo logo detecta, não é um dado trivial, nessas sociedades que pouco fabulam acerca da vida após a morte e, quando o fazem, afirmam sempre a incomunicabilidade, a distância e, acima de tudo, a impessoalidade dos mortos. Xamãs, precisamente por sê-lo, são os únicos a manter a pessoalidade, índice de sua imortalidade; vivem uma vida social após a morte e comunicam-se com xamãs vivos, ensinando-lhes cantos e técnicas. Tendo por ponto de partida o discurso xamânico, Koch-Grünberg empreendeu, ainda, um inventário insuperável da cosmogonia e da cosmografia dos povos circum-Roraima.

O uso de plantas mágicas, por sua vez, conquanto sabidamente difundido, não foi, ainda, objeto de estudo sistemático na região. Koch-Grünberg não apenas identificou seu papel no ritual xamânico, como também sugeriu sua função equivalente a encantações e cantos xamânicos. Ampliando o campo, também registrou o uso laico de plantas mágicas, com especial atenção para a magia de caça, acerca do qual fez observações preciosas, em particular quanto a práticas de escarificação associadas às plantas mágicas, bem como o uso de cordões embebidos de seu sumo, pelo nariz e garganta do caçador e de seus cães, hoje em desuso.

Além disso, Koch-Grünberg veio a interpretar, de maneira que permanece inovadora e radical, o complexo da vingança nessa área etnográfica, expressa no conceito de *kanaimo*, generalizado entre os povos circum-Roraima, bem como, em variantes atenuadas, entre as sociedades guianenses em seu conjunto.

Examinando os diversos níveis de sentido do conceito de *kanaimo,* Koch-Grünberg aponta um primeiro nível, sociológico, pelo qual o conceito foi celebrizado, em particular por Coudreau, ainda no século XIX: *kanaimo* seria um sistema de acusações instaurador de fronteiras étnicas.

A hipótese forte de Koch-Grünberg, porém, incide sobre outro nível, menos evidente, de sentido: *kanaimo,* sugere o autor, é o furor que toma um homem e o impele à vingança; um furor que extravasa fronteiras da sociabilidade. E essa sua hipótese nos leva ao terreno da ética — reflexão, portanto, sobre a condição humana —, antecipando, por décadas, um debate que se mostraria crucial na etnologia guianense (veja-se Overing, 1985). Tal hipótese ainda permanece, como dissemos, inovadora e produtiva; as análises posteriormente feitas sobre o tema contentaram-se com o viés funcionalista, quando não recorreram a um naturalismo que, por si, representa um retrocesso diante da formulação de Koch-Grünberg (Whitehead, 2002).

Não poderíamos concluir sem chamar a atenção do leitor para a contribuição imensa de Koch-Grünberg no campo da arte verbal dos povos circum-Roraima. Os repertórios que coletou — que compreendem não apenas narrativas, mas, o que era inédito, cantos e fórmulas mágicas —, em extensão e variedade de formas, só foram ombreados por aqueles coletados, em tempos mais recentes, pelo padre Cesareo de Armellada (1973) entre os Pemon na savana venezuelana. Vale notar, ainda, que, antecipando preocupações contemporâneas dos estudos em literatura oral (veja-se Zumthor, 1983, entre outros), Koch-Grünberg foi um tradutor atento e fiel das palavras Pemon, sobretudo em sua atenção à tradução interlinear e a uma tradução livre que buscou não se afastar do universo conceitual indígena. O registro e a exegese de tais formas discursivas, feitos nas horas de descanso e de espera nos acampamentos, terminaram por se revelar uma primorosa etnografia da fala que, para seus interlocutores Pemon, vinha a ser a grafia da própria alma.

REFERÊNCIAS CITADAS

ANDRADE, M. *Macunaíma:* o herói sem nenhum caráter. Ed. crítica de Telê Porto Ancona Lopez. Rio de Janeiro: Livros Técnicos e Científicos; São Paulo: Secretaria da Cultura, Ciência e Tecnologia, 1978.

ARMELLADA, C. *Tauron Panton:* así dice el cuento. Caracas: Universidad Catolica Andrés Bello, 1973. (2v.)

BALDUS, H. Prefácio em Koch-Grünberg, Th. Mitos e lendas dos índios Paulipangue e Arekuná. *Revista do Museu Paulista,* São Paulo, v.7, mar. 1953.

BASSO, E. (Ed.). Carib-Speaking Indians: Culture, Society and Language. *Anthropological Papers of the University of Arizona (Tucson, The University of Arizona Press),* v.28, 1977.

BURKE, P. *Cultura popular na Idade Moderna.* São Paulo: Companhia das Letras, 1989.

CARPENTIER, A. *Os passos perdidos.* São Paulo: Brasiliense, 1985.

FOUCAULT, M. *As palavras e as coisas:* uma arqueologia das ciências humanas. São Paulo: Martins Fontes, 1981.

GOULD, S. J. *A falsa medida do homem.* São Paulo: Martins Fontes, 2003.

KOCH-GRÜNBERG, T. *Vom Roroima zum Orinoco.* Ergebnisse einer Reise in Nordbrasilien und Venezuela in den Jahren 1911-1913. Berlim, Stuttgart: Dietrich Reimer, 1916-1928. (5v.)

_____. Mitos e lendas dos índios Taulipáng e Arekuná. *Revista do Museu Paulista,* v.7, n. esp., 1953.

_____. *Del Roraima al Orinoco.* Caracas: Banco Central de Venezuela, 1979-1981. (3v.)

_____. *Dois anos entre os indígenas:* viagens no noroeste do Brasil (1903/1905). Manaus: Ufam/FSDB/Edua, 2005.

KUPER, A. *The Chosen Primate:* Human Nature and Cultural Diversity. Cambridge, MA: Harvard University Press, 1996.

OVERING, J. There Is no End of Evil: The Guilty Innocents and their Faillible Gods. In: PARKIN, D. (Ed.). *The Anthropology of Evil.* Oxford: Basil Blackwell, 1985.

POLIAKOV, L. De la Notion de race au génocide. In: BÉDERIDA, F. (Ed.). *La Politique nazie d'extermination.* Paris: Albin Michel, 1989.

POLLAK, M. Une Politique scientifique: le concours de l'anthropologie, de la biologie e du droit. In: BÉDERIDA, F. (Ed.). *La Politique nazie d'extermination.* Paris: Albin Michel, 1989.

RICE, H. *Exploração na Guiana Brasileira.* São Paulo: Edusp/Itatiaia, 1978.

RIVIÈRE, P. *O indivíduo e a sociedade na Guiana:* um estudo comparativo da organização social ameríndia. São Paulo: Edusp, 2001.

SCHADEN, E. A obra científica de Koch-Grünberg. *Revista de Antropologia (São Paulo, FFLCH-USP),* v.1, n.2, p.133-6, 1953.

SCHOMBURGK, R. (1848). *Travels in British Guiana.* Georgetown: [s.n.], 1922-1923. (2v.)

SCHOMBURGK, R. H. (1836-1839). Reports to the Royal Geographical Society. In: *Question de la Frontière entre la Guyane Britannique et le Brésil. Annexes au Memoire Presente par le Gouvernment de Sa Majesté Britannique,* v.III. Londres: [s.n.], 1903.

TAYLOR, A. C. L'Americanisme tropical: une frontière fossile de l'ethnologie? In: RUPP-EISENREICH, B. (Org.). *Histoires de l'anthropologie:* XVI-XIX siècles. Paris: Klinksieck, 1984.

VIVEIROS DE CASTRO, E. Nimuendaju e os Guarani. In: NIMUENDAJU, U. C. *As lendas de criação e destruição do mundo como fundamentos da religião dos Apapocúva-Guarani.* São Paulo: Hucitec/Edusp, 1987.

WHITEHEAD, N. *Dark Shamans:* Kanaimà and the Poetics of Violent Death. Durham: Duke University Press, 2002.

ZUMTHOR, P. *Introduction à la poesie orale.* Paris: Seuil, 1983.

NOTA DA TRADUTORA

Vom Roroima zum Orinoco, considerada a obra mais importante de Theodor Koch-Grünberg, traz os resultados científicos da segunda expedição etnográfica ao Brasil chefiada por ele. Nessa viagem, depois de pesquisar os grupos Macuschi e Taulipáng das proximidades do monte Roraima, Koch-Grünberg subiu o curso do rio Uraricoera e atravessou a divisa do Brasil com a Venezuela, país onde estudou os grupos indígenas Yekuaná e Guinaú. Desceu, então, o curso do Ventuari até a desembocadura no Orinoco, o ponto final de sua expedição e de onde ele regressou, por rio, a Manaus.

A tradução do volume I de *Vom Roroima zum Orinoco* procurou manter as principais características do texto de partida: o estilo muitas vezes paratático, o rigor dos dados científicos, as observações frequentemente bem-humoradas do autor e várias expressões coloquiais dispersas pelo texto. Algumas vezes, recorri à tradução desse volume para o espanhol, publicada em 1979 na Venezuela,[1] para solucionar certas dúvidas relativas a expressões alemãs no texto original e, principalmente, a algumas notas de rodapé que julguei necessário acrescentar. Sempre que isso ocorreu, tal informação consta da respectiva nota de rodapé.

Quanto à tradução do volume II, fica claro no prefácio da edição alemã — e também em várias de suas notas de rodapé — que os narradores indígenas apresentaram um relato oral dos mitos e lendas, imediatamente traduzidos palavra por palavra para o alemão por Koch-Grünberg. Com base nesses dados, e também em uma pesquisa por mim realizada em julho de 2003 em anotações linguísticas dos textos em tradução interlinear do volume II — que fazem parte do espólio de Koch-Grünberg pertencente ao Institut für Ethnologie da Philipps-Universität, em Marburg, Alemanha — ao traduzir a narrativa dos cinquenta mitos e lendas, optei pela recuperação da oralidade do texto de partida, sacrificando, assim, várias vezes, o respeito acadêmico à norma culta da língua portuguesa. Nos demais capítulos, no entanto, incluindo a tradução interlinear, mantive o registro formal empregado no texto de partida.

Gostaria também de esclarecer que, quando de minha tradução da maior parte do volume II, eu dispunha de uma cópia da tradução dos mitos e lendas realizada por Renata Mautner, na década de 1960, a pedido da profa. dra. Telê Porto Ancona Lopez, do Instituto de Estudos Brasileiros da USP, bem como de uma cópia da tradução de Henrique Roenick publicada em 1953 na *Revista do*

---

[1] *Del Roraima al Orinoco.* Trad. Dra. Federica de Ritter. Caracas: Ediciones del Banco Central de Venezuela, 1979.

Museu Paulista. No entanto, raras foram as vezes em que recorri a essas traduções, apesar de, coincidentemente, o texto de Renata Mautner também procurar recuperar o caráter oral das narrativas indígenas. Em 2002, quando a Editora Perspectiva[2] publicou uma versão atualizada da tradução de Henrique Roenick, minha tradução dos mitos e lendas já estava pronta.

Minha tradução do volume III, por sua vez, respeita integralmente o caráter acadêmico do texto original alemão.

É preciso esclarecer que constam dos textos de partida várias palavras em português ou de origem tupi que se referem, em sua maioria, a nomes populares de espécies animais e vegetais, bem como a acidentes geográficos e a esporádicas expressões ou termos isolados em português, além de algumas palavras em inglês, em espanhol e em outros idiomas indígenas que não a língua tupi. Como todos esses termos "estrangeiros" trazem um agradável colorido aos textos de partida, para dar uma ideia de sua presença no texto alemão recorri ao itálico nos termos que indicam palavras em português, várias delas de origem tupi, bem como nos termos e nas frases em português, em inglês, em espanhol e em outras línguas indígenas que não o tupi.

Gostaria de agradecer ao prof. dr. Carlos C. Alberts, professor de Zoologia da Unesp-Assis, pelas respostas às numerosas dúvidas sobre os dados de zoologia. Citando o prof. Carlos C. Alberts,

> no levantamento das espécies animais de uma região, principalmente no que se refere aos vertebrados, são usadas três técnicas principais: a coleta dos espécimes, a observação dos mesmos por parte do pesquisador e o relato feito por pessoas da região ou de outros pesquisadores que tenham visitado a área de interesse. No caso deste último, tanto maior será seu valor quanto maior for o conhecimento daquele que relata. É o que se pode esperar do conteúdo referente à fauna das regiões visitadas por Koch-Grünberg e por ele aqui relatado.
>
> Não somente pela condição remota dos lugares visitados mas, principalmente, pelo fato de conter informação do início do século XX, época em que as alterações antrópicas de larga escala ainda estavam longe de ocorrer, o relato do antropólogo torna-se um dos raros documentos confiáveis produzidos.
>
> Koch-Grünberg, mesmo não sendo zoólogo, estava muito bem informado sobre as possíveis espécies que poderia encontrar. Não somente conhecia os animais, como sabia a nomenclatura correta dos mesmos. No entanto, mesmo estando corretos para a época, dada a distância no tempo, muitos dos nomes científicos apresentados pelo pesquisador não são mais empregados. Não se trata, no entanto, de grande problema, já que qualquer análise de sinonímia pode traçar o caminho que o nome percorreu, desde quando descrito na obra até o momento atual.
>
> Por outro lado, não somente por não ser zoólogo mas muito mais pela vastíssima diversidade da fauna amazônica, era de se esperar que o antropólogo acabasse por observar animais desconhecidos para ele e, possivelmente, também para a ciência. Neste caso, Koch-Grünberg usa o artifício de nomear um animal de acordo com sua aparência comparada com espécies europeias. Como exemplo, ao deparar com um pássaro desconhecido, o explorador o chama de rouxinol, devido a algu-

---

[2] Medeiros, Sérgio (Org.). *Makunaíma e Jurupari*. Cosmogonias ameríndias. São Paulo: Perspectiva, 2002.

ma semelhança com aquela ave Paleartica. Ora, não existem rouxinóis na região Neotropical, aquela que engloba também a Amazônia (além do resto da América do Sul, América Central e da parte sul da América do Norte). Neste caso, a interpretação torna-se mais difícil, ainda que, muitas vezes, haja uma descrição física do espécime e seja, portanto, passível de identificação.

Na revisão técnica da tradução, relativa à fauna, levaram-se em consideração as questões acima.

Assim, tomando-se o cuidado com relação a nomes ligados à fauna europeia ou, também, com relação à fauna dos não vertebrados (ainda mais variados e de difícil identificação para um não zoólogo), o conhecimento contido nestes volumes certamente será de grande utilidade.

Por fim, também gostaria de manifestar meu agradecimento a Geraldo A. D. C. Franco, mestre em Ciências Florestais pela Esalq-USP e pesquisador científico do Instituto Florestal do Estado de São Paulo, pelo esclarecimento das igualmente muitas dúvidas relativas aos dados de botânica que constam desta obra. Gostaria de esclarecer que a nomenclatura científica das espécies vegetais não foi atualizada pelo fato de uma tal revisão não caber a uma edição de caráter histórico-documental como a presente. Além disso, não dispomos, aqui no Brasil, das amostras vegetais coletadas por Koch-Grünberg em sua expedição e identificadas, posteriormente, por botânicos na Alemanha segundo os conhecimentos de que dispunham na época, por volta de 1914. Foram, portanto, mantidos nesta tradução os nomes populares e científicos das espécies vegetais que constam da edição original em alemão de *Vom Roroima zum Orinoco*.

MONTE RORAIMA

PREFÁCIO

Theodor Koch-Grünberg

A obra em cinco volumes, o primeiro dos quais agora entrego ao público, contém os frutos de uma viagem de pesquisa pela América do Sul, que empreendi nos anos de 1911 a 1913, por encargo e subvenção do Instituto Baessler em Berlim, viagem que me levou do Roraima, grandioso monte de arenito na divisa entre Brasil, Venezuela e Guiana Inglesa, em direção oeste, até o Orinoco, através de uma região, em grande parte, inexplorada.

Este primeiro volume traz uma descrição da viagem; são, em larga medida, páginas de diário anotadas aleatoriamente, sob impressão imediata, no calor da hora e no lugar dos acontecimentos.

O segundo volume, já publicado, contém mitos e lendas dos índios Taulipáng e Arekuná, tribos da região do monte Roraima pertencentes à grande família Karíb.

O terceiro volume tratará, por meio de palavras e ilustrações, da cultura material e espiritual de diferentes tribos. Um apêndice traz melodias, cantos e composições indígenas, que foram gravados em fonogramas.

No quarto volume estão registrados os dados linguísticos, textos com tradução interlinear e listas de palavras de 23 línguas e dialetos, seis dos quais eram, até então, completamente desconhecidos.

O quinto volume, um atlas biotipológico, traz 180 pranchas de tipos e grupos antropológicos.

Antes, durante e depois dessa viagem recebi, de todos os lados, amável auxílio. Devo meus maiores agradecimentos ao Instituto Baessler, por haver-me concedido meios fartos, que possibilitaram a viagem, bem como a publicação de seus resultados. Devo à boa vontade da editora o fato de, apesar dos tempos adversos, ter sido possível a apresentação da obra de acordo com os meus desejos. Sou muito grato a meus amigos e conterrâneos em Manaus, que nunca hesitaram em me apoiar com conselhos e ajuda e sempre se esforçaram em manter, na medida do possível, meu contato com a pátria. Usufruí de muita hospitalidade e auxílio efetivo durante a viagem pelo interior. O primeiro volume dá testemunho disso. Guardarei grata recordação de todos que me receberam amigavelmente e me estimularam de maneira desinteressada. Também me lembro, com gratidão, dos índios. Devo acusá-los porque, às vezes, não me compreendiam, porque, frequentemente, meus planos contrariavam suas inclinações e sua experiência? — Lembranças tristes de um ou outro ingrato são fartamente compensadas pelas numerosas provas de amizade e fidelidade que essa gente morena me deu. Meu afeto por eles também não foi em nada modificado por esta viagem.

Stuttgart, no ano de 1917.

Theodor Koch-Grünberg (sentado), Hermann Schmidt (esquerda) e Romeu

1

Pelos rios Negro e Branco

Cheguei a Manaus em 27 de maio de 1911. O porto estava irreconhecível. A companhia Manaos-Harbour modernizou-o completamente. Por toda parte, erguem-se longos armazéns. Os transatlânticos atracam diretamente nos pontões, nos quais se pode desembarcar com comodidade. Sem dúvida, isto prejudicou bastante o antes tão encantador panorama da cidade, que se elevava suavemente, cercada de verde fresco. O centro de Manaus mudou pouco. Acrescentaram-se alguns palácios, alguns cinemas, centros de cultura moderna. Os automóveis zunem e pulam pelas ruas acidentadas. Fora isso, a vida é tão laboriosa, mas também tão leviana e tão aventureira quanto há oito anos.

Tive de me demorar aqui por três semanas. Após correrias intermináveis, foi somente pelos esforços de meu querido amigo Moers, um dos membros mais antigos da colônia alemã, e pela boa vontade das autoridades brasileiras que recebi minha bagagem, 35 peças, sem ter sido aberta pela alfândega. As agências das linhas de vapor para o *rio* Branco me fizeram esperar dia após dia. Os pequenos vapores de hélice, chamados *lanchas,* que trafegam até o alto *rio* Branco, pertencem a pessoas ricas ou a casas de comércio em Manaus e navegam com a máxima irregularidade. Por fim, tudo foi arranjado. Meus pertences foram embarcados no *batelão,* o barco de carga da pequena *lancha* Macuchy. Em 16 de junho alguns bons amigos e eu comemoramos minha despedida no consulado alemão, na casa de Ohliger. Bebemos um último copo brindando a um feliz reencontro. Hübner e Suter levaram-me de barco a remo até a *lancha,* que estava ancorada no *igarapé* de São Raimundo, um pequeno afluente do *rio* Negro. Calados, seguimos deslizando pelo imenso rio, na noite quieta e cintilante de estrelas, passando pelos gigantescos transatlânticos alemães e ingleses, a última ligação com a pátria.

Partimos pouco depois da meia-noite. "*O perigo da sexta-feira*" passou.

O tosco barco de carga que será meu lar nos próximos dias — o vapor é pequeno demais para pegar passageiros e serve apenas como rebocador — vai a reboque à direita da *lancha,* uma barcaça grande com hulha vai à esquerda. Geralmente alimenta-se o fogo com a lenha que os colonos empilham na margem, pronta para o consumo. Na verdade, esses *batelões* não são barcos de passageiros. Servem ao transporte de bois, alguns milhares de cabeças fornecidos anualmente para Manaus como gado de corte, vindos das grandes savanas do *rio* Branco. Nosso *batelão* Mucuripe tem uma cobertura, mas é aberto de todos os lados, de modo que se tem sempre ar fresco e vista livre, o que aumenta o encanto da viagem. Na frente, ergue-se uma casinha de madeira, a cabine do comandante. Não há cabines para os passageiros. O deque serve de espaço para tudo. Amarra-se a rede de dormir onde se encontra lugar, e a gente se arranja o melhor que pode. De manhã, prendem-se as redes no alto e, assim, o dormitório é transformado em refeitório e em sala de fumar. Na popa do barco fica a cozinha, da qual é melhor que pessoas muito sensíveis mantenham distância; ao lado há um pequeno tabique, que serve tanto de quarto de banho quanto de gabinete sanitário. O comandante fica com a chave e a põe à disposição dos passageiros seletos. Ao amanhecer, os fanáticos por limpeza formam fila diante do tabique, como na bilheteria do teatro. Fica-se completamente nu, ensaboa-se o corpo todo e joga-se várias vezes, da cabeça aos pés, água fresca do rio, que se puxa com um balde de madeira preso a uma corda comprida. A comida, dadas as circunstâncias, é bastante boa. Às 6 da manhã há café com leite ou chá com *bolachas* ou pão branco seco de Manaus. Às 11 horas é o almoço. Sempre há carne fresca, que vai à mesa preparada de diferentes maneiras. Vem acompanhada de um bom copo de *Collares* (vinho tinto português) e, por fim, há frutas ou compota com queijo holandês e um excelente cafezinho. A seguir, o inevitável cigarro e uma soneca na confortável espreguiçadeira do comandante. Por volta das 3 horas serve-se novamente café e, às 5 da tarde, vem a refeição principal, semelhante ao almoço, só que um pouco mais farta.

A pequena embarcação está lotada de passageiros, de modo que, à noite, mal se consegue abrir caminho entre as redes de dormir. Os passageiros são, em parte, funcionários públicos, em parte latifundiários, em parte lavradores pobres do alto *rio* Branco; a cor de sua pele traz todos os matizes entre o branco e o negro. Reina aí, coisa tão agradável nestes países, apesar de toda a cortesia, uma absoluta irreverência para com toda e qualquer diferença social e racial. Quão benéfica seria uma viagem dessas para muitos que, no Velho Mundo, andam por aí de nariz empinado, tão cônscios de sua dignidade! Meus planos de viagem interessam a todos, naturalmente, e são discutidos com entusiasmo, com os mapas à mão. Alguns passageiros não acreditam muito em minha missão até os *índios bravos* e estão firmemente convencidos de que quero procurar ouro e minérios nas serras inexploradas. Dizem que há muitos cristais bonitos no Tacutu.

Tenho ouvido coisas pouco agradáveis sobre a situação política no alto *rio* Branco. Dizem que lá existem dois partidos que se combatem ferozmente. Que Neves, o administrador da fazenda São Marcos, ao qual estou levando cartas de recomendação, é inimigo mortal de Bento Brasil, deputado de Rio Branco e um dos latifundiários mais influentes. Que, recentemente, Neves teve um tiroteio com seus opositores em Manaus, no *Café da Paz*(!), como às vezes acontece por lá, e que saiu com uma bala de revólver na perna. Bento Brasil é o dono da *lancha* Macuchy. Eu o conheci há pouco tempo em Manaus. É um senhor um pouco cerimonioso e convencido de sua importância. Seu filho Adolfo, um jovem bonito, está viajando conosco em seu próprio barco, que levamos a reboque. Ele e sua jovem e bonita mulher não podem negar que descendem dos aborígenes do país.

A carga foi estivada sob o deque do nosso batelão. No pequeno espaço mantido livre para descarregar, vadiam alguns índios que pertencem à tripulação e que, ocasionalmente, prestam serviço como pilotos. São índios Makuschí do Uraricoera, sujeitos feios de rostos grosseiros. Como estão há muito tempo a serviço dos brancos, já foram bastante contagiados pela "cultura". Logo faço amizade com o mais velho deles, Inácio, um homem muito cortês e de expressão bondosa. Ele é chefe de Santa Rosa, um dos últimos estabelecimentos dos Makuschí no Uraricoera. Eu lhe pergunto se gostaria de viajar comigo por alguns meses e digo que pago bem. Não parece avesso à ideia e diz que "conversaremos" a respeito com Neves em São Marcos. Minha bagagem numerosa o impressiona muito, especialmente as malas grandes e coloridas com seu conteúdo misterioso. Ele me pergunta se elas são de "Demerara", que é como os índios chamam Georgetown e, por conseguinte, toda a Guiana Inglesa.[1] Acha que sou inglês. Sabe muito sobre as tribos do alto Uraricoera. Diz que só restaram poucos Wayumará e Sapará. Que eles falam línguas muito diferentes do Makuschí. Que, a oeste deles, vivem os Purukotó e os Majonggóng, tribos que Robert Schomburgk já encontrou por lá setenta anos atrás, além dos Auaké e dos Marakaná, que diz serem muito bravos. Haverá, portanto, o suficiente a fazer por lá.

O comandante, os oficiais e os passageiros seletos jogam cartas o dia todo e até tarde da noite, como sempre ocorre nessas viagens por rio. Perdas de 1.000 marcos[*] ou mais numa viagem de cinco dias não são coisa incomum. Mas, é preciso reconhecer, tudo transcorre da melhor forma possível, sem gritaria ou brigas. O primeiro maquinista, um mulato comprido e peludo, é um jogador fanático. Na viagem anterior perdeu, em quatro dias, 800 marcos e um cavalo de sela, assim me conta o *imediato* que não toca em cartas e "não joga sequer bilhar".

Às vezes, esses brasileiros têm ideias estranhas sobre o casamento. O piloto, um *caboclo* genuíno, perguntou-me um dia, quando lhe mostrei fotografias de minha mulher e de meus filhos: "O senhor tem família em Manaus?" "Não, senhor!" "Então, só na Alemanha?" "Sim, senhor!" — Isso dá muito o que pensar!

O cenário do baixo *rio* Negro é extraordinariamente uniforme. Na maior parte das vezes, navegamos por braços estreitos, perto da baixa margem esquerda, que está alagada até bem longe. Por isso, também são raras as povoações, que geralmente consistem apenas em uma casa em ruínas, mas que têm nomes imponentes como Conceição, São Antônio[**] etc. Ficam nas pontas lamacentas das margens, que, como uma península, avançam para a terra alagada. Só se conhece um pouco a beira do rio. Terra adentro é tudo *terra incognita*. Diz-se que os estabelecimentos de índios bravos chegam até a margem. Conceição, onde fizemos parada no primeiro dia de viagem, por volta do anoitecer, para pegar alguns barcos e colher laranjas, estava abandonada. Alguns porcos e cães em pele e osso povoavam a grande casa em ruínas. Pouco a pouco, das cabanas próximas começaram a aparecer alguns mestiços de índios degenerados e um negro velho, que estava certo de que eu era sobrinho de Bento Brasil. Bem próximo, seguindo poucas horas por uma picada através do mato, chega-se a uma *maloca*[2] de índios bravos.

---

[1] Devido ao rio Demerara, em cuja foz fica a capital da Guiana Inglesa.
[*] Assim no original. Os valores monetários que constam do texto original não foram atualizados. (N. T.)
[**] Assim no original. (N. T.)
[2] Maloca, casa da parentela. As aldeias desses índios consistem, via de regra, somente de uma casa grande, de base redonda, para várias famílias.

Em 18 de junho paramos de manhã, por pouco tempo, em frente da Vila Airão, a primeira povoação maior da margem direita em que fizemos escala desde Manaus. O lugarejo tem cerca de 150 habitantes, que vivem bastante dispersos em suas plantações. Airão ainda pertence ao município de Manaus. Um pouco acima desemboca o *rio* Jaú e, em frente, o *rio* Carapinana, em cujas margens se extrai borracha. Por volta do meio-dia passamos a larga foz do Unini, um considerável afluente direito que tem grandes seringais e, à tarde, a foz principal do *rio* Jauaperi pouco depois, atracamos em frente da Vila Moura.

Moura fica numa baía ampla, formada por uma saliência de rocha, e conta com 25 a trinta casinhas e cabanas, a maior parte em ruínas, e uma capela no mesmo estado. A maioria dos habitantes, *caboclos,* já estava nos seringais. O lugarejo alcançou triste importância pelo fato de seus habitantes estarem, há décadas, em conflito encarniçado com os índios bravos do *rio* Jauaperi, os Uámirí, que, em razão do nome do rio, geralmente são chamados de Jauaperi. Esse afluente do *rio* Negro, ainda inteiramente inexplorado, que corre paralelo ao *rio* Branco e tem a mesma água branca que este, provavelmente nasce perto das fontes do Essequibo na *serra* Acarai, que talvez seja a continuação da grande cadeia Tumucumaque e uma parte da longa cumeada do divisor de águas entre a região do Amazonas e da Guiana oriental. O Jauaperi é o esconderijo de algumas tribos intatas, chamadas de *bravas* ou *antropófagas* por não tolerarem nada dos chamados "civilizados". Dizem que agora o rio está totalmente abandonado pelos seringueiros. Com a última matança inútil, promovida por uma expedição punitiva vinda de Manaus, em 1905, que, segundo se diz, custou a vida de duzentos índios de ambos os sexos e diferentes idades, estes ficaram irritados.[3] Diz-se que só vêm ao rio principal na estiagem, para pegar *tartarugas*; na época das chuvas retiram-se para longe, para as cabeceiras. Que, no ano passado, algumas canoas com índios Jauaperi estiveram novamente em Moura para trocar mercadorias. O fato de esses índios tentarem repetidamente relacionar-se de modo pacífico com a civilização prova que não são os canibais ferozes que têm a fama de ser. Os heróis de Moura só ousam ir até o Jauaperi em companhia de vinte a trinta barcos para, na estiagem, pescar e pegar tartarugas. Nessas ocasiões, é muitíssimo frequente atirarem imediatamente em qualquer índio que apareça; não se pode, pois, condenar esses índios quando, ocasionalmente, se vingam da corja mestiça.

Por volta das 8 horas da noite deixamos o *rio* Negro e, sob um magnífico céu estrelado, entramos no *rio* Branco, cuja proximidade já fora indicada horas antes pela coloração esbranquiçada da água.

Em alguns pontos de seu curso inferior, o *rio* Branco tem a enorme largura de 3 mil a 4 mil metros, mas não é muito fundo. No verão ele seca bastante, de modo que surgem enormes bancos de areia, por entre os quais mal se encontra um caminho em estreitos regos, sendo, então, preciso empurrar o barco pela areia por longos trechos. Enquanto o *rio* Negro não tem em seu curso superior uma estiagem pronunciada, mas uma constante alternância de chuva e sol o ano todo, o *rio* Branco apresenta uma nítida separação entre época de chuva e estiagem. Via de regra, a estiagem dura de agosto (setembro) até março (abril). Nessa época, chove muito pouco nas

---

[3] Vide G. Hübner e Koch-Grünberg, "Die Yauapery", *Zeitschrift für Ethnologie*, Berlin, 1907, p.225*ss*.

savanas do curso superior. A partir de outubro a viagem de barco é totalmente interrompida. No entanto, geralmente nos primeiros dias de dezembro ocorre uma pequena cheia do rio, que o brasileiro chama de *repiquete*, e que naquela região se designa com o nome indígena de *boiasu*[4] (cobra grande). Em anos extraordinariamente secos, que se repetem aproximadamente de dez em dez anos, não ocorre esse *repiquete*, e o contato com o mundo exterior fica paralisado até abril ou mesmo até maio. O rio atinge seu nível mais alto em junho, o mais baixo, no fim de dezembro e em janeiro-fevereiro. A diferença na altura do nível da água é de cerca de 10 m no curso inferior do rio. No baixo e médio *rio* Branco e em seus afluentes, que se distinguem por malárias terríveis, extrai-se um pouco de borracha, mas falta mão de obra, sobretudo porque o rio é muito pouco povoado. Antigamente empregavam-se para esse serviço, à força, índios das savanas, que, não habituados à vida insalubre das matas úmidas, morriam em grande número. Sob o atual regime humanitário do Serviço de Proteção aos Índios[5] instituído em todo o Brasil, isso seria impossível, e espera-se que continue assim também no futuro.[6]

O baixo *rio* Branco não fica nada a dever em monotonia ao *rio* Negro. O rio está repleto de inúmeras ilhas. As ilhas e as margens estão bem abaixo da água, de modo que, em alguns trechos, só as copas das árvores sobressaem tristemente. Sem querer a gente se pergunta: "Será que isso é mesmo terra firme?". Em ambos os lados estendem-se inúmeros lagos, grandes e pequenos, que agora, na época das chuvas, estão unidos com o rio e que, na margem oriental, diz-se que se comunicam com o Jauaperi na cheia.

A *barreira de Santa Maria,* ao longo da qual navegamos na manhã de 19 de junho, é a primeira pequena elevação da lamacenta margem esquerda numa extensão de cerca de 10 km e que, também no inverno, não fica coberta pelas águas, mas, com o tempo, acaba sucumbindo a seu constante afluxo. No século XVII, quando a população do *rio* Branco era muito mais considerável do que hoje, Santa Maria, juntamente com o Carmo, hoje totalmente desaparecido, e outros locais, constituía um ponto importante da missão carmelita e contava várias centenas de almas. Algumas cabanas miseráveis de folha de palmeira são os tristes restos do antigo esplendor. Os habitantes, mestiços de ascendência indefinida, dão uma impressão decadente e degenerada. De dentro dos olhos cavos dos rostos magros e amarelados olha a febre, que nunca abandona esses semianfíbios, desde o nascimento até a morte. Eles vivem da caça, da pesca e da lavoura primitiva, mas trabalham apenas o suficiente para não morrer de fome e, vez ou outra, poder comprar uma garrafa de aguardente para comemorar o dia de seus santos protetores. Esse é todo o seu cristianismo! O solo parece ser bom. Um *caboclo* nos traz na canoa, em troca de alguns cartuchos de Winchester, uma carga de gigantescos *abacaxis*. Os maiores medem 30 cm de comprimento e 53 cm de largura. Alguns chegam a pesar 8 kg.

---

[4] Devido à constelação de "Escorpião", chamada de "cobra grande" pelos índios, que, nessa época, está no zênite.

[5] Desde 1910. O chefe é o excelente coronel Cândido Mariano Rondon, de alto nível moral e, segundo dizem, ele próprio índio puro.

[6] Por falta de recursos, nesse meio-tempo a atividade de *proteção* aos índios foi suspensa.

Uma mulher em frente de uma cabana agita um pano com força, não para nos cumprimentar, mas por causa dos inúmeros *piuns* (pequenos mosquitos que picam de dia),[7] que, na época das chuvas, são um terrível flagelo no *rio* Branco.

A *lancha* Obidense, que partiu de Manaus um dia depois de nós, está bem próxima. Mas ela transporta apenas um *batelão* e não parou em nenhum lugar, ao passo que nós, além de nossas duas pesadas barcaças, rebocamos meia dúzia de barcos e atracamos em cada cabana. Por fim, há uma pequena corrida. Ambas navegam a todo vapor, mas nós, por uma pequeníssima diferença, chegamos primeiro ao porto de Sta. Maria. Zombaria de ambos os lados. A Obidense precisa voltar, já que o ancoradouro é pequeno demais.

À tarde temos um pequeno incidente. De repente, confusão e gritaria: *"Manda parar a lancha!"*. Duas canoas com dois *caboclos*, que pegamos de manhã em Sta. Maria, a reboque, se soltaram. Uma delas emborcou na forte esteira da lancha e ameaça afundar. A outra também está cheia de água. Os dois sujeitos tiram furiosamente a água com suas cabaças e já se afastaram muito. O comandante manda parar imediatamente e envia um barco com dois de nossos Makuschí atrás deles, que, felizmente, ainda os alcançam e os põem a salvo. Por pouco não se afogaram. Queriam ir a Matamatá, uma pequena povoação rio acima, mas agora perderam quase todos os seus haveres e voltarão para Sta. Maria. Perdemos meia hora com essa brincadeira. Enquanto isso, para aborrecimento nosso, a Obidense passa por nós buzinando para caçoar. É claro que não vamos mais alcançá-la, já que navega mais depressa do que nós.

Após o pôr do sol passamos a linha do equador, que corta a grande ilha Aruaná. Para comemorar o momento, nossa "orquestra" toca acordeão, violão e — horrivelmente belo — pistom, e o comandante apresenta, com grande habilidade, alguns de seus números de mágica. Então vêm as cartas, e o jogo de cada dia começa, mais alto do que nunca. Nós nos agachamos na ponta do barco na noite abafada. Adolfo canta ao violão melancólicas canções de amor. A sudoeste brilham relâmpagos ofuscantes. Um temporal se forma e, por volta da meia-noite, desaba com toda força sobre nossas cabeças pecadoras.

À medida que subimos o *rio* Branco, o tempo piora. Dia e noite caem aguaceiros frios, que varrem o deque. De repente, entramos numa zona totalmente diversa. No *rio* Branco, em especial acima da linha do equador, ainda é inverno, quando já é verão no baixo *rio* Negro. Sob chuva torrencial, que não cessou a noite toda, passamos na madrugada do dia 20 de junho a foz do grande afluente direito Catrimani, mais corretamente Caratirimani ou Caratarimani, e, logo depois, a foz do bem menor Iniuini *(Água boa de Iniuini),* que corre paralelamente àquele.

O humor dos passageiros está tão cinzento quanto o céu. Tremendo de frio, as mulheres e as crianças ficam agachadas entre sua bagagem colorida. Falta até mesmo o encantador quadro de todas as manhãs: catar piolho das meninas, que ficam de pé em frente da mãe e deitam a cabeça em seu colo. Os jogadores já estão trabalhando de novo; nem gozaram direito de algumas horas de descanso. As cartas estalam cadenciadamente na mesa, acompanhadas de exclamações a meia-voz.

---

[7] *Simulium.*

O curso do Catrimani ainda é totalmente desconhecido. Dizem que tem muitas cataratas e que vem de longe no oeste, talvez da comprida cadeia Parima, na qual nascem o Uraricoera e o Orinoco, ou de uma serra mais a leste. Dizem que, em seu curso superior, ele se comunica com o Demeneni ou com o Padauiri, afluentes esquerdos do *rio* Negro.

Às 9 horas atracamos por pouco tempo na foz do *lago* Aricurá, um lago grande na margem esquerda, no qual há muitos peixes e *tartarugas*. Dois de nossos barcos vão até lá. O pessoal quer pescar com arco e flechas-arpão. Dizem ser um *lago encantado,* que abriga inúmeras cobras grandes e outros monstros. Índio nenhum ousa entrar nele.

Por volta do meio-dia finalmente a chuva para, e o sol aparece um pouco.

A fauna fica mais animada. Ao contrário do *rio* Negro, o *rio* Branco é rico em caça e pesca. Isso já se nota só de se passar por ele. Espantamos repetidamente *cararás* de bico pontudo, garças brancas e cinzentas e outras aves aquáticas. Nas matas encontram-se antas, veados pequenos, numerosos rebanhos de porcos-do-mato grandes e pequenos e outros animais de caça. As aves também fornecem presa abundante. Os rios e lagos fervilham de grandes peixes saborosos e tartarugas de diferentes espécies, que, na estiagem, vêm em inúmeros bandos até o rio principal para pôr seus ovos nos bancos de areia. Nas baías tranquilas, o *manati*, a disforme sereia dos rios, estica seu focinho engraçado para fora d'água, para comer as plantas das margens com ímpeto insaciável. Iguanas grandes ficam deitados nos galhos que pendem das árvores, bem juntos uns dos outros, caindo n'água quando o vapor se aproxima.

Caçamos de dentro do barco, ora com sucesso, ora sem. Erramos várias vezes um grande pato negro, que voa sempre um pouco à nossa frente e, por fim, escapa por terra ao seu destino. Adolfo, um excelente atirador, mata com tiro certeiro um *mutum*, esse orgulhoso galo silvestre da floresta tropical sul-americana. Dois Makuschí vão buscar a caça de canoa.

Às 8 horas passamos pela foz do Anauá, um importante afluente esquerdo. Em suas cabeceiras, que, dizem, aproximam-se das do Essequibo, vivem os Wayewé,[8] chamados de *tapioca*[9] pelos brasileiros por causa de sua pele clara. Estão em constante conflito com os índios do alto Jauaperi, mas simpatizam com os brancos, mesmo se mantendo sabiamente distantes deles. Em seu curso médio, o Anauá corre através das savanas, que nesse lugar são como ilhas no meio da floresta. Ele foi navegado e registrado cartograficamente pelos portugueses em fins do século XVIII. Hoje é mais desconhecido do que naquela época.

Diversão noturna. Estamos ancorados diante de uma barraca sobre palafitas, que a água do rio alcança; é a habitação miserável de um seringueiro. O dono, um negro completamente bêbado, muito alto e preto retinto como o céu nesta noite chuvosa, se exibe para um público agradecido. Sob a luz incerta de alguns lampiões, ele cambaleia para lá e para cá na estreita prancha que vai de sua cabana até nosso *batelão,* contando longas histórias com sua grasnante voz de negro. Gargalhadas de ambos os lados. Cães mortos de fome, rosnando,

---

[8] Robert Schomburgk: Woyawai.
[9] Farinha de mandioca fininha e branca; amido de mandioca.

às vezes espiam do escuro. Pena que, para nossa diversão, o sujeito negro não tome um banho refrescante.

Em 21 de junho avistam-se, ao meio-dia, as primeiras serras mais altas, as cumeadas da *serra* Yauára na margem esquerda. Navegamos ao longo da alta margem de Vista Alegre. Apesar do nome, é apenas uma cabana ruim, no lugar da antiga aldeia indígena Inajatuba. Rumorejando, a Macuchy vai abrindo caminho com seus penduricalhos pela rápida corrente até Caracaraí, um dos pontos mais importantes no *rio* Branco. Não se percebe sua importância. Não passa de uma miserável cabana de palha.

Caracaraí fica ao pé das grandes cachoeiras do *rio* Branco. As *cachoeiras* constituem o principal assunto das conversas durante uma viagem pelo *rio* Branco, já que representam um enorme obstáculo ao tráfego, apesar de sua queda vertical ter apenas cerca de 18 m, distribuídos ao longo de 24 km. Resultam de três baixas cadeias de colinas, que se erguem a considerável distância do rio em ambas as margens. Na cheia, passa-se pela região das cachoeiras subindo o rio em cerca de seis horas, através de um canal longo e, em vários pontos, sinuoso, que fica na margem oriental, o *furo do Cujubim,* cheio de rochas e de rápida correnteza; como ele fica quase seco no verão, só se pode navegá-lo com barcos pequenos. Além disso, construiu-se na margem ocidental um caminho que contorna as cachoeiras — o percurso dura cinco horas para uma pessoa a cavalo —, a chamada *estrada de Caracaraí,* a qual, porém, fica debaixo d'água grande parte do ano. Fora isso, essa *estrada* tem pouca utilidade, servindo, no máximo, a pequenos transportes de mercadorias, ao passo que, para transportes maiores, ela é por demais dispendiosa, fatigante e demorada, principalmente porque o gado tem de ser carregado e descarregado várias vezes. Por isso, esse caminho só é utilizado raramente.

O rio baixou muito nos últimos dias, como se pode ver pelas marcas. Por isso, para grande pesar meu, o comandante tem de desistir do resto da viagem rio acima, já que não quer expor a Macuchy, de grande calado, ao perigoso trecho que se seguirá. Nos próximos dias devem vir algumas *lanchas* menores do alto rio. A Obidense também ainda está aqui. Está ancorada num porto mais acima, esperando por bois.

O lugar tem má fama em razão de sua terrível malária. Aqui, fervilham os *piuns,* esses miseráveis sugadores diurnos, que são substituídos pelos *carapanãs* (mosquitos grandes) com o cair da noite. O tempo continua péssimo.

Dia 22 chega a pequena *lancha* Yaricuna, que estava ancorada nas proximidades, e parte logo em seguida rio acima, sob chuva torrencial, com o barco de Adolfo, alguns passageiros e carga. Os Makuschí também vão junto. Mais uma vez, o chefe Inácio informa-se pormenorizadamente sobre o conteúdo de minhas malas. Vai esperar por mim em Boa Vista.

O rio está baixando rapidamente, mas, com certeza, voltará a subir, já que sua hora ainda não chegou. No fim da tarde nossos caçadores voltam com um *mutum* e o coração e o fígado de uma anta enorme, que, infelizmente, tiveram de deixar na mata, pois se perderam com aquela chuva terrível.

A única distração neste lugar miserável é a caça. Acompanhado de um menininho índio, ando a vau horas a fio pelas savanas alagadas, que aqui, no meio da região da floresta, estendem-se bem longe para o oeste. Alguns pontos são povoados por inúmeras aves aquáticas, por garças e patos de diferentes espécies e por outras aves, novas para mim e próprias das savanas guianenses: *curicacas*[10] preto e brancas e elegantes *téu-téus*[11] de belo desenho, que têm um esporão vermelho e afiado na parte anterior da asa. Mas é raro chegar-se a atirar, já que não há proteção, e os pássaros são espantadiços demais em virtude dos muitos tiros neste lugar tão movimentado no inverno. A cada passo, espantamos nuvens de mosquitos, que cobrem nossas roupas de negro.

De manhãzinha sou despertado pelas vozes da savana. Como elas me lembram Mato Grosso, com sua flora e sua fauna tão parecidas! Mas como é diferente o modo como ouço e sinto hoje essa singular vida selvagem. Naquele tempo, é verdade que eu olhava tudo aparentando coragem, interiormente, porém, tinha os olhos assustados. Hoje, nada mais me é desconhecido. Toda essa natureza grandiosa tornou-se tão íntima minha como um velho conhecido. Eu a entendo quando fala de maneira amigável comigo e também não a temo quando se opõe a mim com hostilidade, pois eu a conheço e sei como enfrentá-la.

Em 24 de junho chegam os bois destinados à Macuchy, e temos de deixar o *batelão*. Toda a carga é desembarcada e alojada na barraca. A pequena cabana está cheia até o teto de mercadorias e de gente, pois ainda ficam aqui comigo uns trinta passageiros.

Na manhã seguinte os 105 bois são embarcados; um acontecimento e tanto! Do *curral* onde os bois estão abrigados os marujos cavaram uma azinhaga, que desce aos poucos a íngreme margem lamacenta até o nível da água e está protegida por cercas altas dos dois lados. Os bois são tangidos para baixo em grupos de vinte. Lá embaixo são aguardados por alguns homens robustos, que prendem cada boi pelos chifres com uma corda curta e grossa. Então vem de cima, movida pela máquina, uma forte amarra de aço com um laço de corda, que é posta em volta dos chifres curvos do boi. Com essa espécie de guindaste, o pobre animal é içado; fica algum tempo suspenso de maneira lastimável entre o céu e a água, com o pescoço cada vez mais comprido; então é abaixado cuidadosamente pela escotilha e, quando o porão fica cheio, no deque. Lá, os animais são amarrados bem junto uns dos outros, com suas cabeças batendo umas nas outras. Um cavalo de sela, que o comandante comprou aqui, também é içado com uma larga cilha até o deque, onde convive pacificamente com os bois. O quadro modificou-se totalmente. Agora, os bois é que desempenham o papel principal. A barca toda está cheia deles. Eventuais passageiros são apenas hóspedes tolerados e, onde quer que estejam, só incomodam. Até mesmo o comandante está restrito a sua pequena cabine. Onde antes havia redes de dormir a torto e a direito, agora há bois. Onde ficava nossa mesa comprida, à qual comemos e bebemos tão bem e fartamente, e onde os jogadores agitavam incansavelmente suas cartas, bois. Onde nossa bagagem estava alojada, bois. Nada além de bois.

Em quatro horas o trabalho pesado está feito. Após a despedida afetuosa do amável comandante, de quem fui hóspede desde nossa chegada, a Macuchy parte com três buzinadas numa grande curva, rio abaixo, para Manaus.

Esses transportes de gado um tanto bárbaros são bastante dispendiosos, já que só podem carregar um número relativamente pequeno de bois, trazendo, fora isso, grandes desvantagens.

---

[10] *Theristicus* sp., *Geronticus* sp.
[11] *Belonopterus* sp.

Os animais não podem se deitar e não comem nada durante os dois a três dias de viagem até Manaus; não admira que muitos cheguem lá num estado lastimável. A fim de remediar esse inconveniente, começou-se, tempos atrás e com grandes gastos, a construir uma estrada que deveria ligar diretamente Manaus, em direção noroeste, com as savanas do *rio* Branco. Mas tudo ficou nos preparativos. Desde o começo era um empreendimento falho, já que o caminho, de cerca de 500 km, passa exclusivamente por cerrada mata virgem e, com a falta de pasto, provavelmente nenhuma rês chegaria com vida a Manaus.

Tivemos de ficar em Caracaraí até o dia 28 de junho. Em razão da grande umidade, formaram-se verdadeiras culturas de bolor nos objetos de couro; os utensílios de ferro estavam cobertos com uma grossa camada de ferrugem. A cabana em que os passageiros estavam alojados ficou imunda, assim como seus moradores. A chuva atravessava livremente o teto de folhas de palmeira danificado. Em alguns pontos, o chão transformou-se num lodaçal malcheiroso. As noites frias, os dias sem sol. Mosquitos de dia e à noite. Chuva torrencial quase ininterruptamente. Todos sofriam de catarro, especialmente as crianças pequenas; parte delas dormia no chão nu em meio à bagagem, envoltas apenas numa fina coberta. Eu já estava prestes a seguir viagem num barco a remo, levando poucos pertences, e mandaria buscar depois a bagagem principal, quando o rio voltou a subir, e lá de cima veio a pequena *lancha* Bruxa e nos libertou.

Decerto que o *batelão* em que todos nos alojamos é ainda menor do que o da Macuchy. É especialmente desconfortável à noite. Rede com rede, corpos com corpos, choro de crianças pequenas e de bebezinhos, conversa gritada dos passageiros. Estão todos de ótimo humor, contentes por finalmente seguir viagem. Um mulato velho serve a turma toda com um garrafão de vinho tinto. Minha caneca de alumínio passa de mão em mão. Como acompanhamento, um gramofone grande toca melodias alegres. Assim vai até bem depois da meia-noite.

Banho, nem pensar. Escovam-se os dentes de manhã, passa-se algumas vezes o restante da água pelo rosto — pronto! A coletivização dos bens é cada vez maior. Alguém pede meu pente emprestado. É claro que empresto. Ele teria feito o mesmo! Até agora não peguei piolhos.

Passamos sem dificuldade pelo *furo do Cujubim,* acompanhado na margem oriental pela baixa cadeia de montanhas de mesmo nome, também chamada de *serra do Castanhal.* As rochas, de que o braço do rio fica cheio no verão, agora estão, em sua maior parte, cobertas pela água. O piloto manobra pessoalmente o timão e nos faz serpentear de modo magistral através delas. Passamos bem próximo de rochas que sobressaem da torrente espumante. Na extremidade superior do braço fazemos uma breve parada. Aqui é a chamada *Boca da Estrada*, uma cabana no mato, principal ancoradouro das *lanchas*. Levamos mais um *batelão* que trouxe bois, como se pode ver pelas pegadas.

À noite cai, de repente, uma forte tempestade. Um aguaceiro frio varre o deque, molhando tudo. A embarcação dança sobre as altas vagas. Mal conseguimos um pouco de sossego quando, em meio à total escuridão, topamos com toda força contra um tronco de árvore que está pouco abaixo d'água. O solavanco é violento. Todo mundo corre e grita confusamente. Alguns já querem pular n'água quando alguém grita que o *batelão* foi perfurado. Depois de duas horas de trabalho pesado ficamos livres de novo.

Ao nascer do dia passamos a foz do grande afluente direito Mocajaí, que dizem correr paralelamente ao Catrimani e nascer na mesma região que este. O Mocajaí também ainda é totalmente desconhecido e temido por suas febres terríveis. Em seu curso médio há umas poucas aldeias, onde vive o resto da outrora importante tribo dos Pauschiána,[12] que, diz-se, também vivem no Catrimani; são gente pacífica que, às vezes, na estiagem, desce até o rio principal para trocar com os colonos tartarugas e redes de dormir finamente trabalhadas de fibras de palmeira[13] por utensílios europeus. Fisicamente, os Pauschiána diferenciam-se muito das tribos vizinhas, com as quais mantêm pouco contato. Muitos deles se distinguem pela esbeltez do porte e pelas feições delicadas, quase semitas. Sua posição linguística ainda é muito incerta, já que eles nunca foram estudados cientificamente.[14]

O Mocajaí constitui a divisa da região de mata fechada. A partir daqui começam as savanas da Guiana, os *campos gerais,* como o brasileiro diz, que se estendem para além do Uraricoera, bem para o norte até o Roraima.

Navegamos ao longo da bonita *serra* Araracuara, que se estende bem junto da margem esquerda. Ela constitui o sopé sudoeste do maciço de Carumá, de no mínimo mil metros de altura, também chamado de *serra Grande,* o símbolo do alto *rio* Branco. A serra vestiu uma capa de névoa. De suas encostas escarpadas cai água em quedas isoladas até o vale. Diz-se que em seu cume encontra-se um lago com muitos peixes. Deve ser um acúmulo de água em consequência das precipitações, e seria inútil procurar peixes nele.

À tarde, paramos à esquerda, junto de algumas cabanas abertas na savana, para pegar lenha. Os habitantes, *caboclos* e mulatos, se arrumaram como se fossem à igreja. O lugar se chama Serra *Pelada* em virtude da serra que fica atrás, cumes baixos e escalvados, daí o nome. Justamente quando vai chegar o cafezinho, temos de seguir viagem.

Logo estamos ancorados no porto de Boa Vista, capital do *município*[*] de Rio Branco, sede das autoridades, uma fileira de casinhas claras e agradáveis na alta e rochosa margem direita. Procuro primeiro pelo chefe Inácio, mas não consigo encontrá-lo em parte alguma. Visito algumas famílias com nosso amável comandante. O clima político está muito tenso; percebe-se isso em todas as conversas. À noite, dois padres beneditinos vêm a bordo, Thomas e Adalberto.[**] Pe. Adalberto alegra-se muito por encontrar em mim um conterrâneo seu, e eu fico igualmente feliz com os sons do dialeto suábio. Ele é de Lörrach, em Baden, mas já faz quinze anos que não revê essa terra bonita. Pe. Thomas é inglês. Há pouco tempo, em viagem ao Pará, dois padres morreram de febre, que provavelmente pegaram em Caracaraí. A sede da missão é em Capela, rio acima. Além dela, eles têm uma casa ainda nova da missão entre os índios bem no interior, no alto Surumu.

Às 10 horas da noite vou com nosso comandante, João Silva, ao baile na casa de Terêncio Antonio de Lima, um senhor de pele moreno-escura e muito amável. É considerado um dos

---

[12] Também chamados de Pauischána.
[13] Da palmeira miriti (*Mauritia flexuosa*), abundante na região do Mocajaí.
[14] Segundo Richard Schomburgk, eles falam uma língua aparentada do Wapischána, de modo que pertenceriam à família Aruak.
[*] Assim no original. (N. T.)
[**] Mais adiante, esse padre será sempre chamado de Adalbert, seu nome original. (N. T.)

moradores mais influentes de Boa Vista. Um menininho índio vem nos buscar com uma lanterna. Coisa, aliás, necessária, pois a iluminação das ruas em Boa Vista é nula. Os caminhos estão cobertos de mato alto, e a rua principal também é área de lazer dos animais, de bois e, especialmente, de porcos, que descansam em buracos fundos na lama e grunhem indignados quando a luz da lanterna os atinge. O baile é bastante monótono, como são todos desse tipo. Nada original. Danças europeias: valsa, mazurca, quadrilha, como em nosso país. Algumas moças são bem bonitas, de todos os matizes; algumas delas estão usando vestidos sem cintura que lhes caem bem, outras estão meio fora de moda, todas em tons claros e leves; os homens vestem ternos escuros de confecções de Manaus. Orquestra: violão, flauta, gramofone. Bebidas: cerveja em garrafa, *cerveja nacional* do Rio, e *aluá*, um refresco feito de milho. O salão de baile é uma espécie de varanda, e os empregados índios ficam olhando por sobre a mureta de adobe. Dança arrastada. Muita poeira. A única visão realmente agradável é oferecida por uma cadela que, durante uma pausa na dança, se põe à vontade no salão para amamentar seu filhote.

À meia-noite, após o café, escapulimos em meio a muitos abraços e inúmeros *feliz viagem*. À uma hora seguimos viagem. Pe. Thomas ainda conseguiu, a muito custo, um lugarzinho para sua rede. Pe. Adalbert adormeceu sentado num banco.

Capela, por onde passamos na manhã seguinte, às 9 horas, também fica na margem direita e consiste em algumas casas e uma capela branca, bem conservada, enquanto a de Boa Vista ameaça desmoronar. A subida do porto é coberta de rochas. Pe. Thomas desembarca aqui. Pe. Adalbert segue conosco até São Marcos para me apresentar ao administrador, um grande amigo e protetor dos missionários. Meia hora depois chegamos lá. José Ricardo França das Neves vem a bordo. Graças às recomendações que eu trouxe, sou recebido da forma mais amável possível. Minha bagagem é desembarcada e levada por índios, e alojada na grande varanda da casa. A *lancha* prossegue viagem rio acima com o restante dos passageiros. Em seguida, Pe. Adalbert volta de barco a remo para Capela.

São Marcos tem uma posição de destaque na alta e rochosa margem esquerda do Uraricoera. Logo abaixo desemboca o Tacutu, que, em seu curso médio e superior, constitui a divisa com a Guiana Inglesa.

Em geral, supõe-se que o Uraricoera e o Tacutu sejam dois afluentes iguais formando o *rio Branco*. Contradiz tal ideia o fato de o Uraricoera ter um volume de água muito maior e também um curso muito mais longo do que o Tacutu, e de os índios chamarem o rio todo, até sua desembocadura no *rio* Negro, de Parima ou Parime.[15] Eles empregam o nome, que esse grande rio traz hoje em todos os mapas e que lhes é originalmente estranho, só em conversa com os brancos, e dizem ora Uraricoera, ora Araricuera.

A vista do alto de São Marcos é magnífica. Avistam-se ao longe, rio abaixo, as cumeadas azuis de Carumá, Araracuara, Malaguacheta, Pelada e outras serras do alto *rio* Branco. Aqui há sempre ar fresco, que não permite o surgimento de doenças; aliás, todo o alto rio é inteiramente saudável, ao contrário do baixo e médio *rio* Branco e do mal-afamado foco de febre de Caracaraí.

---

[15] Provavelmente "água grande". A designação *paru, palu,* encontra-se em muitos nomes de riachos nas línguas das tribos de lá, Makuschí e Taulipáng, entre outras.

2

EM SÃO MARCOS

São Marcos é o ponto central das Fazendas Nacionais, gigantescas fazendas de gado do governo brasileiro cuja extensão total é estimada em aproximadamente 35 mil km². São, na verdade, três fazendas, São Bento, ao sul e oeste, São José, a leste, e São Marcos, ao norte. Destas, porém, somente a última, com uma superfície de cerca de 8 mil km², ainda está em funcionamento. Ela é delimitada, ao sul, pelo Uraricoera e pelo Tacutu, a leste, pelo *rio* Cotingo, ao norte, pelo *rio* Surumu e a oeste, pelo *rio* Parimé. Nas últimas décadas, estabeleceu-se nessas imensas propriedades do Estado um grande número de pessoas, criadores de gado que tomaram posse da terra ilegalmente e puseram sua marca no gado sem dono que encontraram por lá. Assim, segundo informação de seu administrador, encontram-se na fazenda São Marcos cerca de 18 mil a 20 mil cabeças de gado, das quais, porém, apenas cerca de 5 mil pertencem oficialmente ao Estado. As restantes levam a marca do falecido latifundiário e capitalista Sebastião José Diniz, do Pará, cujos herdeiros movem há anos um processo contra o Estado. O governo brasileiro poderia expropriar legalmente todos esses *fazendeiros* altivos quando bem entendesse, se tivesse poder para tanto nesses territórios longínquos e não temesse provocar uma revolução.

O sítio São Marcos compõe-se da casa-grande de telhado de folha de palmeira, onde mora o administrador, de meia dúzia de cabanas para os empregados e de uma pequena capela. Todas as construções estão em estado de grande decadência. Na parte de trás encontram-se alguns *currais* grandes. Num deles ficam as vacas que fornecem leite para o consumo diário. Os *vaqueiros* são, em sua maioria, índios puros de tribos das redondezas, Makuschí e Wapischána, entre outras, e é admirável a rapidez com que essa gente aprende a lidar com o cavalo e o *laço* quando chega do interior.

Esses empregados indígenas aqui têm, em parte, nomes "cristãos" bem singulares. Neves tem a mania, aliás bastante prática, de dar nomes de homens famosos ao seu pessoal, em vez de nomes portugueses vazios como Pedro, Antônio, José etc., que sempre se repetem e causam confusão. Assim, existe aqui um "Lamartine", um "Chateaubriand", um "Cleveland"; um Makuschí gordo é chamado de "Caruso", e soa engraçadíssimo quando um jovem Wapischána atende pelo nome de "August Bebel".

CURRAL PERTO DE SÃO MARCOS

Neves é famoso em todo o *rio* Branco por sua hospitalidade desmedida, e muitos se aproveitam disso. Ele demonstra grande compreensão para com meus estudos e está sempre pronto a promovê-los. Hübner, que o visitou várias vezes, e o botânico Ernst Ule, que fez coletas no *rio* Branco em 1908, também podem dar testemunho disso.[1] Ele mereceria, com razão, o título de *Cônsul dos Estrangeiros,* que lhe conferi certa vez, brincando. Em nenhum outro lugar eu poderia estar em melhores mãos. São Marcos, situada na orla do território indígena, é muito apropriada como ponto de apoio para expedições ao interior, e Neves exerce influência considerável sobre os colonos e sobre os índios, estes relativamente numerosos.

A comida é, sem sombra de dúvida, muito boa e muito farta. *Dona* Teta, mulher de Neves, uma branca de Manaus — ele próprio é baiano — cozinha muitíssimo bem. Para mim é um verdadeiro "jardim das delícias". Neves quer me cevar, como ele mesmo diz, para que eu possa aguentar melhor a grande fadiga da viagem que farei ao oeste distante. Um prazer especial, de que senti falta por muito tempo, é a primeira bebida do dia, leite espumante "fresquinho da vaca", que um dos vaqueiros indígenas ordenha numa cabaça grande. Há também o maior cuidado com a higiene. Não é preciso descer toda vez o caminho longo e difícil até o porto. Sobre uma estacaria, por onde

---

[1] Infelizmente, meu querido amigo Ule, um dos maiores conhecedores da flora sul-americana, faleceu subitamente em 1915.

a água escorre, ergue-se atrás da casa o espaçoso banheiro, construído no estilo das cabanas circulares indígenas. Há sempre água fresca numa cuba grande.

Os animais domésticos são numerosos e variados. Pavões altivos, perus, galinhas d'angola e galinhas comuns, patos, cabras e bodes, ovelhas e carneiros de chifres recurvos, jovens e velhos, cães de diferentes raças misturadas — o dono da casa não suporta gatos, certamente para grande alegria dos inúmeros ratos e camundongos —, porcos, cavalos, bois, vacas, bezerros, vitelos e muitos abutres úteis, que, juntamente com os porcos, cuidam da "remoção" — todos esses animais convivem pacificamente entre si e com os homens e, ocasionalmente, também penetram nas salas. Até mesmo as cobras venenosas, *jararacas*[2] pequenas que existem em grande número bem perto da casa, são relativamente inofensivas e inertes demais para morder imediatamente. Certa manhã, *dona* Teta encontra um desses bichinhos em sua cesta de costura, onde ele tinha arranjado uma cama quentinha. Na noite seguinte entro com Neves em meu quarto de dormir para revelar chapas fotográficas quando, de repente, meu anfitrião grita: "*Cuidado, doutor, cobra!*". Uma *jararaca* pequena serpenteia bem à minha frente no chão. Devia estar procurando abrigo contra a chuva, motivo pelo qual, afinal de contas, não podemos levá-la a mal. Uma paulada acaba com ela. À noite, as cobras costumam caçar ratos no telhado. Pode-se ouvi-las ramalhando pelas folhas de palmeira do telhado e se escuta o assobio angustiado de sua presa. Mas a gente se acostuma logo com isso e só acha desagradável quando um desses caçadores noturnos cai em nossa rede de dormir, como aconteceu mais tarde com meu companheiro Schmidt. Mas aqui também há uma cobra boazinha, de uns dois a três metros de comprimento, que mora num buraco na parede da capela e mata e come as cobras más. Às vezes, nós a vemos voltando de um passeio na savana. Esta é a situação paradisíaca em São Marcos.

O reverso da medalha, como ocorre tantas vezes na vida, é a política. A tensão está visivelmente no auge. Aqui é como num acampamento militar. Pelo jeito, Neves é o dono da situação, envia mensageiros e espias e recebe relatórios diariamente. Até bem tarde da noite ecoam conversas inflamadas na varanda, todas girando em torno de um só nome — Bento Brasil. Travo conhecimento aqui com um homem que muito se sobressai entre todos esses políticos, José Gouvêa, homem destemido, simpático na aparência e no caráter, a espinha dorsal de toda a "indignação", como se denomina em Manaus essa revolta contra os abusos das autoridades.

São Marcos é uma espécie de ponto de concentração para os índios das extensas cercanias. "Nevi", como chamam o administrador, trata-os bem e é muito conhecido e querido por eles. Vêm, às vezes, em grupos pequenos, homens, mulheres e crianças, para trocar alguns artigos europeus e, especialmente, sal por farinha de mandioca, milho e todo tipo de frutas. Muitos deles vestiram farrapos para celebrar o dia condignamente. Um velho Makuschí, que não fala uma palavra de português e parece um chefe Sioux, vestiu-se, em sua opinião, de modo particularmente elegante. Sobre o corpo magro, em que ainda se veem marcas da pintura de dança, ele veste um colete — outrora — branco e um paletó preto, cujas abas compridas balançam em torno das pernas nuas. Neves me apresenta a eles como *inglês,* já que os ingleses são bem

---

[2] *Cophias, Bothrops atrox.*

conhecidos dessa gente e alguns desses índios falam um pouco de inglês. Passam a tarde toda vadiando ao redor da varanda e olham curiosos tudo que eu faço. São, em sua maioria, gente do chefe geral Ildefonso, entre eles Julião, tio do chefe, um velho conhecido meu. Conheci-o em 1905 com Ildefonso em Manaus, onde fiz com eles meus primeiros estudos da língua Makuschí. Naquela ocasião, Neves os levara consigo para apresentá-los ao governador. Julião está muito contente por me rever e só quer tratar comigo. A casa toda está cheia de índios. O ambiente está muito alegre. A aguardente também tem parte nisso. Em seu pequeno quarto, balançando os joelhos, Neves dança com eles a *parischerá,* a principal dança dos Makuschí.

O Makuschí se parece muito, no timbre e em muitos sons, com o Bakairi do distante Mato Grosso, pertencendo, com ele, à mesma família linguística Karib. O mesmo falar rápido, os mesmos sons meio reprimidos, principalmente um som bem vago entre "l" e "r", típico do Bakairi. Sinto-me de volta ao Xingu ao ouvir o pessoal tagarelando.

À noite, faço com que Maria, a irmã de Ildefonso que tem o rosto e os braços tatuados e é ridiculamente parecida com ele, e sua bonita sobrinha Carmelita cantem no fonógrafo melodias de dança e canções ritmadas das mulheres ao ralar mandioca. Depois de breve e envergonhada hesitação, elas fazem muito bem sua parte, e eu recebo calorosos aplausos ao tocar imediatamente os cantos para o atento público indígena.

Neves cuida para que haja distração. Ele organiza uma corrida de seus vaqueiros índios. É um espetáculo formidável quando os cavaleiros surgem ao longe, no horizonte da planura, quase indistintos, como pontos, então aumentam rapidamente de tamanho e, à rédea solta, os pés descalços no estribo, vêm a galope para, um pouco à nossa frente, frear o cavalo, que chega bufando.

3

As savanas de Chiquiba e as primeiras serras

Logo pude concretizar meu plano de, partindo de São Marcos, visitar os índios no norte.

Em 9 de julho, Pe. Adalbert vem com alguns índios e me convida a acompanhá-lo. Partindo do Parimé, caminharemos em direção norte até o Surumu. Levo somente a bagagem essencial. Talvez por alguns dias tenhamos de andar a vau pela água, já que uma grande extensão das savanas ainda está alagada. Ensopado de suor, passo o dia todo empacotando e secando. Grande parte de minha bagagem está molhada em razão dos aguaceiros diários, que aqui vêm sempre do leste e invadem a varanda aberta, arrastados pelo vento.

Pe. Adalbert trouxe alguns índios. Um deles, um rapaz amável que fala português o suficiente para me servir de intérprete, irá me acompanhar a partir de agora. Como tantos outros, ele se chama João. Nós o chamamos pelo nome mais sonoro de seu pai, Pirokaí. Seu pai é Makuschí e sua mãe, Wapischána. Ele pertence, por isso, segundo as leis indígenas de lá, a esta última tribo, apesar de quase só falar Makuschí.

À meia-noite chega a *lancha* Perseverança com um *batelão*. Ela também leva nove peças de minha bagagem de reserva, que deixarei na povoação de Aparecida, Uraricoera acima, para a viagem posterior ao oeste. Conheci em Manaus o dono da *Fazenda* Aparecida, um teuto-brasileiro de nome Jakob Bamberg.

Dez soldados da polícia chegaram a Boa Vista. Bento Brasil mandou que viessem de Manaus para prender o odiado Gouvêa e outros opositores. Por isso, Gouvêa viaja conosco, armado até os dentes com uma Winchester e uma cartucheira. Deixou sua mulher na casa de Terêncio, em Boa Vista. Ele diz que está viajando em "política secreta". Sua "bagagem principal", um alforje grande, pesa como chumbo e está cheio de cartuchos de Winchester. Agora a coisa pode começar.

Partimos às 9 horas da manhã seguinte (10 de julho). O Uraricoera ainda é muito largo aqui, em alguns pontos chega a medir mil metros ou mais. Passamos a tarde toda ancorados em Passarão, pequeno povoado de paraibanos que o governo assentou aqui. Reina uma sujeira espantosa nas cabanas miseráveis. Os moradores, que, em parte, viajaram comigo até São Marcos, sofrem de todas as doenças possíveis da civilização e dão uma impressão de decadência. Vivem da lavoura de mandioca, cana-de-açúcar, bananas etc., que cultivam à maneira dos índios. Desembarcamos mercadorias e embarcamos lenha. Pe. Adalbert batiza algumas crianças.

Ao cair da noite, seguimos viagem e, de manhã bem cedo, entramos no Parimé. Ele deságua por vários braços, pela esquerda, no Uraricoera. No escuro, erramos a foz principal e quase encalhamos num braço estreito, de modo que, sob muitas imprecações da tripulação, temos de voltar.

O nome Parimé para esse pequeno rio da savana, que nasce no noroeste, na encosta sul da serra Uraucaíma,[1] deve ter ido parar nos velhos mapas portugueses por engano e, assim, também nos mapas modernos. Seu verdadeiro nome indígena é Maruá. As margens do baixo Parimé são rasas e alagadiças, cobertas de palmeirais e pequenas ilhas de árvores. A água tem uma bonita cor verde-esbranquiçada. Diz-se que no verão ela fica inteiramente clara. Ao amanhecer há muita espuma, ainda não dissolvida pelo calor do sol, boiando na corrente silenciosa, vinda de uma cachoeira, *cachoeira do Poço Grande,* que se encontra rio acima. Passamos, sucessivamente, por cinco grandes cabanas indígenas na margem direita. Muita gente nua, índios Wapischána, corre pela savana, desaparecendo nas entradas baixas e saindo, então, vestida.

Os Wapischána, uma tribo Aruak de língua singular, vivem em grupos dispersos ao norte e ao sul do baixo Uraricoera. Seus principais centros ficam no Parimé e no Majari, um afluente que desemboca mais a oeste no Uraricoera; além disso, vivem também no Cauamé, um afluente direito do alto *rio* Branco, que corre paralelamente ao Uraricoera e desemboca pouco acima de Boa Vista. Um ramo da tribo, de língua dialetalmente diversa, vive junto dos Atorai, seus parentes próximos, a leste do alto *rio* Branco, além do Tacutu, chegando até o interior da Guiana Inglesa. Antigamente eram a tribo mais poderosa de toda a região; hoje eles diminuíram muito em número e estão degenerados e desmoralizados sob a servidão dos brancos. Os Wapischána do Parimé gozam, especialmente, de má fama por causa de suas vigarices.

Por volta das 8 horas da manhã chegamos ao nosso destino, o posto Chiquiba, uma cabana limpa à beira de uma lagoa rasa, em frente à foz do pequeno afluente esquerdo de mesmo nome. Aqui vive Marcos José Pereira de Brito Filho, o administrador da metade ocidental da grande *Fazenda* Victoria Flechal, que se estende do Cotingo até o Parimé e compreende um território de mais de 4 mil km^2, portanto mais da metade de toda a Fazenda Nacional de São Marcos. Flechal pertence a *Dona* Vitória Diniz de Faria, mãe do falecido capitalista e excêntrico Sebastião Diniz. O processo dos herdeiros contra o Estado, que tratava de 20 mil cabeças de gado, durou quatro anos e, por fim, foi ganho pelos herdeiros. Pelo menos, é isso o que afirma Brito, um dos herdeiros. Neves é de outra opinião. Como sempre, os gastos com advogados foram enormes. A fim de provar os direitos dos herdeiros, os advogados chegaram até a publicar um livro volumoso com mapas muito ruins.

Pobre Brito! Nove meses por ano ele leva aqui em Chiquiba uma existência não muito fatigante, mas tem saudade do Pará, onde possui um bonito sítio no qual deixou sua família. Não

---

[1] Ucaraíma, nos mapas. Ver mais adiante.

que ele leve a sério demais seu celibato forçado. Algumas moças morenas Wapischána estão dispostas a consolar o solitário em troca de uma pequena remuneração. Pobre Brito! Nove meses por ano ele anseia por prazeres mais civilizados, que o Pará oferece em tão grande quantidade.

Na manhã seguinte iniciamos a marcha. Pe. Adalbert e eu carregamos pesadas mochilas. Pirokaí, os dois índios do padre e Melo, um mestiço de Passarão que trabalha na lavoura da missão no Surumu, teceram para si cestos de folha de palmeira e, com esforço, arrastam o fonógrafo, uma pequena mala de ferro e uma pesada bolsa de couro repleta de chapas fotográficas, cilindros de fonogramas e diversos tipos de artigos para troca. Um deles ainda amarrou todos os utensílios de cozinha em seu cesto cargueiro e está parecendo um vendedor de ratoeiras. Uma parte da bagagem ficou em Chiquiba. Mandaremos buscá-la depois.

Em fila única e com rapidez de índio, seguimos pela savana queimada pelo sol. À medida que o sol se eleva, mais vagarosos se tornam nossos passos. A savana tem longos trechos inundados e quase intransponíveis, uma incubadora de inúmeros mosquitos de todo tipo e tamanho. Apáticos, vamos andando, um logo atrás do outro, pelos campos faiscando de calor ou passamos a vau, imersos até a barriga, pela lama malcheirosa que prende nossos pés. A língua gruda no céu da boca. A pouca saliva é amarga como quinino. Os pensamentos também secam. Toda conversa emudece, já que fica impossível falar com clareza.

Não são caminhos verdadeiros, segundo nossos conceitos civilizados, mas estreitas trilhas indígenas, nas quais é preciso pôr um pé na frente do outro; muitas vezes são profundas, de modo que o pé escorrega, e a ferida, que mal cicatrizou, volta a abrir. Também não são campos contínuos, mas duros tufos de grama isolados elevando-se do chão arenoso e transformando em tortura a marcha dos pés machucados sob a carga pesada. Nesse caso, somente muita força de vontade nos ajuda a prosseguir.

Inúmeros cupinzeiros pontiagudos, que têm duas vezes a altura de um homem ou são até mais altos, estão espalhados pela savana. Pode-se pensar, e algum etnólogo de gabinete talvez ainda chegue a essa conclusão, que os índios copiaram a forma de suas casas dessas pequenas e engenhosas moradias, tão parecidas que são entre si.

A fauna é escassa. Aves aquáticas, uma corça solitária, gado selvagem numa elevação distante. Uma única vez incomodamos um tamanduá grande jantando num cupinzeiro. Num galope engraçado e curto, o rabo peludo erguido, ele se afasta desengonçadamente.

Longe, a leste e a oeste, veem-se cumeadas azuis, as serras do Tacutu e do Uraricoera. Atravessamos a vau numerosos riachos, todos eles correndo para a esquerda, para o Parimé. São acompanhados por magníficas palmeiras em leque,[2] em cujo verde escuro os olhos, torturados pelo ar cintilante, descansam por pouco tempo. De resto, a vegetação é quase mais desanimadora do que a fauna. A vegetação rasteira, chamuscada pelos ardentes raios do sol, é de cor indefinível. Aqui e ali há uma árvore baixa e atrofiada, de galhos estranhamente recortados e

---

[2] Miriti: *Mauritia flexuosa*.

folhas que parecem de couro sussurrando baixinho ao leve sopro de ar. Fora isso, nenhum som, apenas raramente o rouco grito grasnante de uma ave palustre.

Esses campos imensos, uniformes e monótonos, que parecem não ter fim, despertam no homem a sensação de uma enorme tristeza e abandono e lembram-no tão bem de quão pequeno, quão insignificante ele é em comparação com a imensa natureza. E, no entanto, eles têm seu encanto, sua beleza, apesar de, ou, talvez, justamente por causa de sua angustiante tristeza.

Na cheia, o gado e os animais selvagens buscam, juntos, refúgio nas elevações onduladas que não são atingidas pelas águas. Em alguns pontos isolados mais baixos, também na estiagem, restam acúmulos de água semelhantes a lagoas, aos quais os animais acorrem de longe. Ao lado deles, salinas naturais, ou seja, lugares de terra salobra, reconhecíveis pela completa falta de vegetação, atraem os animais. Os índios tiram daí o seu sal ao passar essa terra com água por uma peneira fina, deixando, então, a água evaporar.

Em 13 de julho acampamos num riacho de águas rápidas, que tem numerosos peixes bonitos, *tucunaré, matrinxã, traíra*. Entre todos os peixes desta região, quem merece a coroa é o *tucunaré,* que, na aparência, no sabor e em seus hábitos assemelha-se à nossa truta. O *matrinxã,* um peixe de escamas, não fica atrás do *tucunaré* em sabor, só que é mais gordo do que este. A *traíra* é o peixe mais comum desses riozinhos das savanas. Suas espinhas numerosas não permitem que apreciemos direito sua carne, no mais, saborosa.

Peixe fresco é um alívio, depois de termos passado vários dias à base de carne de boi dura e seca. Como se não bastasse, Pirokaí ainda acerta uma *curicaca* grande e uma outra ave aquática negra, cuja órbita ocular e o bico brilham com uma bela coloração alaranjada. Os Makuschí a chamam de *tará*[3] por causa de seu grito. Infelizmente, temos de nos arranjar sem sal nem pimenta, já que o pessoal esqueceu ambos os temperos em Chiquiba.

Pe. Adalbert não se sente bem. Por isso, decidimos pernoitar aqui e, amanhã cedo, enviar adiante dois homens para trazer gente de uma casa Wapischána distante daqui um dia de viagem, ou voltar depressa para nós sem bagagem.

Às 3 horas da madrugada, Pirokaí e um outro índio partem à luz do luar. Às 7 horas nós os seguimos. A marcha segue horas a fio por planícies sem água, depois novamente por pântano profundo. Logo após o meio-dia passamos pela primeira elevação baixa e rochosa, um sinal de que estamos nos aproximando da região serrana, que, aos poucos, se descortina à nossa frente num panorama magnífico e vasto. A sudoeste avistamos a *serra* Tarámi e outras serras do Uraricoera; a oeste, a *serra* Uanáru, um pouco à nossa frente; a noroeste, a *serra da Aruaná* e, atrás dela, avançando como bastidores, a *serra do Panelão,* a *serra do Banco* e a *serra do Mel,* nosso destino temporário. Longe, ao norte, eleva-se a alta serra Mairari, à qual, em fileira ininterrupta até longe em direção sudeste, unem-se as numerosas serras do Surumu e do Tacutu. Acampamos à beira do *lago da Anta,* uma lagoa grande de água clara e fresca, que não seca nem no verão. Milhões de vaga-lumes grandes piscam no escuro como diamantes voadores. Mas inúmeros mosquitos também cuidam para que não nos percamos totalmente em ilusões.

---

[3] *Ibis oxycercus* (Spix).

De manhã bem cedo seguimos viagem. A lagoa está animada por um grande rebanho de gado e inúmeras aves aquáticas. Um bando de garças brancas passou a noite numa árvore perto de nosso acampamento. Ao romper do dia elas se dispersam, voando em todas as direções, cada qual para o seu território. Atravessamos a vau o *lago da Anta* e, logo a seguir, o *lago de Aruaná*. Duas pessoas vêm ao nosso encontro. São os nossos dois enviados, é verdade que sozinhos, mas eles pegam nossas mochilas, e, assim, agora podemos acelerar o passo com mais liberdade. O caminho serpenteia por entre os cumes baixos, situados a oeste e a leste, que compõem a *serra de Aruaná*, e segue, então, ao longo de um riacho cercado de altas *miritis,* até uma pequena povoação Wapischána, que alcançamos por volta da 1 hora. É uma casa de frontão baixa, semicircular, e a seu lado há uma barraca aberta, sob a qual encontramos abrigo.

Um senhor idoso e magro nos recebe amavelmente. É o pai de Joaquim, o primeiro *vaqueiro* de Brito em Chiquiba. Algumas damas seminuas, com riscos tatuados no queixo, velhas e jovens, também aparecem em fila indiana e nos estendem acanhadamente a mão. Servem-nos carne de boi assada nadando em picante molho de pimenta. Vem acompanhada de beiju fresco e bananas e, por fim, uma grande cuia com *caxiri* de milho, avermelhado e espumante. Conheço, de minhas viagens anteriores, esse refresco indígena e seu preparo meio duvidoso para os padrões europeus. Os grãos de milho cozidos são mastigados pelas mulheres para que a massa fermente mais depressa. Mas isso não estraga meu prazer.

Quando os índios não têm outra caça, atiram num boi, e os *fazendeiros* ficam furiosos com isso. Não pensam que tomaram ilegalmente dos antigos senhores da terra sua região de caça.

Há um grande número de animais mansos nesta barraca indígena: um macaco ágil, que os nossos rapazes vivem provocando, papagaios e *periquitos* de diferentes espécies, um gato, cães, galinhas. Tudo se mexe à nossa volta e entre nós. Os mais caridosos são os pintinhos, que sobem em nossos pés descalços e comem os inúmeros *piuns* empanturrados de sangue. À tarde, vêm, por pouco tempo, muitos visitantes pintados, índios Wapischána e Makuschí, de uma casa nas proximidades, onde se realiza um baile. Infelizmente, os homens vestem farrapos europeus, as crianças estão nuas, mas as moças usam tangas de miçangas com belos padrões. Melo não conseguiu resistir. Sem permissão, foi com sua carga à festa, antes de nós. Em troca de miçangas e pequenos espelhos, compro dos moradores da casa alguns objetos etnográficos, encantadores trançados, de que os Wapischána são mestres, e um bastidor simples com uma tanga de miçangas inacabada, na qual a avó está trabalhando. Ela não consegue entender que eu queira comprar o trabalho inacabado e me examina com um olhar indescritível. Acha que sou louco. — Quantas vezes deparei, mais tarde na viagem, com esse olhar!

Agora estou novamente no genuíno ambiente doméstico indígena, com seu típico cheiro meio ácido de mandioca fermentada, de *caxiri,* pimenta e muitas outras coisas, com sua confusão de cestos, potes e instrumentos variados, com seus numerosos xerimbabos (animais domésticos) que, a princípio, são tímidos, mas logo se tornam tão íntimos quanto seus donos e donas, e tenho de admitir, sinto-me muito melhor neste ambiente selvagem do que na caricatural civilização que deixei há pouco.

Na manhã seguinte vêm algumas moças Makuschí muito bonitas, seminuas, com o rosto pintado com riscos pretos e usando no tronco grossos colares de contas. Dizem que os homens que empregamos ontem como carregadores estão embriagados e as enviaram para substituí-los. Isso é típico dos índios!

A carga é empacotada nos cestos trançados, mais ou menos iguais em toda a Guiana, chamados de *panacu* pelos brasileiros no *rio* Branco. A larga alça, trançada de macio líber de palmeira, vai à testa. Partimos logo após as 7 horas. Deixamos, à esquerda, a *serra do Panelão*, que, como todas essas serras até o Surumu, vai de oeste para leste. Caminhamos por terreno ondulado, entre rochas de granito altas e arredondadas, cobertas com inúmeros desenhos frescos riscados na rocha, representando pessoas, quadrúpedes, pássaros e um *batelão*.

Às 8 horas chegamos a uma casa Wapischána redonda com teto cônico sobre uma parede baixa de pau a pique. Há muita gente nua aqui. Estão dançando a *parischerá,* ou *parischára,* como os Wapischána dizem, em semicírculo. Em compasso quaternário, balançando os joelhos e batendo com o pé direito no chão, homens, mulheres e crianças andam em círculo sob canto monótono. A festa está terminando. A maioria dos homens está muito embriagada. Alguns senhores velhos roncam em suas redes na cabana à meia-luz. O quadro todo dá uma impressão bem decadente. Oferecem-nos um forte *caxiri* de mandioca, chamado *payuá.* Foi mal coado, e tem-se a constante sensação de estar engolindo um dente que caiu. Emprego um jovem Wapischána, de nome Manduca, que ainda está cambaleando por causa do álcool. Melo também está com uma forte ressaca. Segundo a expressiva descrição de nossas belas carregadoras, ele dançou, cantou e bebeu a noite toda, e também vomitou, como costuma acontecer numa verdadeira quermesse.

Pouco após as 10 horas seguimos viagem. Passamos novamente por grandes rochas arredondadas com desenhos recentes: veado, cavalo, cachorro, tartaruga e outros animais, também desenhos primitivos de pessoas, bem ao estilo das antigas pinturas rupestres. A área dos corpos, em parte, é áspera, semelhante a algumas pinturas rupestres dos bosquímanos do sul da África. Pirokaí demonstra para mim que os desenhos são feitos com uma pedra pontuda. Diz-se que no alto Parimé se encontra a chamada *pedra pintada,* uma rocha gigantesca toda coberta com desenhos semelhantes, feitos há muito tempo.

Fiquei um pouco para trás por causa de meus pés machucados. Uma encantadora menina Wapischána de uns cinco anos de idade, de olhos grandes e inteligentes, é meu atento guia. Assim, logo chegamos a duas cabanas alongadas com um *curral* na savana sem árvores. Só a vovó está em casa. Está doente na rede de dormir e se queixa de sua dor, para mim, em Wapischána. Após uma marcha fatigante, chegamos à 1 hora a duas cabanas redondas Makuschí, no sopé da *serra do Banco.* É a terra de nossas carregadoras, mas seus parentes estão na festa, e elas seguem viagem conosco. O caminho segue íngreme pela falda ocidental da serra, o divisor de águas entre o Parimé e o Surumu. A mata escassa que cobre as encostas é interrompida em alguns pontos por plantações de mandioca, cultivada com extrema dificuldade entre as rochas altas. É a única possibilidade de os índios dos arredores conseguirem seu sustento, já que nada cresce na savana. A trilha é arriscada. Às vezes, as rochas estão tão próximas umas das outras que os carregadores mal conseguem abrir caminho. Apesar disso, nossas moças índias vão sempre à frente. Nem parece que mocinhas esbeltas e de membros delicados conseguem carregar cargas tão pesadas. Da cumeada da serra tem-se uma vista magnífica para além do extenso vale do Surumu, até a *serra do Mel,* próxima daqui, e da alta *serra* Mairari, que faz divisa ao norte.

INSCRIÇÕES RECENTES EM ROCHAS DE GRANITO

Pirokaí me conta uma lenda da *serra do Banco*: em tempos antigos havia um grande banco em seu cume, mas Makunaíma, o herói da tribo, tirou o assento e o levou para uma serra vizinha mais baixa, onde ainda se pode vê-lo na forma de um rochedo grande e plano. Os quatro pés do banco formam, como quatro altos pilares de rocha, um quadrado no alto da *serra do Banco,* ou *muréi-tepö,* que deve a ele seu nome, pois *muréi* designa, em Makuschí, o banco baixo feito de um só pedaço de madeira.

Descemos ao vale até uma aldeia Makuschí, cujas cabanas redondas estão pitorescamente dispersas na savana. À parte, vê-se um *curral* com gado. É o domicílio do chefe Manuel, um irmão mais jovem do chefe geral Ildefonso. Atualmente, só há duas famílias aqui. Manuel encontra-se na grande aldeia ao pé da *serra do Mel.* Seu cunhado Hermino, um homem bonito, esbelto e alto, como a maioria dos Makuschí desta região, faz as honras da casa. Conta-nos histórias ruins sobre Ildefonso. Como muitos de sua raça, este se corrompeu totalmente em razão do longo contato com os brancos e deixa que eles o usem para todas as malandragens possíveis. Diz que quase toda sua gente o abandonou; que agora Ildefonso se vendeu para Bento Brasil e procura arranjar-lhe trabalhadores para os seringais insalubres no Anauá; e, já que ninguém vai com ele de livre vontade, ameaça os índios dizendo que Bento virá com soldados e levará as pessoas à força. Ildefonso recebe dez *mil-réis* por cabeça. É o mais puro tráfico de escravos!

Um jovem índio parte à noite, à luz do luar, para trazer Manuel até aqui. Dormimos numa das barracas abertas. Inúmeros mosquitos grandes e, especialmente, os minúsculos *maruins*, que passam até pela malha estreita dos mosquiteiros, perturbam o descanso noturno. Nossos jovens se recolheram à casa abafada, onde não ficam tão expostos aos ataques dos pequenos sugadores. Apesar da marcha fatigante, eles ainda estão bem dispostos e tagarelam e riem até bem tarde da noite.

Bem cedo na manhã seguinte chega o chefe Manuel, cujo nome indígena é Pitá, um tipo magnífico, de porte alto, esbelto e imponente, semelhante a um índio norte-americano, rápido e certeiro ao falar e responder. Traz consigo uma longa fila de gente nua, na maioria índios Taulipáng das serras no norte. A única vestimenta dos homens é uma faixa comprida, de um palmo de largura, de chita azul, mais raramente vermelha, presa, na frente e atrás, no cinto de cordões, pendendo só um pouquinho na parte de trás; na frente, porém, é comprida, de modo que a extremidade é atada ao redor do pescoço por jovens vaidosos ou é jogada pitorescamente por sobre o ombro. Nos lóbulos furados das orelhas eles usam cânulas do comprimento de um dedo, dos quais pendem plaquinhas de prata em forma de meia-lua presas em curto cordão de miçangas. A maioria tem, atravessando o lábio inferior furado, fina cânula de taquara ou uma agulha europeia com a ponta voltada para fora. Também o septo nasal, em alguns deles, é furado e enfeitado com um pedacinho de taquara. Quase todos, para comemorar a visita, têm o rosto pintado de vermelho e preto, as mulheres também, com a tatuagem costumeira da tribo, pontos, riscos e motivos em forma de anzol na região da boca. Muitos dos homens jovens têm formas cheias femininas, distinguindo-se, assim, dos Makuschí, muitas vezes magros, e, especialmente, dos Wapischána, com seus traços mais finos, quase europeus.

4

Com o chefe Pitá em Koimélemong

Às 10 horas iniciamos a caminhada dando gritos de alegria. Em pontos isolados, a savana possui uma vegetação atrofiada e é salpicada de grandes grupos de rochas. Para a direita serpenteia um riacho em leito lamacento, de que temos de atravessar várias vezes a vau, imersos até o peito, a primeira água para o Surumu. Subindo, saímos aos poucos do vale pantanoso. A trilha está coberta de cascalho pontiagudo; uma tortura para os pés machucados. Quando chegam a um trecho como este, os índios calçam sandálias feitas das extremidades inferiores e largas do pecíolo da palmeira *Mauritia*, mais raramente de couro de veado ou de anta.

Após duas horas chegamos à extremidade oriental da *serra do Mel,* que corre de sudeste a noroeste. Abandonamos, então, a direção norte e viramos para o oeste, com a serra à nossa esquerda, e descemos até o vale, onde, num campo extenso e aberto, saúdam-nos as cabanas pardas da aldeia Koimélemong. Nós nos pomos em ordem numa longa fila: à frente, o chefe, depois, os muitos carregadores e carregadoras, por fim, o padre e eu. Os índios dão gritos de alegria. Pitá sopra minha buzina, que pediu emprestada, e faz um som estridente. Chegamos a passo acelerado à aldeia, onde nos preparam uma acolhida grandiosa. À entrada da aldeia somos esperados por meia dúzia de "damas de honra", belas moças morenas em seu traje ao mesmo tempo simples e de bom gosto, tangas de miçangas tecidas com bonitos padrões antigos, de cujos cantos inferiores pendem longos cordões de algodão. Os cabelos compridos, caindo em ondas, pretíssimos e brilhantes, estão cingidos por uma testeira em que foram espetadas flores amarelas. Peito, braços e pernas estão inteiramente adornados com cordões de miçangas azuis e brancas e sementes de cor castanha. Passamos, então, por uma fila interminável de homens, mulheres e crianças, até a entrada da cabana que os missionários mandaram construir para sua estada temporária. Estendemos a mão a cada um, até à menor criancinha nos braços da mãe. Poucas pessoas estão vestidas. A maioria se mostra em sua beleza nua, figuras magníficas e esbeltas. Quase todos estão pintados.

Crianças e mocinhas, algumas das quais já passaram uma temporada na missão, ajuntam-se ao redor do padre Adalbert. Oram o "Pai-Nosso" em Makuschí e cantam alguns hinos religiosos com letra em Makuschí, canções de Natal. Fico comovido ao ouvir aqui, entre os índios nus, as belas e antigas melodias nas vozes claras das crianças: *Stille Nacht, heilige Nacht* (Noite feliz), *Am Weihnachtsbaum die Lichter brennen* (As luzes brilham na árvore de Natal). Meus pensamentos voam para longe...

A seguir, o chefe me apresenta solenemente ao povo reunido, umas quatrocentas pessoas. Conta-lhes que tipo de sujeito eu sou, o que quero aqui, que já viajo há vários anos com os índios etc., etc. O governante também cuida da alimentação e das demais necessidades. Servem um almoço excelente: carne de galinha e de veado cozida acompanhada de molho de pimenta, caldo de cana cozido com *farinha* (de mandioca) como "sobremesa", e, por fim, *caxiri*. Uma pele de boi esticada no chão serve de mesa, ao redor da qual nos agachamos.

Após a comida, Pitá mostra ao povo os tipos indígenas do Uaupés e do Japurá trazidos por mim. Uma cena e tanto. O chefe está sentado à entrada de nossa cabana, num banquinho baixo, a pele de boi à sua frente. A seu lado, em pé, seu cunhado. Os espectadores formam um semicírculo. Pitá pede que eu lhe explique cada foto: qual é a tribo, se é um chefe ou xamã, os adornos etc. Então ele traduz o que eu disse para o Makuschí; a seguir, seu cunhado ergue a foto e a mostra ao redor, repetindo novamente a explicação em voz alta. Então as fotos são postas em ordem sobre a pele de boi e algumas são passadas novamente de mão em mão. Tudo transcorre na maior ordem e tranquilidade. Nada de cotoveladas, nem empurra-empurra, nem briga, nem gritaria. O chefe dá suas ordens em voz alta, e as pessoas obedecem cegamente.

Observo aqui, assim como em minhas viagens anteriores, que o índio quase nunca pega uma fotografia na posição certa para, como nós; ou a olha de cabeça para baixo, ou de lado.

Ao pôr do sol o padre reúne mais uma vez seus "fiéis", que o chefe chama com sua buzina. Eu a dei de presente, já que se afeiçoara tanto a ela.

Pode-se pensar o que se quiser das missões — falo aqui do ponto de vista puramente humano —, mas esta missão traz um grande benefício: ela protege os pobres índios dos abusos dos brancos e impede, mesmo que talvez por um curto período, que eles se transformem em bêbados degenerados, acometidos das doenças da civilização. Do ponto de vista cristão, apesar dos hinos e das orações, com certeza eles ainda se encontram no mais profundo paganismo e repetem tudo sem pensar no que estão dizendo. Mas será que, por isso, são moralmente inferiores à maioria de nós?

Se não nos encontrássemos aqui no interior semisselvagem, a missão poderia trabalhar com grandes meios e criar escolas; então seria possível realizar uma obra que realmente tivesse estabilidade e valor. Mas aqui, onde o branco pensa estar civilizando ao dar ao índio alguns trapos e ao ensiná-lo a beber aguardente e a praguejar, ao mesmo tempo que o explora de maneira irresponsável em proveito próprio, neste lugar infeliz, o Amazonas em geral e o *rio* Branco em especial, cada esforço cultural sincero permanecerá uma obra incompleta, um fenômeno passageiro. É uma pena, pelo esforço vão!

Entre a população indígena moreno-escura, queimada pelo sol quente da savana, notei imediatamente um índio quase branco, amarelo-claro de bochechas coradas, bem mais claro do que muitos europeus do sul. Pensei, primeiro, que se tratasse de um branco. É um Majonggóng do oeste distante, a região do alto Orinoco. Um dia, veio com seu pai para cá, trabalhou por algum tempo para um branco, casou-se depois com uma Makuschí e estabeleceu-se aqui perto, embora seu pai tenha voltado para sua terra. Diz-se que toda a tribo dos Majonggóng é branca assim, o que, em geral, é confirmado por seus parentes próximos no alto Orinoco, lá chamados de Makiritáre.

Os Majonggóng são os comerciantes mais ativos de toda a região. Quase todo ano empreendem grandes viagens à Guiana Inglesa para trocar artigos europeus, especialmente espingardas de vareta inglesas e cães de caça, por produtos nativos, como raladores de mandioca, zarabatanas e curare.

Manduca, como é habitualmente chamado por seu nome brasileiro — seu nome indígena é Mayulíhe —, fala um pouco de português. Tem um rosto redondo com olhos castanho-claros de olhar amigável, belíssimos dentes brancos, que gosta de mostrar ao rir, e um comportamento naturalmente distinto e um pouco orgulhoso. Ele se coloca imediatamente a meu serviço e também concorda em me acompanhar mais tarde à sua terra.

Na manhã seguinte, bem cedo, padre Adalbert segue viagem, com Melo e dois índios, para a missão, distante daqui um dia e meio. Meu Pirokaí foi diretamente da *serra do Banco* para sua casa, que fica na extremidade ocidental da *serra do Mel*. Quer visitar sua família, da qual ficou separado por bastante tempo, e, em especial, sua jovem mulher; não posso recriminá-lo por isso. Dentro de poucos dias me seguirá. Eu me instalo aqui. Quero ficar algumas semanas neste lugar bonito com meu anfitrião atencioso, que nada deixa faltar.

Koimélemong, em seu tamanho atual, é um estabelecimento moderno. Originalmente, a aldeia constituía-se apenas de duas casas Makuschí em estilo antigo, ao redor das quais, no decorrer do último ano, agrupou-se uma dúzia de cabanas e alpendres abertos. Essa grande afluência deve-se, em primeiro lugar, à personalidade do chefe Pitá, que, com seu jeito calmo, prudente e, ao mesmo tempo, enérgico, exerce grande influência sobre os índios daqui. O segundo motivo é a proximidade da missão. A notória curiosidade dos índios, uma certa simpatia pelos missionários, tão diferentes dos demais brancos com os quais eles se encontram ocasionalmente, e o mistério, o encanto que envolve os missionários, tudo isso atrai os índios. De maneira semelhante formou-se também na encosta sudeste da serra Mairari uma aldeia grande, segundo dizem constituída de dez cabanas, chamada *Maloca Bonita*.[1] Na realidade, a maioria das cabanas de Koimélemong, ou *Maloca do Mel,* é habitada apenas temporariamente. Reina um constante ir e vir, o que faz o número de habitantes mudar muito. Índios vindos de longe acorrem para cá para as grandes festas. Acontecimentos especiais atraem a gente morena, como a minha presença, com todas as suas atrações e a oportunidade de fazer comércio. Não há necessidade de grandes preparativos para a viagem. Os poucos utensílios domésticos são empacotados num instante em cestos e, com a mesma rapidez, arrumados no novo lar. A maioria dos habitantes de Koimélemong tem, além destas cabanas provisórias, suas casas principais, distantes daqui vários dias de viagem para o norte e o oeste, espalhadas para além da savana montanhosa. Lá eles têm também suas roças. As roças de Koimélemong, plantadas com dificuldade nas encostas

---

[1] *Maloca* é uma palavra indígena e, no Brasil, geralmente designa uma grande casa comunitária, que serve de moradia a várias famílias, em geral, pertencentes a uma parentela. Aqui ela designa uma aldeia grande.

da *serra do Mel,* fornecem apenas uma produção lastimável. Por isso, é impossível uma concentração maior de pessoas aqui por muito tempo. Por esse motivo, essa população flutuante já se vê obrigada, de tempos em tempos, a procurar suas verdadeiras moradas para cultivar as roças e buscar novas provisões.

As cabanas da aldeia estão dispostas em duas ruas, que correm de sudeste a nordeste. No meio, erguem-se as duas antigas casas Makuschí; com sua forma característica, elas têm um aspecto incomparavelmente mais bonito e também são mais espaçosas do que as casas mais novas; estas, muito baixas, de planta octogonal, com seus tetos cônicos e as paredes baixas de cantos arredondados, são uma mistura infeliz dos estilos indígena e brasileiro. As ruas e os arredores da aldeia são mantidos muito limpos. O chefe cuida com rigor para que as moças arranquem, por turnos, as ervas daninhas. O chão é firme como o chão batido de uma eira. A cabana dos missionários, que me foi destinada como moradia, fica à entrada sudeste da aldeia e tem o descaracterizado estilo brasileiro. Na frente, ela possui um cômodo grande e vazio e, atrás, duas divisões pequenas e penumbrosas, nas quais posso revelar as chapas fotográficas. O cuidadoso chefe mandou pôr alguns andaimes nas paredes, nos quais minha bagagem está depositada a salvo dos cupins e de outros bichos.

A localização de Koimélemong é magnífica. O limite ao sul é constituído pela cumeada coberta de mata da *serra do Mel,* próxima daqui. A água, a que os raios de sol dão um brilho prateado, cai de suas penhas escarpadas. Os pequenos regatos unem-se num riacho claro que banha a aldeia formando um grande arco, ora brotando sob rochas enormes, ora correndo sobre areia fina em direção ao Surumu, próximo daqui. O bramido de suas cataratas ressoa claramente no silêncio da noite. Para o norte e o nordeste, o olhar vagueia desimpedido pelo extenso vale e pela grandiosa paisagem serrana da Guiana, com suas inúmeras cumeadas pitorescas. Na distância azulada, uma serra comprida corta a vista com uma cumeada horizontal. Os índios a chamam de Yaró. É o divisor de águas para o Orinoco. À nossa frente, a nordeste, distante apenas poucas horas, a serra Mairari ergue-se acima de mil metros e longe, a leste, fica a serra da Lua, *Kapoí-tepö,* quase tão alta quanto aquela.

O nascer do sol é indescritivelmente belo. Pouco a pouco, o céu noturno clareia sobre a serra Mairari, evidenciando nitidamente os seus contornos. Ele brilha nas cores azul-turquesa, verde-claro e amarelo. Algumas nuvenzinhas distantes já se mostram ruborizadas pelo beijo do sol, enquanto outras, mais próximas, passam ainda negras na sombra da noite, até que, de repente, irrompe o enorme astro, cujos raios o olhar humano não consegue suportar.

Não é de todo correto e pode ser facilmente mal interpretado quando se lê nos livros de geografia que, nos trópicos, o dia de repente se transforma em noite. É verdade que o crepúsculo, nos trópicos, não é, nem de longe, tão longo quanto na Europa, mas existe, também nos trópicos, um lusco-fusco de uma hora ou mais, tanto de manhã, quanto no fim da tarde, de modo que se pode ler por muito tempo antes do amanhecer e após o anoitecer.

A maioria dos moradores de Koimélemong pertence às tribos Makuschí e Taulipáng. Além deles, há ainda alguns Wapischána, em sua maior parte mestiços de pais Makuschí e mães Wapischána, mas que, segundo o costume daqui, pertencem à tribo da mãe.

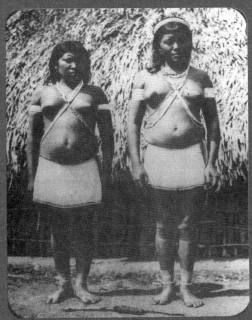

À ESQUERDA ACIMA
MOCINHAS WAPISCHÁNA

À ESQUERDA EMBAIXO
MOCINHAS TAULIPÁNG

À DIREITA ACIMA
ADOLESCENTES TAULIPÁNG

À DIREITA EMBAIXO
MOCINHAS MAKUSCHÍ

A tribo dos Taulipáng tem uma grande extensão. Suas moradas estendem-se do Surumu, ao norte, até o Roraima, o enorme monte de arenito na divisa entre Brasil, Venezuela e Guiana Inglesa, e, em direção sudoeste, para além do curso superior dos rios Parimé e Majari até a grande ilha Maracá, no Uraricoera.

Fui eu que descobri o nome da tribo Taulipáng. Esses índios são chamados de Yarikúna pelos Wapischána e, por conseguinte, também pelos brancos. Todos os viajantes anteriores, como os irmãos Schomburgk, Appun e Brown, entre outros, chamam-nos de Arekuná. Yarikúna, Arekuná ou Alekuná era como eles, a princípio, se autodenominavam também para mim. Somente após convivência mais prolongada com eles é que eu soube que o verdadeiro nome de sua tribo é Taulipáng, e também vi isso confirmado pelos textos que registrei de sua língua. Quando, mais tarde, voltei a São Marcos e contei a Neves que Taulipáng é o verdadeiro nome da tribo de todos os índios do Surumu até o Roraima, ele riu de mim e disse: "Já faz dez anos que vivo com esses 'Yarikúnas', e esse doutor alemão, que está aqui há apenas alguns meses, quer me ensinar!". Chamou alguém do seu pessoal, um "Yarikúna" das proximidades do Roraima, e lhe perguntou: "De que tribo você é?". Resposta: "Yarikúna!". Risada de triunfo. Então eu lhe perguntei: "Como é que vocês chamam a si mesmos?". Resposta: "Taulipáng!". Dessa vez, quem riu fui eu.

Somente a oeste e noroeste do Roraima é que vivem os verdadeiros Arekuná, especialmente na região do *rio* Caroni. Diz-se que são chamados de Kamarakotó pelos Sapará do Uraricoera, mas, de acordo com outros, esse nome designa uma subdivisão especial da tribo Arekuná. As línguas dos Taulipáng e dos Arekuná, ambas da família Karib, mostram pequenas diferenças dialetais entre si e são parentes próximas do Makuschí.

Também fazem parte dos habitantes de Koimélemong numerosos animais domésticos, sem os quais não se pode imaginar uma povoação indígena na Guiana: muitos cães magros, alguns dos quais sempre entram à noite em meu quarto de dormir, deixando lá suas pulgas; galinhas, que vou comendo pouco a pouco; papagaios de diferentes espécies, bem como *periquitos,* entre os quais alguns quase totalmente amarelos, que fazem um barulho infernal após cada chuva, rouxinóis,[*] alguns mais amarelos e outros mais negros,[2] vários outros pássaros pequenos, um jabuti engraçado,[3] o sábio nas lendas indígenas sobre animais, que engana várias vezes a tola onça e, no fim, acaba vencendo o veloz veado na corrida, e um *jacami*,[4] esse ventríloquo engraçado, o melhor amigo do homem e um dos pássaros mais inteligentes e fáceis de domesticar.

Levo uma vida idílica aqui. De manhã cedo, antes que o sol se levante acima das montanhas, vou com meus meninos para o banho no riacho próximo, um lugar sossegado e, ao mesmo tempo, selvagemente romântico, onde a fresca água da montanha esguicha de uma escura gruta na rocha e, depois de um salto divertido, ajunta-se numa bacia limpa e arenosa. Um bando de alegres rapazes índios sempre nos faz companhia, e a alegria é grande. As mulheres e as moças tomam banho alguns metros abaixo. Suas risadas e gritos travessos ressoam até nós. Tão logo retorno a

---

[*] Assim no original. (N. T.)
[2] *Ageloeus imthurni.*
[3] *Testudo tabulata.*
[4] *Psophia crepitans.*

minha cabana, uma velha Wapischána, que o chefe pôs para me servir, traz o café da manhã, a "sopa de batata", um caldo roxo e grosso de *cará*[5] cozido. Em dias especiais de festa também me dou ao luxo de uma xícara de chocolate, que eu mesmo preparo na caneca de alumínio. Então começa o trabalho do dia. Os índios são fotografados sozinhos e em grupos. Ninguém tem medo do aparelho misterioso. Na verdade, eles até se atropelam para essa tarefa, pois, como pagamento, há tabaco e anzóis para os homens, miçangas e faixas coloridas para as mulheres e crianças. O inteligente Pitá demonstra grande interesse por todos os meus trabalhos. Sob o pano negro e sobre o vidro opaco, ele observa os movimentos das pessoas e animais e morre de rir quando as mulheres chegam correndo, de cabeça para baixo.

Não consigo imaginar um empresário melhor. Disse-lhe — o que, afinal, não é mentira — que fui incumbido pelo *governo* de visitar todas as tribos e ver se os chefes são bons ou não prestam. O *governador,* o *primeiro tuxaua* (chefe geral) em Manaus, quer saber de tudo, como as pessoas vivem, o que fazem etc. Para esse fim também preciso comprar todas as coisas. Agora ele faz tudo que eu quero, traz tudo para mim, manda que tragam isto e aquilo, manda as pessoas para serem fotografadas, e elas lhe obedecem à risca.

Manda que os moradores se pintem festivamente, pois eu disse que queria tirar algumas fotos. Manda todo o seu povo se alinhar. Algumas moças vestiram saias europeias de chita. Dou-lhes a entender que não acho isso nem um pouco bonito. Imediatamente, deixam as saias cair e mostram as bonitas tangas de miçangas que estavam usando por baixo da "civilização".

A pintura se manifesta pelo corpo todo em desenhos geométricos e figuras de pessoas e animais, e os jovens de ambos os sexos esforçam-se para encontrar sempre novas combinações. O efeito é especialmente original quando há um desenho diferente em cada lado do rosto. Uma menininha Taulipáng tem o corpo e os braços pintados com grande quantidade de figuras humanas primitivas, as mesmas que encontramos em tão grande número entre os antigos desenhos rupestres. Também há figuras de escorpiões entre elas. Para a pintura empregam-se tinturas vegetais; para o corpo, normalmente o sumo negro-azulado do *jenipapo,*[6] que permanece muito tempo na pele; para o rosto, a tinta vermelha e muito oleosa encontrada na semente de *urucu.*[7] Essa gente vaidosa sente uma certa satisfação quando registro suas pinturas em meus esquemas, e eles aguentam com paciência.

Peço que desenhem a vida que os cerca a lápis, no caderno de rascunhos. Suas produções artísticas mal se destacam das de nossas crianças de cinco anos de idade.

Dedicamos horas sérias aos registros linguísticos. Sento-me com Pirokaí e meu Wapischána da *serra do Panelão,* cujo nome indígena é Jáni e que não fala uma só palavra de português, e trabalhamos até nossa cabeça ferver. De vez em quando, a cozinheira nos ajuda e, nesse ponto, ela é muito mais inteligente do que os meus dois rapazes.

---

[5] *Dioscorea.*
[6] *Genipa brasiliensis* Mart.
[7] *Bixa orellana.*

Ao contrário das outras línguas da grande família Aruak, o Wapischána é muito duro e, ao mesmo tempo, difícil de anotar, já que muitos sons, e mesmo sílabas inteiras, são ditos de maneira ininteligível ou meio engolidos.

Pitá não serve de jeito nenhum para esses registros linguísticos. É um fato singular, sempre confirmado em minhas viagens, que os chefes, por mais inteligentes que sejam, falham nesse trabalho intelectualmente muito cansativo e insólito e não são perseverantes.

Depois de poucos dias, o comércio vai de vento em popa. Especialmente na parte da manhã há muita atividade em minha cabana, um constante vai e vem de gente nua que quer vender alguma coisa. Uma mulher me traz um beiju grande, ainda quente do forno, uma outra, duas pencas de bananas ou alguns *mamões*.[8] Um homem oferece uma abóbora ou um cesto de batatas-doces para eu comprar. Também aparecem objetos etnográficos: belas e antigas coroas emplumadas, uma maça de guerra finamente entalhada e com figuras riscadas, grandes cabaças pintadas com belos motivos, um cinto de miçangas, tecido com padrões coloridos, de um garoto; grandes novelos de cordões de algodão, flautas de osso de veado e de pássaro, arcos e flechas infantis, largas tipoias tecidas nas quais as mulheres carregam as crianças pequenas, e muitas outras coisas. Um jovem casal Taulipáng muito bonito vem do Surumu, próximo daqui. Eles me trazem algumas galinhas. O homem carrega uma flauta de osso de onça presa no cinto de cordões, que adquiro imediatamente em troca de um apito-torpedo.[*] Pequenos espelhos redondos, miçangas, anzóis, fósforos, sininhos e guizos de latão, brinquedos infantis e outras ninharias; para coisas mais valiosas, facas e tesouras: esse é o meu dinheiro. E as pessoas ficam satisfeitas. Não recuso nada do que me trazem, quando muito, objetos etnográficos ruins demais.

Pitá está muito preocupado em aumentar a coleção etnográfica. Um dia, por sugestão sua, fazemos comércio em grande escala. O chefe, soprando uma corneta de criança, vai à frente; depois, eu de pijama, que visto aqui para meu conforto; atrás de mim, uma longa fila de garotos fazendo todo tipo de travessuras. Entramos assim nas diferentes cabanas, revistadas até o último canto. Indico os objetos que quero comprar, e o chefe traduz meus desejos com sua voz alta. Na mesma ordem, marchamos de volta para minha cabana, onde, a um sinal do chefe, os donos entram com suas coisas, um depois do outro, e são pagos por mim. Tudo transcorre sem dificuldades, sem gritaria, e adquiro uma bela coleção. Não resta dúvida de que os objetos não são, nem de longe, tão variados, nem tão bem trabalhados, nem tão ricamente adornados como no alto *rio Negro* e, especialmente, no Uaupés. A cerâmica feita pelas mulheres é bem inferior. As panelas e os potes, grosseiros, não têm enfeite nenhum e são malcozidos, não se comparando, nem de longe, com os magníficos produtos da cerâmica que recolhi em minha viagem anterior entre as tribos Aruak e as tribos influenciadas pela cultura Aruak no alto *rio* Negro.[9] Os trançados, em contrapartida, que são monopólio dos homens, estão em grande florescimento também nestas tribos e fornecem os produtos mais variados: esteiras de folha de palmeira, abanos trançados, ces-

---

[8] *Carica papaya.*

[*] No original, *Torpedopfeife*, termo que não se encontra dicionarizado; a edição venezuelana (1979), em nota de tradução, diz tratar-se de uma espécie de matraca. (N. T.)

[9] Vide Koch-Grünberg, *Zwei Jahre unter den Indianern*, 2 Bände, Berlin, 1909-1910.

tinhos cilíndricos de diferentes formas e tamanhos, apás para guardar beiju, tipitis para prensar a massa de mandioca, pequenas canastras para guardar tabaco, miçangas e outras bugigangas. Nos apás, os homens sabem entretecer padrões de bom gosto com listras untadas de preto: meandros, ganchos, cruzes e quadrados. Infelizmente, parece que essa arte também está desaparecendo. Em alguns cestos, os motivos foram pintados posteriormente com tinta preta.

Minha biblioteca também se enriquece aqui. Um Makuschí me traz um velho livro impresso, muito bem conservado, com belas ilustrações. Provém de missionários ingleses que atuaram antigamente no norte e contém o Gênesis, os evangelhos de Mateus, Lucas e João na língua dos Akawoío, uma tribo parente dos Taulipáng na Guiana Inglesa. Está faltando o frontispício. A impressão é de "Gilbert and Rivington, 28 Whitefriars Street, London". Pelo livro, dou ao sujeito nu, que não sabe ler, uma caixinha de detonadores e dois socadores para sua espingarda de vareta.

Pitá cuida meticulosamente da limpeza. No começo, essa qualidade, aliás louvável, tornou-se muito inoportuna para mim, já que as mocinhas varriam minha cabana com grande frequência, sem borrifar água, sob grandes nuvens de poeira. Moderei seu zelo e lhes mostrei como o emprego da água pode ser benéfico também nesse trabalho.

Faço as refeições principais ao meio-dia e perto do pôr do sol, junto com o chefe. Nós nos agachamos nuns bancos baixos ao redor de um caixote velho e usamos o garfo que a natureza nos deu. Peixe ou galinha, bem apimentados, com beiju e batata-doce ou abóbora, uma caneca de caldo de cana fresco, bananas, às vezes um melão, esse é o nosso cardápio diário. Após a refeição, nossa asseada cozinheira sempre traz água fresca para lavarmos as mãos e limparmos a boca.

O Surumu é rico em *traíra*, *tucunaré* e outros peixes saborosos. Quando nossas provisões acabam, o chefe em pessoa também vai buscar galinhas numa povoação vizinha, que vêm balançando queixosas, com os pés amarrados, nas costas dele. De vez em quando, a caça proporciona variação no nosso cardápio. Um caçador traz um tatu pequeno, que ele matou na savana, ou um *jabuti* gordo. O Makuschí Peré, um caçador apaixonado, vai com minha espingarda de três canos para a serra e volta alguns dias depois com um cesto cheio de carne de veado defumada.

Minhas espingardas de caça são o encanto de todos os homens. Tenho de mostrá-las a cada visitante. Toda vez, preciso desmontá-las e explicar as peças isoladas. Os cartuchos grandes e pesados, com os quais se pode carregar a espingarda num instante, também causam admiração geral. A maioria só tem medo da potente detonação e do coice que suas espingardas de vareta de um só cano, de fabricação inglesa, não dão.

Meu *caxiri* nunca acaba. Tenho sempre algumas cabaças cheias dele em minha cabana. Se meu suprimento está quase no fim, só preciso chamar a atenção do chefe para esse fato. Um sinal dele, e minha adega fica cheia de novo. Meu preferido é um *caxiri* de batata-doce roxa, que faz espuma como o vinho *Assmannshäuser** tinto e tem um sabor agridoce e refrescante, ligeiramente parecido com suco de framboesa fermentado. É verdade que, primeiro, a massa é mastigada, mas nunca por mulheres velhas, sempre por mocinhas que, na maioria das

---

* Famoso vinho tinto do Reno. (N. T.)

vezes, destacam-se por seus belos dentes brancos, de modo que a coisa é bem apetitosa. Um *caxiri* esbranquiçado, de milho, também é muito saboroso.

Tão logo a comida aparece, todos os visitantes deixam a cabana e não ficam olhando a boca da gente, como os nossos camponeses gostam de fazer. Depois, silêncio total. Deixam que eu faça a sesta.

Logo após o meio-dia, homens e mulheres voltam da roça, cujo trabalho dividem. O homem desmata e planta; a mulher arranca as ervas daninhas e colhe. Das diferentes cabanas ouvem-se os cantos melódicos com que as mulheres Makuschí e Wapischána acompanham o ralar compassado da mandioca. Aos poucos, minha cabana volta a ficar mais animada. Criancinhas e vovós vêm e ficam sentadas, contentes. Alguns homens também comparecem e, com um sorriso amável, recebem o cigarro habitual. O pequeno chefe dos Taulipáng, meu amigo especial, apresenta-me alguns de seus patrícios, que acabaram de chegar das montanhas ao norte para admirar o forasteiro branco. Todos, sem exceção, são figuras vigorosas. Cada um deles poderia servir de modelo a um escultor. Um está usando, como adorno labial, uma concha polida em forma de sino com um pendente comprido de miçangas e fios de algodão. Em alguns rapazes, o cinto de cordões é tecido com cabelo humano, ao passo que, nos homens adultos, ele geralmente consiste em feixes mais ou menos grossos de fios de algodão; nos rapazes, normalmente é composto apenas de um cordão de algodão.

Especialmente nos primeiros dias chegam muitos visitantes curiosos de fora, vários deles de muito longe, grupos de cinquenta ou mais pessoas adornadas para festa, em longa fila, guiadas por seu chefe ou ancião. A notícia da presença do branco diferente espalhou-se depressa. Reina harmonia e honestidade entre esses Taulipáng, que só raramente têm contato com os brancos. Apesar de toda a amabilidade e de toda a curiosidade, eles se comportam de maneira educada e reservada, e não ficam pedindo e se lamentando. Ao recebê-los, toda vez Pitá inicia por um longo palavreado oficial com os homens mais velhos. É uma conversa aborrecida para o ouvinte que não entende seu conteúdo. As frases seguem-se umas às outras de maneira indiferente e monótona. Nunca um corta a palavra do outro. Nunca os dois gritam ao mesmo tempo. Primeiro, um conta sua longa história até o fim. O outro somente entremeia exclamações educadas, "é hē...é nãu... hena...", até que chegue sua vez de falar. Então a conversa fica mais animada, expressiva, mímica. Pitá conta a meu respeito, fala de minha viagem, minhas particularidades. Divertem-se sem malícia à minha custa, pois todos olham para mim e riem de maneira contida.

O índio tem uma acentuada disposição para o humor, para a zombaria. Não é só o branco que passa algum tempo entre eles que recebe, já nos primeiros dias, um apelido; cada índio também tem o seu, de acordo com suas particularidades físicas que se destacam ou hábitos estranhos. São esses apelidos que se ouvem, na maioria das vezes, para designar as pessoas, ao passo que o verdadeiro nome, dado a cada criança pelo pai ou pelo avô poucos dias após o nascimento, só é empregado raras vezes e mencionado ao europeu somente com muita resistência. Assim, alguém, por sua pequena estatura e natureza veloz, recebe o nome do pequeno e ligeiro roedor Akúli.[10] Um outro é chamado

---

[10] *Dasyprocta aguti.*

de "Malcriado" porque chorava muito quando pequeno, especialmente à noite. Um homem mais velho tem o estranho nome de "Sem Nome". Uma mulher se chama "As Meninas".

Tenho de mostrar todas as minhas maravilhas a cada novo visitante. Pitá fica olhando, horas a fio, com alguns Taulipáng mais velhos, os "tipos indígenas" do Uaupés e faz suas piadinhas atrevidas a respeito, especialmente sobre as fotos das mulheres. Os senhores idosos, entre os índios, não são diferentes dos nossos.

Por volta das 5 horas vou para o banho vespertino. Todos estão sentados à sombra em frente das casas, tagarelando, trabalhando ou brincando com os inúmeros animais domésticos. A vovó está catando algodão com o dedão e o indicador; as mulheres põem seus fusos para trabalhar. Caçadores e pescadores atravessam, orgulhosos, a praça da aldeia com sua presa, seguidos pelos cães magros. Quando volto do banho, meus amigos, os Taulipáng, já acenam de longe para mim e me chamam para o lanche da tarde. Sua cabana comprida e baixa fica à saída norte da aldeia, no caminho para sua terra. Bem junto dela ergue-se uma rocha grande e redonda, sobre a qual sempre há, de dia, um bando de crianças brincando, também alguns moços agachados entalhando flechas ou fazendo outros trabalhos. Lá sou sempre um convidado bem-vindo. Seu prato apimentado é preparado de um modo especialmente saboroso e temperado com ingredientes picantes. As mulheres assam para mim beiju leve e crocante do mais fino amido. Nunca falta *caxiri*, o *payuá* escuro e forte ou o *parákali* vermelho e leve. Eles conhecem nove tipos desse refresco. Como é costume aqui, troquei de nome com seu pequeno chefe, que fuma tanto do meu tabaco. Agora ele se chama "Teodoro", eu sou chamado de "Yualí". Aonde quer que eu vá as pessoas me chamam por meu novo nome e sentem um prazer infantil com isso. Ele não se cansa de me dizer todas as palavras e frases possíveis em Taulipáng, ou melhor, de gritá-las no meu ouvido, e não sossega enquanto eu não as repito corretamente. É motivo de grande satisfação para todos quando escrevo a matéria no meu caderno de notas e a emprego corretamente numa ocasião apropriada. Às vezes, ele me diz coisas picantes, e quando eu as repito fielmente, há uma sonora gargalhada de jovens e velhos, de cavalheiros e damas.

Há poucos anos, a varíola grassou aqui e se propagou até longe, no interior. Muitas pessoas trazem as marcas dessa doença terrível. "Teodoro" está todo coberto de cicatrizes. Algumas pessoas, crianças também, são cegas de um olho. "Um *bicho* furou o olho", diz Pirokaí.

Meus melhores amigos são as crianças. Em certos dias tenho trinta desses pequenos acompanhantes morenos em minha cabana. Observam com interesse o que faço e fazem suas observações a respeito, cochichando baixinho. Não me atrapalham. Esperam até eu me dirigir a eles. Dou-lhes um apito-torpedo. Seguro o relógio de bolso, que faz tique-taque, junto ao ouvido deles, e eles também querem ver o bichinho que fala lá dentro. Deixo que vejam através da lente de aumento e, depois, com esse instrumento mágico, trago o sol ardente aqui para baixo. Mostro-lhes um livro grande com ilustrações de animais e explico aos futuros caçadores os animais de um outro mundo, o elefante, tão alto quanto uma casa, o camelo com a corcova esquisita e a girafa de pescoço comprido, que consegue puxar as folhas das árvores altas. Sento-me de novo para escrever e observo furtivamente um menino mais velho explicar, de maneira idêntica, as ilustrações aos pequenos. Ele prestou bastante atenção. Um grupo se separou e brinca entusiasmado com um pião grande.

JUVENTUDE DE KOIMÉLEMONG

O sol está baixando. Eu me levanto e jogo a toalha de banho sobre o braço. A reunião acabou. Eles vêm até mim com passos miúdos e me estendem a mãozinha, despedindo-se: *"Ataponténg moyí!"*, dizem os meninos, os futuros homens. *"Ataponténg pípi!"*, dizem as meninas. "Vou dormir, irmão!"

Quando vencem a timidez inicial ante o estrangeiro, essas crianças são as criaturinhas mais confiantes e alegres que se possa imaginar. Aceitam cada brincadeira minha com alegria, mas nunca se comportam mal. São amáveis e educadas comigo e vivem em grande harmonia entre si. Se dou um pedaço de chocolate a um deles, imediatamente o divide com os demais. Nunca vi dois deles brigando, ou mesmo um batendo no outro. Não há dúvida de que os pais dão o bom exemplo e, nesse aspecto, são também os melhores professores para um europeu. É extremamente raro a criança índia ser repreendida com palavras duras ou mesmo castigada pelos pais; e, no entanto, essas crianças nuas e morenas são, também para os nossos padrões,

GAROTINHA TAULIPÁNG

"bem-educadas" — enquanto elas tiverem muito pouco ou nenhum contato com a nossa chamada civilização. Se passam a sofrer constante influência dos brancos ou mesmo a trabalhar para eles, seja qual for a classe a que estes pertençam, essas crianças de uma alegria inocente e, ao mesmo tempo, sensíveis, tornam-se carrancudas e fechadas ou impertinentes e atrevidas. O encanto natural se vai.

As crianças e eu somos amigos. Mostram-me, orgulhosas, seus brinquedos simples, que elas mesmas fazem ou que ganham dos pais ou dos irmãos mais velhos. Mostram-me seus inúmeros "jogos de fios".* Entrelaçando engenhosamente um, raras vezes dois fios intermináveis, elas produzem diferentes figuras, a que dão os nomes mais estranhos. É verdade que faz parte

---

* *Fadenspiele* no original. No Brasil, essa brincadeira se chama "cama de gato". (N. T.)

CAÇADORES COM ZARABATANA

da fantasia indígena encontrar nisso semelhança com animais, plantas, partes do corpo etc. Jogo com eles a peteca leve de palha de milho. Muitas vezes, observo os garotos no tiro ao alvo com arco e flecha ou com a zarabatana pequena ou, então, atirando num alvo voador, nas andorinhas que voam para lá e para cá na praça da aldeia. Também participo das competições de arco e flecha, e eles riem de mim, satisfeitos, quando fazem melhor do que eu. Faço os meninos apostarem corrida. Adoram isso. Um Taulipáng muito bonito, de cabelo comprido e esvoaçante e olhos grandes e muito vivos, o vencedor, recebe o primeiro prêmio, um lindo lenço de cabeça vermelho. Como prêmio de consolação, distribuo rosquinhas* que minha filhinha me deu para trazer para os "bons índios". O chefe também gosta de comer dessas rosquinhas. Nas frescas horas noturnas ou em bonitas noites de luar, as crianças brincam para mim, horas a fio, os jogos de roda. São variados e muito divertidos. Em primeiro lugar, são jogos de animais. Já vou descrever aqui um dos preferidos, o jogo da onça, *kaikuschí*: um atrás do outro, meninos e meninas formam uma longa corrente, em que um segura o outro com os braços ao redor do corpo. Um menino maior representa a onça. Sobre as duas mãos e uma perna — a outra perna, simulando a cauda, está erguida —, ele pula rosnando diante da corrente. As crianças balançam a corrente para lá e para cá e cantam no ritmo: "Kaí-ku-schí mā-géle tā́-pē waí" ("Eu já disse que esta é uma onça!"). De repente, o menino que faz a onça dá um pulo e tenta pegar a última criança, correndo ora à direita, ora à esquerda da corrente. Os outros tentam impedi-lo, afugentando-o e balançando-se para lá e para cá, e, às vezes, os menores, que formam o fim da corrente, levam um tombo, para alegria geral. Se ele não consegue, tem de voltar para o seu lugar e tentar de novo. Se consegue, tem de levar embora o prisioneiro em triunfo como presa. E assim continua até a última criança ser pega. Os participantes da corrente representam animais diferentes, que são a caça da onça, como veado, porco-do-mato, *agutí* e *capivara*,[11] entre outros.

No grande círculo formado ao redor das crianças que estão brincando ficam sentadas, em grupos pitorescos, mães orgulhosas e meninas crescidas, que animam os pequenos com gritos para mais e mais jogos. Elas amam o branco que veio de longe até sua terra, tão diferente dos brasileiros mestiços que, de tempos em tempos, visitam sua aldeia e levam consigo os rapazes para trabalhar para eles, os quais só voltam depois de alguns anos e não querem saber mais nada dos costumes antigos. Amam o branco porque não se julga melhor do que eles, porque vive com eles como um dos seus, caça com eles, bebe com eles, dança com eles.

Em Koimélemong arranjam até mesmo leituras de entretenimento. É verdade que elas se limitam a algumas folhas soltas da *Deutsche Landwirtschaftliche Presse, XXXII Jahrgang*,** espólio do botânico Ule, que passou algum tempo aqui, do *"dotōro aeketóng" (antigo doutor)*, como os índios o chamam. Leio pela milésima vez uma descrição entusiástica de A. Epplen, "Em Hohentwiel", do "bloco monolítico, que domina a serra do Hegau entre a Floresta Negra e o lago de Constança", dos "cumes nevados do monte Säntis", na Suíça. Agora estou bem informado

---

* *Baader-Brezeln* no original. (N. T.)
[11] *Hydrochoerus capivara.*
** Imprensa Agrícola Alemã, ano XXXII. (N. T.)

sobre a "Criação de gado da fazenda Maggi". Sei agora que "Morenga se mostra pacífico" e que escreveu uma carta muito amável ao general von Trotha, que "as tropas reunidas para atacar Hendrik Witbooi iniciaram uma ofensiva em 25 de agosto", e tantas outras coisas. Só uma coisa me preocupa: não sei se Margarita conseguiu seu Pietro depois de tantos esforços, e acho que nunca vou ficar sabendo. Observo as fotos de Hohentwiel, que conheço tão bem, e sinto-me transportado para vinte anos atrás, para a época em que, jovem estudante alegre e com sede de viver, entusiasmado por tudo que há de belo na natureza, saía da velha Tübingen para os locais do romance *Ekkehard*,* de Scheffel, e passava horas a fio sonhando no alto da enorme rocha, entre ruínas de antigo poder e glória. Já faz tanto tempo! Os sonhos indefinidos do jovem tornaram-se realidade. Naquela época em Tübingen, em vez de estudar filologia clássica, que é o que eu deveria estar fazendo, eu escrevia com cuidado, em cadernos separados, as línguas indígenas que Martius coligiu antigamente, ordenadas segundo as famílias linguísticas; agora eu mesmo estou sentado aqui entre os índios e me torturo dia após dia com os intrincados sons do Makuschí e do Wapischána.

O Majonggóng ligou-se muito a mim. Mora com sua encantadora e jovem mulher, Hermina, a uma hora daqui, às margens do Surumu, na casa de sua sogra muito feia mas bondosa, uma Sapará, uma rara sobrevivente dessa tribo. De tempos em tempos, Manduca vem por alguns dias à aldeia. Dorme, então, com meus meninos no quarto de trás de minha cabana, quando não está curando um doente, o que ocorre quase toda noite, pois ele tem a fama de ser um xamã muito eficaz. O Majonggóng é mais forte do que todos os xamãs daqui, diz Pirokaí. O próprio Manduca se gaba de sua arte médica. Diz que também seu pai, seu irmão e seu cunhado são xamãs. Ele é um sujeito muito esperto e não fica desconcertado nem mesmo quando uma cura não dá certo. Um velho Taulipáng está com a barriga terrivelmente inchada e dura e, de vez em quando, sente fortes dores. Manduca diagnosticou um animal com uma galhada, como um veado, que faz barulho lá dentro. Se o tirar, o velho morrerá, *ergo* — ele não o tira.

Costuma me convidar para seus conjuros noturnos. É verdade que só posso ficar do lado de fora, já que a cura ocorre na cabana escura e bem fechada. Fico agachado bem junto da parede externa. Ouve-se, primeiro, sua voz natural numa espécie de recitativo longo com acompanhamento rítmico do chocalho. Então ele faz ressoar um cântico insinuante. Após breve pausa, ouve-se uma voz feminina em falsete, à maneira com que disfarçamos nossa voz nos bailes de máscaras, entremeado de assobio agudo, grito de alegria, sopro abafado "hã́-gsch... hã́-gsch..." ou "há-sch — há-sch—". E assim vai, sempre alternadamente, sob constante chocalhar. Só de ouvir a gente já fica bem tonta e entende o efeito hipnótico que um tratamento como esse deve exercer sobre um doente. Normalmente, os conjuros duram das oito às dez horas da noite. Durante toda a cura, a mulher de Manduca fica sentada ao lado dele e cuida para que o seu charuto não se apague; de tempos em tempos, ele assopra a fumaça do charuto nas partes doloridas, completando, assim, a narcose do doente. O chocalho mágico, uma cabaça pequena e

---

* *Ekkehard*, romance de Viktor Scheffel escrito em 1862, cuja história se desenrola no castelo medieval da cidade de Hohentwiel. (N. T.)

oca, espetada num bastão, com pedrinhas ou sementes duras dentro para chocalhar, desempenha um importante papel nessas curas. Manduca o guarda com outros utensílios mágicos num cesto com tampa muito bem amarrado, na casa de sua sogra. Às vezes, Hermininha esquece o chocalho, então o senhor doutor não pode trabalhar.

A terra de Manduca é o Merewari, o principal afluente do Caura. Diz que seu pai e seu tio já estiveram no alto Orinoco e trabalharam no Kunú (Cunucunuma) para os brancos. Manduca me descreve a serra Marauacá, no alto Orinoco, em sua enorme extensão. Ele a conhece, no entanto, só de ouvir dizer. Se é mesmo possível acreditar nele, então sua terra deve ser um verdadeiro país das maravilhas, onde "jorra leite e mel". Veremos o que vai sobrar disso tudo! O verdadeiro nome de sua tribo é Yekuaná. Majonggóng é como são chamados pelos Makuschí. A língua é muito suave e, com exceção de pequenas diferenças dialetais, idêntica ao chamado Makiritáre do alto Orinoco. É verdade que ela também pertence à família Karib, mas diferencia-se consideravelmente do Makuschí e de seus parentes. Diz que os Makiritáre são chamados de Kunuaná pelos Makuschí. Que seu verdadeiro nome é Kununyangumú. Que índios Majonggóng também vivem no Uraricoera.

Ele me conta muita coisa sobre as outras tribos no oeste, especialmente sobre os bravos Schirischána, os Kirischaná ou Krischaná dos mapas, que parecem ser muito respeitados por todos os seus vizinhos. Diz que habitam a região das cabeceiras do Uraricoera, têm cabanas ruins e baixas e comem de tudo, cobras, onças etc., mas não gente. Diz que amarram o membro para cima com auxílio do cinto de cordões, de maneira semelhante à dos habitantes do Jauaperi. Que, em tempos antigos, os Schirischána guerrearam com os Majonggóng e mataram muitos deles com suas longas flechas. Que, agora, as duas tribos vivem em paz e fazem comércio entre si. Que os Majonggóng levam para os Schirischána artigos europeus, machados, facas, tecidos etc., e são recebidos amigavelmente por eles.

Manduca chama de Wayumará os Waiyamará de Robert Schomburgk. Diz que, dessa tribo, vivem somente dois homens, que moram na grande ilha Maracá do Uraricoera. Que também os Sapará, que ele chama de Sch(e)-pará, são uma tribo pequena na mesma região. Que na grande serra Marutaní, no alto Uraricoera, vivem os Ewakö, que o chefe dos Makuschí, Inácio, já havia mencionado para mim como Auaké,[12] e, ao norte deles, no Parauá, o grande afluente esquerdo do Caroni, os Sahä, que vagueiam constantemente, não têm casas nem canoas e usam longos pedaços de taquara* no septo nasal perfurado. Diz que ambas as tribos são amigas dos Schirischána. Que os Guinaú, que Manduca chama de Ginyaú, vivem entre os Majonggóng, onde Robert Schomburgk já os encontrou. Que no alto Uraricoera ficam os Máku, que "não são bravos" e têm grandes casas e roças e, mais para o oeste, outras tribos "com muita, muita gente", os pacíficos Tumomeyämu, Kariniá, Wenkiári e, finalmente, os muito bravos Kurasch(e)kána. Parece, portanto, que ainda terei muita coisa interessante pela frente.

Manduca também me dá informações mais precisas sobre as distâncias no alto Uraricoera. Diz que são necessários dez dias para ir da grande ilha Maracá até uma aldeia dos Schirischána na serra

---

[12] Em Robert Schomburgk: Öwaku.

* *Pfeilrohre* no original, que, traduzido ao pé da letra, significa "taquaras para flecha". (N. T.)

Marutani, um pouco abaixo da foz do afluente esquerdo Arek(a)sá. Que em cinco dias chega-se de lá até uma aldeia dos Máku no grande afluente esquerdo Auali ou Auari e, em mais cinco dias, subindo esse rio, chega-se à primeira aldeia dos Majonggóng, que são amigos dos Máku.

Entre os Makuschí e Taulipáng há muitos *kanaimé,* diz Manduca, entre os Majonggóng, é claro, não existe nem um único.

O conceito de *kanaimé* desempenha um papel muito importante na vida desses índios. Designa, de certo modo, o princípio mau, tudo que é sinistro e prejudica o homem e de que ele mal consegue se proteger. O vingador da morte, que persegue o inimigo anos a fio até matá-lo traiçoeiramente, esse "faz *kanaimé*". Quase toda morte é atribuída ao *kanaimé*. Tribos inteiras têm a má fama de ser *kanaimé. Kanaimé,* porém, é sempre o inimigo oculto, algo inexplicável, algo sinistro. *"Kanaimé* não é um homem", diz o índio. Ele anda por aí à noite e mata gente, não raro com a maça curta e pesada, como a que se leva ao ombro durante a dança. Com ela, parte "em dois todos os ossos" da pessoa que ele encontra; só que a pessoa não morre imediatamente, mas "vai para casa. À noite, porém, fica com febre e, depois de quatro ou cinco dias, morre".

Quem experimentou no próprio corpo as agudas febres da Guiana, especialmente a malária com os seus sintomas, entende essa crença dos índios.

"Matar um *kanaimé* é uma boa ação, e não acontece nada com o homem que faz isso."

Às vezes, o *kanaimé* veste a pele de uma onça ou veado e assusta as pessoas com ela.

Os Seregóng e Ingarikó no alto Cotingo e a nordeste do Roraima são considerados aqui *kanaimé* muito maus. Diz-se que alguns Seregóng se estabeleceram outrora na *Maloca Bonita* junto à *serra* Mairari, que é habitada por índios Taulipáng e Makuschí. Mas que, então, na condição de *kanaimé,* mataram várias pessoas sem motivo. Por isso, Pitá não quer gente dessas tribos em sua aldeia.

Diz-se que os Ingarikó moram a apenas dois dias de viagem do Roraima, na mata fechada; têm cabelo comprido, como as mulheres, o rosto bastante tatuado e canoas de casca de árvore. Que os Taulipáng do Roraima já se misturaram muito com os Seregóng.

O chefe também não gosta dos Wapischána do Majari. Um Makuschí lhe trouxe a notícia de que estes, agora, querem se mudar todos para Koimélemong, para escapar à opressão dos brancos, a que estão especialmente expostos. Pitá está tentando impedir que isso aconteça. Ele não quer, como diz, "que tudo que é gente se mude para cá, então vão dizer que Koimélemong é um *retiro* de *criminosos".*

Quando jovem, Pitá teve experiências ruins com os brancos. Conta que o velho Campos, um dos colonos mais antigos do Uraricoera, sogro de Bamberg, hoje um homem bastante honrado, atraiu-o e a outros 35, índios Makuschí e Wapischána, a Manaus com promessas mentirosas. Que lá foram embarcados num vapor, que, supostamente, deveria trazê-los de volta para o *rio* Branco. Quando o vapor virou e seguiu rio abaixo para o Amazonas, eles choraram e não comeram nada por dois dias. Trabalharam seis anos nos seringais insalubres do *rio* Purus, e vinte deles morreram de febre. É assim que os índios são enganados pelos brancos! Por isso, Pitá não quer mais trabalhar para os brancos. Fica aqui em seu idílio, longe da chamada civilização brasileira, governa seu povo energicamente, mas com justiça, e, além disso, cuida com empenho de sua descendência. De sua única mulher ele tem sete filhos saudáveis e inteligentes, cinco filhos e duas filhas, em escadinha.

Os dois cometas no ano passado impressionaram muito os índios. Eles me contam frequentemente a respeito, verdade e ficção. De repente, no leste e no oeste, surgiram duas estrelas com caudas gigantescas, do tamanho da metade do céu, e, no fim, quase se tocaram. Então, sob um estrondo semelhante ao do trovão, houve um terremoto, e as estrelas desapareceram de repente. As pessoas ficaram com muito medo de que "as estrelas incendiassem toda a terra com suas caudas".

Essas histórias e outras, semelhantes, contamos uns aos outros nas frescas horas noturnas, quando estamos agradavelmente sentados juntos, bebendo *caxiri* e fumando um cigarro. Cada um conta de suas experiências. Conto-lhes de minha primeira viagem, das tribos do Xingu, especialmente dos bravos Suyá com seus grandes batoques labiais e auriculares. Desenho para eles a cabeça de um Suyá numa folha de papel, uma maça Suyá, uma máscara de dança, terríveis flechas de guerra, duplamente farpadas, que não se consegue tirar do corpo. Tudo é observado pormenorizadamente e discutido com entusiasmo. Descrevo para eles, com gestos expressivos, como os Suyá receberam cinco brancos, a princípio amigavelmente, e, com suas maças longas e pesadas, que tinham escondido na areia, partiram-lhes os crânios, pelas costas. Meus ouvintes me olham horrorizados, mas então riem com certa satisfação.

Agora, perto do fim da época das chuvas, há muitos doentes na aldeia. As pessoas sofrem de catarro e febre. Como já constatei muitas vezes em minhas viagens, aqui também se confirma o fato de que as pessoas vestidas estão mais expostas ao resfriado do que as nuas. Já não são mais tão resistentes. A roupa, quase sempre não muito limpa, impede uma transpiração saudável do corpo, aquecendo-o lentamente quando está encharcada pela chuva.

Os xamãs têm muito o que fazer. Quase toda noite ressoam seus cantos horripilantes vindos das cabanas. Frequentemente vou com Pirokaí até lá e ouço a cura do lado de fora.

Desta vez é um Taulipáng, Katúra, um dos xamãs mais famosos de sua tribo. Em seu aspecto externo, o tratamento do doente transcorre de maneira um pouco diversa daquele dos Majonggóng. Com profundos sons guturais e voz anasalada, o xamã canta solenemente uma canção monótona. Ela se divide em estrofes isoladas, que ele inicia com grito furioso, "yă-hă-hă-há — hă-hă-hă-hă-hă-há —", extinguindo-a com um longo "ō—" sustenido. Durante todo o canto, ele bate com um molhe de folhas no chão, ao lado do doente. Ouvem-se, então, gemidos, sopros, um "hă-hă-hă-hă-há dĕ dĕ-há dĕ dĕ" proferido furiosamente. Sons guturais. Ele bebe suco de tabaco. Vai chocalhando o molhe de folhas pelo chão, para lá e para cá, e o som diminui, como a distância. "Agora ele vai para o alto!", diz Pirokaí, agachado ao meu lado. Pausa mais longa. Sua alma desprendeu-se do corpo. Vai buscar um *mauarí,* um demônio das montanhas, ou o espírito de um xamã já morto que assume a cura em seu lugar. O espírito chega proferindo algumas palavras furiosamente. Traz seu cão, uma onça. Pode-se ouvi-la rosnando. E assim vai por mais de duas horas, com breves interrupções. O ganido do xamã transforma-se, aos poucos, num cântico monótono que dura até o fim.

É uma música noturna bastante singular, que mexe extraordinariamente com os nervos, o canto rouco gritado do xamã entremeado com o ribombar do trovão. Uma tempestade está se armando além das serras.

Durante uma tempestade forte, todas as fogueiras são cobertas com folhas, já que "o trovão não ama o fogo". As curas mágicas também são sempre iniciadas após a chuva ou tempestade.

A fantasmagórica onça é perigosa para as pessoas, dizem os índios; com os xamãs, porém, é mansa como um cachorro.

Tenho tido muito aborrecimento com as chapas fotográficas que uma grande e conhecida firma berlinense me forneceu. As chapas isolantes não são, nem de longe, tão resistentes quanto deveriam ser. Embora eu proceda com o máximo cuidado, só revelando fotos à noite e molhando-as no fresco riacho da montanha, em algumas delas a camada se solta em grandes pedaços. Perde-se, assim, um bom número de fotos, que têm de ser tiradas novamente. O banho de alume, que utilizo seguindo as instruções à risca, forma inúmeras rugas na camada macia demais e deixa as fotos novamente imprestáveis. Para quem conhece os trópicos, soa extremamente ridícula a seguinte informação, escrita em três idiomas nas caixas desse material "seguro para os trópicos": "A temperatura do revelador não deve ser superior a 20 °C". É tão raro encontrar nos trópicos água com essa temperatura baixa ou que, pelo menos, a conserve até que se tenha revelado nela uma dúzia de chapas!

Tanto maior é a alegria que as gravações fonográficas me dão. Eu trouxe alguns rolos de música gravada e os toco para as pessoas, para acostumá-las com o fato de o aparelho reproduzir a voz humana. Eles querem ouvir, vez por outra, *"bist meine süsse kleine Frau"* (és minha doce mulherzinha), da opereta *O conde de Luxemburgo* (*Der Graf von Luxemburg*), de Léhar, e a bela polca da Renânia *"Am Bosporus"* (No Bósforo), de Paul Lincke, cujo estribilho diz: *"A — ja, was ist denn blos mit der Rosa los"* (Ai, mas o que se passa com a Rosa?), e, não demora muito, as musicais crianças cantam essas melodias sem errar, mutilando de maneira engraçada a letra alemã.

Também nesse trabalho o chefe Pitá me presta valioso auxílio. Ele próprio canta no funil, com acompanhamento fraco de Pirokaí, as canções de dança dos Makuschí, *parischerá, tukúi, muruá, oarebã*, que só se dança de dia, uma outra, só dançada no fim da tarde, e *mauarí*, que só se dança à noite. Duas meninas, com suas vozes claras e harmoniosas, cantam as canções insinuantes que acompanham o ralar da mandioca. As letras são muito simples. Consistem em frases curtas que se repetem continuadamente. Simples são também as melodias, em que os mesmos motivos sempre se repetem.

Uma dessas canções, que se ouve com mais frequência, diz:

"Estou fazendo beiju pra você, ralando mandioca, maninho;
"Estou fazendo beiju pra você, ralando mandioca, maninho.
"Vai caçar o veado-capoeira, maninho!
"Vai caçar o veado-galheiro!*
"Vai acertar a *tartaruga*, maninho!
"Vai caçar o veado-galheiro!" etc.

Toco todos os cantos para um público numeroso e muito agradecido. Um grande número de gente nua e seminua se agrupou num pitoresco semicírculo junto às paredes da grande antessala de minha cabana e ouve com atenção o canto de seu chefe, reproduzido pelo fonógrafo. Pitá ri

---

* No original alemão, *Savannenhirsch* e *Waldhirsch* para, respectivamente, veado-galheiro e veado-capoeira. (N. T.)

satisfeito ao ouvir sua voz cantando. Algumas mulheres, um pouco assustadas, põem as mãos na frente do rosto ou da boca, outras juntam as mãos como se fossem rezar e são tão devotas como outro dia na missa do padre.

A meu pedido, o chefe arrasta o xamã Katúra até nós. No começo, ele resiste a cantar na *máquina*, que é como os índios chamam todos os meus instrumentos mágicos. Ele me pergunta, desconfiado, por que quero levar sua voz comigo. Eu lhe prometo uma faca grande. Então ele consente, mas sob a condição de que tudo se realize com o máximo de sigilo e que depois eu não toque seus cantos para "as pessoas". Pelo visto, se não for assim, teme perder sua influência. Pitá põe todo mundo para fora da cabana. Fechamos as entradas e as aberturas das janelas e, no recinto à meia-luz, acontece a mágica. Agachado num banquinho, o bonito e esbelto homem nu, com seu rosto fino, feroz e enérgico, canta no funil com voz forte e anasalada, enquanto, com um molhe de folhas na mão direita, bate compassadamente no chão. Na mão esquerda ele segura o longo charuto, no qual, de vez em quando, dá fortes tragadas. Canta três rolos inteiros, três cantos consecutivos, como num rito de cura. Recebeu honestamente sua faca. Pede-me ainda um cachimbo para tabaco, desses que são muito difundidos aqui entre os Taulipáng, vindos da Guiana Inglesa. Toco os cantos imediatamente, é claro que apenas para um grupo pequeno. O xamã, o chefe, Pirokaí e eu somos os únicos ouvintes. Katúra faz uma cara atônita quando sua própria voz ressoa clara e nitidamente; Pitá morre de rir.

Então Katúra me dá algumas informações a respeito da profissão de xamã: quando um Taulipáng quer se tornar xamã, ele bebe por cinco noites seguidas decocção da casca de determinadas árvores, cada noite uma mistura diferente, e, após cada uma dessas beberagens, ele vomita. Então bebe caldo de tabaco. Durante todo o tempo ele não come nada e fica muito magro. Por fim, vai buscar determinadas folhas, faz um feixe com elas, como aquele que o xamã usa mais tarde no rito de cura, "vai com ele para o alto", retoma, então está capacitado para curar todas as doenças. No rito de cura o xamã bebe suco de tabaco, a seguir sua sombra, sua alma, separa-se do corpo e vai para o alto. O corpo fica no mesmo lugar. Nas altas montanhas a alma encontra outras almas de xamãs. Ela lhes conta que há um homem doente aqui e as chama para cá. Quando o suco de tabaco "secou" no corpo, a alma do xamã tem de voltar para o corpo, mas ela traz as outras almas e realiza com elas a cura. Se a alma do xamã não pode sair, o doente morre. Por isso, o xamã às vezes tem de tomar suco de tabaco durante o rito de cura, para soltar sua alma do corpo. Ele chama, então, repetidamente, novas almas de xamãs. As almas dos xamãs já mortos vão para uma serra alta, para o Além reservado a eles.

O Majonggóng também tem de cantar no fonógrafo. Primeiro, ele canta canções de dança de sua terra. As melodias são bem diferentes daquelas daqui, mais ricas em tons, mais rápidas, mais impetuosas, mais nervosas. Algumas são especialmente notáveis por um refrão singular composto de dois tons, cantado com a boca fechada. Os cantos mágicos, que gravo novamente em minha cabana para um público convidado, também se diferenciam muito daqueles dos Taulipáng. Meu Pirokaí acha a coisa meio suspeita, pois trata-se de um xamã de uma tribo estranha, por cujo poder ele tem um respeito ilimitado. Até eu fico aflito com a primeira parte, o recitativo falado com voz rápida e monótona me deixa banhado em suor.

Na falta do padre, o cunhado do chefe celebra a "missa". No começo, achei que seu nome inglês, William, fosse indígena, já que os índios o pronunciam "Wiyáng". Seu nome Makuschí é Tinápu. É um bom sujeito, mas um tanto obtuso e leva seu ofício muito a sério. Toda manhã e tarde, às 6 horas, o chefe chama os fiéis com minha — agora sua — querida buzina. William reza e canta. Há cenas divertidíssimas nessa hora. Toda vez um Taulipáng comprido e nu segura diante de si, com as duas mãos, uma pequena imagem colorida de santo, que o padre lhe deu de presente, e a "lê", com o rosto sério, como se estivesse lendo um livro. O xamã Katúra fica em pé, à parte. Parece não confiar muito na coisa toda. Também nessa ocasião sagrada os adolescentes fazem suas brincadeiras, exatamente como acontece entre nós. As moças são mais devotas. William é severo quanto à disciplina e à ordem. Certo dia, um xamã idoso participa da missa. Veio com sua gente do alto Parimé para me fazer uma visita. Na cabeça, que se distingue por ser careca, coisa rara para um índio, usa um boné de soldado brasileiro, de que se orgulha muito. William berra com ele de maneira terrível. Assustado, o velho tira o boné. Às vezes, a missa se ressente do meu trabalho. Quando tiro fotografias de manhã cedo ou gravo fonogramas, ela não é realizada.

William lê as rezas de um livrinho encadernado em vermelho e já muito danificado. Até agora eu achava que fosse um breviário inglês. Hoje eu o vi por cima de seus ombros e li, para meu espanto: *The cow gives us milk. Thank you, good cow.* É uma cartilha inglesa!

Pirokaí tem uma ideia estranha do Deus cristão. No poste central de minha cabana há uma gravura colorida do Menino Jesus, pendurada junto com pequenas imagens de santos. Explico a Pirokaí que se trata de *Tupána*, que é como os missionários chamam Deus. Então ele me pergunta se Ele também foi fotografado pela *máquina*.

Eles também chamam minhas luvas de banho, com as quais as meninas estão encantadas, de *Tupána*.

Apesar dos cânticos sagrados e das orações, William conservou sua concepção indígena do mundo. Enquanto os Wapischána são monogâmicos, a poligamia entre os Makuschí e os Taulipáng está muito em voga, de acordo com o velho costume Karib. Nesse ponto, William também dá o bom exemplo como um patriarca do Antigo Testamento. Ele tem três mulheres — o que, no entanto, não conta ao padre — e, de cada uma — até agora —, duas crianças encantadoras. Antes ele tinha até mesmo quatro mulheres. Uma lhe fugiu. Katúra, um homem forte de voz forte, também tem três, como lhe é de direito. Meu "irmão" Teodoro contenta-se com uma, assim como o chefe Pitá, mas essa é muito fértil.

Em 23 de julho chega a cavalo um jovem colono que tem sua propriedade abaixo de Capela, um mulato escuro. Os índios dizem *mekoró* (negro). Ele quer contratar alguns jovens daqui. Traz-me duas cartas. Numa delas, um certo *tenente* Pinto Peixoto, antigamente comandante da fronteira, agora criador de gado, me pede para fotografar sua casa no Tacutu. A outra carta é de Ildefonso. Deus sabe quem a escreveu, pois o nobre chefe não conhece essa arte misteriosa. A carta foi escrita num tom muito insolente e é endereçada ao *senhor retratista*. Acham que sou um fotógrafo itinerante. Na carta, Ildefonso se autodenomina, orgulhoso, *Capitão geral dos índios do rio Surumu* e me diz, sem rodeios, que não tenho direito de visitar as tribos indígenas nas serras sem o seu consentimento, já que estas "lhe pertencem". Diz que terei de pedir sua permissão posteriormente e ir visitá-lo, para tal fim, em sua casa na foz do Surumu. É claro que não lhe farei esse favor e, por intermédio do brasileiro, a quem esclareço de maneira enfática sobre a minha pessoa, mando dizer a esse sujeito desmoralizado que, para mim, não existe nenhum *capitão geral;* faço as minhas viagens como eu quero; se deseja alguma coisa, ele que venha até mim. Também dou ao *mekoró* uma longa carta endereçada a Neves, à qual anexo o bilhete de Ildefonso. Ele irá dizer-lhe o que pensa.

Infelizmente, Ildefonso foi nomeado *Capitão geral* pelo governo do Estado do Amazonas, em Manaus, e recebeu uma patente. Na verdade, porém, ele não tem importância nenhuma, já que ninguém lhe obedece. Além disso, aqui é território federal e não diz respeito ao Amazonas.

O brasileiro também trouxe a notícia de que os soldados da polícia queimaram a casa de José Gouvêa, em Capela, e estão agora, em número de oito homens, em seu encalço no Uraricoera. Se não conseguirem prendê-lo com vida, devem trazer suas orelhas. A mulher de Gouvêa e seu protetor, Terêncio, estão presos. Que bela situação!

Na manhã seguinte, o brasileiro negocia longamente com Pitá, que se encheu de coragem com a minha presença e grita para o outro que não pretende lhe dar ninguém; Ildefonso que venha aqui pessoalmente e pergunte aos homens. Logo depois, o *mekoró* foi embora sem ter conseguido nada.

A deplorável política no *rio* Branco lança suas sombras sobre nosso pacífico idílio. As notícias mais contraditórias sucedem-se rapidamente, como sempre acontece em tempos agitados. Os boatos mais estranhos vão de boca em boca. Deturpações, exageros, invencionices — já não se sabe mais qual é a verdade. Certo dia, chegam três índios Makuschí vestidos, dois rapazes e uma moça. Querem falar com o "doutor". Já faz um bom tempo que estão fugindo e, justamente, de José Gouvêa, que, quanto a isso, não lhes fica atrás. Eram empregados de Gouvêa, que ameaçou um deles com a Winchester, pelo menos é o que este afirma, e também disparou alguns tiros nos fugitivos. Agora um outro índio lhes contou que Gouvêa está vindo com soldados para prendê-los e incendiar todas as aldeias. Enquanto isso, o próprio Gouvêa está fugindo dos soldados que queimaram sua casa! É pura comédia, se bem que um pouco misturada com tragédia.

Poucos dias depois, de repente, no meio da noite, são disparados vários tiros seguidos numa colina ao sul, perto da aldeia. Nós nos armamos, eu com a Winchester, Pitá com duas velhas pistolas de cavalaria, das quais muito se orgulha, Pirokaí com minha espingarda de caça. Todos os fogos são apagados. O chefe ordena às mulheres que fiquem preparadas para fugir para as montanhas. No escuro, vamos às apalpadelas pelo mato. Os outros homens também carregaram suas espingardas. Um dispara um tiro. Novamente são disparados alguns tiros ao sul. Ouvem-se gritos. Os índios estão muito agitados. Pensamos num ataque dos soldados ou em alguma patifaria para a qual não se está preparado. Esperamos um bom tempo. Silêncio total. Por fim, alguns assobios bem próximos; um chamado em língua indígena, a que o chefe responde; risada de alívio. Dois índios Taulipáng surgem do escuro. Estão voltando para sua aldeia no alto Surumu e só atiraram e gritaram para avisar que não eram inimigos chegando! Trabalharam com outros no seringal no Anauá. De oito homens, dois deles, um Taulipáng e um Makuschí, morreram de febre.

Conversa longa e monótona entre o chefe e os recém-chegados. Ficam de costas um para o outro. Um olha indiferente ao longe; o outro olha para o chão e brinca com um pedaço de taquara. Assim é a etiqueta nesta terra.

Logo depois dessa noite agitada, um Taulipáng, que estava visitando seus parentes no Majari, trouxe a boa notícia de que os soldados trocaram tiros com Gouvêa e seus amigos em Pedra

Grande, no Uraricoera, pouco abaixo da ilha Maracá. Que um dos perseguidores levou um tiro no braço. Que, a seguir, todos fugiram rio abaixo.

Nem sempre esses índios das serras toleram os abusos dos brancos. Prova disso é um incidente ocorrido alguns anos atrás na extremidade oriental da *serra do Banco*. Um jovem brasileiro chamado Pires, conhecido por maltratar seus empregados quando ficava bêbado, foi a uma cabana de índios e tomou algumas liberdades com as mulheres. Depois disso, os Makuschí o espreitaram, cercaram-no — ele estava a cavalo — e atiraram uma flecha em sua barriga. Ele tentou escapar, mas os índios sempre o faziam voltar; por fim, eles o arrancaram do cavalo e o mataram a pancadas. Puseram uma grande quantidade de pedras sobre o cadáver. Os criminosos eram alguns de meus atuais amigos. O cabeça do grupo era o "cristão" William. Uma expedição punitiva contra os "revoltosos", enviada do posto fronteiriço São Joaquim, no baixo Tacutu, deu em nada, já que os índios fugiram para a serra. Os soldados só prenderam um velho, mas soltaram-no depois.

Alguns índios Taulipáng, que eu enviara a Chiquiba, finalmente chegaram com o restante de minha bagagem. Demoraram a vir, e o chefe já estava preocupado com eles; também tinha enviado mantimentos ao seu encontro, pois os caminhos ainda estão muito ruins, em alguns pontos as savanas continuam sob a água. A lua nova, recebida com alegria pelos índios, traz alguns dias bonitos, mas logo ouvem-se de novo os temporais sobre a savana, que descarregam fortes aguaceiros. A queda da temperatura é sensível depois deles. As cobras vêm da savana e procuram o calor das casas. Recentemente, uma *jararaca* pequena caiu do teto de minha cabana no meio das crianças que estavam brincando. Que sorte esses animais serem tão indolentes.

E, no entanto, o poder do inverno acabou. Estamos no início de agosto. As longas e uniformes chuvas cessaram. Os mosquitos, que a princípio nos atormentavam tanto de dia e de noite, são em número cada vez menor. O ar ficou totalmente diferente, mais limpo; a vista está mais clara. O verão está próximo.

Novamente partem dois barcos, desta vez para São Marcos. Levam cartas e devem trazer cartas, que certamente chegaram lá para mim nesse meio-tempo. Emprestam roupas velhas do chefe, que vestirão pouco antes de chegar a São Marcos, "para que as pessoas não riam de sua nudez".

Estamos vivendo o clima de uma grande festa que Pitá quer dar em honra de sua visita importante. Infelizmente, o chefe está com febre, malária, e fica deitado num canto escuro de sua cabana baixa e úmida, gemendo na rede. Excepcionalmente, não consulta nenhum xamã, talvez por vergonha de mim, coisa desnecessária, pois concordo com o grande rei da Prússia[*] para quem "cada um pode fazer o que quiser". No entanto, curo meu amigo em poucos dias com quinino, seguindo o método de Plehn.[13] Na falta de hóstia, envolvo os comprimidos amargos em papel de cigarro, e Pitá os engole corajosamente. Observo rigorosamente a profilaxia de quinino de Plehn desde que pisei o solo sul-americano e tenho me sentido bem com ela.

---

[*] Frederico II, o Grande (1712-1786). (N. T.)

[13] Plehn, *A Kurz gefasste Vorschriften zur Verhütung der wichtigsten tropischen Krankheiten bei Europaern und Eingeborenen für Nichtärzte,* Jena, 1906.

Todos estão preparando a festa. As mulheres fazem enormes pilhas de beiju para *caxiri* forte. Os homens e os rapazes arrumam seus adornos de dança. O chefe e eu fazemos força, com o suor dos nossos rostos, com dois bancos europeus que alguém de sua gente fez para a cabana dos missionários. São do tipo mais primitivo possível, duas tábuas compridas sobre quatro estacas, e tão vacilantes que caíam todo dia com as crianças, causando muita gritaria. O banco que pusemos de pé será um lugar de honra para mim e para o chefe na festa.

Em 4 de agosto desponta uma manhã clara e fresca sobre Koimélemong. O clima é de festa. É servido *kalamalayekú* forte e escuro. Um grupo de índios Makuschí já está dançando a *parischerá* na praça da aldeia. À tarde, numa longa fila, chegam os moradores da *Maloca Bonita*, que fica na encosta sudeste da serra Mairari. Seu velho chefe, que os está conduzindo, tem a pele muito clara e, com seu rosto comprido e o bigode branco caindo melancolicamente sobre a boca, se parece demais com um inglês. Talvez ele pudesse fornecer material sobre o problema da bastardia a um antropólogo. Todos estendem a mão para mim, as crianças pequenas meio à força, algumas com uma gritaria terrível.

Meu velho amigo Julião também comparece, o tio de Pitá que mora com Ildefonso. Conta-nos que outro dia, ao voltar para casa, o *mekoró* brigou com Ildefonso na casa deste e que, durante a briga, o chefe bateu várias vezes em seu rosto com uma correia de couro. Julião me traz uma carta de Neves, na qual este confirma a notícia do tiroteio em Pedra Grande. A casa de Manuel Galvão, o proprietário rural de lá, que, junto com outros, também estava sob a mira dos soldados, ficou toda furada de balas. Com exceção do oficial de polícia, ninguém saiu ferido. A casa de Gouvêa foi incendiada. Sua mulher e Terêncio estão presos em Boa Vista. O próprio Gouvêa é esperado lá diariamente com cem homens armados. A carta já tem dez dias. Muita coisa pode ter acontecido nesse meio-tempo.

Quando estamos indo para o banho vespertino, uma menina Taulipáng corre atrás de nós e grita que a *parischerá* está chegando. Pirokaí diz que eles devem esperar até estarmos de volta. Vamos, então, para a cabana de Teodoro. Os dançarinos chegam numa longa fila, vindos de longe na savana. É uma espécie de dança de máscaras. Usam singulares adornos[*] de cabeça, feitos de folha da palmeira *inajá*,[14] que cobrem parte do rosto. Longos penduricalhos do mesmo material envolvem o corpo e cobrem as pernas. Eles tiram abafados sons uivantes de tubos feitos da leve madeira *ambaúva*,[15] que têm na parte da frente todo tipo de figuras de madeira, peixes também, pintadas de várias cores, enquanto agitam os instrumentos para cima e para baixo. Chegam dançando, dobrando os joelhos. A cada dois passos, batem com o pé direito no chão, dobrando ligeiramente o tronco para a frente. Assim, movimentam-se sempre um trecho mais longo para a frente, um mais curto para trás e chegam, pouco a pouco, à praça da aldeia. Cada divisão tem o seu primeiro dançarino, que vai batendo e chocalhando, no compasso das batidas dos pés, o longo bastão de ritmo, cuja extremidade superior é envolta com pingentes de casco de veado ou metades de cascas de frutos. Moças e mulheres pintadas de vermelho e preto, vestindo somente a graciosa tanga de

---

[*] *Kopfbedeckungen* (chapéu) no original. (N. T.)
[14] *Maximiliana regia.*
[15] *Cecropia* sp.

miçangas, juntam-se a eles. Com a mão direita no ombro esquerdo do parceiro, seguem, a passos miúdos, numa segunda fila ou dos lados, assim como numerosos adolescentes. As mulheres jovens e as moças estão ricamente adornadas. Usam na cabeça um bonito diadema de cana trançada com flocos de algodão colados ou de fina penugem branca. Os dançarinos formam uma roda grande e aberta e se movimentam balançando-se alternadamente para a direita e para a esquerda, ora para a frente, ora para trás. Após cada volta, batem várias vezes o pé onde estão e gritam alto: "hē—hū—haí-haí-haí-haí-haí-jū—juhū". A um sinal do primeiro dançarino, ficam parados, o rosto voltado para o centro do círculo, segurando, com uma das mãos, os instrumentos diante de si ou apertados debaixo do braço, e cantam suas canções simples, bem ritmadas, e melodias graves. O primeiro dançarino canta alguns compassos, a seguir, os outros entram. Começando baixinho, sua voz vai crescendo cada vez mais e, pouco a pouco, perde-se no refrão monótono, repetido inúmeras vezes: "haí - ā — ā haí — ā — ā".

Ficam dançando assim por várias horas diante da minha cabana, na esplêndida noite de lua cheia. Estou sentado no banco de honra e aceito a aclamação. Ao meu lado, Pirokaí, sentado num banquinho baixo, anima os dançarinos, gritando alto: *"Dotōro-parischerá! Dotōro-parischerá!"*. Muita gente nua, num grande círculo que envolve a nós e aos dançarinos, assiste deitada ou agachada, iluminada pela luz vermelha dos fogos tremulando. Um quadro inesquecível.

No dia seguinte, desde manhã cedo recebo muita visita em minha cabana. Tenho de usar todos os meus truques. Livros ilustrados, tipos indígenas, armas, fonógrafo, tudo é aplaudido com admiração. Pitá está muito orgulhoso de seu hóspede. O tempo continua magnífico. Continuam chegando convidados, índios Makuschí e Wapischána da serra Uraucaíma e do Majari. Vestindo o traje de *parischerá*, grupos isolados chegam dançando e me fazem as honras na praça da aldeia queimada pelo sol. No total, devem ser umas mil pessoas reunidas aqui. Como saudação, os recém-chegados disparam alguns tiros da colina aqui perto. Respondo com a Winchester. Muitos índios têm boas espingardas de vareta inglesas de cano longo, que, na maioria das vezes, adquirem das tribos no norte, Taulipáng e Arekuná, em troca de cães de caça. Os Wapischána do Majari são quase sempre tipos altos e magros de rostos compridos e traços pronunciados. Na aparência e no comportamento, assemelham-se aos Tariána e aos Baniwa, no oeste distante, no alto *rio* Negro, a quem são linguisticamente aparentados. Infelizmente, estão todos metidos em roupas europeias muito largas e, com isso, dão uma impressão decadente. Como já estão há muito tempo sob o domínio dos brancos, perderam sua singularidade, são um povo servilmente submisso e digno de compaixão.

Hoje é o principal dia da festa. A dança tem início à tarde, pouco após as 3 horas, como desejei por causa das fotografias. Uma corrente interminável de dançarinos de *parischerá*, homens e mulheres, chega do oeste, da savana, sob a gritaria abafada das buzinas de madeira, uns duzentos participantes. Uma visão grandiosa! Então eles dançam e cantam na praça da aldeia, numa roda enorme. No meio do círculo, homens e mulheres dançam *tukúi*, a dança do beija-flor. Usam somente a tanga e estão pintados com motivos artísticos ou simplesmente besuntados com argila branca, no cabelo também, o que dá a muitos uma aparência extremamente selvagem. Em grupos de dois ou de três, parte deles de braços dados, andam um atrás do outro, dobrando os joelhos, batendo com o pé direito no chão. Os homens acompanham soprando sempre o mesmo som de maneira estridente num curto pedaço de taquara. Nessa, como na dança *parischerá,* também se cantam, de vez em quando, longos cantos épicos em inúmeras estrofes.

Todas as danças e os cantos de dança desses índios estão intimamente ligados a seus mitos e lendas. Para as letras da dança, o mito em questão é que nos dá a chave. Assim, por exemplo, o *parischerá* se refere a um extenso mito em que desempenham seu papel uns instrumentos mágicos de caça e pesca que um xamã recebe dos animais e que, ao final, por culpa de seus parentes malvados, tem de devolver. Tal como o *tukúi* ou *tukúschi*[16] é a dança de todos os pássaros e de todos os peixes, o *parischerá* é a dança dos porcos e de todos os quadrúpedes. A chegada dos dançarinos e dançarinas numa longa corrente, sob a música dos trompetes de madeira, representa os porcos-do-mato que se vão, grunhindo surdamente. Originariamente, todas essas danças devem ter sido encantações para conseguir caça e pesca abundantes.

As danças duram a noite toda, ininterruptamente. Resisto até depois da meia-noite. Danço algumas voltas, o rosto pintado de vermelho e usando colares de dentes, na cabeça a coroa emplumada; também bebo minha porção de *caxiri,* é claro que *anaiyekú* fraco, feito de milho, enquanto os índios preferem algo mais forte. Às vezes, solto estridentes gritos de alegria, como é costume numa verdadeira quermesse lá na minha terra, em Hessen. Todos estão encantados.

Ainda fico muito tempo sentado fumando com o Majonggóng e alguns outros xamãs. Os doutos senhores já estão um pouco bêbados. Conversamos sobre *kanaimé.* Dizem que o pior *kanaimé* de toda a região é Dxilawó, chefe de uma aldeia Taulipáng próxima da missão no alto Surumu, o homem mais odiado também entre seus companheiros de tribo. No fundo, ele é um homem bastante bom, Manduca acha, mas sua alma não presta. Ela se separa do corpo quando ele dorme e encarrega todos os maus espíritos possíveis, na forma de onças, cobras gigantescas etc., de fazer mal às pessoas. A epidemia de febre que grassou aqui e nos arredores durante a época das chuvas é atribuída a esse pobre-diabo, assim como a doença da encantadora filhinha de Pirokaí. Se a criança morresse, diz o pai, ele mataria Dxilawó. Mas isso é coisa remota, pois meu Pirokaí não é nenhum herói.

Os sonhos são realidade para o índio, ações independentes da sombra livre do corpo, a alma. O esperto Majonggóng me explicou muito bem que minha alma também trabalha à noite, lê e escreve enquanto o corpo descansa. Os índios, especialmente os xamãs, dão grande importância aos sonhos. Mesmo que os sonhos sejam bem simples, são relatados como algo muito importante. Há pouco, Pirokaí sonhou que estava com sua filhinha nos braços e foi atacado por um boi furioso, mas eu o protegi. Ele estava muito orgulhoso de seu "lindo sonho".

A festa também continua no dia seguinte, mas os trajes já estão muito estragados, os dançarinos estão bêbados e cansados dos enormes esforços. O conjunto todo é só uma caricatura do espetáculo de ontem, sobretudo porque os magníficos Taulipáng se retiraram cedo. Os pobres Wapischána do Majari desempenham agora o papel principal e perturbam o ambiente.

Faço alguns dos cantores e cantoras mais barulhentos dançar e cantar diante do fonógrafo em minha cabana. A coisa se desenvolve sob nuvens de poeira. As pessoas já estão num estágio avançado de embriaguez, as vozes pastosas e roucas. Uma mulher velha e enrugada, que eu preferiria que estivesse usando roupas sobre o corpo nu em vez da tanga de miçangas, grita

---

[16] Makuschí: *tukúi*; Taulipáng: *tukúschi*. Significam beija-flor.

terrivelmente no meio dos outros com uma voz gutural estranhamente sufocada, como muitos aqui fazem, especialmente as velhas; o funil só registra de modo muito fraco o chocalhar dos bastões de ritmo, mas as gravações dão um quadro fiel dos cantos indígenas depois de um baile que dura alguns dias. Soa como uma quermesse em nossa terra, agonizando de manhã cedo.

No fim da tarde — o *caxiri* é servido só em pequenas quantidades — todos dançam, a meu pedido e por ordem do chefe, a chamada *arärúya* ou *alälúya* (Halleluja), os Wapischána em separado, os Taulipáng e Makuschí juntos, primeiro diante da casa de Teodoro, depois na frente de minha cabana. A dança é própria dos Taulipáng das montanhas, especialmente daqueles das proximidades do Roraima, uma lembrança em estilo indígena dos missionários ingleses que atuaram outrora junto a essa tribo, mas sem deixar vestígios "cristãos" perceptíveis. Os dançarinos formam uma roda fechada. Em grupos de dois ou três, aos pares ou, na maioria das vezes, separados por sexo, eles andam de braços dados ou com a mão direita no ombro esquerdo do parceiro, um atrás do outro, batendo com o pé direito no chão. Como acompanhamento, são cantadas diversas melodias com letra indígena ou num inglês degenerado, breves melodias marciais com andamento ligeiro de marcha, pelo visto hinos religiosos ingleses. Sem dúvida, essas melodias, comparadas com as melodias de dança originais dos índios, como *parischerá* e *tukúi*, entre outras, "dão uma triste impressão de semelhança, como os farrapos de chita em corpos acostumados ao ar livre", para usar as palavras do sr. Von Hornbostel.* Às vezes, os primeiros dançarinos se viram, então as duas metades da roda dançam uma de encontro à outra, por pouco tempo, uma para a frente, a outra para trás, os dançarinos jogando o tronco com força para a frente e para trás. Ao fim de uma canção, todos ficam parados e quietos por algum tempo, voltados para o interior do círculo, até os primeiros dançarinos iniciarem uma nova canção. Se os bons missionários pudessem ver em que se transformaram seus ensinamentos cristãos, ficariam espantados.

Assim continua até de manhã cedo. Reina uma alegria inocente e infantil entre jovens e velhos, cantos e risos, uma confusão de quermesse. Mas quando comparo essa festa com as nossas quermesses, estas se saem muito mal. Aqui também há bêbados; se alguém, no entanto, bebeu demais, não fica por aí caindo para todos os lados, mas vai a tempo para sua rede e curte a bebedeira. O convívio entre os sexos aqui é muito decente. Entre as mil pessoas, pertencentes a diferentes tribos, não há briga, muito menos pancadaria. E eles é que são "selvagens"!

No dia seguinte, resta somente o epílogo, o extinguir da festa. A bebida acabou. De manhã, em frente à casa do chefe, os senhores idosos ainda beberam mais um trago forte contra a ressaca, para o qual também fui convidado, então recolheram-se para o merecido descanso. Os jovens continuam alegres, mesmo sem o álcool. O anfitrião mostrou-se valente. Arranjou e dirigiu tudo de maneira perfeita e não bebeu além do que podia aguentar. Em compensação, seu cunhado, o polígamo e "cristão" William, divertiu-se a valer e, usando somente a tanga e uma bonita coroa emplumada, foi um dos dançarinos mais incansáveis. A "missa" ficou suspensa durante toda a festa. Na manhã seguinte, William se lembra de seu dever e reúne os fiéis. Lê a lição sobre as

---

* Erich M. von Hornbostel (1877-1935), musicólogo austríaco que analisou os cantos indígenas gravados por Koch-Grünberg na expedição de 1911-1913. (N. T.)

hen (galinhas), que botam muitos ovos, mas — nossa! — está segurando o livrinho ao contrário; as pobres galinhas estão de cabeça para baixo.

Muitos convidados se despedem cedo, depois de tagarelar monotonamente com o chefe. Os índios, como é costume nessas ocasiões, fizeram todo tipo de pequeno negócio, trocaram flechas para pesca, novelos de fio de algodão, redes de dormir e raladores, entre outras coisas. A retribuição, muitas vezes, só ocorre meses depois.

À noite, há grande agitação em toda a aldeia. A querida buzina do chefe, que ficava pendurada num dos cômodos de minha cabana, sumiu e, apesar da busca frenética, não é encontrada em lugar algum. Dizem que uns Wapischána, que já estão voltando para casa, roubaram o objeto de valor. Uma mulher que estava na roça diz tê-los ouvido soprar de longe. Pitá está furioso. Amanhã bem cedo mandará trazer as pessoas de volta para "conversar com elas". No fim, acabo encontrando o instrumento num canto. Provavelmente, um dos garotos forasteiros o havia roubado e depois, assustado com o barulho que o chefe fez, jogou-o às escondidas lá dentro, enquanto estávamos jantando do lado de fora da cabana.

O Majonggóng me traz um índio escuro de nariz acentuadamente aquilino. Ele é, segundo a tribo de sua mãe, um Taulipáng do alto Uraricoera. Seu pai, que deve ter-lhe dado seu tipo físico especial, era um Purukotó, de uma tribo antigamente numerosa na região de Maracá e que, segundo dizem, está extinta, restando apenas cinco mulheres e alguns homens. Infelizmente, parece que ele não fala nada dessa língua. Maipalalí, é o seu nome, é um homem muito viajado e já esteve com os Majonggóng e Máku do Auari e com os Schirichána do Curaricará.[17] Como muitos índios, ele fala várias línguas e conversa com Manduca nos sons suaves de sua terra. Também conhece algumas palavras de Máku e Schirichána. Procuro saber dele dados mais exatos sobre essas tribos. Sua mulher, que o acompanhou em todas as viagens, está sentada atrás dele e fica bastante aborrecida quando ele não sabe alguma coisa: "Lá você falou tão bem com as pessoas e agora já esqueceu tanta coisa!". Diz que os Schirichána do Curaricará, antigamente gente muito perigosa, agora são pacíficos e habitam algumas casas grandes de planta quadrada. Que vivem nelas sobre estrados, enquanto suas coisas, arco, flechas etc., ficam embaixo, no chão. Diz que os Schirichána da serra Marutani, ao contrário, são bravos e matam os visitantes com flechas. Que os mais pacíficos também agitam o arco e a flecha, batem no peito e gritam alto quando alguém vai até eles. Diz que usam longos canudinhos no septo nasal. Pelas poucas palavras que Maipalalí consegue me dizer, parecem línguas totalmente desconhecidas.

Agora já faz quase um mês que estou em Koimélemong e sou bom amigo de todos os moradores. Sou benquisto porque sempre tenho tempo para todos, sou simpático com todo mundo, nunca fico *bravo* e recompenso cada pequeno serviço com miçangas, tabaco e pequenos anzóis. E, no entanto, meu olhar se dirige diariamente, cheio de ansiedade, para o norte, para as serras distantes que fecham o horizonte. Atrás delas deve ficar o Roraima, aquele maravilhoso monte de arenito que levou cada viajante que o viu a fazer descrições apaixonadas. Pitá também ainda não esteve lá e quer me acompanhar. Mantemos longas consultas com todos os Taulipáng que vêm do norte. O chefe envia alguns mensageiros à frente para avisar de nossa ida nas aldeias

---

[17] O Uraricapará dos mapas, um afluente esquerdo do Uraricoera.

por onde deveremos passar e, principalmente, para encomendar *caxiri*. Serão apenas seis dias de viagem, dizem os índios, enumerando para mim nos dedos. Dizem que a cada dia se chega a uma casa; que só uma vez é preciso dormir ao ar livre. Partindo do Roraima, queremos visitar também os bravos Ingarikó, mas existe um problema. Pitá diz que os Ingarikó são *kanaimé* perigosos. Quando respondo: "Não tenho medo!", ele diz depressa: "Eu também não!". Além disso, diz que o *kanaimé* só mata pessoas sozinhas, à noite, "a caminho", mas nunca várias juntas, de modo que nada temos a temer. Apesar disso, a coisa lhe parece pouco segura, pois quando alguém quer comprar sua espingarda inglesa, ele faz o outro esperar até termos regressado do Roraima, já que ainda precisará da arma de fogo "para matar os *kanaimé* ruins dos Ingarikó e dos Seregóng!".

Partiremos logo após a festa. Então, em 10 de agosto, meus mensageiros expressos voltam de São Marcos. Isso modifica meus planos de repente. Trouxeram um grande pacote de cartas para mim, com boas notícias e outras não tão boas.

Meu acompanhante, que deveria assumir os trabalhos com o cinematógrafo — por enquanto, o pesado aparelho ficou em São Marcos —, me deixou na mão. Tomou o mesmo vapor e voltou de Manaus para casa. Assim, tenho de tentar fazer os filmes sozinho, apesar de me faltarem técnica e prática necessárias. A todos os meus trabalhos, acrescenta-se mais um, que irá requerer muito tempo e paciência.

Meu outro acompanhante, Hermann Schmidt, chegou a São Marcos e me aguarda ansiosamente. Primeiro, queremos trazê-lo até aqui com o resto da bagagem. Então, Pitá quer organizar uma segunda grande festa, pois desejo filmá-la com o cinematógrafo. Pergunta-me dentro de quantos dias ela deverá se realizar. Calculo para ele, incluindo ida e volta e estada em São Marcos, 25 dias, e faço os riscos respectivos numa tampa de papelão. A *kalitá*[18] passa de mão em mão e é discutida com grande interesse. Pitá transcreve minha conta para uma espécie de "escrita de nós", usada, em geral, por esses índios para compromissos de tempo cronológico. Em vários fios trançados de fibras de *miriti*, ele faz nós que representam o número de dias que se passarão até a festa, então envia esses fios por rápidos mensageiros até as diferentes aldeias. Os convidados desfazem um nó a cada dia e, na data determinada, estão todos presentes no local dos acontecimentos.

Ainda há muita coisa a fazer até a partida. As coleções têm de ser ordenadas e empacotadas. As mulheres fazem beijus e os põem para secar ao sol, nos tetos; os homens tratam da caça e dos peixes e os conservam sobre os moquéns simples em fogo lento; provisão para a longa caminhada. Os muitos índios que nada têm a fazer ficam agachados à minha volta, observam-me trabalhando ativamente e me fazem contar "n" vezes nos dedos dentro de quantos dias estarei de volta.

---

[18] Deriva da palavra *carta* em português.

5

DE VOLTA A SÃO MARCOS

Em 14 de agosto está tudo pronto. Toda a população veio para a despedida. As mulheres repetem, mais uma vez, tudo que devo lhes trazer. Pitá dá as ordens com sua voz alta e enérgica e proíbe terminantemente que entrem em minha cabana durante nossa ausência. William-Tinápu assume a responsabilidade por minhas muitas coisas que ficarão aqui, pois, exceto as coleções, levo apenas o estritamente necessário. Meus pertences estão seguros com essa gente absolutamente honesta. Nunca foi perdida a menor coisa minha. O chefe e seu segundo filho, Mário, um garoto vivo e esperto de seus doze anos, viajarão comigo. Como carregadores, além dos meus três rapazes, tenho meia dúzia de índios Makuschí e Taulipáng e minha cozinheira Wapischána.

Partimos por volta das 9 horas. Os costumeiros tiros de despedida, disparados da colina oriental, saúdam Koimélemong, lá embaixo, numa última visão da aldeia. Somos, então, recebidos por um grotesco caos de rochas, que o pérfido herói da tribo, Makunaíma, criou em tempos imemoriais ao transformar pessoas e animais em pedras.

Até além da *serra do Banco* nosso caminho é o mesmo da ida. As fortes chuvas dos últimos dias encharcaram muito o vale. Os riachos estão com muita água. Meu pessoal tem de atravessá-los com água até o pescoço, levando as cargas e suas armas no alto da cabeça. Eu próprio vou montado, até a outra margem, nos ombros vigorosos do meu caçador Peré. Tomamos muito *caxiri* forte na antiga aldeia de Pitá, o que nos faz suar em bicas ao prosseguir a marcha pela penosa trilha entre as rochas, no desfiladeiro da *serra do Banco*. No início da tarde paramos nas duas cabanas do outro lado da serra, onde o Makuschí Agostino e seu irmão moram com suas belas e esbeltas filhas, minhas antigas companheiras de viagem. Mais uma vez, uma galinha tem de deixar esta vida. Comi umas trinta delas no último mês!

Apesar de seu nome civilizado e de sua calça de linho, sob a qual, porém, usa a familiar tanga, nosso anfitrião não fala uma palavra de português. Na manhã seguinte, para diversão geral, usando meu nome indígena, ele me chama para o café da manhã, o famoso prato apimentado: "Tomá seléle Yualí!" ("Venha comer *tamoríta*, Yualí!"), e eu atendo ao chamado com prazer. Pouco antes de partirmos, Agostino ainda me traz alguns objetos etnográficos, belos trançados, chocalhos de dança e um grosso tubo de bambu, que tem sua parte superior envolta por chocalhos de cascos de veado e cuja extremidade inferior é fechada por uma espécie de pele de tambor. Cantando, o vivaz Pitá demonstra para mim como, na dança *muruá,* o primeiro dançarino bate com ele no chão para marcar o ritmo.

Agora o caminho conduz para o leste, ao longo da *serra do Banco,* que, aos poucos, se torna mais plana. Paralelamente a ela, à nossa direita, segue a cadeia de colinas **Muréiapung**, que deve seu nome ao mítico assento de banco[1] em seu topo. Atravessamos numerosos riachos vindos da serra próxima e que devem sua breve existência unicamente à época das chuvas. Ao sairmos na savana aberta, descortina-se uma vista magnífica das serras distantes, a norte e nordeste. Como uma enorme torre, o íngreme cume do Sabáng domina a área ao seu redor. O Surumu está próximo. Podemos ouvi-lo bramir. É Ulókemelu, a cachoeira do papagaio, sua maior cachoeira. Fazemos uma breve parada em três miseráveis cabanas Makuschí. Aqui vive o velho Ukaliáng. Sua mulher me serve um refresco amarelo de sabor meio ácido. É feito de abóbora comestível. Talvez ela a tenha mastigado, mas e daí! A marcha continua e, por um breve trecho, seguimos bem próximo à margem do Surumu, que forma contínuas corredeiras. Avançamos com dificuldade por um pântano profundo, então andamos por uma trilha rochosa numa região acidentada. Cada pequena elevação tem seu nome: Ataítai-eping, Moró-eping, Ualíliai-eping etc. Se fôssemos cartografar do ponto de vista indígena, seria necessária uma escala gigantesca para colocar todos os nomes. Chegamos novamente bem perto do Surumu rumorejante, mas nos afastamos dele por algum tempo. Ele segue para nordeste, ao passo que nós mantemos a direção leste. Num riacho estreito, cuja água vagarosa dá a impressão de ser quase quente, encontramos um pescador solitário, um Makuschí da outra margem do Surumu, a única criatura humana neste deserto de gramínea. Hesitante, ele se aproxima e troca algumas palavras com Pitá. Mal se digna a olhar para mim. Temos ainda de atravessar uma cumeada baixa, coberta de pedras pontiagudas, antes de chegarmos ao nosso destino de hoje, duas cabanas Makuschí de estilo brasileiro. O dono da casa, Antônio *Tauari,*[2] como Neves achou por bem batizá-lo, não está. Sua mulher nos recebe amigavelmente e nos serve de acordo com suas possibilidades. Algumas crianças engatinham em redor. Conheci a filha mais velha, uma adolescente muito bonita e viva de ardentes olhos negros, como babá em São Marcos. Entre os animais domésticos, uma família de perus e uma galinha-d'angola provêm, sem dúvida, do galinheiro de Neves.

A uma noite estrelada segue-se um dia ensolarado e quente. Nós nos dirigimos agora para o sul, pela savana plana e sem fim, cercada de ambos os lados por serras baixas e cumes rochosos. Numerosos cupinzeiros altos dão à paisagem um caráter singular.

Nossa pequena caravana apresenta um quadro totalmente diverso ao longo das diferentes horas matinais. Nas primeiras e frescas horas do dia, caminhamos depressa em fila contínua, conversando animadamente. Gracejos voam de um lado para o outro e, de vez em quando, ressoa

---

[1] *Mureí-apúng* = assento de banco (Brett).
[2] *Tauari* designa uma fina fibra de cor pardo-avermelhada, usada como capa de cigarro. Essa fibra é tirada da árvore *Lecythis ollaria* (Lin.).

DESCANSO NA SAVANA

uma alegre gargalhada. O sol vai subindo. O calor fica cada vez mais sufocante. Os carregadores arquejam sob a carga pesada. Aos poucos, nossa fila fechada vai-se desfazendo. Aqui, alguém fica para trás e, para descansar, sai à caça de um veado que, assustado pelo barulho, atravessou nosso caminho. Ali, alguns carregadores estão agachados, exaustos, sob uma das árvores isoladas, cuja copa atrofiada mal oferece um pouco de sombra. O ar candente nos tira a palavra e o fôlego, e todos se alegram ao pararmos para a sesta sob um grupo de árvores junto a um riacho. Somente meia hora mais tarde é que chegam os últimos retardatários, que, extenuados, deixam-se cair ao chão com sua carga. Um cigarro recupera depressa os ânimos abatidos. O estômago exige seus direitos. Cada um toma, com prazer, a refeição que nossa cozinheira, sempre a primeira, preparou nesse meio-tempo, mesmo que seja apenas sua famosa "sopa de batata" roxa.

Hoje abreviaremos bastante a sesta, pois nosso destino, uma faixa de mata, está próximo. É a mata de galeria do Surumu, que atingimos pouco depois de 1 da tarde. O rio aqui parece ser fundo e corre calmamente. Vou para a outra margem numa canoa deteriorada, que encontramos no porto, à saída da trilha muito percorrida. Um pouco terra adentro, na savana, fica a morada de Ildefonso, constituída de várias cabanas. *Aleluia* é como o velho vigarista a chama, o qual, a princípio, enganou os padres com sua beatice servil, até que estes também reconheceram sua verdadeira natureza. Ele próprio foi hoje de manhã para São Marcos. Sua mulher mais velha, Maria — recentemente ele adquiriu uma mulher jovem —, me traz, por iniciativa de Pitá, uma cabaça cheia de *caxiri*.

Às 3 horas partimos numa *montaria* grande, que pertence ao velho Julião. Pitá está sentado ao leme, e seu filho Mário vai tirando água, pois o traste velho está furado. Aos meus três rapazes, Pirokaí, Manduca Wapischána e o Majonggóng, juntou-se um remador Makuschí, Pedro, um irmão mais jovem de Pitá e Ildefonso. Também já o vi em 1905 em Manaus. Ele é quem conhece melhor as perigosas corredeiras que se seguirão.

Descemos rapidamente, em direção sul, o rio encravado no estreito cinturão de mata. Após breve percurso, abre-se à esquerda a foz do Cotingo, ou Cotinga, que vem da encosta oriental do monte Roraima. Os índios chamam esse rio de Kutíng e, ao contrário de nossos mapas, designam o Surúng, como eles dizem, como seu afluente. Essa opinião me parece a mais correta, sobretudo porque o Cotingo, pelo visto, tem mais água do que o Surumu, ou Zurumá (Surumá), como o mapa de Schomburgk o chama. Em ambos os rios, a água possui a mesma cor verde-esbranquiçada. À direita, a savana chega diretamente até a alta margem arenosa. À nossa frente, a sudeste, surge um cume distante, a *serra Cuácuá*.

Logo a corrente se torna mais impetuosa. Rochas altas emergem de dentro do rio. Sob gritos de estímulo do chefe, passamos a corredeira Maikaíue-tepö. Diz-se que em seu forte redemoinho, pelo qual passamos raspando velozmente, vive uma cobra grande, que puxa os barcos para o fundo. Mais adiante, até onde podemos ver, há rochas e ondas borrifando água. Viagem excitante. Batemos com força numa pedra sob a água. Mas conseguimos passar. Ambas as margens elevam-se aqui numa rocha gigantesca. Por isso, os brasileiros chamam o lugar de *Pedra Grande*.

Atracamos junto a uma pequena cabana. É um *retiro*, um posto avançado da grande fazenda de gado Frechal, que fica mais abaixo. O *vaqueiro*, um companheiro de tribo de Pitá, está ausente, aqui só há mulheres e crianças. Num moquém grande assa-se carne de vaca em fogo lento. Em troca de miçangas e outras ninharias, dão-nos algumas costelas já um pouco suspeitas. Meus conhecimentos linguísticos de Makuschí deixam as amáveis mulheres encantadas. Pitá vai buscar *caxiri* de uma cabana vizinha, onde mora um "tio" seu. Dizem que antigamente havia aqui uma grande *maloca* dos Makuschí.

À noite, meu Majonggóng cura uma criança doente na parte de trás da cabana. Pediu emprestado um chocalho da coleção. Pirokaí substitui a mulher do xamã. Fica agachado ao lado dele e, de vez em quando, acende-lhe os fortes cigarros que Manduca me pediu para a cura.

Prosseguimos nossa viagem bem cedo na manhã seguinte. A oeste, não muito longe, um cume redondo ergue-se solitário sobre a savana plana, o *serro Maruaí*. Atrás de nós, longe ao norte, avista-se a cumeada azul da "serra da lua", Kapoí-eping, que se avista claramente de Koimélemong, a leste. As traiçoeiras rochas e corredeiras não acabam nunca. Outra vez, aparece uma queda perigosa. Pedro diz que é Wonekai-selálu; um nome tão longo quanto a corredeira que ele designa. Paramos junto a uma pedra e deliberamos sobre o melhor caminho a tomar. Mais abaixo, em água navegável e segura, uma canoa com índios cruza o rio. Chamamos e acenamos, mas os sujeitos não reparam em nós, desaparecendo atrás das rochas da margem. Subimos novamente no barco. A tripulação recolheu os remos. Nós nos deixamos levar pela correnteza. Somente o piloto, com seus remos largos, mantém o barco em direção reta. Pedro, que tem o posto de grande responsabilidade de *proeiro,* está em pé e olha à frente com dúvidas. Troca algumas palavras rápidas com Pitá. Indica a direção com seu remo. Assim, somos impelidos até o topo da queda. Pedro senta-se rapidamente. Dá uma ordem rápida. Os remos são postos para trabalhar com toda força. Com rapidez vertiginosa, entramos na torrente de ondas, passando por rochas e por rodamoinhos gorgolejantes. *"Haí—haí—haí!* Já vai! Já vai!", grita o chefe para animá-los. Por alguns momentos, o coração bate com força. Ainda não me acostumei novamente a essas viagens desenfreadas. Já passamos. Alguns respingos entraram no barco. Isso é tudo. Rindo satisfeito, Pitá olha para trás, para as ondas espumantes.

As rochas consistem em granito ou xisto micáceo, muito mesclado com quartzo. Entre eles há cascalho de jaspe vermelho.

Agora vem um trecho mais longo e calmo. Em cada curva do rio a água arrancou a margem, exposta à corrente, e depositou a areia na ponta da outra margem, fazendo íngremes margens de areia alternarem constantemente com baixos bancos de areia. Cada curva mais fechada do rio mostra esse mesmo quadro. A vegetação é escassa ao extremo. De vez em quando, há uma estreita faixa de mata rala, arbustos atrofiados, dominados por altas árvores isoladas; na maior parte, porém, vê-se a árida estepe* com sua uniformidade incolor. A fauna é muito escassa e limita-se a algumas aves aquáticas, especialmente garças brancas e cinzento-prateadas, cuja carne, porém, como ocorre em todos os rios de água branca, tem gosto de óleo de fígado de bacalhau e, por isso, é pouco comestível. O mesmo não acontece com os iguanas grandes e verdes que, aqui e ali, levam uma existência contemplativa nos galhos das árvores e geralmente são visíveis apenas ao agudo olhar de caçador do índio. Sua carne é bem saborosa e não muito diferente da macia carne de frango.

Paramos por pouco tempo junto a uma cabana Makuschí na margem direita. O barco de Ildefonso está ancorado no porto. Ele próprio aparece de repente e me trata com servil amabilidade. Parece, portanto, saber agora quem eu sou! Nem sequer cumprimenta seu irmão. Nem faço caso do hipócrita. Então ele desiste e desaparece.

Por volta do meio-dia navegamos outra vez, sob os gritos de costume, por uma longa corredeira, Molipoeselálu, onde os dois beneditinos, agora mortos, soçobraram e perderam tudo. Por um triz não nos acontece o mesmo. A forte correnteza nos joga contra uma rocha. O barco estala inteiro. No último minuto, Pedro o afasta com o remo.

Na margem esquerda há algumas cabanas de índios Wapischána semicivilizados. São empregados das fazendas de gado que encontraremos de agora em diante. Maldições em português, farrapos europeus, avidez por aguardente, essa é toda sua civilização! Almoçamos sobre algumas rochas, mas tanto quanto as nuvens de *piuns,* uma praga do Cotingo e do Surumu, nos permitem desfrutar

---

* *Steppe* no original. (N. T.)

a comida. Enquanto isso, Ildefonso, de barco, passa calado por nós. Está profundamente ofendido e nos vira as costas. Melhor assim!

À tarde, passamos pela corredeira de Maruaí, a última até São Marcos. Logo abaixo, à direita, desemboca o riozinho de mesmo nome, o único afluente maior do Cotingo depois da união deste com o Surumu. O rio Maruaí é acompanhado de estreitas faixas de mata rala até o baixo cume que tem o mesmo nome, mas não vem dele, e nasce mais adiante na savana. Acima de sua foz, a margem de 6 a 8 m de altura consiste em argila vermelho-esbranquiçada e gordurosa.

Paramos num banco de areia. Mário comeu muita carne de boi e vomita terrivelmente, mas depois fica muito alegre de novo.

Agora as cabanas dos criadores de gado seguem-se rapidamente, uma após a outra, em ambas as margens. Uma mulher branca chama Pitá: "Ei, Manuel, você não trouxe nada para mim? Nem bananas, nem farinha de mandioca, nem peixe?". É uma peruana, a mulher do negro Menandro, um empregado de Frechal. Meu pessoal imita sua voz gritada, caçoando. Pitá sorri. Diante de uma cabana de brasileiros na alta margem de areia, que se estende até longe e é chamada de Dakábi pelos Makuschí, seis meninos morenos nus se arrastam de quatro, brincando, um atrás do outro. Quando nós os chamamos, eles fogem, subindo pela íngreme escarpa. O menor deles não consegue acompanhá-los e grita, choroso, até que seu irmão mais velho vai buscá-lo.

A *fazenda Frechal*, por onde passamos na manhã seguinte, fica na alta margem direita. É a sede das gigantescas propriedades do falecido Sebastião Diniz. Quando o nível da água está normal, as pequenas *lanchas* chegam até aqui para buscar gado. Atrás das casas de teto de palha estende-se a baixa cadeia de mesmo nome, em direção ao oeste. Rio abaixo, na mesma margem, há cinco grandes cabanas Wapischána.

Mais uma hora de viagem nos leva ao Tacutu. Antes da foz do Cotingo, ele é apenas poucos metros mais largo do que este, que mede 265 m. Após a união dos dois rios, sua largura é de 435 m. A água e o cenário das margens são os mesmos em ambos os rios. Pela direita, ele logo recebe um pequeno afluente, que os Makuschí chamam de Anaí-ute, os brasileiros, de *igarapé do Milho*. Outrora, Ildefonso teve em sua margem uma grande aldeia, mas sua gente, Pitá também, o abandonou, porque ele era um patife.

Na povoação Tupucu, ou também Tipucu, na margem esquerda, que, com sua casa branca coberta de telha, dá uma impressão bastante civilizada, encontramos a *lancha* Senador Silvério, que segue para Frechal para embarcar bois. Admirados, os *cavalheiros* de branco nos seguem com o olhar. Não sabem direito o que pensar de um tipo selvagem como eu.

Em 19 de agosto partimos cedo para estar em São Marcos para o almoço.

O baixo Tacutu tem algumas ilhas arborizadas. À esquerda, deságuam pequenos afluentes sem importância, acompanhados das imponentes palmeiras *miriti*. A margem direita é coberta de mata rala. Próximo à foz, no alto da margem esquerda, fica o chamado *acampamento*, um posto militar brasileiro de uns vinte homens sob o comando de um tenente. Alguns soldados estão vadiando diante de suas cabanas de palha, outros tomam banho no ancoradouro e riem de nós com sua risada de negro ao passarmos rapidamente por eles.

Do ponto de vista militar, esse posto da fronteira não tem mais nenhuma importância. Os comandantes têm tão pouco a fazer quanto seus subordinados e desenvolvem, paralelamente, um próspero comércio de mercadorias de Manaus compradas por um preço relativamente baixo, vendendo-as, então, com bom lucro aos colonos. Alguns deles enriquecem por outras práticas. Por isso, esse posto, eventualmente, também é procurado por oficiais da capital. Um ou outro tenente leviano já se "arranjou" aqui e agora vive como altivo fazendeiro no *rio* Branco.

Acampamento serve como substituto do velho forte *São Joaquim,* construído no ano de 1775 pelos portugueses como proteção contra as invasões espanholas vindas do oeste. Suas ruínas não ficam longe daqui, na confluência do Tacutu e do Uraricoera. Os firmes muros de pedra estão cobertos pelo mato, mas ainda é possível reconhecer a forma de paralelogramo do antigo forte, que, graças à sua localização dominante sobre três longos trechos de rio, deve ter sido um excelente ponto estratégico.

Às 10 horas entramos no largo Uraricoera e, meia hora depois, ancoramos diante de São Marcos. Schmidt vem ao meu encontro no porto. Ele está muito contente, pois não me esperava tão cedo. Mas, há dois dias, índios trouxeram a notícia de que estávamos a caminho.

Hermann Schmidt é de Wittstock a. D.,* e tem levado uma vida agitada. Há dez anos veio como colono para o Rio Grande do Sul e, de lá, foi para a colônia Campos Sales, de curta existência, perto de Manaus. Tornou-se, então, empregado do *Museu Amazonense* em Manaus, a serviço do qual, entre outras coisas, coletava animais vivos e objetos etnográficos no *rio* Branco e no Tacutu. Por falta de dinheiro e pela má administração, essa promissora fundação teve vida breve. Os habitantes do jardim zoológico morriam ou iam para a mesa do necessitado diretor. As belas coleções etnográficas dispersaram-se pelos quatro cantos. Dois valiosos tambores sinalizadores do Uaupés acabaram servindo de lenha para os funcionários. Mas Hermann Schmidt pegou novamente o bordão de peregrino e foi para o alto *rio* Negro, que ele já conhecia de uma viagem anterior. Aqui ele seguiu minhas pegadas, coletou objetos para museus norte-americanos no Uaupés e no Içana e gozou, como eu, da desmedida hospitalidade do meu venerado amigo, o excelente Don Germano Garrido y Otero em São Felipe. Lá alcançou-o meu convite para participar desta expedição. As más condições de trânsito no baixo *rio* Negro retiveram-no por um mês inteiro em Sta. Isabel, ponto final da viagem a vapor. Caso contrário, ele já teria se juntado a mim em Manaus.

Há, de novo, muita gente aqui em São Marcos, Gouvêa também, com seus belos olhos vivos, e Brito, o eremita de Chiquiba, todos armados de Winchester. A política desempenha um papel importante. Quando soube que a polícia incendiara sua casa com tudo dentro e que sua mulher fora presa, Gouvêa apareceu em Boa Vista com sessenta homens do Uraricoera fortemente armados. Mas todas as autoridades de lá fugiram a tempo para Manaus, em busca de segurança. Dizem que agora o lugarejo parece morto. Aguarda-se aqui um grande destacamento de polícia; então, com certeza, haverá barulho novamente.

Ildefonso esteve aqui somente por pouco tempo, voltando, então, por terra. Neves passou um sermão em seu compadre.

---

* Wittstock às margens do rio Dosse, cidade além que fica entre Berlim e Rostock. (N. T.)

Ainda não chegaram outras cartas nem as mercadorias encomendadas por mim. A ligação com o mundo civilizado está interrompida. O rio baixa rapidamente. A *lancha* Senador Silvério também está voltando do Tacutu sem ter conseguido nada. Não pôde chegar a Frechal em razão do baixo nível da água e também não vai até Manaus pelo *furo do Cujubim,* mas somente até *Boca da Estrada,* no alto da grande cachoeira de Caracaraí. O comandante Caetano, um português baixinho e colérico, está com febre alta e um humor pior do que de costume. Ele recusou sem rodeios meu pedido para levar uma parte de minhas coleções.

Passamos oito dias em São Marcos e temos muito trabalho até tudo ficar pronto. De dia, serramos, empacotamos e costuramos na capela. — Que o santo nos perdoe! — À noite, escrevo cartas e relatórios ou faço observações astronômicas no teodolito até de manhã cedo. Na varanda da casa, de dia e de noite, fazem política apaixonadamente. Os hóspedes vão e vêm.

Em 26 de agosto estamos com tudo pronto; mas, por enquanto, ainda é um enigma para mim como as muitas caixas e trouxas seguirão rio acima e chegarão depois a Manaus. O amável *sargento* do posto militar, que vai a serviço a Manaus num barco pequeno, pelo menos leva minhas cartas e uma caixinha com chapas fotográficas prontas. Empilhamos o restante na capela, que é coberta com folha canelada e bastante impermeável. Que as coisas fiquem aqui, sob a proteção do santo, até uma ocasião mais propícia.

6

DE NOVO EM KOIMÉLEMONG

Na manhã seguinte, partimos num barco maior e firme, que meu anfitrião e amigo pôs à minha inteira disposição, pois nosso barco velho não estava à altura dos esforços da viagem e deixava entrar água como uma peneira. Neves nos seguirá a cavalo dentro de alguns dias. O caminho por terra, que segue em linha reta e corta as curvas do rio, é bem mais curto e, quando se dispõe dos carregadores necessários, que infelizmente nos faltam, prefere-se esse caminho à monótona e penosa viagem por rio.

Em sua embocadura, o Tacutu é muito fundo e de forte correnteza, de modo que só conseguimos avançar lentamente. Logo ele fica mais raso e surgem muitos bancos de areia grandes. Com o auxílio de *varas,* o pessoal empurra rapidamente o barco pela água rasa.

Em 30 de agosto acampamos no *retiro de Maruaí,* um posto avançado de Frechal, onde o negro Menandro tem sua residência temporária. Ele próprio nos leva até sua casa, que fica um pouco terra adentro, na savana aberta. O bom jantar, que sua *donă* branca e vivaz nos serve, infelizmente é muito estorvado por um lampião que fornece a iluminação festiva e manda fumaça para dentro de minha boca toda vez que eu a abro para comer. Sob o Império, Menandro foi soldado em Cucuí, na fronteira do Brasil com a Venezuela, e conhece bem o alto *rio* Negro. Não nos falta, portanto, assunto para conversa. Ele critica tudo, o governo, Bento Brasil, os missionários. É só escolher. Convida-nos a passar a noite na casa. Recuso o convite e durmo junto dos barcos, como é meu costume. Somos despertados do primeiro sono por conversas e risadas altas. O chefe e Pirokaí estiveram novamente na casa e beberam aguardente, para a qual não têm resistência. Irritado, peço que façam silêncio.

É claro que não estou de muito bom humor na manhã seguinte e, com poucas palavras, despacho um jovem negro que, em nome de Menandro, nos convida a ir até a casa para beber leite fresco. Diz que Neves já chegou. Que também devemos levar carne fresca. Era só o que nos faltava, ter de passar com gente bêbada pela próxima cachoeira difícil, que brame logo mais acima.

---

* Assim no original. (N. T.)

Mas tudo corre bem. Pitá e Pirokaí se esforçam de modo especial para apagar a má impressão que deixaram.

No dia seguinte, junto de *Pedra Grande,* encontramos um bando de índios nus, pintados com desenhos negros de *jenipapo,* índios Monoikó, de uma subtribo dos Makuschí, que têm suas moradas nas montanhas a leste do baixo Cotingo. Vieram com seu velho chefe Peré para "ver o doutor". Sob gritaria selvagem, os sujeitos vigorosos, que chamam a atenção por seus traços rudes e nariz largo, puxam rapidamente nosso barco muito carregado pela comprida cachoeira, que, com o baixo nível da água, está repleta de rochas e é mais perigosa do que na viagem rio abaixo. Por alguns minutos, a sorte da expedição depende do cabo esticado, com a espessura de um dedo. Se ele se romper, tudo estará perdido. Pouco antes do pôr do sol, chegamos ao porto da trilha. Neves e seu amigo Antônio, um pernambucano, estão do outro lado, na casa de Ildefonso. Convidam-nos, por escrito, para o jantar. Mas ainda temos de trabalhar. A bagagem é desembarcada, posta sobre troncos de árvores e bem coberta. Trabalhamos com o teodolito até por volta da meia-noite. Observações astronômicas com contratempos! As estrelas se escondem temporariamente, envergonhadas, atrás de fumaça e nuvens. Além disso, há inúmeros mosquitos. Quando, finalmente, tenho uma estrela no retículo, sinto uma picada repentina. Dou de ombros e tenho de começar de novo. Ainda chega muita visita ao acampamento. Mulheres trazem *caxiri* forte, e a conversa vai ficando cada vez mais animada. Os índios forasteiros nos observam em nosso trabalho misterioso e, cochichando, trocam suas opiniões. Deixo que olhem a lua através da potente lente. Ficam espantados com seu "rosto bexigoso". "Todas as estrelas, a lua também, são gente!", diz meu Majonggóng, e ele deve saber.

Mal nos deitamos nas redes quando cai sobre nós uma chuva diluviana, molhando tudo num piscar de olhos. Nós nos refugiamos sob as lonas que cobrem a bagagem e ficamos esperando, bem juntinhos uns dos outros, tremendo de frio, pela distante manhã. Somente ao nascer do sol é que as comportas celestiais se fecham.

Sou levado para a outra margem. Ildefonso me recebe muito cordialmente, à frente de algumas centenas de índios Makuschí e Monoikó nus, todos pintados festivamente e cobertos de adornos. Um rapaz jovem e esbelto arrumou-se com esmero. Está usando na cabeça uma coroa de penas de papagaio verdes e vermelhas, que, atrás, são sobrepujadas por duas longas penas da cauda da arara vermelha. Os lóbulos das orelhas e o septo nasal, furados, estão enfeitados com plaquinhas de prata em forma de meia-lua; o lábio inferior, perfurado, tem um sininho de conchas com longos pendentes de algodão. Grossos feixes de miçangas brancas envolvem o pescoço, e largas pulseiras e tornozeleiras de miçangas brancas envolvem os pulsos e as pernas acima dos tornozelos. Abaixo dos joelhos, as pernas estão envoltas por apertados cordões de algodão branco, cujas pontas caem até embaixo. Os braços estão adornados com pedaços redondos de concha de caracol, cuja superfície marrom foi riscada de modo que compõe desenhos de bom gosto. Os cordões de algodão, que servem para prender esse belo enfeite, pendem até a altura dos joelhos. Um grande número de cordões brancos de algodão forma o cinto, do qual pende, flutuando, a tanga de resistente tecido azul. O belo corpo do janota está brilhando, todo pintado de vermelho.

Estendendo a mão a cada um, percorro lentamente a fila de gente morena até chegar à casa de Ildefonso, que, em sua construção e na decoração interior, não difere da casa de um colono brasileiro. A porta está toda recoberta de ilustrações tiradas de revistas inglesas e alemãs, recordações de Ule, de quem o chefe geral foi encarregado. Sentados a uma mesa civilizada, coberta com uma toalha branca, usando colheres, facas, garfos e pratos de porcelana civilizados, temos uma refeição genuinamente civilizada, carne de boi preparada de diferentes maneiras.

Os índios forasteiros, que me veem aqui pela primeira vez, também são extremamente amáveis comigo. O chefe dos Monoikó me convida a visitá-los em suas aldeias e fica muito triste quando lhe digo que não terei tempo. Um velho Wapischána do Tacutu senta-se junto de mim e me conta longas histórias em sua língua dura, conta dos Aturaí, dos Tarumáng e de outras tribos a leste de sua terra. Como eu gostaria de ir com ele para conhecer também essas regiões e seus habitantes, encobertos ainda por um véu tão misterioso!

Partimos pouco após o meio-dia com trinta carregadores e carregadoras e chegamos por volta das 4 horas à casa do Makuschí Antônio *Tauari*. Hoje, o caminho me parece mais curto. Pirokaí diz: "Todo caminho que ainda não se conhece parece mais longo", e ele está certo. Neves, Antônio e Ildefonso seguiram-nos a cavalo.

Atrás das cabanas do velho Ukaliáng, onde paramos no dia seguinte para almoçar, tomamos outra trilha, que, indo em direção noroeste e passando por uma falda da *serra do Banco,* leva diretamente à antiga aldeia de Pitá. Chegamos lá após uma penosa marcha por terreno acidentado e rochoso.

Na margem de um pequeno riacho meu pessoal encontra oito ovos alongados de casca dura, branca, um pouco áspera. São ovos do *jacaretinga,* o jacaré pequeno e comestível. O ninho é um monte de folhas secas, que só o treinado olho do índio reconhece. Na lama da margem há pegadas bem recentes. O bicho deve estar por perto. Os índios imitam seu grito chamariz a meia voz, mas em vão.

Um quilômetro antes da aldeia, minha boa cozinheira Wapischána está nos esperando com algumas cabaças grandes cheias de *caxiri*. Ela foi enviada pelo cuidadoso Pitá. Schmidt, que ontem ficou com os pés descalços machucados de tanto andar, percorreu o último trecho do caminho no cavalo de Ildefonso. Agora ele está com bolhas em outra parte do corpo e fica xingando o pobre animal.

Aqui há muita gente de Koimélemong que veio para me cumprimentar. Ficam contentes por me rever, pois "todo mundo gosta do doutor", como, volta e meia, Pitá gosta de assegurar em voz alta. — Fico envaidecido com o elogio. — Infelizmente, também trazem notícias tristes. Três Taulipáng morreram durante nossa ausência, dois velhos, entre eles aquele senhor muito doente com o "animal de galhada" na barriga, e um de meus jovens amigos, o filho de um dos xamãs. Foram mortos por *kanaimé,* é o que me dizem, provavelmente por índios Pischaukó, os inimigos mortais dos Taulipáng; diz-se que seus remanescentes vagueiam na região das cabeceiras do Surumu, longe na mata fechada, sem contato com outras tribos.

No dia seguinte chegamos cedo a Koimélemong. Outra vez encontramos, um bom trecho antes da aldeia, um grupinho de donzelas com *caxiri*. A recepção é tão solene quanto na minha primeira chegada. Temos de apertar umas quinhentas mãos e mãozinhas. Já chegaram numerosos convidados para a festa, e outros mais são aguardados.

Como sempre, é difícil pagar a meus muitos carregadores e carregadoras, já que um quer isto, o outro quer aquilo. Mas, no fim, todos ficam satisfeitos, já que pago muito melhor do que os *fazendeiros*. Os índios forasteiros retornam imediatamente para sua terra. "Esses Monoikó são *kanaimé!*", dizem os daqui. É claro!

Em 6 de setembro os dois brasileiros voltam a cavalo para casa com Ildefonso. Galopam em carreira desenfreada pela praça da aldeia e saem para a savana, quando Antônio, para deleite geral, cai do cavalo. Não estou triste com a despedida, pois eles atrapalhavam muito o conjunto todo. Exerciam influência desmoralizadora sobre meu Pirokaí semicivilizado, mas, depois de algumas reprimendas, ele volta a ficar sensato. Nesses dias, os Taulipáng mantiveram-se timidamente a distância. Pitá também apareceu pouco. Evitava seu odiado irmão, que se pavoneava por toda parte e bancava o chefe geral.

Ainda chegam centenas de índios guiados por seus chefes, em longas filas isoladas, vários a passos de dança, pintados e ricamente adornados, usando belos diademas nas cabeças negras ou vestindo o grotesco traje de *parischerá,* índios Makuschí, Wapischána e Taulipáng do Parimé, Majari, Cauamé, Uanaru, parte deles vinda de longe. Contamos o povo quando de nossa chegada. Eram 160 homens, 169 mulheres, 96 meninos, 75 meninas e 53 nenês de colo, no total, portanto, 553 pessoas. Agora há muito mais gente, umas mil pessoas.

Pitá retardou a festa até que os visitantes desagradáveis tivessem partido. Em 7 de setembro começam as danças, da maneira já conhecida. O traje de festa de Pitá merece ser descrito. Ele se arrumou maravilhosamente com algumas coisas que lhe dei de presente. Uma baioneta de infantaria pende de uma velha faixa de oficial, que cinge suas ancas. Sua mulher costurou imponentes divisas de soldado sapador em seu casaco cinza de brim. Está usando um boné de ciclista na cabeça. Colou a etiqueta, que estava no forro, na parte da frente do boné e, assim, sobre seu rosto eternamente risonho e inteligente brilha a significativa inscrição "Tip-top"!

A festa transcorre de modo muito decente. No fim da tarde já não há mais *caxiri* e, às 11 horas da noite, termina a dança *parischerá*. Então dançamos a *arärúya* até a manhã seguinte. Ao meio-dia, quase todos os convidados desapareceram. Há muito pouca comida aqui para tanta gente.

O velho chefe da *Maloca Bonita,* o "inglês", como o chamamos, queria de qualquer jeito me levar para uma outra grande festa que se realizará em sua aldeia, mas, para mim, basta.

Que devo contar dos dias seguintes? Foram igualmente bonitos, igualmente pacíficos, mas também igualmente cheios de trabalho, como em minha primeira estada em Koimélemong. Não eram os "selvagens" que nos atormentavam nem os mosquitos, que diminuíam a cada dia, não, e sim uma das aquisições mais modernas da civilização, de que os exploradores nem suspeitavam vinte anos atrás: o cinematógrafo!

Dia após dia nos atormentamos com a pesada caixa, que, a princípio, zomba de todos os nossos esforços. Apesar de observarmos fielmente cada instrução, o filme já emaranha após poucos metros de uso. O pedaço que ficou inutilizado tem de ser cortado e queimado, para que os índios não façam nenhuma desgraça. Essa gente bondosa resiste pacientemente no calor escaldante, interrompendo suas danças e seus trabalhos até que eu tenha posto um estojo novo. Continuo a manivelar e, de novo, a coisa para. Perde-se, assim, muito material, muito tempo, muita paciência. Imediatamente após a exposição, os filmes têm de ser tirados do estojo e, envoltos em folhas de estanho, guardados em latas. Fico agachado, seminu, na estreita tenda que serve de câmara escura, uma verdadeira sauna, pois lá fora, por volta do meio-dia, já faz 35 °C à sombra.

Frequentemente, só descansamos muito depois da meia-noite e, mesmo dormindo, continuamos filmando.

Schmidt é meu leal ajudante, mas esse trabalho diversificado em meio a uma tal agitação de pessoas é quase excessivo, mesmo para dois homens que trabalham dia e noite, como temos feito quase sempre. Além disso, nessa cansativa e desgastante atividade de filmar, não se vê sucesso que nos estimule, já que não é possível revelar os filmes aqui e tem-se de confiar na sorte.[1]

Tanto mais agradáveis são as poucas horas de recreio nas agora tão maravilhosas noites de verão. Um vento suave e, no entanto, refrescante, vindo do leste, acaricia a savana seca após o calor do dia. A lua cheia, numa alternância berrante, espalha luz e sombra sobre a extensa praça da aldeia. As serras ao norte estão em chamas. Os índios que vieram do Roraima atearam fogo na vegetação seca. Há dias temos uma iluminação magnífica. Labaredas arrastam-se encostas abaixo, unem-se aqui, formando um mar de chamas sombriamente luminoso, e parecem fugir quando um amplo vale as separa. Os grilos cantam incansavelmente; é o único som que vem da savana silenciosa. Do fundo da aldeia ecoa um canto horripilante. O xamã está curando, lá, um doente com febre.

Estou estirado no chão, que irradia um calor de chapa de fogão. Assisto às brincadeiras das crianças ou converso com as mulheres e moças inteligentes que têm aulas de idiomas comigo. Elas quase deslocam a língua ao repetir as palavras difíceis, que lhes parecem tão duras devido ao insólito acúmulo de consoantes. Suas risadas alegres não acabam. Querem saber o nome de tudo em alemão, do sol e da lua, de todas as estrelas, de cada parte do corpo. Perguntam o nome de meu pai, de minha mãe, de minha mulher, de meus filhos; se moro nas montanhas ou na planície; que animais da terra, da água e do ar existem na minha pátria; se lá a gente morre; se lá também há *piasáng* (xamãs), e muitas outras coisas. Depois tenho de cantar, como acontecia outrora no Uaupés. E que músicas bonitas eu canto! *"Annemarie, wo willst du hin..."* (Ana Maria, aonde você quer ir?), *"Saufen ist das Allerbest..."* (Beber é o que há de melhor), *"Ich ging mal bei der Nacht..."* (Fui, certa vez, à noite...). Com certeza, elas não ouvem essas músicas dos missionários!

Alegria e paz reinam em toda esta grande aldeia. Aqui não há discussões ou brigas, nem entre os velhos, nem entre os jovens. Essa inofensiva gente morena tem incomparavelmente mais cultura interior do que os brasileiros mestiços que pretendem civilizá-la!

Pouco após as 8 horas nós nos despedimos uns dos outros com o amigável *"ataponténg manó!"* — *"ataponténg pí pi!"*, "Boa noite, irmã!", "Boa noite, irmão!". Eles vão se deitar, e, para nós, recomeça o trabalho.

Em 15 de setembro, logo após escurecer, chega o Pe. Bonaventura, o superior da missão beneditina, com um grande número de índios e um grosseiro carro de boi de fabricação caseira. Estão a caminho de Chiquiba para buscar mercadorias armazenadas lá. Pe. Bonaventura é flamengo, um homem fino e vivo. Tem a cabeça cheia de grandes planos, é um trabalhador incansável e um caçador apaixonado. Sua resistência ao caminhar é temida até por seus índios. Convida-me amavelmente a visitar a missão no alto Surumu e a passar um bom período lá.

---

[1] Apesar de todas as dificuldades, eu trouxe para a Alemanha um bom número de filmes bem-sucedidos.

Ele parte com sua gente no dia seguinte, de manhã cedo. Um de meus rapazes, que o seguiu para levar-lhe uma calça que ele esquecera, conta que o carro de boi virou no riacho próximo, encharcando toda a farinha de mandioca. Os índios dão risada. Rir da desgraça alheia é a melhor diversão.

Mal o padre partiu, um negro chega a cavalo, um *fazendeiro* do Uraricoera. Está visivelmente decepcionado por ainda me encontrar aqui e tem uma longa conversa com Pitá. Quer contratar gente, mas o chefe lhe nega de maneira categórica, declarando que agora preciso de toda a gente para a viagem até o Roraima e, mais tarde, a São Marcos. Por volta do meio-dia ele vai embora sem se despedir de nós.

7

RUMO AO RORAIMA

Nossa viagem ao Roraima, planejada por tanto tempo, finalmente irá se realizar. Faz dias que todas as conversas giram em torno dela. Não precisamos nos deter com grandes preparativos, já que levaremos o estritamente necessário, alguns caixotes com mercadorias para troca e os diferentes aparelhos com seus acessórios.

Em 19 de setembro, bem antes de romper o dia, já reina muita atividade na aldeia. Nós nos preparamos para partir. Antes ainda há uma pequena agitação. À noite, uma cascavel rasteja até perto de uma das cabanas externas. Os índios a espetam com uma flecha de pesca e a matam com uma pancada na coluna vertebral. É um exemplar extraordinariamente grande, com um guizo de oito anéis. Felizmente, essas feras são raras aqui, especialmente no verão.

Partimos pouco após as 8 horas, sob os costumeiros gritos de alegria e o sopro de várias trombetas infantis e da buzina do chefe. Umas trinta pessoas, adultos e crianças, me acompanham. Pitá leva toda sua família. O amigo "Teodoro" também vai junto com sua mulher. Ele é o chefe das próximas *malocas*. Todos os que ficarão aqui nos acompanham um longo trecho para nos dizer adeus. Atravessamos o pequeno riacho que rodeia Koimélemong e, em meia hora, atingimos o Surumu, que aqui tem cerca de 50 m de largura, e que atravessamos em canoa. A partir daqui começa o antigo território dos Taulipáng. O Surumu constitui a divisa entre eles e as tribos ao sul, Makuschí e Wapischána. O caminho continua em direção norte e atravessa uma série de colinas baixas, chamadas de *kamará* pelos Makuschí e Taulipáng. São coroadas por rochas gigantescas de forma alongada e reta, uma ao lado da outra, como se tivessem sido erguidas por mão humana. Um grupo de rochas parece, a distância, ruínas de um castelo. Provavelmente, são veios de uma rocha básica em granito, que aqui, como em toda parte, constitui a rocha principal. Pulando de pedra em pedra, atravessamos o Yaparú, de cerca de 30 m de largura, mas que agora está muito seco, perto de sua desembocadura no Miáng. Nisso, um dos carregadores escorrega na rocha lisa e cai na água com sua pesada caixa. Pouco após as 11 horas chegamos a Oloyalemóng, uma cabana redonda com alguns alpendres. O dono da casa, o Taulipáng Antônio, nos cumprimenta amavelmente; por ser pessoa de confiança e ter pernas longas, eu o enviei duas vezes como mensageiro a São Marcos. Hoje não seguiremos adiante. Meu pessoal quer beber *caxiri*, que está espumando em várias cabaças grandes. Não estou com pressa. Por que lhes negaria esse prazer? Amanhã teremos um dia difícil. Chegaremos às montanhas e teremos um dia de marcha forçada até a próxima povoação. Mataram um galo velho — alimento para 25 homens fortes. Vem acompanhado de molho de pimenta e beiju. Entrou pouca água na caixa. O sol do meio-dia seca tudo rapidamente.

Dolce far niente nas redes de dormir. Um vento ardente passa veloz pela savana seca, que, em muitos pontos, está em chamas. Pitá mostra para mim como eles fazem para ficar *marupiár*[1] na caça e na pesca. Moem-se fininho as sementes[2] de certas árvores, *waikíng-epig, moró-epig* etc. ("encantação para veado, encantação para peixe") e mistura-se esse pó com água. Então ele pega uma corda torcida de fibra de *miriti*, da espessura de um quarto de um dedo pequeno, desfiada em franjas compridas e largas na extremidade inferior. Na extremidade superior há uma fibra de *miriti* amarrada. Ele a enfia no nariz e, com terríveis estertores e arrotos, puxa-a pela garganta e, depois, boca afora. A seguir, esfrega com força a mistura mágica na corda e no tufo de fibras e, com um puxão forte, puxa tudo pela ponta fina através do nariz e da boca. Um procedimento horrível, que arrepia os cabelos até de quem só está assistindo! "É assim que eu faço", diz o chefe, "e Peré e muitos outros, os Taulipáng também. Outros que não fazem ficam *panéma*".

Dolce far niente! As crianças brincam — temos um bom número delas conosco. O filho caçula de Pitá, de um ano e meio, prefere brincar de "cavaleiro" e "vaqueiro". Cavalga em cima de seu irmão mais velho ou puxa-o atrás de si por uma corda no pescoço. O pequeno também tem sua própria língua. Diz *kukú* para "água de beber", que, assim como todo tipo de água, se chama *tuná* em Makuschí. Seus pais e irmãos entendem sua algaravia. Exatamente como ocorre entre nós.

No fim da tarde vamos até o Miáng, próximo daqui, que corre entre a povoação e a serra Mairari e deságua mais abaixo no Surumu. Vamos de canoa até uma catarata, onde tomamos um banho delicioso. Aqui o rio tem cerca de 50 m de largura e água escura e límpida, que corre sobre rochas partidas e, muitas vezes, escavadas. Nós nos encontramos diante da falda ocidental da serra Mairari, que corre de sudeste a noroeste e mostra numerosas partes rochosas nuas, de onde cai água. O cenário esplêndido faz antever as maravilhas que estão por vir.

Após o pôr do sol, toco no fonógrafo melodias de operetas e marchas para um público agradecido. Assim termina condignamente o primeiro dia de viagem.

Na manhã seguinte partimos cedo, às 5 horas, e andamos primeiro em direção norte, ao longo da margem direita do Miáng, mas logo nos dirigimos para o noroeste, entrando nas montanhas. Pouco antes de o Miáng receber aqui um afluente esquerdo, o Yavotali, que vem do nordeste, ele é estreitado por enormes rochedos a pique e forma uma queda d'água trovejante, pela qual peixes maiores não conseguem passar. Os Taulipáng a chamam de Imán-tepö. Aqui o herói de sua tribo, Makunaíma, transformou em pedras peixes grandes que queriam subir o rio.

---

[1] Quer dizer bem-sucedido, uma palavra da *língua geral* empregada também na região do *rio* Branco. Seu antônimo é *panéma* = malsucedido.

[2] Segundo outras informações: a casca, folhas e raízes também.

É uma marcha penosa entre rochas altas, por uma trilha que mal se pode reconhecer, coberta de cortante cascalho de quartzo. Íngreme é a subida, íngreme a descida, mas sempre subindo, pouco a pouco, com rápidos passos de índio, ora sob o sol escaldante da savana, ora à sombra de pequenas ilhas de mata incrustadas nos vales. Centopeias grandes, de mais de um palmo de comprimento e da espessura de um dedo, arrastam-se pela estreita trilha, demarcada por um misterioso emaranhado de folhas. Às vezes, somos envolvidos por um perfume narcotizante de flores que não vemos, mas, na maior parte do tempo, sentimos o peito oprimido pelo ar abafado e cheirando a mofo. Atravessam o caminho alguns gigantes da mata virgem, cuja madeira, dura como ferro, resiste ao machado, mas é derrubada pelos minúsculos e moles cupins; um mistério da natureza. Em nenhum outro lugar somos tão lembrados da transitoriedade de tudo que é terreno como na floresta tropical. Volto a ver e a ouvir muitos conhecidos meus de viagens anteriores, borboletas de rico colorido, tão raras na savana, e pássaros de chamados sedutores, lamentosos e estridentes, estes engraçados.

Saímos para a elevação aberta, dominados pela maravilhosa vista das inúmeras serras distantes e próximas, por entre as quais o Miáng busca seu caminho em altas cascatas.

De cada colina descortinam-se novos panoramas, mas, durante a marcha, não se pode apreciar direito toda essa beleza. A vista ofuscada tem de ficar dirigida atentamente para o caminho, para que a gente não escorregue e quebre o pescoço e as pernas. Minhas botas ficaram tantas vezes molhadas e secaram de novo no sol quente, que perderam completamente sua forma. Os saltos estão arregaçados do lado, e as solas pendem em trapos.

Por volta do meio-dia chegamos à foz do Záma, que desemboca pela direita no Miáng e, no mapa da comissão de fronteira brasileiro-venezuelana (1882-1883), vem indicado erroneamente como rio principal.[3] Ele vem do oeste, ao passo que o Miáng, aqui, tem direção norte-sul. Os índios dizem que há muitas onças grandes nesta savana. O Záma tem 30 m de largura em sua foz, mas é muito raso. Andamos um trecho por sua margem direita, então o atravessamos. Continuamos para o nordeste por várias serras íngremes. À direita de nosso caminho, há uma casa redonda à beira de um bosquezinho. É a morada de Katúra, que, além de sua fama como médico, tem a vantagem de ter duas filhas muito bonitas. Numa segunda casa, pela qual passamos logo a seguir, fica um casal que está nos acompanhando. Temos de atravessar novamente uma elevação íngreme antes de chegar ao nosso destino de hoje, a povoação Ingámela, na margem direita do riacho de mesmo nome, um afluentezinho esquerdo do Záma. Dormimos na mata ribeirinha. Há um jovem moribundo na casa. No jantar, Teodoro conta que nossa gente ouviu um *kanaimé* gritando quando pescava rio acima. A gente percebe nitidamente como a floresta parece sinistra a esses habitantes da savana aberta, e nós agora sentimos o mesmo.

Os uivos de dois xamãs ressoam a noite toda até nós. Chamou-se mais uma autoridade no assunto, um xamã da missão, que fica distante daqui quatro dias. A medalha de São Benedito pende de seu peito nu!

---

[3] Sievers, Wilhelm. *Bemerkungen zur Karte der venezolanisch-brasilianischen Grenze. Zeitschrift der Gesellschaft für Erdkunde zu Berlin*, 1887.

CASCATAS DE MIÁNG. À DIREITA, VISTA DA SERRA ARUAYÁNG PARA O VALE DE MIÁNG E PARA A SERRA YARÓ

De manhã cedo a temperatura fica sensivelmente fresca. Ao nascer do sol temos apenas 18 °C. Às 7 horas seguimos marchando em direção norte e subimos a longa cadeia Aruayáng, que, como todas essas serras, corre de oeste a leste e, a leste, é sobrepujada pelo cume Sabáng, visível a longa distância, o pico mais alto do divisor de águas. Do seu alto, que se eleva 575 m acima do vale do Surumu, avista-se todo o sul até além da *serra do Mel*. Alegres, meus índios mostram uns aos outros sua terra distante. Em descida íngreme, o caminho passa por alguns riachos pequenos até o amplo vale do Miáng, coberto de exuberante vegetação; agora ele é apenas um riacho da montanha e pode-se atravessá-lo sobre um tronco de árvore. Saindo da fresca sombra da mata, subimos novamente pela savana queimada pelo sol. Como ontem, durante a marcha ateamos fogo na vegetação seca. Com o vento fresco, o fogo se alastra em vertiginosa velocidade, despertando em mim lembranças da paixão de minha adolescência, só que aqui não é preciso fugir do guarda florestal.

Às 11 horas chegamos à casa de meu amigo Teodoro, situada numa elevação ventosa; hoje ele andou o dia todo à minha frente, chamando minha atenção para tudo. Já faz dias que sua mulher está aqui e providenciou bastante *caxiri*. À tarde ainda chegam alguns Taulipáng de uma povoação próxima, situada a sudeste. Eles nos trazem uma *paca* recém-abatida, um petisco. Estou com um pouco de febre, provavelmente um resfriado de Ingámela. Não estou acostumado à brusca queda de temperatura, 20 °C e mais. Por isso, durmo com umas vinte pessoas na pequena *maloca* abafada, enfumaçada e muito empoeirada. Schmidt tenta acampar ao ar livre, mas, à noite, é sobressaltado por um forte temporal com tempestade e aguaceiro, e também se refugia, com mais meia dúzia de nosso pessoal, na choça enfumaçada.

O dia 21 de setembro é de descanso. Mandamos assar beiju como provisão para o prosseguimento da viagem, pois dizem que até o Roraima serão mais quatro ou cinco dias, e a região é escassamente povoada. Além disso, compramos várias cargas de bananas e carne defumada de anta e *mutum*. Assim conseguiremos aguentar a viagem.

Encontramo-nos aqui em meio a uma grandiosa região serrana, que hoje nos revela todos os seus encantos, já que a tempestade de ontem limpou o ar. À nossa frente, ao sul, estende-se o amplo vale do Miáng, delimitado pelas duas altas serras. Aqui ele corre de oeste para leste e, contornando a encosta oriental da Aruayáng, vira para o sul, para, então, vindo do oeste, receber o Záma. Logo atrás de nós, ao norte, eleva-se a cadeia Yaró com suas escarpadas encostas rochosas, idêntica à parte ocidental da serra Humirida dos mapas. Em alguns pontos, ela é coberta de mata baixa. Sua cumeada, plana como uma mesa, termina quase horizontalmente. Ela constitui o divisor de águas entre o Surumu e o Caroni e, assim, entre o Amazonas e o Orinoco.

Na manhã seguinte, temos diante de nós a cadeia Yaró como uma parede intransponível. Subimos em direção noroeste por um desfiladeiro que corta verticalmente o valado de arenito. É uma escalada muito íngreme; seguimos primeiro por uma estreita trilha na floresta, depois pela savana montanhosa coberta de rochas gigantescas, mas o panorama ilimitado da paisagem maravilhosa a leste, sul e oeste — nós nos encontramos a 175 m acima da cadeia Aruayáng — compensa muitíssimo a árdua subida. A vista para o norte e nordeste permanece temporariamente encoberta pelas elevações mais altas desse imponente divisor de águas, que representa, ao mesmo tempo, a fronteira entre o Brasil e a Venezuela e uma parte da chamada *serra Pacaraíma* dos mapas. As rochas constituem uma divisa bem delimitada. Enquanto ao sul dela predomina granito com depósitos de gnaisse, deparamo-nos agora quase exclusivamente com arenito amarelo-avermelhado misturado com quartzo, no qual se encontram frequentemente belos cristais, límpidos como água. Aqui e ali há blocos arredondados de jaspe de coloração variada, vermelho, verde, roxo pálido e marmorizado colorido, muitas vezes de formas fantásticas. Makunaíma exercitou aqui seus poderes mágicos sobre homens e animais.

Descemos um pouquinho e andamos, então, por um planalto deserto. A oeste, tudo está envolto em fumaça. Serras inteiras estão em chamas. Durante a marcha, os índios acendem os fósforos, que receberam de mim como pagamento, e os jogam à sua esquerda na grama seca. O vento leste faz o resto. Muitas vezes, veem-se colunas de fumaça se formando, afastando-se em grande velocidade por um trecho e extinguindo-se então. Os índios diferenciam dois tipos de fumaça, uma inofensiva, *kuranaú*, e a perigosa, *wakalámbö*, que faz as pessoas se jogarem no chão ou se agarrarem firmemente nas árvores para não serem levadas embora pelo violento remoinho.

Wakalámbö desempenha um papel em seus mitos. Um dos irmãos do herói fundador de sua tribo também tem esse nome.

À esquerda do caminho, até há poucos anos havia uma *maloca*. Ela foi destruída pelo fogo. Pode-se reconhecer claramente a planta redonda. Colhemos algumas abóboras comestíveis que crescem em abundância no chão. Não longe dela, à beira de uma mata, há uma cabana em ruínas. Ela pertencia ao brasileiro Pinto Peixoto, que passou um verão inteiro aqui colhendo *balatá*[4] com os índios. Contam que ele enganou seu pessoal; por isso, o abandonaram. A velha história de sempre!

A mata em que entramos agora acompanha o Katá, de 20 a 30 m de largura, que aqui vem do leste e, após uma curva fechada em direção norte, desemboca no Kukenáng. Nós o atravessamos num tronco de árvore e fazemos a sesta em sua margem direita. Anunciam ter visto um bando de porcos. Pitá pede minha Winchester emprestada. Sete caçadores partem apressados. Soam três tiros. Eles voltam *panéma*. Pitá ri embaraçado. Na agitação, ele não se acertou com a carga, e os porcos-do-mato não ficaram esperando por ele.

A marcha continua, primeiro pela margem direita do Katá, por uma trilha pouco utilizada, coberta de mato e cheia de raízes altas. Logo deixamos a mata e chegamos a uma casa redonda numa pequena elevação. A povoação se chama *Milikupö,* lago do caranguejo, por causa de uma pequena lagoa, agora meio seca, no sopé da colina. A casa está atravancada com esteiras e lenha rachada. Os moradores estão viajando. Meu pessoal tira o trinco, e nós entramos. De repente, eles começam a pular como se estivessem possuídos, passam ambas as mãos pelas pernas nuas e saem correndo da cabana, rindo. Pulgas! Nunca vi tantas delas juntas! Nossas calças cáqui ficaram pretas de tanta pulga. Nós também fugimos o mais depressa possível.

Após o pôr do sol a temperatura baixa rapidamente. Um vento cortante sopra do sul. Longe, ao norte, o clarão do fogo está brilhando.

A uma noite fria segue-se uma manhã clara e fresca. Partimos ao primeiro raio de sol. Todos aguardam ansiosos. Hoje veremos o Roraima! Subimos uma íngreme cadeia de arenito, que segue de leste a oeste e cai em terraços para o sul. Ofegantes, subimos até a borda. "Roroíma! Roroíma!", os índios exultam. Ainda a grande distância, mas nitidamente visível através do ar limpo, temos nosso destino diante de nós. O olhar embevecido passa pela extensa região montanhosa e se prende no enorme grupo do Roraima, que se ergue acima dos arredores e surpreende por sua forma singular. Parecendo castelos gigantescos, erguem-se dois colossos de rocha, separados um do outro por uma profunda depressão, cerca de 1.500 m acima do planalto à sua volta. O rochedo ocidental é chamado de Kukenáng pelos índios; o oriental é o próprio Roraima. Ambos são quase idênticos em sua forma exterior, dois valados de arenito de cume plano e, na parte superior, de paredes que caem verticalmente. Mais ao norte elevam-se o gigantesco cone do Marimá, o largo bloco do Iwalekálima e outros platôs de forma semelhante, todos pertencentes ao grupo do Roraima. É um quadro indescritivelmente grandioso, que jamais se esquece!

---

[4] Um produto intermediário entre a borracha e a guta-percha. Da árvore *Mimusops balata* Pierre. Ule, E. Die Vegetation des Roroíma. In: *Botanische Jahrbücher.* v.52, Cadernos 1 e 2, Berlin, 1914, p.46.

VISTA, COM O RORAIMA AO FUNDO

Hesitantes, nós nos desprendemos de lá e descemos aos poucos em direção norte por um planalto. É cercado por um pântano, cuja maior parte fica seca no alto verão. O riacho Kuaimá o atravessa, perdendo-se nele em alguns pontos. Deve seu nome às inúmeras palmeiras *miriti* (*kuaí*),[5] que, em sua beleza altiva, sempre atraem o olhar. É uma marcha fatigante. A despeito de sua carga pesada, os carregadores pulam agilmente de uma ilhota de grama para outra. Nós, europeus desajeitados, para alegria dos índios, afundamos várias vezes até a barriga na lama parda. À direita, acompanha-nos logo uma serra de altura média, Karóima, que, a princípio, segue de leste a oeste, virando então numa curva fechada para o norte. À esquerda, a alguns quilômetros de nosso caminho, uma coloração verde-escura sobressai da vegetação amarela da savana. É a mata de galeria do Wailíng, um afluente esquerdo do Kukenáng. Aqui, uma trilha ramifica-se para sudoeste; por ela pode-se chegar à missão no alto Surumu. Atravessamos o Tschitá-uté, de 15 m de largura, que corre ligeiro sobre cascalho, e chegamos em direção este-nordeste, passando por uma falda norte da cadeia Karóima, ao vale do Kukenáng, cercado por um estreito cinturão de mata rala. Aqui ele tem uns 25 m de largura, mas parece bem fundo. No porto há uma canoa de casca de árvore, pequena como um brinquedo de criança. Numa canoa vacilante, que um de meus Taulipáng vai buscar na outra margem, atravessamos o rio e acampamos no mato, atormentados por inúmeros mosquitos, agora completamente inexistentes na savana aberta.

---

[5] *Kuaimá* significa miritizal.

SALTO DO RUÉ

O Kukenáng vem do rochedo de mesmo nome do grupo Roraima; primeiro, ele corre para o sul, então toma uma direção oeste-noroeste e une-se ao Yuruaní, que nasce no lado norte do rochedo Kukenáng. Os dois rios formam juntos o Caroni, o maior afluente direito do baixo Orinoco. Os índios tomam o Yuraní pelo verdadeiro afluente do Caroni, no qual o Kukenáng deságua.

As noites tornam-se cada vez mais frias. Às 6 horas da manhã o termômetro indica apenas 17 °C; uma prova de que estamos subindo continuamente. Uma marcha de duas horas em direção norte pela savana ondulada leva-nos ao Rué-uté, um afluente direito do Kukenáng. Eu o atravesso montado em meu forte Peré. A água lhe chega até o pescoço. Um bramido chega de longe até nós. É Rué-melú, a "catarata do Rué". Os índios me conduzem a uma elevação próxima, de onde se oferece, novamente, um quadro magnífico aos nossos olhos encantados. O riozinho cai de uma parede vertical de cerca de 30 m de altura, desaparecendo, então, em numerosas cascatas, na exuberante vegetação de seu estreito vale.

Quando estou fotografando a catarata, um Taulipáng me diz: "Samburukú também fez um desenho de Rué-melú!". Samburukú? Nos últimos dias tenho ouvido várias vezes esse nome em suas conversas, sem lhe dar maior atenção. Agora, de repente, a revelação me vem como um raio. É Schomburgk, ou melhor, os irmãos Robert e Richard Schomburgk, os primeiros brancos que vieram a esta região há setenta anos. Os índios ainda guardam boa lembrança deles. Lembro-me claramente de um desenho característico dessa bonita catarata no relato de viagem de Richard Schomburgk.[6] Na lenda, os dois irmãos, que também eram grandes amigos dos índios, foram fundidos numa só pessoa. A simpatia que os meus dois compatriotas legaram a essa gente amável me é revelada nos dias seguintes. Fico emocionado toda vez que me contam de "Samburukú". Ainda sabem de todas as minúcias possíveis.[7] Aqui, Samburukú acampou; lá, ele morou por algum tempo. Neste ponto ele perdeu uma índia, picada por uma cascavel. Contam que, certa vez, os Taulipáng ofereceram a Samburukú um bugio assado num espeto. Ele, porém, recusou horrorizado. Não desperta mesmo nenhum apetite ver esse companheiro sorridente de braços e pernas escarranchados. A gente se sente um antropófago. Mais tarde, Samburukú seguiu para longe no poente, para além da terra dos Majonggóng, e voltou para cá vindo do sul, pelo *rio Branco*. E ainda há gente que afirma que os povos primitivos não têm tradição!

Em menos de uma hora vamos de Rué-melú, em direção leste, a uma *maloca* no riacho Peliwoí-uté, onde nos espera uma acolhida amigável. Comemos bem e com fartura e fazemos alguns pequenos negócios. Não há muita coisa aqui. Um homem se move com esforço com o auxílio de duas muletas primitivas. Há alguns anos, foi picado por uma cobra venenosa, depois disso a perna apodreceu até abaixo do joelho.

Ao meio-dia prosseguimos nossa marcha para o leste, ao longo de um platô baixo, a borda do planalto que cai em degraus e que, no oeste, forma a catarata do Rué, impedindo-nos a vista para o norte. Entre o cascalho de quartzo encontram-se aqui numerosos cristais de rocha. À direita, paralelamente ao nosso caminho, estende-se o vale do Kukenáng a uma longa distância. Em algumas colinas, de ambos os lados do rio, há outras três *malocas* que, atualmente, estão desabitadas. Essas casas de palha redondas, amarronzadas, protegidas por teto cônico, encaixam-se harmoniosamente no caráter dessa majestosa região de montanhas, e sua forma externa também é prática, já que não oferece grande superfície às tempestades, que bramem quase diariamente sobre elas, em especial no início da época das chuvas.

À 1 hora chegamos à extremidade da encosta do platô, tendo agora o amplo vale do Kukenáng livre diante de nós até o Roraima, cujos enormes blocos de rocha parecem muito próximos. O caminho segue daqui para o norte, diretamente para o nosso destino. Já faz um bom tempo que um bramido abafado prende nossa atenção. Caminhamos um curto trecho para leste e logo estamos diante da maior catarata do Kukenáng, uma das maravilhas da Guiana. O rio cai de cerca de 25 m de altura numa garganta, bramindo então em cascatas trovejantes entre penhas escarpadas, para o vale. Acima da queda d'água principal, um braço de rio mais estreito desaparece numa pequena fenda. A gente fica admirada à beira do abismo e olha arrepiada lá para baixo e para o quadro grandioso que o enorme Roraima encerra de maneira impressionante. Os índios chamam essa catarata de Moró-melú, "catarata do peixe", pois, segundo sua lenda, durante a cheia os peixes se reúnem aqui para realizar seus bailes. No verão, quando a água está em seu nível mais baixo, os

---

[6] Schomburgk, Richard, *Reisen in Britisch-Guiana in den Jahren 1840 bis* 1844, 2. Teil. 1848, Ilustr. p.228: queda do Rué-imeru.

[7] Eu as encontro agora confirmadas com exatidão no excelente relato da viagem de Richard Schomburgk.

Taulipáng vêm de longe para pescar com *timbó*[8] os muitos peixes que se ajuntam na bacia funda aos pés do abismo. Parte deles instala-se, então, em pequenas cabanas que se veem espalhadas, aqui e ali, na savana, no vale e nas elevações ao redor, entre as *malocas*.

Fotografar é tarefa difícil, já que, da margem, não se tem uma vista geral da catarata. Pulo numa rocha que se ergue do fundo e me arrasto, então, de barriga, com cuidado, até encontrar o ponto adequado. Nessa posição um tanto perigosa, tiro as fotos. E, no entanto, como a fotografia reproduz mal esse quadro de colorido magnífico!

Não muito abaixo da catarata deságua no Kukenáng, pela esquerda, o não menos considerável rio Arapöpö, chamado por Schomburgk de Araparu, que nasce num platô noroeste do grupo Roraima; no canto que forma com o Kukenáng, ele banha a serra Waikiníma-tepö e a baixa cadeia Morooköyeng, que se antepõe a ele a oeste.[9]

A contragosto nos despedimos de Moró-melú e encontramos os companheiros restantes perto de uma *maloca,* que está vazia por causa da morte do dono. Após uma breve marcha, chegamos à povoação de Rontá, uma casa grande redonda, nosso alojamento noturno de hoje. Só uma velha amável e sua bonita neta estão em casa. A comida e a bebida estão prontas. Nota-se que as pessoas estão exatamente informadas sobre nossas necessidades. Pitá, nosso encarregado, também aqui dá provas de sua eficiência. A casa tem 5,30 m de altura e uma circunferência de 32,15 m. A altura da porta é de 1,68 m, e sua largura, 70 cm. A casa ainda é nova e muito limpa. Metade da parede baixa ainda não foi rebocada com barro, de modo que, apesar das muitas pessoas, o ar está excepcionalmente fresco.

No fim da tarde chega um rapaz esbelto, de marcantes traços Karib, vindo do Roraima. Ele trava uma longa e animada conversa com um de meus Taulipáng, parte da qual Pitá traduz para mim: Diz que agora há pouca gente na aldeia Roroíma. Que algumas famílias foram à missão para "ver os *padres*". Que um inglês, pelo visto colecionador de orquídeas, que veio há alguns meses para o Roraima, morreu recentemente, segundo a descrição, de hemorragia, e foi enterrado lá. Agora, algum índio fantasioso inventou a história de que os ingleses virão com soldados para vingar a morte de seu compatriota.

A gesticulação dos Taulipáng e o tom de sua voz são extremamente expressivos em suas descrições vívidas. Quando contam, por exemplo, que um animal de caça correu para longe ou que uma localidade fica muito distante, esticam o braço esquerdo na horizontal e batem repetidas vezes, bem depressa, com a mão direita no peito.

Hoje meu Majonggóng se portou novamente de maneira muito divertida, olhando tudo aqui com ar de superioridade e de desprezo, achando bom e bonito somente o que há na terra dos Majonggóng. Ou seja, segundo sua descrição, não há absolutamente nada que não exista lá. Quando lhe perguntei se tinha visto a grande queda d'água, ele disse com indescritível expressão de desdém no rosto e nas palavras: "Ela não é grande! Na minha terra existem outras muito diferentes, tão altas quanto o Roraima!", o que, é claro, provocou uma sonora gargalhada do meu pessoal.

---

[8] Liana que serve para envenenar os peixes: *Lonchocarpus densiflorus* Benth.
[9] O mapa mais recente de Stieler (folha n.95) apresenta algumas inexatidões nessa região; por exemplo, nem registra o Kukenáng. Em compensação, indica o Arapepé como um dos principais tributários do Caroni.

MORÓ-MELÚ

Na manhã seguinte continuamos marchando para o norte, primeiro pela margem direita do Kukenáng, e, depois de uma hora, chegamos a uma *maloca* grande, situada numa elevação. Os preços exigidos para os víveres são extraordinariamente altos, e nossas facas de Solingen são examinadas com desconfiança, já que sua forma é diferente das de fabricação inglesa, que os índios daqui costumam ter. O Taulipáng perneta nos seguiu mancando até aqui para nos vender algumas bananas. Atravessamos o rio numa canoa comprida e estreita; aqui, o rio tem 35 m de largura e é muito profundo. Com o estancamento causado pela grande catarata, ele quase não tem correnteza. Seguimos caminhando por sua margem esquerda, por terreno ondulado. Aqui e ali existem amplos depósitos de jaspe vermelho.

Agora o Kukenáng corre em numerosas corredeiras e quedas d'água maiores. Pode-se ver com que esforço ele abriu seu caminho pelo planalto. Os rochedos do Roraima estão sempre à nossa frente, encerrando o amplo vale, que é cercado pelas encostas do platô. De ambos os lados abrem-se ora talvegues planos, ora valezinhos profundos, nos quais correm límpidos riachinhos que deságuam alegremente no Kukenáng em altas quedas d'água ou em cascatas em degraus. Encantadores grupos de esbeltas *miritis* acompanham seu curso. Às vezes, essas brilhantes correntes de água desaparecem na vegetação exuberante, que deve sua existência à grande umidade.

Por esses vales de erosão, as encostas do platô se desmembram em inúmeras elevações aparentemente isoladas, de extensão variada. Os índios têm um nome especial para cada uma dessas elevações, de acordo com os riachos que correm entre elas.

Ao meio-dia descansamos junto à catarata Waikopé-melú. Ela deve seu nome ao riacho Waikopé, que deságua no Kukenáng pouco acima, pela esquerda, e, a distância, se precipita da borda do planalto. À tarde, atravessamos a vau o impetuoso Kukenáng, que, aqui, retorna de uma curva longa e gradual, pelo leste, para sua antiga direção norte-sul, e acampamos em seu afluentezinho direito, Aneyá, na emaranhada mata ribeirinha.

Em 26 de setembro atravessamos a curva do Kukenáng e subimos por sua margem direita. Ele brame ao longo da serra em bravias corredeiras e numerosas curvas. Depois de uma hora, alcançamos sua pitoresca catarata em terraços, Muréi-melú e, sob gritos de alegria, buzinadas e tiros de espingarda, chegamos a uma pequena *maloca*. Os moradores nus, um velho hercúleo com uma careca, nariz achatado e boca grande e sua mulher enérgica, pais de dois de meus carregadores, cumprimentam-nos com fortes apertos de mão e um gritado *"ténki! ténki!"* (*"thank you! thank you!"*). O homem é um Ingarikó e, com seu tipo rude, distingue-se bastante dos esbeltos Taulipáng de traços finos. Passamos, então, o riacho Muréi, onde fica a *maloca*, e, apesar do calor muito forte, seguimos em frente com disposição. Passamos novamente por rochas planas de jaspe vermelho, atravessado de riscos esverdeados. Um bloco arredondado de jaspe, visto com grande fantasia, tem a forma de um sapo agachado. Há muito tempo, ela era um sapo, dizem os índios. Makunaíma o transformou em pedra. Nas elevações onduladas à nossa esquerda avistam-se algumas *malocas*, atualmente vazias. Indicam-me novamente, com exatidão, o caminho de Samburukú. Contam que ele veio, a oeste de nossa rota, diretamente do sul, de *Rué-melú,* passando pelas montanhas.

Já faz tempo que deixei minhas botas pelo caminho. Não dava mais para usar o que restou delas. Em poucos minutos, Pirokaí faz para mim um par de sandálias com o pecíolo inferior e largo da palmeira *miriti,* como as que os índios da savana usam habitualmente como proteção contra o cortante cascalho de quartzo. Os cordões, que servem para prender a sandália no pé, são torcidos das fibras da mesma palmeira. No começo, o cordão da frente, que fica entre o dedão e o segundo dedo do pé, raspa a pele do europeu, que é muito mais sensível que a do índio. Mas a gente se acostuma logo a esse calçado primitivo, leve, elástico e que cumpre plenamente o seu propósito. Eu o usei em todas as minhas caminhadas posteriores pela savana. Quando escalei o Roraima, ele também me prestou bons serviços.

Ao meio-dia atravessamos o Kukenáng pela última vez antes de chegar ao nosso destino e descansamos em sua margem esquerda. Uma canoa encontra-se aqui debaixo d'água. Essas embarcações são tão pequenas que somente um pescador indígena pode navegar nelas sem cair na água. Nesta terra montanhosa, onde todo mundo anda a pé e somente pequenos trechos desses riozinhos são navegáveis, essas canoas servem mais para brincadeiras. Em pontos profundos dos rios, quase sempre há uma canoa grande, mesmo que mal construída, pronta para transportar várias pessoas com bagagem.

Às 2 horas seguimos andando pela margem esquerda do Kukenáng, mas ele logo vira para noroeste. Atravessamos o riacho Kamaiuá, que aqui deságua para o oeste, no Kukenáng, entre

VISTA DO ROCHEDO KUKENÁNG, POR SOBRE O VALE DO KUKENÁNG. À DIREITA, MURÉI-MELÚ

duas pequenas ondulações de terra, e é tão largo quanto este. Ele vem do rochedo Roraima, formando um grande arco. Os dois enormes planaltos elevam-se agora bem à nossa frente. Há nuvens escuras de tempestade pendendo sobre eles. No canto sudeste há uma agulha rochosa separada da rocha principal por uma garganta estreita. Os índios a chamam de Tewaséng.[10] As cabanas da aldeia estão espalhadas no sopé dos montes. Atrás, sobe uma fumaça espessa. Os índios estão queimando a mata para suas plantações. Esse deve ser o clarão que, há dias, temos avistado ao norte, todas as noites.

Anunciamos nossa chegada com o barulho de costume. Respondem com três tiros de espingarda. Esperamos pelos retardatários junto a um pequeno riacho próximo à aldeia. As mulheres fazem a *toilette*. A cozinheira veste uma camisa limpa. Nós nos pomos em ordem numa longa fila, seguindo uma certa hierarquia. Na frente vai o pequeno chefe Yualí-Teodoro, que aqui nos apresenta a seus companheiros de tribo. Atrás dele caminha o comprido Pitá. Então venho eu; depois, Schmidt, atrás dele, Pirokaí como intérprete e, por fim, a fila de carregadores e carregadoras, alguns dos quais são uns tipos engraçados. Um Taulipáng nu, muito curvado, carrega nas costas largas uma de minhas pesadas malas de madeira e ainda segura, à sua frente, na mão esquerda, uma vara em que vão dois jovens papagaios verdes. Ele os comprou em Koimélemong e agora os

---

[10] O viajante alemão Appun, que visitou esta região na década de 60 do século XIX e escreveu um livro divertido sobre sua viagem, indica o nome dessa rocha como Ibirama. Vide Appun, Carl Ferdinand, *Unter den Tropen. Wanderungen durch Venezuela, am Orinoco, durch Britisch Guayana und am Amazonenstrom in den Jahren 1849-1868*, v.II, p.251, 283, Jena, 1871.

Carregador Taulipáng

está levando para sua terra distante. Apesar da carga pesada e do calor intenso, especialmente ao meio-dia, meus carregadores estão sempre alegres e de bom humor; em geral, o índio que habita a savana montanhosa tende mais para a alegria inofensiva do que aquele que vive na sombra abafada da mata virgem, que, muitas vezes, não vê o sol por vários dias. As mulheres, é claro, estão mais carregadas, já acostumadas a levar cargas pesadas de seu trabalho na roça. Teodoro leva somente uma calça de reserva nas costas, na mão esquerda, a pequena lanterna furta-fogo para o teodolito, na direita, duas varas de pescar, enquanto sua mulher e sua filha seguem ofegantes carregando cestos pesados. Só raras vezes Pitá se mostra galante e carrega um pouquinho o cesto de sua cara--metade ou, pelo menos, deixa seu filhinho cavalgar em seus ombros. Na maior parte do tempo, porém, contenta-se com sua pistola, a buzina e seu inseparável "cetro", um bastão curto e entalhado, feito de madeira pesada.

Assim chegamos à aldeia, onde uns trinta índios Taulipáng nos aguardam e nos dão as boas--vindas com um aperto de mão e um amigável *"móni! móni!"* (*"morning! morning!"*). O velho chefe Selemelá não está aqui, mas é aguardado dentro de alguns dias. Nós nos alojamos com a maioria de nosso pessoal numa cabana espaçosa sobre palafitas, que um inglês mandou construir já faz tempo. Sobe-se até ela por uma escada primitiva. O chão de sarrafo está coberto de pedaços de casca de árvore. O inglês que morreu recentemente também morou aqui. Pitá e Teodoro se alojam com suas famílias numa outra casa, atualmente vazia.

8
Entre os Taulipáng do Roraima

A aldeia Roroíma, ou Kaualiánalemóng,[1] como os Taulipáng a chamam por causa da savana onde ela se encontra, consiste em sete cabanas habitáveis de planta redonda até elíptica ou retangular, com parede baixa de pau a pique e teto cônico de palha de palmeira; além delas, há algumas cabanas em estado ruinoso e umas construções novas inacabadas, em parte são apenas andaimes. A oeste, além de Kukenáng, avistam-se, numa elevação íngreme, quatro casas redondas que formam a aldeia Denóng. Quase todos os habitantes têm boa estatura e traços fisionômicos regulares.

No fim da tarde aparecem inúmeros *piuns* sedentos de sangue. Um vento frio sopra do sudeste. Sob o céu cintilante de estrelas, ainda passo um bom tempo agachado com o Majonggóng e alguns Taulipáng junto a uma pequena fogueira ao lado da casa. Aquecemos com dificuldade nossos membros enregelados, virados para o fogo ora de um lado, ora do outro, contando histórias. O Majonggóng, de novo, está terrivelmente fanfarrão: diz que, em sua terra, não há *piuns,* nem *carapanãs,* nem *kanaimé.* Que os Arekuná do Caroni "fazem *kanaimé",* assim como os Ingarikó e os Seregóng e os Pischaukó. Que os *Ingarikó-kanaimé* também envenenaram o inglês. Diz que em sua terra tudo é muito melhor. Que lá poderei comprar muitas coisas bonitas. Que lá as pessoas não morrem, o que, sem dúvida, é uma afirmação ousada. Diz que, lá, os xamãs curam de dia e à noite, à luz do fogo. Que também existem mulheres xamãs entre os Majonggóng. Diz que, daqui até o Caroni, são cinco dias de viagem, e de lá até a terra dos Majonggóng, vinte dias por terra. Que, subindo o Uraricoera de canoa, é muito mais longe. Deve ser verdade. Os Taulipáng de hoje contam que o Roraima é uma cidade inglesa encantada e petrificada. Que os "avós" deles viveram aqui. Dizem que ainda se encontram muitas mercadorias no monte. Que, por isso, os descendentes, os ingleses, sempre voltam aqui para procurar esses tesouros. Todos os estrangeiros que sobem o Roraima morrem após regressar a sua pátria, diz um velho Taulipáng. Pergunto-lhes acerca das tribos além do Roraima. Dizem que a leste, no Sipurini, que deve ser idêntico ao

---

[1] A aldeia também se chama Kamaíuayéng por ficar na foz (*yéng*) do Kamaiuá.

Siparuni, um afluente esquerdo do médio Essequibo, vivem os Ateró; a nordeste, no Masuling, o Mazaruni dos mapas, vivem os Wauyaná, talvez hordas das grandes tribos registradas nos mapas. Os índios daqui também têm um certo medo do sombrio Roraima com seus segredos. Ao que parece, não conhecem nenhum caminho entre os dois planaltos que vá para o norte. Para eles, o mundo termina no Roraima. Têm apenas uma ideia imprecisa da região que existe para além dele. Dizem que um monstro vive na mata aos pés do rochedo Kukenáng e que, numa catarata perto dele, vive uma cobra grande.

Faz um frio terrível nesta primeira noite no Roraima. O vento sopra de baixo, pelas frestas entre os pedaços de casca de árvore que cobrem o piso de nossa cabana de palafitas. Acordo várias vezes por causa disso e, por fim, me embrulho todo na coberta e fico enrolado como um tatu.

Durante toda a manhã temos muitos visitantes na casa, que querem ver tudo. Foram perfeitamente informados por meu pessoal sobre todas as minhas coisas maravilhosas. Também há alguns habitantes de Denóng aqui. Convidam-nos amavelmente a visitá-los em sua aldeia do outro lado.

À tarde fazemos nossa primeira visita a eles. Pulando de pedra em pedra, atravessamos o Kukenáng, atualmente muito raso, e descemos o monte sob enorme gritaria. Muita gente nua nos aguarda diante da primeira *maloca,* umas 150 pessoas, festivamente adornadas, os homens e rapazes com coroas emplumadas na cabeça, as mulheres e moças com testeiras tecidas, enfeitadas com penugem branca, que já conhecemos de Koimélemong. Apertos de mão, *"móni! móni!".* Recepção amigável, boa comida: porco-do-mato no molho de pimenta, beijus frescos, *caxiri.* Servem-nos inúmeras cuias cheias da bebida vermelho-escura, refrescante e leve. Sempre vem uma outra mulher e diz: "*Wó pípi!*" (*Caxiri,* irmão!) e corre depressa com a tigela vazia para enchê-la novamente. Bebo um pouco de cada uma, para não ofender ninguém. Bebemos e bebemos até não aguentarmos mais. Uma recepção cansativa! Uma velha senhora, mulher do chefe, cujos traços revelam sinais de antiga beleza — tem filhas muito bonitas e um pequeno e encantador "Benjamim" de olhos grandes —, parece ter-se afeiçoado a mim de maneira especial. Profere longos discursos para mim, nos quais, como um refrão, sempre se repetem as palavras *Roroíma-táö! Roroíma-táö!* (Junto ao Roraima! Junto ao Roraima!). Com vívido orgulho na voz e no olhar, apontando sempre para os dois escuros colossos rochosos, ameaçadores e envoltos em nuvens, ela me explica que aqui é sua terra. Conta-me que o *dotōro aeketóng* (Ule) viveu por bastante tempo aqui; que os Taulipáng estão contentes por eu também ter vindo. Que esperava que eu tivesse lhes trazido muitas coisas, especialmente roupas, pois faz muito frio aqui no Roraima; tão frio! que eles tremem de noite quando o vento sopra. Por fim, ela fica muito carinhosa, minha *"āmai"* (mamãe), como eu a chamo. Bate em meu peito e acaricia meus braços. Em suma, somos unha e carne.

Quando nosso amigo Ule viajou à Guiana, minha mulher lhe deu uma boneca para presenteá-la à índia mais bonita. Agora sua escolhida me traz a boneca. Ela ainda dorme em sua caixa, exatamente como o *aeketóng* a recebeu. Fico estranhamente comovido ao rever aqui, longe de casa, nesta região tão diferente, a coisinha loura com seu vestidinho listrado de azul e branco, enfeitado com renda, feito por essas mãos habilidosas que conheço tão bem.

MORADORES DE DENÓNG COM ADORNOS DE FESTA. AO FUNDO, O RORAIMA

Ule não tem mau gosto, temos de admitir. Eu também teria dado a boneca a ela. Infelizmente, não tenho mais bonecas grandes em estoque. Aqui seria possível desfazer-me de várias delas, e a escolha seria difícil, pois o belo sexo está bem representado no Roraima. A única boneca grande que eu trouxe dei de presente, num concurso de beleza em Koimélemong, à bonita filhinha do xamã Katúra.

Voltamos para casa ao pôr do sol, sob o mesmo barulho com que viemos. *"Teleyaí! Teleyaí"*, gritam-nos nossos novos amigos. "Adeus! Até a vista!" Eu nunca tinha conhecido índios tão amáveis. As horas que passei com eles fazem parte de minhas recordações mais agradáveis.

De Denóng avista-se, a leste-sudeste, a uma distância de cerca de dois dias de viagem, uma longa mesa plana de uns 1.500 m de altura, Wéi-tepö, a "montanha do sol".

Na tarde seguinte estamos novamente em Denóng. Trouxemos o cinematógrafo, o fonógrafo e dois aparelhos fotográficos. De novo, os habitantes adornaram-se solenemente e agruparam-se diante de mim num pitoresco semicírculo para ouvir a *máquina*. Schmidt está com a manivela para registrar cinematograficamente a impressão que a caixa cantante exerce sobre essa gente autêntica. Ponho-me a postos. A expectativa está no auge. Mas, quando vou dar volta ao fonógrafo, ele faz "crac" e não canta mais! A mola não aguentou as peripécias da viagem e, provavelmente devido à grande diferença de temperatura entre dia e noite, soltou-se. Assim, mais uma vez fizemos feio diante da gente reunida. Mas eles se comportam de maneira exemplar. Nenhum deles torce o rosto, nem mesmo com um sorriso zombeteiro, quando Pitá, como ele mesmo entende, lhes explica nosso acidente. Esses "selvagens!" Como é que os "civilizados" europeus teriam se comportado numa situação dessas?

Na manhã seguinte, toda Denóng vem retribuir a visita. Em longa fila, na frente os homens, depois as mulheres com as crianças até o menor bebê na larga tipoia tecida, chegam as figuras bonitas e esbeltas com seus adornos de colorido vistoso descendo a elevação e atravessando o Kukenáng. Andando devagar e de maneira solene, dão várias voltas na praça da aldeia e descansam então, à vontade, diante de nossa cabana. Os homens trazem arco e flechas ou a longa zarabatana na mão ou, no ombro direito, curtas maças de dança, entalhadas na forma de maças de guerra e com motivos pintados em vermelho. Muitos rapazes estão usando, no alto da cabeça, um chapeuzinho de palha de fabricação própria. Esse adorno de cabeça, incomum nesta região nua e que tem, na parte de trás, longas penas da cauda da *arara,* foi, sem dúvida, baseado em algum produto inglês. Algum comerciante, certa ocasião, deve ter trazido um desses chapeuzinhos para cá, destinado originariamente a um *dandy* das ruas de Georgetown, e os índios ficaram tão encantados com ele que o copiaram rapidamente e o adotaram como adorno de cabeça no lugar de suas belas e antigas coroas emplumadas, das quais só se veem poucas.

Os homens usam, pendendo de um longo cordão sobre as costas, grossos feixes de coloridas peles de aves, entre elas o encantador e pequeno *tangará* de sete cores (*Tangara paradisea* Sw.), que traz em sua plumagem todas as cores do arco-íris.[2] Um deles até se arrasta com a pesada pele de um pato grande.

As tatuagens da tribo, ao redor da boca, usadas igualmente por ambos os sexos, são muito diferentes no tamanho e no número de linhas, mas sempre mostram o "motivo de anzol" em muitas variações. São um sinal da puberdade, mas aqui parecem estar caindo cada vez mais em desuso. Só poucos dos mais jovens as têm. Diz-se que, entre os Ingarikó, essa tatuagem é especialmente extensa e, às vezes, ocupa metade do rosto. Os lóbulos das orelhas, o septo nasal e o lábio inferior são furados e enfeitados com finas cânulas de taquara. Esses índios também gostam de utilizar o orifício do lábio inferior como agulheiro. Algumas moças usam nele feixes inteiros de agulhas europeias com a ponta para fora.

Mostro a meus visitantes as espingardas, a lente, o relógio, o livro com ilustrações de animais e tudo o mais que possuo de notável; presenteio os homens com fumo, as mulheres e crianças, com miçangas e bonequinhas de porcelana, e fotografo, por fim, toda a comunidade, isoladamente e em grupos. Para que as tatuagens azuladas fiquem visíveis na fotografia, retoco-as primeiro com um fino bastãozinho e tinta *carayurú*[3] vermelho-escura. Permanecem pacientemente quietos. Por volta do meio-dia, retornam satisfeitos para casa.

Os índios daqui falam todo dia de "Samburukú", onde ele morou primeiro, para onde se mudou depois, o que fez aqui, o que fez lá. Uma mulher de idade avançada, mas de espírito vivo, conta longas histórias sobre ele, que, infelizmente, entendo só um pouquinho. Ela as conhece de seu pai, que,

---

[2] *Brehms Tierleben.* 4.ed., v.4, p.343 e prancha. Leipzig, 1913.
[3] *Bignonia chica* Humb.

CRIANÇA TAULIPÁNG DE DENÓNG

quando jovem, acompanhou Samburukú por bastante tempo. Conta que Samburukú não pôde subir até o topo do Roraima, porque naquela época os Taulipáng não conheciam um caminho. Diz que, no começo da penha escarpada, ele gravou alguns sinais, provavelmente sua assinatura.

A velha usa um penteado estranho. Tem, ao redor da cabeça, uma estreita coroa de fios compridos, entre os quais somente alguns são brancos. Os cabelos restantes foram cortados bem curto, semelhante a uma larga tonsura de monge.

Os habitantes do Roraima não têm nenhum contato com os brancos, com exceção das raras visitas de ingleses colecionadores de orquídeas. Nota-se a ausência do branco pelo fato de não terem sal. Pagamos muita coisa com esse artigo precioso.

Aqui há pouca coisa para o etnógrafo coletar. Trazem-nos em abundância, para venda, somente cestinhos belamente trançados de diferentes formas. Os Taulipáng são mestres em todos os trançados, mas aqui também já se nota uma certa degeneração, porque, em alguns após, os belos motivos não estão entretecidos com tiras tingidas de negro, como outrora, mas pintados posteriormente sobre o trançado já pronto.

Em 30 de setembro chega com um séquito o chefe Selemelá, um homem pequeno, gordo e velho, de boca tatuada e expressão bondosa, porém esperta. Veste uma calça velha de linho e, sobre o cabelo quase inteiramente branco, um pequeno chapéu marrom e estragado pelas intempéries. Seu tronco está nu e repleto de cordões de miçangas e colares de sementes. Pitá apresenta-o a mim. O velho me assegura imediatamente, batendo várias vezes com a mão no peito, quão *"wakö"* ("bom") ele é, no que quero acreditar. Diz que Selemelá é um nome inglês. Provavelmente, modificação indígena de Samuel. Seu nome Taulipáng é Kapöteléng. Diz que seu pai já foi chefe aqui.

No dia seguinte, visito o velho em sua *maloca* grande e redonda, em que reina uma penumbra misteriosa. Ela tem uma espécie de segundo andar, um andaime, ao qual se chega por meio de uma escada de mão. Compro alguns objetos etnográficos do chefe — a maioria foi comprada pelo inglês que morreu — e, para variar, danço com ele a *arárúya,* contorcendo terrivelmente o corpo. A aldeia inteira vem correndo.

Sobre o andaime na casa do chefe há um grande número de cestos, caixas e trouxas empilhadas, que, sem dúvida, contêm muita coisa interessante, mas o velho vigia tudo com olhares desconfiados e não me deixa dar uma olhada neles. Finalmente, após longa hesitação e em troca de uma caixa de detonadores, ele me cede um caderno em oitavo fino e gasto, de 23 páginas impressas. É um breviário, *Church Service for the Muritario Mission,* Georgetown 1885, pelo visto, na língua dos Akawoío, vizinhos e parentes ao norte dos Taulipáng. Pitá me conta que Selemelá tem toda uma caixa cheia de livros e publicações do tempo das missões. Agora ele quer construir na praça da aldeia uma capela para um missionário inglês, que é esperado aqui com sua mulher. Por enquanto, somente uma parte da tosca estrutura foi erigida e, se ele continuar construindo no mesmo ritmo, só terminará no dia do Juízo Final.

Aqui quase não se percebe a influência da missão inglesa entre os Akawoío, que, no Roraima, nunca teve sede permanente. Nem Selemelá, nem sua gente têm noção do cristianismo. Só conhecem algumas orações, um *mixtum compositum* de língua indígena e inglês, sem, no entanto, compreender seu sentido. Certa vez, acordo sobressaltado de manhã cedo, meio desperto, e já começo a acreditar em alucinações. Numa casa vizinha alguém canta *"Heil dir im Siegerkranz".** Trata-se, naturalmente, de algum hino religioso inglês traduzido para a língua indígena com a melodia de *"God save the king".*

Meu pessoal diz que Selemelá fala inglês. Todo o seu vocabulário se restringe ao alfabeto inglês e a contar até dez, e ele gosta de mostrar seu conhecimento sempre que possível.

Desses fósseis cristãos também faz parte a monótona *arárúya,* que, entre os habitantes de Kaualiánalemóng, quase suplantou totalmente os belos cantos e danças antigos.

Selemelá não quer nada com os beneditinos do Surumu. Parece que o inglês morto é culpado dessa aversão. Pelo menos, os Taulipáng me contam histórias estranhas dele. Quando soube, pelos índios, de minha estada e meu trabalho em Koimélemong, disse-lhes que eu daria aos padres as fotografias que tirei deles. Então, todas as pessoas que eu fotografei teriam de ir morar com os

---

* Trata-se de hino imperial alemão. (N. T.)

padres, e estes as levariam para sua terra, para guerrearem lá contra eles! Bem, ele também coletou objetos etnográficos, cestos, arcos, flechas e coisas semelhantes. Talvez ele fosse uma espécie de concorrente. Paz a seus restos mortais!

Os Taulipáng pronunciam seu nome "Pasing" ou "Fasing". Contam que veio para cá do norte, do outro lado do Roraima, "do fim do céu", com um criado Makuschí, e que já estava doente quando chegou. Que ficou somente um mês aqui. Contam que, mais tarde, veio um *mekoró* e levou seu espólio. Os índios o enterraram fora da aldeia, na savana aberta, junto a um riachinho espumante, próximo à enorme rocha Tselaúrayäpiapö, e ergueram um pequeno abrigo acima de sua cova. Agora, em meio a essa paisagem grandiosa, ele descansa de toda a fadiga desta vida.

Também peço aos índios daqui que façam desenhos a lápis. Tomáschi[4] e Emaschí, os dois filhos de Selemelá, com idade entre 25 e 30 anos, mostram-se especialmente habilidosos. Deixo que escolham à vontade. Levam o caderno de rascunho para a *maloca* de seu pai e ficam horas a fio agachados lá em cima no andaime, na penumbra, desenhando com entusiasmo. Eles recebem cem anzóis para cada cinco folhas cheias de desenhos. Assim, adquiro numerosos desenhos primitivos, mas muito interessantes por acentuarem aspectos característicos de pessoas, animais e plantas, partes do corpo humano, casas e objetos domésticos, a aldeia Kaualiánalemóng com todas as cabanas, além de cenas da vida cotidiana, entre as quais motivos que, entre nós, só vemos desenhados pelas mãos de meninos travessos em cercas de madeira ou paredes de casas. Uma folha mostra todas as montanhas e cumes ao redor do Roraima com sua forma característica. Dois desenhos são especialmente interessantes e comprovam um excelente talento e uma visão notavelmente perspicaz para as condições topográficas de uma grande região. São dois mapas detalhados dos sistemas fluviais do Kukenáng e do Yuruaní com as serras a eles pertencentes.

Dois ou três amigos ficam constantemente sentados à volta do desenhista e o ajudam por meio de indicações explicativas, ou, às vezes, eles próprios também desenham em seu lugar com o lápis. Diferenças de opinião são decididas por meio de longa deliberação antes de o desenhista traçar com firmeza a próxima linha.

Encontrei esse talento, mesmo que não tão pronunciado, na maioria dos índios. Eles conhecem cada montanha, cada riacho, cada pedra de sua região, cada trilha que percorreram em suas constantes viagens, que, muitas vezes, duram semanas ou até meses, conhecem cada curva de seus rios e enumeram-nas com os dedos quando perguntados sobre uma determinada distância durante a viagem. Eles esboçam mapas em relevo na areia, esforçando-se em reproduzir fielmente, por meio de montículos de areia úmida, as formas características das diferentes montanhas. Minúsculas figurinhas de pessoas ou animais, que os dois jovens modelaram para mim com cera, testemunham grande habilidade e boa observação da natureza.

Causo grande impressão com minhas chapas fotográficas do velho Selemelá e de sua mulher. Os meninos e meninas de sete a oito anos reconhecem imediatamente *"bāpai"* e *"āmai"* no negativo e gritam encantados. Todo mundo vem depressa para ver as chapas; um talento extraordinário em relação a reproduções gráficas, de que carecem muitos dos europeus chamados cultos.

---

[4] Provavelmente deriva do inglês "Thomas".

Também em Kaualiánalemóng a hospitalidade está acima de qualquer dúvida. Tão logo se chega a uma cabana, as mulheres trazem beiju e panelinhas com molho de pimenta, no qual, às vezes, nadam pequenos pedaços de carne de caça e peixes. Às vezes, elas também trazem *caxiri*. As famílias que moram perto de nós convidam-nos pelo menos uma vez ao dia para comer *tamorita*. Mas, apesar disso, é muito frequente termos muito pouco que comer. É verdade que, de tempos em tempos, a gente de Denóng fornece beiju, bananas, abóboras e outras frutas, mas eles mesmos não dispõem de muito, e o que é esse pouco para tantas bocas famintas, acostumadas à fartura de sua terra, ao Surumu com seus peixes grandes e saborosos, às savanas ricas em caça? Os índios do Roraima são quase exclusivamente vegetarianos. Só raramente abate-se uma caça grande, veado ou porco-do-mato, e há poucos peixes, e muito pequenos, nas águas das montanhas. Eles vivem principalmente de beiju, que embebem no molho de pimenta. Esse molho *(tamoríta)* muitas vezes é condimentado com o saboroso *tucupi*, o suco de mandioca cozido:[5] uma especialidade dos Taulipáng. Suas frutas são bananas, *cará*,[6] batata-doce, *yurumu* (abóboras comestíveis), favas grandes e achatadas e milho de diferentes espécies e colorações. Certa vez, também me ofereceram metade de um abacaxi verde para eu comprar.

Meu pessoal se queixa de que o alimento é insuficiente. Por isso, em 29 de setembro mandei Peré com minha espingarda de três canos, o Majonggóng com a Winchester e alguns Taulipáng com espingardas inglesas para o oeste, para caçar porcos-do-mato na floresta. Selemelá ouviu-os atirando várias vezes durante sua marcha. Em 2 de outubro eles voltam com um cesto cheio de carne de caça defumada, veado e *inambu*. O fleumático Peré os abateu. Ele está muito orgulhoso de sua façanha e volta logo para sua querida rede de dormir, que, mesmo durante o dia, não gosta de deixar, a não ser que outros prazeres lhe acenem. Deixou sua enérgica cara-metade em Koimélemong. Ele está sob a enérgica palmatória da mulher, se é que se pode dizer isso aqui, e deve a permissão para vir conosco somente à minha intercessão.

Já no dia de nossa chegada, dois jovens Taulipáng foram enviados como mensageiros até os Ingarikó, cuja *maloca* deve ficar a somente dois dias de viagem daqui, no leste, para trazer alguns desses mal-afamados "habitantes da floresta".[7]

Em 2 de outubro enviamos dois Taulipáng de Denóng para abrirem caminho até o Roraima. À noite eles já estão de volta. Foram até o cume e abriram um bom caminho, de modo que não teremos dificuldades grandes demais e poderemos ir e voltar em um dia, pois, com esse frio, não deve ser nada divertido passar a noite lá em cima, envoltos em nuvens, que é como o cume se mostra quase sempre, agora.

Quermesse em Denóng! Em 3 de outubro, por volta do meio-dia, vem um jovem esbelto de lá, todo adornado, filho do chefe, e nos traz o convite oficial para a festa: o *parischerá* está pronto! Meu pessoal se pinta condignamente para a festa, mas, perto dessa gente bonita e nua,

---

[5] O caldo da mandioca, que contém ácido cianídrico, é neutralizado quando cozido até se tornar uma massa parda, grossa como xarope, que, misturada com pimenta vermelha em pó, fornece um excelente tempero.

[6] *Dioscorea*.

[7] Ingarikó ou Ingalikóg significa "gente que vive na mata fechada".

BAILE AO PÉ DO RORAIMA

parece um desleixado bando de ciganos. Às 3 horas vamos para lá e somos recebidos amigavelmente pelo chefe e sua mulher e por algumas outras pessoas mais velhas e, imediatamente, nos servem *caxiri*. Os dançarinos já estão esperando na próxima *maloca* e logo chegam numa longa corrente, como em Koimélemong. Gritando selvagemente "haí-haí-haí!", algumas velhas saem pulando da casa do chefe, com grandes cuias cheias de *caxiri* nas mãos, e pulam para lá e para cá, dobrando os joelhos, em frente aos dançarinos. Um quadro impressionante! Essas figuras magníficas e nuas de homens e mulheres com seus movimentos uniformes, ao fundo os rochedos escuros do Roraima, envoltos por pesadas nuvens de trovoada. Passam por nós dançando lentamente e formam um círculo diante da *maloca* do chefe. A música abafada dos tubos de *ambaúva*, que acompanhou a chegada dos dançarinos, silencia e começa um canto monótono e ritmado. A dança continua com os mesmos movimentos, um passo à direita, bater com os pés no chão, arrastar o pé esquerdo, de vez em quando uma pequena volta para a esquerda. Um grupo de crianças dança animadamente, adornadas como os adultos. Um menininho passa a dança toda, que dura horas, montado nos ombros do pai.

Os trajes dos dançarinos não são inteiramente corretos, já que aqui não existe a palmeira *inajá*. Somente alguns deles estão usando umas poucas tiras de folhas de *miriti*, em compensação a maioria usa ricos adornos de plumas. Sento-me entre os senhores idosos, que já não sentem mais prazer com o divertimento dos jovens. Ficamos fumando, conversando, bebericando *caxiri* e assistindo aos dançarinos. Mas, junto com Schmidt e com Pitá, também participo da dança por bastante tempo, coisa que os índios aclamam com satisfação. Algumas beldades juntam-se imediatamente a nós e dançam ao nosso lado. O velho chefe sente frio por causa do fresco vento que sopra do sul. Empresto-lhe meu casaco cáqui, o que lhe dá uma aparência esquisita, pois está nu na parte inferior do corpo.

Excetuando-se o barulho e a confusão da dança, uma cena tranquila. Uma jovem índia e seu filho dão de comer a uma corça mansa. Seu marido a pegou quando era bem pequena, depois que atirou na mãe. Sua mulher a amamentou no próprio seio. Agora ela a segue por toda parte.

Ao cair da noite, Schmidt e eu nos despedimos, apesar dos convites entusiasmados para dançarmos até de manhã; esses convites têm um claro apelo erótico. Especialmente minha "amai", uma dama muito resoluta, que animava seguidamente nossa dança gritando selvagemente "haí-haí!", chegando uma vez a dançar conosco, não quer desistir e me assegura repetidamente que suas filhas ficariam muito contentes se eu ficasse. Mas sou inflexível e me livro do seu canto de sereia. Seu marido vai conosco e ganha de presente uma camisa para protegê-lo do frio noturno. As alegres moças ainda nos acompanham por um bom trecho e nos gritam "até logo" enquanto ainda podem nos ver.

Pitá e a maioria do nosso pessoal ficou lá na festa. Mário, nossa cozinheira e sua jovem ajudante Wapischána cuidaram da casa. É claro que o Majonggóng também, junto com sua jovem mulher, pois despreza mais ou menos abertamente tudo o que essas tribos daqui fazem e produzem. Ele canta as canções melancólicas de sua terra, da qual tanto se orgulha, e caçoa de um xamã, que fica horas a fio cantando seu canto rouco e seus gritos selvagens na cabana vizinha.

Na manhã seguinte vamos novamente a Denóng e compramos todos os adornos. As pessoas ainda estão dançando, mas o ambiente já é de forte ressaca. Ninguém está muito embriagado.

UM FILHO ADOTIVO

Pitá nos conta suas experiências noturnas: primeiro, uma mulher velha dançou com ele. Aí ele ficou muito triste. Então uma moça juntou-se a ele. Aí ele ficou muito contente! Quer levar uma moça Taulipáng para casa, para ajudar sua mulher. Eu lhe digo: "Que belo sujeito você é! É melhor dizer, para que ela ajude você!". Segue-se uma sonora gargalhada.

Meu pessoal fica dormindo até o fim da tarde para curtir a bebedeira.

Nem Selemelá, nem qualquer um de seus parentes participou da festa em Denóng. Existe uma patente inimizade entre as duas aldeias. O velho não aparece quando nossos amigos de lá estão aqui. Observa nosso relacionamento amigável com os moradores de Denóng com olhares invejosos. Aos poucos, caímos um pouco em desgraça com ele. Não nos visita mais, mas geralmente fica agachado à sombra de sua casa, com cara insatisfeita.

Em 6 de outubro Selemelá também dá uma festa, que começa no fim da tarde. São apenas as descaracterizadas danças de roda *arärúya,* uma triste caricatura do *parischerá* em Denóng. Danço por algum tempo, mas logo me retiro. A coisa toda me parece estúpida demais. Ninguém do outro lado participa. É verdade que alguns de nossos amigos aparecem por pouco tempo, mas mantêm-se timidamente afastados dos dançarinos. Pitá também reclama dos índios daqui. Diz que são avarentos, dão só um pouco de *caxiri* ruim e exigem preços abusivos. Na verdade, os índios de Denóng são muito mais autênticos e não pensam tanto em levar vantagem.

Na manhã seguinte bem cedo partimos com Pitá, Pirokaí e seis Taulipáng para escalar o Roraima. Seguimos em direção norte-nordeste, passando pelos riachos Rurúima e Taula-palú, e subimos então por uma cumeada, que se bifurca da encosta do rochedo Roraima para o sul. Em seu cume continuamos marchando por um desordenado campo de ruínas de rochas gigantescas, pelo visto arrancadas da penha com o passar do tempo ou por um repentino fenômeno da natureza. À direita, temos o profundo vale do Kamaiuá, coberto de floresta; à esquerda, o vale do pequeno riacho Wamorá. Passamos, então, por um pântano de vegetação singular, na qual sobressai uma utriculária de um metro de altura com grandes flores azuis da cor de nossos gladíolos.[8] O céu cobriu-se de nuvens escuras. As penhas escarpadas estão cada vez mais próximas, parecem cada vez mais maciças, cada vez mais ameaçadoras. Os aguaceiros passam acima delas. Após uma marcha de três horas, entramos na mata úmida que cobre o sopé da mesa e chegamos a uma barraca bem conservada à margem direita do riacho Wamorá, que Ule habitou por algum tempo, regalando-se com as maravilhas dessa vegetação exuberante. Dois Taulipáng e um garoto, que, nesse meio-tempo, acertaram duas aves pequenas com sua zarabatana, ficam aqui para cozinhar o galo velho que trouxemos conosco. Nós subimos pela mata íngreme que está pingando de tão úmida. Ora subimos por rochas e troncos apodrecidos, ora nos arrastamos com dificuldade por baixo deles, ora afundamos em buracos traiçoeiros, cobertos por folhagem que está apodrecendo. Subimos metro a metro, até o alto, por raízes escorregadias e cipós finos, que, muitas vezes, cedem ao peso de nossos corpos. Então, desce-se novamente por um trecho íngreme. Arquejando, prosseguimos com dificuldade através da imensa confusão da floresta tropical. Quanto mais subimos, mais estranha se torna a vegetação. Os galhos retorcidos das árvores baixas estão cobertos de musgo espesso e compridos liquens verde-claros ou mesmo esbranquiçados, com numerosos outros parasitas, também orquídeas em flor. Entre eles vicejam fetos gigantescos, cujas folhas largas ora crescem diretamente do solo, ora estendem-se como palmeiras do tronco alto e vacilante. Continuamos subindo obliquamente por uma estreita saliência, formada pela queda de um rochedo, certamente depois da época de "Samburukú", bem junto ao longo do paredão de arenito de várias centenas de metros de altura, de queda vertical. A exuberante vegetação esconde o terrível abismo; somente através de estreitas e isoladas aberturas na vegetação é que se pode ter uma visão do amplo vale do Kukenáng e do invencível colosso de pedra vizinho, só um pouco mais baixo. Estamos envoltos por nuvens de chuva. Escurece bastante. Logo nos vemos molhados até os ossos. Um chuvisco gelado cai sobre nós. Finalmente a vegetação mais alta cessa por inteiro e começa o trecho mais difícil. À esquerda, o abismo terrível, misericordiosamente encoberto por nuvens; à direita, o paredão que aspira chegar ao céu. Subimos por rochas lisas, em cujas fendas as mãos trêmulas se agarram. Mais um último esforço e chegamos ao nosso destino.

Um frio extraordinário nos circunda. O termômetro indica 11,3 °C pouco após o meio-dia! Assustados, olhamos para os rostos pálidos e enrugados uns dos outros. A agradável cor morena dos índios deu lugar a um feio tom verde-pálido. Ao respirarmos, sai fumaça de nossa boca.

---

[8] *Utricularia humboldtii* Rob. Schom., uma planta insetívora.

No cimo do Roraima

Encontramos abrigo contra a chuva sob uma rocha saliente. Em vão tentamos acender um fogo com ervas secas. Os dedos, enrijecidos pelo frio, quase não conseguem enrolar um cigarro. Desde a aldeia subimos mais de 1.300 m em menos de quatro horas e meia e nos encontramos agora numa altitude de 2.600 m acima do nível do mar.

Até onde podemos ver, o cume do Roraima é aplainado e coberto de rochas de formas grotescas, formações da erosão, ora elevando-se como cogumelos gigantescos, ora assemelhando-se, recortadas e alcantiladas em muitos pontos, a figuras de animais e homens ou aos muros desfeitos das ruínas de um castelo. O platô do Roraima, que apresenta uma flora pobre mas, em grande parte, única, tem depressões aqui e ali e forma um imenso reservatório que se estende longe para o norte e manda numerosas artérias fluviais para os três grandes sistemas fluviais do Amazonas, do Orinoco e do Essequibo. Percorrer o platô em toda sua extensão é muito perigoso, dizem os índios, pois seria fácil a gente se perder na imensa confusão de rochas e não se encontraria mais o caminho de volta.

Um Taulipáng vai buscar água para mim numa cuia, mas está tão gelada que mal se pode bebê-la. Tiro algumas fotografias com a câmera pequena. O tempo é o mais desfavorável possível; iluminação sombria, chuva a cântaros. Os índios ficam segurando a capa de borracha de Schmidt sobre a câmera enquanto tiro as fotografias. Nem sinal de vista panorâmica.

Após uma hora no alto, iniciamos a marcha de volta. No ponto mais perigoso, afasto-me do caminho, envolto numa espessa nuvem de chuva, e vou parar à beira do abismo. Um passo à frente, e minha viagem teria um fim antecipado. Aí, no último minuto, Pirokaí, que está na minha frente, grita para que eu me mantenha à esquerda. Por fim, somos recebidos pela mata protetora. Descemos rapidamente, pulando, trepando, escorregando, caindo. Em duas horas estamos novamente na barraca, mais ensopados e sujos do que nunca. Nosso galo velho cozinhou nesse meio-tempo e o caldo substancioso nos aquece e nos revigora. Dois de meus Taulipáng não comem carne de galinha e se satisfazem com os dois pássaros pequenos que acertaram com a zarabatana.

Às 4 horas seguimos viagem. A princípio, sentimos um frio terrível nas roupas molhadas e, por isso, nos apressamos para chegar de volta antes do cair da noite. Um tempo ruim ameaça ao leste e se descarrega num forte aguaceiro pouco após nossa chegada à aldeia. Ainda estão dançando a *arärúya,* ora na *maloca* de Selemelá, ora na praça da aldeia, dependendo de onde a chuva permite. Meu pessoal, que participou da cansativa excursão, agora também está dançando animadamente. Esses índios têm uma resistência incrível, para celebrar festas também. Dançam em círculo dias e noites a fio, quase sem interrupção, cantando sempre as mesmas melodias monótonas.

Gostaria de falar aqui, em poucas palavras, acerca das condições climáticas próximas ao monte Roraima durante nossa estada lá. O Roraima constitui o limite das savanas. Com ele, tem início a contínua e úmida região de florestas que, ao norte e nordeste, se estende até o mar e, a sudoeste, até o alto Orinoco. As condições climáticas dessa região limítrofe são muito diferentes daquelas da savana seca. Nas imediações do Roraima, também na estiagem, chove quase diariamente. Apenas um dia de viagem mais ao sul parece predominar uma zona totalmente diversa. Geralmente, o rochedo brilha em beleza transparente e rosada só de manhã cedo, pouco após o nascer do sol. Com o calor crescente, formam-se nos paredões verticais, a princípio, ligeiras faixas de névoa que vão se tornando cada vez mais espessas à medida que o dia avança e, como um véu invejoso, logo escondem a magnífica paisagem da visão dos mortais. Quando o sol já passou pelo zênite, o ambiente fica cada vez mais sombrio. Da profunda depressão entre os rochedos gêmeos borbulham, para lá e para cá, ameaçadoras nuvens de tempestade, que vão se acumulando cada vez mais e, geralmente, se descarregam por volta das 3 horas da tarde numa tempestade e, a seguir, num forte aguaceiro. Com um bramido trovejante, que se pode ouvir a grande distância, as águas caem então em grossos jatos, de uma altura de centenas de metros, pelas encostas íngremes; do rochedo oriental, o Kamaiuá, do rochedo ocidental, o Kukenáng e o Masulíng. Os rios se enchem rapidamente para, com a mesma rapidez, baixarem de novo.

Masulíng é como os índios também chamam o Mazaruni e designam a água que cai do canto noroeste do rochedo Kukenáng, que corre entre as duas mesas rochosas para nordeste, como a nascente desse grande afluente esquerdo do Essequibo. No mapa de Schomburgk, o "Mazaruni ou Mazureng" nasce bem mais a leste do Roraima, na serra Ayangcanna, e descreve um imenso arco pelo oeste e pelo norte antes de desaguar em grandes curvas no Essequibo. Segundo esse

RIO KUKENÁNG. AO FUNDO, ROCHEDO KUKENÁNG

mapa, ele recebe do Roraima o afluente esquerdo Cuya. Charles Barrington Brown, que percorreu a Guiana Inglesa em diferentes direções no início da década de 1870, com o objetivo de realizar estudos geológicos, indica a origem do Mazaruni bem ao norte da serra Ayangcanna.[9] Assim, parece que ainda há muitos pontos obscuros a respeito do curso superior desse rio. Durante nossa permanência junto ao Roraima, sopravam ventos regulares vindos do leste e sudeste até sul, raramente do norte, nunca do oeste. De manhã, entre 8 e 9 horas, geralmente começava um forte vento sudeste que durava até o pôr do sol, às vezes a noite toda com poucas interrupções, e, por volta de 1 a 2 horas da madrugada, alcançava sua maior força e sua temperatura mais baixa. Às vezes, por volta do meio-dia, esse vento mudava para o sul, seguido, via de regra, por breve calmaria e, a seguir, vento norte e chuva densa. Não raro, caíam ao redor do monte densas chuvas torrenciais, ao passo que, poucos quilômetros ao sul, fazia um tempo belíssimo.

As temperaturas também eram muito baixas na aldeia Kaualiánalemóng. Ao nascer do sol tivemos, em 27 e 29 de setembro, apenas 15 °C, em 30 de setembro, 14,1 °C e em 1º de outubro,

---

[9] Vide o mapa de Ch. B. Brown, *Canoe and Camp Life in British Guiana*, Sec. Ed., London, 1877.

MALOCA INGARIKÓ. AO FUNDO, O RORAIMA

somente 13,2 °C. As temperaturas médias eram, às 6 horas da manhã, 16,1 °C, às 2 horas da tarde, 26,4 °C e, às 9 horas da noite, 19,2 °C, Especialmente após a meia-noite o frio ficava tão sensível que, nas primeiras noites, nos roubava o sono, a nós, europeus, quanto mais aos nossos acompanhantes, que, em sua maioria, vinham das quentes savanas ao sul do Surumu, onde as noites quase não refrescam nada. As temperaturas médias correspondentes no vale do Surumu eram de 24,6 °C, 34°C e 28,7 °C em setembro.

Para tornar suportável nossa permanência noturna na cabana de palafitas, tapamos a entrada e as paredes de palha de palmeira com lonas de barraca e pusemos algumas pedras chatas no andaime, sobre as quais mantínhamos um bom fogo durante a noite toda. E, no entanto, ora aqui, ora lá, alguém se levanta da rede, batendo os dentes de frio, e agacha-se o mais perto possível da chama que aquece. Tomar banho no pequeno riacho rumorejante, perto da sepultura solitária, exige autodomínio. Especialmente à noite, com a grande diferença de temperatura entre a água e o ar, tem-se a sensação de estar entrando em água congelada.

Apesar desse clima relativamente áspero para os trópicos, com o qual até mesmo os nativos às vezes sofrem, eles amam sua terra ventosa e se orgulham, com razão, do seu Roraima. Muitas de suas canções e muitos de seus mitos têm relação com esse monte majestoso. Para eles, o Roraima é o berço da humanidade. Aqui, o herói de sua tribo, Makunaíma, viveu com seus irmãos. Aqui, em sua loucura e cobiça, ele derrubou a árvore do mundo, que dava todos os frutos bons. A copa caiu para o norte. Por isso, ao norte do Roraima até hoje nascem todas as frutas na úmida região de florestas, enquanto ao sul do Roraima, na seca savana, somente com muito trabalho é que o índio tira o alimento do solo. O tronco caiu sobre o Caroni. Está lá até hoje, como uma grande rocha que atravessa o rio, formando uma alta catarata, onde os barcos têm de ser descarregados e arrastados por terra. O rochedo Roraima é o cepo que ficou de pé. Dele veio o grande dilúvio, do qual poucos se salvaram.[10]

Nossos belos dias perto do Roraima estão chegando ao fim. Os víveres se tornam cada vez mais escassos. Pitá, cujo filho caçula tem estado com um forte resfriado nos últimos dias, quer voltar para casa.

Os Ingarikó não vieram. Talvez meus mensageiros nem tenham estado lá! No entanto, consigo anotar algumas centenas de palavras da língua com o velho careca do riacho Muréi, que é um Ingarikó. Essa língua é parente próxima do Makuschí, mas diverge dele em algumas expressões. O timbre é totalmente diverso. O velho tem uma mulher Taulipáng e, agora, pertence com sua família a essa tribo. Atualmente, ele mora numa pequena *maloca*, que fica a nordeste da aldeia, numa elevação. Quase todas as famílias aqui têm, pelo menos, duas casas e vivem, com a mudança das estações, ora nesta, ora naquela casa. O velho conta que muitos Ingarikó já trabalham com ingleses no nordeste, provavelmente no Mazaruni.

Em 8 de outubro fazemos uma visita de despedida a Denóng. Novamente são consumidas enormes quantidades de *caxiri*, compram-se víveres e também se adquirem alguns objetos etnográficos interessantes. Pitá negocia horas a fio, com o chefe, duas espingardas inglesas. O outro quer duas redes de dormir em troca de cada uma. Ambos estão de pé, um diante do outro, e regateiam teimosamente como negociantes de gado numa feira, mas com mais calma e melhores maneiras. Então era por isso que o nosso esperto chefe foi lá tantas vezes nos últimos dias! Tarde da noite ele se arrasta mais uma vez para dentro de nossa cabana e conversa longamente com Peré, que também quer comprar uma espingarda. Na manhã seguinte ele já está lá às 5 horas, negociando a espingarda. Por volta das 8 horas chega com duas espingardas. Comprou-as em troca de redes de dormir que entregará mais tarde. Quer deixar uma espingarda a preço de custo para Peré. Parece que o negócio também lhe custou um "sinal". Pelo menos, vejo o casaco branco de listras pretas com os botões de galões de tenente no corpo — de resto — nu do chefe de Denóng. Uma criança está usando o paletó que, até agora, seu filho caçula usava. Também se fizeram outros negócios. Pitá e o Majonggóng adquiriram vários metros de brilhante chita vermelha para tangas.

Selemelá recebe um machado pelo aluguel da cabana e, de presente, um pacotinho de anzóis. Mas ele continua magoado por causa de nossa amizade com a gente de Denóng, que, mais uma vez, aparece toda junta. Os índios procuram, ainda no último minuto, obter o máximo possível de nós, mas lhes damos com prazer quando pedem de maneira tão amável. A despedida fica difícil para todos nós. O alegre bando de moças ainda nos acompanha por um bom trecho. Elas apertam várias vezes nossa mão, dizendo amavelmente: *'ménapoi pí̵ pi! mietukaí kenáng!"* ("Volte, irmão!

---

[10] Vide v.II, p.41*ss*.

Venha uma outra vez!"). Vão brincando de brigar com meus rapazes e esfregam terra e areia no rosto deles.

Parece que a inocência feminina aqui vai tão mal quanto no Uaupés e em outras partes. Percebo isso pelas conversas do meu pessoal. Dois de meus heróis até deixaram suas redes de dormir novas como oferenda de amor! Mas que pessoa sensata pode levar essas moças a mal? É uma raça extraordinariamente robusta e fogosa, dotada de sadia sensualidade, e o excesso de mulheres é grande. Elas que se divirtam!

Alguns tiros de despedida. Adeus, rochedo rosado.

9

Dreizehnlinden no alto Surumu*

O Kukenáng subiu muito graças às fortes chuvas dos últimos dias. Ao atravessá-lo, lutamos com dificuldade contra a forte correnteza. Hoje chegamos somente até a casa do velho Ingarikó no riacho Muréi. Os moradores adiantaram-se a nós para nos receber condignamente. O ar está muito mais limpo. Os dois rochedos do Roraima mostram-se nitidamente em toda sua beleza, como jamais os vimos de perto. Poderíamos pensar que o espírito do monte quis caçoar dos brancos. Os índios dizem que sempre faz tempo ruim quando um branco vai ao Roraima.

Também na manhã seguinte o Roraima brilha no esplendor avermelhado do sol nascente. Parece que ele quer tornar a despedida ainda mais difícil!

Um Taulipáng faz numerosos riscos ao longo de seus braços e pernas e passa lama cinzenta do rio por cima, para ter sucesso na caça. Dormimos em Rontá.

Uma menininha Taulipáng está com disenteria. Por isso, o pai, um de meus melhores carregadores, que queria me acompanhar até São Marcos, quer ficar aqui e receber seu pagamento. Chega tarde da noite com sua mulher e um bebê de colo. Deixaram a menina doente na última *maloca*. Na manhã seguinte recebe seu pagamento, mas ambos os pais ainda nos acompanham até a próxima casa vazia em Moromelú. Essa é uma característica dos índios que não entendo. Justamente esses dois, que têm cinco filhos encantadores, são muito bondosos, amáveis e sérios e certamente amam seus filhinhos; mas por que, então, a mãe deixa sua filha muito doente tanto tempo sozinha? Ela não tem nada a ver com o pagamento!

Acampamos no riacho Tschitá-uté, nosso local de refeição em 23 de setembro. Após o pôr do sol começa um aguaceiro, que dura até as 8 horas da noite. Nós nos refugiamos sob alguns abrigos de folhas de palmeira que os índios fizeram rapidamente.

Em 12 de outubro, após breve marcha, chegamos ao ponto em que a trilha se bifurca para a missão. Nossos dois chefes, Pitá e "Teodoro", separam-se aqui de nós e seguem com suas famílias pelo velho caminho até Koimélemong. Alguns carregadores com a coleção etnográfica os

---

* Treze tílias: título de uma epopeia escrita por Friederich Wilhelm Weber (1813-1894). (N. T.)

VISTA, POR SOBRE O KUKENÁNG, DOS DOIS MONTES ROCHOSOS

acompanham; mesmo assim, ainda formamos uma longa fila. Nosso caminho segue para sudoeste. Por um curto trecho, o Kukenáng ainda continua à nossa direita. Junto a um riacho há uma jiboia de 2 m de comprimento, inchada da presa que comeu. Um tiro de rifle destroça sua espinha dorsal. Depois de uma hora e meia chegamos ao Katá, em cujo curso superior almoçamos em 22 de setembro. Andamos por um bom tempo ao longo de sua margem direita, então o atravessamos. Ele corre para o noroeste, para o Kukenáng, que fica próximo. Peré me leva de novo para a outra margem. Diz que estou muito mais leve. Também acho. Pouco depois, sobre um tronco de árvore, passamos outro afluente considerável do Kukenáng, o Wailíng. Sua mata ribeirinha continua à nossa esquerda. À direita de nós, um grande miritizal indica terreno pantanoso. Mais adiante estende-se uma cadeia baixa, atrás da qual o Kukenáng segue correndo para o oeste.

A região continua plana, uniforme, fatigante. A marcha segue pela gramínea alta ou pela planície queimada, cujas cinzas entram pela boca e pelo nariz, dificultando a respiração e tornando a sede ainda mais sensível. Depois do ar fresco da montanha, esse calor inclemente, que só raras vezes é atenuado por um sopro de vento. Das montanhas a leste, que ficam cada vez mais distantes, ressoam, de tempos em tempos, gritos de despedida de nossos companheiros. Lá também sobe uma fumaça espessa. "Teodoro" entrega-se novamente a sua paixão.

Pouco após o meio-dia atravessamos o riacho Worá-uté, um afluente do Wailíng, por uma ponte de índio, um tronco de árvore sobre o qual, a uma altura de uns 80 cm, há um cipó amarrado como corrimão. Enriqueço, aqui, meu cardápio indígena com uma novidade. Peré encontrou um ninho de vespas numa árvore e me dá as larvas, chamadas de *akalá* pelos Makuschí, para comer com beiju. São consideradas um petisco pelos índios e têm, realmente, um agradável sabor adocicado, semelhante a avelãs verdes. À 1 hora chegamos ao nosso destino de hoje, a *maloca* Akúlimeponggong, uma casa redonda e espaçosa numa colina de areia branca. Só há mulheres nela, a sogra e as cunhadas de um de meus Taulipáng.

A noite traz pouco refresco no barraco enfumaçado e de um calor sufocante. Toda vez que abro a porta, imediatamente as mulheres a trancam de novo. Além disso, há o canto de inúmeros mosquitos, que aqui sobrevivem à estiagem.

A colina íngreme, onde fica a *maloca,* forma mais ou menos o centro de um amplo vale cercado de montanhas, cuja única abertura, a noroeste, é o vale do Katá. Ao sul e sudeste avistam-se floresta contínua e elevações cobertas de mata. Mais além, a sul-sudoeste, avistam-se duas serras, Waipá-tepö, e, mais ao longe, a serra Uraucaíma, que é mais alta. Descemos até o vale e logo atravessamos o Wailíng num tronco vacilante. Em direção ao sul, subimos por sua margem direita. Ele forma, aqui, uma lagoa pequena, onde patos e outras aves aquáticas ficam vadiando. Um Taulipáng se aproxima de mansinho pelo pântano e acerta um grande pato negro. Com elegantes braçadas, ele nada até o centro da lagoa e pega a presa. Subimos agora por um terreno baixo, coberto de grama, o divisor de águas entre o Kukenáng e o Surumu, e seguimos por ele para o sul. Vários riachinhos, que desembocam pela direita no Wailíng, atravessam esse terreno e originam, com seus valezinhos, elevações onduladas. À esquerda vê-se, a alguma distância, uma série de colinas baixas e uma serra mais alta, Kamaiuá-tepö. Longe, ao norte, surgem vagamente, pela última vez, os dois rochedos do Roraima. Abandonamos o Wailíng, que em seu curso superior vem do oeste.

Schmidt, que vai a certa distância à minha frente, de repente solta um grito, dá um enorme pulo e começa a bater furiosamente com seu bastão em alguma coisa. Uma cascavel de tamanho considerável escapou por entre suas pernas.

Fazemos a sesta às margens do Záma. Peré ainda abateu um *jacu*. A partir do Záma o granito substitui novamente o arenito. Às 3 horas seguimos andando por um terreno ondulado, atravessamos uma ilha de mata e subimos por uma elevação íngreme, coberta de altas rochas de formas fantásticas, o divisor de águas entre o Záma e o Surumu. Daqui se tem, iluminada por raios e trovões, uma vista magnífica da região de serras e de mata do alto Surumu, muito além da missão, cuja *maloca* se pode ver nitidamente com os binóculos. Descendo por terreno íngreme, entra-se na mata e chega-se a umas barracas, onde pernoitamos. Mal nos encontramos sob um teto, cai um forte temporal. Até por volta das 9 horas bramem as forças da natureza. Durante a noite somos assustados várias vezes pelo estalido das árvores secas, que caem no chão derrubando tudo, como sempre ocorre após uma chuva forte. Um galho pesado cai zunindo entre as barracas. O riacho onde acampamos chama-se Makuwaí, a primeira água que corre para o Surumu.

Na manhã seguinte nós o atravessamos e seguimos por uma descida muito íngreme, sempre para o sul, por uma penosa trilha na mata, que a chuva forte tornou ainda mais escorregadia. Nosso caminho cruza várias vezes o riacho Tsalikainá, de 20 a 25 m de largura, mas raso, que atravessa em grandes curvas essa mata fechada. Após duas horas, atingimos a pequena povoação Mekalinetá, que deve seu nome ao riacho Mekalíng, em cuja margem ela fica. Aqui vive Paulo, que há algum tempo deixou toda Koimélemong em polvorosa com seus tiros noturnos. Os moradores nus, crianças e adultos, usam todos a medalha de São Benedito. Nota-se a proximidade da missão. O dono da casa está caçando com seu irmão e outros homens. Contam que há um grande bando de porcos nas proximidades. O Majonggóng corre atrás deles com minha Winchester.

Paulo e sua parentela são, na verdade, índios Pischaukó, alguns dos poucos sobreviventes desses tradicionais inimigos dos Taulipáng. Hoje, eles só falam Taulipáng e também pertencem a essa tribo.

Após breve estada, prosseguimos nossa marcha. O ar abafado da mata virgem, ao qual não estamos acostumados, pesa sobre todos nós. Atravessamos uma elevação íngreme e rochosa e, junto a um riacho, saboreamos um lauto almoço. O Majonggóng acertou um gordo porco-do-mato. Um grupo de índios Taulipáng, que, voltando da missão, chegou na hora certa, também recebe sua parte. O lugar fervilha de abelhinhas sem ferrão, que atacam olhos, ouvidos, nariz e boca e rastejam sob nossas roupas, andando por todo nosso corpo. Mas os miseráveis *piuns* (mosquitos que picam de dia) sumiram completamente desde que entramos na bacia fluvial do Surumu. Às 2 horas prosseguimos. Comemos em excesso, mas, desde o Roraima, é a primeira vez que ficamos completamente satisfeitos. No riacho Kunaí há alguns meninos da missão esperando por nós. Eles voltam correndo para anunciar que chegamos, como em nossa terra quando os soldados aparecem: "Eles estão chegando! Eles estão chegando!".

Respiramos aliviados quando, finalmente, às 4 horas, saímos da mata sombria e entramos na savana banhada pelo sol. À nossa frente ficam as compridas construções da missão.

Somos recebidos cordialmente por Pe. Adalbert, o superior interino da missão, já que Pe. Bonaventura ainda se encontra em Chiquiba comprando mercadorias. Ele nos apresenta os três irmãos: irmão Caspar, da Vestfália, irmão Isidor, nassauense da região de Limburg, às margens do rio Lahn, e irmão Melchior, o mais velho deles, um homem venerável com cabeça de apóstolo, oriundo da Renânia. Seis alemães nessa região selvagem e distante. Um encontro singular. Os irmãos receberam permissão para falar o que quiserem conosco durante nossa estada. Pelo visto, não ficaram nem um pouco zangados com isso. Um quarto limpo com três mesas é posto à nossa disposição. Nosso pessoal é dividido para ocupar as diferentes cabanas ou dorme com parentes na aldeia Taulipáng, próxima daqui.

Pe. Adalbert se informa zelosamente acerca da distância até a fronteira com a Venezuela, até a bacia fluvial do Kukenáng-Caroni, para onde os missionários se retirarão caso enfrentem dificuldades com os brasileiros. A missão foi construída pelo dinâmico Pe. Bonaventura com grande habilidade estratégica, bem próxima à fronteira política de dois Estados e na zona fronteiriça de quatro tribos principais: Makuschí, Wapischána, Taulipáng e Arekuná. Mais tarde, os padres pensam em explorar também as regiões desconhecidas a oeste e noroeste e, se possível, incluir no âmbito de sua atividade as tribos bravas do alto Uraricoera, como os Majonggóng, os Máku e os Schirichána, entre outras, contanto que sejam deixados em paz. As expectativas, entretanto, não são boas, pois até mesmo seus chamados amigos entre os latifundiários no *rio* Branco e no Uraricoera já começam a se tornar seus inimigos — temem que os padres atraiam, aos poucos, todos os índios para si, tirando-lhes, com isso, os trabalhadores. Na realidade, não se trata de mera suposição; muitos índios de diferentes tribos acorrem à missão, pois sabem a diferença entre bom e mau, principalmente entre bom e mau tratamento.

Quanto à paisagem, a missão fica num lugar encantador: situa-se na extremidade ocidental de uma "península" da savana, que, na forma de uma estreita ponta, adentra essa úmida região de mata; ao norte, oeste e sul é mata; a leste e sudeste abre-se a savana livre; a oeste, cerca de cinco minutos de distância, corre o considerável riacho Kunaí, de água marrom clara; ao sul, a pouca distância, corre o Surumu, que, algumas horas abaixo, forma uma alta queda d'água, cujo bramido, à noite, ressoa nitidamente até aqui. A oeste, a pouca distância, numa elevação próxima, ficam quatro *malocas* dos Taulipáng, sob o mal-afamado chefe Dxilawó, um senhor pequeno, gordo e velho, de bigode e cavanhaque espessos e um rosto que inspira pouca confiança, considerado em todas as cercanias como *kanaimé* e, diz-se, causador da maioria das doenças e óbitos.

A sede da missão consiste em algumas construções térreas e provisórias, com paredes de pau a pique e telhados em parte de palha de palmeira, em parte de folha canelada. Compreendem a capela, as celas dos padres e irmãos, a sala de aula, que também serve de refeitório, a cozinha, a despensa e outros recintos pequenos. Atrás da construção principal há um bonito jardinzinho com flores campestres alemãs. Nas proximidades ficam, espalhadas, as cabanas dos empregados indígenas. Numa casa conjugada, vizinha de um alpendre para guardar ferramentas e tábuas, fica o dormitório dos, até agora, oito alunos, que pertencem a diferentes tribos, e uma câmara escura confortavelmente mobiliada. Além disso, há vários currais na savana e grandes plantações na orla da floresta, onde os índios ainda desmatam diariamente.

A missão tem tido pouco êxito com seu pequeno rebanho de cavalos, bois e ovelhas. O pasto aqui é muito ruim. Muitos animais morrem. Os filhotes não vingam, e a maior parte morre logo após nascer. Agora levam os animais para pastar mais para o sudeste, mas o infortúnio persiste. O gado que se vê é tão magro, que até se poderia cortar correias de sua carne.

Segundo as normas da ordem, as mulheres não podem entrar no pátio da sede da missão, que é isolado por uma cerca. Elas só podem ficar na capela durante a missa, mas, a seguir, têm de deixá-la imediatamente. Mais tarde, todas essas construções deverão ser adaptadas a irmãs da ordem, e a missão propriamente dita será transferida para a divisa oriental da mata — caso não ocorram outros fatos nesse ínterim!

A missão beneditina no *rio* Branco ainda é nova. Ela deve sua origem aos esforços do arquiabade da congregação beneditina brasileira, Dom Gerardo van Caloen, descendente de uma antiga família nobre de Flandres. No ano de 1895 o Papa Leão XIII enviou-o ao Brasil com alguns monges da congregação de Beuron para, nesse país, reavivar os mosteiros da ordem, tarefa que ele realizou de maneira brilhante em quinze anos de trabalho árduo e difíceis lutas. Pôde, então, pensar em concretizar seu plano favorito, a missão junto aos índios. No ano de 1908, Dom Gerardo recebeu do Papa Pio X a região do *rio* Branco como *prelazia,* com a disposição de que a sede da administração da diocese fosse no mosteiro de São Bento no Rio de Janeiro, cujo respectivo abade também é prelado do *rio* Branco e cujos monges-sacerdotes formam o capítulo da diocese. Com seus rendimentos, a abadia no Rio é responsável pelas necessidades da diocese. Dependendo das circunstâncias, as obrigações do clero da diocese estendem-se tanto à assistência religiosa da população branca, quanto à catequese dos índios, tendo-se em mente a fundação de escolas para ambos os elementos. No ano de 1909, quatro monges e dois irmãos leigos foram enviados do Rio de Janeiro para o *rio* Branco. Logo após sua chegada, os missionários tiveram de enfrentar grande inimizade, até mesmo ataques efetivos, que punham sua vida em risco e ameaçavam sufocar a obra que apenas germinava. Formaram-se dois partidos que se opunham fortemente. É verdade que a maioria do povo no *rio* Branco e no Uraricoera, entre eles Neves, Gouvêa e outros homens destemidos, ficou ao lado dos missionários, mas seus opositores, sob a liderança de Bento Brasil, tinham grande influência em Manaus e souberam conquistar a simpatia do governador do Amazonas. Em Manaus e no Rio desencadeou-se na imprensa uma furiosa contenda contra os missionários, que se excedia em acusações mentirosas da pior espécie. Na mesma época, soldados da polícia estadual em Boa Vista exerciam um regime de terror no *rio* Branco, ao perseguir todos que simpatizavam com os padres. No início de 1910 chegaram até a disparar vários tiros contra a casa em que os missionários moravam então, e Pe. Adalbert só escapou da morte por um triz. Por fim, o governo federal interveio e enviou uma tropa a São Joaquim para proteger os padres. A missão comprara uma propriedade pouco abaixo de Boa Vista, para nela construir um mosteiro com igreja e escola, mas a constante inimizade não permitiu que isso se concretizasse; os padres viram-se até obrigados a se retirar mais ainda rio acima, para Capela, onde um de seus amigos, o antigo comandante de fronteira, coronel Paulo Saldanha, pôs sua propriedade à disposição deles. Em fevereiro de 1910 a missão sofreu um duro golpe com a morte repentina de dois padres, vítimas de febre quando em viagem para a Europa. Na mesma época, teve início a construção da sede da missão no alto Surumu, chamada de São Gerardo da Brogna em honra ao fundador da missão beneditina no *rio* Branco. Ela deveria, aos poucos, transformar-se em mosteiro, em torno do qual todo o trabalho da missão se cristalizaria.

Assim estavam as coisas quando cheguei ao *rio* Branco em junho. A calma que por lá reinara durante algum tempo fora ilusória. Logo, como vimos, a agitação aumentou consideravelmente.

Desde o primeiro dia sentimo-nos em casa em São Gerardo da Brogna. O padre e os irmãos atendem até mesmo a nossos desejos não pronunciados para tornar nossa estada, infelizmente muito breve, a mais agradável possível. Os índios têm nesses homens excelentes os melhores amigos e protetores e só podem aprender coisas boas com eles. Aqui não há preguiçosos, nem xingamentos ou maldições, nem aguardente, a "civilização" do Amazonas. Cada qual tem seu ofício, seu trabalho, e sente-se prazer nos afazeres e na alegria inofensiva que reina aqui. É um verdadeiro *Dreizehnlinden* (*Treze Tílias*) na selva tropical! Se, em todo o Brasil e nos outros Estados sul-americanos, essa pobre gente morena sem direitos tivesse tão excelentes professores e protetores, as coisas seriam bem melhores para ela!

E quanto à nossa vida material aqui? Também cuidam o melhor possível disso. Tudo anda de acordo com o relógio, ou melhor, o sino: às 7 horas da manhã, Pe. Melchior, que também serve a mesa, nos traz uma jarra grande cheia de café com leite e bolinhos ou biscoitos e banana frita. Às 11 horas é o almoço, anunciado com duas badaladas do sino: substanciosa sopa alemã, dois pratos de carne com feijão ou lentilhas, arroz e *farinha* (de mandioca tostada), doce e frutas, café com bolachas. Antes do almoço, Pe. Adalbert faz uma breve oração e abençoa a comida. Então, o irmão Isidor lê um trecho da vida de Jesus. Enquanto isso, reina *silentium strictissimum*. Após a sopa, conversamos animadamente sobre todas as questões possíveis. Também se contam anedotas e piadas. Às 2 horas há café, como de manhã. Às 5 horas é o jantar, tão farto quanto o almoço. Às 8 horas é servido chá com bolachas. Então todos vão descansar. Entre as diferentes refeições há as práticas regulares do padre e dos irmãos, segundo as rígidas regras da ordem dos beneditinos, uma breve missa diária com os índios, e a escola. Pe. Adalbert e os irmãos gostam de vir até nosso quarto para conversar um pouco, e assunto é o que não falta.

Certa manhã assisto à aula na escola. Os meninos estão lendo Makuschí e português na lousa. Quando Pe. Adalbert faz uma pergunta, para alegria geral, dou a resposta certa em Makuschí, a seguir desapareço bem depressa. Apesar da inteligência natural da maioria dos meninos indígenas, custa muito trabalho e infinita paciência acostumar esses traquinas à matéria que lhes é totalmente estranha e a ficarem sentados quietos.

O irmão Melchior cuida dos trabalhos de marcenaria. É severo no alpendre de ferramentas. Dois garotos indígenas aprendem o ofício com ele e já demonstram grande habilidade. Ele também faz todo o trabalho de serralheria e funilaria, fotografa muito bem, é um homem de sete instrumentos. Com o auxílio de Schmidt, ele chegou até a consertar de novo o fonógrafo. Tocamos algumas músicas, mas a alegria dura pouco. A miserável da mola quebra de novo. Já faz muitos anos que o irmão Melchior está na América do Sul, mas é o mais novo na ordem, apesar de sua idade avançada. Até dois anos atrás ele era criado de um bispo no Equador e na Colômbia e, nessa condição, chegou até o alto Caquetá. O vivo e laborioso irmão Isidor, meu semicompatriota, é jardineiro de profissão e, com a ajuda de alguns auxiliares indígenas, mantém seu jardim e sua horta em excelente estado. Veio para a América do Sul somente no ano passado e ainda tem algumas ideias aventurosas sobre os "índios selvagens". O mais velho na ordem é o irmão Caspar, um homem alegre, que gosta de cantar uma musiquinha enquanto trabalha na cozinha, acompanhada das batidas dos pratos e das frigideiras. Ele cuida de maneira excelente de nosso bem-estar físico, de modo que já nos refizemos muitíssimo bem dos esforços e da subnutrição da viagem ao Roraima e, aos poucos, vamos recheando de novo nosso esqueleto.

Nos dois primeiros dias após nossa chegada, Schmidt teve uma forte enterite. Os índios disseram que Dxilawó o envenenou com *caxiri*. Eu acho que ele pecou contra os mandamentos de Jesus Sirach[*] e comeu muito porco assado! O irmão Caspar ajudou-o a se recuperar depressa. Deu-lhe aguardente com sal-amargo, que fez bom efeito, e, na noite seguinte, um forte vermute. Foi um tratamento de choque. O pobre homem se torcia e gemia de dor boa parte da noite, e cheguei a ficar seriamente preocupado com ele. Na manhã seguinte, ele estava curado.

---

[*] Jesus, filho de Sirach (séc. II a.C.), é autor do livro bíblico do *Eclesiástico*, escrito por volta de 200-190 a.C., contendo uma coleção de máximas. (N. T.)

Em 16 de outubro chegam índios com mercadorias de Chiquiba. Vieram na frente de Pe. Bonaventura. Trazem, principalmente, sal em pesados sacos. Se tivessem chegado um pouco mais tarde, a forte chuva não teria deixado sobrar muita coisa.

Todo dia temos um aguaceiro aqui. O vento norte torna as noites extremamente frias, especialmente em contraste com o forte calor do dia, pois, ao nascer do sol, a temperatura é poucos graus mais alta do que no Roraima.

Em virtude da grande umidade, as cobras são frequentes aqui. Há pouco, os índios mataram duas grandes cobras-d'água. Certa manhã, Pe. Adalbert vê, na penumbra, alguma coisa se mexendo no canto de seu quarto. É uma *jararaca* preta.

Em 17 de outubro, Pe. Adalbert reza de manhã cedo missa ao ar livre diante da capela. O altar, enfeitado com longas folhas de palmeira e flores, a alta figura do sacerdote em suas brancas vestes litúrgicas, a congregação seminua e nua num grande semicírculo à sua frente — um quadro pitoresco! Enquanto isso, ressoam da mata, onde os índios preparam uma lavoura para a missão, os golpes dos machados e o estalido das árvores caindo. *Ora et labora*!

Várias vezes chegam índios de visita, provavelmente por curiosidade, para ver os brancos forasteiros. Tenho muito que fotografar.

Os Taulipáng da região distinguem-se muito, com seu tipo físico mais grosseiro, dos Taulipáng do Roraima. Provavelmente, são restos de tribos pequenas, Pischaukó e outras, que foram subjugadas pelos Taulipáng e, como em outras regiões da América do Sul, aos poucos adotaram a língua dos vencedores.

Em 20 de outubro chega, novamente, um grupo de índios vindos do norte. Alguns dizem que são Taulipáng, outros, que são os Arekuná do Caroni, há muito aguardados. Meu Pirokaí, que tem todas as vantagens e defeitos de um criado, contesta essa segunda afirmação, mas acho que por comodidade, para não ter de participar de um registro linguístico. Meu tempo também acabou. Espero poder anotar mais tarde, no oeste, essa língua que é tão estreitamente aparentada ao Taulipáng. O Majonggóng diz que há índios Arekuná vivendo com os Guinaú.

Na manhã seguinte, nós nos despedimos afetuosamente de nossos amigos. Pe. Adalbert nos acompanha por um bom trecho. Gostariam de nos reter aqui por mais algumas semanas. Foram dias bonitos e tranquilos, muitíssimo benéficos para o corpo e o espírito. Nunca hei de esquecer esses homens excelentes, tão diferentes e, no entanto, tão iguais em sua bondade! Foi realmente uma experiência agradável nesta vida selvagem e nômade.

10

Os últimos dias em Koimélemong e São Marcos

O caminho segue em direção leste, passando pela colina onde ficam as quatro *malocas*. De lá, tem-se uma boa vista das serras ao redor até a serra Mairari, a leste, que a todas sobrepuja.

Atravessamos, sempre próximo da margem esquerda do Surumu, alguns pequenos riachos que nele deságuam. Do outro lado, a certa distância, a serra Uraucaíma estende-se paralelamente ao rio. A região é montanhosa, as rochas são compostas por granito e quartzo. Junto a um riacho encontramos o velho chefe Adão do Majari com alguns de seus Wapischána. Estão a caminho da missão para se estabelecerem lá. Pe. Adalbert não vai se alegrar muito com isso, pois é uma gente totalmente degenerada.

Depois da fartura do bom irmão Caspar, não apreciamos muito o almoço. A marcha também nos cansa muito. Nós, europeus, estamos ambos com uma forte dor de cabeça, provavelmente causada pela ofuscante claridade da savana ardente.

Após uma marcha de cinco horas, chegamos a uma barraca grande, onde pernoitamos. Peré, que enviei com dois dias de antecedência, está esperando por nós aqui com carne de caça e peixe. Na margem oposta há duas cabanas Makuschí de estilo brasileiro. Pertencem a um *vaqueiro* da missão, um homem ainda jovem que perdeu quase totalmente a visão. As pessoas trazem-nos víveres e *caxiri*. O preços exigidos são consideravelmente menores do que no Roraima. A povoação se chama Pölaueyäkíng, por causa da "foz do riacho da flecha", junto à qual ela fica.

No dia seguinte, transpomos o Surumu numa canoa deplorável; seguimos, a princípio, em direção sudoeste, contornando a encosta ocidental da baixa serra Katä-tepö, e retomamos, então, a antiga direção leste. A trilha serpenteia através da savana plana. À direita, ergue-se um cume, Tenkipán-tepö, mais adiante, um segundo. Encontramos Pe. Bonaventura, que vem de Chiquiba com dois índios e está voltando para casa. Como sempre, ele está com muita pressa. Após uma conversa breve, seguimos andando. Pirokaí tira alguns dias de férias para visitar sua família, que mora não muito longe daqui, a sudeste. A região é continuamente plana e monótona. Aqui e ali se vê uma pequena elevação. O calor é quase insuportável, 35 °C à sombra, fornecida por algumas árvores isoladas e atrofiadas. Passamos novamente por vários afluentezinhos do Surumu, que corre a uma certa distância de nosso caminho, e atingimos, em três horas, a extremidade ocidental da *serra do Mel,* que agora, até Koimélemong, fica à nossa direita. Nesse trecho, passamos novamente por numerosos grupos de rochas, que, pelo visto, consistem numa rocha básica. Angulosas e estreitas, essas rochas escuras elevam-se, muitas vezes, a 5 ou 6 m de altura, como menires. Entre elas, crescem cactos e agaves de diferentes espécies. Ao meio-dia descansamos sob algumas árvores mais altas, junto a uma cachoeira do riacho de tamanho considerável Kanóuté, que atravessamos várias vezes hoje. Ele desemboca, aqui perto, no Surumu, ao longo de cuja margem direita nós voltamos a andar agora. Uma hora depois chegamos a uma *maloca* redonda, onde a sogra de meu Majonggóng nos refresca com *caxiri*. Pouco antes das 5 horas, numa longa fila e sob tiros de alegria e altos gritos, chegamos a Koimélemong, onde somos afetuosamente saudados por todos os habitantes. Pitá está contente por nos ter aqui novamente e conta suas experiências desde nossa separação, também novidades do "irmão hostil" Ildefonso, que, bêbado de *caxiri,* voltou a xingar a Pitá e a mim; tagarelice interminável. Nós, em contrapartida, descrevemos nossa estada na missão com todos os detalhes, também a doença de Schmidt. Aqui também acreditam firmemente que Dxilawó o envenenou. O chefe traduz tudo para o atento público à nossa volta. O que mais me interessa são as notícias que um índio de São Marcos trouxe: diz que o Uraricoera e o *rio* Branco estão cheios novamente; que as *lanchas* chegam até Caracaraí; que chegaram para mim caixas com mercadorias e cartas e que um "outro doutor", alto como Schmidt e eu, chegou a São Marcos. Que agora ele quer fazer a viagem até aqui e ao Roraima! O que há de verdade nisso e o que é conversa de índio *quem sabe*! Veremos. Em todo caso, vamos nos apressar o máximo possível em sair daqui e ir a São Marcos.

Faz um calor inaudito no claro chão de terra de Koimélemong, duro como pedra, que reflete cada raio de sol. Também à noite nossa cabana mais parece um forno. Por isso, durmo lá fora, onde sopra o vento leste, mas que traz pouco alívio. Em contrapartida há numerosos *maruins* minúsculos e, pela manhã, moscas-da-madeira, parecidas com nossos moscardos. Às 9 da noite, três horas após o pôr do sol, ainda temos 29,1 °C.

Passamos quatro dias na aldeia. Fotografamos, filmamos. A coleção etnográfica é ordenada e empacotada em cestos. Apesar de todas as dificuldades e apesar da pouca cultura dessas tribos, ela aumentou para 330 peças. É verdade que quase um quinto dela consiste em cestos e cestinhos das mais variadas formas e tamanhos, que devem alegrar o coração de um especialista em técnica de trançados. Alguns carregadores e carregadoras são pagos. A maioria vai conosco até São Marcos.

Um jovem Taulipáng vestindo uma limpa roupa de linho oferece-me seus serviços. Ele vem do alto Majari e se chama José. Seu nome indígena soa bem melhor: Mayuluaípu. Tem feições delicadas e uma expressão inteligente sob cabelos levemente ondulados e é homem instruído, mesmo não sabendo ler nem escrever. Foi, por vários anos, criado na casa de uma família ilustre de Manaus e fala bem o português. Sua inteligência notável logo se revela nos registros linguísticos. Assim, percebo as diferenças mais sutis nos nomes afins, pois Mayuluaípu não só responde às minhas perguntas, mas também acrescenta outras informações espontaneamente. A língua é muito rica. Ele aponta vários erros em meu vocabulário Makuschí. Várias vezes, Pirokaí deu palavras Taulipáng como se fossem Makuschí, o que não é de admirar. Os Makuschí daqui, que vivem em meio a uma população predominantemente Taulipáng, usam, de modo natural, palavras do

ROCHEDO BASÁLTICO NO VALE DO SURUMU

outro idioma junto com as de sua própria língua. Assim, diz-se aqui, em geral, *tepö* para "serra", ao passo que a palavra Makuschí é *epíng*. Dizem que o Makuschí mais puro é falado no Tacutu e, mais além, até o Essequibo. O próprio Taulipáng também mostra diferenças dialetais, o que não é de admirar, dada a grande extensão da tribo.

Em 27 de outubro despedimo-nos definitivamente de Koimélemong e de seus bondosos habitantes e, pouco após as 8 horas, partimos para São Marcos. Os riachos entre a *serra do Mel* e a *serra do Banco* estão quase totalmente secos, de modo que avançamos depressa, mas o calor é terrível, e eu admiro meus índios que, com suas cargas pesadas, caminham com rapidez. Desde que deixamos a área fronteiriça à mata, parece que chegamos a uma zona totalmente diversa. Aqui estamos em pleno verão. Só uma nuvenzinha se mostra no azul acinzentado do céu.

Ficamos até a tarde na antiga aldeia de Pitá, esperando pelos retardatários. Um Makuschí de Koimélemong, chamado Pedro, recebera de mim o pagamento adiantado por uma rede de dormir grande. Ele entregou uma pequena e colorida rede de dormir para criança. O chefe ficou furioso

QUATRO DE MEUS CARREGADORES

e mandou o sujeito desonesto levar, de graça, a pesada caixa até São Marcos. Apesar de Pitá ter seguido atrás dele como um vaqueiro atrás do boi, o delinquente ficou na metade do caminho, e eu tive de mandar gente de volta para buscar a caixa. Um outro Makuschí, o velho Moschí da *serra do Banco,* na mesma situação, não entregou absolutamente nada. Agora tiramos dele um grande cesto de *farinha* (de mandioca), que seu filho terá de levar até São Marcos. O castigo é necessário, até por consideração pelos muitos outros que cumpriram todos os seus compromissos.

Não se deve levar essas pequenas desonestidades dos índios tão a sério. Como as crianças, eles não têm um senso de responsabilidade acentuado, especialmente em relação ao branco que é sempre amável com eles e com o qual convivem apenas temporariamente. Nas trocas, que mantêm constantemente entre si, muitas vezes o pagamento também só ocorre meses depois e, apesar disso, dizem que é raro haver irregularidades no fechamento do negócio. Mas, nesses casos, o índio quase nunca está preso a uma data certa. Também não é preciso supor, sem mais nem menos, que se trate de má-fé. Quando o índio faz uma troca desse tipo, ele tem, via de regra, a firme intenção de cumprir sua palavra. Mas, para essa gente, que mal sabe contar até dez em sua língua, o tempo é um conceito indefinido. Em sua indolência, adiam o trabalho dia após dia e, de repente, a data da entrega chegou, e o trabalho não ficou pronto. Assim, eles entregam algo inferior ou absolutamente nada.

Com as cargas pesadas, passamos sem acidentes pela *serra do Banco* e dormimos na casa de Agostino. Junto às duas velhas casas redondas há duas construções novas prontas nos andaimes, infelizmente cabanas quadradas com cumeeira. Assim, tudo que é original vai desaparecendo de maneira inevitável.

Na manhã seguinte continuamos nossa viagem em direção a Chiquiba. Ainda fazemos trocas nas pequenas povoações Wapischána por que passamos nesse caminho. Novamente tenho de cobrar dívidas. A rede de dormir que o pai do meu Manduca Wapischána entrega ficou um pouco pequena, mas, em compensação, cheia de listras pretas e vermelhas, como se o velho quisesse lisonjear meu patriotismo.[*] Uma moça Makuschí, que deve uma rede grande em troca de cinco metros de chita, foi para uma *maloca* distante. Pitá envia um mensageiro atrás dela e, ele próprio, fica aqui para esperar por ela. Nós outros seguimos viagem, mas, como muitos ficaram para trás, paramos junto à cabana do Wapischána Joaquim, a primeira habitação indígena que encontramos em nosso caminho para Chiquiba, junto a um riacho semisseco. O pessoal vai pescar ou fica vadiando. Eu atiro nas inúmeras aves de rapina que voam em círculos sobre a savana ardente em busca de presa, ou me deixo iniciar por José Mayuluaípu nos mistérios de sua bela língua.

Um dia quente; às 2 horas faz 36,2 °C à sombra. Minhas índias, especialmente as mais jovens, passaram muita *tapioca* no rosto para proteger sua tez dos ardentes raios do sol. É engraçado o contraste entre os rostos brancos e os troncos escuros. Já observei essa vaidade durante nossa marcha para o Roraima.

No fim da tarde, Pitá finalmente chega, mas não está de muito bom humor. A moça entregou uma rede de dormir de criança, listrada de amarelo e branco. O enérgico chefe exigiu então um cesto cheio de beiju. O extrato da casca de certas árvores da savana fornece as cores preto-azulado, vermelho-escuro e amarelo.

Partimos bem cedo, às 5 e meia da manhã. A princípio, ainda seguimos pelo caminho de Chiquiba, mas o abandonamos logo após as colinas de Aruaná e andamos em direção sudeste, diretamente para São Marcos. Uma manhã magnífica, clara e fresca. A vista abarca a savana plana até bem longe. Às 11 horas descansamos junto a uma lagoa pequena. Temos de esperar muito tempo pelos outros, que ficaram para trás com suas cargas pesadas. Um menino lhes leva água. Peré atirou num pequeno veado e o perseguiu até longe. Em vão. Um galo velho e um frango, que comprei na última *maloca*, terão de bastar para todos nós. Às 3 horas prosseguimos andando. A leste aparece o cume de Maruaí, em cuja proximidade nasce o afluente de mesmo nome do Cotinga. Passamos por várias rochas de granito gigantescas e arredondadas, Mauá e Ualikwátepai. Em sua negra nudez, elevam-se da savana coberta de fina areia branca. Magnífico acampamento noturno sob altas *miritis* junto a um claro riachinho afluente do *igarapé de Yauarý*, que corre para o Maruaí. O conta-passos registra 41 mil passos. Um rendimento considerável nesse calor. Peré e o Makuschí Pedro, que, com seu entusiasmo pela caça, procura apagar a má impressão que deu recentemente, acertaram dois veados e quatro patos pesados numa lagoa. Ao meio-dia, escassez, à noite, abundância! Coisa comum nessa vida nômade.

Partimos antes do nascer do dia pela savana interminável. Podemos contar as poucas árvores, distantes umas das outras por horas. Esses amanheceres e nasceres do sol permanecerão

---

[*] O autor se refere às cores da bandeira alemã: preto, vermelho e amarelo. (N. T.)

inesquecíveis para mim. Através das elegantes *miritis,* que escondem o horizonte, vê-se o céu mudar do vermelho-escuro, passando pelo roxo, até chegar ao verde-esmeralda. Toda vez, lamento não poder fixar essa sinfonia de cores. Como a fotografia é insuficiente! Caminhamos em direção sul-sudeste pelo plano divisor de águas entre Cotingo e Parimé, mais perto do primeiro, sobre três colinas baixas, em direção à *serra de Chiquiba.* Aqui não existe um caminho. Várias lagoas pequenas à direita e à esquerda. Esses *lagos* são simples depressões de terreno, nos quais a água se acumula por mais tempo, povoados por numerosas aves aquáticas, grandes patos negros, pequenas *marrecas, curicacas, téu-téus,* garças brancas, *passarões* semelhantes a marabus e outras cegonhas, que encontram abundante presa na água pantanosa. Três riachos, que ressumam por belos miritizais, formam o Waikurá, um afluentezinho do Maruaí.

De vez em quando, junto a regatos de água clara, bebemos *chibé,* apreciado no Brasil tanto em viagens por rio, quanto por terra. Na cuia, que cada um leva dependurada no cinto, mistura-se água com papa de farinha de mandioca torrada. Um refresco de sabor agradavelmente ácido e de preparo rápido, que, por algum tempo, engana a fome e a sede.

Às 10 e meia almoçamos no *igarapé do Timbó,* que também corre para o Maruaí. Pescam-se ainda muitos peixes. Mesa farta: pato, veado, peixes, bananas. Que mais se pode querer? De novo, temos de esperar longamente pelos índios com carga pesada. Só às 2 horas prosseguimos. A marcha segue, primeiro, por um pântano perigoso, depois por uma extensa planície sem árvores e sem água, através de chamas, fumaça e cinzas. Nossos caçadores, que vão à frente, atearam fogo na gramínea alta. Estamos totalmente secos. O amigo "Teodoro" vai buscar longe, numa lagoa, duas canecas de água salobra, gotas numa pedra quente. Às 4 e meia chegamos, finalmente, ao nosso acampamento de hoje no *igarapé de Chiquiba,* que desemboca no Parimé perto da residência do "eremita" Brito. À direita, um pouco afastada, ergue-se a baixa cadeia de colinas de mesmo nome.

Na manhã seguinte, partimos ao nascer do sol e andamos para o sul, para a *serra de Xiriri.* Cruzamos uma trilha, que vai de uma *maloca* Wapischána, a oeste daqui, até a foz do Surumu.

Muitos índios Wapischána desta região ao norte do Uraricoera são chamados de Karapiã pelos Taulipáng quando, além de sua língua, também falam Makuschí ou Taulipáng ou, como meu Pirokaí, são filhos de pais misturados.

Passamos novamente por numerosas lagoas que, em parte, estão totalmente secas. Algumas são fundas e têm água boa e fresca. Elas não secam nem no verão mais quente, dizem os índios. Provavelmente, são alimentadas por fontes.

Por causa do calor escaldante, que logo volta, vemos uma miragem. A serra de Xiriri, bem longe à nossa frente, parece separada da terra por uma camada branca de vapor, como se estivesse flutuando.

Alguns cavalos selvagens se aproximam e nos observam, mas, quando nos aproximamos, afastam-se num galope veloz, bufando medrosos e agitando a comprida crina.

Fazemos uma pausa de três horas no *igarapé de Urubu.* A serra de mesmo nome, um cume escalvado, por cujo lado sul corre o riacho, fica a 2 ou 3 quilômetros daqui, a oeste. Após uma breve marcha, acampamos junto ao Xiriri, que recebe o *igarapé de Urubu,* o primeiro afluente direito do Uraricoera.

Pouco após o pôr do sol cai um forte temporal vindo do leste: O pessoal construiu rapidamente pequenos abrigos de ramos e folhas de palmeira. Fico agachado, com frio, junto do Majonggóng e de sua mulherzinha. A chuva passa logo. Os índios dizem: "Quando se atira num miritizal, vem tempestade!" e, durante o almoço, eu treinei tiro ao alvo nos troncos das palmeiras. Dizem que também uma rãzinha, que se pode ouvir coaxando entre as *miritis,* infalivelmente, indica chuva. Às 2 e meia ressoa, várias vezes, o noturno grito de horror *konó!* (chuva!), mas caem apenas algumas gotas.

Ao alvorecer de 1º de novembro continuamos a caminhar para o sul. À direita, vários quilômetros à parte, temos a insignificante elevação de Xiriri, que, a distância, parecia muito maior na savana plana. Atrás dela fica uma *maloca* dos Wapischána. O Uraricoera está próximo. Pode-se ver, no claro ar matinal, sua escura mata ribeirinha. As serras em sua margem direita tornam-se cada vez mais nítidas, a sudoeste Murukú-tepö, chamada pelos brasileiros de *serra de Murupu;* não muito longe dela, cercada de lendas, a "serra das mulheres", Ulidschán-tepö, onde, segundo a crença dos Taulipáng e dos Makuschí, vivem as "mulheres sem homens", as amazonas; mais para oeste, a *serra de Turuaru.* Bem longe, a sul-sudeste, avistamos Karaú-tepö, a *serra Grande,* a serra mais alta do alto *rio* Branco, e, a leste, sobressai Kanokú-tepö, a *serra Cuánocuáno* dos mapas, as numerosas serras do Tacutu. Do nordeste nos saúda, finalmente, um velho conhecido não muito distante, o cume de *Frechal.* Às 8 horas atravessamos o *igarapé Grande,* que corre pela direita para o Uraricoera, e, meia hora depois, descansamos no *igarapé de Canivete.* Os índios não bebem da água desse riacho, porque, há algum tempo, um Makuschí morreu aqui de maneira misteriosa. Ia de São Marcos para sua terra. Vaqueiros o encontraram morto na rede. Seu cão estava deitado sob a rede, vivo. "Ele deve ter-se encontrado com um *kanaimé!*", diz Pitá, que me conta o triste acontecimento. A paisagem continua igual, a savana escaldante com árvores retorcidas muito isoladas. Areia fina e amarelada cobre o chão. À direita de nosso caminho corre, bem próximo, o Uraricoera através de uma estreita mata de galeria. Ele forma, aqui, duas ilhas. Às 11 e meia almoçamos junto a uma lagoa, sob uma barraca semidestruída com um curral. É um retiro de São Marcos e tem o nome pouco apropriado de *Vista Alegre.*

Durante nossa marcha deu-se, como vim a saber agora, um pequeno *intermezzo,* que comprova o fato de que os homens são iguais no mundo todo. A jovem mulher de meu Majonggóng, que carrega com ele o equipamento do cinematógrafo, ficou com ciúme da cozinheira Wapischána, porque esta sempre servia *chibé* ao seu marido nos locais de descanso. Fez uma cena para a cozinheira, que, é verdade, está na "idade perigosa", mas é uma pessoa muito inofensiva, e agora o casal Majonggóng anda o tempo todo bem atrás dos outros, chegando sempre tarde ao acampamento, o que leva o amigo Pitá a fazer todo tipo de piada de mau gosto.

Às 2 horas seguimos andando e, logo a seguir, encontramos Neves a cavalo com dois *vaqueiros* a caminho de Xiriri. Eu me informo imediatamente a respeito das novidades e tenho uma pequena decepção. Chegaram somente duas caixas com as mercadorias encomendadas, mas infelizmente nenhuma carta. O rio está muito seco. As *lanchas* não navegam. O "outro doutor" de quem os índios me falaram era... Schmidt.

Pouco antes das 4 horas chegamos a São Marcos numa longa e fechada fila e causamos grande sensação, junto a todo o povo, com nossos 30 a 35 carregadores e carregadoras, um grupo de pessoas de seis diferentes tribos, todos misturados, seminus e nus. Somos cumprimentados amavelmente pelas damas da casa, *dona* Teta e uma tia, mulata do Ceará, que gosta de fumar seu cachimbinho. Mais tarde, também aparece o dono da casa.

As cargas são abrigadas na capela, onde, infelizmente, ainda estão todas as peças de minha bagagem. Com certeza, agora terão de ficar aqui até a próxima cheia, em abril-maio de 1912. Somente uma caixinha com chapas prontas foi levada para Manaus em agosto, pouco após nossa partida, pelo sargento de São Joaquim; isso, aliás, era o que tinha mais urgência. Se receberei cartas mais uma vez, é muito incerto, já que, às vezes, a correspondência fica vários meses em Boa Vista. O rio baixou muito. Em toda parte aparecem grandes bancos de areia. Não admira que, agora, tudo aqui esteja pregado com tábuas. Numerosos escorpiões se estabeleceram sob a bagagem na capela. Em meu saco de roupas, que foi comido na abertura, encontro um ninho de camundongos com vários filhotes pelados. Uma camisa civilizada ficou estragada. Fora isso, nada mais aconteceu.

Alguns dos carregadores "mais leves" são pagos imediatamente.

No fim da tarde, chega o *companheiro* de Neves, Antônio Gomes de Oliveira, o pernambucano. Ele tem uma pequena propriedade aqui perto, no Tacutu. Neves tem com ele uma "companhia de negócios com bois". Dentro de pouco tempo, Antônio irá a Manaus de barco a remo e me promete que levará duas caixas com chapas e filmes, que não resistiriam se ficassem guardados por muito tempo.

Durmo novamente em meu velho quarto, na companhia de duas galinhas chocas que *dona* Teta pôs aqui, um *periquito,* lagartos, ratos e camundongos e numerosos morcegos — sem contar as cobras, que se arrastam pelo teto de palha. A primeira noite já é um pouco intranquila. Alguns carneiros entram em meu dormitório, derrubam a lanterna e tentam roubar farinha de mandioca, empilhada aqui em vários cestos grandes. Mal acabei de expulsar os desmancha-prazeres atrevidos e adormeci novamente, quando uma coisa fria cai do teto em cima de mim e escorrega para dentro de minha manga. Uma cobra! Pulo fora da rede de dormir. Mas é apenas um inofensivo lagarto.

No dia seguinte, todo o pessoal é pago. Todos ficam mais ou menos satisfeitos, já que avalio minhas mercadorias muito abaixo do que os fazendeiros daqui. Só um Taulipáng do Roraima, meu melhor carregador, que levou as cargas mais pesadas, mas também recebeu um pagamento muito maior do que os outros, vai embora com uma cara furiosa, sem se despedir. Ele queria um saco de sal, que não posso lhe dar. Assim é o índio! Não sabe fazer conta. Deixa-se enganar calmamente por pessoas sem escrúpulos, mas acha impostor aquele que não lhe dá, ou não pode dar, justamente aquilo que ele quer.

Como em todo o Brasil, também na região do *rio* Branco a escravidão por dívidas é um meio frequente de manter o índio trabalhando para o branco. Ao fim do seu tempo de serviço, que dura vários meses, o empregador lhe faz o cálculo de tudo que ele recebeu em mercadorias, e sempre faz a coisa de tal maneira que sobre um saldo a favor do patrão. O pobre-diabo, que não sabe fazer conta, tem de pagar esse saldo com trabalho e em tempo oportuno, adquirindo, enquanto isso, novas mercadorias e se afundando cada vez mais em dívidas, sem a possibilidade de, um dia, vir a se libertar delas. Geralmente, ele só pode mudar de emprego se o novo patrão assumir suas dívidas.

À tarde, meu bom Pitá recebe seu grande pagamento, ou melhor, recompensa por seus fiéis serviços e hospitalidade ilimitada; uma caixa grande cheia de coisas maravilhosas, com três a quatro exemplares de cada coisa: vários rolos de chita e tecido firme para calças, machados, facões, facas de Solingen* da melhor qualidade, de diferentes tamanhos e modelos, vários quilos de miçangas etc., também enfeites para sua mulher e sua filha, brinquedos para as crianças e outras tralhas. Para ele, como presente extra, mandei vir de Manaus um chapeuzinho de palha de janota com uma larga faixa vermelha e um punhal com bainha de couro prensado. Ele mal consegue respirar de tanta excitação, enquanto vou amontoando cada vez mais coisas à sua frente. Sempre lhe pergunto: "Falta alguma coisa? É só dizer! Você vai ganhar tudo que quiser!". Até que ele finalmente diz: "Já basta, doutor!". Está radiante. Não esperava ganhar tanta coisa. Mas também mereceu honestamente. Em nenhum desses três meses e meio de estreita convivência ele me decepcionou, nunca me enganou. Um caráter absolutamente fino e decente! Eu gostaria de poder tratar sempre com pessoas assim!

Pitá ainda passa o outro dia aqui. Ele negocia em grande escala com Neves, vai até São Joaquim, compra sal e outras mercadorias, correndo ocupado para lá e para cá. Na manhã seguinte, volta para Koimélemong com o pequeno chefe "Teodoro" e o restante do meu pessoal. Eu os acompanho um trecho. A despedida é difícil para todos nós.

Schmidt cortou meus cabelos, que tinham um palmo de comprimento. Pitá levou um tufo dos "bonitos cabelos macios" — sem dúvida, são mais macios do que as, geralmente, duras madeixas dos índios — como lembrança; o mesmo fez sua irmã, a velha Maria, que é empregada aqui.

Por volta do meio-dia chega Jakob Bamberg, de Aparecida, para uma breve visita. Eu soube, nesse meio tempo, coisas pouco agradáveis sobre esse meu "compatriota". No tempo em que Schmidt coletava animais no Uraricoera para o jardim zoológico de Manaus, Bamberg, a princípio, recebeu-o amigavelmente, então o enganou. Preocupado, penso em minha bagagem, que enviei à nossa frente a Aparecida. O reencontro dos dois é divertido. Mas eles se comportam de maneira muito correta à mesa.

Os dias seguintes são de trabalho cansativo. Schmidt empacota. Eu escrevo cartas e relatórios até meus dedos começarem a doer ou — como descanso — faço estudos linguísticos com José-Mayuluaípu. É uma língua muito interessante. Muitos substantivos se modificam consideravelmente tão logo se unem a prefixos pronominais ou, então, surgem, em seu lugar, palavras totalmente distintas.

Também anoto uma lista do Arekuná do Caroni com um jovem índio dessa tribo. É parente muito próximo do Makuschí e do Taulipáng. Característico dessa língua é o fato de ela apresentar, frequentemente, ditongos "ai" e "oi" onde as outras línguas têm vogais simples "a" e "o". Esses ditongos são, frequentemente, acrescidos de uma leve finalização em "d"; por exemplo, fogo: Makuschí: apó, Taulipáng: apóg, Arekuná: apoí(d); chuva: Makuschí: konó, Taulipáng: konóg, Arekuná: konoí(d).

---

* Cidade alemã famosa por seus produtos de cutelaria. (N. T.)

Para a continuação da viagem ao oeste reduz-se a bagagem ao máximo. Tudo que é dispensável vai para Manaus e fica lá até meu regresso. Além dos mapas necessários, levo apenas uns poucos livros, principalmente a ótima obra de C. H. de Goeje *Études linguistiques Caraïbes* e, para as horas de ócio, *Fausto, Ut mine Stromtid** e o divertido livro de Lhotzky *Die Seele deines Kindes (A alma do teu filho)*.

Ao empacotar, perco um cristal pequeno, claro como água. Comprei a bela pedrinha de um índio no Roraima e queria mandá-la para casa. Talvez tenha sido varrida porta afora pelo forte vento leste diário, talvez um aficionado a tenha encontrado. Peço aos índios que procurem ao redor da casa toda, estipulo prêmios como recompensa para quem a encontrar — em vão. Esses cristais fazem parte dos instrumentos mais importantes dos xamãs. Neles estão os *mauarí*, os demônios das montanhas, que auxiliam os xamãs nas curas. Estes nunca se separam dessas pedras e, de vez em quando, à noite, sopram fumaça de tabaco nelas, invocando espíritos. "Talvez a pedrinha tenha voltado sozinha para as montanhas!", diz a velha Maria.

Depois do último tiroteio perto de Pedra Grande, interrompeu-se temporariamente a política ativa, mas os numerosos hóspedes, que, também agora, vão e vêm, continuam fazendo política em conversas.

Em 7 de novembro chega Moura, um colono do Uraricoera, um pobre-diabo, mas sujeito decente. É um amigo de Neves e tem certa importância nas atuais desordens. Ele me comunica que mandou levar minha bagagem de Aparecida para sua casa, um dia de viagem rio acima, o que muito me tranquiliza. Moura está acompanhado do Makuschí Rodolfo, de Santa Rosa, perto da ilha Maracá. Ele é irmão do chefe Inácio e conheço-o bem da lancha Macuchy. Ele me promete que virá nos buscar aqui, sem demora, num *igarité*, um barco a remo maior, do fazendeiro Manuel Galvão, de Pedra Grande, e nos levará o mais longe possível rio acima; pois, de outro modo, não prosseguiremos viagem, já que o barco de Neves não serve para mais nada.

Certo dia, o Majonggóng me confessa, enrubescendo, que sua jovem mulher está com um "filho na barriga" e que quer voltar daqui para a casa de sua mãe. Eu o desaconselho a fazer isso. Ela pode ir conosco como cozinheira e costureira, não fará trabalho pesado e, quando o pequeno vier ao mundo na terra dos Majonggóng, daremos uma grande festa em sua honra e seremos todos seus padrinhos. Isso convence o futuro pai.

Além do casal Majonggóng, irão conosco para o oeste meu professor de línguas, José-Mayuluaípu, e um jovem Arekuná de nome Möseuaípu, geralmente chamado por seu apelido Akúli,[1] por causa de sua pequena estatura e sua natureza ágil, ou, também, João, apesar de não saber uma única palavra de português. Apesar da pouca idade, ele é um xamã solicitado e, o que é incomparavelmente mais importante para mim, excelente caçador. Já esteve comigo no Roraima. Além deles, irão conosco um jovem Wapischána, Romeu, e um garoto Makuschí, que batizei de Mário, dois amigos do Majonggóng.

---

* Novela escrita em dialeto por Fritz Reuter (1810-1874). (N. T.)
[1] Um pequeno e ágil roedor: *Dasyprocta aguti*.

Em 11 de novembro, Pirokaí e o Manduca Wapischána me deixam. A princípio, também queriam me acompanhar parte do caminho, mas mudaram de ideia.

Pobre Pirokaí! Se você tivesse ido comigo, talvez ainda estivesse vivo! O verão nas savanas foi terrível, excepcionalmente seco e muito prolongado, mortal para pessoas, animais e plantas. De setembro de 1911 a junho de 1912 quase não choveu. As savanas foram destruídas pelo fogo, o solo ficou com sulcos largos e profundos. O gado morreu em grande quantidade. Além disso, houve extensas queimadas. Serras inteiras foram descalvadas pelo fogo. Durante semanas a atmosfera encheu-se de fumaça, como uma névoa espessa. O sol nascia e morria vermelho como sangue, sombrio. De dia reinava constante crepúsculo. Os meses de fevereiro a junho foram marcados por grande fome. As plantações incendiaram-se ou não produziam frutos e, entre os índios, que, na falta de sua alimentação costumeira à base de mandioca, tinham de recorrer a cocos, ervas e raízes, apareceram doenças, causando grande número de mortes. Muitos de meus amigos morreram, Pirokaí também.

Nossa *farinha* está acabando. Por isso, envio o Majonggóng e Mário até o outro lado do rio, para comprarem alguns cestos de farinha dos Makuschí e Wapischána que vivem lá. Regressam somente à noite, sem ter conseguido nada. Contam que aquela gente estava *brava*. Que tinham *farinha,* mas não queriam vendê-la, já que se destina a outro branco. Um velho disse que queria vir aqui e "me pedir permissão para matar José". É um assunto antigo dos dois. José viveu durante algum tempo com a filha do velho e depois a abandonou. Agora a vingança do sogro o persegue.

Por fim, compro seis cestos de farinha de mandioca (a 15 *mil-réis* = cerca de 20 marcos) de um jovem mestiço, colono do Uraricoera, que está passando por São Marcos a caminho de Boa Vista. Rio acima conseguiremos um pouco mais. Assim já vamos nos arranjar.

Neves, como sempre, é um anfitrião atenciosíssimo. A comida de *dona* Teta também não perdeu nada de sua excelência. Talvez ele não fique por muito mais tempo em São Marcos. Provavelmente dentro em pouco as *fazendas nacionais* serão arrendadas a um empresário. Neves tem a perspectiva de se tornar *diretor dos índios,* cargo instituído pelo sistema humanitário que o governo federal criou em todo o Brasil, certamente com bastante atraso, estimulado pelo chefe do Serviço de Proteção aos Índios, o coronel Cândido Mariano Rondon. Neves quer, então, morar na foz do Surumu, após expulsar de lá Ildefonso, homem de pouco valor. Diz que o salário anual do cargo é de 8.000 *mil-réis* mais 2.000 *mil-réis* para despesas de representação (cerca de 13.000 marcos).

Entre todos os colonos daqui, Neves seria o mais indicado para tal posto, já que é um amigo sincero dos índios e os protegeria dos abusos dos "brancos" e de serem levados para os seringais assassinos.

Em 16 de novembro, como havia prometido, Rodolfo chega pontualmente com seu irmão Inácio e dois outros índios num barco bem espaçoso, para nos buscar. Mas, certamente, levará ainda alguns dias até podermos partir, já que, primeiro, o pessoal tem de fabricar uma *tolda* para o barco e ainda há várias coisas a fazer.

Esses postos avançados mais ocidentais dos Makuschí são chamados de Eliáng pelos Taulipáng. Sua língua apresenta diferenças dialetais em relação ao Makuschí verdadeiro.

Palavras isoladas são totalmente diferentes; por exemplo, não: Makuschí: *apela,* Taulipáng: *aké,* Eliáng: *kané.*

À tarde, um índio traz uma notícia que deixa toda São Marcos em polvorosa. O português Luís Gomes Freire de Quadros, dono da *Fazenda Tipucu,* no Tacutu, e famoso por sua violência, chicoteou meu velho amigo Julião, tio de Pitá e Ildefonso, e o enviou fortemente acorrentado a São Joaquim, onde ele está preso. Esse Quadros é o pior dos piores na região do *rio* Branco. É um inimigo mortal de Neves; há alguns anos, sem nenhum motivo especial, meteu uma bala de revólver na perna deste. É, sob todos os aspectos, um homem perverso, um terror para a população indígena. Incendiou numerosas *malocas* por motivos mesquinhos e induziu muitos índios a emigrar para a Guiana Inglesa. Mas ele é capitão da milícia brasileira e goza da proteção do governo! Julião é um velho inofensivo de mais de 80 anos. Esteve aqui há alguns dias e foi, então, a Tipucu buscar a filha de sua sobrinha, Maria, que trabalha lá. Quadros também bateu na moça. Raspou o cabelo dela e, com esse penteado vergonhoso, enviou-a para seu tio Ildefonso. Mandou seu capataz, um português tão degenerado quanto ele, levar Julião até São Joaquim. O velho, chorando alto, percorreu o longo caminho com as mãos fortemente amarradas na sela, andando ao lado do cavalo, que trotava.

É claro que Quadros fez tudo isso para irritar Neves. Neves cavalga furioso até o "forte" e volta à noite, agitadíssimo. Viu o preso. O pobre velho está com as costas cheias de vergões ensanguentados. O novo comandante, que está aqui faz pouco tempo, também não presta. Era tenente da cavalaria no Rio e, pelo visto, por causa de travessuras levianas, algumas das quais ele nos contou, foi mandado por algum tempo para o exílio. Agora, ao que parece, ele quer ganhar o máximo de dinheiro possível em pouquíssimo tempo. Foi assim que, nomeado protetor dos índios, tornou-se amigo de um tipo como Quadros. Deu apenas um sorriso a respeito de todo esse triste caso e disse que agora tinha um índio que poderia pescar para ele. Neves, então, lhe disse umas verdades.

Pobre povo sem direitos! Pobre país onde coisas como essas acontecem, e até muito piores, sem que as autoridades se oponham a elas, ainda por cima protegendo os malfeitores!

José-Mayuluaípu me contou lendas de sua tribo. Conhece muitas delas. Diz que seu pai, que Neves chama de *papagaio* por ser muito falador, conhece muitas mais. Ele me conta dos feitos do pérfido herói da tribo, Makunaíma; do grande dilúvio; do grande incêndio que destruiu toda vida humana; de um homem que teve, aqui na terra, uma das pernas decepada por sua mulher adúltera; então ele foi para o céu e ainda hoje pode ser visto nas Plêiades, no grupo Aldebarã e numa parte de Órion. As mulheres se saem mal nessas lendas indígenas. Há muito tempo, existia uma mãe malvada, que jogou seus cinco filhos num buraco e fugiu com seu amante; além dessa, havia uma sogra má e muito indecente em relação a seu genro. Todas são castigadas. Ele também me conta histórias engraçadas, fábulas de animais: da tartaruga inteligente, da anta burra, da onça burra, do abutre burro, do veado burro. E ainda muitas outras. É um material interessante e valioso que, como já posso reconhecer, tem muitos paralelos com as lendas de outras tribos, não só na própria América do Sul, mas também na parte norte desse grande continente.

Certa noite, o velho Inácio se junta a nós. Também quer contar histórias: "Nuá mandou construir um barco grande e avisou todos os animais, onça, veado, anta, *capivara* e outros, todos os animais da terra. Ele avisou também todas as pessoas: 'Tudo vai afundar na água!'. Mas as pessoas disseram: 'É mentira!'. Nuá fez um barco grande e mandou todos os animais entrarem nele, também plantou lá dentro todas as frutas, especialmente bananas, milho, mandioca, *caju* e outras. Ainda hoje, pode-se ver o barco do outro lado do Roroíma, uma rocha grande com um grande bananal junto dela. Nuá disse para as pessoas: 'Vocês vão ser transformados em delfins e peixes e cobras d'água e tartarugas!'. As pessoas, Majonggóng, Makuschí, Taulipáng, Wapischána, Sapará, Wayumará, Máku e outras, acreditaram em Nuá. Todos os outros viraram bichos que vivem n'água. Então veio muita água do Roroíma e alagou tudo. As pessoas que Nuá tinha avisado disseram: 'Não vamos fazer barcos, vamos subir nas árvores!'. Elas foram transformadas em formigas, *tocandiras,* talvez também em borboletas. *Agutipuru* (esquilo) subiu numa *inajá* alta, e é por isso que até hoje ele gosta tanto dos frutos dessa palmeira. Outras pessoas subiram em árvores e viraram todo tipo de macaco, bugios, *macacos de cheiro* e outros. Por isso é que, até hoje, os macacos se parecem com os homens. Outros foram transformados em pássaros. O *tamanduá,* que naquela época ainda era gente, disse: 'No que é que eu vou me transformar agora? *Cutia, paca,* anta, todos esses bichos são comidos. Isso eu não quero ser. Vou virar *tamanduá,* esse as pessoas não comem!'. Um outro fez a mesma coisa e virou onça; um outro, raposa; bichos que não se comem; esses eram os espertos! Todos os pássaros foram para o céu, *mutum, urubu, passarão, garça* e outros. Dizem que o céu tem um buraco, o portão para esses bichos. Tudo ficou alagado e veio a noite; por muito tempo o sol não brilhou. Então Nuá disse (ou será que foi Jesu Cristo?): 'Quando for de manhã vocês devem cantar!'. Ele disse isso para os papagaios, *araras, cutias,* antas, para todos os bichos, para bugios, *mutuns* e outros. Um dia, *agutipuru* estava comendo frutos de *inajá* e passou os caroços sobre seu membro. Aí, alguns pelos ficaram presos neles. Por isso é que, até hoje, o caroço tem fios. *Agutipuru* jogou um fruto de *inajá* na água, para ver se ela estava baixando. A fruta fez 'ting'; sinal de que ainda tinha muita água. *Agutipuru* fazia isso toda noite, por muito tempo. Um dia, a fruta fez 'pong'. Então *agutipuru* percebeu que a água estava baixando. Aí, a água baixou tanto, que a fruta da *inajá* fez 'pau' quando ele jogou outra na água. Então *agutipuru* percebeu que a fruta tinha caído em chão seco. Então o bugio cantou primeiro, depois o galo, o *mutum* e todos os pássaros que cantam de manhã, de *madrugada.* O dia clareou; o sol apareceu de novo. Então Nuá mandou o *urubu,* que naquela época ainda era uma pomba, ver se a terra estava seca. O pássaro ficou bastante tempo fora e comeu muitos bichos, especialmente peixes que estavam estragados. Ele ficou sujo, preto de lama, e fedia, e virou *urubu.* Então Nuá mandou uma pomba pequena atrás dele, para ver o que ele estava fazendo, já que ele demorava tanto. Ela não fez como o *urubu,* mas voltou e contou para Nuá. Então Nuá disse para o *urubu:* 'Você está sujo demais! Não quero mais você! Agora você pode viver sempre assim!'. Então ele ficou sendo um abutre. A pombinha disse: 'A terra está seca'. Então Nuá veio lá do céu com sua canoa. Antes disso, ele ainda mandou o *gavião,* o *coro--coró,*[2] a *garça,* todos os pássaros que ainda hoje gostam de andar na lama e comem carne estragada e peixes. Todos ficaram e não voltaram mais. Então ele mandou o veado e disse para ele:

---

[2] *Ibis.*

'Cuidado! Lá tem muita formiga! Deixe, primeiro, elas irem embora!'. Mas o veado era teimoso e disse: 'Isso não faz mal nenhum!'. Naquela época, ele ainda tinha carne na parte de baixo das coxas. Então as formigas comeram a carne dele, e até hoje ele corre com pernas finas. As formigas também comeram a carne da perna do veado-mateiro. Nuá disse que era para ele se apressar; por isso é que o veado corre até hoje. Nuá disse para os bichos: 'Deixem que fique mais seco; deixem as formigas ir embora primeiro!'. Mas os bichos, veados, antas, não esperaram e, por isso, as formigas comeram a carne das pernas deles. Então Nuá — ou Jesu Cristo? — disse para os veados, antas e todos os outros animais de caça: 'Quando vocês encontrarem pessoas, não fujam delas, mas falem com elas! Não tenham medo!'. Então o macaco disse: 'Não acreditem nele, fujam dos homens!'. Os animais seguiram o conselho do macaco e, por isso, até hoje são mortos pelos homens. Senão, seriam amigos até hoje".

Esta é a lenda do dilúvio, tal como o chefe Inácio a contou para mim. Que bela companhia Noé e Jesus Cristo arranjaram! Se deixarmos a arca e as duas pombas de lado e substituirmos o "Nuá-Jesu Cristo" pelo herói da tribo, Makunaíma, que, segundo a verdadeira lenda dos Makuschí e dos Taulipáng, foi quem causou o dilúvio, então teremos o verdadeiro mito indígena. Os fragmentos bíblicos, provavelmente, já têm a idade de algumas gerações, oriundos da época da missão carmelita junto às tribos do Uraricoera.

Certo dia, no lugar onde tomamos banho diariamente, José é picado por uma raia nos dedos do pé. A dor deve ser terrível. Ele fica deitado na rede, com o rosto desfigurado, gemendo. Os índios queimam ninhos de cupins sob seu pé, para que a fumaça espessa vá sobre a ferida. Uma hora e meia a duas horas depois, a dor já diminuiu e o pé quase não incha mais. Dizem que passar óleo das sementes de *caju*[3] na ferida faz o mesmo efeito. Na manhã seguinte, ele está completamente curado e conta suas histórias bem disposto.

Também não preciso mais me preocupar com minhas coleções, 31 peças de bagagem que, de outra forma, certamente teriam de ficar meses aqui, à mercê de um destino incerto. Antônio de Oliveira, que segue para Manaus em meados de dezembro, leva tudo num barco grande. Os custos com transporte, considerando-se a longa viagem, não são altos demais, 15 *mil-réis* (cerca de 20 marcos) por peça e, o que não se pode apreciar demais neste país, o homem a quem confio meus bens é de inteira confiança. Dessa maneira, minhas muitas cartas também chegarão com segurança a Manaus.

Meu pessoal está de mau humor. Estão entediados. É verdade que os dois rapazes, Romeu e Mário, às vezes vão pescar numa lagoa próxima do Tacutu: toda noite, o pequeno Akúli exercita suas artes médicas durante horas, cantando e uivando na cabana de Maria, junto a um *vaqueiro* doente; mas o Majonggóng está adoentado. Sofre de fortes dores de barriga e não tem comido nada há dias. Provavelmente, isso se deve ao desusado consumo de carne de boi e à falta de movimento. Está na hora de seguirmos viagem.

---

[3] *Anacardium.*

11

Rumo ao Oeste

Em 21 de novembro finalmente terminamos todos os preparativos e partimos pouco após as 10 horas, Uraricoera acima. Neves e sua mulher diligente providenciaram tudo para nós do modo mais amável possível. Além de outros víveres, eles nos deram uma boa quantidade de carne como provisão para os primeiros dias de viagem e, especialmente para nós, europeus, uma panela grande cheia de galinhas e patos assados. A velha Maria nos traz duas pencas de bananas. Estou levando cartas de recomendação para Moura e Galvão.

Na hora da despedida, quando o ambiente começava a ficar triste, o garboso Pe. Bonaventura, num hábito "branco" de viagem, mas sujo da cabeça aos pés, saiu do mato gritando alto: "Esperem! Esperem! Eu também quero dizer adeus!". "O senhor surge de dentro do mato mais parecendo um chefe dos bravos Schirichána!", disse Neves, e todos demos risada. Em seu modo de ser, o Pe. Bonaventura realmente não tem muito de um religioso. Na missão ele representa mais o *labora*, deixando o *ora* aos outros dois, especialmente ao devoto Pe. Thomas. Com seu zelo, seu ânimo incansável e sua energia férrea, ele preenche o melhor possível seu posto como atual superior e organizador da jovem missão. Se as circunstâncias, às vezes, são mais fortes do que ele, a culpa não é sua.

Navegamos rio acima em direção nor-noroeste. O pessoal impele o barco com varas nos trechos rasos. Por causa dos extensos bancos de areia, temos de seguir em zigue-zague, perdendo, assim, muito tempo.

Um pouco acima de São Marcos desemboca, à direita, o *igarapé de Água Fria,* em cuja margem há cinco cabanas habitadas principalmente por índios Wapischána. José improvisa velas primitivas com duas lonas, de modo que agora, com brisa fresca, avançamos rapidamente sem utilizar os remos. Os índios atraem o vento assobiando baixinho, como já observei em minhas viagens anteriores pelo alto *rio* Negro.

O Majonggóng continua doente e está deitado, fraco, sob a *tolda*. A seu lado vai sentada sua fiel mulherzinha, costurando uma camisa. Estirado aos pés dela está Kaikuschí,[1] um cachorro

---

[1] "Onça" na língua dos Makuschí.

grande e preto que Neves me deu de presente. As novas circunstâncias — ele nunca andou de barco — parecem-lhe um pouco estranhas. Para satisfazer suas necessidades íntimas, ele tem de ser carregado para fora do barco e, depois, novamente para dentro. Com ele somos treze passageiros.

Às 5 e meia paramos no porto da *Fazenda Cajual*, pouco abaixo do pequeno afluente direito de mesmo nome. Ela pertence a um brasileiro que, é verdade, trata bem sua gente, mas paga mal, já que ele próprio nada tem. Vários barcos estão no porto; um bom trecho terra adentro vê-se uma cabana. A noite toda um fresco vento leste varre nosso acampamento na estreita mata ribeirinha.

Tarde da noite, quando estamos sentados no barco com José, estudando as estrelas e contando histórias sobre elas, ouvimos, de repente, o choro de um bebê recém-nascido, vindo do acampamento. Levo um grande susto e digo a Schmidt: "Estamos bem arranjados!", pois tenho certeza de que a Sra. Majonggóng enriqueceu nossa arca com um novo passageiro. Mas era apenas um pequeno macaco noturno que gostava de visitar acampamentos humanos.

Na manhã seguinte passamos pela povoação de paraibanos chamada Passarão e prosseguimos em direção norte, um trecho interminável. À direita, terra adentro, ergue-se o cume escalvado da *serra de* Murupu. Aqui e ali surgem rochas de dentro do rio. Uma delas assemelha-se, de longe, a uma onça ou, mais ainda, a um porco se dirigindo para a margem direita. Em tempos remotos uma onça quis atravessar aqui o rio a nado, mas foi transformada em pedra por Makunaíma. Às 9 e meia passamos pelo *igarapé de Xiriri,* em cuja nascente acampamos há algumas semanas. A pequena elevação de mesmo nome não fica muito longe da margem. Duas horas depois abre-se, à direita, a estreita foz do considerável afluente Turuaru. Às 4 horas passamos pela foz principal do Parimé-Maruá e, ao pôr do sol, chegamos a um grande banco de areia na extremidade superior da comprida *ilha de Terçado*.

Não muito longe de nós, sobre uma rocha, está a *lancha* Pensamento com dois *batelões*. Foi ela que transportou os soldados da polícia até Pedra Grande e encalhou aqui em 9 de setembro. O maquinista e o fogareiro vivem em barracas na ilha e estão esperando a cheia. Eles me convidam a ir até lá, mas mando Schmidt e prefiro ficar com meus índios. Hoje Akúli, que também sabe muitas lendas, está com a palavra. Ele me conta por que o sol e a lua agora são inimigos, como foi que a lua ficou com o rosto sujo, e outras histórias. José traduz frase por frase para mim.

Até a desembocadura do Parimé-Maruá, o Uraricoera vem do nor-noroeste. De lá em diante, até seu curso superior, ele mantém essencialmente o sentido oeste-leste. O cenário das margens do baixo Uraricoera é extraordinariamente uniforme. Ambas as margens são baixas e ficam expostas a extensas inundações na época das chuvas. Aqui e acolá estão cobertas por uma estreita faixa de mata; na maior parte, porém, vê-se livremente a savana plana. Nos dois primeiros dias de viagem acima de São Marcos, o rio ainda tem de 450 a 500 m de largura, e em alguns pontos ele chega até mesmo a atingir quase o dobro. Quando surgem as primeiras cachoeiras ele fica mais estreito, 250 m ou menos. Uma série de pequenas ilhas povoa o rio. Geralmente são chamadas segundo os afluentes próximos a elas. Desde que deixamos o Parimé, a fronteira da grande *Fazenda* Victoria Flechal, multiplica-se o número de cabanas em ambas as margens. Elas indicam pequenas fazendas de gado e têm, em parte, nomes imponentes como Santo Antônio, Santa Lúcia, Conceição e Maravilha, mesmo que, frequentemente, consistam apenas numa cabana de palha de palmeira semidestruída.

No outro dia passamos cedo pela foz do pequeno afluente direito Tupikiri, que vem da savana e sempre corre paralelamente ao rio principal. Navegamos rapidamente com forte vento leste. O rio corre em ondas altas, mas que não causam nenhum dano à nossa grande e larga embarcação. Topamos com um barco que luta com dificuldade contra o vento e as ondas. É um branco da foz do Majari com a família, que eu conheci em São Marcos. Querem ir para o Tacutu. "*Feliz viagem!*"

Após o meio-dia aparecem de novo numerosas rochas com forte correnteza. Temos de navegar com cuidado e só avançamos lentamente.

Num banco de areia há um grande número de *passarões* em conferência, cegonhas gigantescas, brancas de cabeça e bico negros e pescoço vermelho-escuro.[2] São muito comuns aqui, mas muito raras no alto *rio* Negro em seus afluentes, onde são chamadas pelo nome indígena de *tuiuiu*. Erguem-se cerimoniosamente, como conselheiros privados num ato solene.

Na manhã seguinte, puxando e empurrando, passamos pela primeira cachoeira inofensiva, *cachoeira de Uami,* e, logo a seguir, pela foz do Majari, que permanece encoberta por uma ilha comprida.

O Majari, ou Amajari, é o maior afluente esquerdo do baixo Uraricoera. Vem do oeste-noroeste, da borda sul do baixo espinhaço que, nos mapas, tem o nome de Pacaraíma, ou Paracaíma, o divisor de águas entre o Amazonas e o Orinoco. Seu curso, que apresenta numerosas cachoeiras, ainda não foi cartografado com exatidão. Provavelmente ele não nasce longe das nascentes do Parauá, o grande afluente esquerdo do Caroni, cujas tribos mantêm contato temporário com os índios do alto Majari. O Majari é considerado o "celeiro" do baixo Uraricoera. Suas margens são férteis e próprias para o cultivo da mandioca. Os índios que vivem lá, relativamente numerosos, fornecem aos criadores de gado do Uraricoera a *farinha* de mandioca, esse alimento indispensável aos lares brasileiros. O baixo curso do Majari é habitado por índios Wapischána, mas a moral e a pureza da raça sofreram muito sob a influência dos "civilizadores". O alto curso é habitado por índios Taulipáng, que, sob todos os aspectos, se mantiveram mais puros.

À 1 hora atracamos em Aparecida, propriedade de Jakob Bamberg. Aparecida, na verdade Santa Rita de Aparecida, com sua casa bonita e limpa e suas boas dependências, dá uma impressão de ordem. Sou recebido amavelmente por *dona* Rosa, uma dama moreno-clara de olhos escuros, imponente, de comportamento fino e seguro. Logo ele também aparece. Schmidt, é claro, ficou no barco. Um copo grande de leite morno tirado da vaca, uma xícara grande de excelente café, conversa sobre isso e aquilo, na despedida felicitações de ambos os lados e o costumeiro "estou sempre a seu dispor" dito irrefletidamente. Ela ainda me dá dez ovos frescos para a viagem. Ele me acompanha até o porto. Ao ver as pernas de Schmidt, que está deitado à sombra da *tolda,* desaparece rapidamente.

Dona Rosa é *professora* dos filhos dos colonos desta região. Mas agora é época de férias. Ela é filha do português Manuel José Campos, um dos colonos brancos mais antigos do rio, o qual, como já contei, há muitos anos arrastou ilegalmente Pitá e outros Makuschí para os seringais do Purus. Hoje ele está mais manso e é estimado por todos. Dizem que sua casa, a *Fazenda*

---

[2] *Mycteria americana.*

Urupirupa, na foz do afluente esquerdo de mesmo nome, é a mais bonita de todo o Uraricoera. Duas horas depois passamos por ela, mas não conseguimos vê-la, já que fica atrás de uma ilha maior. Na mesma direção vê-se um cume, a *serra de Urupirupa*. Ele se ergue próximo à margem direita do Majari, que aqui corre paralelamente ao Uraricoera. Terra mais adentro, alguns outros cumes formam a *serra de Guariba,* na mesma margem do Majari.

Às 5 e meia acampamos sobre rochas, aos pés da *cachoeira do Preto,* a primeira cachoeira maior. Encontram-se aqui estranhas escavações em forma de travessa, lisas, com uma elevação no centro, semelhantes a gigantescas pegadas de gado bovino. Talvez sejam polimentos naturais causados por cascalhos giratórios, talvez também pelo amolar de machados de pedra. "São brincadeiras do Makunaíma!", diz José.

Todo meu pessoal está com dor de barriga causada pela carne charqueada que Neves nos deu. Muito antes do nascer do sol eles já estão na cachoeira, vomitando de maneira forçada. Bebem o máximo que podem de água, então provocam o vômito. De vez em quando, o pequeno Akúli os acompanha, com a garganta apertada, com seu horrível canto mágico. Ele conjura os espíritos das profundezas, especialmente Rató, a temida "mãe-d'água", uma gigantesca cobra d'água que, junto com outros monstros demoníacos, tem sua morada aqui e puxa os barcos para o fundo.

Graças aos conjuros, passamos facilmente pela cachoeira. Inácio separa-se de nós aqui e vai por terra até sua aldeia para avisar sua gente, mandar assar beiju etc. Nós nos reencontraremos em Pedra Grande. Surgem, ininterruptamente, rochas e forte correnteza. A margem esquerda mostra marcas de antigas povoações. O lugar se chama Missão, por causa da antiga missão carmelita que havia aqui. A pequena cachoeira deve seu nome a ela. Uma hora a mais, rio acima, desemboca à direita o *igarapé de Pium,* habitado por índios Wapischána. Algumas cabanas na margem, mulheres índias seminuas, conversa rápida com meu Wapischána Romeu. Logo a seguir passamos pela *cachoeira de Tabáye.* Uma barra de pedra atravessa o rio. Na cheia ela é perigosa, agora é inofensiva. À esquerda, terra adentro, um cume, *serra de Cipó.*

As duas últimas cachoeiras também são habitadas por monstros. Na *cachoeira de Missão* moram muitas *tuengalúng,* filhas de Rató. O senhor da *cachoeira de Tabáye* é Ayúmäpö, o avô de todos os demônios da *cachoeira do Preto.* Sua casa é um alto banco de areia. Os fortes redemoinhos que se formam nas cachoeiras, oferecendo perigo para o barqueiro, são as entradas das moradas desses maus espíritos em forma de cobra. O corpo fica na casa. Eles esticam a cabeça porta afora, com a garganta aberta para agarrar as pessoas e puxá-las para o fundo. Não devoram suas vítimas, mas casam-nas com membros de sua estirpe. É o que contam os xamãs, que sabem tudo.

Com vento bom navegamos agora mais depressa rio acima, já que, por enquanto, não aparecem mais empecilhos. Logo acima da última cachoeira desembocam, à direita, dois afluentezinhos, *igarapé de Tabáye* e *de Muriru,* com cabanas na foz. Logo depois os índios me mostram uma rocha grande e de forma chamativa na margem esquerda, Watoíma-muréyi, "banco do Watoíma", do "pai da arara", um pássaro gigantesco que também é protagonista em suas sagas. Bem à frente, na direção do rio, aparece um cume, a *serra de Santa Rosa,* o símbolo da grande ilha Maracá. Às 11 horas chegamos à casa de Moura, onde a bagagem de reserva está armazenada.

Mourinho, como seus amigos o chamam por causa da pequena estatura, filho de oficial e ex-aspirante a oficial do exército brasileiro, leva aqui a vida de um lavrador pobre. Em inteligência e instrução, ele está muito acima da maioria dos colonos e, por isso, também providencia quase toda a papelada de seu partido. Simpatiza comigo e me ajuda o melhor que pode. Em reconhecimento por ter guardado minha bagagem, dou-lhe algumas mercadorias que estão lhe fazendo falta, machado, facões, sabão e fósforos. Ao examinar a bagagem, verifica-se que Bamberg se esqueceu, em outras palavras, me desfalcou de uma caixa de pólvora (100 latas de 125 g cada). Para ocultar sua vigarice, separou duas caixas de machados americanos (marca Collins) que estavam amarradas juntas, parecendo uma peça só. Conseguiu, assim, enganar Moura, que, infelizmente, sabia apenas o número de peças da bagagem, mas não o conteúdo. É de uma baixeza sem igual roubar de um homem, que provavelmente passará um ano viajando pelo interior desconhecido, aquilo que lhe é mais necessário. Também me é penoso em relação aos brasileiros, já que o sujeito se diz "alemão". Nos próximos dias Moura quer ir até Galvão. Lá deliberaremos acerca do que fazer.

Às 3 horas prosseguimos nossa viagem e, ao pôr do sol, paramos em Bom Jardim, uma casa abandonada com varanda na margem direita.

No escuro chegam dois cavaleiros, o chefe dos Wapischána de Pium e um acompanhante. Veio atrás de mim a cavalo para me convidar a ir até suas cabanas. Infelizmente não posso aceitar, já que não há mais nada a ganhar desses índios contagiados pela cultura. Mostra-me a patente de seu falecido pai, que traz envolta num lenço de bolso. Foi conferida pelo ex-governador do estado do Amazonas, Eduardo Gonçalves Ribeiro, em 19 de agosto de 1895.

Na manhã seguinte o chefe faz mais uma tentativa desesperada de nos levar. Ele diz muito modestamente: "Chamei todo o povo, até do alto Cauamé,[3] e agora você não quer vir! O que é que eu vou fazer agora?". Não posso ajudá-lo, e ele volta decepcionado.

Ficamos inativos na bela manhã e esperamos por Rodolfo e seus companheiros, que, ontem à noite, também foram até sua aldeia — uma ou duas horas daqui. É claro que para beber *caxiri*. Akúli queria ir com eles, já que Inácio lhe dissera que queria casá-lo lá com uma moça bonita, mas eu o proibi.

Dois brancos vêm para uma breve visita. Conheci um deles em julho. Viajei com ele para o Parimé. No almoço há dois *marrecos,* que o Majonggóng acertou, e uma piranha, minha presa de hoje. Hermina cozinhou tudo junto, de modo que agora não sabemos se comemos sopa de pato ou sopa de peixe. Esperamos até as 9 e meia, mas os sujeitos não aparecem. Provavelmente estão curtindo a bebedeira. Com bom vento partimos à vela. Os outros podem nos seguir por terra.

Depois de meia hora paramos numa cabana, atendendo ao convite para o café, feito por um dos visitantes de hoje cedo. Os moradores, cearenses, uma senhora mais velha e grave com algumas filhas bonitas e um menino louro arrumaram-se muito bem e até calçaram meias vermelhas e botinhas de amarrar. Nós, ao contrário, estamos sujos e rasgados como salteadores, Schmidt descalço, eu com sandálias de *miriti* nos pés nus. A conversa gira em torno de nossos planos de

---

[3] O Cauamé, que desemboca no *rio* Branco acima de Boa Vista, aproxima-se bastante do *igarapé de Pium* em seu curso superior.

viagem, especialmente do estudo dos *"índios bravos"*. Eles não conseguem entender direito com que finalidade quero estudá-los. Não têm ideia do rio acima de Maracá, mas têm, é evidente, muito medo. Falam mal dos pobres índios, que eles maltratam e enganam quanto ao salário arduamente obtido. Na verdade eles são, no entanto, na maioria das vezes, piores do que o pior desses índios.

Rodolfo e companheiros se apresentaram novamente. Parecem estar com forte ressaca. Às 11 horas seguimos viagem, um pequeno trecho tranquilo, então reaparecem as rochas e custa muito trabalho seguir em frente. Uma grande rocha nua na margem esquerda é a *Pedra Grande*. Makunaíma perdeu um filho aqui e o enterrou sob essa enorme lápide. Casas em ambas as margens. Os moradores estão parados diante delas, ociosos, e olham como lutamos contra a ruidosa cachoeira e somos sempre puxados de volta. Finalmente conseguimos passá-la. Deslizamos para dentro de uma pequena baía, onde há outros barcos, e estamos na casa de Manuel Galvão, o dono do nosso *igarité*. O lugar se chama Livramento.

Galvão, um branco do Rio Grande do Norte em seus melhores anos, é um homem muito simpático. Vive aqui há 19 anos e goza de grande confiança em todo o rio, também junto aos índios, de quem é um amigo verdadeiro. Sua mulher, uma Wapischána, lhe deu quatro meninos magníficos e uma filhinha, a caçula e preferida do pai.

Hoje, domingo, há muitos convidados aqui. Conversa animada sobre o "caso Bamberg". Todos o consideram capaz de tal desonestidade.

Na manhã seguinte, Inácio e seu pessoal são pagos e voltam para casa. Teremos de ficar alguns dias aqui, já que este é o último ponto onde posso comprar barcos grandes. Também tenho de esperar pela farinha de mandioca, seis cestos, que encomendei a um negro das proximidades.

Nosso anfitrião conta do tiroteio que os colonos travaram em 17 de julho, aqui e na *cachoeira de Tabáye,* com a tropa policial de Boa Vista. Os policiais chegaram de madrugada a cavalo e, ao nascer do sol, atiraram a distância, por muito tempo, na casa de Galvão. Ainda se veem as marcas de bala por toda parte. A porta, em especial, está tão furada como uma peneira. Por sorte ninguém estava na casa. Por fim, os heróis entraram na casa, revistaram tudo, destruíram e roubaram muita coisa, todos os documentos, livros de comércio, objetos de valor, redes de dormir e outros pertences. Que beleza de polícia! À tarde houve um embate entre os colonos chefiados por Gouvêa e Galvão e a polícia, que, após os primeiros tiros, fugiu imediatamente, deixando para trás armas, quepes e outras coisas.

Poucas horas daqui, rio acima, na margem esquerda, mora o *fazendeiro* Bessa, um canalha pior do que Quadros, autor de vários assassinatos. Matou um colono branco traiçoeiramente, a tiros. Auxiliado por capangas, assassinou três índios Purukotó e um Máku. Quando Galvão veio para cá, havia aqui e na ilha Maracá muitos índios das mais diferentes tribos. Bessa os expulsou de suas casas e de suas plantações, porque a terra lhe pertence. Queimou suas casas na época das chuvas. Essa pobre gente fugiu dele para a mata, sem proteção contra a umidade, ficou com febre e muitos, especialmente as crianças, morreram. Por isso é que existem apenas tristes restos das tribos em torno de Maracá. É verdade que Bessa foi acusado, mas foi absolvido graças ao testemunho de alguns bons amigos que ele tem no partido do governo. Os índios são indolentes demais para matá-lo.

Galvão abateu um boi. Mando salgarem um quarto dele e secar ao sol para a viagem.

Moura, que está aqui desde ontem de manhã, escreve, para mim, uma carta bem clara a Bamberg, que eu assino. Ele deve entregar imediatamente a caixa de pólvora que está faltando, caso contrário irei buscá-la pessoalmente!

À noite chega mais meia dúzia de *cavalheiros* do *rio* Branco, entre eles Misael, cunhado de Saldanha, chefe do partido contrário a Bento Brasil. Trazem cartas de Saldanha, que agora vive no exílio no Pará. Intermináveis conversas e correspondências políticas. Trata-se, aparentemente, de uma conspiração contra Bento Brasil, talvez também contra Bittencourt, governador do Amazonas. Não sinto nenhum interesse pelo assunto.

De manhã cedo os senhores partem novamente a cavalo. Mas outros chegam. Aqui há um constante ir e vir, mais ainda do que em São Marcos, já que aqui os colonos moram mais perto uns dos outros. Para todos eles a ilha Maracá é o limite do mundo conhecido. Sobre o restante do curso do rio obtenho deles as informações mais contraditórias. Chamam o braço norte de Santa Rosa, o do sul, de Maracá. Ninguém sabe que o Uraricapará é um grande afluente do lado norte. Num ponto, porém, quase todos concordam: que não alcançaremos nosso distante destino, o Orinoco, que devemos voltar ou seremos vítimas das terríveis cataratas ou das flechas dos índios bravos. Olham-nos com pena, como pessoas que correm de olhos abertos para sua ruína. Só um deles diz: "Aquilo a que os alemães se propõem, eles levam a cabo!".

Galvão tem um arco gigantesco e flechas bem feitas dos Schirichána, que aqui também geralmente são chamados de "Jauaperi"; magníficas peças etnográficas que prometem muito.

À tarde nosso anfitrião cavalga rio abaixo até a casa da viúva onde tomamos café anteontem. Ela tem um pequeno comércio com todas as mercadorias possíveis que manda vir de Manaus e as vende aqui com bom lucro. Galvão compra para mim 2,25 kg de pólvora a 3 *mil-réis* (cerca de 4 marcos); o preço é normal aqui neste sertão, mas enorme comparado a Manaus.

À noite, forte tempestade até por volta das duas da madrugada, depois uma breve chuva fraca, que mal umedece a terra rachada pela seca.

Os colonos aguardam ansiosos pela chamada *boiasu,* a breve época de chuvas, que começa no início de dezembro, às vezes já em fins de novembro, e que, às vezes, dura apenas uma semana, às vezes, um mês inteiro. Ela causa um pequeno aumento do nível do rio, permitindo que os vapores passem pelas cachoeiras de Caracaraí. Após essa breve época de chuvas, às vezes vem um verão sem chuvas de um mês e meio a dois meses ou, também, uma época de transição para o inverno, na qual chove mais ou menos de oito em oito dias. Dizem que o verão este ano está extraordinariamente quente, o rio, extraordinariamente seco.

27 de novembro, José e Akúli vão de manhã cedo a uma povoação indígena no *igarapé de Arraia,* que desemboca em frente a Bom Jardim. Vão buscar uma *montaria* (uma canoa grande com tábuas sobrepostas) que quero comprar. O barco pertence a um Taulipáng, "tio" de José. Ele tem inúmeros tios. Já comprei uma boa *montaria* de Galvão por 200 *mil-réis* (cerca de 260 marcos); um pouco caro, mas adequado aos preços daqui, e temos, de qualquer modo, de seguir viagem o mais depressa possível, uma vez que já perdemos muito tempo.

Nos próximos dias Galvão quer mandar vir um Sapará, um dos poucos sobreviventes dessa tribo, com o qual poderei fazer registros da língua. Sua única *maloca* fica no braço sul de Maracá, a três horas da foz. A princípio eu queria navegar até a maloca, mas agora não há ninguém lá, pois todos estão trabalhando no Mucajaí. Índios Sapará isolados também vivem espalhados entre os Taulipáng, ao norte do Uraricoera.

Aqui, o Mucajaí está bem próximo do Uraricoera. Até lá são apenas dois dias de viagem a cavalo pela savana, diz Galvão, que agora quer explorar borracha nesse rio encravado no meio da mata e desconhecido. Ele não encontrou índios estabelecidos lá.

Livramento fica na alta margem, com vista livre para todos os lados. A lés-sudeste vê-se uma serra baixa, *serra de Tabáye,* onde nascem o afluentezinho de mesmo nome do Uraricoera e o *rio* Cauamé. A *serra de Guariba* do Majari fica a nordeste daqui.

30 de novembro. Meus enviados voltam de Arraia com o Taulipáng Domingo. A *montaria* que trazem não é tão grande quanto a que comprei de Galvão, mas parece ser um bom barco. O "tio" quer 200 *mil-réis* por ela. Ofereço-lhe a metade, e ele também fica satisfeito. Akúli acertou um grande pato negro.

À noitinha atraca um barco; é um branco com índios — homens, mulheres e crianças. É Ciro Dantas, um homem jovem e simpático, alto e esbelto, de tipo nórdico. Descende de uma família muito boa da Paraíba. Seu avô foi governador; seu pai é um alto juiz. Ele saiu pelo mundo para ganhar dinheiro, mas, ao que parece, ainda não foi bem-sucedido. Mora numa barraca, enfurnado na mata do braço Maracá, longe de qualquer contato com o mundo civilizado. "Independência" é como chama seu *retiro*. Um jovem reconfortante, aventureiro, que se interessa muito por minha viagem e gostaria muito de participar dela. Entre seus índios há um Sapará que, segundo dizem, não fala mais nenhuma palavra de sua língua. Ciro Dantas também não sabe me dar nenhuma informação sobre o curso superior do rio.

Recuperei minha caixa de pólvora. Dois homens de Galvão, que tinham assuntos a tratar rio abaixo, trouxeram-na. A carta que Misael providenciou surtiu efeito. Bamberg já havia escrito seu nome na caixa e também já a abrira. Faltam três latas. A cada visitante conta-se imediatamente o "caso Bamberg", assim a coisa logo será conhecida em todo o rio. Meu honrado "compatriota" meteu-se numa bela enrascada! Moura cunhou uma palavra nova, que em pouco tempo já se introduziu entre todos os colonos, *bambergada,* ou seja, "tudo que não presta".

1º de dezembro. No frescor da manhã fazemos uma visita ao irmão mais velho de Galvão, que, a uma hora a sudeste daqui, à borda de uma fértil ilha de mata, dedica-se principalmente à lavoura, ao cultivo de cana, mandioca e milho. Ele me presenteia com um grande machado de pedra amarela lisa, que encontrou na terra quando a preparava para o plantio. Também ganhei de Galvão um velho instrumento de pedra que ele encontrou na savana. É trabalhado na forma de um espesso disco de quartzito pesado e amarelado e talvez servisse para ralar milho. José diz que em sua terra, no alto Majari, também se encontram coisas desse tipo junto com cacos de potes grandes. Supõe-se que provenham dos Parawiyáng, os *Paravilhana* dos antigos relatos portugueses, uma tribo outrora poderosa, hoje desaparecida, do alto *rio* Branco.

Bebemos um cafezinho, uma cuia de caldo de cana, que acaba de ser espremido para ser cozido num caldeirão até virar *rapadura*, e voltamos por volta do meio-dia para Livramento.

À tarde vem o Makuschí Felipe, que tem sua casa na ponta inferior da ilha Maracá. Ele traz melões para vender e concorda em ser meu piloto, primeiro até sua casa. De lá quer me acompanhar com seu companheiro Manduca, um Wayumará, até os bravos Schiricháno. Ele diz que não tem barcos, mas que os Schiricháno, que vivem em grande número no Curaricará (Uraricapará) e são pacíficos, têm boas canoas. Diz que no *igarapé* Tucumá, um afluentezinho do braço norte, há duas cabanas de índios Purukotó. Lá me espera Maipalalí, que encontrei em Koimélemong, um homem muito viajado que conhece o rio até seu curso superior e fala várias línguas.

Assim, está tudo pronto para a continuação da viagem ao interior desconhecido.

Meu plano é, primeiro, seguir a rota de Robert Schomburgk e subir o Uraricoera o mais distante possível para chegar, por terra, ao Merewari, a terra do meu Majonggóng. Queremos passar a época das chuvas com essa tribo. Tentaremos, então, seguindo pelo curso superior do Uraricoera e pela serra Parima, atingir as nascentes do Orinoco e, através deste, o Casiquiare e, assim, o contato com o que é conhecido. Caso isso seja impossível, ainda nos resta penetrar por algum caminho novo até o alto Orinoco. Não voltaremos sob hipótese alguma.

Não pus meus índios a par desse plano. Pensam que, após visitar os Majonggóng, voltarei para cá pelo mesmo caminho. Infelizmente, sou obrigado a essa atitude não de todo honesta, caso contrário ninguém iria comigo.

2 de dezembro. À 1 e meia nos despedimos de Galvão que, durante nossa breve convivência, tornou-se um bom amigo meu. Seu caráter calmo e digno, o modo como trata sua mulher de outra cor e educa seus filhos distinguem-no, com vantagem, da maioria dos colonos e fazem de sua casa um verdadeiro oásis.

Galvão pôs seu grande *igarité* à nossa disposição até o porto de Felipe, de onde o mando de volta. Levamos minhas duas *montarias* a reboque. Muitas rochas, forte correnteza; avançamos vagarosamente. Às 2 horas passamos por Vila Nova, fundada recentemente para competir com Boa Vista. Uma série de casinhas e cabanas na alta margem direita, abandonadas em razão dos acontecimentos políticos, entre elas a escola de *dona* Bamberg. Bem perto desemboca o *igarapé* Grande. Às 4 e meia acampamos sobre rochas na margem direita, pouco abaixo da ilha Maracá, para fazermos algumas observações astronômicas nesse ponto importante.

3 de dezembro. Nas primeiras horas da manhã termino os registros linguísticos do Sapará com um homem mais velho dessa tribo, que eu trouxe de Livramento e que interroguei bastante durante o trajeto de ontem. É um dialeto Karib até agora desconhecido, que determinei nas palavras comparativas mais importantes, muito diferentes do Makuschí e de línguas aparentadas. Pedro Sapará recebe como pagamento por seu difícil esforço mental um pacote de fósforos e um pequeno espelho e volta satisfeito para casa, por terra.

Partimos às 8 horas e passamos logo depois pela casa do mal-afamado Bessa, na margem esquerda. Em frente a ele mora um certo Fausto. Ele e toda sua família e empregados vestiram suas roupas de domingo e se postaram no alto declive. Evidentemente está esperando nossa visita. Não temos mais tempo, meu senhor! Com um *bom dia!* passamos por eles, afetando desprezo, e entramos pelo braço norte chamado Santa Rosa, que, aqui, vem do nor-noroeste e, pouco acima de sua foz, tem cerca de 120 m de largura. O braço sul Maracá, que corre do sudeste, é um pouco mais largo na foz, mas dizem que, mais acima, estreita-se muito e se divide em estreitos canais isolados, obstruídos por rochas. Por isso, os índios não o utilizam em suas viagens de comércio, com certeza também por medo dos bravos Marakaná, que, diz-se, tornam suas margens perigosas.

À nossa frente, a noroeste, surge a alta serra Töpeking. Ao meio-dia chegamos ao porto de Felipe. Uma barraca miserável ao lado de andaimes de construção, próximos à margem, pertence ao Taulipáng José Rocha e a seu cunhado. Felipe mora com o Manduca Wayumará numa cabana no interior da ilha. O Taulipáng Domingo, de Arraia, espera-nos aqui com farinha de mandioca e beiju e, em troca, recebe pólvora e chumbo.

Com Schmidt, faço uma primeira visita a Felipe. Um bom caminho pela mata rala, que cobre a maior parte da extremidade oriental da ilha, e por uma pequena savana até uma cabana espaçosa, fresca e em bom estado, povoada por numerosas galinhas. Vê-se que aqui moram pessoas decentes. Felipe, que veio à nossa frente, oferece-nos um saboroso *caxiri* de milho. Manduca foi caçar. Voltamos logo com duas galinhas.

Um acréscimo desagradável aqui são os inúmeros *piuns,* que apareceram com o início das cachoeiras. Dizem que rio acima é pior ainda.

Schmidt carrega nossas duas *montarias* como teste. Se levarmos também o pequeno barco de Felipe, ainda assim nos falta mais um barco para podermos transportar toda a bagagem, já que não podemos carregar demais as embarcações por causa das muitas cachoeiras difíceis que enfrentaremos mais acima, no braço norte. Aqui não se consegue mais um barco, e os dois Purukotó, Maipalalí e seu irmão, no *igarapé de* Tucumá, são gente pobre que não tem nem barcos, nem qualquer outra coisa. Os últimos de sua tribo, outrora importante, se retiraram de todo contato com os brancos para bem longe no interior. Em compensação, mantêm contato com os bravos Schirichána do Uraricapará e com os Máku e Majonggóng da região do curso superior do rio e, por isso, podem me ser muito úteis. Só Galvão pode ajudar aqui. Por isso, escrevo-lhe pedindo que nos arranje mais um barco, a qualquer preço, já que tenho de alcançar meu objetivo custe o que custar.

Tarde da noite chega Manduca Wayumará com algumas mulheres de sua plantação, carregadas de cana-de-açúcar e mandioca e uma *paca*[4] gorda que ele acertou vindo para cá. Como é costume indígena, sem nos cumprimentar eles seguem mata adentro para sua cabana.

Antigamente havia aqui uma grande aldeia indígena, Santa Rosa, uma ex-missão, sob o chefe Inácio. Ainda se pode reconhecer o local pelo extenso desmatamento que se estende ao longo da margem. O monstro Bessa acabou com ela, de modo que agora é difícil conseguir alguns homens para continuar a viagem.

Dos Wayumará só restaram dois homens, Manduca e seu irmão, que trabalha como *vaqueiro* para Galvão. Com os Purukotó e Sapará ocorre coisa semelhante. Em 1838 Robert Schomburgk encontrou duas aldeias dos Sapará (Zapara) e uma aldeia dos Wayumará (Waiyamara) às margens do Uraricoera. Ele estima toda a tribo Sapará em, no máximo, trezentos indivíduos. Suas moradas principais, naquela época, eram na serra Töpeking. Além disso, indicaram-lhe ainda três aldeias Wayumará no vizinho Mucajaí, das quais, porém, não se pode saber mais nada. Já naquela época os índios dessas tribos aparentavam degeneração. "Tinham um aspecto doentio" e sofriam de hidropisia e

---

[4] Um roedor muito saboroso: *Coelogenys paca.*

de outras enfermidades.⁵ Epidemias, varíola e febre, em segundo lugar certamente também conflitos com as bravas tribos vizinhas aniquilaram essas três tribos, restando hoje poucos indivíduos.

Segundo informações dos daqui, apenas recentemente os Schirichána se mudaram do alto Uraricapará. Contam que recebem os visitantes de maneira muito amigável e servem comida e bebida com generosidade. Que não mantêm nenhum contato com os brancos. Que há pouco tempo alguns deles, sob seu chefe Kuranaí, estiveram aqui para fazer trocas pacificamente. Comercializam, entre outras coisas, piche muito puro e limpo. Os belos arcos e flechas que Galvão me mostrou, ele recebeu de Felipe.

Os Marakaná e Waíka parecem ser sujeitos muito perigosos. Dizem que os Marakaná são inimigos mortais dos Ewakö, que quase os dizimaram completamente. Que os Guinaú, que vivem com os Majonggóng, são gente pacífica e, às vezes, vêm até aqui com eles em suas viagens comerciais.

Durante os últimos dias de viagem tive uma noção da desgraça que a doutrina cristã pode causar em fracas mentes indígenas. O velho chefe Wapischána, Adão do Majari, que encontramos quando estávamos a caminho da missão, voltou e espalhou as piores mentiras entre os índios. Disse que, em breve, o mundo será destruído pelo fogo e toda gente que não for para os padres morrerá. Por isso, muitos índios do Majari, estão se preparando para se mudar para a missão e não cuidam mais de suas plantações, já que isso seria inútil. Os ensinamentos do inferno e do purgatório, que devem exercer um forte impacto no ânimo do índio, devem ter motivado essas fantasias exageradas. Esforcei-me para tranquilizar todos os índios que eu encontrava e expliquei-lhes que tudo não passava de mentiras do Adão. Que eles devem dar uma bela surra nesse velho louco. Que isso é um excelente remédio contra o fim do mundo.

É claro que tais acontecimentos, dos quais os missionários não são diretamente culpados, não servem para tornar a missão mais querida pelos colonos; pois, se os índios vão embora, eles não têm mais trabalhadores, e o despovoamento do Majari, em especial, traria como consequência a falta de farinha de mandioca, esse alimento indispensável.

4 de dezembro. Manduca Wayumará, cujo nome indígena é Urukúba, me faz uma visita com sua família. Calado como Moltke,* com o qual também possui certa semelhança no rosto magro, é um homem calmo e decente, como seu amigo e companheiro de moradia, Felipe. É preciso ser mesmo um patife como Bessa para maltratar gente assim! Passo horas a fio com Urukúba fazendo registros de sua língua sem que ele se canse. Até agora, só se conheciam dezoito palavras do Wayumará, que Robert Schomburgk anotou.⁶ A língua difere bastante do Makuschí e de seus parentes e é muito próxima da família Karib do norte e nordeste da Guiana, Kalínya-Galibí, Trío e outras.

À noite, José Rocha volta de Livramento trazendo uma carta de Galvão. Ele comprou um barco espaçoso para mim, sem dúvida meio caro, 300 *mil-réis* (cerca de 390 marcos). Meu mensageiro se apressou bastante. Eu o enviei hoje de manhã a Livramento com Romeu e Mário. Os outros

---

⁵ Rob. Herm. Schomburgk. *Reisen in Guiana und am Orinoko während der Jahre 1835-1839*. Leipzig, 1841. p.402-3, 410-1, 412-4.

* Helmuth Graf von Moltke (1800-1891), famoso general e político prussiano. (N. T.)

⁶ Martius. *Beiträge zur Ethnographie und Sprachenkunde Amerikas, zumal Brasiliens*. v.II, p.312. Leipzig, 1867.

dois ficaram lá para trazer o barco novo, que ainda precisa ser calafetado. Galvão mandou seu filho mais velho para receber o dinheiro. Junto toda a minha fortuna, dinheiro brasileiro, prata, níquel e 15/2 libras esterlinas. Eu trouxera 20/2 libras esterlinas como "último recurso" para a Venezuela. Já gastara 1/2 libra na *lancha* Macuchy. Assim, restam-me ainda 4/2 libras esterlinas para a longa viagem até meu velho amigo Don Germano Garrido y Otero em São Felipe no alto *rio* Negro, com o qual terei crédito novamente. Mas agora vamos para o verdadeiro território indígena, onde só valem mercadorias para troca e onde uma moeda de ouro tem menos valor do que uma boa faca.

5 de dezembro. Galvão Júnior volta para Livramento com meu dinheiro e uma carta cheia de amabilidades.

Anoto com a mulher de Urukúba, uma Purukotó, uma lista dessa língua. Seu marido e Felipe servem de intérpretes. O Purukotó também é um dialeto Karib muito interessante, um misto de Karib do nor-nordeste e elementos do grupo Makuschí-Taulipáng. O único registro, até agora, era a lista de palavras do "Ipurucoto" que o botânico João Barbosa Rodrigues, falecido há alguns anos, dá em sua obra fantástica *Pacificação dos Chrichanás*,[7] e esse registro, na maioria das palavras, é completamente errado. Muitas palavras são puro Taulipáng! Ou seu informante era um Taulipáng que supostamente falava Purukotó, ou era um Purukotó que já havia esquecido a maior parte de sua língua e, por isso, servia-se predominantemente do Taulipáng, que, nestas regiões, serve como uma espécie de língua comum entre as tribos de línguas diferentes. Já a designação "Ipurucoto" é suspeita, pois é assim que os Purukotó são chamados pelos Taulipáng. As poucas palavras verdadeiramente Purukotó no vocabulário do viajante brasileiro são muito mal ouvidas e, por isso, muito pouco aproveitáveis. Suas listas de palavras também estão repletas de erros de impressão.

Fisicamente, os Purukotó diferem muito das tribos restantes. São figuras altas e esbeltas, de membros extraordinariamente longos, tronco curto e pele escura. Lembram os índios norte-americanos. Quando conheci Maipalalí em Koimélemong, reparei em seu marcante tipo físico.

Contam-se lendas até tarde da noite. Essa gente tem muitas dessas histórias maravilhosas e espirituosas e sente verdadeiro prazer com elas.

No escuro chegam meus dois jovens com o bonito barco novo e uma carta de despedida de Galvão. Ele partiu hoje de manhã para São Marcos e levou minhas últimas cartas.

6 de dezembro. À tarde, Urukúba e Felipe, já equipados para a viagem, aparecem com suas famílias. Trazem um cesto cheio de beiju e *macaxeira* (mandioca doce não venenosa)[8] para vender como provisão.

José Rocha me pede permissão para Akúli curar seu filhinho com febre. Às 8 horas da noite a coisa começa na parte de trás da cabana, fechada com esteiras, no quarto da família. Nós ficamos deitados em nossas redes bem junto dali e, por isso, ouvimos todos os detalhes. Meu José explica sussurrando. Primeiro, o senhor doutor canta com sua voz natural um canto melodioso, que daria um belo motivo para um compositor. Entremeado, ouve-se um sopro, "gsch — gsch —", e o esfregar chocalhante com o feixe de folhas para lá e para cá, bem uniforme. Isso, por si, já deve hipnotizar um doente com febre. Aos poucos, canto e chocalhar dissipam-se. Gargarejando, o xamã toma

---

[7] Rio de Janeiro, 1885, p.247-60.
[8] *Manihot aypi* Pohl.

suco de tabaco, que um outro lhe preparou, então cospe terrivelmente. A seguir, silêncio profundo. Sua sombra foi para o alto e chama um colega entre os *mauarí*, os demônios das montanhas, que assume a cura em seu lugar. De repente, ouve-se uma voz rouca falando e cantando. Rató, a "mãe-d'água", o monstro dos rios, apareceu e assumiu o lugar dele. Então ouve-se novamente uma voz bem alta, feminina, ora perto, ora longe. Uma ventriloquia excelente. Uma voz briga com a outra. Entrementes, conversa agitada entre a mãe-d'água, Rató, e a mulher de Felipe, que está presente na cura. O quarto, cuidadosamente fechado, está totalmente escuro. Os buracos maiores na parede externa foram tapados antes com folhas de palmeira, para que a lua não brilhe lá dentro e clareie toda a magia. Eu também tive de diminuir bastante nosso lampião e cobri-lo com uma coberta. Apesar disso, para alegria geral, logo que chega, o espírito xinga os muitos furos na choça. Ele entremeia com várias piadas, que sempre provocam boas gargalhadas. Todos participam, como num teatro de fantoches. Os ouvintes, meus índios também, conversam com o espírito, fazem-lhe perguntas, às quais ele responde prontamente. É uma espécie de oráculo. Narcotizado pelo tabaco, o xamã sabe tudo, ou seja, o espírito em questão, que entrou em seu corpo, responde por ele. Quando Schmidt se faz ouvir uma vez, o espírito o chama em meio à conjuração por seu apelido aeketóng iwiksalú! Segue-se novo aplauso de júbilo. Agora vem um outro espírito com grunhidos, o "pai do porco-do-mato". A voz do xamã está completamente mudada. Soa como a voz de um homem velho. Há um diálogo entre o pai do doente e o espírito, que também diz seu nome: Yauöleyáli. Entremeado, ouve-se o canto de uma voz grave, interrompido por grunhidos. As mulheres e José acompanham, cantando baixinho a agradável melodia. De repente, soa um alto e selvagem "haí — — haí — — haí — —", seguido de um baixo "gsch — — gsch — —". O xamã sopra o corpo do doente. Ele chacoalha o feixe de folhas e bate compassadamente no chão. Por fim, chega Ayúg, o espírito de uma planta mágica, um dos remédios mais fortes. Ele conversa com os outros espíritos. A "mãe-d'água" foge dele, como Ayúg conta triunfantemente com sua voz clara e alegre entre várias piadas, de que os ouvintes riem alto. Durante toda a ação, que durou boas duas horas, o xamã bebia suco de tabaco de tempos em tempos, gargarejando alto, para se fazer mais e mais poderoso na magia.

Tenho a impressão de que os ouvintes, apesar de suas risadas, acreditam na essência da magia. É por isso que têm grande respeito pelos xamãs, já que são pessoas com forças misteriosas e poderiam fazer mal às pessoas comuns.

7 de dezembro. De manhã cedo cai uma chuva torrencial que dura até as 8 horas. Às 11 e meia partimos em direção noroeste, cinco barcos, minhas três *montarias* e uma embarcação menor, na qual Felipe e Urukúba voltarão. Além disso, José Rocha nos acompanhará numa canoa até a foz do *igarapé* Tucumá. Seu cunhado grita para nós: "Mandem minhas lembranças para o chefe Kuranaí!".

O braço do rio tem aqui uma largura de 96 m e, na grande estiagem atual, uma profundidade média de 2,50 m. Logo passamos pelo *igarapé de Cayacayá,* um afluentezinho esquerdo. Em 1773 os espanhóis fundaram em sua foz a missão San Juan Bautista de Cayacayá,[9] que, logo depois, foi destruída pelos portugueses. Na *cachoeira de Jabuti,* a primeira queda d'água grande por que passamos às 2 horas, vive numa cabana miserável o último representante do mundo civilizado, um

---

[9] Fundada pelo governador espanhol Don Manuel Centurion.

negro velho chamado José Vitório. A *serra de Jabuti,* um cume baixo, ergue-se mais adiante, rio acima, próximo à margem esquerda. Mal acampamos ao pôr do sol na grande rocha da *cachoeira de Cedro,* cai uma forte tempestade vinda do leste. Por várias horas a chuva cai a cântaros sobre nós. Encontramos proteção insuficiente sob algumas folhas de palmeira inclinadas.

A pobre e pequena Hermina! O dia todo ela remou meu barco sob o sol escaldante e agora está agachada ao meu lado em sua sainha encharcada e fina, tremendo de frio. Pobre mulherzinha! Sua barriga está crescendo de maneira preocupante. Tomara que ela não nos pregue uma peça e dê à luz a caminho das aldeias de seu marido. Talvez, então, ele tenha de "ficar de resguardo masculino" por um certo tempo, como é costume nessas tribos. Estamos com pressa. Dizem que o rio é despovoado até seu curso superior, e nossa *farinha* é pouca. Apesar de seu estado, nossa acompanhante é viva e bem disposta, sempre alegre e solícita. Certas mulheres civilizadas poderiam tomá-la como exemplo.

8 de dezembro. Partimos pouco antes das 7 horas. A princípio, seguimos depressa por água calma e rasa, empurrando o barco com varas. Então vêm novamente as rochas. Na margem esquerda os índios me mostram o local de uma antiga plantação dos Sapará. Pode-se reconhecê-la claramente na vegetação que se diferencia da mata alta em redor, especialmente no surgimento maciço de *ambaúvas*[10] com seus troncos claros e folhas esbranquiçadas, características de tais desmatamentos. A *maloca* ficava à parte, no curso superior do *igarapé de Inajá,* um pequeno afluente, e diz-se que "Samburukú", de quem os índios daqui também sabem contar muita coisa, passou algum tempo lá.[11] Quando todos os Sapará morreram, os Taulipáng tomaram seu lugar e construíram uma *maloca* perto da margem, que também desapareceu há muito tempo.

Um trecho mais longo para noroeste nos permite ver novamente a serra Töpeking,[12] agora bem próxima. Parcialmente coberta de mata, ela se estende de oeste a leste, um pouco terra adentro, com certeza uns 1.000 m de altura, igual a um muro gigantesco. Sua forma é semelhante à das mesas da Guiana, de modo que pelo menos sua parte superior deve consistir em arenito.

A serra Töpeking é considerada morada principal dos Pischaukó, aquela tribo lendária de *kanaimé,* assassinos ocultos, inimigos mortais dos Taulipáng e Arekuná, que atribuem à sua magia negra quase todos os casos de morte. As sagas dos Taulipáng falam de lutas sangrentas em tempos antigos, nas quais muitos Pischaukó foram mortos. Diz-se que Pischaukó pacíficos vivem na parte sul e na encosta oriental da serra Töpeking, onde se ergue uma rocha gigantesca em forma de uma casa indígena redonda. Que Pischaukó muito bravos habitam a encosta norte da serra. Que eles têm aldeias grandes com muitas casas e muitas espingardas, já que mantêm contato com os brancos no norte, "com os espanhóis ou os ingleses". Que agora querem afastar todos os Taulipáng, para então tomar posse de sua terra. Dizem que não matam abertamente, mas "fazem *kanaimé*" à noite, vestidos em peles de onças ou de veados. Que falam um dialeto Makuschí. José diz que, certa vez, encontrou dois deles, que haviam fugido de sua terra, como marujos numa *lancha* do

---

[10] *Cecropia* sp.
[11] Provavelmente é a aldeia Sapará Sawai Kawari, onde Robert Schomburgk esteve de 3 a 5 de dezembro de 1838. p.402*ss*.
[12] Na grafia portuguesa, Tupequen.

rio Branco. Dizem que os Pischaukó de Töpeking também são inimigos mortais dos Schirichána do Uraricapará. Que mantêm contato com duas outras subdivisões de sua tribo que vivem na *serra* Uraucaíma no alto Surumu e bem a leste, numa serra alta no Tacutu.

Trata-se, evidentemente, de uma tribo que hoje não existe mais como tal, mas que foi dizimada há muito tempo pelos atuais habitantes destas regiões. Talvez fossem os antigos senhores da terra, cujos fantasmas — pois não deve ser nada além disso — são tão temidos pelos descendentes dos vencedores. Dizem que, quando há muita gente reunida, os Pischaukó não ousam se aproximar. Só assustam quem está sozinho — como fazem todos os fantasmas.

Durante a viagem pelos bancos de areia cobertos de água rasa e por entre as pedras, nosso pessoal acertou com flechas numerosos peixes grandes, *surubim, jandiá* (espécie de bagre). Akúli acertou três *mutuns*. Não falta caça em todo o alto rio. Por isso, não passaremos fome, uma vez que levamos conosco uma caixa cheia das excelentes conservas Maggi.

A viagem fica cada vez mais difícil. O braço está todo bloqueado por rochas e custa muito trabalho passar a *cachoeira de* Tucumá. Acampamos logo acima da foz do afluentezinho de mesmo nome. Em suas margens, não muito acima, vive um irmão mais velho de José Rocha. É a cabana mais ocidental dos Taulipáng, cuja região, a leste, chega até o Cotingo e o Roraima. A última povoação maior dessa tribo, de cinco cabanas, encontra-se no *igarapé de Arraia,* abaixo de Livramento.

O *igarapé* Tucumá vem da serra Töpeking. Ele forma a divisa da savana, que, aqui, se estende como uma península até a margem do braço do rio. Para o oeste estende-se, ininterruptamente, a região de mata cerrada.

Ainda é cedo. Hoje só navegamos por quatro horas. Mando Felipe com o Majonggóng até os Purukotó, que vivem terra adentro, na savana. De repente, ouvem-se remos na água. Vem um barco. É o chefe geral Ildefonso, que o amigo Neves enviou até nós pelo longo caminho trazendo a tão esperada correspondência, um pacote grosso com cartas e revistas. Ildefonso — que os céus lhe perdoem muitos pecados por isso — foi a cavalo até Santa Rosa e de lá veio até aqui de barco. Neves lhe prometeu 25 *mil-réis* por esse serviço. Dou-lhe 3/2 de libra esterlina. Agora só me resta 1/2 libra de capital. O chefe almoça conosco e retorna logo a seguir para casa.

À noite, o Majonggóng volta sozinho. Não encontrou Maipalalí, que deve estar a caminho dos padres. Amanhã cedo seu irmão virá até aqui com Felipe.

Estamos num formigueiro. São *saúvas,* esses carregadores laboriosos,[13] que fazem seu trabalho de destruição principalmente à noite e, com suas fortes mandíbulas, em poucos segundos cortam papel, pano e até mesmo couro grosso em pequenos pedaços redondos.

9 de dezembro. Uma manhã esplêndida. Estamos esperando pelos índios. Eu leio cartas da pátria, com inúmeros *piuns* zumbindo ao meu redor, enquanto Akúli me conta um longo mito de "Yauöleyáli, o pai do porco-do-mato", de instrumentos mágicos de caça que esse xamã recebeu dos animais, perdendo-os, por fim, de novo, para os animais por culpa de cunhados malvados. Por volta das 9 horas Felipe chega com os índios, homens, mulheres e crianças, que se agacham timidamente a uma certa distância de nós. Trazem *caxiri,* cana-de-açúcar e dois sacos

---

[13] *Atta cephalotes,* chamada de *carregador* no Brasil central.

de feijão, que pagamos com fósforos. Mönekaí, o irmão de Maipalalí, um índio totalmente nu, com exceção da tanga, e de pernas longas, concorda em me acompanhar até os Majonggóng e, como pagamento inicial, recebe cinco metros de chita para sua mulher e calça e camisa para si.

Partimos às 11 horas. Passamos novamente por um antigo desmatamento dos Sapará na margem direita e chegamos ao meio-dia à impetuosa catarata de Tupuréng. O rio produz um ruído impressionante sobre rochas gigantescas. Aqui também vive Rató, a mãe-d'água. Descarregamos tudo e, com a corda, puxamos cuidadosamente os barcos vazios. Nossa luta com esse monstro dura quatro horas. Às 4 e meia paramos numa ilha de rocha em meio à torrente de ondas na saída da *cachoeira de* Paparu, que se estende bastante rio acima. Em frente desemboca o Paparu, um riacho considerável que nasce na serra Töpeking. Encontramos muitas pegadas de gente num banco de areia, talvez dos Schirichána; meu pessoal diz que são dos Pischaukó.

10 de dezembro. Hoje de madrugada o rio quase acabou com toda a viagem. Por volta da 1 hora meu hábil xamã Akúli sonhou (como ele conta) que pessoas queriam roubar os barcos. Ele desperta, corre depressa até a praia, para onde havíamos arrastado os barcos, amarrando-os, ainda, em varas fincadas no chão, e vê, para seu horror, que a maré, subindo, havia arrancado as varas e que os barcos dançavam livres nas ondas. Mais um minuto e eles teriam sido levados para a cachoeira e se despedaçado com todo seu conteúdo contra as rochas. Então poderíamos voltar para casa numa balsa! Agora os barcos são puxados para perto do acampamento até uma baía segura, e o resto da noite transcorre tranquilamente.

De manhã Mönekaí me comunica, por meio de Felipe, que os Schirichána moram Uraricapará acima, a cinco dias de viagem daqui, acima da alta catarata Amahuá, e depois de um dia de viagem por terra. Não posso navegar até lá com meus barcos grandes. Isso tomaria tempo demais e, além disso, nossa farinha de mandioca já é pouca. Por isso, mando imediatamente Felipe e Mönekaí no menor e mais veloz dos barcos e com um pouco de provisão seguirem depressa à nossa frente até as aldeias dos Schirichána. Devem levar esses Schirichána com todos os seus pertences móveis e o máximo possível de víveres até a foz do Uraricapará, onde nós os aguardaremos.

Partimos pouco após as 7 horas e passamos bem, sem descarregar, com cordas e varas, pela longa cachoeira.

Meu pessoal está se comportando muitíssimo bem, especialmente José e Akúli, os entusiásticos contadores de lendas. É um prazer observá-los nas cachoeiras. Os índios da savana também se acostumaram depressa a essa vida totalmente diversa e ao trabalho pesado e estranho para eles; só o Majonggóng, ocasionalmente, é exceção. Vez ou outra ele tem seus caprichos e é preciso trazê-lo sempre à rédea curta. Às vezes sua fanfarronice é insuportável.

Agora o braço do rio é muito mais largo do que em Santa Rosa e tem numerosas ilhas. Fazemos uma sesta de três horas junto à foz, de cerca de 90 m de largura, do afluente esquerdo Iueremé, que, nos mapas luso-brasileiros, é chamado de Idumé, e, em Schomburgk, de Yurumé. Seguimos em frente por uma cachoeira plana, mas muito rápida, até a catarata Pelalaitapáng. Serpenteamos com cuidado por entre as rochas e acampamos às 5 e meia num velho local de descanso indígena com uma barraca pequena aos pés do precipício mais alto e mais perigoso, onde o rio se estreita muitíssimo.

Meu grande, mas ainda muito inexperiente Kaikuschí, ou Kaikusá, como os Tauipáng dizem, pulou de novo para fora do barco no meio da cachoeira, como é seu costume, e nadou até a terra, onde agora está ganindo lastimosamente. Mando um barco atrás dele no escuro, mas em vão. Ele se safa. Que durma lá fora, no mato. Tomara que, com sua gritaria, ele não atraia um xará seu.

11 de dezembro. Depois de ganir com mais força, Kaikuschí pula valentemente na cachoeira e nada até nós, desprezando o barco que mandei de novo até ele.

Puxamos os barcos pela margem direita e levamos a carga por terra por uma trilha estreita que abrimos através do mato. Por volta do meio-dia passamos pela pequena "queda do arco", Urapá-melú, e, pouco depois, pela longa Caraúra-melú, "queda branca". Custa um esforço imenso arrastar os barcos muito carregados pelas rochas e por entre elas, que se erguem por toda parte à nossa frente e, muitas vezes, quase não deixam sequer uma passagem estreita. A corrente passa impetuosamente por uma confusão de ilhazinhas e deságua em quedas isoladas. É um milagre que os barcos resistam ao transporte desordenado! Somente ao cair da noite é que terminamos de passar a cachoeira e dormimos num bom local na mata ciliar.

Akúli está doente. Está com uma bochecha inchada e fortes dores no ouvido. Derramo um pouco de querosene em seu ouvido e o tampo com algodão. Isso não deve lhe fazer mal.

12 de dezembro. Mal partimos às 7 horas da manhã e já surge novamente uma cachoeira furiosa. Eneleíma, "grande fantasma", é como os índios a chamam com razão. Nós a passamos com cordas. O rio, aqui, estreita-se muito e lança enormes ondas para cima. Outra hora de viagem nos leva à queda de Monarupá. À esquerda desemboca o riacho maior de mesmo nome. Sobre as vagas agitadas, que batem de todos os lados nos barcos de grande calado, chegamos com muito esforço bem junto ao precipício que ruge. Aqui não conseguiremos passar com nossos pesados barcos. Por isso, voltamos e seguimos por um braço mais ao sul. Este também é terrível! Um mar de rochas! Com enorme esforço e sob uma gritaria selvagem, os barcos são levados, um a um, para cima.

Fazemos a sesta numa pequena ilha de rocha. O Tempero Maggi para Sopas é um bom ingrediente para o caldo de peixe, no qual também nada uma pomba. Vai tudo para o mesmo estômago.

Às 3 horas prosseguimos. Contínua confusão de rochas. Inúmeras ilhotas à esquerda e à direita, inúmeros braços por onde a água irrompe bramindo. O trabalho é indescritivelmente pesado e só conseguimos avançar com muita lentidão. Assim continua até a catarata de Arukaíma, que começa com um alto precipício e termina numa infindável confusão de rochas, ilhotas, ora pequenas quedas, ora corredeiras ruidosas e redemoinhos crepitantes. O rio, aqui, é muito largo e repleto de altas rochas de xisto micáceo, que se elevam, escuras, da espuma branca da ressaca. Um quadro cheio de selvagem romantismo. Com remos e varas abrimos caminho penosamente através da multidão de vagas até uma pequena ilhota rochosa, onde acampamos. Só conseguimos nos fazer entender por meio de gritos. O bramido da catarata engole todo e qualquer som.

13 de dezembro. Ao romper do dia puxamos os barcos vazios através da cachoeira e os arrastamos pelos degraus de rochas, que estão cobertos de plantas aquáticas escorregadias. Tudo vai melhor do que imaginávamos. A carga é levada por terra pela margem esquerda, que aqui sobe ingremamente. Cada pequeno trecho do caminho que deixamos para trás é percorrido de maneira definitiva. De modo algum quero voltar a descer este rio indomável!

Acima **No Uraricoera.** Embaixo **Na cachoeira de Caraúra-melú.** *Rio* **Uraricoera**

SOBRE AS ROCHAS RIBEIRINHAS DE ARUKAÍMA

Ontem à noite Akúli pescou três peixes enormes, dos quais dois pesam, cada um, de 35 a 40 kg. É uma espécie de bagre, chamado de *eläkeyúng,* "pai do mandi",[14] pelos Taulipáng. Mando salgarem a maior parte da carne e defumá-la no moquém, como provisão para os próximos dias. Os peixes são extraordinariamente gordos. Há uma grossa camada amarela nadando sobre a sopa. O Majonggóng não come, supostamente porque esses peixes não existem em sua terra. Um motivo estranho. Provavelmente há por trás disso uma crença relacionada à gravidez.

Estou muito bravo com ele. Hoje de manhã encontrei sua pobre mulherzinha chorando amargamente à beira do fogo. À minha pergunta ela me contou que seu marido bateu em sua perna com um pau. Em princípio, não me intrometo em assuntos de família, e também não o faria neste caso, mas não posso tolerar essa brutalidade contra uma mulher grávida que está a meu serviço como qualquer outro de meu pessoal. Peço explicações a Manduca. Está sentado à minha frente e me olha de lado como um cachorro mau. Ele é muito irascível e, ao mesmo tempo, caprichoso; ora arrulha para sua mulher como um pombo, ora a trata com desdém, como um paxá. É o primeiro caso de maus-tratos para com uma mulher que reparei durante minha longa permanência com os índios.

---

[14] *Pimelodus* sp. Um peixe pequeno de espinhas fortes.

Existe uma forte aversão entre o Majonggóng e Akúli, que navegam juntos um barco. Talvez seja inveja da concorrência, pois ambos são xamãs. José já me pediu para separá-los e trazer Akúli para o nosso barco. Ele também não simpatiza com o Majonggóng por causa de seu caráter arrogante.

Hoje não avançamos nem um quilômetro. Navegamos por quinze minutos através de braços e pequenas corredeiras. Então vêm novamente as cachoeiras, e tudo tem de ser descarregado de novo. Assim o dia passa.

Agora Akúli também está com dor no outro ouvido. Recebe seu tampão de algodão com querosene e, para unção interna, um gole de *Mampe's Bittere Tropfen.**

14 de dezembro. Todos nós estamos com indigestão por causa do peixe gorduroso. Os índios raspam a casca de uma árvore, que eles chamam de *yalaúra-yäg,* espremem-na com água numa cuia e bebem o caldo vermelho-escuro. Depois coçam a garganta com um pauzinho e vomitam na cachoeira. Dizem que isso é bom para o estômago.

Às 7 horas continuamos nossa viagem difícil. O rio é continuamente largo e raso e cheio de rochas e ilhas. Os índios dizem que o nível da água está extraordinariamente baixo. Dizem que em outros anos é melhor. Os precipícios seguem-se quase ininterruptamente. A passagem por cachoeiras planas como Ue-melú já nos toma horas. O pessoal tem de remover pedras grandes para formar uma passagem estreita para os barcos. Passamos bem pela catarata Iwánayapong e dormimos pouco acima dela.

15 de dezembro. Às 7 e meia partimos na esplêndida manhã. Akúli, a quem parece que meu remédio caseiro fez muito bem, acerta um *cujubim* gordo que se fez ouvir muito antes do nascer do sol do outro lado, na margem ciliar. O som chiado com que esse galináceo saboroso saúda as manhãs poderia vir de duas árvores velhas raspando uma na outra.

É notável como alguns habitantes alados da floresta tropical sul-americana pouco lembram, com seus cantos, um pássaro. Quem ouve o *mutum* pela primeira vez poderia pensar que se trata de um perigoso predador grunhindo. O engraçado *jacami* tem todo um repertório de sons que ele emprega de acordo com seu estado de espírito. Ora soa de maneira estridente, como uma trombeta, ora se mostra um hábil ventríloquo, emitindo sons abafados muito estranhos, que se poderia atribuir antes a um quadrúpede do que a um pássaro. O pequeno *socó* muge como um boi, e o grito, que ressoa longe, de um pássaro semelhante ao corvo se parece com o uivo de uma distante sirene de vapor.

Pouco depois da 1 hora passamos pela foz do Enerepá, um afluente esquerdo considerável e, logo a seguir, passamos pela "corredeira do tambor", samburá-melú.

Urukúba mata alguns peixes grandes, *pacu* e *curimatá,* que nadam rapidamente para lá e para cá na água clara e rasa. Um imenso *pirá-andirá* foge com a flecha partida.

Após prosseguirmos por um curto trecho, chegamos à catarata Okiripáng. que consiste de uma série de quedas d'água e termina numa cachoeira longa e repleta de rochas. Durante um bom tempo procuramos por um caminho, então avançamos penosamente pela parte inferior. Acampamos numa pequena ilha de rochas em meio às vagas borbulhantes.

---

* "Gotas Amargas de Mampe". Provavelmente, um xarope para o estômago. (N. T.)

À noite eu gostaria de ler ou de escrever mais um pouco, já que tenho de ficar acordado até as 9 horas por causa das observações com o barômetro e o termômetro, mas milhões de efeméridas de longas asas, borboletas e outros insetos pequenos, atraídos pela luz, não permitem. Assim, fico deitado na rede, inativo, fumando um cigarro atrás do outro e olhando para as estrelas. Os índios ficam agachados ao redor do fogo, comendo peixe frito pela enésima vez hoje. Akúli conta histórias. Ele é incansável nisso, nosso bobo da corte, sempre disposto a brincadeiras tolas. É verdade que, quando está com suas dores de ouvido, fica abatido como uma mosca após a primeira noite de geada e mal responde às perguntas. Fora isso, é um sujeito simpático e competente, um bom camarada.

16 de dezembro. A pequenos intervalos ainda há três cataratas a vencer, que nada devem em impetuosidade umas às outras: Ayá-melú, Komischíng e Kará-melú, o último grande obstáculo antes da desembocadura do Uraricapará. Temos de descarregar tudo várias vezes. Finalmente deslizamos com rapidez por águas tranquilas. Só nos ouvidos é que o bramido continua. Ainda não nos acostumamos ao silêncio. Os barcos estão com mau aspecto. Por toda parte aparecem fendas. Os bancos de remar, que serviram de grifo para arrastar os barcos pelas pedras, em parte foram arrancados. Quase não se consegue tirar a água na velocidade em que entra.

O braço Santa Rosa descreve um grande arco aberto. Até a desembocadura do Paparu nossa direção era noroeste, mudando então para oeste; agora, desde a desembocadura do Monarupá, ela é sudeste.

Dormimos num banco de areia. Às 10 horas começa uma chuva densa. Desamarramos rapidamente as redes de dormir, deitamo-nos na areia morna e nos cobrimos com as capas. A chuva cai crepitando sobre nós. Um dia a capa já foi impermeável, mas o sol quente da savana a secou, e os ratos de Neves fizeram furos nela, através dos quais sopra o vento frio. Além disso, minúsculas formigas, que queimam como fogo, andam pelo corpo todo da gente. Não se pode receber a manhã com mais alegria do que após uma noite como essa.

17 de dezembro. Após um tranquilo percurso de duas horas chegamos, às 9 e meia, à larga desembocadura, de cerca de 70 m, do afluente esquerdo Uraricapará. Estamos num ponto importante da viagem. Até aqui chegaram a comissão portuguesa de fronteira, sob o governador Lobo de Almada, no ano de 1787, e, recentemente, a comissão brasileira de fronteira, sob a direção do tenente-coronel Francisco Xavier Lopes de Araújo, no ano de 1882. O respeito pelas terríveis cataratas do alto Uraricoera e seus índios bravos e as dificuldades com a alimentação os impediram de avançar mais. A última comissão navegou então, com grandes esforços, o Uraricapará até suas cabeceiras na montanha Pia-shoah'y na serra Marutani, uma alta elevação do espinhaço Pacaraima, e verificou sua relação próxima com o Parauá, que nasce no lado norte desse divisor de águas. O Uraricapará tem, principalmente, a direção sudeste e forma numerosas cachoeiras, entre elas a catarata de Amahuá,[15] de 15 m de altura. No século XVIII os espanhóis tinham uma missão em seu curso médio, que também se chamava Santa Rosa.[16]

---

[15] *Relatório da Repartição dos Negócios Estrangeiros.* Rio de Janeiro, 1884, p.185ss. e mapa. W. Sievers. *Bemerkungen zur Karte der Venezolanisch-Brasilianischen Grenze. Zeitschrift für Erdkunde zu Berlin*, 1887.

[16] Fundada no ano de 1770 pelo governador espanhol Don Manuel Centurion e, logo a seguir, destruída pelos portugueses, juntamente com a missão San Juan Bautista de Cayacayá.

Desde a viagem de Robert Schomburgk, em 1838, nenhum branco navegou pelo Uraricoera acima da desembocadura do Uraricapará.

Entramos no Uraricapará, de correnteza tranquila, e subimos um pouco por seu curso. Ambas as margens são baixas e cobertas de mato. Não encontramos um lugar onde pudéssemos passar alguns dias e, por isso, voltamos para o rio principal. Num pequeno banco de areia, do outro lado, içamos uma bandeira primitiva. Uma vara de barco, tendo no alto um lenço de bolso com um motivo colorido ("Chapeuzinho Vermelho e o lobo"), é fincada na areia, inclinada para cima, como sinal para Felipe e Mönekaí.

À esquerda da desembocadura do Uraricapará reconhece-se um antigo desmatamento. O pai de Urukúba morou aqui antigamente. Navegamos ainda por algumas curvas, rio acima, e acampamos pouco abaixo da grande catarata de Urumam'y, na margem direita, num bom local sobre um banco de areia. Vamos esperar aqui pelos Schirichána. Ambas as margens sobem de maneira íngreme, formando uma cadeia de mais de 100 m de altura, através da qual o rio abriu seu caminho com violência. Das três quedas de Urumam'y, só podemos avistar de nosso acampamento a mais inferior e mais baixa delas, uma vez que o rio, estreitando-se muito, forma, pouco atrás, uma curva fechada, mas o bramido trovejante chega até nós.

Durante os últimos dias encontramos muitos vestígios recentes de índios, acampamentos com pequenos abrigos, provavelmente de Majonggóng em viagem. Manduca, que sabe mais do que os mortais comuns, disse que os acampamentos eram de seu irmão, que esteve há pouco em casa de Maipalalí, mas que, infelizmente, já voltou para sua terra. Ele está bravo com Maipalalí, porque este não deteve seu irmão e, supostamente, não lhe disse que ele, o grande xamã, viria com o "dotúru" visitar os Majonggóng em sua terra.

Meus índios encontram agora nos bancos de areia mais altos alguns ninhos com numerosos ovos de camaleão, o grande lagarto. Os ovos, de forma alongada e com a metade do tamanho de um ovo de galinha comum, têm uma casca branca que parece couro e que, quando cozidos, não endurece, assim como a clara. A gema tem um ressaibo picante. Também os ovos mais redondos e de mesmo tamanho do *jabuti*[17] e da *tartaruga*[18] são saborosos e muito gordurosos. A verdadeira época de postura dessas tartarugas é somente em janeiro. Agora se encontram poucos ninhos, principalmente porque os bancos de areia mais baixos, nos quais elas põem seus ovos, ainda estão úmidos demais.

Quanto menor a população humana do rio, mais rica é a vida animal, talvez por esse mesmo motivo. Aqui, onde quase nunca se ouve a detonação da espingarda, os animais ainda não se retiraram para o interior da floresta, para os afluentezinhos de difícil acesso, e sua vida transcorre, em sua maior parte, às margens do próprio rio. Os animais não são nem um pouco medrosos. A desajeitada anta, que vem aqui beber água ou tomar um banho refrescante nas águas verdes, deixa os barcos chegarem bem perto dela antes de alcançar a margem e desaparecer no mato com um assobio assustado. Por toda parte ressoam os gritos do *mutum* e do *cujubim*, que alegram o ouvido do caçador. Sob forte gritaria, densos

---

[17] *Testudo tabulata.*
[18] *Emys amazonica.*

bandos de papagaios e *periquitos* ou *araras* vermelhas ou azuis e vermelhas sobrevoam o rio aos pares, especialmente nas horas mais frescas da manhã ou da tarde, ao passo que no horário quente, das 9 às 3 horas, toda a natureza parece morta. Somente a catarata não silencia, e seu bramido soa bem variado, ora como o rugido de um monstro, ora como o barulho de uma multidão distante, ora como um canto polifônico, ora como a música de muitos instrumentos, sempre rico em variações. Os índios têm razão quando ouvem nisso tudo as vozes de seus demônios. Quando o sol baixa mais, a vida animal também volta a despertar. Os grilos cantam incansavelmente, as pequenas e coloridas rãs coaxam, e diz-se que seu grito anuncia chuva. Bandos de grandes *cuatás* pretos e brancos, as mães carregando seus filhotes nas costas, fazem ginástica na outra margem do estreito braço do rio, pulando de maneira engraçada de galho em galho. Para a refeição da noite, aparece bem junto do nosso acampamento o imponente *mutum da serra* e cai vítima das balas certeiras de meus caçadores. Na espessa folhagem, a pomba arrulha, o *prionites*[19] canta monótona e melancolicamente seu "hutu—hutu". Da alta árvore da margem ressoa estridente o grito trocista do tucano de bico largo. Há uma imensa poesia nesta mata virgem.

18-20 de dezembro. Vida de acampamento. Mando construírem várias barracas e abrigarem a bagagem. O Majonggóng e Akúli acertaram seis *mutuns* e uma anta grande. Aquilo que não se come imediatamente, deixamos defumar no moquém. Manduca não come do assado de anta "para que o filho que vai nascer não fique desajeitado como uma anta". Urukúba pescou novamente alguns *pacus* grandes. Assim, temos carne em abundância. Minha única preocupação continua sendo a farinha de mandioca, da qual o índio sente tanta falta quando viaja. Schmidt e eu vigiamos atentamente nossa pequena provisão, que já diminuiu bastante. Nas refeições principais, cada qual recebe sua porção fixa. Já nos desacostumamos totalmente do refrescante *chibé* durante a viagem. Dizem que só a vinte dias de viagem daqui é que haverá habitantes ribeirinhos outra vez.

O Majonggóng, que agora mostra o seu melhor lado, sobe numa alta palmeira *bacaba*[20] e traz duas pencas de frutos maduros. As cascas roxo-azuladas, levemente esbranquiçadas como a da ameixa, são amassadas e trituradas em água quente. Elas fornecem uma bebida pardo-acinzentada, gorda e nutritiva que lembra o chocolate na aparência e no sabor.

Os dias são sombrios, frescos, feios. Cada nuvem traz uma chuva densa e fina. Tempo típico de abril. Akúli não deixa o ambiente ficar triste. Schmidt, em especial, é o alvo constante de suas brincadeiras. Um bobo amável e alegre. Na maior parte do tempo ficamos todos juntos, agachados junto ao fogo na barraca grande, contando histórias; de Piaimá, o malvado antropófago que, no fim, é enganado e morto por um homem corajoso; de como o *mutum* e o *jacami* brigaram e como foi que o *jacami* ficou com uma mancha cinza nas costas e com a cabeça preta como tição, e como o *mutum* ficou com aquele seu topete de penas encaracolado; e, finalmente, uma história divertidíssima, que nos faz chorar de tanto rir, de como os animais e os homens receberam seus ânus.

---

[19] *Prionites mamata* Ill. Ave de cauda longa, que emite seu grito antes do nascer do sol.
[20] *Oenocarpus bacaba* Mart.

Todos os cantos para dança são mitos em forma poética, transmitidos de pai para filho. Ao começar um novo mito, José sempre diz: "Esta história foi meu pai que me contou, e ele sabe muitas mais ainda!".

O Majonggóng também não quer ficar para trás. Ele conta do Além de sua tribo. Segundo a crença desses índios, que, ao que parece, julgam-se algo absolutamente especial, o mundo é um grande globo com nove divisões, nove céus abaixo e acima da terra, com habitantes diversos, que, em parte, têm formas bem diferentes e costumes estranhos, com espíritos e deuses diferentes, senhores e juízes das almas dos mortos.

21 de dezembro. O tempo melhorou. De manhã bem cedo Urukúba parte com Akúli e Mário para o Uraricapará, para caçar, procurar nozes *patauá*[21] e, além disso, informar-se sobre os nossos dois mensageiros, com os quais o velho está preocupado sem motivo algum. Ele teme que os Schiricháná os tenham matado com suas longas flechas. Há cerca de três anos, assim Akúli me contou ontem, um branco subiu o Caroni e o Parauá e enviou também um mensageiro índio até os Schiricháná, para chamá-los até ele. Provavelmente os Schiricháná pensaram que o branco quisesse levá-los embora e, com suas flechas, o mataram, a ele e a um segundo mensageiro, enviado atrás do primeiro. Quem sabe se alguma coisa, e quanto, dessa história é verdade? A fantasia do índio é grande nessas histórias de assassinatos tal qual ocorre entre nós.

Aula de geografia com o Majonggóng. Novamente ele me dá informações exatas acerca do curso seguinte do rio e desenha dois mapas no caderno de esboços: do alto Uraricoera e do Merewari com todos os seus afluentes, juntamente com as povoações indígenas. Diz que os Máku têm apenas uma *maloca* grande com muita gente, quatro dias de viagem Auari acima. Mais quatro dias de viagem chega-se à primeira povoação dos Majonggóng. Diz que os Schiricháná da serra Marutani, geralmente chamados de Waíka, são totalmente hostis. Matam as pessoas a flechadas em todas as ocasiões. Por isso, em suas viagens de comércio os Majonggóng passam por esse trecho do rio sempre à meia-noite, remando sem fazer ruído. Diz que, há algum tempo, houve um tiroteio entre membros de ambas as tribos, em que dois Waíka primeiro atiraram flechas num Majonggóng, mas, então, foram mortos por este último com a espingarda.

À tarde vou de barco com Manduca, sua mulher e Romeu até a catarata aqui perto. O braço do rio tem 84 m de largura em nosso acampamento. A 8 m da margem direita, que, aos poucos, sobe num banco de areia, a profundidade é de 1,80 m; no meio é de 2,30 m; e, a 8 m da margem esquerda, é de 3,40 m. Na margem esquerda, uma velha trilha de índios vai pela queda d'água e pela íngreme elevação que a provoca. Essa trilha é muito utilizada. As altas raízes foram alisadas pelas inúmeras canoas arrastadas sobre elas ao longo de gerações. Mandei alargar o caminho, já que era estreito demais para os nossos barcos largos.

A Purumamé, ou Purumamé-imelú, como os índios a chamam, especialmente em sua parte superior é uma catarata imponente, em nada inferior às grandes cataratas da Guiana. Entre as altas margens rochosas, estreitada em cerca de 45 m, a água cai de uma altura de 15 m. Forma uma espuma branca entre as brilhantes rochas negras de xisto micáceo que dividem a queda

---

[21] *Oenocarpus bataua* Mart.

Catarata Purumamé (Urumam'y)

d'água ao meio. No fundo, ela se espatifa numa fina poeira de água e sobe como névoa. Até muito longe o ar está impregnado de umidade. A catarata toda tem uma altura de 25 a 30 m.

Subimos penosamente pelas rochas altas e lisas, amontoadas como que por mão de gigante de maneira confusa e selvagem. Na cheia deve ser uma verdadeira caldeira do diabo. O Majonggóng derrama caldo de pimenta vermelha nos olhos de Romeu, para que o demônio da catarata não lhe possa fazer mal algum e não lhe traga febre. Assim acontece com todos que veem essa catarata pela primeira vez. Os Majonggóng fazem o mesmo numa alta catarata do alto Merewari. É uma espécie de batismo de Netuno de forma mais brutal ainda, pois a dor é terrível.

À noite voltam Urukúba e os dois outros. Trazem dois *mutuns* e uma fome de lobo. Nem sinal de Felipe e Mönekaí.

22 de dezembro. Muito antes do nascer do sol acordo sobressaltado. Perto de minha rede de dormir ressoam um canto horripilante e espremido de uma garganta profunda, arrotos e vômito. Nosso valente Akúli está trabalhando de novo. Ele conjura os espíritos da catarata.

Durante toda a manhã ele e José me dão mais informações do rico tesouro de seus conhecimentos sobre os diferentes demônios, do xamã, da preparação para o seu ofício, seu relacionamento com os espíritos, o rito de cura com todas as minúcias. Após voltar para sua terra, José-Mayuluaípu, apesar de estar perto dos trinta, ainda quer se dedicar à medicina, principalmente porque Katúra, o famoso xamã dos Taulipáng, é seu sogro. É um estudo muito fatigante e longo, que, dizem, às vezes dura vinte anos ou mais. Quanto maior o número de semestres, mais forte se torna depois o senhor doutor, ao contrário do que ocorre conosco. Nesta terra não há estudantes de medicina vagabundos.

Estamos justamente em meio a essa matéria difícil, quando, de repente, ouvimos uma forte gritaria e manifestações de júbilo. Um barco faz a curva velozmente. São nossos mensageiros especiais, ansiosamente aguardados, Felipe e Mönekaí, com um índio nu, um sujeito jovem e bonito de olhos um pouco puxados e nariz finamente aquilino, um Kaliána do Parauá. A princípio, mantém-se timidamente reservado, até que nós o animamos amigavelmente e, assim, ele fica mais confiado. Felipe cumpriu sua missão de modo excelente. Os dois foram depressa de barco, especialmente quando sua pouca farinha de mandioca ficou molhada com a chuva noturna. Alguns dias chegaram até a passar fome. Segundo os entalhes que fizeram na borda do barco, eles tiveram de dominar 38 corredeiras e cataratas difíceis, entre elas a alta catarata de Amahuá, e navegaram até quase as cabeceiras do Uraricapará antes de chegar a duas *malocas* dos Schirichána, bem dentro do mato. Sob grande barulho, foram recebidos por muita gente de diferentes tribos que estava reunida para uma festa. Umas vinte pessoas vieram com eles e estão esperando na desembocadura do Uraricapará.

Empacotamos imediatamente em sacos e caixas tudo que não esteja amarrado, pois os Schirichána têm a fama de pegar tudo que lhes agrada. Então mando Schmidt com o Majonggóng até lá para buscarem essa gente brava. Logo eles chegam, meia dúzia de longas e estreitas canoas cheias de figuras morenas agachadas; um quadro extraordinariamente pitoresco sob a magnífica iluminação do sol no estreito riozinho no meio da mata. Aguardo os convidados no círculo formado por meus leais companheiros. A princípio, ficam parados aqui e ali, hesitantes, apoiados em seus remos, até que os convido, por meio de sinais, a se aproximarem e me darem a mão. Por fim, um homem pequeno, de rosto fino e inteligente, um chefe dos Auaké, me compreende e lhes grita algumas frases. Então eles se aproximam, ainda hesitantes, homens e mulheres com crianças, um após o outro, e me estendem a mão, acanhados. Esses índios nunca viram gente da minha cor.

Logo é feita a paz e a amizade, e as trocas têm início. Eles trazem cestos cheios de grandes e excelentes *carás*,[22] algumas pencas de banana e beijus duros; magníficos arcos e flechas de diferentes tipos; um grande pau de fogo* de madeira negra; pentes de bonita fabricação feitos de lascas de madeira de palmeira; "facas" do dente incisivo inferior da *cutia*,[23] amarrado com um cordão untado com breu num osso ou num bastãozinho, para afiar as pontas das flechas de osso de *cuatá;* osso da perna da tartaruga terrestre, no meio do qual, como num travessão, é preso um cordão para que se possa apertar o mais fortemente possível os fios que envolvem as flechas; apás com motivos desenhados, que, aparentemente, provêm das tribos Karib do Caroni ou têm influência delas, tão parecidos que são com os trançados dos Taulipáng. Eles também trazem seus adornos simples, braçadeiras de cordões de algodão tingidos de vermelho, que dão várias voltas nos antebraços e de cujas extremidades pendem peles de pássaros como borlas; penachos alçados

---

[22] *Dioscorea.*

* Instrumento utilizado para fazer fogo, constituído de duas varetas; ao se girar uma delas na concavidade da outra, produz-se uma faísca que inflama a fina serragem acumulada pela fricção. (N. T.)

[23] *Dasyprocta aguti.*

de penas vermelhas da cauda da *arara,* que esses índios, quando vão para a guerra, o que não é tão raro assim, enfiam sob as braçadeiras, de modo que sobrepuje a altura dos ombros; longos cordões de pelos negros de animais, que cingem as pernas abaixo dos joelhos. Muito interessantes e primitivas são suas redes de dormir de tiras feitas de fios amarelos da árvore *waimbé,* unidas por alguns fios duplos de algodão tingidos de vermelho. Não utilizam zarabatanas. Uma longa zarabatana que um deles traz consigo provém dos Majonggóng. O vestuário limita-se, nos homens, à tanga de tecido azul, de uso comum nestas regiões. Mas essa concessão à cultura europeia é tão insuficiente que mais chama a atenção do que encobre. As mulheres usam delicadas tanguinhas de franjas de cordões de algodão tingidos de vermelho, que também só cumprem parcialmente sua finalidade. Nos homens, os pelos púbicos e das axilas não são raspados. Lábio inferior e lóbulo da orelha são perfurados em ambos os sexos. Usam cânulas de taquaras enfiadas neles. O cabelo, em homens e mulheres, é cortado ao redor da cabeça e, em alguns homens, é muito ondulado, quase cacheado.

Os homens Schirichána são, em grande parte, figuras hercúleas de musculatura avantajada, como os lutadores profissionais. Não quero saber de briga com eles. Que não são de brincadeira já se percebe por seu olhar feroz e, muito especialmente, pelas numerosas cicatrizes que trazem em seus corpos. Alguns senhores idosos têm barrigas consideráveis.

Uma impressão muito mais pacífica dão os Auaké, dos quais há mais ou menos meia dúzia de homens e algumas mulheres entre os Schirichána. Seus traços regulares, com o nariz afilado e pontudo, parecem quase europeus e diferenciam-nos imediatamente, junto com a constituição mais fina e a estatura predominantemente baixa, dos musculosos tipos guerreiros dos Schirichána, com os quais parecem manter uma espécie de relação de vassalagem. Ambas as tribos estão muito aparentadas entre si.

Proponho ao pequeno chefe Auaké, que fala bem o Taulipáng, que me acompanhe com outro homem na continuação de minha viagem. Ele até tem vontade, pois já chegou até os Kununyangumú (Kunuaná) no alto Orinoco, mas sua graciosa e ainda jovem mulher começa uma gritaria ao ouvir a sugestão, e também seu sogro, um velho Schirichána de olhar furioso, com quem ele conferencia por algum tempo, é claro que com o rosto virado. O sogro dá o seu veto, e o valente se submete. Ele não pode nos arranjar acompanhantes Schirichána. Diz que, se o fizesse, os parentes deles talvez o matassem.

Kuranaí, o chefe dos Schirichána, morreu nesse meio-tempo, mas deixou três filhos. Um deles, um jovem muito bonito com um pronunciado nariz aquilino, está entre nossos visitantes.

Dou a essa gente alguns pedaços de assado de anta e beijus e lhes indico um local para acampar abaixo de nós, mas eles preferem pernoitar na outra margem. Ainda não confiam tanto assim em nós.

À noite peço ao chefe Auaké para vir ao nosso acampamento. Ele me servirá de intérprete nas anotações linguísticas, pois domina perfeitamente o Schirichána. Ele e o jovem Kaliána já estiveram entre os Taulipáng no alto Majari, daí seu conhecimento dessa língua. Ele chega no escuro, fiel, com um gigantesco Schirichána e alguns homens curiosos.

Estou sentado de pijama, com o livro de anotações linguísticas nos joelhos, em nossa miserável cabana de palha de palmeira, esforçando-me, à luz incerta da lanterna, em anotar os selvagens sons guturais do Schirichána. O pequeno quarto está cheio de redes de dormir com gente dormindo ou ouvindo com atenção, cheio de caixotes e caixas, instrumentos de diferentes espécies, espingardas e revólveres, peças de roupa, grossos feixes de arcos, flechas e remos, cestos indígenas, sacos e cestos com bananas e outros víveres. A gente mal consegue se mexer. À minha frente estão agachadas as fortes figuras morenas, que gritam os difíceis sons de sua língua repetidas vezes em meu ouvido caso não os entenda imediatamente. A coisa vai depressa. Digo ao chefe Auaké a palavra Taulipáng: este me dá a tradução em sua língua e discute então com o gigante sobre a expressão correspondente em Schirichána.

Para minha alegria, já nas primeiras palavras percebo que estou lidando com duas línguas totalmente novas que não pertencem a nenhuma das famílias que conheço e também não são parentes entre si. Eles não têm nada a ver com os Krischaná, Karib do rio Jauaperi, com os quais se relacionavam até agora esses Schirichána do Uraricoera. A consonância dos nomes é que causou esse equívoco. Por isso, os colonos do Uraricoera também chamam seus vizinhos bravos simplesmente de "Jauaperi". Robert Schomburgk, que não os encontrou, os chama de Kirishana. Seu nome verdadeiro é Schiriuá, Schilianá[24] ou Schilianaidyá. O bando no alto Uraricapará tem apenas duas *malocas*.

Seus amigos Auaké, uma tribo muito pequena, talvez apenas uma família, moram numa *maloca* nas cabeceiras do Parauá. Robert Schomburgk, que os chama de Oewaku,[25] encontrou alguns deles acidentalmente com os Sapará, mas não anotou amostras de sua língua. Segundo sua informação, naquela época a tribo vagava na região da nascente do Uraricapará.[26] A única expedição que procurou os Auaké em suas moradas foi a comissão de fronteira do ano de 1882. No alto Uraricapará os brasileiros encontraram o último resto da tribo dos Aoaquis, dezoito pessoas, numa cabana grande e redonda com teto cônico muito alto, que lhes servia, ao mesmo tempo, de trincheira contra seus vizinhos hostis.[27] Também naquela ocasião não foram feitas anotações da língua.

Somente à meia-noite despeço meus dois eruditos linguistas.

Do outro lado, as fogueiras dos índios lançam longas faixas de luz sobre a água tranquila. Parecem quase as luzes de uma cidade pequena.

23 de dezembro. De manhã já temos de novo muita visita nua no acampamento. Continuo com as anotações linguísticas. As pessoas são muito melhores do que sua fama. Também não roubam. É verdade que guardamos fechados todos os objetos menores, de acordo com o velho e comprovado ditado: a ocasião faz o ladrão. Hoje eles já estão totalmente confiados, as mulheres também com seus belos rostos redondos, nos quais brilham olhos grandes e admirados. Uma mulherzinha, filha do falecido Kuranaí, é novíssima, tem no máximo doze ou treze anos, e já é mãe de uma criança de um ano ou um ano e meio. Elas remexem tudo, assustam-se com a lente própria para queimar, com a qual acendo um cigarro, tanto quanto com o tique-taque do relógio de bolso, como crianças.

---

[24] Essa língua, como muitas línguas indígenas, tem um som intermediário entre *r* e *l*.
[25] Pronúncia inglesa.
[26] Rob. Herm. Schomburgk. *Reisen in Guiana und am Orinoko während der Jahre 1835-1839*, op. cit., p.402-3, 417.
[27] *Relatório...*, op. cit., p.189. Sievers, op. cit., p.4.

Com o auxílio de meu intérprete José descubro várias coisas sobre as tribos isoladas e suas relações entre si. Os Schirianá e os Auaké têm negócios com os Kamarakotó, que lhes fornecem poucas mercadorias de ferro e um pouco de tecido para suas diminutas tangas. Os Schirianá também mantêm relações amigáveis, mas sempre desconfiados, com os Waíka, que vivem em parte na serra Marutani, a noroeste daqui, onde são muito temidos, em parte, pacificamente, em Motomotó no próprio Uraricoera, abaixo de seu afluente esquerdo Carucuri, quinze a vinte dias de viagem daqui; são os próximos habitantes ribeirinhos que iremos encontrar. Índios Schirianá e Waíka também vivem em número maior na serra Parima, nas nascentes do Uraricoera e nas cabeceiras do Orinoco, onde parecem ser idênticos aos temidos "Guaharíbos" dos venezuelanos. Os Waíka de Motomotó mantêm relações amigáveis com os Máku e os Majonggóng. Excetuando-se pequenas diferenças dialetais, todos esses Schirianá e Waíka, apesar de sua enorme extensão, devem ter só uma língua.

Dizem que os Waíka de Marutani e Motomotó estiveram há pouco na grande festa dos Schirianá no alto Uraricapará, mas voltaram para casa pelo caminho por terra, muito mais curto. Dizem-me que agora eles já estão exatamente informados sobre nossa vinda, e tomara que nos recebam amigavelmente.

Entre os Schirianá encontra-se um Marakaná, que, quando criança, foi capturado pelos primeiros, após haverem matado seus pais. Infelizmente, ele não sabe mais nenhuma palavra de sua língua. Seu rosto redondo e fleumaticamente bondoso, que pouco tem de indígena, não indica o descendente de ferozes guerreiros.

Há até poucas décadas, os Marakaná eram uma tribo muito temida a oeste das cabeceiras do Uraricapará. Inimigos mortais dos Auaké, quase haviam aniquilado estes últimos quando os Schirianá — por causa de uma faca numa troca, ou, segundo outros, por uma questão de casamento — entraram em luta com eles e quase os exterminaram totalmente. Os sobreviventes fugiram pelo braço sul do rio. Diz-se que lá, na selva desconhecida entre o Uraricoera e o Mucajaí, ainda hoje vive o resto da tribo, não se sabe onde.

No Akanáng, um afluente do Parauá, deste lado da serra Yauyán-tepö, vivem os Antaualikó, que, diz-se, falam um dialeto de parentesco próximo do Kamarakotó, portanto, do Arekuná também.

Mostro e explico aos meus visitantes o grande livro ilustrado sobre animais e algumas fotografias de minha viagem até agora. Eles se apinham especialmente ao redor da fotografia de Maipalalí, o Purukotó bem conhecido da maioria deles, e tagarelam suas observações a respeito da foto. Depois fotografo o bando todo, isolados e em grupos, coisa que eles consentem sem muita hesitação. O chefe Auaké compreende imediatamente a situação e me presta excelente auxílio. As vítimas são pagas com um punhado de miçangas ou com anzóis.

Mando quinze dos sujeitos vigorosos levar os barcos e as pesadas malas pela montanha íngreme e também pelas próximas cachoeiras. Em poucas horas o trabalho está feito. Com certeza, meu pessoal teria levado alguns dias para fazer isso.

Anotações linguísticas até tarde da noite.

24 de dezembro. Hoje me ocupo do Kaliána. Novamente com auxílio do chefe Auaké anoto as palavras mais importantes. Também esta língua, simples se comparada com as outras duas, é totalmente isolada.

PARTIDA DOS SCHIRIANÁ

Até agora os Kaliána não eram conhecidos nem mesmo pelo nome. Eles também vivem nas cabeceiras do Parauá, a oeste dos Auaké. Segundo Manduca, são chamados de Sahä pelos Majonggóng e de Sapa pelos Taulipáng e Makuschí. Diz que, como índios nômades, têm somente cabanas miseráveis, motivo pelo qual são desprezados pelas tribos vizinhas de nível mais alto.

Meus novos amigos querem voltar para casa. Não têm mais víveres. Pago-lhes com tudo que seu coração deseja e ainda os presenteio generosamente, segundo seus modestos conceitos, com algumas ninharias. Também lhes dou um pouco de beiju e carne defumada como provisão para a viagem. Satisfeitos, passam gritando de barco por nosso acampamento, fazendo uma curva elegante, rumo a sua terra distante, onde terão, certamente, muito para contar.

Para minha surpresa, José me anuncia que ele e Akúli, que está de novo com dor de ouvido, querem voltar daqui para casa com Felipe e Urukúba. Diz que a viagem ainda é muito longa, que sua jovem mulher em casa está esperando um bebê, que ele tem de cuidar de sua roça, que a viagem o cansa muito, etc., etc. Uma lamentação interminável. Explico-lhe muito calmamente, mas de maneira categórica, que ele seria o último de quem eu poderia prescindir. Que ele se comprometeu a ir comigo até os Majonggóng. Com isso, o assunto está encerrado para mim e não quero ouvir mais nada a esse respeito. Também lhe pergunto se ele tem medo das tribos rio acima, o que, é claro, ele repele como algo totalmente impossível.

Não há dúvida de que meu pessoal tem um medo provavelmente infundado dos Waíka. Todas as suas conversas giram em torno dessa gente brava. Não creio que eles fujam. Em troca, acena-lhes um pagamento grande demais, e aqui eles não receberão nada. Mas ficarei contente quando Felipe e Urukúba tiverem ido embora e estivermos alguns dias mais adiante. Não haverá mais barco e eles terão de vir conosco.

Felipe e seu camarada dormem acima da queda, com os barcos e a bagagem. Meu pessoal teme que os Schirianá possam vir do Uraricapará até aqui para roubar.

À noite festejamos o Natal. Com grande curiosidade é aberta a caixinha, embrulhada com tanto amor em casa. Biscoitos de Natal, alguns galhinhos de pinheiro. Aroma natalino de casa. Leio frases amáveis. Cada um recebe sua parte de bolachas de amêndoas, de amêndoas açucaradas, de rosquinhas de açúcar e de chocolate suíço. Nossa árvore de Natal é uma árvore velha e semimorta, que pende sobre nosso acampamento. Enfeitei-a toda com velas. O reflexo das chamazinhas bruxuleando ao leve sopro do vento cintila na corrente negra. Assim festejamos o Natal, na região mais desconhecida desta terra ainda tão escura, junto à retumbante catarata de Urumam'y.

12

No emaranhado de ilhas de Maracá

25, 26 de dezembro. Ficamos mais dois dias no acampamento. A coleção Schirianá é empacotada; escrevo cartas. Felipe leva tudo até Galvão, que expedirá as coisas na primeira oportunidade.

27 de dezembro. Na despedida há um pequeno *intermezzo*. Mönekaí quer voltar. Não posso prescindir de nenhum remador. Também daria má impressão aos outros sujeitos inconstantes se eu cedesse. Tento, pois, persuadi-lo, enumero todas as coisas boas, espingarda, pólvora, chumbo, espoleta, machados, facas, tecido etc., que ele receberá se me acompanhar até os Majonggóng. Em vão. Está deitado em sua rede, aparentando indiferença, e entalha um pedacinho de madeira. Mando Schmidt com os demais para a outra margem e fico somente com Felipe e Urukúba. Continuo tentando persuadir o teimoso. Felipe me auxilia fielmente. Por fim, sento-me resignado na areia e enrolo um cigarro. Posso esperar. Nessas viagens com os índios aos poucos a gente adquire muita paciência. As negociações prosseguem. Ainda leva um bom tempo. Até que, enfim, Mönekaí se levanta, desamarra sua rede, fica xingando por algum tempo, baixinho e depois para Felipe, até que lhe dou uns tapinhas amigáveis no ombro e faço umas brincadeiras. Ele ri, vem sentar-se comigo no barco com seus poucos pertences, e o incidente está encerrado.

A trilha na floresta, pela qual os Schirianá levaram nossos barcos acima da catarata, é extraordinariamente íngreme e longa. É um mistério para mim de que maneira os sujeitos chegaram em tão pouco tempo ao outro lado com essa carga pesada.

À 1 hora despedimo-nos de Felipe e Urukúba e seguimos rio acima. Gostaria de ter levado conosco esses dois homens fiéis. Infelizmente, estão comprometidos, e não posso pagar suas dívidas.

Recomeça nossa luta com esse rio infernal. Passamos por quedas e por corredeiras violentas. De repente, ouço uma gritaria atrás de mim. A canoa de Akúli, que é muito chata, perdeu a quilha[1] ao ser transportado por terra, e virou com a carga toda. Os índios salvam tudo. As malas

---

[1] Essas canoas de pranchas superpostas (*montarias*) possuem, frequentemente, uma espécie de quilha pregada que lhe permite navegar de maneira mais segura.

de chapa de ferro e as "caixas de uniforme"[2] mantiveram-se totalmente impermeáveis. Uma caixa feita por Schmidt em Livramento está cheia de água. Ela contém a metade dos fósforos; abrimos agora caixa por caixa para secá-los ao sol nas pedras quentes. A princípio, Akúli fica muito abatido e me pede desculpas por intermédio de José. Eu o consolo. Vamos nos livrar dos fósforos.

Montamos acampamento numa ilhota. Mönekaí agarrou um pequeno jacaré vivo. Amarramos uma corda em seu pescoço, e agora ele vira de um lado para o outro, como um mastim mordedor, tentando morder a barriga da perna de qualquer um que ouse se aproximar dele. É uma cena engraçada. No fim, solto o sujeito furioso. Ele vai sibilando para o seu elemento.

28 de dezembro. Às 5 horas José me desperta para mostrar-me algumas estrelas e constelações sobre as quais ele me falou ontem à noite; a cintilante Táuna (Régulo) no leste, o gigante que, no início do verão, provoca as tempestades com sua clava, e seus dois moquéns, as quatro estrelas principais do "corvo" no sul. No oeste está Mälí, o caranguejo, um grupo de estrelas pequenas, curiosamente a parte principal de nossa constelação de mesmo nome.

Ao romper do dia passamos os barcos vazios pela queda seguinte. A bagagem é levada por terra. Os Makuschí chamam essa catarata de Purumamé-umú, os Majonggóng, de Humame-néte. Ambos significam "filho de Urumam'y". Uma gracinha de filho, que quase me custou um barco com toda a carga!

Logo que passamos por ela, o barco grande em que Schmidt viaja se enche de água. Não afundou por um triz. Toda a farinha e o sal, o teodolito e outros instrumentos estariam perdidos. Algumas coisas estão ensopadas, como o saco grande de roupas com todos os tecidos. Pomos as calças, camisas, as longas faixas de chita florida para secar nas rochas e nos galhos; um quadro grotesco nesta selva.

Um bando de *cuatás* se aproxima e fica olhando, espantado, para nossa exposição. José e Manduca acertam duas fêmeas grandes. Uma delas tem um filhote nas costas, um recém-nascido, que, como a mãe, está mortalmente ferido. O caçador consciencioso fica indignado quando tem de presenciar a falta de compaixão dos índios por animais doentes. Se lhes chamamos a atenção para esse fato, apenas riem do branco tolo.

Às 2 horas seguimos viagem. Dez minutos de calma enganosa e de novo abre-se à nossa frente um labirinto de ilhas e rochas gigantescas, por entre as quais a água jorra, espumando. Todos os barcos já foram puxados pelo pior trecho da corredeira; tirei algumas fotografias e agora estou sentado, em repouso contemplativo, numa rocha alta para seguir mais tarde por terra, quando ouço nova gritaria. Algumas caixas e cestos, remos e flechas passam boiando por mim. O barco de Akúli afundou novamente. Ele e José nadam atrás das coisas e salvam a maior parte delas, trazendo-as para a terra. Nosso único arco de pesca e três feixes de *cará,* dos quais não poderíamos dispor de modo nenhum, perderam-se. O pessoal mergulha à sua procura, mas encontra apenas uma linha de pescar e outras miudezas. Um caixote com conservas e um caixote com artigos para troca estão com água pela metade. Os fósforos ficaram ensopados de novo. Armazenamos e secamos. Hoje não avançamos nem um quilômetro.

---

[2] Caixas de madeira forradas com zinco.

Dia 29 de dezembro. O ânimo do pessoal está abatido. Também estão em desacordo entre si, pois meus seis homens pertencem a seis tribos diferentes. Romeu, o Wapischána, brigou com Akúli, o Arekuná, e não quer mais navegar com ele. O Majonggóng tem ciúme infundado do Arekuná e bate com o remo nas costas de sua pobre Hermina, que chora alto e, amuada, fica sentada sobre a carga, a cabeça entre as pernas. Quando vou tirar satisfação com ele, diz: "Essa mulher não serve para nada! Ela nem sabe manejar o leme!". E não sabe mesmo. Como é que ela iria aprender nas montanhas de sua terra? José resmunga e tem saudade de casa. O ponto quieto nesse grupo inquieto é Bapai (papai), como chamamos o velho Mönekaí. É sempre amável e satisfeito e, sem falar muito, presta bastante atenção, como muitas pessoas que, a princípio, têm dificuldade para se decidir. Os outros, especialmente José, gostam de sobrecarregá-lo com tarefas desagradáveis. Se navegamos por uma cachoeira, é sempre ele que tem de seguir à frente, a vau, puxando o barco com a ponta da corda, enquanto José fica no barco e maneja a vara. Mönekaí é um autêntico tipo Purukotó, com seu rosto comprido e suas pernas longas que não têm proporção nenhuma com o resto do corpo. Ele já chegou até os Máku do Auari e deixou uma mulher e um filhinho com os Majonggóng. Esse deve ter sido o "xis" da questão! Agora também não posso me queixar do Majonggóng, se eu não levar em conta suas rusgas conjugais, que, afinal, não me dizem respeito. Ele tem pressa de chegar a sua terra, como um cavalo ao estábulo, e é sempre o primeiro, incansável. E os outros? Não posso condenar esses filhos da savana aberta quando ficam desalentados na eterna luta contra esse rio cercado pela mata e despovoado, com suas terríveis cachoeiras e quedas d'água, suas rochas sobressaindo em meio à corrente, por entre as quais a água desaparece.

Às 8 horas finalmente partimos. Distribuí os remadores de outra maneira, considerando o máximo possível seus sentimentos. Como ontem, abre-se à direita um canal calmo que deve desembocar no braço sul de Maracá. Estamos nos aproximando da extremidade ocidental da grande ilha. Após navegarmos por meia hora chegamos à catarata Eménuli-melú. Ela deve seu nome a uma formiga muito numerosa aqui, que faz um ninho que pende dos galhos, semelhante a algumas vespas. Passo a passo, avançamos com grande esforço pela longa cachoeira em que termina a queda d'água e puxamos então os barcos vazios pelas diferentes quedas. A carga segue outra vez por terra. Assim passamos o dia todo às voltas com esse único ponto.

O ânimo de minhas crianças crescidas melhorou de novo. Passam os barcos com brio pela cachoeira. Akúli toca flauta e brinca de lutar com nosso garoto Makuschí. Mário, o mais jovem deles, não liga para as brigas de seus companheiros. É benquisto por todos e já ajuda bastante. Também o chamamos de Kaikuschí por causa de seu companheiro de quatro patas, cujos cuidados lhe foram confiados. Mário é canhoto; é estranho vê-lo atirar com arco e flecha. Isso é muito frequente, José me diz.

30 de dezembro. Partimos pouco antes das 9 horas. Seguimos devagar por estreitos braços, entre rochas e ilhotas, até a catarata Möráu-melú, que fica perto, onde temos de descarregar de novo.

Um grupo de árvores e outras plantas que há numa rocha quase nua foram plantados pelos *wibáng*, os maus espíritos da floresta. Uma árvore está com as folhas muito secas. "Os *wibáng* puseram veneno nela!", diz Akúli. Apesar de seu verniz civilizado, José conhece muitas histórias de magia, nas quais acredita piamente, e por isso mesmo ele tem um valor especial para mim. Ontem me contou que um tio seu do Majari, num verão, sentiu uma sede terrível na savana e se transformou num *mauarí* (espírito da montanha). Não quis mais saber de sua gente e foi embora, não se sabe para onde. Outro dia, no acampamento de Urumam'y, quando José estava muito abatido e pensava em voltar, um açor gritou de repente acima de nós. "É a alma do meu avô que veio para me levar!", ele disse.

Ninhos de aranha espessos e brancos, com ovos, que pendem por toda parte dos galhos das árvores junto às cataratas, são enfeites dos *mauarí*. São deixados pelos espíritos das montanhas quando estes vêm de vez em quando até o rio para beber água em excesso e vomitar na queda d'água, como fazem os xamãs. É que todos os *mauarí* são auxiliares demoníacos dos médicos-feiticeiros.

Nosso almoço hoje é lastimável, uma *piranha*, já que não tivemos tempo para pescar. As sopas Maggi terão de ajudar. Schmidt cozinha uma panela grande cheia de "sopa primavera Julienne". Alguns de meus homens não tomam dela e fazem cara de nojo. Aquilo que o camponês não conhece, ele não come, e isso vale também aqui.

Os barcos são arrastados pelas íngremes margens rochosas. Às 4 horas prosseguimos, entrando num interminável emaranhado de ilhas, passando por pequenas corredeiras desagradáveis, já que a água está muito baixa. É contínua a luta com essas águas traiçoeiras, tão emaranhadas pelo astuto e intrigante Makunaíma, como os índios dizem. Nós nos esforçamos para passar por entre as rochas e nos mantemos o máximo possível à esquerda, já que lá fica o único "caminho". Desde que deixamos Urumam'y, as rochas são novamente de granito granuloso, que predomina neste trecho do rio.

31 de dezembro. Partimos às 7 e meia e seguimos por canais estreitos, sobre cascalho e lajes rochosas mal encobertas pela água. É preciso remover grandes pedras do caminho e cortar árvores duras como ferro. Assim, temos trabalho pesado por várias horas, com pouco sucesso. Eu já começava a me preocupar, achando que hoje também teríamos de renunciar ao prazer de comer carne, quando meu pessoal pesca um grande número de piranhas numa baía tranquila. Mönekaí, que foi explorar o terreno, anuncia laconicamente: *"ämá Temperamáng!"* ("Não há caminho!"). De fato, nem bem seguimos viagem e já se ergue à nossa frente uma larga barra rochosa. Parece mesmo que o rio acabou. A água gargareja invisível sob as rochas. Os barcos são descarregados e arrastados para o outro lado. O dia passa, e quase não avançamos.

Como se não bastasse, Mönekaí foi picado no pé por uma raia pequena. Está sentindo fortes dores e fica deitado, gemendo, até a noitinha. José lhe dá água com sal para beber. Também passamos querosene na ferida e o suco da *mukumúku-yäg*, uma planta aquática de caule grosso e carnoso e folhas largas com forma de flecha que cresce nas margens daqui.[3] Da folha, o malvado Makunaíma criou a raia.

---

[3] *Caladium arborescens.*

CATARATA MÖRÁU-MELÚ. *RIO* **URARICOERA. O**S BARCOS DESCARREGADOS SÃO ARRASTADOS SOBRE AS ROCHAS

ATRAVÉS DA MATA RIBEIRINHA DE **M**ÖRÁU-MELÚ

Uma magnífica noite estrelada. A lua lança sua luz pálida sobre mim, o que dá uma tristeza danada nesta solidão selvagem. Estou deitado sem sono na rede, pensando em como devo organizar as coisas da melhor maneira para chegar a um bom termo.

O ano velho está terminando. O que o novo nos trará?

1º de janeiro de 1912. Passamos com dificuldade pelo resto da comprida cachoeira e temos de descarregar mais duas vezes. Num ponto os barcos ainda conseguem passar por um estreito portão na rocha. O pessoal está novamente de mau humor, em especial José, que profere para Schmidt — para mim ele não ousa — frases revolucionárias como "voltar, destruir o barco" etc. Para eles, que não têm um objetivo mais alto em vista, os esforços são grandes demais. Além disso, José tem medo dos bravos Waíka da serra Marutani, a respeito dos quais o Majonggóng lhe contou histórias horripilantes. Enquanto cumprem com seu dever, não me preocupo com os humores deles, que mudam como o céu num dia de abril.* No fundo, eles todos, com exceção talvez do Majonggóng, são de grande bondade e companheiros fiéis.

Já no almoço seu humor está mudado. No caminho pescamos vários peixes, dos quais o rio fervilha. Há comida borbulhando e cozinhando em três fogueiras. Comemos abundantemente. Pessoas satisfeitas não são dadas à rebelião.

Finalmente saímos do labirinto. À esquerda[4] temos agora terra firme e logo deslizamos por um estreito canal até entrarmos em largas águas navegáveis. Aqui a correnteza vem do noroeste e forma a bravia catarata Aranauá-melú. A maior parte da massa de água impele-se por uma passagem estreita na rocha. Vagas que esguicham alto alternam com rodamoinhos violentos que puxariam irremediavelmente para o fundo qualquer barco que neles entrasse. Atravessamos a torrente estrondeante até chegarmos a uma ilha que divide a queda d'água, levamos a carga por terra por um curto caminho e puxamos os barcos com cuidado ao largo da caldeira do diabo.

Após prosseguirmos um pouco, acampamos num largo banco de areia na extremidade da ilha. Acima daqui ruge outra queda.

2 de janeiro. De madrugada sinto alguma coisa rastejando em meu rosto. Semiadormecido, tento agarrá-la e sinto no rosto e na mão uma dor forte, que imediatamente se espalha pelo braço e metade do peito e quase paralisa os músculos. A dor persiste até por volta do meio-dia. Era uma formiga *tocandira*, muito venenosa e preta, que chega a medir 2,5 cm e é chamada de *ilág* pelos Taulipáng. Os brasileiros também chamam esse bicho, que felizmente só aparece sozinho, de *vinte-quatro*, porque dizem que se sente a dor de sua picada por 24 horas, mas isso é um exagero.

Partimos às 7 e meia e seguimos por um canal esquerdo, para rodear a queda d'água. Aqui também há correnteza forte e trabalho pesado. Após duas horas de viagem tranquila, chegamos a uma cachoeira grande, chamada pelos Majonggóng de Kumí-sóde. Nela vive um genro da mãe-d'água Rató, que puxa barcos e gente para o fundo.

---

* O autor se refere ao início da primavera (fim de março, abril) no Hemisfério Norte, época que se caracteriza pelo clima inconstante. (N. T.)

[4] As indicações "direita" e "esquerda" devem ser sempre entendidas de acordo com o curso do rio.

À direita encontra-se um antigo desmatamento dos Purukotó. Aqui viveu o pai de Mönekaí. Aqui o próprio Mönekaí, ao voltar dos Majonggóng, naufragou e perdeu quase tudo.

A um calmo trecho mais longo segue-se novamente uma série de violentas cachoeiras, muito mais perigosas do que uma alta queda d'água isolada, já que temos de passá-las com toda a carga. Os canais, que devem ter ligação com o braço de Maracá, são cada vez mais frequentes. Na margem esquerda vê-se um outro desmatamento dos Purukotó. Ao cair da noite acampamos numa ilha.

Pescamos novamente vários peixes grandes. Quando estou puxando um *pacu* gordo da água, Akúli diz: "Isso é porque a *ilág* picou você na mão". Os índios prendem essas formigas ao redor do corpo, num pauzinho partido, e deixam-se picar por elas nos braços. Para deixar o bicho bem furioso, assopram nele primeiro. Acreditam que assim terão sucesso na caça e na pesca.

3 de janeiro. Às 7 e meia seguimos viagem. Infelizmente, saímos outra vez do rio principal e caímos numa terrível confusão de ilhas, onde quase ficamos presos. Inúmeras quedas pequenas e pouquíssima água. Se o nível da água estivesse apenas meio metro mais alto, passaríamos facilmente por muitos trechos que nos tomam horas de trabalho. É o caminho que os Majonggóng e os Máku fazem em suas viagens anuais de comércio. É próprio, certamente, para suas canoas estreitas e leves, mas não para nossos barcos largos e carregados. Parece que Schomburgk, também segundo seu mapa, ficou sempre no rio principal. Ele aponta o fim da verdadeira ilha Maracá pouco abaixo da catarata Eménuli, que chama imprecisamente de Emenari, e a partir daí indica um segundo braço norte, "que, 20 milhas mais acima, separou-se do rio principal".[5] Parece que foi nesse braço estreito, ligado ao rio principal por inúmeros canais, que entramos, pois a partir de Eménuli começou o labirinto de ilhas, nosso calvário. Se tivéssemos permanecido no rio principal, teríamos avançado mais rapidamente, pois cada catarata ou cada cachoeira, por pior que seja, oferece um caminho a barcos maiores quando há água suficiente. Mas assim, desde Urumam'y flutuamos já há oito dias nessa confusão de canais semissecos, e os deuses devem saber onde realmente estamos.

Mais uma vez temos de descarregar tudo. Só com grande esforço é que conseguimos passar pelos outros degraus com os barcos carregados. Grossos troncos de árvores obstruem o caminho e nos deixam ocupados por várias horas. Num dos lados do barco grande as pranchas se soltaram da estrutura, fazendo a água jorrar através das fendas. Calafetamos com o belo breu puro que trocamos com os Schiriná. Na falta de estopa, pegamos meias que não serão mais usadas, já que faz meses que ando descalço. De tardezinha temos, afinal, outra vez água larga e funda à nossa frente, mas, rio acima, há vagas altas, coroadas por espuma branca, corredeiras até onde a vista alcança.

4 de janeiro. Após viagem penosa pelas cachoeiras seguintes, o rio nos mostra uma cara mais amigável. Trechos mais longos e calmos deixam-nos avançar rapidamente. À tarde chegamos à retumbante queda d'água Kumíyapong. A massa de água espreme-se com toda força num ponto estreito à direita, como se passasse por um funil. Nem pensar em passar por ela. Toda a bagagem é

---

[5] Robert Schomburgk, op. cit., p.410.

levada por terra. Sob gritaria, os barcos vazios são arrastados pelas rochas na margem esquerda. A noite se aproxima.

Temos mais seis cataratas grandes à nossa frente, diz Mönekaí. O mapa de Schomburgk não dá informação alguma. Segundo meus cálculos, há muito devemos ter deixado a ilha Maracá para trás, mas tanto Manduca quanto Mönekaí dizem que a entrada do braço sul de Maracá ainda fica mais acima, e só depois de passá-lo é que estaríamos no rio principal e teríamos viagem tranquila. Quando será que chegaremos aos próximos habitantes ribeirinhos? Nossa farinha de mandioca está escasseando. É dada ao pessoal em doses homeopáticas, e à noite mando porem o cesto de farinha sob minha rede de dormir.

Discutimos animadamente sobre pegadas humanas de várias semanas que encontramos hoje num pequeno banco de areia. O Majonggóng diz que são dos bravos Marakaná, que, como seu pai lhe contou, vivem ao sul daqui, têm uma *maloca* bem no interior da ilha e recebem a flechadas qualquer um que se aproxime deles. "Os índios bravos", esse é o tema constante das conversas em nosso acampamento. Dizem que gostam de utilizar esta região de cataratas justamente na atual estação do ano para ataques traiçoeiros à noite. Bem, temos todo um arsenal de armas de fogo e podemos aguardar calmamente sua visita. Em todo caso, dei ordem expressa para ninguém atirar se perceber, à noite, alguma coisa suspeita — devem me acordar imediatamente. Além disso, Kaikuschí é um cão vigilante que não permite com tanta facilidade que um estranho chegue ao acampamento sem avisar.

Faz semanas que Schmidt e eu sofremos de uma importuna erupção cutânea. Começou entre os dedos e, aos poucos, espalhou-se pelo corpo todo; provavelmente é sarna. Deus sabe onde foi que a pegamos! Agora José me deu um remédio Taulipáng que, ao que parece, faz bom efeito. Era mesmo necessário, pois a coceira é terrível e me rouba meia noite de sono. Deixa-se a casca vermelho-parda da *yanaí-yäg,* uma árvore ribeirinha, macerando um tempo na água fresca, esfrega-se então o caldo nas partes inflamadas, o que, no início, arde muito, mas no dia seguinte já alivia a coceira consideravelmente. Dizem que, se bebida, a decocção é muito venenosa. Que, não raro, mulheres maltratadas por seus maridos tiram a própria vida com a decocção dessa casca.

Às 7 horas observamos um fenômeno magnífico. Um grande meteoro aparece de repente no leste, espessa-se rapidamente até virar uma esfera de grande luminosidade e, deixando atrás de si uma cauda longa e brilhante, segue sua trajetória através do céu noturno, até desaparecer no oeste, provavelmente com um estrondo abafado, mas que é tragado pelo bramido da catarata. Os índios não falam enquanto dura o fenômeno. Afugentam o meteoro com a mão, como fazem quando afastam algum mal de si, por exemplo, na encantação da chuva, quando querem espantar as nuvens. Acreditam que o fenômeno seja uma coisa demoníaca. É Watoíma, a grande *arara* de cauda branca, voando de volta para a morada de seu senhor, o demônio Amaliwág.

5 de janeiro. Continuamos a navegar por entre ilhas, através de numerosas corredeiras, mas que são inofensivas e que, em sua maioria, devem sua existência somente ao nível extraordinariamente baixo da água. E, no entanto, podem se tornar perigosas, já que os índios lhes dão pouquíssima importância.

Ao tentarmos puxar o barco em que viajo com José e Mönekaí por uma dessas corredeiras, ele cai num redemoinho e se enche d'água. Mönekaí se deixa levar junto com o barco, nadando a seu lado e, em meio às vagas que se quebram, mantém-no sobre a água, de modo que, no último segundo, ainda conseguimos levá-lo a salvo para as rochas planas. Um dedo a mais de água dentro dele e tudo estaria perdido. O profundo redemoinho não teria devolvido sua presa. A carga está ensopada.

6 de janeiro. Raramente uma desgraça vem sozinha, ou será que as pessoas ficam nervosas e inseguras quando se defrontam com a má sorte nessa eterna monotonia? Queremos arrastar o barco grande que contém nossa última farinha de mandioca, sal e os instrumentos mais importantes, por uma queda d'água baixa, como tantas outras por que passamos. Aí, o ímpeto da água caindo arranca o barco das mãos do meu pessoal. Ele cai de través e fica inundado. Os índios pulam n'água imediatamente atrás dele e salvam o que podem, principalmente farinha e sal. Perderam-se meio saco de sal, alguns *carás* e um remo. Na caixa do grande aparelho fotográfico a água chega a um palmo de altura. O teodolito está intacto. O saco de roupas com os vários tecidos para os índios ficou outra vez muito pesado por causa da água. Logo vem o sol sobre as árvores altas que cercam o estreito braço. Ele é tão necessário nessas viagens, também para o corpo e a alma, e faz tanta falta quando esconde seu rosto em sinal de desagrado. Em poucas horas ele seca tudo, e o infortúnio é esquecido.

À noitinha encontramos novamente vestígios de índios, uma barraca pequena coberta com folhas novas de palmeira na margem esquerda, talvez feita dois dias atrás. Provavelmente provém de índios Majonggóng ou Máku em viagem, que acamparam aqui e partiram rio abaixo por um dos inúmeros canais.

7 de janeiro. As noites são bem frias, mas refrescantes após o peso e o calor do dia. Ao nascer do sol geralmente faz 17 °C a 18 °C. O tempo não poderia estar melhor para uma viagem. Desde Urumam'y não tivemos mais chuva. O rio também está bondoso agora.

Deslizamos rapidamente na corrente calma. De repente, José, que lida à minha frente com a vara, exclama a meia voz: *"wailá!"* e aponta agitado rio abaixo. Uma robusta anta está tentando atravessar o rio a nado. Agora os outros, que estão bem atrás, também a notaram. Saímos remando de dois lados, como numa regata. Ela leva alguns tiros — de bala e de chumbo — mas alcança a margem. Nós, caçadores, com Kaikuschí, vamos atrás dela. O valente cão a acua e a arrasta pela pata traseira. O bicho é extremamente resistente. Com várias balas de rifle no corpo, uma carga de chumbo na cabeça e três balas de pistola Browning, que, como se verificou mais tarde, perfuraram o coração e a artéria, ela ainda entra rapidamente na mata, mas então sucumbe a uma nova bala de José. A presa é aberta imediatamente e esquartejada. Os índios arrastam os enormes pedaços para dentro dos barcos e parecem açougueiros vindos do matadouro. Para o lanche temos fígado de anta no espeto, um petisco.

Navegamos rapidamente por mais algumas horas e, ao pôr do sol, acampamos no banco de areia de uma ilha. O pessoal comeu até se fartar. Estão de ótimo humor. José conta uma bela história dos dois cunhados inimigos, Maiuág e Korotoikó, o pato e a coruja. Instrumentos mágicos que tocam sozinhos desempenham um papel na história, uma sogra má também, como em tantas histórias indígenas, o que leva meu narrador a proferir a sábia sentença: "As sogras no mundo todo não prestam!".

Nossa anta fica assando a noite toda num moquém enorme sob a fiscalização de papai Mönekaí, nosso "pau para toda obra".

8 de janeiro. O rio continua repleto de inúmeras ilhas. Abrem-se braços de ambos os lados. Desde anteontem não deixamos mais o braço principal. Sem acidentes vencemos algumas cachoeiras muito impetuosas.

Nunca nos faltam peixes frescos. Nesta região de cataratas, o rio é literalmente cheio de *pacus,* peixes muito saborosos e gordos, do tamanho de nossas carpas.[6] É fácil pescá-los com anzol. Como isca usamos os frutos negros de uma pequena palmeira espinhosa que, com seu tronco curvo, pende aqui e ali sobre a margem, ou os frutos azul-escuros da palmeira *açaí.*[7] Os índios também jogam esses frutos como isca solta na água, abaixo das cachoeiras, e atiram flechas no peixe que vai abocanhar a isca.

Das aves de caça, os *cujubins* são especialmente numerosos. Às vezes, há meia dúzia ou mais dessas belas aves, que têm mais ou menos o tamanho de nossos faisões, sentada numa rocha na cachoeira, tomando seu trago matinal. Justamente agora, época de frutificação das palmeiras, são muito gordos e saborosos. Não estão acostumados aos tiros, e pode-se acertar facilmente vários deles num mesmo local, já que, após o tiro, geralmente voltam voando para seu antigo lugar.

Durante a viagem de barco comemos linguiça fresca. Os índios cortaram o coração e o fígado da anta em pedacinhos e, com cubinhos de toucinho, encheram as tripas. Assadas no moquém, essas linguiças não são nada ruins — aqui no mato.

À tarde o Majonggóng ainda acerta um veado-mateiro forte, que veio beber água num banco de areia. Carne para dar e vender. Se ao menos tivéssemos mais vegetais!

Um pequeno substituto são os gordos e saborosos refrescos que os índios fazem com os frutos das palmeiras *patauá* e *açaí,* seguindo o mesmo modo utilizado com os frutos da *bacaba.* No fundo, é uma barbaridade derrubar uma imponente palmeira por causa de algumas tijelas de sumo; mas meu pessoal geralmente acha isso mais cômodo do que subir na palmeira para tirar os frutos.

Assim como os índios reclamam muito se lhes falta alguma comida com que estão acostumados, com frequência são igualmente pouco seletivos em seus gostos. Um *cujubim* que acertei hoje tem frutos não digeridos no estômago. Meu pessoal os come com grande apetite. Mas, gosto não se discute, e na Europa também se comem excrementos de galinhola. Os índios consideram intragáveis muitas coisas que são petiscos para nós, por exemplo, a rabadilha das aves, o focinho e a língua do porco-do-mato. No início, sempre havia espanto e risos, inconfundivelmente misturados com um pouco de desprezo, quando eu escolhia justamente esses pedaços.

9 de janeiro. Nos últimos dias o rio tomou uma boa direção. Longos trechos retos conduzem para o oeste. Nós os percorremos rapidamente com velas feitas de lona, infladas pelo fresco vento leste. Em alguns pontos o rio é muito largo, coberto de rochas, e forma corredeiras planas.

---

[6] *Myletes* sp.
[7] *Euterpe oleracea.*

Os índios dizem que é a margem direita do braço Maracá, cuja entrada, aos poucos, está se tornando lendária.

10 de janeiro. Seguimos em frente, passando por baixas quedas isoladas. Junto a uma rocha há uma canoa com água pela metade. Pensamos, a princípio, que fosse dos Waíka, e meu pessoal já ficou inquieto. Após exame pormenorizado, o Majonggóng explica que o bote é de seus compatriotas. Provavelmente veio à deriva do curso superior do rio.

Seguimos navegando calmamente até por volta do meio-dia. O Majonggóng vai à frente com o barco leve. Ele acena para nós do canto de uma rocha e faz sinal para que prossigamos com cuidado junto à margem esquerda. Ele e seu companheiro Romeu vão de mansinho, com a espingarda, junto à rocha. *"Pemonggóng!"* ("Gente!"), sussurra Mönekaí. Pensamos nos bravos Marakaná ou nos Waíka. São duas fortes onças-pardas, que, em posição pitoresca, uma deitada, a outra em pé a seu lado, nos olham da alta rocha à beira da mata. José atira depressa com a Winchester, mas elas desaparecem na floresta, rugindo alto, com longos pulos. Corremos atrás delas, mas não achamos nada, nem mesmo sangue. Quando já damos a presa por perdida, Kaikuschí, que pusemos em seu rastro, indica bem perto, furioso, onde está a caça. Pensamos que a onça-parda levou um tiro e se ergueu; mas Manduca, que correu adiante, grita: "Ela já está morta!". Lá está ela, esticada, o corpo ágil em toda sua beleza. Um animal e tanto; um macho. A fêmea, que era ainda mais forte, escapou. A bala perfurou o coração dele. Um tiro de mestre! Apesar disso, ele ainda deu alguns saltos enormes, então sucumbiu. Esfolamos sua bonita pele avermelhada, que lhe valeu entre os índios o nome de "falso veado", e a estendemos com bastões para secar. Durante nosso trabalho sangrento, a fêmea não para de andar à nossa volta, miando surdamente na mata espessa. Os índios a atraem imitando seus sons com habilidade, mas não conseguimos atirar nela.

Mönekaí e Manduca não querem tocar na presa, "senão o filhinho morreria", filhinho que o primeiro tem em casa e que o segundo está esperando. José, que vê todos os acontecimentos do ponto de vista de sua crença em magia, diz: "Agora seu senhor, um *umáyikog,* vai ficar bravo com a gente e nos perseguir porque matamos seu cachorro!". Os *umáyikog* são demônios da montanha em forma humana e de hábitos humanos, ajudantes dos xamãs. As onças são seus cães.

O lugar onde estamos tem uma certa importância histórica para os índios. O rio aqui se estreita bastante. De ambos os lados erguem-se altas rochas, arredondadas pela correnteza. Os índios a chamam de Kulekuléima. Na rocha à direita aconteceu certa vez a grande luta entre os Schirianá e os Marakaná, na qual estes últimos foram quase totalmente aniquilados. Dizem que a rocha ficou banhada de sangue. Pelo menos é o que o pai de Manduca contou. A luta deve ter ocorrido durante os últimos trinta anos; pois à época da comissão de fronteira (1882) os Marakaná ainda viviam no alto Uraricapará e, de lá, afligiam os Auaké do outro lado do divisor de águas.

Às 3 horas seguimos viagem e, após meia hora, finalmente saímos dessa imensa confusão de milhares e milhares de ilhas e braços que se ligam à grande e contínua ilha Maracá. "Samburukú" tem razão. A ilha Maracá, propriamente dita, termina pouco abaixo da catarata Eménuli, cerca de dois dias de viagem acima de Urumam'y. Os índios só se expressaram mal. Para eles, esse labirinto de ilhas ainda pertence a Maracá. À nossa frente, com uns 300 m de largura, temos o rio em calma majestosa. Passamos, pois, por todos os perigos. Querer é poder!

13

NA TERRA DOS BRAVOS WAÍKA

Adiante, a noroeste, aparece a primeira cumeada grande, que os Majonggóng chamam de *kauadí-hede,* serra do veado. Navegamos até o cair da noite à procura de um bom local para acampar e, no fim, temos de passar a noite na pantanosa mata ribeirinha. Latindo, Kaikuschí anuncia uma anta que se aproxima do acampamento, mas depois vai embora ruidosamente.

11 de janeiro. Partimos às 7 horas. Pequenas corredeiras alternam com trechos calmos. Encontramos na margem folhas da chamada *banana brava,* cortadas recentemente, há cerca de cinco dias. Provavelmente provêm dos mesmos índios Majonggóng ou Máku em viagem, cujos vestígios, um pequeno abrigo, encontramos rio abaixo. Ao meio-dia passamos por um afluentezinho esquerdo considerável, chamado pelos Majonggóng de *kauadí-kene,* riacho do veado. Segundo nossa direção atual, é o Uruwé do mapa de Schomburgk. Algumas horas acima de sua foz, que tem cerca de 80 m de largura, esse viajante encontrou mais uma aldeia Wayumará às margens do Uraricoera e lá pôde completar suas provisões. Nesse aspecto ele foi mais feliz do que nós. Hoje os habitantes ribeirinhos desapareceram, e a falta de vegetais, em especial alimentos feitos de mandioca, dificulta extraordinariamente a viagem.

Ao passarmos uma cachoeira, Mário é mordido na mão por um *aimará,*[1] um grande peixe predador de dentes pontiagudos que é muito numeroso aqui. O peixe abocanhou a mão toda. Em ambos os lados há uma dúzia de furos profundos, que sangram intensamente. Eu o enfaixo o melhor que posso. Sua natureza saudável terá de fazer o resto. Geralmente as feridas curam depressa nestas regiões, já que o ar puro não favorece uma infecção.

12 de janeiro. Muito antes do nascer do sol vários *mutuns* já estão cantando ao redor do nosso acampamento. De manhãzinha os índios acertam quatro deles. Um quinto mutum nem se deixa abalar pelos estampidos das espingardas e continua zumbindo. Talvez achasse que os tiros fossem trovões.

---

[1] *Macrodon trahira.* Ele é coberto de escamas e pesa mais de 10 kg.

Em alguns pontos navegamos através de grupos de ilhas, mas estas não influem nas características do rio largo. Seguimos navegando rapidamente. Os remadores estão sentados inativos no barco e mordiscam peixe frito. José conta histórias engraçadas de Konewó, o Till Eulenspiegel* indígena, um homem destemido que engana e mata especialmente as onças, mas, no fim, como muita gente corajosa, morre por causa de uma ninharia. É morto por um besouro esterqueiro.

Logo após o meio-dia paramos junto a uma barra de rocha que atravessa o rio como continuação da alta margem esquerda. Ela forma a catarata Açaí. Navegamos até o lado direito para procurar uma passagem lá, mas depois de termos vencido um degrau encontramos, como fim do canal, uma queda d'água terrível que não se pode vencer nem com barcos vazios, se não quisermos correr o risco de perdê-los. Manduca diz que se pode evitar a queda d'água por um canal — sua desembocadura já passamos rio abaixo. Por isso, com o auxílio de cordas passamos os barcos cuidadosamente pela primeira queda e navegamos até lá. Esse braço também termina numa queda d'água. Deixamos o restante do trabalho para amanhã.

13 de janeiro. A julgar pelas pegadas, um jacaré grande nos fez uma visita à noite e roubou um peixe do moquém.

Passamos os barcos pela queda e logo deixamos novamente o canal, entrando em largas águas navegáveis. Continuamos em boa direção oeste, mas a catarata nos trouxe de novo águas agitadas. As cachoeiras e pequenas quedas não terminam nunca. Lidamos com elas o dia todo. Numa ilhota encontramos um antigo e primitivo acampamento indígena, logo depois, um segundo na margem direita; numerosas pegadas num banco de areia, pegadas de crianças também. Provavelmente eram índios nômades vindos do sul desconhecido, que pernoitaram aqui, talvez do Mucajaí, que dizem distar poucos dias de viagem.

Ainda no escuro o pessoal pega peixes grandes com arpão, *aimarás, curimatás* e outros, que dormem em baías tranquilas, entre as rochas das margens e que, cegos por um facho, são fáceis de pescar.

14 de janeiro. Agora estamos de novo na corrente principal, livre, e avançamos rapidamente.

José atira numa *capivara* que estava estupidamente agachada na margem. A carne desse roedor desajeitado, que nós chamamos erroneamente de "porco-d'água", é pouco saborosa, e mesmo o índio abre mão dela quando não falta peixe fresco, como aqui. Levamos alguns pedaços para Kaikuschí. Infelizmente, era uma mãe de novo. O filhote fugiu para o mato e agora vai definhar miseravelmente. Falta ao índio qualquer compaixão pelos animais.

Uma outra *capivara* pequena foi nossa companheira de viagem durante os últimos dias. O pessoal pegou o bicho rio abaixo. Sob os cuidados de Hermina, que, como todas as índias, tem muito jeito para domesticar animais, em dois dias ficou tão mansa que comia da mão dela. Noite passada fugiu para nunca mais voltar.

À tarde passamos por três pequenas elevações na margem esquerda e pernoitamos na ponta inferior de uma ilha maior, chamada de *kamauántade*[2] pelos Majonggóng. Ela se eleva um pouco

---

[*] Personagem lendário, de origem alemã ou flamenga, cujas aventuras cômicas se tornaram muito populares na Europa. (N. T.)

[2] *yantáde* = ilha.

sobre rochas planas com um limpo banco de areia. Na mata rala existe aqui uma cabana construída por índios Máku em viagem. Sobre o pequeno moquém ao lado ainda há uma *piranha* frita, esquecida na hora da partida.

O lugar, em si ideal, tem uma história sangrenta. O outrora mal-afamado chefe Schirianá Kuranaí fez aqui dois ataques a índios em viagem; num desses ataques perdeu a vida, entre outros, o Majonggóng Samburá (tambor), um parente de Manduca, no outro, o Sapará chamado Xikuraí. Enquanto dormia, estirado no banco de areia, Samburá levou uma flechada na garganta quando o dia estava clareando. Parece que, do grupo todo de viajantes, só uma mulher conseguiu se salvar. Kuranaí ainda se vangloriava de seus assassinatos. Essa gente não lhe fizera nada. Antigamente, o chefe morava defronte à ilha, na margem direita, na encosta de uma cumeada baixa. Mais tarde, mudou-se com seu bando para o alto Uraricapará, de onde os sujeitos bravos vieram nos visitar.

Dizem que os Waíka de Marutani ainda hoje gostam de fazer seus ataques neste lugar. Por isso, é preciso ter cuidado. Carregamos todas as armas de fogo. De manhãzinha Kaikuschí late furiosamente. Vamos de mansinho para os barcos; mas não é nada.

15 de janeiro. Os mutuns[3] são extraordinariamente numerosos aqui e pouco ariscos. Com algum cuidado, é possível aproximar-se sorrateiramente deles de manhãzinha, enquanto entoam seu canto monótono. Os Taulipáng chamam de *pauituimá* uma espécie grande, que parece não existir rio abaixo. Esse "rei dos *mutuns*", como José o denomina acertadamente, é uma ave vistosa e altiva, pesada como um peru. Tem belas peninhas de brilhante azul-ferrete no pescoço e no dorso, e peninhas vermelho-pardas na barriga e nas pontas da cauda. O restante das penas é pretíssimo. Faltam-lhe a touca crespa e as belas peninhas brancas na barriga e no uropígio, que caracterizam o *pauí*, o *mutum-da-serra*[4] dos brasileiros. O bico curto, largo e muito curvo do *pauituimá* tem uma coloração vermelho-escura que vai ficando amarela à medida que se dirige para a ponta. O *pauí* tem um bico amarelo-cera, em cuja raiz há uma protuberância carnosa. A carne de ambas as espécies é muito saborosa e, ao ser cozida, produz um substancioso caldo marrom.

O rio é largo e raso. Em toda parte elevam-se rochas, por entre as quais a água busca seu caminho em corredeiras espumantes. Chegamos à comprida *kusáli-melú* (corredeira do veado), que se divide numa série de quedas. Mönekaí e Akúli andam a vau e nadam com a corda através da corrente agitada. Aproveitam cada ponto firme para puxar o barco com todo esforço possível, enquanto José está em pé, ereto, na embarcação vacilante, afastando-a com a vara das rochas ameaçadoras. Pouco acima da cachoeira desemboca, à direita, o Yuruá, de cerca de 30 m de largura, que parece ser idêntico ao afluente Akamea do mapa de Schomburgk.

Às 10 horas da noite Watoíma, a grande *arara*, voa novamente sobre nós. Uma bola de fogo solta-se no zênite e, espalhando forte luz à sua volta, segue para oés-noroeste, onde desaparece sob forte estrondo com trovão prolongado e surdo, como numa tempestade. Na noite escura e estrelada, esse fenômeno tem um efeito inquietante.

---

[3] *Cracinae.*
[4] *Crax alector* Linn.

16 de janeiro. Navegamos agora velozmente por trechos longos e retos para noroeste. O rio corre fácil e livremente. Com forte vento leste pusemos a vela outra vez. Em trechos mais rasos o pessoal ajuda com varas. Assim avançamos rapidamente. A viagem é um descanso após os terríveis esforços dos últimos dias. À tarde passamos por um afluente direito maior, pelo visto o Coutaeba de Schomburgk, e avistamos logo a seguir, pela primeira vez, ao norte, a extensa e enorme serra Marutani, com sua cumeada quase horizontal e as encostas rochosas íngremes e de brilho avermelhado. Passamos a noite num antigo acampamento.

17 de janeiro. Partimos às 7 e meia. O rio estreita-se e, aqui e ali, é coberto de rochas. Após duas horas chegamos à catarata Tákari, dividida pela larga ilha de mesmo nome. Precisamos descarregar e temos trabalho pesado nas diferentes quedas. Só à tarde é que alcançamos o outro lado e gozamos de mais algumas horas de viagem tranquila entre ilhotas cobertas de mata, de cujas altas árvores pendem orquídeas variadas.

"Duas canoas dos bravos Waíka" transformam-se, vistas de perto, num tronco de árvore escurecido pela idade e pela maré. Olhando pelo binóculo, reconheci imediatamente a verdade e ri a valer dos índios, que tanto se gabam, perante o europeu, de sua acuidade visual. Fiquei novamente admirado com a fantasia do índio, que se torna cada vez mais exagerada à medida que o medo aumenta. "Aqui é um porto dos Waíka de Marutani!", "Os Waíka de Motomotó se mudaram para Marutani!", e frases semelhantes circulavam confusamente.

18 de janeiro. Rochas enormes formam a cachoeira Malipayapóng. A noroeste veem-se os dois cumes baixos de Motomotó; ao norte, uma cadeia mais alta e longa, um pouco mais distante do que Marutani. Os Majonggóng a chamam de *kuäki-hede*. O rio tomou a direção norte-sul. Agora temos a serra Marutani bem à nossa frente. Correndo de leste a oeste, pelos meus cálculos ela se eleva até 1.500 m em alguns pontos e pertence, a julgar por sua forma de mesa e pela coloração avermelhada de suas íngremes encostas, à mesma formação de arenito do Roraima. No sul, à sua frente, corre paralelamente a ela outra cordilheira, de cerca de 800 a 900 m de altura acima do rio. Sua extremidade ocidental é formada por uma montanha grotesca que, com sua mata espessa, destaca-se, escura, da serra Marutani, que, refletindo o sol da tarde, brilha claramente. Ela termina num cume pontiagudo, em cujo cimo se ergue, longa e estreita, uma única rocha imensa, como o poste central acima da ponta do teto de uma casa indígena circular. Os Taulipáng a chamam de *kuatá-tepö* (montanha do *cuatá*).

A serra Marutani, chamada imprecisamente por Schomburgk de "Maritani" e, no mapa brasileiro da comissão de fronteira, erroneamente de "Urutany", é um pedaço da *serra Pacaraíma*, como é chamada a borda sul da Guiana ocidental. Esse espinhaço, em sua maior parte baixo, que, como divisor de águas, corre de oeste a leste, paralelamente ao curso do Uraricoera, não forma uma cadeia contínua. Compõe-se de serras isoladas, cuja maior elevação é a Marutani.

Os homens são a nota dissonante na alegria que essa natureza grandiosa provoca. Faz alguns dias que o Majonggóng demonstra falta de disciplina. Anda por aí com cara rabugenta, mal responde às perguntas, não aparece à noite no acampamento. Será que ele pensa que, aqui tão perto de sua terra, pode fazer o que quiser, já que precisamos dele e não chegaríamos lá sem ele, ou será que são apenas humores passageiros nessa gente irascível e ciumenta? Isso só se decidirá quando eu tiver dispensado os outros e ficarmos sozinhos com ele. Agora está com ciúme, pois

NA CACHOEIRA MURUÁ. *RIO* URARICOERA

acha que os outros querem se aproximar de sua mulherzinha; também tem ciúme de José, que ocupa uma posição privilegiada em relação a mim. Isso até me seria lisonjeiro, mas eu prescindiria com prazer de tal honra. Com palavras duras não se consegue nada com esse homem estranho. Isso só o deixa mais teimoso ainda. Com seu jeito arrogante, aos poucos se desentendeu com todos. Por isso, e talvez também por medo dos índios bravos, os outros querem voltar de Motomotó e deixar-nos lá com os Waíka, à nossa própria sorte. Com poucas palavras expliquei--lhes que isso seria impossível. Assim, preciso de toda minha calma e energia para manter a tripulação unida.

19 de janeiro. Continuamos a navegar diretamente para o norte, em alguns trechos até mesmo para nor-nordeste. Bem longe, no sul, surge outra cadeia elevada, *pöté-tepö,* de onde vem o Yuruá. Em alguns pontos o leito do rio alarga-se enormemente e forma um mar de rochas, às quais a corrente, com frequência, deu as formas mais singulares. Enormes rochas arredondadas estão

amontoadas umas sobre as outras. Sobre algumas rochas estão depositados altos montes de enormes troncos de árvores, que, na cheia, foram arrancados e levados juntamente com a margem. Esses troncos se assentam quando a água baixa, para descerem novamente um trecho do rio na maré-cheia seguinte. Ao fundo elevam-se, como remate impressionante desse caos pitoresco, as barreiras rochosas de Marutani e Kuäki, mergulhadas em fumaça roxa.

Passamos pela grande cachoeira Muruá. Numa tranquila baía na margem direita há uma gigantesca anaconda[5] sob a água rasa. Dou alguns tiros nela com a Winchester, a pouca distância, mas ela não se mexe, até que José bate nela com a vara. Então ela desaparece serpenteando elegantemente na água funda. Estava à espreita de caça, talvez uma anta que costuma passar por aqui. Essas cobras gigantescas parecem ser muito frequentes aqui. Há poucos dias Schmidt viu um exemplar muito grande deitado na margem e deu um tiro de revólver nela. Os jacarés também são numerosos; existem os muito grandes, que podem ser perigosos ao homem, e os pequenos, que no Brasil são chamados de *jacaretinga,* cuja carne branca e fibrosa, que lembra esturjão, também pode ser apreciada pelo europeu, se este não sentir repugnância pelo leve sabor de almíscar. Enguias grandes, da espessura de um braço ou de uma perna, brincam nas quietas baías. De vez em quando esticam sua horrível cabeça gorda e redonda para fora d'água para respirar.

Na noite passada José sonhou novamente e me viu entre muitos índios Schiriana e Awakê, que tinham vindo do alto Uraricapará até Motomotó para comerciar conosco. Uma visita como essa não seria impossível, pois as cabeceiras do Uraricapará, que nasce na serra Marutani, estão bem próximas de nós. Akúli e Manduca, os dois grandes xamãs, dizem ter tido o mesmo sonho. Os índios, especialmente José, dão especial importância aos sonhos. Em 6 de janeiro José me contou de manhã que, nesse dia, encontraríamos porcos-do-mato, pois viu em sonho muita gente dançando o parischerá, a dança do porco-do-mato. Infelizmente, seu belo sonho não se tornou realidade. Foi, até, um dia infeliz. Meia hora depois nosso barco grande afundou.

Por volta do meio-dia navegamos bem perto da estranha *Kuatá-tepö* e de outras montanhas de arenito. Os Majonggóng têm cantos que se referem a essas montanhas. No interior do monte Cuatá, dizem, vive "gente" que tem grandes plantações de mandioca. Quando os índios querem obter boa colheita de suas plantações, pedem a bênção desses demônios.

Dessas serras altas, Marutani, Roraima, Mairari, entre outras, ouve-se às vezes, com tempo totalmente claro, um ruído abafado, semelhante ao trovão. "A montanha está resmungando porque estão chegando estrangeiros", dizem os índios. Talvez esses ruídos tenham relação com o aquecimento desigual e de velocidade desigual das diferentes partes da serra.

20 de janeiro. A direção do rio muda a partir de Marutani. A princípio, navegamos para noroeste, então por longos trechos para oeste. Aqui desemboca, à esquerda, um afluente considerável de água negra, Kuäki ou Kuikí dos Majonggóng, que vem da serra de mesmo nome. Parece ser o Kawanna de Schomburgk. O Uraricoera continua muito largo e raso. Extensos bancos de areia ficam visíveis sob a água pouco profunda. A água do rio, que era verde-clara na região das cataratas, adquiriu agora uma coloração verde-amarronzada, evidentemente por causa da grande

---

[5] *Eunectes muritius* Wagl. Mais conhecida no Brasil como "sucuri". (N. T.)

afluência de água negra. De poucos dias para cá aparecem na mata ribeirinha numerosas palmeiras *paxiúba*,[6] cujos tronquinhos retos fornecem aos Majonggóng o tubo externo de suas longas zarabatanas. Três horas acima da desembocadura do Kuäki mudamos novamente a direção e navegamos para o sul, rumo a uma cordilheira de altura média, que os Taulipáng chamam de *Pidschá-tepö* (serra do macaquinho).

Na margem direita há alguns talos da planta aquática *mukumúku-yäg* cortados ontem. Enfim, gente! Agora as colinas de Motomotó estão bem próximas, diante de nós. Com suas encostas de argila vermelha, caem diretamente no rio. Os índios forasteiros procuraram minhocas para isca num ponto pantanoso da margem. Chegamos a um riacho quase seco, à direita. Em seu leito pantanoso, pegadas bem frescas de adultos e crianças conduzem terra adentro. Eu as sigo com Mönekaí e o Majonggóng (meus dois "heróis" mais corajosos). Por algum tempo andamos a vau por lama profunda. Então, troncos e galhos apodrecidos fecham o caminho. As pegadas cessam. Voltamos e prosseguimos rio acima, talvez haja um porto lá. Aí não muito à nossa frente há uma canoa comprida com um homem nu e um garoto. Meus índios o chamam, mas ele continua navegando rapidamente. O Majonggóng vai à frente. Grita alguma coisa em sua língua. Então o sujeito nu, que apanhou arco e flechas, indica a margem direita. Lá é o porto. Um senhor velho, feio, de rosto besuntado de vermelho brilhante, aparece no alto da margem e fica de cócoras. Mönekaí se agacha junto dele, e eles conversam. Um não conhece a língua do outro, mas, com algumas palavras e sorrisos amáveis e com muitos sinais, eles se entendem muito bem. Parece que é uma espécie de chefe e xamã. Vou lá em cima e estendo-lhe a mão, mas ele não entende o que quero com isso. Então rio para ele, e ele ri também. Foi feita amizade. Ele está terrivelmente sujo! Agora o pescador também chega com o garoto. Ambos, ainda um pouco receosos, não fazem caso de nós, em silêncio amarram seu bote nas árvores da margem, apanham depressa arco e flechas e desaparecem na mata. São sujeitos totalmente primitivos. "Tonsura circular" num largo círculo ao redor do redemoinho, abrangendo toda a parte superior da cabeça, o cabelo foi cortado curto e untado com vermelho de *urucum*. Pelas terríveis "escadas" pode-se ver o procedimento desse corte de cabelo. Ao redor dessa tonsura ficou uma coroa de cabelos em pé, mais curta na frente, atrás chega até a nuca. Um feixe de algodão, vermelho-*urucum*, serve de cinto de cordões, sob o qual o pênis erguido é apertado junto com o prepúcio. O escroto, em especial no senhor idoso, pende triste, mole e longamente e, a cada movimento, bamboleia para lá e para cá entre as coxas. O septo nasal, o lóbulo da orelha e o lábio inferior são furados e adornados com cânulas de taquara de quase um palmo de comprimento. Ao redor da parte superior do braço o jovem pescador está usando braçadeiras tecidas bem estreitas, das quais pendem longas pontas; há faixas idênticas ao redor das pernas, abaixo dos joelhos. O velho tem apenas cordões simples de algodão envolvendo várias vezes os braços e as pernas. Tudo foi untado espessamente com *urucum*. O corpo sujo e desleixado do velho mostra pinturas bem simples, já meio apagadas, feitas com cor negra de *jenipapo*.

---

[6] *Iriartea exorrhiza* Mart.

Seguimos esses representantes de eras primitivas até o alto da margem, onde se ergue uma série de miseráveis cabanas de folha de palmeira e da altura de um homem; na verdade são apenas tetos de meia água, um ao lado do outro e dispostos em círculo. Por meio de sinais, o chefe nos convida a segui-lo. Schmidt fica com dois homens junto aos barcos. Aceito o convite com Mönekaí, José, Romeu e sr. e sra. Majonggóng. A rápido passo de índio, atravessa-se uma grande e nova plantação com mandioca, cana-de-açúcar, bananas e *cará,* depois segue-se meia hora por uma boa picada através da floresta. Atravessamos novamente uma grande plantação, na qual ainda há tocos de árvores queimados soltando fumaça. Ela fica no alto, com vista maravilhosa das serras no norte, Kuäkí e Marutaní, Por fim, descemos rapidamente por terreno íngreme até o vale de um riacho, onde sobe uma fumaça espessa. O chefe grita algumas palavras roucas e excitadas. A seguir, há uma gritaria horrorizada de várias vozes, principalmente de mulheres, que vai desaparecendo aos poucos na floresta. O chefe chama de novo. Entramos numa clareira e estamos na aldeia dessa gente selvagem. Uma dúzia de abrigos, igualmente miseráveis e distribuídos da mesma forma que os da margem do rio. Aos poucos, chegam os moradores, hesitando, tremendo. Estou parado na "praça da aldeia", apoiado em minha espingarda, e deixo que me admirem; é que sou o primeiro branco que eles veem. Por fim, doze a dezesseis homens estão reunidos à minha volta. Alguns permanecem timidamente sob seus abrigos miseráveis, que só muito eufemisticamente se pode chamar de "cabanas", os outros gesticulam impetuosamente e tagarelam de maneira desordenada. Cada um é mais feio do que o outro. Vários deles têm o rosto lambuzado de vermelho. Mesma tonsura e traje. Todos estão mais ou menos sujos. Tomar banho parece ser um conceito misterioso para eles. Todos têm uma horrível doença de pele, que cobre o corpo todo de grandes manchas escuras e se desprende em crostas, fazendo que se cocem constantemente. Por último, vem um homem jovem e esbelto sem tonsura, cego de um olho, o rosto lívido de medo, que treme pelo corpo todo. Age como uma criança que canta e assobia no escuro, chega bem perto de mim e, gritando, profere uma longa conferência. O belo sexo decepciona: algumas velhas, algumas mulheres mais jovens com criancinhas pequenas e magras. Devem ter posto as mocinhas depressa a salvo. No rosto, algumas mulheres parecem verdadeiros porcos-espinhos: usam longas cânulas de taquara nos lóbulos perfurados das orelhas, no lábio inferior, nas comissuras da boca, e três estreitos riscos feitos a taquara no septo nasal, afastados entre si e abrindo-se em leque para ambos os lados.

Explicam-nos por meio de sinais que cinco índios Máku do Auari, viajando rio abaixo, estiveram aqui há pouco tempo; encontramos suas pegadas frescas na região das cataratas. Os Máku, ou "Makúli", como os Schirianá os chamam, são seus amigos e "portadores de cultura". Dois vira-latas feios e pequenos, de orelhas altas e pontudas — que atacam, furiosos, nosso belo e grande Kaikuschí –, se chamam Makúli; uma rede de dormir de algodão, Makúli; uma tanga de miçangas, Makúli; um machado, um tosco facão venezuelano, alguns anzóis, Makúli. Também os estreitos cordões de algodão tecidos, que alguns homens usam ao redor do braço e as mulheres em volta da perna, acima dos tornozelos, são chamados Makúli, Com certeza, as tangas de cordões tingidos de *urucum* não são próprias deles, mas também devem ser "Makúli" — tampouco lhes são próprias, mas, provavelmente, são Makúli: pois algumas mulheres usam essa "tanga" na barriga, em outras ela escorregou até a altura do joelho, não correspondendo, assim, à sua finalidade. Os pelos pubianos são totalmente raspados nas mulheres, nos homens não. Acima do pênis levantado e preso sob o cinto de cordões, alguns homens usam uma tanga de apenas dois dedos de largura, de chita suja. Essa "vestimenta" também é uma aquisição cultural proveniente de seus amigos, os Makúli. O cabelo das mulheres é curto, como o dos homens, mas sem tonsura. Logo que tivemos certeza das primeiras pegadas humanas, eu, rapidamente, me barbeei, para comemorar o dia. Essa delicada consideração não era nem um pouco necessária, pois essa gente não dá nenhum valor às aparências.

Dois raladores de mandioca provêm dos Yekuaná-Majonggóng, ou, como se diz aqui, Yakuná. Na falta dos raladores, eles ralam a mandioca sobre ásperas lajes de granito.

Antes de os Máku se tornarem seus "portadores de cultura", o que não deve ter ocorrido há muito tempo, eles não tinham plantações grandes, vivendo predominantemente de frutos silvestres, como acontece ainda hoje. Nem tinham machados para derrubar a mata. Um machado de pedra que lhes mostro não lhes causa impressão alguma. Ainda hoje a maioria dessas hordas primitivas vagueia por esses imensos ermos, como o arredio animal da floresta.

Etnograficamente eles são os mais pobres dos pobres, mas as poucas coisas que têm são muito interessantes do ponto de vista científico: alguns cestos redondos, firmemente trançados, e apás grandes; pequenos apás redondos do mesmo trançado, que, em lugar do elástico tipiti das tribos mais desenvolvidas, aqui inexistente, servem para espremer a massa de mandioca ralada ao serem dobrados e esmagados com as mãos; pequenas cabaças esféricas com tinta vermelha para pintura corporal; novelos de fios de algodão, bem enrolados e embrulhados em folhas; flautas simples de taquara. Têm arcos e flechas com pontas de osso para acertar peixes e outras, com longas e largas farpas de taquara, afiadas em ambos os lados para caça maior e para a guerra; paus de fogo; facas para mulheres, feitas de lascas de bambu para raspar mandioca; facas para homens feitas de dentes de *cutia*, como as que conhecemos do Uraricapará. Os homens usam essas "facas" presas sob a braçadeira. Em geral, sua cultura material iguala-se à dos Schirianá do Uraricapará. Só que tudo é mais primitivo ainda, mais pobre. Especialmente os arcos e flechas aqui não são, nem de longe, tão bem trabalhados quanto os de lá.

As redes de dormir são terríveis. Ficamos com vergões no corpo só de pensar em nos deitar despidos nelas: um feixe de duras tiras de líber da árvore *waimbé* é preso em ambas as extremidades. Falta o punho de fios de algodão tingidos de vermelho, como o das redes do Uraricapará. É um mistério essa gente não cair através das largas aberturas durante o sono. Como adorno, vejo apenas braçadeiras de cordões com asas de pássaros dependuradas. Meu coração de etnógrafo fica encantado com uma maça de guerra de pesada madeira negra e formato elegante. Uma característica une todas essas coisas entre si e com seus donos, é a sujeira que cobre tudo como uma pátina muito antiga.

Por meio de sinais damos a entender que "nossa barriga está vazia", como se diz em boa língua indígena. Então eles nos trazem grandes cuias cheias de gordo caldo de *bacaba*. Amassam os frutos da palmeira com as mãos. As mãos ficam limpas e bebemos o líquido com prazer, pois estamos com sede.

Alguns homens nos acompanham de volta ao acampamento, onde admiram tudo sorrindo amigavelmente e fazendo seus comentários a respeito. Em troca de miçangas, fósforos e miudezas, recebo deles duas pencas de bananas meio maduras e alguns objetos etnográficos. Esses autênticos filhos da natureza não estipulam preços e ficam satisfeitos com aquilo que pomos em suas mãos. Envolvem o pagamento em folhas verdes e penduram o pequeno embrulho no pescoço. É que eles não têm bolsos.

Pouco após o pôr do sol os senhores se safam, sem deixar de nos prevenir, por meio de expressivos gestos de atirar flechas, sobre seus bravos irmãos de tribo da margem esquerda, da serra Marutani, que dizem ser seus inimigos e talvez possam fazer um ataque noturno a nosso acampamento. Silenciosos como sombras, mergulham na escuridão da floresta.

Nem bem eles se foram, José recomeça sua lamentação, que já estou farto de conhecer. Mal consegue falar, de tanto medo. Já se sente trespassado por flechas. É o porta-voz dos outros, mas estou firmemente convencido de que estes nem pensariam em voltar caso ele não os sublevasse toda vez. Eu lhe digo umas verdades sem rodeios e, por fim, explico que aqui eles não receberão nem pagamento, nem barco, nem víveres. Pergunto-lhe ironicamente de que modo eles pretendem empreender a longa viagem rio abaixo. Então ele cede. Esse homem inteligente é um hábil piloto, um serviçal útil, um companheiro amável, especialmente valioso para mim como contador de lendas, mas demonstra uma covardia tão desavergonhada como nunca vi num índio. Por isso, não posso aproveitá-lo para o prosseguimento da viagem e o mandarei de volta na primeira oportunidade. Meu pessoal está de bom ânimo e vou ficar contente quando eu estiver nas aldeias dos Majonggóng, nosso alojamento de inverno, das quais Manduca me contou tantas coisas louváveis.

21 de janeiro. A noite transcorre calmamente. Nenhuma flecha Schirianá indiscreta perturba nosso sono. Schmidt vai cedo até a aldeia e volta com alguns homens e mulheres carregados de objetos etnográficos.

Mostro-lhes fotografias de outros índios. Não sabem o que fazer com elas. Procuro fazer registros línguísticos, mas não é possível. Essa boa gente não entende aonde quero chegar. Se aponto para meu nariz, eles fazem o mesmo. Se ponho a língua para fora, aparentemente acham que se trata de uma boa piada, riem e fazem igual. Nenhum deles, porém, pronuncia a palavra tão aguardada. Mas parece que a língua mostra apenas pequenas diferenças dialetais em relação ao Schirianá do Uraricapará.

Do ponto de vista cultural, é uma sociedade de nível extremamente baixo e fica difícil pô-la no mesmo estágio humano de seus vizinhos ocidentais, os inteligentes Taulipáng, Makuschí e outras tribos, para não falar do nosso europeu.

Os habitantes de Motomotó são, em sua maioria, Schirianá. Indicam-me um homem jovem e uma mulher jovem como Waíka. São ramos de uma tribo que se entendem facilmente. Esses Waíka distinguem-se por sua pele extraordinariamente clara, quase branca, se não se levar em conta a camada de sujeira, fato que Alexander von Humboldt já atestava quanto aos membros dessa tribo vistos por ele no alto Orinoco.[7] O Waíka sem tonsura é um sujeito selvagem de olhos inquietos, com quem não se gostaria de topar desarmado na floresta. Masca fumo constantemente, e o caldo marrom escorre-lhe de ambos os cantos da boca. Mantém um grosso rolo de

---

[7] A. von Humboldt. *Reise in die Aequinoctialgegenden des neuen Kontinents*. Ausg. Hermann Hauff. v.IV, p.114*ss*. Stuttgart, 1860.

fumo entre o lábio inferior e os dentes e, assim, com a mandíbula proeminente, parece ainda mais animalesco. Tira o rolo de fumo e o empurra na boca de um amigo, agachado a seu lado. Sorte eu não estar sentado ao lado dele, pois essa parece ser sua expressão máxima de simpatia.

Segundo informação deles, o homem jovem e caolho e um outro vêm do alto Uraricapará.

Montei o aparelho fotográfico grande para fotografar as pessoas isoladamente e em grupos. É evidente que só os preparativos já exercem uma impressão inquietante sobre eles. Para acalmá-los, primeiro mando Schmidt, depois José ficarem diante da câmera. Quando estou sob o pano negro, ajustando o aparelho, manifesta-se um visível terror em seus rostos. Um jovem Schirianá de tipo especialmente característico, que quero levar para diante da câmera, empalidece, treme violentamente e quer fugir. Em vão Mönekaí procura esclarecer às pessoas, com a fotografia de seu irmão Maipalalí, o procedimento inofensivo. Não o compreendem. Por fim, após longa resistência, um barrigudo velho e feio e o homem jovem e caolho do Uraricapará se decidem, mas sempre com as mãos diante do rosto. Desistimos, então, de fotografar e nos sentamos para o almoço, para que as pessoas voltem a se acalmar; mas elas logo se despedem, dando-me a entender, por meio de sinais, que amanhã trarão *cará*, bananas e outras frutas de suas plantações. Num piscar de olhos todo o bando sujo desapareceu.

À tarde Schmidt vai novamente à aldeia. Manduca e Hermina o acompanham. A pequena e corajosa mulher quer preparar beiju lá como provisão para a viagem. Agora Manduca tem procurado se controlar. Como supus, ele estava com ciúme de José, achando que eu o favorecia. Passei a me sentar, às vezes, junto de sua fogueira, que ele sempre mantém afastada dos outros, e conversamos sobre o prosseguimento da viagem. Desde então ele se transformou. Apesar de todos os seus caprichos, que, não raro, perturbam a harmonia da expedição, ele tem uma qualidade excelente, que eu desejaria para meu José: destemor.

22 de janeiro. Ontem Hermina trouxe oito beijus. Hoje quer assar mais. Mando Schmidt com o casal. Deve trazer os Schirianá até aqui. Ele regressa logo. A aldeiazinha está vazia. Todos desapareceram sem deixar vestígios, levando tudo que possuíam! Só deixaram, amarrado, um cachorro meio morto de fome. Provavelmente ficaram assustados com o misterioso ato de tirar fotografias, por trás do qual supunham um feitiço mau, mais ainda com os numerosos tiros que, hoje de manhã, José e Akúli deram desnecessariamente num pobre *cujubim* na outra margem. Será que os Schirianá pensaram que chegamos às vias de fato com seus inimigos mortais de Marutani? Devem ter fugido pouco antes de Schmidt chegar. As fogueiras ainda estavam acesas.

Os fugitivos roubaram três de nossas facas. Por isso, não ficamos com a consciência pesada ao nos ressarcir de alguma coisa e levamos algumas cargas de *cará* e bananas de suas plantações. Como remuneração, deixo sob um dos abrigos um machado, algumas caixas de fósforos, alguns cordões de miçangas, um lenço colorido e outras coisas. Não quero causar má impressão. Meus índios acham essa generosidade desproposistada e riem zombeteiramente.

Essas pequenas aldeias, que consistem apenas de abrigos baixos para cada família, parecem ser acampamentos provisórios. Manduca seguiu uma picada até bem dentro da mata e chegou a uma extensa plantação com uma grande cabana inacabada de planta quadrada, uma espécie de *maloca*. Dizem que suas verdadeiras moradas ficam nas cabeceiras do afluente direito Carucuri, que desemboca mais acima.

Já na época de Robert Schomburgk os Schirianá viviam neste lugar. A sudoeste de Marutani, mais ou menos na região de Motomotó, o viajante deparou com uma "roça dos Kirishanas", mas não encontrou esses índios. Segundo suas informações, eles formavam "uma tribo nômade que vive completamente em estado natural. Andam totalmente despidos e vivem ou da caça nas montanhas ou, se esta não lhes traz presa suficiente, dos peixes, tartarugas e jacarés dos rios. De vez em quando também roçam um pequeno terreno na mata e plantam *capsicum* e raízes de *cassada*, para voltar mais tarde e fazer a colheita, caso suas outras ocupações o permitam... Os Kirishanas são temidos pelos outros índios; sabem disso e, sempre que podem, pilham as outras tribos mais fracas, sem nenhum receio; suas flechas envenenadas estão sempre prontas para matar".[8] Pouca coisa mudou aqui nos últimos setenta anos.

Por sua aparência e comportamento, quero considerar os Schirianá e Waíka uma camada de população muito antiga destas regiões, que, dispersa em pequenos bandos, muitas vezes inimigos entre si, vive sem verdadeiro domicílio fixo na região das cabeceiras dos pequenos afluentes, bem para o oeste, até o alto Orinoco, e, originalmente, vivia apenas da caça, da pesca e de frutos silvestres.

Procurar pelos fugitivos não traria nenhuma perspectiva de sucesso. Onde os encontraríamos nesta selva enorme? E será que ficariam agora, já que estão com a consciência pesada? Além disso, só o Majonggóng iria comigo. Mas o que os outros fariam nesse ínterim?

Assim, despedimo-nos de Motomotó e prosseguimos navegando para sudoeste, em direção aos cumes azuis de *Pidschá-tepö*.

23 de janeiro. Além da costumeira *paxiúba*, agora se vê na margem a chamada *paxiúba barriguda*,[9] que deve seu nome à dilatação pançuda do tronco; além delas, a esbelta *açaí* de plumagem delicada, a alta *bacaba* e a régia *inajá*[10] com seus enormes abanos. A *patauá*, que era frequente na região das cachoeiras, agora se tornou rara. A *miriti,* tão característica da savana, inexiste nesta mata alta e fechada.

A riqueza em palmeiras certamente está relacionada com a riqueza na caça, aves e quadrúpedes que encontram seu alimento nos gordos frutos dessas árvores.

Agora é a época de acasalamento dos *mutuns*. Fico agachado no mato com Mönekaí. O velho imita enganadoramente o lânguido grito chamariz da fêmea, e dois dos sujeitos apaixonadíssimos, um logo após o outro, correm para sua ruína.

Nesse meio-tempo, José e Akúli, que desde manhãzinha estavam no encalço de um grupo de porcas-do-mato, mataram uma gorda anta fêmea, além de dois *inambus,* um *jacu* e um *agutiuaya*, uma espécie de esquilo. Nossa caça é rica. Assim como é curto o trecho que percorremos hoje.

Às 3 horas paramos na foz do Carucuri, para defumar nossa presa.

O Carucuri, com límpida água marrom-escura correndo sobre areia clara, tem aqui uma largura de cerca de 20 m, mas dizem que, mais acima, se alarga e que vem de uma serra alta bem longe, no sul.

---

[8] Rob. Herm. Schomburgk. *Reisen in Guiana und am Orinoko während der Jahre 1835-1839*, op. cit., p.417.
[9] *Iriartea ventricosa* Mart.
[10] *Maximiliana regia.*

SERRA PIDSCHÁ-TEPÖ. *Rio* URARICOERA

24 de janeiro. Partimos às 7 e meia. Agora temos a serra Pidschá à nossa frente, a noroeste. No oeste, mostra-se uma nova cadeia, Waimití. Milhões de gafanhotos grandes cruzam o ar. Muitos caem n'água, presa dos vorazes *pacus*.

Por volta do meio-dia navegamos ao longo da serra Pidschá, que se estende um pouco terra adentro, na margem esquerda. Em seu mapa, Schomburgk a transfere erroneamente para a margem direita e abaixo de Carucuri. A cachoeira Pidschá-melú, que vencemos logo a seguir, é causada pelas serras de ambos os lados. Mais adiante, em sua direção principal, o rio vem do noroeste e corre em numerosas corredeiras planas. À esquerda, para dentro, corre Uranapíyeng, a "serra do raio". Ao cair da noite acampamos num bom local na margem esquerda, defronte a um cume alto coberto de mata da serra Waimití, que aqui estreita muito o rio. O Majonggóng acertou uma anta jovem com uma flecha Schirianá.

As rochas próximas de nosso acampamento compõem-se de arenito avermelhado, que aqui aflora pela primeira vez no rio.

25 de janeiro. É magnífica a paisagem por onde navegamos. Em ambas as margens, serras de uma altura média de 400 a 500 m acompanham o curso do rio, à direita Waimití, à esquerda a longa Uranapíyeng, que se estende bastante rio acima. O rio continua com 200 a 250 m de largura. Por causa da estiagem, em alguns pontos ele corre em leves corredeiras, de modo que, de manhã, só avançamos vagarosamente. À direita desemboca um afluentezinho de água preta.

Não muito longe de nós, uma anta se banha na água límpida e, de vez em quando, ela arranca os galhinhos das tenras e salgadas plantinhas *carurus*,[11] que crescem nas rochas inundadas pela água. Observamos demoradamente a cena tranquila. Então, dois tiros soam atrás de nós. Akúli, que viaja em outro barco, não conseguiu conter sua paixão de caçador, apesar de termos caça e pesca em abundância. Mortalmente ferido, o pobre animal consegue alcançar a margem e desaparece na mata. O caçador ainda fica muito admirado quando eu o repreendo com palavras duras.

Longe, ao norte, surge a longa e horizontal cumeada da serra Wainamá, de uns 1.000 m de altura, que, com sua forma de dique, assemelha-se a Töpeking e a Marutani; como a continuação interrompida dessas serras, representa uma parte do espinhaço de Pacaraima. Ela forma o divisor de águas para o Merewari.

Segundo a crença dos Majonggóng, essa serra é a morada de xamãs malévolos. Suas armas estão na terra. Atiram com elas nas pessoas que se demoram aqui por muito tempo, acometendo-as de febre.

Às 10 horas passamos pela foz, bloqueada por várias ilhotas, do afluente esquerdo Koátu. A noroeste vê-se uma nova serra que os índios chamam de Wayarantá. Pouco após o meio-dia navegamos pelo rio largo e calmo, num trecho longo e reto, para o oeste, e, passadas duas horas, atingimos a foz do Aracasá ou Arecatsá, que vem do noroeste e deve nos levar ao Merewari. Aqui o Uraricoera vem do sudoeste e, mais adiante, numa curva fechada, parece vir do su-sudeste, correndo ao redor da escarpada encosta ocidental da cadeia Tukuschimá, que chega bem junto de sua margem esquerda.

Segundo informação dos índios, ele logo retoma a direção sudoeste, mantendo-a mais ou menos até sua nascente. Dois dias de viagem acima da foz do Aracasá ele forma uma alta catarata e, mais um dia rio acima, recebe da esquerda o largo afluente Auari, que pode ser o tributário norte do Uraricoera. Dizem que o tributário sul, o verdadeiro Parima, vem em cascatas ininterruptas da longa cadeia de mesmo nome, de um lago grande, no qual também nasce o Orinoco.

O Aracasá, que subimos agora, é uma antiquíssima via de comércio dos Majonggóng. Robert Schomburgk também o utilizou para chegar ao Merewari. Em sua foz ele tem apenas 30 m de largura. A água é verde-amarelada, como a do rio principal, mas mais límpida. O curso inferior é muito assoreado e agora está muito seco. Temos de arrastar os barcos por longos trechos e com grande esforço, entre cascalho e saibro. Na margem esquerda há um pequeno teto de folhas, sob ele um andaime com um cesto, como o que os índios utilizam para guardar farinha de man-

---

[11] *Podostemacea*.

dioca. Infelizmente, está vazio. Às 4 e meia acampamos aos pés de uma queda d'água. Sob as árvores da margem encontram-se novamente alguns abrigos de viagem dos Majonggóng. Uma caldeira de ferro enferrujada e um cesto rasgado pendem dos galhos. Temos de descarregar.

26 de janeiro. Acima da queda d'água o riozinho fica mais estreito e mais fundo. Aqui também deparamos com obstáculos difíceis: grossos troncos de árvores caíram, atravessados. Assim, o pessoal trabalha horas a fio, ora com machado e facão, ora rolando as pedras para o lado para abrir um caminho estreito para os barcos. Além disso, nuvens de *piuns,* que não existiam no rio principal, nos atormentam.

Aqui também há caça e pesca suficientes. Por toda parte vemos as trilhas largas dos porcos-do-mato e das antas. Os paquidermes desengonçados chegam novamente bem perto dos barcos e não se deixam abalar nem mesmo com nossos gritos e risos, até que os afugentamos a pedradas. Kaikuschí fica o tempo todo agitado. Nas pausas para descanso pescamos com arco, flecha e anzol. Os grandes *aimarás,* com seus tolos olhos arregalados, são extraordinariamente numerosos aqui. São tão vorazes que, ao se soltarem do anzol, mordem a isca novamente, até que seu destino os alcança. A carne tenra é muito saborosa.

27 de janeiro. O riozinho alargou-se novamente, mas também ficou raso e cheio de saibro, sobre o qual arrastamos penosamente os barcos, passo a passo. Logo o leito do rio, estreitado por serras em ambas as margens, transforma-se numa garganta rochosa, através da qual o Aracasá busca seu caminho como violenta torrente em curvas semelhantes a saca-rolhas. À tarde chegamos a uma segunda queda d'água.

28 de janeiro. Navegamos até uma picada próxima que circunda a queda d'água muito extensa, mas logo vemos que é impossível continuar avançando com os barcos. Uma barreira de rochas amontoadas umas sobre as outras, sobre as quais se acumularam árvores gigantescas semiapodrecidas, lembrando enormes fogueiras, põe termo prematuro a nossa viagem.

É preciso tomar uma decisão rápida. Mando Schmidt na frente com o casal Majonggóng e Romeu e Mário no menor barco sem carga. Devem trazer, o mais depressa possível, canoas leves e tripulação nova de uma aldeia dos Guinaú, distante daqui seis a sete dias de viagem, junto a um afluente do Merewari. Eu fico aqui com o restante do pessoal e toda a bagagem. Com certeza será uma longa espera. No melhor dos casos, eles estarão de volta dentro de dezoito dias, e dispomos de poucos vegetais: alguns *carás* e um resto de farinha de mandioca.

Passamos o barco pequeno com enorme esforço por entre as rochas, e Akúli quase rompe o tórax. Levamos a carga pela mísera trilha até um ponto elevado na floresta, na margem esquerda, escolhido como local de acampamento.

14

Acampamento Paciência

29 de janeiro. Batizamos nosso acampamento de Paciência. Teremos de exercitá-la bastante agora!

Às 8 horas Schmidt parte com seu pessoal. Levam apenas a bagagem mais indispensável, suas armas e redes de dormir, algumas mercadorias para troca por víveres, e algumas Sopas Maggi como "ração de reserva".

Mando abrir uma clareira para que o sol possa entrar e construir uma barraca, sob a qual nós todos caibamos com a bagagem.

As semanas passam. Um dia se parece com o outro, com pequenas variações.

Levanto-me às 6 horas, com o raiar do sol, tomo um banho refrescante na clara e fresca água montanhosa da queda d'água, então preparo para mim e meus três companheiros a bebida matinal, feita com uma barra de finíssimo chocolate Sarotti. Almoçamos por volta da 1 hora. Nunca falta peixe fresco nem carne de caça. Às 6 horas é o jantar. Tomamos chá após cada refeição. O pessoal fez canecas das latas de conserva vazias. Infelizmente o açúcar, do qual sentimos tanta falta aqui por causa da completa ausência de frutos doces, acabou nos primeiros dias. Já faz muito tempo que não temos mais café.

O tempo entre as refeições é preenchido com diferentes atividades. Mantenho o pessoal o dia todo ocupado, para que não fiquem com pensamentos tolos trazidos pelo tédio. Cada qual tem sua função no acampamento, caso não esteja ausente caçando ou pescando. Akúli encarrega-se da cozinha. De vez em quando, Mönekaí lava e seca nossas roupas e redes de dormir. Entre uma e outra atividade, confeccionam lindos trançados, para que, como eles dizem, eu os leve para meus filhos: delicados cestinhos de forma cilíndrica, um minúsculo apá, um pequeno cesto e outras coisas mimosas. Não se deve pensar que são feitas apenas por homens. O material para esses trançados é fornecido pela taquara *arumá*,[1] que é desfiada e raspada em finas tiras de mesmo tamanho. A *arumá* aparece com frequência aqui, ao passo que é rara rio abaixo. Por

---

[1] *Ichnosyphon* (*gracilis* Körn).

ACAMPAMENTO PACIÊNCIA

isso, os homens fazem para si feixes inteiros de tiras prontas para trançado, que querem levar na viagem para casa. Também recolhem um grande número de longas e elásticas varas de pescar, que são esticadas e endurecidas sobre o fogo.

    José está sempre à minha disposição. Aqui, onde perigo nenhum o cerca, ele mostra seu lado bom. É comedido, atento e incansável em me dar informações exatas sobre os usos, costumes e crenças de sua tribo. Todo dia dita para mim textos Taulipáng, contos e fórmulas mágicas, e nós os traduzimos juntos, palavra por palavra, para o português. Assim, aprofundo-me mais e mais nessa língua rica e, com trabalho fatigante, obtenho um material valioso.

    Essas fórmulas mágicas são da maior importância para a etnologia, e as da América do Sul eram totalmente desconhecidas até agora. Não são determinadas por uma visão de mundo animista e pertencem, por isso, a uma imaginação mais antiga.

    Podem ser empregadas, com sucesso, por qualquer um e em todas as situações possíveis: contra feridas, úlceras, picada de cobra, picada de raia, garganta inflamada, erupções cutâneas, vermes intestinais e vermes necrófagos, contra colerina de recém-nascidos, para dificultar ou facilitar partos, para transformar inimigos em amigos etc.

Há fórmulas más e boas; más, para enfeitiçar outra pessoa com doença, boas, para livrá-la da doença. Em consideração a sua mulher grávida em casa, José não diz para mim o texto original de fórmulas mágicas que dificultam um parto.

A maioria dessas fórmulas mágicas parte de um breve relato mítico, que leva ao conjuro. Nesses relatos, atuam animais e plantas prestimosos ou forças da natureza como vento, chuva, trovão ou raio, e ainda o caráter pérfido dos heróis da tribo, que trouxeram muito sofrimento ao mundo para castigar os homens que não lhes faziam as vontades.

Em todos os mitos indígenas, Makunaíma, o herói da tribo, e seus irmãos são os causadores de desgraças. Por isso, soa involuntariamente cômico quando os missionários ingleses traduzem "Deus" por "makonaima" em suas traduções da Bíblia para os Akawoío, uma tribo aparentada com os Taulipáng.

As fórmulas mágicas dos Taulipáng mostram, mais uma vez, que, num certo estágio, a humanidade tem as mesmas ideias em toda parte; pois elas assemelham-se, em toda sua estrutura, mesmo nas expressões, às conhecidas *"Merseburger Zaubersprüche"* (fórmulas mágicas de Merseburg),* de antiga época germânica, e aos adágios de cura e de bênção *(Gesahn)* que nossa gente do campo emprega ainda hoje contra doenças de pessoas e de animais.

Entre outras coisas, José me conta de uma expedição de guerra que os Taulipáng empreenderam há não muito tempo contra os Pischaukó, seus inimigos ancestrais. Essas vívidas descrições de antigas lutas, que ainda hoje são o principal tema de conversas nas *malocas* indígenas ou junto às fogueiras, às vezes dão uma impressão homérica. Elas mostram como é cruel o modo de guerrear dos índios, que consiste apenas em ataques pérfidos, antes dos quais os heróis bebem para criar coragem. Fazem suas brincadeiras pesadas até mesmo sobre os que morreram lutando.

Quando nossas provisões estão acabando, envio Mönekaí e Akúli em missão, e quase sempre eles voltam com abundante presa. Chegam carregados de peixes. Além do *aimará*, do *sorubim* e de outros grandes habitantes dos rios, brilha em nossa mesa o *aracu*,[2] cuja gordura forte causa leves dores de estômago; além dele, um peixe gordo, semelhante à carpa, de grandes escamas de brilho prateado, que os índios chamam de *morokó*,[3] e, por fim, o *matrinxã* de inigualável sabor, o suprassumo de todos os peixes sul-americanos.

Além de numerosa caça alada, matamos duas antas perto do acampamento. Aqui os animais também são pouco ariscos e praticamente correm para o moquém.

Certa manhã uma robusta anta aparece atrás da barraca e nos olha, admirada, com seus olhos pequenos. Enquanto seguro com toda força Kaikuschí, que quer avançar furiosamente contra ela, Akúli erra o tiro com minha velha espingarda de cano duplo, que coiceia terrivelmente. O caçador escapa com o nariz e o lábio inferior sangrando e um olho roxo.

Akúli é um caçador e pescador incansável. Fez para si um pequeno bote de casca da árvore *jataí*, no qual navega rapidamente para lá e para cá no riozinho. O minúsculo barco comporta

---

* Trata-se dos primeiros documentos literários e pagãos escritos no século X em alemão antigo. (N. T.)
[2] *Corimbata* sp.
[3] *Anastomus* sp.

somente ele, que é um rapaz leve. Quando o comprido Mönekaí se senta nele, o bote vai imediatamente para o fundo, para nossa diversão.

Infelizmente, como todos os índios, Akúli é um infame caçador incorrigível. Mata sem compaixão qualquer animal que encontra, mesmo que não possa aproveitá-lo. Longe do acampamento, ele fere uma anta com chumbo, então enfia a faca até o cabo nas costas do animal, fazendo que a lâmina fique com dentes profundos. O animal, gravemente ferido, foge para a floresta. Ele também mata uma robusta *capivara,* apesar de saber que não poderá transportar a presa em sua frágil embarcação.

Todos nós comemos muita carne gorda, pela qual estamos agora realmente ávidos. Não nos faz mal. O corpo deve estar precisando dela. O ambiente no acampamento depende da quantidade de comida que temos na barriga. Aquilo que não consumimos imediatamente, pomos no moquém, sob o qual mantemos o fogo aceso dia e noite.

Os índios são glutões imoderados. Muitas vezes têm de novo uma farta refeição no meio da noite. José, em especial, é um comilão. Come fartamente duas vezes mais do que eu, mas continua magro.

É um quadro pitoresco ver os homens agachados à noite ao redor do grande moquém carregado de carne, o clarão bruxuleante do fogo brincando sobre seus corpos nus, fazendo-os resplandecer num tom avermelhado. Não se pode imaginar para essa cena pano de fundo mais impressionante do que as altas árvores da mata virgem.

Procuro equilibrar a sensível falta de vegetais com conservas Maggi. Cozinho a excelente sopa de ervilhas, ou melhor, papa de ervilhas, seguindo exatamente as instruções. Só que "servir sobre cubinhos de pão torrado" está além de minhas possibilidades. Fiz que meu pessoal aceitasse essas sopas ao explicar-lhes que é *tipiáka (tapioca)* da minha terra. O "tempero de sopa" nunca falta em nossa "mesa" — algumas folhas de bananeira postas no chão da floresta — e é um agradável condimento da eterna sopa de peixe. Com o passar do tempo, faço grandes progressos em minhas artes culinárias. Cozinho dois tabletes de sopa de ervilhas com *aimará* desfiado e torrado, até formar uma papa; fica uma delícia. A princípio, Mönekaí recusa-se a provar dessa mistura, mas então come estoicamente um prato cheio quando lhe digo que eu também como de tudo que os índios comem, até mesmo larvas de vespas e formigas voadoras. Os outros dois são menos preconceituosos e ainda lambem cuidadosamente a panela.

A louça de alumínio, a única que utilizamos, tem provado que é excelente.

A falta de açúcar também é muito sentida. Mönekaí traz cestos cheios dos longos frutos amarelo-pardos da palmeira *inajá* e cozinha um caldo gordo e insosso-doce da polpa fina que fica sob a casca, semelhante a couro, e sobre o caroço. Não tenho culpa se essa coisa tem gosto de decocção de camisa suada. Acho que faço caretas horríveis ao bebê-lo, mas, quando não se tem nada melhor, a gente se contenta até com isso, e agora estamos ávidos por tudo que tenha a mais remota semelhança com açúcar.

A amêndoa dura e oleosa, coberta pela casca resistente, não tem gosto ruim. O pessoal quebra esses coquinhos o dia todo e, de vez em quando, traz para mim, com palavras amáveis, um punhado de amêndoas para comer.

Com essa vida aqui Kaikuschí está ficando relaxado. Vai buscar por toda parte os pedaços estragados de carne que o pessoal joga fora do moquém e os traz para a barraca, de modo que ela fede como um matadouro. Se tivermos de ficar aqui por muito tempo, ele ainda vai se transformar num abutre, como a pomba na história do dilúvio do chefe Inácio. Preto ele já está.

Os animais selvagens quase não tiram nosso sossego. Certa vez, Mönekaí encontra uma onça parda no interior da mata e dispara uma carga de chumbo no corpo dela. Um meio-dia, justamente quando estamos sentados, comendo, uma grande e colorida cobra venenosa desliza com graça indescritível pelo caminho, a poucos metros de nós, com a repugnante cabeça triangular levemente erguida, e desaparece no mato. Ficamos sentados, petrificados. Ninguém move a mão para matar o monstro.

Os Taulipáng chamam essa cobra de *sororoíma*. "Ela pula muito longe", José diz. "Sua picada faz os ossos apodrecerem." É a terrível *Trigonocephalus atrox,* uma das cobras mais venenosas do mundo.

No riacho Peliwoí, que fica alguns dias de viagem ao sul do Roraima, vimos um índio que perdera uma das pernas por causa da picada dessa cobra e andava mancando com muletas primitivas.[4]

Muito mais importuno do que cobras e predadores, que sempre aparecem sozinhos e só incomodam se, acidentalmente, entramos em contato com eles, é um exército de inimigos minúsculos dos quais não podemos nos defender.

Nos primeiros dias de nossa estada aqui éramos atormentados pelos carrapatos. Toda vez que vínhamos do banho, ficávamos cobertos dessas pequenas feras e gastávamos horas para tirá-las dos corpos uns dos outros, antes que começassem a nos sugar. Depois disso, mandei alargar o caminho e, principalmente, tirar as árvores mais baixas, onde esses carrapatos ficam. Aí, a coisa melhorou.

Os bichos-do-pé estão cada vez mais importunos. Todo dia temos de tirar vários deles de nossos pés. Provavelmente Kaikuschí os trouxe da aldeia Schirianá e os chocou aqui em suas patas. As fêmeas prenhes desses insetos minúsculos furam a pele, causando forte comichão que às vezes nos rouba o sono. Primeiro, aparece no local apenas uma leve vermelhidão com um pontinho negro no centro. Em poucos dias o intruso atinge o tamanho de uma ervilha pequena. É preciso tirar cuidadosamente o bicho inteiro com um pauzinho de ponta afiada. Se ficarem pedaços dele, surgem inflamações perigosas agravadas pelas coceiras, atraindo sempre novos bichos.

Também sofremos muito com os *piuns,* os mosquitos diurnos, e, à medida que a época das chuvas se aproxima, seus enxames ficam mais densos. Pousam em massa em pontos nus do corpo e penetram no nariz, boca, olhos e ouvidos, de modo que em certos dias não se consegue comer direito. Sua picada é muito dolorida. O ponto picado incha imediatamente e segrega sob a pele um líquido claro que, se não for espremido imediatamente, mistura-se com sangue e, ao secar, deixa uma pequena mancha negra, que permanece por vários dias.

---

[4] Vide cap.7 deste volume.

Felizmente, nenhum de nós ficou gravemente enfermo. Ainda estou com um pouco de sarna e me esfrego várias vezes ao dia com o sumo branco-leitoso e de cheiro forte de uma trepadeira que os índios utilizam para envenenar os peixes. Às vezes, José sofre de dores reumáticas e deixa-se "benzer" por Akúli. Durante algum tempo o xamã assopra fumaça de tabaco no braço doente, recolhendo-se então a sua rede, onde ele assopra fumaça de tabaco em seus apetrechos mágicos, cristais e outras coisas, e murmura uma bênção. Às vezes o próprio Akúli tem suas dores de ouvido. Apesar de toda a sua bondade, como muitos índios ele é um rapaz caprichoso. Quando está bem, é alegre e divertido. Mas se está sofrendo de um mal ínfimo, fica deitado na rede, de cara amarrada, e arregala os olhos furiosamente para qualquer um que se aproxime dele, como se o responsabilizasse por seu sofrimento. Isso sempre tem um efeito muito desfavorável no ambiente geral, já que Akúli, apesar de jovem e baixinho, exerce grande influência sobre os outros, especialmente sobre o supersticioso José. Afinal, na qualidade de xamã, ele se cerca de uma aura de mistério.

E, no entanto, não se pode ficar zangado com ele. Quantas vezes ele nos diverte com suas brincadeiras. Prefere falar de seus numerosos namoros. Ao ouvi-lo, poderíamos pensar que ele já foi pedido em casamento algumas dúzias de vezes. Com quantas moças ele já "teve intimidade"! Quantos pais e irmãos já lhe disseram: "Quero você para minha filha, para minha irmã! Você vai derrubar roça para ela, vai caçar e pescar para ela!". Mas ele ainda não quis se comprometer. Como excelente caçador e pescador que é, será, de fato, um partido cobiçado. Ele tem uma escolhida, uma moça Taulipáng realmente bonita com quem quer se casar quando voltar para casa. Por acaso, tenho uma foto sua entre aquelas que tirei em Koimélemong. Pediu-a, e, de vez em quando, contempla-a com olhares carinhosos. Na falta do original, leva-a até mesmo para sua rede de dormir.

Também é grande seu talento como ator. Ele sabe imitar a voz e os gestos de pessoas conhecidas. Sabe cantar como um homem bem velho. Reproduz um diálogo muito capcioso entre mãe e filha. *Wölidzáng*, "as mulheres", desempenham um papel fundamental em suas representações humorísticas. É divertidíssima a modulação da voz nessas narrações vívidas. A gente acompanha todas as fases, mesmo que só se entenda um pouco delas. Os ouvintes acompanham com risadas discretas e breves exclamações. Aos poucos, a voz do narrador eleva-se até o falsete. Os outros ouvem em silêncio e atentos. Aí, o efeito teatral! A voz do narrador cala-se de repente. Um instante de silêncio. Então, sonora gargalhada. Os ouvintes cospem várias vezes de satisfação. A piada foi forte.

Uma prova da vivacidade de sua prosa são os numerosos e muito diferentes sons imitando a natureza, que os índios intercalam em seus mitos e narrativas.

Assim também temos horas divertidas em nosso acampamento Paciência. Akúli é nosso palhaço e é bom tê-lo aqui, senão, às vezes, nossa existência seria triste demais.

Ule e eu causamos mal com nossas bonecas — ou será que foi a doutrina cristã? Bem, pelo menos é o que Akúli e José contam: a "favorita" de Ule no Roraima — ela tem o poético nome de Maidyanápöng, "moça do cupim branco" — em breve dará à luz um pequeno cidadão do mundo, e foi o *santo*, o *tupána* (Deus), como os índios chamam a inocente boneca, quem causou o mal! A própria Maidyanápöng disse isso e ela deve saber! O *santo* também não tolera que ela se entregue a outro homem! Se ela o fizer, o *santo* vai partir-se em pedaços e ela terá de rezar por muito tempo até ele ficar inteiro de novo!

A boneca que dei de presente à bela cunhada de José, a moça mais bonita de Koimélemong, também é adorada lá como *santo*. Segundo José, as mocinhas passam boa parte da noite sentadas diante dela, "adorando-a", ou seja, cantam hinos que aprenderam com os missionários. Isso seria um prazer inocente, mas e se agora esse *santo* também resolver agir?

Os índios têm seu calendário na cabeça. Sabem programar com muita antecedência as grandes festas e os principais acontecimentos de sua vida simples de acordo com a fase da lua. Certo dia José me diz: "Hoje há uma grande festa de dança em Koimélemong, para a qual Pitá reuniu muita gente". Diz que ele convidou todos os Taulipáng das cercanias do Roraima, o gordo Selemelá e seus parentes também, e até mesmo índios Arekuná do Caroni. Não duvido.

As noites já estão muito frescas. A temperatura ao nascer do sol oscila entre 17 °C e 20 °C. Cai muito orvalho. A névoa matinal penetra em todas as cobertas, expulsando-nos da rede para junto do fogo. Nas tardes de 21 e 22 de fevereiro temos novamente, pela primeira vez depois de muito tempo, fortes temporais vindos do leste. A tempestade brame do noroeste e derruba árvores velhas, carcomidas por cupins, que caem não muito longe de nossa barraca. A época das chuvas anuncia sua chegada. Ao mesmo tempo, o riozinho está baixando cada vez mais e a possibilidade de Schmidt voltar é cada vez menor. Às vezes fico muito preocupado com ele, mas não posso deixar que os índios percebam, pois, mesmo sem notar minha preocupação, eles já fazem todas as terríveis suposições possíveis sobre sua ausência: "Talvez os Majonggóng o tenham matado". "Talvez ele tenha se afogado no Merewari. Ele não sabe nadar!" Essa gente fiel sempre volta a me pedir: "Não vá até os Majonggóng, doutor! Eles não prestam! Eles roubam! Mönekaí teve experiências ruins com eles! Volte conosco!". "Venha comigo para o Majari!", José diz. "Você pode morar comigo o tempo que quiser! Minha mulher vai fazer beiju para você, vai preparar caxiri para você! Vou caçar e pescar para você! Meu pai vai lhe contar histórias! Ele sabe muito mais do que eu!"

26 de fevereiro. O tempo passa. Já faz um mês que estamos no acampamento Paciência. Schmidt calculou dezesseis dias, eu calculei vinte. Faz semanas que vivemos como autênticos índios da floresta, Schirianá, Kaliána e gente desse tipo, vivendo da caça, da pesca e de frutos silvestres.

Até que enfim! À tarde soam três tiros rio acima, um logo depois do outro, o sinal que combinamos. Respondo da mesma forma e corro para o porto. Alguns botes pequenos com passageiros nus aproximam-se rapidamente por entre as altas rochas. Num deles vai um branco sentado. É Schmidt com dezoito índios, Yekuaná e Guinaú, homens e rapazes. Manduca também está junto, assim como Romeu e Mário. Schmidt fez uma viagem difícil, já que os rios estão muito secos e o caminho é muito mais longo do que supusemos, baseados na contagem dos índios. Ele trouxe três cestos grandes cheios de beiju. Infelizmente, duas cargas de *cará* afundaram numa cachoeira. Em vários pontos do caminho deixaram provisões de beiju como mantimento para a viagem de volta.

Uma gota amarga cai no cálice da alegria. Por brincadeira, José ateou fogo na floresta. O fogo encontra combustível abundante nas folhas secas e alastra-se rapidamente. Enquanto estou no porto para buscar Schmidt, algumas faíscas caem na barraca e fazem numerosos furinhos nas lonas que a cobrem.

Os índios forasteiros são do Canaracúni, um afluente esquerdo do Merewari. É para lá que nos dirigiremos a princípio. A maioria deles nunca teve contato com os brancos. Alguns conhecem o alto Orinoco. Um Yekuaná mais velho já esteve na cidadezinha venezuelana de San Carlos, no alto *rio* Negro, pouco abaixo da foz do Casiquiare. O Auari é bem conhecido deles todos.

O fogo na floresta não nos trouxe maiores prejuízos. Somente o interior oco de uma árvore enorme, a poucos metros do acampamento, queima como um alto forno e solta faíscas para o céu. José, o malfeitor, fugiu às escondidas. Quer dormir com Akúi e Mönekaí no porto de baixo. Tem medo de que a árvore caia sobre a barraca. Assim, deixa seu patrão na mão. Provavelmente não agiria de outra maneira num ataque inimigo. Fico sentado com Schmidt até bem depois da meia-noite. Temos muito o que contar um ao outro. Aos poucos, adormecemos ao lado do facho gigantesco, e ele não tomba. Esse colosso morto há muito tempo, erguendo seus braços enormes na brasa sombria acima de nosso acampamento, é ainda mais forte do que os homens pensam.

27 de fevereiro. Meus três companheiros recebem seu pagamento; Akúli e Mönekaí obtêm mercadorias. Estão muito satisfeitos. José recebe tecido para duas calças e duas camisas e um vale de 220 *mil-réis* (cerca de 290 marcos) para a casa Zarges, Ohliger & Cia. em Manaus. Após regressar a sua casa, ele quer ir a Manaus com Neves. Com o dinheiro, poderá comprar lá muito mais mercadorias do que eu poderia lhe dar aqui.

Romeu e Mário, que até ontem à noite queriam ir comigo, também exigem seu pagamento agora. Querem voltar com os outros. Não aceito isso. Provavelmente, José os convenceu para ter dois remadores a mais. O garoto Makuschí está doente. Segundo Schmidt, ele se empanturrou de beijus frescos na aldeia Guinaú.

A acolhida de meus três homens aos índios forasteiros foi muito reservada, quase desconfiada. Alguns dias antes eles já haviam posto seus poucos pertences em segurança, rio acima.

Passo o dia todo cercado por curiosos, que querem observar tudo minuciosamente e admiram tudo que eu faço. Pelo visto, Manduca contou-lhes muita coisa a meu respeito.

Com os índios que acompanharam Schmidt estavam quatro Arekuná, mas eles ficaram para trás. Vivem agora com os Guinaú no Merewari. Mataram um venezuelano em sua terra, no Caroní. Por isso, fugiram de lá. Akúli, que os chama de Kamarakotó, queria visitar seus patrícios hoje de manhã. Navegou rio acima em seu pequeno ubá, mas não os encontrou. Voltou decepcionado. Queriam vir depois dos outros, por terra. Talvez tenham se perdido. À noite damos um tiro como sinal para eles.

28 de fevereiro. José e Akúli compram quatro raladores de mandioca dos Yekuaná, que Manduca trouxe sob encomenda. O comércio começou ontem à tarde e continuou hoje de manhã bem cedo. Ambas as partes estão uma diante da outra, mas não se olham. O vivo Akúli pula para lá e para cá, gritando excitadamente, José permanece sereno, Manduca sorri amável, esperto, com ar de superioridade. Apoia cada uma das mãos sobre dois raladores de mandioca. Por fim, entram em acordo. Ele recebe uma rede de dormir em troca de dois raladores. Esses raladores são monopólio dos Majonggóng. Os Máku do Auari também não os fabricam, mas compram-nos dos Majonggóng, para negociar com eles.

Por volta das 8 horas José, Mönekaí e Akúli se despedem e voltam para casa. Apesar de certas fraquezas humanas, eles me foram três fiéis camaradas, a quem tenho tanto que agradecer. Não os invejo pela viagem, que agora será mais penosa ainda, já que o rio baixou muito. Levam uma caixa de folha de flandres com cartas e cópias em carbono do meu diário. Ontem fiquei até tarde da noite empacotando-as cuidadosamente. As folhas estão envoltas em seda impermeável. As bordas da tampa da caixa estão calafetadas com cera e coladas várias vezes com fita isolante. A caixa está bem amarrada. Assim, essa valiosa remessa pode começar a longa e perigosa viagem. Ela é ainda mais importante pelo fato de que, provavelmente, ficaremos vários meses sem nenhuma ligação com a pátria.[5]

Sob a direção de Manduca os índios carregam nosso barco grande, que eles passaram ontem de manhã pelas rochas, e navegam rio abaixo com a maior parte da bagagem até o afluentezinho esquerdo Caimacuni, que leva à trilha pelo divisor de águas. Lá eles acomodam a carga, protegendo-a da chuva, e retornam imediatamente para buscar o resto e a nós também. Trabalham depressa. Percebe-se que longas e difíceis viagens por rio não são coisa especial para essa gente.

Já que não há vento fresco, reina hoje no acampamento um fedor insuportável de carne putrefata que os cães — os índios trouxeram alguns vira-latas — ficam arrastando por toda parte. Está na hora de sairmos daqui.

À noite o pessoal retorna com o barco vazio. Dois dos Arekuná, irmãos, também vão junto. O mais velho é quase tão alto quanto nós, europeus, extraordinariamente forte e de harmoniosa beleza, tanto no rosto quanto na compleição física.

---

[5] Dois meses depois, dois índios apareceram no consulado alemão em Manaus. Eram José e Akúli, que insistiram em entregar pessoalmente minha remessa ao cônsul alemão.

15

Rumo ao Merewari, pelo divisor de águas

29 de fevereiro. Após a meia-noite começa uma chuva forte que dura até as duas da madrugada. Todos se refugiam na barraca. Manhã nublada. Empacotamos e carregamos as últimas coisas. Justamente quando vamos partir, Schmidt sofre um violento acesso de malária. Parece que ele a adquiriu na aldeia Guinaú, onde era atormentado pelos mosquitos à noite. Está deitado semi-inconsciente no barco, torcendo-se com convulsões estomacais. Dizem que o Merewari é muito insalubre.

Partimos em dois barcos pouco após as 11 horas. O riozinho, que vem da direção principal noroeste, está muito seco. Avançamos lentamente. A cadeia íngreme continua ao longo da margem direita e, às vezes, chega bem perto do rio. Depois de quatro horas atingimos a larga foz do afluentezinho Arané. No caminho, Manduca acertou um *cujubim* que os índios cortaram em pedaços e estão grelhando no fogo, envolto em folhas verdes. O acesso de Schmidt passou. Ele engole pílulas de quinino envoltas em papel de cigarro. Seguimos navegando no escuro. O Aracasá transformou-se num estreito riachinho que, em alguns pontos, corre sobre cascalho e pedras, obrigando-nos a empurrar o barco pesado com toda força. Uma pedra pontiaguda faz um grande furo no barco, enchendo-o d'água quase até a borda. Ainda conseguimos puxá-lo para um banco de areia, onde o reparamos provisoriamente. Às 7 e meia atingimos a desembocadura do Kemacúni. Um jovem Arekuná vem ao nosso encontro com uma tocha. São três irmãos, um mais bonito do que o outro.

Sob um abrigo há somente uma mala. Os índios já levaram o restante da bagagem para o outro lado do divisor de águas.

1º de março. O Kemacúni está quase seco. Por isso, deixamos os barcos para trás e seguimos a pé para o norte. Quase não se reconhece o caminho. Ora sobe pelo leito do riacho, ora segue por montanhas e vales através da floresta. Os índios cortaram alguns galhos aqui e ali. Por causa dos doentes paramos às 3 horas. A maioria dos carregadores está sofrendo de catarro. Mário continua com dor de barriga. Ficou deitado na metade do caminho e só virá mais tarde. Dou-lhe uma colher de óleo de rícino, mas isso não faz efeito. À noite, Manduca sopra fumaça de tabaco nele.

2 de março. Partimos às 9 horas. Subimos a serra que acompanha o Kemacúni na margem esquerda. Romeu tem um ataque de febre com calafrios violentos e fica deitado. O valezinho do Kemacúni nos acolhe novamente, e atravessamos esse rio várias vezes. Por longos trechos subimos a vau. A caminhada é ainda mais penosa do que ontem. Seguimos descalços por cascalho pontiagudo, pelo mato cerrado, envolto em cipós da mata ribeirinha, por entre plantas aquáticas de folhas grandes sobre terreno pantanoso. O cenário desse estreito riozinho da floresta, que segue murmurejando em seu leito rochoso entre margens íngremes, é extraordinariamente encantador e nos faz esquecer de todos os esforços. A luz do dia, amortecida em tons esverdeados, cai através do espesso teto de folhas. Borboletas de cores vistosas brincam nos esporádicos raios de sol. Em vagaroso voo oscilante, o grande morfo* azul-celeste busca seu caminho seguindo sempre a corrente de água.

Às 2 e meia chegamos ao acampamento na desembocadura do riacho Sarará. Manduca tem cuidado de tudo maravilhosamente, sem que eu precise lhe dizer muita coisa. Já mandou alguns homens ao outro lado do divisor de águas para trazerem substitutos para os enfermos. Dois homens retornam para buscar Romeu e Schmidt, que ficou com o doente. Eles chegam à noitinha. Agora Mário também está com malária.

3 de março. De manhãzinha chegam dois índios Majonggóng vindos do outro lado e levam as cargas dos doentes.

No meio do nosso acampamento, ao lado da minha rede de dormir, encontra-se um ponto rebaixado no chão da floresta, coberto com pedaços de casca de árvore. Manduca me conta, sorrindo, que é a cova de seu pai, que há anos morreu aqui de *sarampo*. Pegou a doença ao voltar do Majari. Ele não incomodou nosso descanso noturno, o velho xamã.

Atravessamos várias vezes, a curtos intervalos, o Kemacúni, que corre em curvas fechadas, e em breve alcançamos o início da trilha muito percorrida por onde os Majonggóng arrastam suas canoas em suas viagens de comércio através do divisor de águas, para prosseguirem viagem utilizando o Kemacúni. Em direção nor-nordeste subimos por um trecho íngreme e, dentro de meia hora, chegamos ao cume de uma cordilheira que vai de leste a oeste, erguendo-se a uma altura de 900 m. Ela constitui o divisor de águas entre o Amazonas e o Orinoco e, assim, a divisa entre o Brasil e a Venezuela, que agora estou atravessando pela terceira vez.

Se não fosse pelas árvores altas, a vista de cima seria magnífica. Através da mata espessa infelizmente vê-se apenas um pouco do extenso vale do Merewari, envolto em névoa azulada, e suas serras.

Descemos rapidamente pela larga trilha e, à 1 hora, atingimos o Aiakéni, um afluente direito do Merewari, onde, numa confusão pitoresca, todos os meus homens estão descansando com a bagagem. Algumas canoas compridas encontram-se na margem.

Estamos, pois, na terra dos Majonggóng, um destino que, por causa das muitas dificuldades, dos grandes esforços e das demoradas interrupções da longa viagem, parecia inatingível.

---

* Designação comum às borboletas do gênero *Morpho*, que apresentam a face dorsal das asas geralmente azul brilhante. (N. T.)

No divisor de águas Uraricoera/Merewari

Manduca acertou um *cuatá* gordo, que está cozinhando. O caldo é bem substancioso, apesar de seu gosto lembrar um pouco a jaula dos macacos. Escolho a cabeça, que tem a carne mais macia. O crânio branco com a boca sorridente parece muito humano. Os Arekuná não comem nada do macaco e pegam peixes pequenos, que envolvem em folhas verdes e assam no fogo.

4 de março. Partimos às 9 horas em três canoas tão carregadas que só conseguem manter-se um dedo acima do nível da água. Adiante, rio abaixo, há mais duas delas. Tapamos os numerosos furos com a entrecasca vermelha raspada de uma árvore que cresce na margem e trapos velhos presos com lata, mesmo assim entra muita água. Manduca desembarcou com outros caçadores, pois descobriram o rastro de porcas-do-mato. De repente, um velho que está remando em meu barco grita: *"urlukádi! urlukádi"* ("porcos!", "porcos!"); então elas fogem pela mata, destruindo tudo que encontram pela frente e grunhindo, um grupo grande. Os cachorros pequenos e feios, mas excelentes para essas caçadas, correm atrás delas. Um cachorro alcança um porquinho novo, que ficou acuado na outra margem, em frente do nosso barco, até que o caçador chega e dá um tiro à queima-roupa na cabeça do bicho. Um porco-do-mato furioso, com os dentes inferiores à mostra, avança contra o barco de Schmidt, que bate com o remo em sua cabeça. Mataram quatro porcos. Nossos rapazes adolescentes carregam a presa através da água. Um rapaz bonito amarrou uma pata dianteira com uma pata traseira de sua carga e enfiou seus braços entre essas duas asas. Carrega o bicho nas costas desse jeito, e é

engraçado ver a estúpida cabeça de porco com o focinho comprido pendendo acima do rosto do rapaz, que sorri amavelmente.

Alguns dos índios usam espingardas inglesas novas de cano longo e estreito, que sabem manejar muito bem. Adquirem essas espingardas comerciando com os Arekuná do Caroni, que, por sua vez, as compram das tribos da Guiana Inglesa, Akawoío, entre outras.

Às 6 horas paramos na mata ribeirinha. Manduca adiantou-se bastante com os caçadores, já que cortaram por terra as numerosas curvas do rio; mas ele ainda vem no escuro e traz a lanterna. Agora ele não decepciona em nada e sua amabilidade é sempre igual; é um guia excelente.

O jantar é farto. Carne de porco-do-mato, especialmente dos novos, assada ou cozida, talvez seja a melhor carne de caça na floresta tropical.

5 de março. Partimos às 9 horas. Desde nossa entrada na região do Orinoco uma singular fumaça azulada paira sobre o riozinho e a mata. As margens são altas e íngremes e, em alguns trechos, constituem-se de argila vermelho-escura. A vegetação satisfaz as expectativas mais ousadas que se possa ter em relação à exuberância tropical. Por volta das 11 horas passamos por uma cachoeira comprida e, logo a seguir, por uma pequena corrente d'água que desemboca à nossa direita. A direção, que a princípio era nor-nordeste, muda radicalmente para oés-noroeste. É preciso cortar inúmeras árvores que caíram no rio. Algumas delas, cuja espessura e dureza ofereceriam prolongada resistência ao machado, permanecem intactas e sobre elas arrastam-se os botes com enorme esforço. Quando surge uma possibilidade de levar a bagagem por terra, os barcos são descarregados. Mas, se as margens são íngremes demais, eles precisam ser arrastados sobre o obstáculo, às vezes quase verticalmente, com a carga pesada, e é um milagre não se partirem ao meio.

Às 5 horas acampamos na mata. Como ontem, avançamos poucos quilômetros. Os quatro porcos já foram consumidos quase totalmente, assim como os beijus do último depósito do divisor de águas.

6 de março. Contínuas dificuldades. Nós, europeus, andamos a vau quase o dia todo, de banco de areia em banco de areia, e caminhamos sobre os inúmeros troncos de árvores. Nossos lenhadores vão sempre à frente e têm muito que fazer. É divertido ficar assistindo quando um obstáculo desses é removido do caminho. Enquanto dois índios banhados de suor vibram os machados, os outros ficam sentados, em paz contemplativa, sobre os troncos nas margens, catando piolhos uns dos outros. Por causa de seu cabelo espesso cortado ao redor da cabeça e raspado na nuca, eles têm inúmeros desses seres pequeninos, que caçam com um entusiasmo digno de coisa melhor, e depois os consomem, aparentemente com grande prazer. Quando a árvore já foi cortada em profundidade suficiente, todos sobem no tronco e se põem em ambos os lados do corte, tentando rachar o tronco pulando nele com força, como se fosse uma gangorra ou, pelo menos, tentam afundá-lo até ser possível passar com o bote sobre ele.

Apesar de todo esse trabalho pesado, o pessoal está sempre alegre. Nunca ouvi uma risada tão estridente como a desse povo. Superam até mesmo os negros.

Paramos às 5 horas, com muita fome, já que não comemos nada o dia todo. Manduca salvou a situação outra vez, acertou dois *mutuns* e pescou quatro *aimarás* grandes. Os outros vão buscar frutos de *inajá* e, tarde da noite, fazem uma bebida quente com eles, o "caldo de suor" que conheço bem.

7 de março. Partimos às 8 e meia. Ontem trouxeram a grande canoa dos Arekuná, que tinha ficado abaixo da cachoeira. É um barco muito resistente e muito pesado também; mas os três irmãos são rapazes fortes, especialmente o mais velho.

Segundo Manduca, foi esse quem matou o homem branco do Caroni — "ele era um homem bom, como você, *dotúru!*" — por pura cobiça. Primeiro, estrangulou-o com as mãos, depois o cortou em pedaços com seu facão. Comigo o alto Adônis é muito amável. Com o auxílio de meus conhecimentos de Taulipáng, entendo-me muito bem com esses três homens nobres. Eles me chamam por meu nome Taulipáng, Yualí. Os outros, mesmo os mais velhos do meu pessoal, dizem bápai (papai) para mim. Provavelmente, ouviram Akúli me chamando assim no acampamento Paciência; ele sempre usava esse tratamento honroso comigo, ao passo que eu o chamava de *umú* (meu filho).

Os três irmãos sempre acampam afastados dos demais, junto com um adolescente Yekuaná de pele muito clara.

Ainda há um quarto Arekuná com meu pessoal, um companheiro alto e bastante estúpido, um xamã que não gosta de se esforçar demais. Estranhamente, ele quase não se relaciona com seus companheiros de tribo e está sempre com os Yekuaná e os Guinaú. Tem os cantos da boca tatuados com o conhecido motivo de anzol, que também é comum nos Taulipáng do Roraima.

Por volta das 10 horas cessam os troncos de árvores, mas outros obstáculos já estão impedindo o caminho. O riozinho está seco demais. Ora corre sobre areia fina, ora sobre cascalho e pedras dentadas. Somente com o emprego de todas as forças é que os índios conseguem empurrar os barcos por esses trechos longos e rasos. Muitas vezes a carga tem de ser descarregada e levada pelo leito do rio ou através da floresta. A maioria das vezes, Schmidt e eu seguimos a vau atrás dela. Na água que jorra, não sabemos onde pôr o pé. Muitas vezes escorregamos e damos com os pés, cheios de picadas de bicho-do-pé, entre as pedras, cujas bordas esfolam os tornozelos. As calças, pendendo em trapos, estão arregaçadas até os joelhos, e, mesmo assim, para deleite dos índios, às vezes tomamos um banho involuntário em pontos mais profundos; geralmente ficamos molhados até a cintura, coisa que, nas frias horas matinais, sob esse céu constantemente enevoado, não faz parte dos confortos da existência humana. Assim, cada etapa dessa viagem tem suas dificuldades e fadigas peculiares.

Um alívio agradável oferecem os cajueiros[1] silvestres, frequentes aqui e no Merewari e que agora estão com frutos. O receptáculo vermelho-escuro brilhante e de forma alongada, sobre o qual fica a castanha negro-esverdeada, da forma de um rim, é muito suculento e contém muito tanino, sendo, ao mesmo tempo, refrescante e saudável. O ácido age sobre a urina. Os índios não se dão ao trabalho de subir nas árvores altas e de galhos largos, preferem derrubá-las. Enfileiram os frutos sobre cipós e os carregam assim. Cada um me dá minha parte dos frutos. Manduca sempre me traz pencas inteiras. Muitas vezes também derrubam nas margens *cucuras* de cachos, cujas bagas contêm um suco muito doce com sabor de mel de abelhas, e ingazeiros[2] de vagens compridas, cujas

---

[1] *Anacardium.*
[2] *Inga* sp. Leguminosa.

PEDRAS, TRONCOS DE ÁRVORES E NENHUMA ÁGUA. *Rio* Aiakéni

sementes estão envoltas numa massa branca, esponjosa e doce como açúcar. Logo que a árvore cai, todos correm até ela para apanhar o maior número possível de ingás; mas nunca há briga. O índio não conhece inveja profissional — ou, então, sabe dissimulá-la.

Por volta das 2 horas chegamos a uma série de quedas que bramem numa curva fechada. A rochosa margem esquerda ergue-se abruptamente. A carga é levada por terra. Os barcos são arrastados pelo mesmo caminho e, em certos trechos, levados penosamente sobre as rochas da catarata, onde troncos de árvores servem de ponte. Os barcos sofrem terrivelmente. Um bote dos Yekuaná se desfaz em pedaços e é substituído por uma canoa furada que se encontra aos pés da queda d'água. O riozinho continua raso e cheio de cascalhos em queda abrupta.

Ando horas a fio pela floresta com Schmidt. O xamã Arekuná nos serve de atento guia. Chama nossa atenção para cada raiz de árvore e corta com a faca os ramos e cipós que obstruem a trilha estreita.

8 de março. O Aiakéni mantém a mesma aparência até a desembocadura no Merewari, que atingimos à tarde. O Merewari é um dos dois tributários do Caura (Cuari), que ele forma através de sua união com o Erebáto, que vem do sudoeste. Os índios desconhecem o nome "Caura". Chamam o rio de Merewari até sua desembocadura no Orinoco.

Na desembocadura do Aiakéni, o Merewari alcança uma largura de cerca de 180 m, quando o nível da água está alto. Ele também está muito seco agora e limitado a um rego mais profundo na margem esquerda. A partir da margem direita estende-se uma comprida superfície de cascalho. Um bando de índios está acampado aqui, e a refeição, peixe fresco com excelente *tucupi*,[3] está pronta, à nossa espera. Duas canoas encontram-se na praia. Uma delas pertence a índios Yekuaná do alto Merewari que estão a caminho do Caroni, onde visitarão parentes que vivem com os Arekuná de lá. Para esse fim, eles navegam até o Hasará, que desemboca no Merewari pela direita, logo abaixo do Canaracúni. Sobem um dia pelo Hasará e, dentro de mais um dia, depois de atravessar uma serra, chegam ao Curutu, um afluente esquerdo do Parauá. Por esse caminho, que é muito difícil, levam somente seus pertences em cestos. No Curutu há botes para seguirem viagem até o Caroni. Um outro caminho leva do Madi, um afluentezinho esquerdo do Merewari, abaixo do Hasará, até um afluente do Paraná. Podem-se arrastar os botes por terra.

Índios da aldeia mais próxima vieram ao nosso encontro no outro barco que se encontra aqui. Trouxeram quatro cestos grandes contendo beijus. Dois deles são distribuídos imediatamente para os muitos interessados. Troco os outros dois por algumas mercadorias, como provisão para a viagem.

A névoa azul, que já notamos no alto Aiakéni, está envolvendo a região toda como fumaça espessa e impede que se veja mais ao longe. O ar está sufocante. Nem pensar nas observações astronômicas que eu queria fazer neste ponto importante, já que, em direção à linha do horizonte, é onde a névoa é mais espessa, e somente grandes estrelas, como Sírio e Rígel, cintilam no zênite. Dizem que "os mais velhos", que também existem entre os índios, nunca viram coisa semelhante, bem como o verão longo e excepcionalmente seco. Dizem que a fumaça foi enviada pelos "espanhóis" do baixo curso do rio.

"Espanyóles" e "Espánya" é como esses índios denominam, para mim, os venezuelanos e seu país. É uma denominação antiga e muito aceita por eles, já que todos os nomes de suas aldeias têm a terminação "-ya": Mawoínya, Motokurúnya, Suhínya, Mauarúnya etc. Aqueles entre eles que ainda não estiveram no baixo Orinoco e lá não viram Ciudad Bolívar e outros povoados dos brancos, devem imaginar que "Espánya" é uma grande aldeia de onde os brancos vêm. Entre si, chamam os brancos de *yalánaui*. Os Yekuaná-Majonggóng adotaram essa palavra, que também ocorre em todas as línguas Aruak do alto *rio* Negro, dos Guinaú, com quem vivem. Denominam de *yalánaui* principalmente os venezuelanos. Chamam os ingleses, que às vezes encontram no Caroni, de *parana-kédi,* ou seja, "gente do mar" ou "gente d'além-mar". Nós também somos *parana-kédi* para eles, pois falamos uma língua diferente da dos venezuelanos e, também, especialmente por causa do cabelo louro de Schmidt.

9 de março. À noite a lua surgiu vermelho-sangue, hoje cedo o sol nasceu amarelo-escuro. Os Yekuaná partiram cedinho para o Caroni. Às 9 horas também seguimos viagem em quatro botes. Descemos o rio com forte correnteza. É verdade que, a princípio, o coração bate depressa quando o bote frágil passa raspando pelas rochas, mas a gente logo se acostuma. A tranquila segurança

---

[3] Um condimento muito picante, feito de caldo de mandioca cozido e pimenta espanhola.

com que os índios conduzem a embarcação por entre as rochas ameaçadoras faz qualquer temor desaparecer. Resta um prazer singular.

Às 10 e meia atingimos a catarata Kuruhúdu, onde o rio desaparece num precipício de 6 a 8 m de altura, entre paredes rochosas verticais, como num funil. É um arenito amarelado de grãos bem pequenos, coberto de uma casca marrom de aluvião. Os barcos são descarregados e arrastados sobre as rochas ao lado da queda d'água e que agora estão secas. Schmidt e seu pessoal chegam bem tarde, e eu já estava começando a me preocupar com ele. Seu barco bateu contra uma rocha e teve a ponta furada. Os índios amarraram-na provisoriamente com cordas, mas está entrando muita água. Os Arekuná o levam, com parte de sua carga, em seu barco grande e firme.

Agora as quedas seguem-se uma logo após a outra. O rio é estreitado por altas margens rochosas. Pontiagudas saliências nas rochas entram na corrente, que se quebra nelas a uma boa altura, formando violentos rodamoinhos. Um cenário selvagemente romântico. Em alguns trechos os botes são cuidadosamente soltos corrente abaixo. Os índios os acompanham andando a seu lado. É um mistério para mim como eles conseguem permanecer eretos sobre as pedras cortantes na violenta correnteza. Enfrentam quedas isoladas remando com admirável coragem. Olhando atentamente à frente, o piloto, com os braços abertos, mantém o remo em posição vertical nas vagas espumantes. Os remadores trabalham todos em conjunto. O bote pequeno e leve avança depressa como um raio, desaparece entre as rochas, volta a aparecer. Num segundo é lançado para longe, rio abaixo. Nós o seguimos lentamente por terra, com a carga valiosa. Numa baía tranquila, abaixo das cachoeiras, os Majonggóng nos recebem sorrindo.

Aqui o Merewari segue mais ou menos a direção norte. Ambas as margens estão cobertas de vegetação exuberante. Encontramos numerosos *cajus* no chão, uma variedade amarela também, que não é, nem de longe, tão suculenta e saborosa quanto a vermelho-escura.

Segue-se agora um trecho mais longo e tranquilo. Seguimos vagarosamente pela água quase morta. Os índios tentam acertar os peixes, mas erram com frequência. À tarde passamos pela foz de cerca de 60 m de largura do afluente direito Waínya. Subindo seu curso por quatro dias chega-se, após um dia por terra, ao Koátu, um afluente esquerdo do Uraricoera que desemboca pouco abaixo do Aracasá; é um caminho antigo, não mais utilizado. Dizem que antigamente os Majonggóng viviam no alto Waínya, mas foram atacados pelos Schirianá da serra Marutani e expulsos para o Merewari.

À direita, um pouco para dentro, uma cordilheira de altura média acompanha o rio a partir daqui, enquanto se pode vê-la através da névoa espessa. O leito do rio está repleto de rochas e ilhotas rochosas, provocando numerosas corredeiras. Pouco antes do pôr do sol acampamos numa saliência da margem esquerda. O local fervilha de mosquitos minúsculos, os infernais *maruins,* que atravessam até a malha fina do mosquiteiro.

10 de março. O sol brilha como uma bola vermelho-escura através da névoa, que está cada vez mais espessa. É como iluminação com geada no nosso inverno. Não há nuvens. Por volta do meio-dia o ar está tão abafado que mal se consegue respirar. Os olhos doem. Uma atmosfera inquietante paira sobre toda a natureza. Tem-se a sensação de que ocorreu um terrível fenômeno natural, ou de que ele vai ocorrer.

Ao pé do salto Kuruhúdu. *Rio* Merewari

A viagem prossegue sem dificuldades. Brandas corredeiras isoladas, que só percebemos agora por causa do nível muito baixo da água, não nos detêm, ao contrário, fazem que avancemos mais rapidamente. Passamos por uma área desmatada na margem direita. Antigamente havia aqui uma *maloca* grande dos Temomöyämö, que é como os Guinaú se autodenominam e como são chamados pelos Yekuaná. Os habitantes morreram. "Morrer" é a terceira palavra no Merewari. Antigamente a população deve ter sido muito mais numerosa. Logo a seguir passamos pela desembocadura do afluente esquerdo Auínama, cujas margens, outrora, eram igualmente habitadas por Guinaú. Hoje tudo está despovoado. À tarde aparecem outra vez corredeiras maiores. Num ponto o rio está quase fechado por rochas altas. Na cheia ele se precipita por sobre as rochas, formando a perigosa catarata Atuhádu. Agora ela é uma corredeira inofensiva. Os índios conduzem habilmente os barcos através dos canais estreitos entre as rochas.

Os Majonggóng são uma gente singular. Quase nunca procuram um bom local na mata para montar acampamento, mas, se possível, acampam bem junto de seus botes sobre as rochas dentadas do leito seco do rio, na margem íngreme. Nesse terreno excessivamente incômodo para nosso gosto constroem um andaime baixo, feito de troncos de árvores, onde prendem suas redes de dormir em todos os sentidos. Sob o andaime ardem as fogueiras e ficam os moquéns com os peixes que eles pegaram durante o trajeto. Ficam deitados assim, juntos, sempre alguns homens ao redor de uma fogueira, de modo que, sem precisar abandonar as redes de dormir, podem pôr mais lenha no fogo ou partir um pedaço do peixe assado para comê-lo no meio da noite. Talvez esse modo singular de acampar venha de uma época em que tinham de ficar de sobreaviso em caso de ataques de outros índios, em especial de seus antigos inimigos, os Schirianá.

Os Arekuná têm sempre seu próprio acampamento afastado dos outros, e parecem não ser ligados a eles por uma amizade mais íntima.

11 de março. O rio é largo e raso. Numerosas rochas erguem-se acima do nível da água, formando leves corredeiras. Agora o Merewari é impelido em direção noroeste por uma cadeia de montanhas, que corre de sudeste a noroeste na margem direita. Em ambos os lados desembocam pequenos afluentes.

Após quatro horas de viagem passamos pela desembocadura do afluente esquerdo Máwo. Na margem direita, tetos marrons de palha de palmeira espreitam por entre o verde-claro das bananeiras. Permanecemos todos juntos. Os Arekuná me animam a atirar. Dou alguns tiros com a minha Browning. Imediatamente respondem de lá com um tiro de espingarda. Sobre a íngreme elevação da margem rochosa, dentro de uma grande plantação nova, há duas cabanas miseráveis e baixas. Estamos em Mawoínya.

Aqui vivem alguns Yekuaná, que vieram há pouco do alto Auari, um Purukotó com a família, um velho Guinaú, um dos últimos de sua tribo, o xamã Arekuná com sua mulher cega e os Arekuná que fugiram do Caroni, pai, mãe e três filhos, meus remadores. O velho, que também é xamã, é um homem alto e magro de traços finos. Sua tatuagem é novidade para mim: de cada lado da boca há dois riscos verticais paralelos que descem das comissuras dos lábios até o queixo. Sua camisa branca nova e as calças nas mesmas condições talvez tenham sido roubadas.

Segundo Manduca, ele temia que tivéssemos matado seus filhos. Foi por isso que enviou o pessoal ao nosso encontro na desembocadura do Aiakéni.

Os fugitivos moram pior do que os Schirianá, sob algumas folhas de palmeira enterradas no chão. Seria o mesmo que tivessem algumas teias de aranha sobre suas cabeças.

O filho mais velho, que os Majonggóng chamam de Arauatá-fanári, "orelha de bugio", tem três mulheres, como convém a um homem tão bonito e forte nesta terra, uma Purukotó e duas Majonggóng. As duas últimas ele adquiriu há pouco tempo. Agora sua mulher Purukotó ficou com ciúme e reclama seus antigos direitos. Ela se afastou dele e vive junto de seu pai, que tem um tumor sobre um dos olhos. Mas esse abandono malévolo não incomoda nem um pouco o tirano. Fica deitado na rede, com toda a sua beleza, a poucos metros dela. Uma das novas mulheres está sentada em seu colo, acariciando-o. A outra, bem nova, que usa cabelo curto — sinal de que acabou de atingir a idade núbil —, está agachada atrás dele, catando piolhos de sua cabeça, que ela come ou enfia na boca de seu amo e senhor. Um encantador idílio familiar!

O segundo filho tem duas mulheres, índias Majonggóng. O mais novo, que não deve ter mais de dezoito anos, já foi casado com uma Majonggóng, mas ela morreu há pouco de febre. O lugar parece ser muito insalubre.

As cabanas de Mawoínya são tão baixas que não consigo ficar ereto dentro delas. Só consigo passar pela entrada arrastando-me de quatro. E a sujeira, o pó e a fumaça! E este calor!

Mostro ao grupo de índios fotografias da viagem e o livro ilustrado sobre animais, a fim de ocupá-los e distraí-los. Enquanto isso, nós nos instalamos numa barraca que não tem paredes e, por isso, é mais arejada. Reservam um pequeno lugar para nós.

A hospitalidade está acima de qualquer dúvida. De todos os lados convidam-nos para comer molho de pimenta e beiju, e quando os beijus acabam, pedem novos. Há pilhas inteiras deles nos andaimes das casas e para secar no telhado, e pedaços grandes no chão para os numerosos cachorros. Até meu pobre e magro Kaikuschí pode comer novamente até se fartar.

Nada de objetos etnográficos! Se acontecer o mesmo nas outras aldeias, ai da coleção! Toda a região parece ser pouquíssimo povoada. Até chegarmos à casa de Manduca passaremos somente por duas povoações pequenas. Uma outra *maloca* fica no Emecuni, um afluente direito do alto Merewari. Outras duas, mas que não nos interessam, encontram-se Merewari abaixo. Esse parece ser todo o esplendor. O que sobra das descrições maravilhosas de Manduca? É a velha história: um homem deixa sua terra ainda muito jovem e sai pelo mundo. Em suas lembranças, tudo lhe parece cor-de-rosa. Quando ele volta, anos depois, o paraíso de suas fantasias encolhe até ficar do tamanho de um ninho miserável e sujo.

De onde vem a decadência? Esse povo quase não tem contato algum com os brancos. Ao longo de uma geração dificilmente aparece um venezuelano no baixo Caura. Poucos deles trabalham ocasionalmente nos seringais ou como remadores no Orinoco. A maioria nunca viu um branco. E, no entanto, tudo que lhes é peculiar está desaparecendo. É verdade que ainda não vestem roupas, os homens usam somente a costumeira tanga de chita azul ou vermelha, vez ou outra um chapéu de palha venezuelano ou um chapéu de feltro marrom, as mulheres usam tangas de miçangas com encantadores motivos nas bordas ou, então, o traje da matriarca Eva antes do pecado original. Mas onde estão as magníficas maças de pesada madeira negra brilhante, onde estão os delicados trançados com seus motivos artísticos, onde estão os adornos plumários de cores intensas, e tantas outras coisas que Schomburgk chegou a ver aqui? A chamada civilização parece agir de longe como um bafo pestilento sobre essa pobre raça. Estão perdendo sua cultura própria, e eles mesmos estão desaparecendo depressa, sem causa aparente. Alguns homens e mulheres que, em parte, ainda estão casados com Majonggóng são tudo o que resta da tribo dos Guinaú! É verdade que todos ainda sabem sua língua, mas, em geral, só falam Majonggóng. Mais alguns anos e a próxima geração já terá esquecido a língua Guinaú e se tornado totalmente Majonggóng; e o vento terá levado mais uma folha seca da árvore linguística sul-americana.

Numa hora tranquila explico a Manduca meu plano de ir até o Orinoco. A princípio ele emudece, pois pensava que, após uma estada prolongada em sua terra, eu voltaria com ele e com os outros pelo mesmo caminho para a terra dos Makuschí. Após refletir um pouco, promete me acompanhar se houver um caminho do alto Uraricoera até as cabeceiras do Orinoco. Então me levará até a desembocadura do Payámu, que é como os Majonggóng chamam o Padámo, o afluente direito mais importante do alto Orinoco. Pelo visto, minha carabina Winchester com cinquenta cartuchos de balas, que, nesse caso, lhe prometi, o atrai muito.

À noitinha, justamente quando estamos no porto, chegam dois botes do Canaracúni com mulheres. São algumas mulheres daqui e nossa cozinheira. É divertido o encontro com seus severos amos e senhores. Ao ver sua mulher chegando, Manduca sobe imediatamente até a barraca e se estira de maneira malcriada em sua rede de dormir. Deixa a cabeça balançando para fora e olha para o céu, demonstrando falta de interesse, como se a mulherzinha em pé à sua frente não o interessasse. Como é diferente do que acontece conosco o reencontro de um casal de índios após longa separação! Mais tarde, com certeza, devem ficar deitados juntos no escuro, tagarelando, rindo e se acariciando como dois pombinhos.

12 de março. O céu continua enfumaçado, se bem que menos do que nos últimos dias.

Os Arekuná e alguns Yekuaná que ficam aqui são pagos e fotografados. Agora nós nos contemos avaramente com nossas mercadorias maiores, como machados e facas. Não temos muitas delas mais e ainda vai demorar bastante até encontrarmos brancos novamente.

O velho Arekuná me pede uma *kalitá*,[4] uma carta que ele possa mostrar aos "espanyóles" quando voltar para o Caroni. Provavelmente será uma espécie de salvo-conduto por causa do assassinato. Dou-lhe um certificado endereçado *a los ciudadanos venezolanos,* dizendo que os Arekuná me serviram fielmente e me receberam bem. É verdade. Só conheço o caso da boca de Manduca, e só Deus sabe o mau patrão que aquele venezuelano era. Com certeza minha carta não lhes será de grande utilidade. Um dia os venezuelanos se vingarão deles.

Aqui em Mawoínya os Arekuná também não são hóspedes muito bem vistos. Os Majonggóng dizem todo tipo de coisa a seu respeito. É evidente que têm medo deles. Conosco, europeus, eles sempre se portaram muito bem. Gosto dos Arekuná e de seus parentes próximos, os Taulipáng. São gente imponente e, em geral, bem proporcionada, ao passo que os Majonggóng, muito mais baixos e grosseiros, apesar de toda a sua amabilidade, têm algo de cigano.

A maior parte do meu pessoal já partiu no início da tarde com a carga principal para o Canaracúni. Às 2 e meia nós os seguimos. Vou com Schmidt, Romeu e Mário na canoa grande dos Arekuná. Após longa negociação, um Yekuaná jovem concordou em nos servir de piloto nas próximas corredeiras. Faz poucos dias que está casado. Leva sua mulher gordinha junto. Ela tem o cabelo curtinho e não usa nem mesmo uma tanga de miçangas, em contrapartida tem o rosto pintado de vermelho brilhante.

Manduca e sua mulher seguem num bote pequeno atrás de nós. Ele é um tipo estranho. Sua mulher, apesar de toda a sua bondade, exerce má influência sobre esse homem imaturo. Sem ela, ele é um sujeito excelente, um guia enérgico e atencioso. Mas, quando ele a tem de novo consigo, esquece tudo, importa-se pouco conosco e fica cheio de caprichos, quase irreconhecível. Esse estado geralmente dura alguns dias. Depois ele se acostuma e entra de novo nos eixos. É apenas um rapaz bobo e deveria ter esperado mais alguns anos para se casar.

Após meia hora de viagem em direção noroeste chegamos à foz, de cerca de 60 m de largura, do afluente esquerdo Canaracúni, cujo curso estamos subindo. O Merewari segue para o norte. A direção principal de onde vem o Canaracúni é o oeste. Tem uma água límpida e escura, alguns graus mais fria do que a água verde-esbranquiçada do rio principal. Aqui a seca também é grande. Longos bancos de areia fina e cascalho estendem-se pelo leito do rio. Schmidt e eu vamos a pé. O pessoal impele os botes com varas sobre os pontos rasos ou os arrasta pelo cascalho. Às 5 horas

---

[4] Do espanhol *carta.*

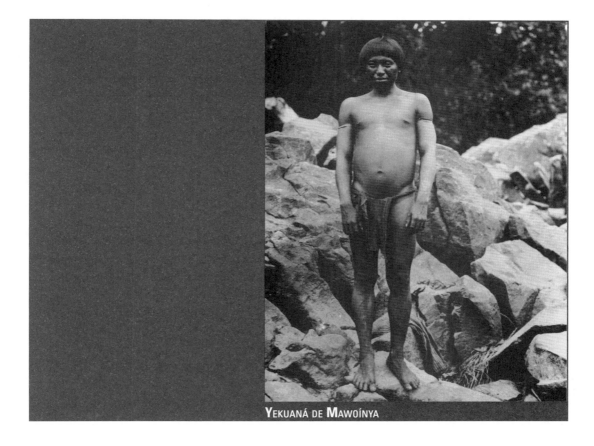
YEKUANÁ DE MAWOÍNYA

paramos sob alguns abrigos. Dois *cujubins,* que emitem de uma árvore alta seu suave grito chamariz, *"kuyui-kuyui",* migram para a panela.

13 de março. Só após o meio-dia alcançamos os outros. Estão ocupados pegando peixes com *timbó* na água rasa, entre as pedras. Sobre as rochas quebram pedaços dessa liana venenosa[5] até transformá-los em finos feixes de fibras, que lavam várias vezes na água, que assume uma cor esbranquiçada por causa do caldo extraído. O efeito logo se faz sentir. Os peixes pequenos morrem e boiam com a barriga para cima. Os peixes grandes nadam inquietos para lá e para cá, ficam cada vez mais extenuados e se deixam pegar facilmente com a mão. Pescaram principalmente numerosos cascudos de um palmo de comprimento, que vivem sob pedras e buracos na terra, umas coisinhas insignificantes de cabeça larga e feia, mas de carne amarela e sabor agradável. Os peixes são mal destripados, cozidos ou estufados entre folhas frescas ou simplesmente jogados no fogo, onde ficam carbonizados e malpassados. Então são despejados todos num monte sobre uma rocha e acrescentam-se alguns beijus. A panela com o caldo, que, por causa da bile, tem cor esverdeada e gosto amargo, encontra-se ao lado e serve de sopa e de molho. Manduca sorve o caldo com nossa concha de alumínio. A gente se serve com os dedos,

---

[5] *Paullinia* sp. ou o arbusto *Lonchocarpus densiflorus* (Benth).

engole depressa para não perder nada e cospe as espinhas para todos os lados. Um modo de comer humilhante para um europeu educado!

Às 3 horas seguimos viagem lentamente. Os índios atiram do barco, com habilidade, em *curimatás* que deslizam por nós em enorme quantidade na corrente rasa, descobertos de longe pela aguda visão dos atiradores.

A maior parte da presa e alguns galináceos que os índios mataram no caminho passam a noite assando no moquém do nosso acampamento na floresta.

14 de março. Ao seguirmos viagem, de vez em quando vemos através da névoa, na margem esquerda, uma serra de cerca de mil metros de altitude, em sua maior parte coberta de floresta, que se estende terra adentro do oeste para o leste. Os índios a chamam de Scharischarináma. Sua forma e a cor avermelhada de suas encostas rochosas levam à conclusão de que se trata de arenito.

Pouco após a 1 hora atingimos a grande catarata Kömbakö-sóde. Ela é intransponível em todas as estações do ano e é preciso rodeá-la por terra por um longo caminho que também corta as duas cataratas seguintes, Aköyu-sóde ("cachoeira da cobra") e Kuruhúdu. Com o atual nível baixo do rio passamos os botes com grande esforço pelas quedas. Quando o nível da água está alto eles são arrastados através da mata por um outro caminho.

O conselho dos índios decide que a carga principal será empilhada aqui e levada amanhã por terra. Eles querem ir ainda hoje à povoação, supostamente por não terem mais beiju; na verdade, é porque lá há *caxiri*.

Navegamos rapidamente pela água tranquila e, ao pôr do sol, passamos pela desembocadura do afluente direito Tuducamá, que aqui tem 30 m de largura e uma profundidade média de 1 m. O Canaracúni, que apresenta a partir daqui uma água límpida e negra, tem 36 m de largura e, quanto à profundidade, não fica atrás do Tuducamá.

Pouco depois estamos no porto, que fica na desembocadura de um pequeno afluente direito. Muito tempo antes os índios já anunciaram nossa chegada soprando um velho chifre de boi e um grande caracol marinho. Em fila única, a princípio andamos por um trecho da floresta, depois subimos pelo riacho raso e pela montanha através de uma plantação grande, queimada há pouco, em cujo centro fica uma *maloca* redonda. A aldeia se chama Motokurúnya. Todo o povo nu está esperando por nós aqui. Manduca, que anda à minha frente, dispara sua espingarda para o lado, como é costume aqui na terra quando chega visita. Os cumprimentos são breves. A maior parte do meu pessoal está em casa aqui, e os do Merewari deixaram suas mulheres aqui. Segue-se a costumeira refeição muito farta, incluindo um caldo vermelho de pimenta, de gosto acre, que lembra um pouco tomate. Manduca tinha ordenado que erguessem uma barraca para nós ao lado da *maloca*. Ainda não está pronta. Prendemos nossas redes de dormir nas travessas do andaime. Há poucos dias morreu um homem jovem que estava de visita aqui. Quando Schmidt o viu, ele já era pele e osso. Infelizmente já foi enterrado. Poderia ter esperado mais alguns dias. Assim, só ouvimos metade da noite o melancólico lamento fúnebre dos parentes próximos, alguns homens e mulheres.

A noite é fria e traz forte orvalho. O ar está mais claro; talvez a névoa fique só no vale. À meia-noite as estrelas maiores ficam visíveis. Um local livre para todos os lados, apropriado para observações astronômicas.

16

No ninho de febre Motokurúnya

15 de março. À noite, aqui fervilham mosquitos, que aparecem por volta das 9 horas. Não se pode pensar em dormir sem mosquiteiro.

Pouco após o nascer do sol temos a primeira refeição comunitária. Cada mulher casada traz um apá com beijus e uma taça pequena com molho de pimenta, onde nadam, perdidos, alguns pedacinhos de peixe. Tudo é posto diante da casa, uma coisa ao lado da outra. Então um dos homens nos chama também, em voz alta, para comer e nós nos agachamos em círculo.

Em seguida, a maioria dos homens sai para buscar o restante da bagagem.

A curiosidade das mulheres é grande e, poucas horas após termos travado conhecimento, já beira a impertinência. Passam a manhã toda, sem qualquer acanhamento, sentadas ao redor da minha rede de dormir, arrastam-se sob o mosquiteiro, querem ver tudo, pegar em tudo, espantam-se com os relógios, com os barômetros, com o compasso, com a tatuagem em meu braço, com minhas cicatrizes, minha pele branca. Dizem que somos tão brancos quanto um recém-nascido, e morrem de tanto rir. Pedem que eu me dispa inteiramente. Também querem admirar minhas pernas. "Isso não é possível, minhas senhoras! As senhoras devem vir quando eu estiver tomando banho!" A amabilidade logo se torna um pouco excessiva. Suporto tudo com estoica serenidade. Finalmente, elas vão embora, e eu posso olhar um pouco o que existe à minha volta.

A *maloca*, de desenho circular e teto cônico, assemelha-se, em sua forma externa, às casas dos Makuschí e dos Taulipáng, mas suas paredes são revestidas com barro, ao passo que aquelas geralmente têm paredes cobertas com palha de palmeira. O poste central, ao redor do qual há doze postes menores, dispostos em círculo e que sustentam o teto, eleva-se muito acima da ponta do teto. A parte superior deste é coberta com folhas de palmeira mais delicadas do que as da parte inferior, o que, graças à coloração diferenciada, dá ao conjunto todo uma aparência mais agradável. A parede tem quatro entradas, distribuídas de acordo com os quatro pontos cardeais. São fechadas por portas feitas de pesada prancha de madeira talhada e movem-se por dois tarugos, um em cima e outro embaixo. Provavelmente, essas portas são aquisição europeia, mesmo que muito antiga. A entrada principal, por onde cada visitante entra, dá para o leste. Além disso, encontram-se na parede, a certa altura do chão e separados uns dos outros por uma distância determinada, pequenos orifícios quadrados, que também são fechados por portinhas de madeira maciça e pelos quais entram luz e ar. No centro do teto, dando para o oeste, há uma portinhola que pode ser aberta e fechada pelo lado de dentro; pelo visto, é influência espanhola, pois os índios chamam essa claraboia de *mentána* (esp. *uentana* = janela). Talvez um deles certa vez tenha visto coisa semelhante em casa de brancos, no baixo Caura, e a tenha imitado rapidamente. A divisão interna é singular e totalmente diferente daquela das casas das tribos orientais. Junto à parede encontram-se o lugar para o fogo e os aposentos das diferentes famílias, que não estão separadas umas das outras, mas isoladas do espaço interior por pedaços de casca de árvore altos e largos, dispostos um bem junto do outro, formando, assim, uma passagem contínua, uma espécie de corredor. Essas habitações são terrivelmente apertadas e sujas. Suportes baixos e largos na parede, onde os numerosos cães ficam deitados, ocupam a maior parte do espaço. A entrada principal passa pelo corredor e dá diretamente para o espaço interno, possuindo, igualmente, de ambos os lados, revestimento de casca de árvore, que, aqui, interrompe a passagem. Bem junto à entrada ela é um pouco curva, de modo que é possível a gente se enfiar para a direita e para a esquerda nos aposentos dos casados. As outras entradas levam somente ao corredor; mas, também aqui, em frente da parede de casca de árvore há estreitas aberturas livres, que dão para o espaço interno. Em alguns pontos, o revestimento de casca de árvore foi pintado grosseiramente com alguns traços e ganchos vermelhos. O grande e circular espaço interno é o lugar onde os solteiros ficam e dormem. Aqui são feitas, várias vezes ao dia, as refeições grandes e comunitárias e, de vez em quando, festas e danças. Ocasionalmente, as mulheres também executam aqui seu trabalho diário, ralam mandioca, assam beiju etc. Na maioria das vezes, porém, elas trabalham num alpendre atrás da casa ou, se o tempo está bom, lá fora, a céu aberto. A casa tem 39 m de circunferência. A altura do poste central até a ponta do telhado mede 5,25 m, o diâmetro do aposento dos solteiros é de 6 m, a altura da parede externa é de 1,78 m, a altura da porta é de 1,42 m, a largura da porta é de 0,65 m. O piso é de chão batido.

O asseio dos meus novos amigos, o do corpo também, é muito precário. Na *maloca* e numa grande área ao redor dela reina uma sujeira inacreditável, a começar pelos muitos cães, cujo número nunca parece ser suficiente para esses índios. Há aqui mais de 25 desses bichos. O pó nos recintos à meia-luz é nojento e deve causar doenças na garganta e nos pulmões, disseminadas pelo escarro incessante dessa gente. Muitos dos moradores, as crianças também, que são numerosas, sofrem de grave catarro acompanhado de tosse cava. Será um milagre se todos não morrerem de tuberculose, que, pelo visto, foi o que vitimou o jovem aqui há pouco. Um velho Guinaú, ao que parece, encontra-se no último estágio dessa doença. Ele emagreceu excessivamente, mas tem o corpo inchado. Queixa-se de fortes dores em todos os membros e articulações, na coluna vertebral e na nuca. Assim, toda essa comunidade apresenta grande decadência. À tarde, o pessoal traz a bagagem que ficou para trás. Estão faltando os dois machados que eles usaram no Aiakéni. Pergunto a Manduca onde foi que ficaram. Primeiro, ele me diz que não sabe. Aí fico bravo.

"Você, como guia, tem que saber! Você é responsável por minhas coisas!"

Então ele desiste.

"Os machados ficaram em Mawoínya."

"Com o cacique Pitá e seus Makuschí nunca aconteceu uma coisa dessas", respondo.

MOTOKURÚNYA

Causa um desgosto enorme nesse homem ambicioso e vaidoso me ouvir dizer isso. Irritado, vou para o banho. Quando volto, os moradores daqui ainda estão bastante perplexos, mas Manduca me recebe com cara amigável. Conversa comigo sobre o prosseguimento da viagem até sua terra, nas cabeceiras do Ventuari. Diz que providenciará pessoal e barcos. Chama esse maior afluente direito do médio Orinoco de Entauarí ou Entauádi e o próprio Orinoco de Erinyakú ou Edinyakú; em Majonggóng quase não se distingue r de d. O "Casiquiare" Manduca chama de Faschischuádi. Esses índios conhecem Ciudad Bolívar somente pelo antigo nome espanhol de Angostura, mas dizem, é claro, Angosturánya.

16 a 20 de março. Outra vez as mulheres impertinentes passam metade da manhã agachadas sob meu mosquiteiro. É um grupo curioso! Eu lhes mostro um álbum Leporello que tem duas fotografias de minha mulher e várias outras de meus dois filhos em diferentes idades. Agora elas acham que tenho duas mulheres e oito filhos, seis meninas e dois meninos, e querem saber os nomes deles todos.

Mais tarde, faço uma breve visita à *maloca*. É perigoso andar pelos aposentos das famílias por causa dos cães bravos, que agora estão deitados e presos em seus suportes e ficam rosnando para mim de longe. Os utensílios domésticos são muito pobres e decepcionam o etnógrafo. Vejo alguns apás pequenos trançados com belos motivos, mas que agora já estão muito danificados, um carimbo-rolo para pintar o corpo, um berço de criança como aqueles que conheci no alto *rio* Negro, numerosos raladores, monopólio dos Majonggóng, longas zarabatanas com carcases primitivos feitos da bainha vergada de uma folha de palmeira, e outras tralhas. Tudo está cinzento, coberto de sujeira e pó. Faltam a limpeza, a riqueza de formas, e o colorido que distinguem as *malocas* espaçosas das tribos mais desenvolvidas do alto *riò* Negro. É com saudade que penso nelas agora.

Motokurúnya é considerada aldeia Guinaú, apesar de sua população compor-se de indivíduos de três tribos. Além do Guinaú doente com sua mulher e filhos, vivem aqui um Guinaú mudo e solteiro, um Arekuná feio com sua mulher, que é Guinaú, e alguns filhos, e dois Yekuaná de pele muito clara, irmãos, com suas famílias. Além disso, há algumas viúvas, alguns adolescentes e uns garotos, cujos pais morreram.

O Guinaú mudo perdeu a fala quando criança, por causa de uma doença, e só consegue balbuciar alguns sons, mas que são entendidos pelas pessoas que vivem com ele. É um trabalhador ativo e incansável, usado pelos outros para todo tipo de serviço. Foi ele quem plantou sozinho a enorme roça ao redor da *maloca*. Dizem que, em geral, ele tem bom coração, mas irrita-se com facilidade e aí fica perigoso. Há algum tempo, num acesso de fúria, matou, a machadadas, um companheiro de tribo que estava caçoando dele.

Com seu tipo mais fino e sua figura esbelta, os Guinaú diferenciam-se imediatamente dos Yekuaná baixotes e atarracados, que, em sua maioria, apresentam uma musculatura excessivamente desenvolvida. Não raro, os rostos alongados e ovais dos Guinaú têm uma expressão melancólica, como se essa tribo tivesse consciência de seu iminente declínio. Os homens mais velhos distinguem-se por seu nariz muito aquilino, lembrando, assim, as tribos Aruak do alto *rio* Negro. Os Yekuaná são totalmente diferentes. Sob a gorda protuberância da testa estreita, com frequência os olhos miram de esguelha pela estreita abertura, dando ao rosto largo e redondo uma expressão severa, às vezes traiçoeira. Surpreendente é a pele clara, quase branca nas partes do corpo protegidas dos raios do sol, de alguns indivíduos dessa tribo, coisa que Humboldt já salienta em seus parentes próximos, os chamados "Maquiritares" do alto Orinoco.[1] Manduca diz que, no Auari, existem dois Yekuaná totalmente brancos e de cabelo branco, que não conseguem enxergar de dia; são, portanto, verdadeiros albinos.

Os Guinaú (Ginaú),[2] ou Ginyaú, como os Temomöyämö são chamados pelos Makuschí e pelos Taulipáng, outrora deviam espalhar-se por uma extensa região. Provavelmente são idênticos aos "Guainares" registrados nos mapas mais antigos do alto Caura até o alto Orinoco e o Ventuari. Parece que, antigamente, toda essa região era habitada por tribos Aruak, talvez por índios Guinaú. Os numerosos nomes de rios que terminam em -ari, -uni, -eni ("rio, água") provam tal fato: Merew-ari, Au-ari, Caimac-uni e Canarac-uni, Aiak-eni, entre outros. Parece

---

[1] Op. cit., v.IV, p.114*ss*.
[2] O nome da tribo Guinaú foi introduzido na literatura por Robert Schomburgk.

que também aqui, como em outras regiões das Guianas, os Aruak eram os senhores da terra antes da invasão dos Karib, pelos quais foram subjugados. Os vencedores adotaram, então, o patrimônio cultural dos vencidos.

O registro da língua Guinaú é feito com dificuldade e após longos intervalos. Exige grande esforço induzir esse povo indolente a realizar esse trabalho insólito. Se consigo que um deles responda às minhas perguntas, então os solteiros, que sempre têm tempo, ficam agachados à nossa volta e dão uma sonora gargalhada a cada palavra pronunciada. Eles também falam de maneira muito ininteligível, de modo que peço para repetirem as palavras várias vezes até conseguir entendê-las corretamente e anotá-las. É um tormento para ambos os lados. No fim, os sujeitos fogem só de me ver chegando com o caderno de anotações. Mas, pouco a pouco, consigo uma longa lista de palavras dessa língua que está desaparecendo e da qual, até agora, só se conheciam dezoito palavras anotadas por Robert Schomburgk. O Guinaú já possui algumas palavras do Yekuaná, o que não é de admirar, dada a estreita convivência das duas tribos há gerações. Aqui, fala-se quase exclusivamente Yekuaná. É por isso que os mais jovens não sabem mais certas palavras e vão consultar os mais velhos.

O Guinaú é um membro da família Aruak e demonstra o importante fato da unidade linguística de duas tribos que hoje vivem fisicamente distantes e separadas por tribos de outra língua. É parente muito próximo do Baré, que hoje é falado no distante sudoeste, no baixo Casiquiare, e que, em muitas palavras, é completamente diferente das línguas Aruak dessa região. Assim, as línguas nos dão um quadro das longas migrações das tribos, mas cujos caminhos nos são, em sua maior parte, ocultos.

Quanto ao vestuário, todos os moradores de Motokurúnya são iguais. Ambos os sexos têm o cabelo cortado do mesmo modo, redondo, ao redor da cabeça. Os pelos das axilas, do rosto, das sobrancelhas e da escassa barba são depilados de vez em quando. Os pelos pubianos das mocinhas e mulheres jovens também são depilados. As mulheres mais velhas já não dão mais tanta importância a isso. Homens e mulheres se enfeitam com enorme quantidade de miçangas pequenas. Os jovens usam em volta do pescoço um arrátel de colares de miçangas azul-escuras, vermelho-escuras e pretas. A tanga de miçangas das mulheres, que elas tiram quando vão ralar mandioca ou trabalhar a terra, pende de um grosso feixe de cordões de miçangas azul-escuras. Cordões de botõezinhos de camisa brancos, que chegam igualmente a esta selva pelo caminho da troca com outras tribos, também são usados pelas mulheres como colar. As meninas usam bandas de miçangas azul-escuras sob o joelho e tornozeleiras de miçangas brancas, uma combinação de muito bom gosto. Homens e mulheres têm os pulsos e as pernas, acima dos tornozelos, envoltos por cordões de miçangas brancas, com um palmo de largura ou mais. Os homens, às vezes, usam largas bandas de cabelo humano acima e abaixo da barriga da perna. Poderíamos nos livrar aqui de quilos e quilos de miçangas pequenas, mas essa gente nua também está sujeita à moda e devolve miçangas de outras cores porque não são modernas. As braçadeiras já fazem parte das deformações do corpo. Ambos os sexos têm a parte superior do braço atada com tanta força por cordões estreitos, feitos com as fibras resistentes de uma bromeliácea, que os músculos saltam para fora e formam-se sinais profundos, nos quais a pele fica enrugada e descorada. É um antigo costume Karib que deixou espantados até os primeiros descobridores. Em alguns homens, uma pequena haste de taquara ou uma peninha enfeita o lábio inferior perfurado. Estreitas cânulas de taquara, de um palmo de comprimento, nas quais, em ocasiões festivas, enfiam-se feixes de peninhas coloridas, enfeitam os lóbulos furados das orelhas. Às vezes pende dessas cânulas, preso num cordãozinho de miçangas, o adorno de prata em forma de meia-lua, habitualmente usado pelos Arekuná e Taulipáng, feito de moedas achatadas a marteladas e finamente polidas.

A única indústria desses índios é a confecção de raladores. Aqui há uma verdadeira fábrica desse importante utensílio doméstico indígena. Há pilhas de tábuas, amarradas com cordas e destinadas ao escambo, pendendo das vigas do teto ou colocadas nos andaimes, prontas para a viagem ao estrangeiro, e raramente vê-se um visitante deixando a *maloca* sem levar nas costas dois ou mais desses raladores, comprados após longa negociação em torno do preço. Assim, esses produtos da indústria nativa encontram ampla difusão através do intenso comércio indígena.

Homem e mulher se dividem na fabricação de um ralador, trabalho que toma muito tempo. Para tal fim, toda a família vai por vários dias para a mata. Lá o homem derruba um cedro, cuja madeira é fácil de trabalhar, e corta as tábuas toscas no próprio local. Em casa, ele as aplaina com o facão e o enxó. São, sem exceção, ferramentas de ferro europeias, na maioria das vezes de fabricação inglesa, que eles geralmente conseguem por intermédio dos Arekuná. Aí começa o trabalho delicado e extremamente penoso da mulher. Com uma velha lâmina de faca e um seixo, ela tira lascas minúsculas de um quartzito e as coloca nos buraquinhos que faz na superfície da tábua usando um prego grande de ferro, formando fileiras ou belos desenhos trançados. Para que os dentinhos, cuja ponta sobressai só um pouco, fiquem firmes, passa-se breu na superfície. Nas extremidades da madeira, fica um espaço livre de um palmo, que, geralmente, é pintado com motivos negros sobre fundo vermelho-escuro.

Peço à mulher do Guinaú doente, uma mestra em seu ofício, que desenhe os motivos no caderno de rascunho. Ela o faz com grande habilidade, mas aperta o lápis com tanta força, que é possível ver as marcas através de meia dúzia de folhas. Ela segura o lápis quase na horizontal, com os dedos esticados, como está acostumada a fazer em suas pinturas com o pauzinho de pintar, cuja extremidade inferior é envolta por algodão. É uma cena divertida: a mulher nua sentada em minha cadeira dobrável, diante da mesa, duas malas postas uma sobre a outra, sobre as quais se encontra meu caderno de rascunho. À sua volta há meia dúzia de pessoas, em pé ou agachadas, que avaliam seus resultados artísticos com ruidosas gargalhadas. Seu filho gordinho, de dois anos, está pendurado nas costas da desenhista. Ele berra terrivelmente, pois pegou caxumba, que agora virou epidemia aqui e, aos poucos, afetou quase todas as crianças pequenas. O papai procura acalmá-lo. Puxa o seio flácido da mãe por baixo do braço dela e o mete na boquinha do garoto. Mas o pequeno está furioso, bate no peito da mãe e continua berrando. É um milagre que tenha resultado alguma coisa aproveitável dessa tentativa de desenhar cheia de contratempos.

Os índios encontram o quartzito verde-escuro, que fornece os dentinhos para os raladores, em torrões isolados na serra Scharischarináma, num pequeno trecho de savana que fica como uma ilha no meio de uma região de mata cerrada. Das viagens de vários dias que empreendem até lá de tempos em tempos para buscar o quartzito, levando todos os seus utensílios domésticos, mulheres, filhos e cães, eles trazem uma argila branca, uma espécie de giz, que consomem como um petisco.

A produção de raladores e os trançados com motivos, que são o melhor dessa parca cultura, sem dúvida originam-se dos Guinaú, cujas técnicas os Yekuaná adotaram.

Somos cordialmente convidados para todas as refeições comunitárias. Há beiju em quantidade ilimitada à nossa disposição. Os muitos peixes e aves, que o pessoal de Mawoínya capturou na viagem para cá e defumou nos moquéns todas as noites, amarrados em folhas, destinavam-se a ser presenteados pelos hóspedes. A cada refeição, um dos hóspedes abre um desses embrulhos, desfia em pequenos pedaços o conteúdo completamente seco e os divide entre os presentes. Assim, vamos vivendo aqui muito sujos, mas também de maneira muito patriarcal.

Aliás, cada presa de caça é propriedade de toda a comunidade e é dividida fraternalmente às refeições por um dos homens, na maioria das vezes pelo mais velho. Nessas ocasiões, é preciso reconhecer mais uma vez a concórdia dos índios. Não há briga nem resmungos. Cada qual fica satisfeito com o que recebe. As mulheres e as crianças também recebem sua parte e não se saem pior do que os homens. O fogão comunitário, em que uma dúzia de mulheres casadas assa seu pão alternadamente, já é uma boa prova da convivência pacífica dos habitantes de uma aldeia.

Ao fim da refeição, cada mulher traz uma cuia grande com bebida quente, feita de beijus esmigalhados. Obedecem-se a determinadas regras. Ela nunca dá a cuia a seu marido, mas sempre a outro homem. Este bebe só um pouquinho do conteúdo e a passa, então, a seu vizinho à direita. Este age da mesma maneira. Assim, a cuia dá a volta até chegar ao vizinho à esquerda de quem a recebeu primeiro. Só então é que este dá um bom gole e passa a cuia para a esquerda. Ela, então, percorre o mesmo caminho, e cada qual bebe longos tragos. Aquele que a recebeu primeiro a esvazia e a devolve à mulher.

O irmão do jovem que morreu há pouco é considerado impuro por algum tempo. Ele sempre come apartado dos outros e com utensílios exclusivos.

O *caxiri* que se bebe aqui é uma coisa horrível e pastosa, de um cinza indefinido. É feito de beijus queimados e mastigados que ficaram bastante tempo embrulhados em folhas de bananeira e fermentaram muito. Tem um repugnante sabor ácido e a aparência de já ter sido bebido antes. Não consigo engoli-lo. Schmidt foge quando uma mulher se aproxima dele com a cuia. Romeu e Mário, acostumados a bebidas melhores, vomitaram terrivelmente depois do primeiro gole. Manduca, que como xamã não pode aterrorizar-se com as bebidas mais acres e estranhas, bebe essa coisa sem reação visível.

Com longas pausas e depois de muitas exortações enérgicas, os solteiros preguiçosos finalmente cobriram nossa barraca. Já estava na hora. As Plêiades, que indicam ao índio a mudança das estações, estão muito baixas e logo desaparecerão totalmente. As rãs têm aparecido aos montes. O inverno está próximo. Em 19 de março temos a primeira chuva contínua, que dura da meia-noite até as onze da manhã. Os mosquitos estão cada vez piores. Mal conseguimos nos defender deles, já que, à noite, passam às centenas pelos furos do mosquiteiro e sugam muito sangue nosso, que já não temos em excesso.

Em 19 de março quase todos os homens saem para apanhar peixes, que, com o nível da água subindo, saem em grandes cardumes da corrente principal e entram nos riachos afluentes para desovar. Além de arcos e flechas, o pessoal leva grossos feixes de raízes de *timbó*. Aproveitamos a oportunidade favorável e arrumamos o conteúdo de algumas malas, que ficou um pouco desordenado durante a viagem. Logo as mulheres que ficaram aqui percebem o que estamos fazendo e vêm nos incomodar nesse trabalho importante. A curiosidade é tanta, que as crianças, quando nos veem abrir uma mala, correm imediatamente para casa e trazem todo o pessoal.

À tarde chegam convidados para a festa, os Arekuná de Mawoínya e, depois, meia dúzia de homens jovens de uma aldeia vizinha, índios Yekuaná e Guinaú. Todos se pintaram de vermelho para a recepção, alguns têm o corpo todo pintado de vermelho.

No dia seguinte os pescadores voltam trazendo enorme quantidade de pescado, cargas pesadas de *curimatá, pacu* e *aimará* pendendo de varas, cada uma delas carregada nos ombros de dois homens. Fizeram muitos moquéns e é um quadro magnífico e animado ver, depois que anoitece, as figuras nuas correndo ocupadas para lá e para cá entre as fogueiras bruxuleantes. O jantar é farto. Esvaziamos grandes panelas cheias de peixe cozido e saborosas ovas avermelhadas de *curimatá*. É, decerto, um abuso grave matar tantos peixes na época da desova. Mas ninguém aqui pensa nisso, e com razão, pois a extraordinária riqueza em peixes do Merewari nunca diminuirá por causa de seus poucos habitantes.

Infelizmente, a alegria logo é perturbada por uma forte chuva, que dura metade da noite, apaga a maioria das fogueiras e estraga grande parte da comida. Em tais situações, os índios são exemplares, já que aceitam com serenidade o inevitável e não se põem a xingar e maldizer inutilmente, como muitos "civilizados".

21 de março. Não há festa nem dança. O *caxiri* acabou, e não farão novo.

Pouco após o meio-dia há uma pequena agitação. Para escapar dos mosquitos, Mário amarrou sua rede no alto do frontão de nossa barraca e está fazendo a sesta diária. De repente, começa a urrar e a se jogar para lá e para cá com uma expressão de pavor. Corremos até debaixo dele para agarrá-lo. A princípio, penso que ficou louco, mas ele teve um pesadelo. Hoje de manhã devorou peixe estragado em quantidade excessiva; "comer" seria um eufemismo em se tratando do nosso jovem Makuschí. Ele dorme o resto do dia. O povo todo acorreu, por causa de sua gritaria e ficou lá parado com expressão horrorizada, até que o susto se dissipou em aliviadora gargalhada geral.

Após a tragicomédia vem o drama satírico.

Manduca e Romeu puseram algumas máscaras de carnaval que eu trouxe e correm no escuro até as fogueiras, para assustar as mulheres e as crianças. Eles se armaram com porretes grossos contra os cães bravos, e fizeram bem. Vou com eles e ilumino os mascarados com a lanterna. Há um barulho dos diabos, e mães desajuizadas se divertem vendo seus filhinhos gritando de medo.

À noite há na *maloca* uma cura para uma criança doente. É realizada por um xamã velho de Mawoínya. Ele tomou emprestado para essa finalidade um banquinho entalhado em forma de tartaruga, que comprei dos Arekuná em troca de uma tesoura. Diz que, sem banco, não pode trabalhar. Manduca o assiste. Ouvem-se diferentes vozes, ora uma rouca voz masculina, ora uma aguda voz feminina, em falsete. Manduca trava um diálogo com o espírito, que se colocou no lugar do xamã que subiu para o céu e prossegue com a cura. Faz perguntas, que, pelo visto, o espírito responde de modo muito humorístico, pois Manduca desata a rir várias vezes. Os ritos de cura dos Yekuaná, em sua essência, transcorrem de modo semelhante aos dos Taulipáng e dos Makuschí. Os primeiros utilizam o chocalho mágico, estes, o mágico feixe de folhas. No mais, é a mesma farsa, lá e cá.

Uma boa pescaria

22 de março-22 de abril. Os hóspedes se despedem, não sem antes fazer negócio. Os Arekuná levam quatro raladores novos e uma espingarda inglesa. O pagamento virá depois.

O xamã alto e sua mulher cega também nos deixam. Ela fez conosco toda a viagem do Merewari até aqui sem parada. Seguiu corajosamente por terra, tateando com um pau. É tratada com muita atenção e carinho por seu marido. É comovente observar os dois. Nas horas quentes do meio-dia ele fazia para ela um toldo com uma coberta velha na parede externa da casa. Em Mawoínya recolhia para ela os utensílios para as tarefas domésticas, pois, apesar de ser completamente cega, ela faz todo o trabalho de uma dona de casa. Na viagem e aqui, quando ela atravessava a roça, ele ia à sua frente e chamava sua atenção para cada tronco de árvore e para cada pedra. No Aiakéni, fiquei admirado quando ele nos guiou com tanto cuidado através da mata. Mais tarde encontrei a explicação. Infelizmente, essa compaixão para com doentes indefesos é um traço raro nos índios.

A maior parte do meu pessoal já foi paga. Sempre arranjamos as coisas de modo que o índio em questão não receba todo seu pagamento de uma só vez. Quase nunca o índio fica satisfeito. Na maioria das vezes, pede mais algumas coisas que deseja ter em especial. Eu as dou após hesitar um pouco. São apenas miudezas, que ele, segundo acredita, exige além de seu pagamento. Assim, sou sempre generoso, e meu índio fica satisfeito. Geralmente acrescento alguns cordões de miçangas para as queridas criancinhas, o que sempre causa boa impressão.

Restaram poucas famílias aqui, os verdadeiros habitantes. A maioria eram hóspedes. Reina uma tranquilidade benfazeja. Cada qual cuida de seus afazeres. A vida cotidiana recuperou seus direitos, e isso é o melhor da aldeia indígena. Nós nos acostumamos uns com os outros. Brinco, danço e tento agarrar as crianças de brincadeira, equilibro um pau na ponta dos dedos por longo tempo, coisa que elas não conseguem fazer, reviro os olhos para a esquerda e para a direita, coisa que elas também não conseguem fazer, e faço outras brincadeiras. Depois que dancei *arärúya,* como é costume no Roraima, com um gordo menininho Guinaú, as mulheres vivem me atormentando para dançar com seus filhos, até que, é claro, eu danço. Aí, elas riem, como só esses índios sabem rir. Viramos palhaços na aldeia indígena.

Nas horas mais frescas da tarde, quando sopra uma amena brisa vinda do norte ou do leste, a vida transcorre diante da casa. As mulheres voltam da roça, onde passaram a manhã trabalhando. Carregam, ofegantes, os volumosos cestos, presos na larga faixa de líber que cinge a testa, cheios de mandiocas, que aqui são excepcionalmente grandes. A filhinha adolescente, que também leva uma carga pesada, caminha atrás da mãe. Uma criança de dois anos enroscou as perninhas no pescoço da mãe e cavalga em seus ombros. O nenezinho descansa em seu braço e mama no peito. Então começa o trabalho doméstico. As mandiocas, que já foram descascadas e lavadas no riacho próximo, são raladas. O ralador fica apoiado contra o baixo-ventre. Ambas as mãos sobem e descem diligente e alternadamente. O esforço, nessa postura curvada, é extraordinário para o corpo todo. Um pedaço de canoa velha recebe a massa. Esta é espremida por um tubo elástico feito de palha trançada que extrai o caldo venenoso, o ácido cianídrico. Esse tubo, utilizado por várias tribos da América do Sul tropical, tem aqui enormes dimensões e, cheio de massa, fica muito pesado, exigindo grande esforço das mulheres para pendurá-lo nas barras transversais, pois os senhores da Criação, em geral, acham que ajudá-las é tarefa inferior à sua dignidade. A mulher senta-se na ponta externa da alavanca, introduzida na alça inferior do tubo, que tem a outra extremidade presa no poste vertical. Com o peso da mulher, o tubo se estende de comprido, estreitando-se, e espreme o caldo. Durante esse trabalho passivo, a mulher é útil de mais uma maneira. Dá de mamar às crianças ou cata-lhes os piolhos. Às vezes, ela põe uma barra pesada sobre a alavanca, para poder cuidar de seus outros afazeres enquanto o caldo escorre. Aqui, deixam-no, negligentemente, correr pelo chão, ao passo que nas tribos mais desenvolvidas do alto *rio* Negro retiram seu veneno cozinhando-o prolongadamente e tirando várias vezes sua espuma, e, assim, é aproveitado como *manicuera* adocicada e saborosa. A massa espremida e ainda um pouco úmida é peneirada fininho e assada imediatamente, na forma dos apreciados beijus, no fogão primitivo, uma laje redonda de argila ou uma placa de ferro importada com cabo, que descansa sobre algumas pedras. Durante o trabalho das mulheres, os homens ficam sentados aqui e acolá, entalhando seus arcos e flechas, brincando com os meninos e fazendo algum pequeno serviço, ou passam o tempo preguiçosamente na rede de dormir.

Todo o pacífico quadro muda imediatamente quando abrimos uma das malas de chapa de ferro. Tão logo ressoa o chiado da tampa, cada qual abandona seu trabalho e vem correndo espiar. As pessoas aqui são extremamente curiosas. Necessitamos tanto fazer um inventário, mas, por enquanto, é impossível, já que alguns ficam observando as coisas com tanto interesse que depois se esquecem de devolver.

Em todos os trabalhos, as menininhas a partir dos quatro ou cinco anos são uma verdadeira ajuda para a mãe. É sempre uma alegria para mim poder observar essa presteza jovem. As que- ridas mulherzinhas com seus rostos amáveis, onde os escuros olhos brilhantes movimentam-se tão depressa para lá e para cá, passam o dia todo ocupadas. Mesmo quando terminam o serviço doméstico, têm pouco tempo livre. Precisam cuidar dos irmãos mais novos, os quais elas deixam cavalgar no quadril, seguindo o exemplo mais velho, ou carregam junto ao peito numa faixa feita de um tecido doméstico de algodão. Elas têm de buscar água ou lenha contra o frio da noite. À noitinha, quando a mãe se agacha com seu fuso para bater um papo com a vizinha, as filhinhas também se sentam juntas e põem seus pequenos fusos a ronronar.

As crianças são meigas e de boas maneiras, as menores são um pouco rebeldes. A filhinha de dois anos do Arekuná desata a gritar furiosamente toda vez que a mãe não quer levá-la junto, de manhãzinha, para a roça distante. Geralmente a mãe foge o mais depressa possível, e a criança fica berrando durante meia hora ou mais, pega um pedaço de pau do chão e joga furiosamente na direção em que a *máma* malvada fugiu.

As crianças são bem tratadas pelos pais. Só uma vez assisti a uma cena feia, que me causou impressão ainda maior pelo fato de ser tão rara entre os índios. Um dia, a mulher do Guinaú doente, sem nenhum motivo especial, bateu com um pau em sua filha de uns cinco anos, uma criança amável e trabalhadeira. Ocorre aqui o mesmo que, infelizmente, acontece em tantas de nossas famílias. O "primogênito" é mimado, e a irmãzinha mais velha apanha.

Em geral, as mulheres são bondosas. Existe aqui um órfão de poucas semanas de idade, um garotinho minúsculo e franzino, de tronco e braços cabeludos. Parece que é prematuro. Sua mãe morreu durante o parto. As mulheres lhe dão de mamar por turnos.

À noite, nós, homens, geralmente ficamos sentados mais uma horinha fumando e, na medida do possível, conversando. Manduca é o intérprete. Eu lhes conto da "Alemánya", minha terra distante, do meu povo e de seus vizinhos, de guerras sangrentas — a coisa que eles mais gostam de ouvir —, do nosso inverno, quando a água vira pedra, e coisas desse tipo. Eles querem saber tudo: como são feitos o pano, as facas, os machados, todas as coisas que eu trouxe. Eu também descubro novidades: na Serra Parima, nas cabeceiras do Uraricoera e do Orinoco, encontram-se pedrinhas transparentes "como no Roraima", provavelmente cristais de rocha. Dizem que na alta Serra Marauacá, no alto Padámo, existe ouro, mas que os "espanhóis" nada sabem sobre isso. Há muitos anos, um viajante branco esteve aqui no Canaracúni, um *doturu* como eu, um homem alto de longa barba cerrada. Então ele desceu novamente o Merewari. Foi quando os víveres acabaram e ele perdeu um de seus homens por causa da fome. Deve ter sido há algumas décadas. "Pransisco" (Francisco), um Guinaú velho de Mawoínya, era jovem na época. Provavelmente, era o viajante francês Chaffanjon, que subiu o Caura (Merewari) em 1885 e publicou uma descrição repleta de aventuras dessa viagem.[3] Entre outras coisas, ele relata que os "Guagnungomos", que é como os Yekuaná-Majonggóng são chamados pelos venezuelanos, o atacaram, mataram um de

---

[3] J. Chaffanjon. *L'Orenoque et le Caura*. Paris, 1889. Chaffanjon chegou até o "rio Carana Curi", como ele escreve, mas o situa no lado direito do Caura! Segundo conta, a aldeia Guagnungomo "Carana Curi" se compunha de quinze casas com "cerca de 120 habitantes"! — Todas as aldeias dos Majonggóng que visitei compunham-se de apenas uma casa. Era assim na época de Robert Schomburgk e, segundo os índios, foi sempre assim.

seus acompanhantes índios com uma flechada e, então, ele atirou no chefe deles. Conto esse fato para o pessoal daqui. Eles dão risada e dizem que é mentira! Também acho.

O tema mais importante de suas conversas são os bravos "Schirischána", seus inimigos tradicionais. Dizem que vagueiam em massa pela serra Parima e são muito perigosos. Que, há algum tempo, parece que há um ano, lutaram com oito índios Majonggóng do Matacuní e mataram alguns deles, um com uma flechada na testa. Dizem que nas cabeceiras do Matacuní, um afluente esquerdo maior do Padámo, existe uma aldeia de índios Schirischána pacíficos, "cultivados" pelos Majonggóng e que mantêm relações amigáveis com eles. Eles também estão expostos aos ataques de seus bravos irmãos de tribo. Dizem que, da aldeia de Manduca nas cabeceiras do Ventuari, há um caminho de apenas três dias até o Matacuní. Se for possível, quero utilizá-lo para levar a bagagem principal até o baixo Padámo e deixá-la guardada numa *maloca* lá, até podermos buscá-la tomando um outro caminho.

Essa gente não cria muita dificuldade para fotografar. Divertem-se com as fotos, chegam até a reconhecer as pessoas nos negativos e, após hesitar um pouco, dizem-me os nomes. De muitos, sabem só o apelido, que todo índio tem além do nome. Existe aqui um Iwöde (capivara), um Eköyumö (pai da cobra), um Wöwöhúfe (cabeça de machado). Por causa de seu balbucio, chamam o Guinaú mudo de Aa, Wahóhoi ou Fúai. Seu nome verdadeiro é Uadúfe.

Pouco a pouco, eles me trazem espontaneamente objetos etnográficos. Não têm muita coisa. Adquiro alguns pares de encantadoras hastes auriculares que têm na ponta externa um tufo de peninhas pretas, vermelhas e amarelas. Um jovem Yekuaná vem e se agacha perto de mim enquanto escrevo. Está usando hoje, um dia útil, um grande e maravilhoso colar de presas de porco, que devem ter sido colecionadas por várias gerações. Calado, ele o tira e o pendura num poste da barraca. Quer vendê-lo. Pede chumbo. Portanto, está precisando de chumbo, do contrário não teria trazido essa peça herdada. Também está usando tornozeleiras de cabelo masculino. Logo quer vendê-las em troca de anzóis. Ele se afasta e volta pouco depois, senta-se perto de mim e toca uma flauta de taquara. Em troca de uma flauta de lata, essa peça também passa a ser minha. Assim, a coleção vai aumentando lentamente.

Esses índios consideram alguns utensílios especialmente valiosos e só os entregam contra a vontade, por exemplo, pequenas cabaças esféricas com curare que obtêm, através de intermediários, dos Piaruá (Piaroa), os preparadores de veneno para flechas mais famosos da região do Orinoco; além disso, potes negros de cerâmica finamente trabalhados, com um pequeno bico na borda, encontrados aqui em exemplares isolados junto com peças de cerâmica crua. Vêm das cabeceiras do Matacuní, onde existe uma excelente argila para potes, de modo que os índios vêm de longe para recolhê-la.

Os fusos para algodão utilizados aqui têm o comprimento extraordinário de 80 a 110 cm. O grande tortual tosco é feito de madeira dura e pesada e sem enfeites. São confeccionados apenas pelos homens. Uma mulher mais velha não quer me vender seu fuso, já que é viúva, portanto, não tem um marido que possa lhe fazer um novo. Para nós, um motivo estranho.

Nossa mesa é enriquecida nestes dias. Os índios pegaram muitas rãs, que agora estão depositando suas ovas numa lagoa próxima. São cozidas com a pele e não têm gosto ruim. O caldo é verde e insosso.

Apesar de todas essas guloseimas indígenas, apesar de toda a hospitalidade, com o passar do tempo a alimentação se torna insuficiente para nós, europeus. Por vários dias nos alimentamos monotonamente de beiju, molho de pimenta e sopa de farinha, como crianças índias. Os beijus, apesar de não podermos dispensá-los, são pouco nutritivos se apenas comermos deles. Enganam o estômago, deixam nossa barriga grande e dura, e ficamos felizes ao nos livrar de novo dessa coisa. Às vezes, alguém traz uma caça pequena, um roedor, um galináceo, mas mal chega para uma refeição para tanta gente. Certa vez, anunciam porcos. Todos os homens correm para a caça, mas voltam logo, sem porco assado. Trazem uma anta velha, uma caça dura e magra, que perde seu pequeno valor nutritivo ao ser defumada ininterruptamente no moquém. Por vários dias, temos outra vez peixes semiapodrecidos ou carne defumada suspeita, preta de fuligem e dura como pedra, cheia de vermes nas partes mais macias. Aos poucos, as refeições comunitárias vão-nos enojando. Esses ciganos possuem apenas após pequenos e desleixados, de modo que os beijus pendem das bordas sobre o chão onde os cães passam. Com suas mãos sujas, cortam a carne em pedacinhos e dão a cada um, a nós também, o seu pedaço. Sempre jogam os ossos roídos de volta na panela com caldo de carne, onde embebemos os beijus. A *maloca* é um canil e não uma moradia decente. Os vira-latas deixam seus vestígios por toda parte. Dormem nos cochos, que em outras horas servem para receber a massa de mandioca. Em dias úmidos, impera aqui um fedor insuportável. Essas feras selvagens devem ser o motivo pelo qual outros animais domésticos, especialmente aves, não podem ser criados, animais que dão um alegre colorido às grandes e limpas casas comunitárias no alto *rio* Negro. Também não há galinhas, nem aqui nem em Mawoínya. Sentimos falta, principalmente, das nutritivas bananas, tão preciosas para a digestão, da cana-de-açúcar, das frutas que contêm açúcar. Muito raramente, e só quando pedimos de maneira clara, é que uma mulher nos traz um abacaxi pequeno, algumas bananas, e, quando as pomos sob a barraca para amadurecer, frequentemente encontram um apreciador secreto. Pelo visto, as roças de Motokurúnya ainda são novas. Os índios preferem comer eles próprios suas poucas frutas. As mulheres gostam de entrar furtivamente pela porta de trás quando chegam da plantação trazendo frutas.

Provavelmente conseguiríamos manter um relacionamento mais rico com esses índios se pudéssemos nos entender melhor com eles. Mas ninguém aqui fala espanhol, e não falamos Yekuaná. Assim, não conseguimos negociar diretamente com eles e dependemos totalmente de Manduca, que, como intermediário, falha na maioria das vezes. Pelo visto, sua tradução depende do seu humor. Além disso, esse povo é muito modesto. Foram recebendo aos poucos de nós aquilo de que precisavam. Mais, não pedem. O pouco que possuem, entregam somente com resistência e escondem objetos etnográficos quando acham que gostaríamos de tê-los, ou, então, exigem preços excessivos quando percebem que queremos uma coisa, pois não dão nenhuma importância à venda. Qualquer negócio, por menor que seja, atrai o povo todo. Riem, gritam confusamente e tentam subir o preço. Acho que estão decepcionados porque não abrimos nossas caixas para distribuir seu conteúdo entre eles.

Nunca encontrei índios que se ofendessem tão facilmente quanto estes. Aconteceu o mesmo entre Schomburgk e essa tribo. São extraordinariamente caprichosos; uma característica que chamou minha atenção em Manduca já durante a viagem, o protótipo de seu povo inconstante. Seu estado de espírito muda como o céu na época das chuvas. Hoje, quase nos matam de tanta amabilidade, amanhã, mal prestam atenção em nós.

Sua "maldita modéstia" chega a ponto de quatro homens ainda não terem pedido seu pagamento pela difícil viagem do Aracasá até aqui. No caso de uma desavença, certamente abririam mão de tudo e nos deixariam plantados aqui até o dia do Juízo Final.

Porém, não são tão honestos assim. Certo dia, dou pela falta de uma toalha que uso para revelar as fotografias. Foi-nos roubada da barraca, onde pendia de uma viga. Não posso deixar que tais gatunices se propaguem e, por isso, recorro a Manduca. Este discute com seus companheiros de tribo. O dia todo, nas refeições comunitárias também, a conversa gira em torno da toalha desaparecida, Manduca diz que posso revistar a casa toda, coisa que recuso. O resultado seria nulo. Digo-lhe que não dou muita importância à toalha, mas é que está toda impregnada do "veneno" que uso para as fotografias e poderia deixar doente quem a usasse, palavras que ele traduz imediatamente para sua gente. Na manhã seguinte, a malfadada toalha se encontra em nossa barraca, debaixo de uma lona. O "veneno" foi sinistro demais para o delinquente.

Os insetos têm aumentado cada vez mais. Já faz alguns dias que venho sentindo uma coceira suspeita na cabeça. Um dos índios daqui — que têm larga experiência nesses assuntos — faz um exame minucioso e encontra um piolhinho gordo. Vejam a que ponto nos indianizamos! Por precaução, Schmidt pediu que eu cortasse seus cabelos amarelos bem curto com a máquina. Não admira que pegamos piolho. As pessoas estão tomadas por piolhos e sempre se arrastando à nossa volta.

Também há piolhos-do-corpo, uns troços nojentos e peludos, que ficam nas malhas da rede de dormir e sugam nosso sangue à noite.

Além disso, existem as diferentes espécies de pulgas. As pulgas de cachorro ainda são relativamente inofensivas. Quando estou sentado, escrevendo, muitas vezes minhas pernas ficam cheias delas. Várias vezes ao dia despejamos um caldeirão de água fervente no chão de nossa barraca, mas isso ajuda só por pouco tempo.

Muito pior é a praga de bicho-do-pé. Especialmente Schmidt tem sofrido com isso. Em certos dias, ele chega a furar cinquenta ou mais ninhos das solas de seus pés; aos poucos, vai parecendo que estas foram perfuradas por chumbo. Eu também estou com várias feridas purulentas sob as unhas dos pés. Eles preferem atacar esses pontos sensíveis, e é preciso o máximo de abnegação para conseguir pegá-los. Schmidt também se queixa de dores nas nádegas. Pensávamos que fosse um resto de sarna. Após exame mais cuidadoso, verificamos que uma colônia inteira de bichos-do-pé se instalou nesse local insólito. Agora os índios se divertem ao vê-lo deitado de bruços, gemendo, enquanto se retiram os ninhos com um pauzinho afiado.

Faz alguns dias que têm aparecido nuvens de pequenas moscas, abelhinhas-do-suor[*] e mosquitos pretos, sinal da proximidade da época das chuvas, talvez também em consequência da nova roça onde fica a *maloca*. Fumaça de tabaco não tem nenhum poder contra eles. É verdade que

---

[*] *Schweissbienchen* no original. Como o autor não dá indicação do nome científico desses insetos, optou-se por uma tradução literal. (N. T.)

O PRIMEIRO PIOLHO

não picam, mas ficam rastejando por toda a pele e se deixam esmagar quando passamos a mão sobre eles.

E o terror do viajante dos trópicos, os mosquitos! A *maloca* e a área ao seu redor são uma verdadeira incubadora dessas pequenas feras sanguinárias. Quando elas chegam, ao cair da noite, em enxames compactos com sua música marcial, os índios acendem grandes fogueiras fumegantes ao redor da casa, para afugentar um pouco o inimigo. Com tempo bom, eles fogem com a família toda e a maioria de seus cães para a floresta próxima, onde, estranhamente, não há mosquitos. Os cães que ficaram presos em casa ficam ganindo miseravelmente por seus camaradas, até que Schmidt investe terrivelmente contra eles com um pau. Não importa que, no escuro, ele quebre um andaime, despedace uma panela e cause outros males. Os cães levam a culpa e quando seus donos voltam, na manhã seguinte, eles levam outra surra.

Manduca está mudando pouco a pouco, para pior. Essa vida inativa não parece lhe fazer bem espiritualmente. Passa dias inteiros deitado na rede e engordou de tanta preguiça, ao passo que

Romeu e Mário, que têm febre, estão cada vez mais magros e fracos. Se não o vemos aqui, podemos ouvi-lo muito bem. A *maloca* toda ecoa com suas fanfarronices e sua risada estridente.

Quando é obrigado a alimentar-se de comida vegetal por muito tempo, sai para caçar com sua mulher e volta alguns dias depois com um pouco de carne. Provavelmente, já comeu a maior parte no caminho. Já estamos há quatro semanas aqui, mas ele não toma nenhuma providência para prosseguirmos viagem. Quando lhe pergunto, conta-me finalmente que enviou um barco para o Ventuari, para chamar sua gente para cá. Logo teremos de seguir viagem. antes que comecem as chuvas prolongadas, e os caminhos da floresta, que por si só já são ruins, fiquem intransponíveis.

Hermininha está desleixada. Está tão suja que Schmidt só a chama de "o porquinho" e não come nada que ela prepara. Afirma que o vestido dela não foi lavado desde São Marcos. Pelo menos, é o que parece.

Só Kaikuschí procura sobrepujá-la nesse aspecto. Não vai mais tomar banho e fica o dia todo deitado na cinza da fogueira, gemendo baixinho enquanto se coça e mordisca suas patas, que estão totalmente inchadas por causa dos ninhos de bicho-do-pé. Mas sua fidelidade não vacila. Recentemente, quando me vi sem pau em meio aos cães furiosos e quase não conseguia me defender, ele pulou corajosamente no tumulto e me puxou para fora.

Parece que a demanda desses selvagens animais domésticos está longe de ser suprida. Em 27 de março, um Yekuaná e o Arekuná que mora aqui partiram para o Auarí, para... comprar cachorros.

A malária não poupa ninguém. Em 28 de março sofro o primeiro ataque sério, dois dias depois, um segundo. Em ambos os casos, a temperatura sobe rapidamente para 40,7 °C! Fortes dores na cabeça e nas órbitas oculares, dificuldade para respirar, fraqueza em todos os membros, nojo de qualquer comida, desinteresse por qualquer trabalho mental ou físico. Além disso, um clima lúgubre paira sobre toda a natureza; farrapos cinzentos de nuvens que pendem sobre a floresta. Em dias assim, a tarefa se avoluma à nossa frente como uma gigantesca montanha, e o fim da viagem foge para uma distância inatingível. Os índios se aproximam da minha rede cheios de compaixão e estão tristes porque não quero comer com eles. Depois que a febre passou, uma mulher velha me traz uma cuia grande de caldo de *tapioca* quente, e um homem jovem, meu amigo especial, um prato com *paca* cozida, uma caça muito macia e de fácil digestão.

Em consequência da malária e da anemia, qualquer de nossas feridas cria pus.

A febre não abandona mais o pobre e pequeno Mário. Faz três dias que está deitado com temperatura alta, e constante, gemendo bem perto de mim em sua rede. De vez em quando ele chora alto e chama, choroso, por sua *ámai* (mamãe). Não ouso lhe dar quinino nesse estado. Se ele morresse, com certeza eu ficaria com a culpa. Sendo assim, deixo-o aos cuidados de Manduca, que realiza uma cura na *maloca* a partir das 7 horas. O rapaz perdeu a consciência e resiste de maneira violenta quando o xamã o leva para fora.

Passei a noite toda preocupado com ele. Eu teria me censurado severamente se ele tivesse morrido, pois o trouxe do acampamento Paciência contra sua vontade.

Bem, a cura ajudou. Na manhã seguinte ele está perfeitamente consciente e transpira como carne assada. É claro que Manduca está muito orgulhoso de seu êxito.

Considero esses ritos de cura, esse chocalhar, soprar e cantar monótono, que duram horas, muito apropriados para fazer um doente transpirar, especialmente para acalmar e adormecer aos poucos um doente com febre, contribuindo, assim, para sua cura.

Ao meio-dia Manduca dá ao paciente um emético forte feito de raízes tuberosas que ele foi pegar na roça aqui perto, raladas bem fino e misturadas com água, uma beberagem leitoso-esbranquiçada. Talvez seja uma espécie de erva-moura. Dizem que, quando se bebe muito dela, morre-se. Logo depois de ingeri-la, Mário vomita bastante e expele bile e dois vermes compridos. Parece que ele estava sofrendo disso há um bom tempo, pois, nos últimos meses, às vezes se sentia indisposto e sempre muito sonolento.

Alguns dias depois o próprio Manduca é atacado pela malária, e logo a seguir, sua mulher. Romeu, que tenho tratado constantemente com quinino, agora está melhor.

Em 8 de abril chegam três sujeitos e um garoto pintados de vermelho, extraordinariamente altos e fortes. Se entendi direito, são índios Yekuaná do Tuducamá. Um jovem bonito e simpático vem do Yatéte, um afluente do alto Ventuari. Passou o verão trabalhando para um "espanhol" no seringal no alto Orinoco, próximo à foz do Cunucunuma, e fala alguma coisa de espanhol, infelizmente muito pouco para nossas necessidades. Diz que, além de Yekuaná, os venezuelanos de lá têm índios Piaruá e muitos Uaíua (Guahibo) trabalhando para eles. Que de sua *maloca* no Yatéte até aqui são apenas quatro dias, é claro que de acordo com cálculos indígenas. Proponho a ele que me leve além do Auarí e das cabeceiras do Orinoco até a próxima povoação de brancos e lhe ofereço todas as preciosidades possíveis. Ele passa o dia todo pensando no assunto, pois vem várias vezes me perguntar por detalhes. É solteiro, fato que pesa muito. Talvez eu o encontre, dentro de alguns meses, em algum lugar do outro lado. Esses índios passam meses a fio viajando de *maloca* em *maloca*.

Um homem mais velho, de olhar sombrio e vasta cabeleira cacheada, como as que vi em vários índios Bakairí no alto Xingu, é o cunhado do jovem bonito. Manduca me conta que ele é um conquistador. Diz que deixou mulheres com muitos filhos em várias localidades aqui na região. Agora está vivendo com uma mulher bem jovem no Yatéte.

Para muitos Yekuaná, o casamento é uma ligação frágil. Se um homem se cansa de uma mulher, ele a abandona ou a manda embora, mesmo que ela tenha filhos dele. Na maioria das vezes, a repudiada logo encontra outro, que talvez lhe arranje mais alguns filhos e a deixe novamente a ver navios.

Os índios passam metade da noite chorando por duas mulheres que morreram no Ventuari e pelo jovem que morreu aqui recentemente. O lamento fúnebre indígena é indizivelmente triste, em especial se a febre confunde os nossos sentidos. Na manhã seguinte, os forasteiros seguem viagem para o Merewari, para visitar parentes. Três dias depois, vêm aqui de novo e voltam para sua terra atravessando o Tuducamá. Trouxeram a notícia de que a mulher cega do xamã Arekuná, que aqui ainda estava bem saudável, morreu de repente em Mawoínya.

O Merewari tem um clima mortífero. Manduca me conta que quando ele era um menino de cinco anos, o que talvez tenha sido há uns quinze anos, havia nesta região várias *malocas* com muitos Guinaú, e que agora essa tribo está quase extinta. Parece que a febre foi introduzida aqui faz apenas algumas décadas, vinda do norte, do baixo Caura e do delta do Orinoco, que tem má fama a esse respeito. O surgimento em massa dos mosquitos, mesmo na estiagem, é extraordinário nesta região relativamente elevada e favorece, é claro, a propagação da doença perigosa.

A época das chuvas está próxima. De vez em quando cai uma forte chuvarada sobre Motokurúnya, sempre vinda do leste. A tempestade impele a chuva através da barraca aberta onde estamos instalados, fazendo que ela nos molhe através do mosquiteiro. No sul e sudeste, no alto Uraricoera, a estação do ano já deve ter avançado mais, pois nessa direção quase sempre há nuvens espessas e lá retumbam trovoadas diariamente entre as 3 e as 4 da tarde, mas que não nos atingem aqui.

Caça e pesca não são tão abundantes agora. Faz dias que em nosso cardápio temos exclusivamente jacaré cozido sem pimenta nem sal. Aqui não se tem nem mesmo pimenta em quantidade suficiente. No Uaupés, de saudosa memória, ela nunca acabava. É uma caça dura e inferior, de sabor muito duvidoso, para não falar do preparo imundo. Pedaços isolados têm forte gosto de almíscar.

Certa noite ouvimos no escuro dois tiros vindos do mato onde os índios dormem. Na manhã seguinte, eles trazem uma cobra venenosa grande, que tinha atacado um jovem Yekuaná em seu acampamento e foi morta por ele com tiros de chumbo; uma fera repugnante de 1,82 m de comprimento, com losangos marrons nas costas. É chamada de *taradämö* pelos Yekuaná e de *dáya* pelos Guinaú. O povo todo está em pé ao redor do medonho animal, gritando desordenadamente. A seguir, há uma cura interessante. A mulher do Guinaú doente corta a cobra até a cauda em vários pedaços compridos. Então, com um caco de vidro, faz vários riscos profundos em seu marido, nas pernas, especialmente nos joelhos, e nos braços e ombros, ou seja, nos locais onde ele sofre as dores mais fortes, e esfrega a carne da cobra nesses riscos, depois de haver limpado o sangue com uma folha de palmeira.

Em 19 de abril os dois compradores de cães voltam do Auarí com o corpo e o rosto besuntados de vermelho para comemorar seu regresso. É claro que trouxeram muitas novidades. Contaram que alguns venezuelanos se estabeleceram recentemente no alto Matacuní. Dizem que são muito maus para os Yekuaná de lá e que queimaram uma *maloca*. Quem saberá o quanto disso tudo é verdade!

Eles me vendem dois encantadores apás pequenos, trançados em bons motivos antigos, cada qual por 125 g de pólvora, bem caro para os padrões daqui. Todos os moradores participam da transação. Quando esses ciganos têm uma peça realmente boa, agem como se fosse a maior preciosidade e cobram o preço de acordo com esse suposto valor.

Eu tinha dado a Manduca, meu "empresário", um cordão de fibra de palmeira com sete nós, como é costume entre os Makuschí e Taulipáng, para finalmente estabelecer o dia de nossa partida. Faz dois dias que não o vejo, parece que está com dor de cabeça. Hoje é a data final de seu calendário. Então ele aparece e se agacha ao meu lado, com um sorriso constrangido. É, alguma coisa o está oprimindo. Conheço isso. Nesse caso, eu o deixo bem tranquilo até ele começar por si mesmo. Era o que eu suspeitava, por enquanto não há nada relativo à continuação da nossa viagem. Diz que na *maloca* no Tuducamá, para onde queríamos nos mudar primeiro, quase não há ninguém e, por isso, também não há alimento. Por isso, primeiro as mulheres daqui devem preparar várias cargas de beiju como provisão para a viagem, então os homens nos levarão para além do Tuducamá até o alto Merewari, onde o pessoal de Manduca, seu irmão e outros, irão nos buscar. Vamos levar a bagagem principal de sua casa nas cabeceiras do Ventuari até o alto Padámo, para depois, atravessando o Auarí, que parece nascer não muito longe da terra natal de Manduca, prosseguirmos a viagem até o Orinoco. Mas de que adiantam grandes ambições nesta terra das possibilidades ilimitadas?

Ultimamente apareceram aqui duas epidemias infantis. De repente, um dos lados do rosto ficou bem inchado, como acontece com a nossa "caxumba". Aos poucos, esse mal contagiou todas as crianças, mas transcorreu de maneira inofensiva. A segunda doença, que parecia ser muito dolorida especialmente à luz do dia, manifestou-se como forte inflamação dos olhos, que ficavam vermelhos e segregavam uma substância branco-esverdeada. Uma mulher mais velha também foi atingida por essa doença. Como remédio, os índios pingavam nos olhos um forte sumo branco-leitoso do pecíolo de um arbusto.

23 de abril. Uma mulher que nunca nos ofereceu nada espontaneamente nos traz uma panela grande cheia de *aimarás* frescos cozidos. Fico muito admirado com essa repentina amabilidade, mas um pouco desconfiado. De fato, aí tem coisa. O peixe ficou bem queimado! Mais tarde, ele nos é servido de novo, requentado. Provavelmente, o amo e senhor da mulher não quis comê-lo e disse que o troço ainda servia para os *yalánaui* (brancos).

À tarde, depois de termos ouvido prolongadamente uma buzina de concha, chegam novos visitantes pintados de vermelho, um bando inteiro, cinco homens, três mulheres e três garotos. A maioria são índios Yekuaná e Guinaú do Auarí. Para minha alegria, também há dois Máku com eles. Um deles é casado com uma Yekuaná imponente e bonita, uma exceção, irmã de uma mulher jovem daqui, igualmente amável. Seu amigo, um solteiro, o acompanhou. Vieram visitar os parentes, mas certamente a curiosidade, em primeiro lugar, os trouxe aqui. Após a breve cerimônia de recepção, começam os lamentos fúnebres de algumas mulheres por vários parentes mortos nesse meio-tempo, lamentos que prosseguem até bem tarde da noite.

Enquanto os Yekuaná são, de sua parte, terrivelmente feios e de traços grosseiros, como se tivessem sido talhados com um machado — alguns deles são verdadeiros "tipos de canibais" —, os dois Máku são bonitos e têm rosto bem desenhado. Seu comportamento amável e, ao mesmo tempo, discreto, distingue-os vantajosamente do outro povo. Ocupo-me linguisticamente do Máku solteiro. Ele entende de imediato o que eu quero e pronuncia as palavras primorosamente, e assim não tenho muito trabalho em anotá-las, uma vez que ele fala um pouco de Taulipáng. É que ambas as tribos mantêm intensas relações de comércio.

O decoro natural desses índios também se mostra nos registros linguísticos. Ficam sérios, mesmo quando não repito imediatamente uma expressão de maneira correta, ao passo que os Yekuaná e os Guinaú acompanham cada palavra com suas risadas tolas e algazarra, o que dificulta extraordinariamente o trabalho.

A língua, por sua vez, é totalmente nova e, tanto quanto posso analisar daqui, sem nenhum parentesco.

Contam que, quando regressavam dos Taulipáng para casa, estiveram em Motomotó pouco depois de nós. Portanto, eram deles as pequenas marcas frescas de acampamentos que encontrávamos de vez em quando no Uraricoera. Dizem que encontraram Motomotó desabitada e levaram os presentes que eu havia deixado para os Schirianá. Se tivéssemos nos encontrado lá, é provável que nossa viagem tivesse sido bem diferente.

24 de abril. Com os Yekuaná do Auarí há um sujeito jovem, que, por sua feiura, se sobressai até mesmo entre seus companheiros de tribo, e isso quer dizer muito. Pernas tortas, nariz chato, olhos distantes entre si. Nós o chamamos de "cara de porco". A princípio, não quer ser fotografado. Treme pelo corpo todo e, no fim, foge. Logo depois, diante de Romeu, que está costurando uma calça nova, rouba-lhe um carretel e foge. Romeu fica furioso e xinga em português a corja de ladrões. Digo para ele que, se ficar com esses Majonggóng, está perdido. Aos poucos, roubarão todas as suas coisas, tudo que ele tem, penosamente, recebido de mim. Tem que me acompanhar pelo Orinoco e o *rio* Negro até Manaus, de onde eu o enviarei com um barco a vapor para minha terra, o que parece convencê-lo.

Quando Manduca volta da caça, conto o que aconteceu e, de modo enérgico, exijo a devolução do objeto roubado. A seguir, ele discute com o "cara de porco", que, por fim, vai buscar o carretel e o joga aos pés de Romeu.

Em 26 de abril passam por aqui os Yekuaná que encontramos na foz do Aiakéni quando seguíamos para o Caroni. Um velho tem uma das pernas tão torta que quase forma um ângulo reto no joelho, mas, apoiado em sua espingarda, pula com rapidez usando a perna saudável. Eles possuem objetos europeus novos em folha, que, ao que parece, compraram dos venezuelanos de lá, uma fina malinha de camarote, com jeito de que acabou de sair da fábrica, bons artigos ingleses de aço e chita colorida, entre outras coisas. Um Yekuaná daqui, que nós chamamos de "tcherkesse"* por causa de seu cabelo espesso que parece um boné de pele de carneiro, compra um chapéu de palha deles, que é muito pequeno para sua cabeça e faz que seu rosto bondoso pareça ainda mais estúpido e preocupado.

Manduca acertou uma fêmea de macaco hoje de manhã. O filhote está pendurado no pescoço da mãe morta. Agora a insensibilidade desse povo inferior se revela. Prenderam a pobre criatura, que está gritando miseravelmente, com um cipó em volta do pescoço e a arrastam para lá e para cá, tanto os velhos quanto os moços!

28 de abril. Esses monstros deixaram o pobre macaquinho morrer de fome e o maltrataram até a morte. Ontem, as mulheres arrastavam o bichinho, que estava morrendo, por uma das pernas, e as crianças faziam cócegas em seu nariz com um pedaço de palha. Um modo repugnante de tratar um animal.

29 de abril. Os dois Máku vão por um dia até a Serra Scharischarinama para trazer quartzito para os raladores.

Manduca me informa que poderemos seguir viagem depois de amanhã, mas, pouco a pouco, começo a entender seus "depois de amanhã".

Por volta das três da tarde sofro outra vez um forte ataque de malária, justamente um mês depois do último. Só às 8 horas é que a febre passa.

---

* Os tcherkesses são um povo do Cáucaso setentrional. (N. T.)

30 de abril. "Toda panela tem sua tampa." O "cara de porco" encontrou uma mulher aqui, uma senhora bem mais velha, de formas opulentas, a "viúva perigosa". Primeiro, ela perseguiu Schmidt com suas propostas inequívocas e agora se consola com esse Adônis Yekuaná. Não vimos nada do casamento. Eles simplesmente amarraram suas redes uma sobre a outra.

Na noite passada os dois me deixaram irritado até por volta das 11 horas. Em nossa barraca, que agora serve de quarto de trabalho para a metade da população daqui, fizeram uma grande fogueira ao lado da minha rede e ficaram sentados em volta de uma panela borbulhando, enquanto conversavam alto e sem parar, até que perdi a paciência e gritei terrivelmente com eles. Mas não me entenderam e pensaram que eu estivesse xingando os cachorros que ganiam e contra os quais o "cara de porco" investiu com um pedaço de pau.

2 de maio. A bela cunhada do Máku, que era sempre amável conosco, hoje cedo deu à luz um filho em seu aposento da *maloca*. Ela já tem uma filhinha de cerca de três anos. O acontecimento importante deu-se silenciosamente; não percebemos nada, apesar de ter ocorrido bem junto da nossa barraca.

Ontem à noite a jovem mãe ainda passava bem. Atravessou o riacho onde tomávamos banho, conversou algum tempo comigo e examinou meus pés à procura de bicho-do-pé.

Mais tarde, vou até lá admirar o recém-nascido. Uma beleza de menino, grande, pesado e de boa constituição, o que se costuma chamar de uma "bela criança"; todo branco e rosa como jamais achei possível numa criança índia. Mas ele tem um pai de pele bem clara, que, como seu irmão, parece igualmente bafejada de amarelo e rosa, como meu Manduca. O quarto da parturiente é espantosamente sujo. O nenê está deitado de punhos cerrados numa rede pequena, quase no chão, e faz a coisa mais sensata que pode, dorme, e também não se deixa perturbar pelos cães sujos e mais ou menos sarnentos que se arrastam à sua volta ou debaixo dele e, às vezes, o empurram com força para lá e para cá. Sua jovem mãe está sentada à sua frente, num pedaço virado de canoa. Dá para notar um pouco seu esforço. Está com olheiras profundas, mas, no mais, tem boa aparência.

As mulheres trabalham com os raladores até pouco antes do parto e, já que essa atividade afeta o corpo todo, deve ser o melhor movimento para o parto que se aproxima.

O pai felizardo está agachado perto da mãe e faz cara de grande indiferença. Ao redor do grupo, sentados ou em pé, acham-se padrinhos e madrinhas, homens, mulheres e crianças conversando alto e de maneira confusa, soprando numa panela cheia de sopa de farinha quente, feita para a parturiente e seu marido, que será seu único alimento por algum tempo. Com algumas palavras amáveis, admiro o "belo garoto", presenteio a mãe com um pequeno guizo, que ela amarrará no pulso ou no tornozelo do nenê, então me retiro.

Mandei pagarem ao pai, que agora não poderá seguir conosco, pois vai ficar de dieta. Não recebeu seu pagamento pessoalmente, posto que, por enquanto, não pode tocar em machado nem em faca, para não prejudicar a criança.

Ao sair da casa, ouço uma das mulheres murmurando uma fórmula mágica. Pelo visto, está conjurando a sopa de farinha.

Amanhã cedo finalmente partiremos. Oxalá o garotinho — essas pequenas criaturas são igualmente puras e santas no mundo todo — seja um bom presságio para o êxito da viagem e para um feliz regresso à pátria.

À tarde tenho outra vez uma conversa séria com Manduca. Faz alguns dias que ele está com malária, mas se recusou a tomar quinino, e agora fica vadiando por aí com uma cara lamentável, pálida e doente. Ele me informa que o pessoal está ofendido com algumas observações que Schmidt fez e com sua "cara má". Não querem ir comigo.

Isso já é demais e lhe digo com veemência:

"Faz anos que viajo com índios das mais diferentes tribos e regiões, mas nunca conheci um povo como vocês, que se ofende com tanta facilidade. Vocês ainda não conheceram brancos maus e não merecem que eu seja tão bom para vocês. Se me criarem problemas para o resto da viagem, vou empilhar minha bagagem e queimá-la, pego uma canoa e subo o Merewari até Angostura. Lá vivem muitos patrícios meus, vocês podem imaginar o que, então, vai lhes acontecer!"

Isso ajuda, pois ele sabe que, em caso de necessidade, eu cumpriria minha ameaça. Tem uma conversa com sua gente, aí vem até mim para dizer que todos virão de bom grado se eu os quiser. As mulheres também vêm e me animam:

"Você não precisa queimar suas coisas. Vamos fazer com que os homens o acompanhem."

Assim o ambiente se desanuviou de novo, mas por quanto tempo?

3 de maio. Empacotamos as últimas coisas; carregamos os barcos.

Deixo este lugar sem me lamentar. Nem hoje cedo cuidaram espontaneamente da nossa alimentação, e tivemos de pedir *mingau*. Só o nenezinho tem minha total simpatia, e lhe desejo tudo de bom. Ele tem uma maravilhosa voz forte.

Três da tarde: ainda estamos aqui. Os índios se recusam a nos levar adiante. Ainda hoje cedo, as coisas estavam indo muito bem. Todos estavam de ótimo humor, levavam as cargas para o porto, Manduca embarcava a carga. De repente, o humor mudou. Os homens voltaram, fizeram cara feia para mim e desapareceram na *maloca*. Lá houve uma reunião gritada e longa, da qual participaram principalmente as mulheres. Manduca também foi lá e conversou irritado, por longo tempo, com o pessoal.

Schmidt e eu estamos sentados na barraca e aguardamos os acontecimentos. Manduca desce até o rio. De vez em quando, uma mulher sai da casa, ri sarcasticamente para nós e desaparece de novo. Mando Schmidt ir até o porto. Ele volta logo e informa que está faltando um barco para que possamos levar a carga toda. Diz que Manduca desceu o rio até a queda-d'água para buscar uma canoa maior que está lá. Eu mesmo vou duas vezes até o porto. Nesse meio-tempo, Manduca trouxe o barco e já o carregou com auxílio de Romeu e de Mário. O "cara de porco" foi quem aguentou por mais tempo. Agora sua cara-metade também o leva para casa. Rindo orgulhosa e sarcasticamente, ela passa com sua rede de dormir por nossa barraca.

Manduca me explica todo o incidente. A culpa é das mulheres, que — sabe-se lá por quê — incitaram os homens contra nós. Talvez tenham medo de que os levemos conosco até o alto Merewari, talvez também por maldade e mania de intriga femininas. Quem é que conhece os pensamentos das mulheres quando há tantas delas juntas!

Faz alguns dias que família Arekuná "fugiu", como diz Manduca, e, o que é pior nessa história toda e tem grande importância para os meus planos futuros, os Máku e o outro pessoal do Auarí também partiram hoje sem levar uma única peça de nossa bagagem, como tínhamos combinado, e sem se despedir de nós! É verdade que Manduca lhes disse que deveriam esperar por nós na próxima *maloca* no Tuducumá, mas ele próprio duvida de que o farão. Pelo visto, foram instigados pelos outros ou, pelo menos, intimidados.

Manduca está furioso. Xinga esses conquistadores que se deixam mandar por suas mulheres. Diz que, com ele, isso nunca aconteceria. Agarrou minha carabina e, armado, quer obrigar o pessoal — três dos quais receberam o pagamento adiantado ontem — a ir junto, "como os espanhóis fazem". Tiro a arma assassina dele e digo: "Isso não adianta nada. Depois o bando foge na primeira oportunidade, e aí estamos perdidos. Vamos tentar mais uma vez com palavras brandas".

A seguir, vamos outra vez à *maloca*. Após alguns preâmbulos, e com os costumeiros murmúrios arrastados e monótonos, Manduca tem uma conversa com o "tcherkesse", o mais bondoso de todos. Este me explicou há pouco que, primeiro, quer terminar a prensa de mandioca que está fazendo. Após longo vaivém, por fim ele promete ir conosco amanhã, "então os outros também irão", Manduca diz com otimismo — ele, que hoje mostra seu melhor lado. Mando-o ao porto, onde dormirá com sua mulher e os dois rapazes junto dos barcos e da bagagem, que é desembarcada outra vez, empilhada e coberta cuidadosamente. Schmidt e eu permanecemos na barraca.

A princípio, ficamos um pouco abalados com a repentina e, para nós, incompreensível desobediência dessa gente, que sempre tratamos bem, mas logo recuperamos o bom humor.

O último chá com o último gole de whisky! Agora dependeremos exclusivamente das delícias indígenas.

17

Rumo ao Ventuari

4 de maio. Deu trabalho juntar o pessoal. Isso me lembra vividamente a brincadeira infantil "porquinhos para o chiqueiro". Dois dos meus devedores participam. O terceiro, um jovem Guinaú franzino, escondeu-se num canto meio escuro da *maloca* e treme inteiro de medo quando apareço subitamente diante dele com a carabina na mão. Afirma estar moribundo, no que acredito. Ele que fique em casa.

Finalmente está tudo pronto. Cinco homens daqui vão conosco, entre eles o "cara de porco". As mulheres foram até o porto e ficam tagarelando confusamente como um bando de gansos. Sem nos despedir, partimos pouco após as 10 horas; Manduca está com uma cara furiosa. Os heróis de Motokurúnya também não estão de muito bom humor.

Atrás de nós, hoje sem névoa, aparece a comprida cadeia Scharischarináma com suas íngremes encostas de arenito avermelhado. Subimos o Tuducamá de corrente tranquila e, por volta do meio-dia, encontramos duas canoas num canto da margem direita. Quatro figuras morenas estão agachadas uma ao lado da outra na margem. É o pessoal que esperávamos do Ventuari, parentes e amigos de Manduca. Ele cumprimenta um homem mais velho, que chama de "tio", num diálogo interminável. São, de novo, uns tipos bem horríveis com gordas protuberâncias na testa. O irmão de Manduca e outros ainda são aguardados.

Esses índios denominam-se igualmente Yekuaná e, com pequenas diferenças dialetais, falam a mesma língua que a gente do Merewari e do Canaracúni. São chamados pelos últimos de Ihuruána, como descobri em Motokurúnya; um nome que eles próprios não gostam de ouvir e que, decididamente, tem um significado secundário pejorativo.

Os forasteiros trouxeram a notícia de que o velho da perna torta e um garoto, que estiveram há pouco de visita em Motokurúnya, morreram de febre quando voltavam para casa. Manduca, é claro, diz: "Eles foram mortos por *kanaimé*". Poderíamos ter tido problemas se não tivéssemos tomado quinino preventiva e regularmente.

O pessoal do Ventuari pega uma parte da carga e seguimos rapidamente em cinco canoas. Logo entramos no Ehecuní, um considerável afluente esquerdo. O Tuducamá parece estreitar-

-se muito e se perde em corredeiras. O Ehecuní também jorra e brame por entre as rochas e, pouco acima de sua foz, forma uma catarata que os Yekuaná chamam de *konóho-sode* (chuva). Os barcos vazios são arrastados sobre as rochas; a carga segue por terra. Também navegamos lentamente por estes trechos calmos, já que os remadores têm muito o que contar uns aos outros. Os novos querem saber todos os pormenores da viagem até agora, nossos hábitos e particularidades; nas altas margens do riozinho da floresta, em geral tão silencioso, ecoam suas risadas espontâneas.

À tarde chegamos a uma cachoeira maior, da qual segue uma trilha até a *maloca;* acampamos sob alguns abrigos velhos. Manduca tagarela com seu tio até o romper do dia.

5 de maio. Desde ontem à noite estou novamente com febre. Fico contente por poder ficar aqui hoje enquanto os índios levam a bagagem até a *maloca,* distante alguns quilômetros. Romeu também se sente tão fraco que mal consegue andar. Passo o dia todo deitado na rede, numa espécie de letargia. De vez em quando, cai chuva nas folhas secas do teto acima de mim.

6 de maio. A febre passou, só ficou uma grande fraqueza. Manduca saiu para caçar de manhã cedinho e trouxe três *mutuns* pesados. Finalmente carne de caça fresca outra vez; nossa comida era monotonamente vegetariana; por vários dias vivemos apenas de sopa de farinha. O irmão de Manduca, de pele tão clara quanto a dele, chega com quatro rapazes. Levam o restante da carga.

Às 11 horas nós os seguimos. Subimos uma serra baixa e, por algum tempo, sob forte aguaceiro, seguimos por sua cumeada em direção sudeste. Após uma marcha de três horas, interrompida várias vezes para descanso em razão de nossa fraqueza, chegamos a uma *maloca* grande que fica no meio de uma roça. Mando empilharem as cargas e amarrarem nossas redes de dormir num barracão aberto, que serve de espaço de trabalho para as mulheres. O pessoal dorme na *maloca,* que é tão suja e cheia de cachorros bravos quanto Motokurúnya. Só algumas mulheres e crianças estão presentes. A hospedagem é lamentável: beijus com um pouco de molho de pimenta e, como sobremesa, beijus dissolvidos em água fria. À noite começa de novo a chuviscar; minha febre volta.

7 de maio. Só às 10 horas é que seguimos viagem. Hoje a direção da marcha é essencialmente sudoeste. Ao sul e ao leste até nordeste avistamos cumeadas azuis. A floresta respinga de tanta umidade. O calor é tão sufocante quanto em uma estufa; mal conseguimos respirar sob a mochila pesada. Seguimos várias vezes por subidas e descidas íngremes, atravessamos numerosos riachos, todos eles correndo para a esquerda, para o Tuducamá, e, pouco após o meio-dia, acampamos à beira do riacho Sóto ("gente"), na mata úmida. Quase não conseguimos fazer fogo. Durante metade da noite há forte chuva, com trovoadas.

8 de maio. Os índios estão com pressa, pois não temos mais beijus e um de seus depósitos encontra-se do outro lado do divisor de águas, no Merewari. Mal partimos, começa de novo um terrível aguaceiro e o dia fica totalmente escuro. Ficamos agachados por algum tempo, tremendo de frio, sob as nossas capas, mas, com uma ducha dessas, a melhor coberta não resolve nada. Além disso, nossas capas já estão muito surradas e cheias de furos. Assim, logo seguimos viagem sob chuva torrencial, subindo sempre a pique. A água banha os pés nus até os tornozelos. Por um

triz não pisei numa *jararaca* negra,[1] uma das piores cobras venenosas da floresta tropical. Depois de alguns passos, temos de parar, ofegantes. O coração bate como se fosse a marteladas. Finalmente atravessamos o divisor de águas, chamado de *sóto-hede* (serra de gente) pelos Yekuaná, que se eleva cerca de 300 m acima do vale do Canaracúni. Pulmões e coração podem descansar. Mas ainda há algumas elevações a vencer, pequenos vales acompanhando riachos que correm para o alto Merewari. Somente por volta do meio-dia é que se fecham as comportas do céu.

Por fim ainda temos de atravessar três vezes o Wödá, que tem apenas 5 m de largura, mas que cresceu muito e corre caudalosamente; só conseguimos atravessá-lo tomando o máximo de cuidado. Hoje demos as mochilas para os índios carregarem. Levamos a carabina, a capa e a calça na cabeça; arregaçamos a camisa; deve ser um belo quadro! É preciso pôr cuidadosamente um pé depois do outro e procurar um apoio na água suja, sempre correndo o perigo de, em nosso estado enfraquecido, escorregar nas pedras lisas e nos troncos de árvores sob a água e, levados pela forte correnteza, tomar um banho involuntário. Isso seria, para mim, especialmente desagradável, porque sempre levo comigo, em minha bolsinha de couro, os relógios, o barômetro e outros instrumentos de cartografia. No entanto, conseguimos chegar sem danos ao outro lado e ao acampamento, onde podemos trocar as roupas frias e úmidas por um pijama quentinho. Uma cuia com sopa de farinha quente, alguns pedacinhos de beiju com pimentões frescos e sal por cima são o nosso único alimento após os enormes esforços do dia. O depósito de provisões encontra-se num estado lamentável. Os beijus estão podres ou, pelo menos, cobertos com uma grossa camada de bolor.

O pessoal de Motokurúnya quer voltar daqui para casa. Digo-lhes que precisam ter um pouco mais de paciência. Três cargas ficaram no caminho, entre elas uma pequena mala de madeira de Schmidt, contendo uma seleção de todos os manufaturados para troca com pagamento imediato. Manduca mandou três homens buscarem as coisas. De repente, os sujeitos dão um pulo e saem correndo. O "tcherkesse" grita algumas palavras furiosas para Schmidt, o "tesoureiro". Grito para eles, dizendo que não devem fugir sem o pagamento; queria pagar-lhes com pólvora. Então pelo menos alguns deles voltam e recebem, por todos, cinco latas de pólvora (250 g cada) e dois lenços coloridos, para então desaparecer sem se despedir.

Estou feliz por me ver livre do bando de desavergonhados. Agora, é claro, vão nos insultar a mais não poder, pois esperavam muito mais, o "cara de porco" queria até mesmo uma espingarda. Imaginem: uma espingarda no valor atual de 80 a 100 marcos por cinco dias de trabalho, para os quais normalmente se calculam mercadorias de, no máximo, 15 marcos! Quando Manduca lhe explicou calmamente que ele só receberia uma espingarda se fosse conosco até o Orinoco, ele então disse que, pelo menos, queria a malinha de Schmidt com todo seu conteúdo, que tem um valor ainda maior. Como percebemos agora, o gatuno também tentou abrir uma bolsa de couro que carregava e estragou o fecho.

Que dirão as mulheres faladeiras quando, contra suas expectativas, os virem voltando para casa com um pagamento tão pequeno que, na verdade, é absolutamente justo? Acho que é disso que esses heróis têm mais medo.

---

[1] *Cophias atrox.*

Mais uma vez confirmou-se o princípio empírico de que é mais difícil contentar um índio por um período de trabalho de cinco dias do que por um período de cinco meses. Ele não tem a menor ideia de como fazer contas, mas quer ver variedade, e o maior número possível de coisas.

Finalmente chegam os carregadores com as cargas que ficaram para trás. Nesse meio-tempo, Manduca mandou fazerem um abrigo na margem esquerda do Wödá, próximo de sua desembocadura no Merewari. Ocupo metade do espaço com Schmidt e Romeu. Os outros se apertam o melhor que podem. As pequenas redes de dormir castanhas estão dependuradas a torto e a direito, umas sobre as outras. É quase inacreditável a posição em que os índios conseguem dormir.

9 de maio. Antes mesmo do alvorecer, Manduca mandou alguns homens descerem o rio para buscar mais duas canoas, já que os três barcos aqui ancorados não são suficientes. O pessoal do Auarí levou um deles.

O tempo não melhorou nem um pouco. Com breves interrupções, chove a cântaros o dia todo. A chuva entra por todos os lados do abrigo baixo, encharcando muita coisa. Nossas coisas estão com mau aspecto. As armas estão enferrujando; grossas colônias de bolor têm-se formado sobre o couro. Tudo fede a mofo, inclusive as redes de dormir, nas quais passamos o dia todo sonhando inutilmente.

Manduca acertou um *cujubim,* mas sai outra vez e, sob chuva torrencial, volta com um gordo porco-do-mato. Desde que estamos novamente em marcha ele é incansável e atento a seus deveres de guia. Sua pequenina mulher o acompanhou. Está ensopada. É um milagre que, em seu avançado estado de gravidez, ela aguente tão bem esses esforços; mas parece que as mulheres em tal estado têm seu anjo da guarda especial.

Até bem tarde da noite pecamos gravemente contra os mandamentos de Jesus Sirach. Quando se passa tanto tempo a pão e água, tem-se verdadeira voracidade pela gorda carne de porco, que, cozida com pimentões frescos, é um adorno na mesa da mata virgem.

Suportei muitíssimo bem a terrível marcha e me sinto tão bem como não me sentia há semanas.

10 de maio. Uma manhã sem chuva; até mesmo o sol aparece um pouco, mas isso de pouco nos adianta na úmida sombra da floresta. Ontem Manduca pegou um forte catarro. O riacho continua subindo muito. O pior seria se ainda tivéssemos de partir com toda essa bagagem, e não sabemos nem para onde ir.

À tarde chega o pessoal com dois barcos. Um deles é bem pequeno. "Os malditos Máku", como Manduca diz, levaram o maior deles. Mas conseguimos acomodar todas as cargas. Amanhã cedo seguiremos viagem. O riacho sobe devagar, mas continuamente, e está a apenas meio metro do acampamento.

11 de maio. A maior parte dos barcos partiu cedo. Os beijus acabaram e o próximo depósito fica longe. O riacho baixou novamente durante a noite. Todos os riachos das montanhas estão sujeitos a uma mudança rápida. Eu me sento no último barco com Manduca, seu irmão, Hermina, Mário e meu fiel Kaikuschí. Lutamos com esforço contra o Merewari cheio e de forte correnteza, que aqui continua a ter 100 m de largura. A canoa é pequena demais. É alta demais e está muito carregada. Uma viagem terrível! É impossível pensar em medições com o compasso. A gente não pode se mexer, senão a vacilante embarcação vira e tudo desaparece na corrente caudalosa. Vivo com grande temor por causa dos meus relógios, meus instrumentos, a maior parte das minhas anotações, o

trabalho de muitos meses. Finalmente ancoramos numa pequena ilha de rochas e deixamos uma mala para trás. A carga é acomodada no fundo. Assim é melhor, mas continua sendo uma viagem bem desconfortável e insegura.

As margens são íngremes e cobertas de mata alta. Não muito longe, ao sul, uma comprida cadeia de montanhas coberta de mata cerrada, de 600 a 800 m de altura, acompanha o rio e faz o Merewari correr de oeste para leste. Manduca a chama de serra de Merewari, e ela tem esse mesmo nome no mapa de Schomburgk.

Avançamos vagarosamente, já que em cada canto temos de ir para a outra margem por causa da forte correnteza, sendo frequentemente lançados um trecho rio abaixo. Os Máku, insensíveis como todos os índios, desembarcaram um cachorrinho num ponto do rio. Fica andando para lá e para cá na margem, ganindo miseravelmente, mas foge para a floresta quando tento atraí-lo.

À tarde vemos por um segundo, no distante norte, um cume alto e escarpado numa cadeia de montanhas. Parece ser a montanha Nauri do mapa de Schomburgk, em cuja proximidade nasce o Canaracúni.

Às 5 horas passamos pelo afluentezinho esquerdo Kanauá, em cuja desembocadura uma ilhota o divide em dois braços. Antigamente, índios Guinaú habitavam suas margens. Eles morreram.

Pouco depois chegamos ao depósito de provisões. Os outros já o arrumaram e seguiram viagem. Penduraram num galho alguns beijus envoltos em folhas, especialmente para nós. Somente após o pôr do sol é que chegamos ao acampamento, e, no escuro, fica difícil achar um lugar para as redes de dormir.

12 de maio. Antes do nascer do sol Manduca mandou buscarem as malas.

Partimos às 10. O rio baixou muito. Os Yekuaná chamam de *no'samo'haí* um grande banco de areia que fica numa ponta saliente. É considerado a morada de velhos demônios femininos.[2] Após navegarmos meia hora, entramos no afluente direito Emecuní.

Com seus 40 a 50 m, o Emecuní, ou Menecuní, como também é chamado, quase alcança a largura do Canaracúni. Ele apresenta uma cor cinza-esverdeada, frequentemente suja, ao passo que o Merewari tem aqui uma água límpida e parda. Segundo os índios, esse último rio, subindo seu curso a partir da desembocadura do Emecuní, tem uma direção predominantemente norte-sul e nasce no monte Pauá, de cerca de 1.500 m de altitude, não muito distante da nascente do Ventuari. Abaixo do nosso local de embarque, do Wödá até o Aiakéni, o Merewari forma uma série de corredeiras e cataratas perigosas, e até mesmo os índios preferem contorná-las a pé.

Estamos novamente no velho caminho de Robert Schomburgk, que abandonáramos com o rio Tuducamá. Em janeiro de 1839 ele desceu o Merewari até o Canaracúni, que chama erroneamente de "Cannaracuna", e o seguiu até suas cabeceiras. De lá, seguiu novamente por terra para o Merewari, acima da foz do Emecuní. Subiu este último "16 milhas", então dirigiu-se para o oeste, por terra, para a bacia do Auarí, a fim de chegar ao Padámo seguindo pela falda norte da

---

[2] *no'sámo, nó sámu* = velha.

cadeia Parima e, através do Padámo, ao Orinoco. Ele também se queixou muito da indolência e infidelidade dos "Maiongkong".[3]

As voltas do Emecuní são igualmente numerosas e em forma de saca-rolhas, como ontem no Merewari. Em certos pontos, o riozinho parece voltar para si mesmo. À tarde passamos pelo afluente direito Kömacúni, de cujo curso superior sai a trilha para o Auarí.

13 de maio. Partimos pouco após as 8 horas. Um veado robusto está parado sobre o cascalho do raso leito do rio e bebe seu gole matinal. O tio de Manduca aproxima-se sorrateiramente pelo mato e o acerta com sua boa espingarda inglesa. Ultimamente Manduca tem se referido com insistência a esse senhor mais velho, que poderia muito bem ser seu pai, como seu "sobrinho". Faz tempo desisti de discussões acerca do parentesco Majonggóng.

Em alguns pontos o Emecuní é largo e raso, formando numerosas corredeiras. De maneira feroz, mas com extrema habilidade, os índios impelem rapidamente os barcos com varas rio acima. Esses Yekuaná são excelentes barqueiros. Se ousassem descer uma catarata, eu confiaria neles sem hesitar.

À tarde o riozinho torna-se mais estreito e mais fundo. Corre calmamente, ladeado por altas margens de barro vermelho. Em trechos isolados, longos e retos, navegamos para oeste.

Então vêm novamente corredeiras e quedas mais altas.

14 de maio. Após navegarmos por duas horas, frequentemente retardados por corredeiras, chegamos a uma catarata pitoresca de cerca de 8 m de altura, a *kuyádi-sode* (cachoeira do veado) dos Yekuaná. Logo depois passamos o afluentezinho esquerdo Aíya, em cujo curso superior havia antigamente uma *maloca* dos Yekuaná. Dizem que o lendário *doturu*[4] chegou até lá. Ao meio-dia passamos pela larga foz do afluente direito Cuharacúni, ou Cufaracúni, e fazemos um pequeno repouso junto a uma nova roça, onde se encontra outro depósito de provisões. Hermininha prepara para todos nós uma sopa quente de beijus mofados e bananas semiapodrecidas.

Manduca espanta um *mutum,* que está sentado em seu ninho grande entre os galhos de uma baixa árvore da margem, chocando três ovos de casca dura. Os Majonggóng comem de tudo e também não desprezam ovos chocos, talvez até os considerem um petisco.

Por volta das 4 horas deixamos o Emecuní e entramos em seu afluente direito Yaniacá, que tem uma água límpida e parda e uma largura de 25 m, em média. Tem toda a característica de um riacho serrano e vai rumorejando sobre cascalho.

15 de maio. Partimos às 9 horas, com chuva. Os índios me mostram um cume ao sul. Eleva-se, com seu pico azul-claro, acima da escura mata de galeria. Lá vivem maus espíritos que trovejam quando humanos se aproximam. A viagem prossegue devagar. O riozinho é raso demais para nossos barcos muito carregados. Ora as canoas têm de ser arrastadas sobre cascalho, ora sobre troncos derrubados pelas enchentes que destroem as margens. Por volta de 1 hora da tarde chegamos a uma queda d'água de cerca de 3 m de altura. Mal acabamos de empilhar e cobrir a carga principal na margem, desaba sobre nós um temporal que nos encharca até os ossos. Às 3 horas

---

[3] Op. cit., p.420*ss*.
[4] Chaffanjon, vide cap.16.

partimos a pé através da mata molhada pela chuva, em cujo terreno argiloso e escorregadio, nos pontos mais íngremes, mal conseguimos firmar o pé. Uma hora depois chegamos à *maloca* Mauarúnya, que fica na margem direita do Yaniacá, rodeada de montanhas por três lados, a última aldeia no caminho para o Ventuari.

Não há moradores aqui e, por conseguinte, também não há os esperados beijus. O solo parece ser muito fértil. Numerosas bananeiras rodeiam a casa. Por entre as belas folhas largas pendem enormes e pesados cachos. Há boas espécies entre elas, bananas-são-tomé vermelhas, doces e aromáticas, e outras, mas poucas estão maduras. A casa é sombria, úmida e fria; o teto está danificado em vários pontos. Nos buracos do piso formaram-se lodaçais imundos. Outra novidade ruim são os numerosos *piuns* nas imediações da *maloca;* uma novidade boa é o banho refrescante nas águas límpidas e rumorejantes do Yaniacá juvenil e impetuoso.

16 de maio. Manduca envia seu "tio-sobrinho" pelas montanhas até o Ventuari. De lá deverá nos enviar tripulação de ajuda e víveres. Não conseguirão chegar aqui em menos de dois dias.

Quase todo mundo está com catarro. Tossem e cospem por toda parte no chão, que já é imundo. Romeu e Hermina estão com febre. Mário, o pobre garoto, perdeu o pouco juízo que tinha por causa do cansaço e da malária. Está completamente estúpido e animalizado, devora tudo, até mesmo cabeças de fósforos, e, por isso, às vezes sofre de disenteria, de modo que, fraco como está, deixa tudo atrás de si. De vez em quando Romeu também fica com um parafuso a menos. Nós dois, europeus, até agora conservamos nosso juízo, mas a memória fraqueja e estamos muito anêmicos, debilitados e magros.

Dia sombrio com chuva fina; ambiente sombrio. Somente à tarde é que o sol aparece por pouco tempo, e assim podemos secar algumas roupas, coisa necessária, pois tudo está mais ou menos úmido e embolorado. Manduca diz que nesta região de serras não há um verão de verdade, chove quase diariamente o ano todo. Entrou umidade até mesmo nas malas impermeáveis de chapa de ferro, que ficaram deformadas na terrível viagem por terra. Por causa dos mosquitos, que são especialmente sedentos de sangue nesses dias chuvosos, passamos o dia todo na *maloca* penumbrosa. Os índios vão buscar a bagagem principal que ficou na catarata, trazendo-a em parte por terra, em parte de barco, subindo o riacho retumbante. Manduca traz algumas bananas maduras e uma carga de mandiocas de uma roça mais distante.

17 de maio. Manduca foi com vários outros caçar porco-do-mato. Voltam só à noitinha e sem qualquer presa. Hermina ralou e espremeu as mandiocas, mas falta uma chapa de fogão. Ela assa os beijus numa pedra chata sobre o fogo; um trabalho cansativo. Os produtos têm um dedo de espessura e são bem pegajosos por dentro, sem dúvida nenhuma nocivos à saúde. Ficamos todos com indigestão. Por esse motivo, Schmidt e eu assamos bananas verdes nas cinzas e ficamos relativamente satisfeitos. É do meu pobre e fiel cachorro que tenho mais pena. Ele emagreceu até os ossos e de vez em quando vem me pedir alguma coisa. Mas não posso lhe dar nada; eu mesmo não tenho nada. Ficamos deitados na rede fumando o forte tabaco dos Majonggóng, envolto na entrecasca vermelha de uma árvore. Decididamente, ela é preferível ao papel de cigarro, já que não absorve tanto a umidade do ar e mantém melhor o fogo, e assim não temos de puxar constantemente o fumo e acender a ponta do cigarro a toda hora. Conversamos sobre isso e aquilo, sobre as eleições para o parlamento, sobre recordações de

jovem estudante e aprendiz. Passamos o dia assim. À noite, chuva torrencial. A barraca está alagada.

18 de maio. De manhãzinha, cinco homens partem em passo acelerado, apesar da carga, até o Ventuari. Querem chegar lá ainda hoje. Dois recebem seu pagamento e estão satisfeitos.

Para o almoço, Schmidt prepara uma panela grande cheia de Sopa Primavera Maggi com pedaços de banana e pimentões frescos. O gosto não é ruim, um pouco forte, e a sopa sacia.

À tarde, o aguaceiro de costume. Ao pôr do sol aparecem cinco novos carregadores do Ventuari. Outra vez, são sujeitos extraordinariamente fortes, de traços selvagens e grosseiros. Trazem alguns beijus e um *mutum* que acertaram no caminho. Amanhã virão mais. Pelo visto, nunca viram brancos. Eles nos acompanham até o banho e riem, admirados, da nossa ossatura.

19 de maio. Teremos de interromper nossa viagem por alguns dias, mas é por um motivo feliz: hoje de madrugada, às 3h40, o Yekuaná Mayulíhe, chamado Manduca, tornou-se pai de uma menina, nossa pequena companheira de viagem que nos acompanhou desde o Roraima por todos os esforços e perigos.

O parto se deu atrás de um tapume feito de pedaços de casca de árvore, onde o casal dorme. As dores do parto duraram quase a noite toda; fiquei preocupado com a mulherzinha que gemia e que passou por tantas situações difíceis nos últimos tempos, até que fui liberto dessa preocupação pelo primeiro choro forte do bebê. De manhã, Manduca comunicou-me radiante e indizivelmente orgulhoso o feliz acontecimento. Não se percebia o menor sinal de decepção em seu rosto por não ser um menino, do qual ele tinha tanta certeza. Disse que mãe e filha passam bem.

Os carregadores partem com algumas cargas. Devem mandar a avó para assumir as tarefas domésticas aqui. Enquanto chove novamente a cântaros lá fora, desempacotamos os arcos e flechas que compramos dos Schirianá e que carregamos desde Motomotó. As flechas, originalmente tão bem trabalhadas, ficaram completamente estragadas pela umidade. Desgosto de colecionador!

À noitinha ainda chega um irmão mais jovem de Manduca — ele tem quatro irmãos — e sua graciosa irmãzinha de cerca de oito anos. Agora temos novamente uma "mulher" na casa, mesmo que seja apenas uma mulher pequena, que pode ralar mandioca e fazer beiju para nós.

20 de maio. Excepcionalmente, um dia ensolarado. Romeu lava roupa. Estamos terrivelmente sujos. Faz semanas que, por causa desse miserável tempo chuvoso, não podemos lavar nada, e faz dias que vivemos em meio à sujeira, fuligem e poeira dessa barraca insalubre.

Ao meio-dia chegam outra vez cinco novos homens, índios Yekuaná do Ventuari. Entre o mais velho deles, agachado junto à entrada com sua espingarda no braço, e Manduca, que permanece invisível atrás do tapume, trava-se um longo e veloz diálogo em torno do nascimento da filha e de toda a nossa viagem, do princípio ao fim, nos mínimos detalhes. Como sempre, os dois estrangeiros também são muito criticados e seus hábitos estranhos são ridicularizados em meio a risadas.

O velho, um xamã, quer um machado "porque ele trouxe o pessoal".

"Não posso lhe pagar aqui. Todos os machados estão do outro lado. Espere até chegarmos ao Ventuari!"

"Então venha comigo já!"

MANDUCA COM SUA MÃE E IRMÃOS

"Nem penso nisso. Vou quando eu quiser. Você não precisa ficar desconfiado. Sempre paguei meu pessoal honestamente."

Aí ele se dá por satisfeito e parte com uma caixa de fósforos. Deixa a carga aos cuidados dos outros.

São sujeitos espertos. Querem lucrar o máximo possível conosco. Por isso, todo dia chegam novos carregadores para levar umas poucas coisas um trecho mais adiante.

Manduca não come nada de um *jacu*[5] que um dos índios trouxe, "porque faria mal a sua criança". Ele procura minhocas, que, junto com beijus, sopa de farinha e bananas, serão seu único alimento nos próximos dias, durante o resguardo masculino.

21 de maio. A preocupação por nossa parturiente não me deixou dormir muito esta noite. Ela gemia e choramingava baixinho. Além disso, à meia-noite tivemos uma pesada trovoada com chuva forte, que respingou através dos furos do telhado até o dia clarear. Manduca me explica que sua mulher está com forte diarreia e dores fortes por todo o ventre, que retornam toda tarde a uma determinada hora. Dou a ela minha capa de chuva para que se cubra, e um lenço colorido para envolver sua filhinha. Até agora não me deixaram entrar no quarto da parturiente.

---

[5] *Penelope* sp.

À tarde Manduca leva a doente, que, de tão fraca, não pode andar sozinha, para o ar livre e tenta expulsar o mau espírito soprando e gritando alto. Ela traz no rosto riscos e pontos pintados com tinta vermelha medicinal de *carayurú*.[6]

Quando chego do banho vespertino, sou tomado por um grande sobressalto. Da *maloca* ecoa o lamento fúnebre. Não me ocorre outra coisa a não ser que a pobre mulher tenha morrido, mas é apenas a mãe de Manduca, que chegou nesse meio-tempo e canta para seu filho um breve lamento fúnebre pelo pai que morreu há vários anos.

Ela trouxe seu caçula, um pobre menino fraco de dois anos. Ele não consegue se sentar, muito menos andar, e cai se não tiver um apoio. Manduca diz que é o filho de um *mauarí*, um mau espírito.

22 e 23 de maio. A avó assumiu o comando imediatamente. Ela nos traz beijus com molho de pimenta e uma boa sopa quente de bananas. A desordem típica de casa de homens solteiros tem um fim provisório.

O riacho, que tinha subido muito em razão das chuvas continuadas e rolado, em grandes massas de água barrenta, para o vale, uma característica desses riachos serranos, assumiu rapidamente seu baixo nível normal e sua bela água límpido-pardacenta.

Hermina não melhorou nada. À noite, a criança grita. Então Manduca manda a pobre mulher fazer *"burr-burr"* para a criança dormir. Por que é que ele não cuida disso um pouco? Mas esses índios são assim mesmo! A menininha inspira dó, é magra e fraca. Eu a vi quando fui tomar banho pouco antes do pôr do sol. A parturiente já havia tomado banho e estava sentada no chão úmido, indiferente, vestindo apenas uma saia fina. A avó dava banho na criança com uma cuia e água fria do riacho, misturada com folhas — pelo visto, medicinais. E tudo isso em meio ao orvalho vespertino e à névoa!

24 de maio. Noite passada a criança morreu. Eles a enterraram na casa. Manduca, que está se sentindo muito doente, me explica que agora eles terão de deixar a *maloca* imediatamente. Logo depois, a pobre mulher sai de lá de maneira furtiva, carregando um cesto lotado. Ele só leva sua espingarda. Costume indígena. Quem poderia mudar isso!

Os outros já foram embora. Têm de viajar devagar. Vamos segui-los depois de amanhã com o irmãozinho de Manduca e Romeu.

Pobre alminha! Você não aguentou muito tempo conosco. Devia estar com medo dessa vida selvagem.

25 de maio. Não temos ao menos um dia ou uma noite sem chuva. Os *piuns* estão cada vez mais insuportáveis. Só conseguimos aguentar melhor na casa totalmente escura. Nosso pequeno camarada nu quer fugir do flagelo. Eu lhe dou um de meus casacos de dormir, no qual ele se enfia orgulhoso.

26 de maio. Partimos por volta das 9 horas. Chove a cântaros. Atravessamos várias vezes o Yaniacá e alguns de seus afluentezinhos, então o deixamos. Ele vem de sudoeste, ao passo que nós mantemos a direção oeste. Aos poucos seguimos montanha acima, numa picada estreita, que mal reconhecemos no espesso matagal. Sem nosso pequeno guia seria difícil encontrar o

---

[6] *Bignonia chica* Humb.

caminho. A chuva lava o chão lamacento. Em pontos íngremes temos de enfiar os dedos do pé no chão para não escorregar. Botas — já faz tanto tempo que lhes dissemos adeus — aqui seriam apenas um estorvo.

Do alto de uma pequena elevação temos uma vista para o norte até a montanha próxima Maschiádi, ou Maschiári.[7] Ela se eleva cerca de 1.500 m acima do nível do mar e, por sua forma externa, parece pertencer a uma formação de arenito. Dizem que em sua encosta oriental nasce o Emecuní. A cadeia, cuja elevação mais alta é esta montanha, que constitui, ao mesmo tempo, sua extremidade ocidental, estende-se daqui para o leste ao longo da margem esquerda de um riacho maior, que acabamos de atravessar, na altura de sua desembocadura no Yaniacá. Ao sul também se avistam cumeadas, que, até onde podemos ver, correm igualmente de oeste para leste. Infelizmente, a vista é muito dificultada pela vegetação.

Pouco antes do meio-dia encontramos Manduca e seus parentes, que estavam esperando por nós. Hermina continua muito fraca e todos sofrem de uma espécie de gripe que se manifesta em fraqueza generalizada, dores de cabeça e de garganta, dores na região da virilha e forte expectoração.

Após breve parada seguimos viagem e subimos o divisor de águas entre Caura e Ventuari, que se eleva algumas centenas de metros acima de Mauarúnya. Manduca me diz os nomes das montanhas que podem ser vistas daqui. A leste temos Maschiádi, a nordeste, Kuraká-hede, ao norte, Fa'dá-hede. A vista para oeste e para o sul é encoberta pela mata alta.

Dizem que no topo da Maschiádi cresce em abundância a longa taquara sem nós das famosas zarabatanas dos Majonggóng, e que os índios vêm de longe buscá-la.

A Maschiádi tem uma importância especial nos mapas. Aparece como o extremo norte da ponta de terras brasileiras que invade o território venezuelano. Segundo minha experiência, isso não está certo. A posição da montanha nunca foi determinada, já que Robert Schomburgk passou por ela muito mais ao sul em direção ao oeste, e depois dele nunca mais um branco veio para esta região. Em nosso caminho para a bacia do Ventuari não atravessamos nenhum curso d'água que se dirija para o Auarí, e que, portanto, pertença ao Amazonas. Por conseguinte, o Auarí, o afluente mais ao noroeste do Uraricoera, nasce não na Maschiádi — como supõem o mapa de Schomburgk e, depois dele, o mapa da comissão de fronteiras do ano de 1882 —, mas, segundo informação dos índios, numa outra cordilheira, que corre ao sul e lhe é, mais ou menos, paralela. Da encosta ocidental da Maschiádi, porém, cai o Fewéte, um afluente meridional do Ventuari, pelas íngremes paredes rochosas. Já que, segundo as determinações fronteiriças, todas as águas que correm para o Orinoco pertencem à Venezuela, e todas as águas que correm para o Uraricoera e, por ele, para o Amazonas, pertencem ao Brasil, então a Maschiádi fica toda em território venezuelano, e a fronteira aqui terá de ser deslocada um pouco mais para o sul.

Descemos para o vale e pouco depois chegamos ao Fewéte, o primeiro afluente do Ventuari, que tem uma límpida água "negra" e forma aqui uma cachoeira. Agora começa um trajeto terrível. Seguimos ininterruptamente montanha acima e abaixo, por uma região selvagem, rasgada por vales e desfiladeiros inacessíveis, coberta por mata espessa e impenetrável, por pântanos

---

[7] A língua dos Yekuaná tem um som indistinto entre d e r. Eles chamam essa montanha de Maschiuádi ou de Maschiwádi.

e torrentes rumorejantes, passando por grandes rochas inclinadas, sob gigantescas árvores caídas e em decomposição, por região erma e desolada. Ora subimos como macacos por árvores caídas e emaranhados de galhos, ora nos arrastamos de bruços como cobras e outros bichos pela folhagem molhada. No pequeno vale de um riacho que corre para o Fewéte finalmente paramos por hoje. Sob um abrigo miserável há um cesto com beijus embolorados, ao lado está meu teodolito e meu saco grande de roupas com cestos e outros objetos etnográficos, metade deles encharcada. Um dos carregadores, um Guinaú fraquinho que ficou gravemente doente durante a marcha — ao que parece, com pneumonia —, teve de deixar a carga aqui.

O *mingau* que as mulheres preparam com os beijus embolorados tem um gosto repugnante de porão mal ventilado. Os índios revolvem diligentemente a lama das margens procurando por minhocas gordas de um pé de comprimento. Deixam-nas por um instante na água quente, a seguir tiram-nas da água e as passam por entre dois dedos para limpá-las precariamente, então as comem semicruas com beijus. Ou deixam que esse petisco escorregue para dentro da boca ao inclinarem a cabeça para trás, como dizem que o *lazarone** faz com o macarrão, ou envolvem a minhoca num pedaço de beiju e o consomem assim com muito gosto, como se fosse sanduíche. Ainda não chegamos a esse ponto.

27 de maio. Chuva torrencial a noite toda. A água escorre pelas cordas da rede de dormir, pingando através do teto de folhas danificado. Encharcado, acordo de manhãzinha e me agacho tiritando de frio junto ao fogo fumegante que os índios atiçaram com dificuldade. Às 10 horas partimos. O caminho segue para oeste e é penoso como o de ontem. Em marcha rápida, chapinhamos através de inúmeros riachinhos e águas paradas, que quase desaparecem entre os fetos altos, e chegamos, finalmente, à margem esquerda do Fewéte, a uma barraca em que fervilham bichos-do-pé. Em duas canoas maiores somos levados pelo riozinho muito sinuoso e de forte correnteza. Passamos bem rente aos cantos. É desnecessário remar. Um índio dirige, um outro fica em pé na ponta da embarcação, impelindo-a com a vara em direção segura quando, nas curvas, a forte correnteza ameaça lançar a canoa contra a margem rochosa, ou quando troncos de árvores e galhos querem nos deter. Após uma hora e meia de viagem chegamos a um local de desembarque na margem direita. Disparam-se muitos tiros. O doutor tem pólvora suficiente! Do outro lado respondem com alguns tiros. Manduca veste um terno novo feito de tecido azul para calças, que sua mulherzinha costurou para ele ainda em Motokurúnya, amarra um colorido lenço de bolso em volta do pescoço, põe um boné esportivo na cabeça. Nós nos pomos em fila segundo a hierarquia e subimos a alta margem por uma trilha estreita, onde, num terreno aberto, há uma *maloca* grande e dois barracões redondos. A povoação se chama Suhínya, devido ao riacho Suhí, que desemboca aqui no Fewéte e que vem de Suhí-hede, uma cordilheira não muito distante e de média altitude, que fecha a encantadora paisagem a leste. Outra vez disparam-se tiros. A gente morena e curiosa apinha-se na frente da *maloca,* umas cinquenta pessoas, sobretudo nossos carregadores com suas famílias. Nossa bagagem está bem empilhada num barracão e coberta com uma lona.

---

* *Lazarone* (ital. *Lazzarone*) designa o mendigo de Nápoles. (N. T.)

A *maloca* é construída como todas as outras que vimos até agora, mas, em vez da ponta, tem uma cumeeira bem estreita. Ela também tem o revestimento interno de casca de árvore, mas apresenta amplas falhas. Na verdade, a casa está abandonada e os antigos moradores que se hospedam aqui temporariamente vão tirando, sem nenhuma consideração, grandes pedaços da parede de casca de árvore para usá-los como combustível. O teto tem um buraco largo que permite a saída de fumaça, mas que também deixa a chuva entrar livremente, formando assim uma grande poça d'água no meio da casa. A parede externa, revestida de barro, também está cheia de buracos.

O Guinaú doente morreu anteontem e foi enterrado imediatamente. Algumas mulheres choram sua morte em meio à confusão da nossa chegada. Essa tribo, que em breve desaparecerá, parece não possuir mais nenhuma resistência.

18

Estação de chuvas

28 de maio. Todos aqui estão com forte catarro. Manduca me convida a descer um pouco mais o rio e a ficar com eles nas barracas que os moradores de Suhínya levantaram temporariamente. Querem construir uma nova *maloca* lá. A rápida morte do Guinaú e a doença epidêmica assustaram essa gente.

"O lugar não vale nada, doutor! Aqui vive um mau espírito que mata as pessoas!"

Eu me recuso. Só me faltava essa, refugiar-me com essa gente suja numa de suas cabanas imundas.

De repente surge na *maloca* um velho comprido e magro, que, apoiado em sua espingarda, profere-me um discurso com palavras emitidas bruscamente e em que os termos *mayúlu — kamisá*, para mim —, *kudufáda* (miçangas — tecido — pólvora) são repetidos várias vezes. A princípio, pensei que alguma coisa não estivesse em ordem, mas Manduca me explica a situação. É o chefe, conhecido como resmungão, o dono da *maloca,* um velhote inofensivo. Ele só quer me fazer entender, de modo bem insistente, tudo que espera receber de mim por permitir que eu me hospede em sua casa semidestruída. Então sua alteza vai para o barraco em que Schmidt, com a participação de todos os habitantes, está pagando os carregadores, e continua seu discurso lá.

Entre os índios nus sobressaem dois *caballeros* e uma *señora,* quer dizer, dois jovens Yekuaná vestidos como venezuelanos e uma mulher jovem, que se enfeitou com saia e jaqueta de chita azul florida e grandes brincos dourados. Ela é uma Kunuaná da tribo de parentesco próximo dos Yekuaná que vive às margens do Cunucunúma, um afluente direito do alto Orinoco. Chegaram há pouco de San Fernando de Atabapo, no médio Orinoco, de Maracoa, como se diz aqui, onde trabalharam alguns meses para um venezuelano. Agora querem ir para o Yatéte para preparar *manyúku* (farinha de mandioca torrada) para seu chefe Antonio. Aqui não se conhece essa arte e também não existem as grandes chapas de ferro com a borda elevada.

Do espanhol, um deles só sabe o popular *"carajo!"*. Mantêm-se a uma distância respeitosa de nós. Talvez tenham tido experiências ruins com os brancos.

Muita gente já foi embora. O chefe também se despede à noitinha. Ele ainda profere um longo discurso amigável em que "põe toda a sua casa à minha disposição". Mais ou menos isso.

29 e 30 de maio. Dias de chuva! Quem é que, na Alemanha, pode fazer ideia disso?

Manduca e esposa recebem seu pagamento pela longa viagem. É difícil contentá-lo. Eles já receberam muitas coisas durante a viagem, com as quais ele não conta, claro. Faz uma cara brava e quer de qualquer jeito mais um machado, que não quero lhe dar. Acrescento um canivete pequeno, alguns instrumentos musicais e outros brinquedos infantis. Ele se afasta radiante. Esses índios! É preciso ter paciência!

Além de Manduca e seus parentes, só ficou aqui um velho discreto com sua família.

Muitas vezes chegam visitantes. Trazem-nos boas bananas em troca de miçangas e fósforos. Um homem jovem e algumas mulheres pintadas de vermelho e extraordinariamente feias ficam várias horas agachados diante de nós. De vez em quando, soluçam o lamento fúnebre pouco melódico. Apoiam o cotovelo direito no joelho direito e mantêm a mão diante dos olhos. Não há lágrimas. O lamento é inteiramente cerimonial e cessa de repente; o homem nem lhe fez caso. As carpideiras conversam com voz normal e observam Schmidt atentamente enquanto ele remexe numa mala cheia de maravilhas.

Esse povo é impertinente demais. Ninguém aqui tem consideração pelo outro, muito menos por nós, que somos sempre uma fonte de curiosidade para todos. Os sujeitos grosseiros refestelam-se sobre as malas, fumam como chaminés e cospem para todos os lados, Manduca à frente. Ele se mostra extraordinariamente importante, como um domador de animais exibindo feras amansadas para um público agradecido. Lembro-me com saudade da idílica Koimélemong e do meu bom e providente amigo Pitá. Também surrupiam as coisas aqui. É preciso estar sempre alerta. Já me roubaram uma cueca que estava pendurada, secando. Agora só tenho duas, e uma delas não passa de um frangalho.

O pagamento de tantas pessoas abriu um rombo em nossos recursos. Nossos maiores bens para troca diminuem rapidamente, e o caminho ainda é longo. Temos de economizar. Agora, entretanto, quase não temos oportunidade de gastar, excetuando-se gêneros alimentícios. Objetos etnográficos? Que belo sonho. De onde os tiraríamos? A tribo toda parece ser igualmente indolente e, apesar do pouco contato com europeus, deve ter esquecido suas antigas artes. Não se vê em suas casas as belas e largas maças, os apás de motivos delicados que conhecemos da coleção de Robert Schomburgk, nenhum dos adornos plumários ou outros adornos de dança. Os homens ficam sem fazer nada nas redes de dormir, conversando longa, monótona e aborrecidamente. Só as mulheres trabalham o dia todo, porém só com vistas à alimentação e às necessidades do corpo. Como era diferente no Uaupés! Lá era raro ver até mesmo os homens inativos em suas horas de lazer. Trançavam seus grandes cestos e peneiras decorados com belos padrões, martelavam seus magníficos cilindros de quartzo,* confeccionavam seus maravilhosos adornos plumários e suas

---

* O autor refere-se a um adorno usado pelos homens, um colar, que tem como pingente um cilindro feito de quartzo. Vide: *Zwei Jahre bei den Indianern Nordwestbrasiliens*, p.159, 178, 205ss., Stuttgart, 1921. (N. T.)

misteriosas máscaras de dança. Esses Majonggóng, em compensação, fazem tudo *ad hoc* e só quando estão precisando de um determinado objeto, mas não fazem, de jeito nenhum, mais de um e também não fazem para nós, mesmo que lhes expliquemos cem vezes que podem ganhar alguma coisa com isso.

Adquiri algumas flautas simples de taquara, que tocam melodias melancólicas. Uma velha maça de guerra passou a me pertencer por 250 g de pólvora, um exemplar magnífico, sobrevivente de tempos melhores. Um desses epígonos degenerados encontrou-a sob o telhado, em meio ao entulho e ao bolor. Retiramos cuidadosamente a grossa camada de sujeira grudada, e agora ela está brilhando em sua antiga beleza. A empunhadura é parcialmente recoberta com padrões entrelaçados. Eu gostaria de ter uma dúzia delas!

Chegou um homem velhíssimo, todo enrugado, mas, pelo visto, mentalmente ainda muito vivo, um xamã. Por intermédio do seu colega Manduca ele "requisita" um facão, "pois mandou gente para buscar minha bagagem de Motokurúnya". O que devo fazer? Ainda preciso muito desses índios. Ao despedir-se, ele dirige um longo discurso para Schmidt, que responde com exortações divertidas em dialeto de Mecklenburg.

31 de maio. Schmidt limpa espingardas e arruma malas. Escrevo ou leio o *Fausto*. As mulheres assam beijus. As crianças brincam e choramingam. Os homens não fazem nada. Lá fora, chove a cântaros, monotonamente. Assim, "o lindo mês de maio"* se despede de nós.

Junho, julho.

As mulheres realizam todos os trabalhos domésticos na *maloca,* embora haja espaço suficiente para isso nos abrigos externos. Ao prensarem a massa de mandioca, elas aqui também deixam o suco escorrer pelo chão, onde ele se acumula em poças grandes. Logo começa a fermentar e a decompor-se, pululando vermes e empestando o ar com seu cheiro acre.

O catarro perigoso, uma espécie de tosse convulsiva que aos poucos atingiu todos os índios, está desaparecendo, ao menos à minha volta. Manduca sente-se recuperado a ponto de poder dedicar-se a suas atividades profissionais e faz uma cura noturna para seu irmão caçula. Quando a coisa começa a ficar humorística e algum duende toma o lugar do xamã —, que, agora, dá respostas zombeteiras com voz carnavalesca às perguntas das mulheres —, de repente o senhor doutor tem um forte acesso de tosse e a representação termina abruptamente.

O pobre rapazinho do qual ele está tratando parece sofrer de poliomielite. Geralmente sua mãe o carrega como uma trouxa de pano debaixo do braço, a cabecinha, os bracinhos e as perninhas secos e fracos pendem frouxamente, balançando para lá e para cá a cada movimento da velha. Ele choraminga dia e noite. Um dia, quando Manduca grita amistosamente com ele por causa disso, ele berra como se estivesse assando num espeto. Parece, pois, ter muita vitalidade ainda.

O "filho pródigo" faz visitas de apresentação na vizinhança. Passa vários dias viajando. Uma vez, desce o rio até uma povoação no Ventuari; outra vez, vai por terra até uma *maloca* no alto Emecuní para consultar um colega mais velho. Hermina o acompanha. Ela se recuperou muitís-

---

* Em alemão "*der uninderschöne Monat Mai*". Assim começa um famoso poema de Heinrich Heine (1797-1856). (N. T.)

simo bem. Em sua aparência externa, tornou-se uma mulher Majonggóng. Cortou os cabelos bem curto ao redor da cabeça e usa a tanga das mulheres Yekuaná, presa por grossos cordões de miçangas azul-escuras, debaixo da, ou melhor, por entre os farrapos da saia de chita. Será que ela já aprendeu a comer seus piolhinhos? Em Motokurúnya ela se afastou horrorizada quando eu lhe perguntei isso, ao que seu severo marido disse, muito ofendido:

"E por que não? Todo mundo faz isso aqui!"

Em 22 de junho Manduca também nos deixa e se muda com toda sua parentela para as barracas rio abaixo, após ter feito uma última tentativa de me levar junto. Promete cuidar bem de nós doravante e enviar-nos, com regularidade, víveres e pessoas para serem fotografadas. Ficamos somente com Kaikuschí nessa casa assombrada. Com os espíritos dos mortos logo nos entenderemos. Os vivos nos pesam mais.

A febre tem-me afligido várias vezes, mas espaçada e não tão intensa quanto foi no Merewari. Parece ser uma forma branda da febre terçã, rapidamente reprimida com quinino. Outra vez Schmidt tem sofrido terrivelmente com os bichos-do-pé, nossos piores inimigos, que aumentam cada vez mais. Kaikuschí está cheio deles e os choca à noite perto do fogo, junto ao qual nos sentamos durante o dia. Estou com *frieiras,* uma dolorida e pruriginosa inflamação dos pés, especialmente entre os dedos; a gente a pega ao pisar em fezes de gente e de animais, em folhas apodrecidas, em lama e coisas desse tipo.

Quase todo dia as mulheres trazem das roças nas cercanias cestos cheios de abacaxis, bananas e mandiocas, que são tão grandes como em Motokurúnya. Elas nos abastecem com beijus frescos e *tapioca,* amido finíssimo com o qual preparamos nossa bebida diária *awókede* de manhã, ao meio-dia e à noite. A goma é saudável e nutritiva. Sem dúvida que se deve à mata virgem o fato de se tomar gosto por essa goma. Infelizmente a *tapioca* se conserva só por dois dias; depois fica bolorenta e com um gosto horrível, mas as mulheres trazem demais, um dia, e nada, por vários dias.

Elas carregam as criancinhas em todas essas andanças, ou na confortável tipoia de algodão, ou no cesto. Neste último caso, a redonda cabeça da criança olha com seus olhos grandes e admirados por sobre a borda do cesto, e a mãe segura uma larga folha de bananeira sobre ela, que a protege da chuva e do sol.

Às vezes recebemos uns peixinhos assados em folhas aromáticas: uma comida gostosa. Elas também nos oferecem minhocas assadas e larvas de besouro gordas e amarelas, que extraem dos troncos das palmeiras depois de perfurá-los; mas nós ainda temos preconceitos por demais europeus e recusamos tais petiscos indígenas.

Quando essas mulheres vêm sozinhas, são amáveis e discretas, mas quando estão em grande número, na maioria das vezes são impertinentes e — curioso — quanto mais feias, mais atrevidas.

Por tudo elas querem miçangas. *Mayúlu, mayúlu!* Esta é sua terceira palavra. Não teríamos conseguido trazer miçangas em quantidade suficiente. Seus olhos brilham quando lhes damos um cordãozinho.

Nossos guizos de latão também são muito cobiçados. Recentemente presenteei uma mulher com um desses valiosos objetos para o seu bebê gordinho. Já no dia seguinte ela trouxe uma amiga, que não sossegou até ver um guizo tilintando no pulso do seu bebê. "É um *yáue* (garoto)", ela me disse orgulhosa, mostrando-me seu atributo masculino.

A coleção etnográfica tem aumentado vagarosamente, mas os museus etnográficos estariam em má situação se todos os povos fossem tão pobres quanto estes índios.

Nem sempre as transações ocorrem sem incidentes. Certo dia, ao voltar do meu passeio matinal, de longe ouço uma gritaria feminina e encontro Schmidt em apuros. Duas jovens senhoras berram com ele e estão quase a ponto de atacá-lo. Trouxeram algumas bananas e agora querem o máximo possível por elas, especialmente guizos de latão, que até gente mais velha está louca para ter. Os homens jovens penduram-nos na orelha, as mulheres, nas extremidades inferiores da tanga. As partes não conseguem chegar a um acordo. Por fim, deixo-os à sua própria sorte e volto uma hora depois. Continua a mesma gritaria. Schmidt diz a essas "beldades" palavras amáveis em dialeto de Wittstock, que elas felizmente não entendem. Em resposta, elas gritam. Agora ele comprou de uma delas um cesto novo em troca de um longo colar de miçangas grandes e coloridas e dois guizos. A outra fica lá parada com cara de insatisfeita e tenta persuadir a amiga, pelo visto por inveja, porque ela própria só tem um cesto velho e ruim, que não pode vender. Aí a primeira fica aborrecida com o negócio. Quer seu cesto de volta. Devolve o cordão de miçangas, mas quer ficar com os guizos. Schmidt lhe entrega o cesto e as bananas, tira pessoalmente os guizos da tanga dela e tranca as preciosidades numa mala. A seguir, prolongada deliberação entre as amigas. Por fim, elas trazem novamente o cesto e pedem o pagamento inicial. Assim, para satisfação geral, depois de mais de duas horas a transação finalmente foi concluída.

Dois dias depois as duas mulherzinhas vêm de novo. Desta vez, uma delas trouxe o marido. Querem devolver o colar, do qual foi tirado um terço das miçangas mais bonitas. Querem só "emprestar" o cesto para buscar bananas para nós! Nem sombra dos guizos. Nunca voltaríamos a ver o cesto.

"Não, meu amigo, os brancos não são tão burros assim." O jovem conforma-se rápida e dignamente com o inevitável. Ele que se entenda com sua mulher. Então o grupo segue para Mauarúnya, para onde há um caminho direto daqui. Dentro de oito dias, como o homem conta nos dedos, tencionam estar de volta. Pretendem trazer-nos muitas bananas, carne de caça também, veados, porcos, antas e sabe-se mais o quê. Se ele nos entregar apenas uma perna de porco, já ficaremos satisfeitos. Um índio promete tudo quando acha que está fazendo um favor ao branco, sem pensar em cumprir sua promessa algum dia.

O jovem — ele não deve ter mais de 25 anos — ainda tem em seu séquito duas mulheres feias mais velhas, também esposas suas. Parece que a jovem foi adquirida bem recentemente e, pelo menos por enquanto, é a favorita. Nem bem saiu da infância, deve ter no máximo doze ou treze anos. Ele a trata de maneira muito terna e fala com ela no tom mais delicado possível, enquanto as outras duas, carrancudas, ficam em segundo plano. O sexo feminino tem grande importância entre os Majonggóng. Quatro, até mesmo cinco mulheres para um homem não deve ser coisa muito rara. De mais a mais, há relativamente muitas crianças e bem formadas; em média, a raça é saudável e muito vigorosa.

O feroz caçador tinha consigo uma velhíssima espingarda de vareta, que estava quebrada no gatilho e amarrada precariamente com um cordão de fibras. Temíamos por ele só de olhar para a arma. No mais, as espingardas, machados e facas que se veem aqui são predominantemente bons artigos ingleses de aço de Sheffield, que os Yekuaná obtêm da colônia britânica no longo caminho da troca com os Arekuná e outras tribos no leste. É uma lástima que a excelente indústria alemã do aço, para vender mais barato, exporte produtos tão inferiores para a América do Sul.

Carne de caça só é vendida pelo homem que a consegue sozinho. A qualidade dessas carnes é muito variada. Às vezes, eles nos trazem carne de anta que ficou no moquém desde tempos imemoriais e está tão preta de fumaça e dura, que temos de parti-la com o machado. Outras vezes, recebemos um bom e fresco porco assado ou um gordo galináceo abatido há pouco. Certa vez, alegramos-nos em vão. Um homem velho nos vende bananas e diz que amanhã teremos porco-do-mato. Esperamos vários dias, inutilmente. Por fim, a história se esclarece. O porco ainda não tinha sido abatido. Um outro dissera a ele que, quando acertasse um porco, ele o assaria. Se acertasse mais um, também o assaria, então nos traria o assado para vender!

A arte culinária de Schmidt faz progressos. Ele me serve uma "sopa de batata" que preparou com fatias de banana verde e "caldo de carne granulado". Como caldo de um suculento presunto de porco-do-mato, ele serve Tempero para sopa Maggi. Tem o gosto de tenro presunto cozido com algum molho exótico.

Às vezes, o velho chefe vem nos visitar. Geralmente pede que lhe mostremos fotografias de índios e passa horas a fio vendo-as com sua mulher pintada de vermelho, que poderia muito bem ser sua filha. Sempre se detém prolongadamente na foto do seu colega Makuschí Pitá e de sua numerosa família. Fiz que aceitassem sem resistência os tipos do Uaupés, tribos desconhecidas pelas quais, a princípio, não demonstravam nenhum interesse. Eu lhes disse que são Schirianá e Waíka do "Erinyakú" (Orinoco), que são tratados com o devido respeito pelos Yekuaná. Desde então, sempre querem rever essas fotos e as olham com um certo calafrio agradável. Menos agradável é a preferência do velho por nossa lanterna. Fica mexendo nela se não a pomos a salvo dele, e à noite, quando Schmidt quer acendê-la, percebe, para sua alegria, que o velho pueril atarraxou o pavio no recipiente de petróleo; daí Schmidt praguejar, como já fez várias vezes durante a marcha quando os índios, com certeza involuntariamente, lhe pregavam a mesma peça.

Fuyúdi, o filho mais velho do chefe, é nosso hóspede permanente. Com seu rosto selvagem e crispado, ele lembra o Waíka de Motomotó. É um companheiro bondoso que não tagarela muito, não importuna e geralmente traz alguma coisa para nossa refeição comum. Às vezes, ele também chega de mãos vazias, mas com uma fome ainda maior, depois de haver passado metade do dia andando pela floresta atrás de porcos. Sua sorte como caçador de uma presa tão nobre não é tão grande. Quase sempre, Fuyúdi vai sozinho. É solteiro, apesar de já ter atingido há muito tempo a idade de casar. É um pouco menosprezado por seus companheiros de tribo. Não regula muito bem. Sua fala é um pouco desajeitada. Manduca afirma até que ele é "quase mudo", mas isso não é verdade, ou, pelo menos, só é certo em comparação com os outros tagarelas. Chega especialmente orgulhoso quando caça um *hatéke,* um tatu grande. Traz a pesada presa pendurada sobre o ombro num cordão de ráfia e a vende para nós por uma faixa de chita para uma tanga.

Não é uma arte caçar tatu. Faz-se um buraco em sua toca, joga-se bastante água lá dentro e, quando ele tenta escapar pela passagem, mata-se o bicho batendo nele com um pau. A carne

Fuyúdi, o bobo

é branca, de fibras longas e bastante insossa, como de vitela abatida nova demais. Se não for grelhada imediatamente, estraga com facilidade, fica nojentamente pastosa e com cheiro e gosto repugnantemente adocicados. Mesmo fresca, muitas vezes a carne tem um leve cheiro desagradável, *catinga,* como se diz no Brasil. A gordura branco-amarelada me lembra — fico com água na boca — banha de ganso!

Fuyúdi estendeu a presa asseadamente sobre folhas frescas e a cortou em pedaços. Calado, vai buscar nossa panela de alumínio, forra-a primeiro com as folhas de uma planta baixa e espinhosa, com certeza como precaução para a carne não queimar, então prepara uma refeição bem saborosa ao cozinhar a gorda pele da barriga do animal, cabeça, fígado, coração, rins e tripas. Usamos como lenha as vigas da casa, que está mesmo destinada a ruir.

Fuyúdi também é uma pessoa limpa, o que realmente não se pode dizer de todos os seus companheiros de tribo. Depois que jogou fora a caça, ele lava cuidadosamente o sangue da faca e das mãos.

O sol desapareceu atrás das árvores da mata ribeirinha. O crepúsculo se aproxima. Fuyúdi chama sua cachorra, *sárre, sárre,* com a qual nosso magro Kaikuschí já está procurando fazer amizade, e se despede. Da próxima vez, com toda certeza ele trará porco assado para nós.

Como ocorre com muitas tribos sul-americanas, também entre os Yekuaná podem-se distinguir dois tipos, um mais fino e um mais grosseiro. Os numerosos nomes de rios com terminação Aruak na atual região dessa tribo permitem deduzir que, originalmente, era povoada por tribos Aruak.[1] Então, vindos do oeste e do noroeste, os Yekuaná invadiram a região; como todos os Karib, são um povo salteador em estágio cultural baixo. Subjugaram os habitantes da terra, mais fracos do que eles, e adotaram seu patrimônio cultural. Com algumas tribos, como os Guinaú, entenderam-se pacificamente e permitiram que continuassem vivendo junto deles e entre eles, misturando-se até certo ponto com eles. Outros, que se lhes opunham hostilmente, foram por eles aniquilados; assim como seus parentes, os Karib das ilhas, os daqui matavam os homens e recebiam as mulheres em sua tribo. Assim os Yekuaná tornaram-se o que são hoje, um povo mestiço de composição variada. No sul, às margens do alto Uraricoera, nas encostas da serra Parima, quebrou-se a corrente. Os conquistadores encontraram lá uma forte resistência dos belicosos Schirianá e Waíka. Do alto Waínya foram rechaçados até o Merewari.[2] Na época de Robert Schomburgk tiveram de desistir de uma posição avançada no cume do divisor de águas até quase as nascentes do Orinoco e do Uraricoera.[3] Somente no alto Auarí é que encontramos, ainda hoje, uma de suas povoações, sua única morada na região do rio Amazonas. Mas também de lá já começam a se retirar para o Merewari.

Podemos, pois, supor que as tribos Aruak, em especial os outrora decerto numerosos Guinaú, foram os portadores de cultura para os Yekuaná. Com eles, aprenderam a fabricação de raladores, os trançados artísticos, a cerâmica delicada que, feita somente no alto Matacuní, resulta em encantadores potezinhos. Os Guinaú então degeneraram — sabe-se lá por qual motivo — e diminuíram muito em número. Hoje, estão desaparecendo. Com a decadência de seus mestres, pouco a pouco os Yekuaná descuidaram daquilo que ainda não possuíam verdadeiramente. Somente os raladores ainda são produzidos hoje, mas de modo muito pouco artístico, na maioria das vezes sem pintura. Em Motokurúnya, só uma mulher Guinaú mais velha sabia pintar as bordas dos raladores com padrões geométricos. A degeneração física dos Guinaú deu-se simultaneamente à degeneração cultural dos Yekuaná. As guerras cessaram. Não se produziam mais armas de guerra, já que tinham se tornado desnecessárias. Os adornos plumários de guerra também saíram de moda. As festas decaíram; só as bebedeiras ficaram. Assim, o modo de vida desse povo, de maneira geral, permaneceu o mesmo, mas sua cultura autóctone perdeu-se, apesar de seu isolamento. O colecionador de objetos etnográficos fica prejudicado aqui.

Num aspecto, os Yekuaná são superiores aos colonos brasileiros. Eles tapam a estrutura de madeira das paredes de suas casas com barro amassado com palha cortada em tiras muito finas. Os brasileiros usam barro simples e depois se surpreendem quando a parede não resiste.

---

[1] Vide cap.16.
[2] Vide cap.15.
[3] Robert Schomburgk, op. cit., p.437*ss*.

Talvez os índios tenham aprendido isso com os missionários. Na segunda metade do século XVIII, a influência das missões nessas regiões deve ter sido muito grande. Segundo Humboldt, havia um caminho direto de Esmeralda, no alto Orinoco, até as missões no Caura e Caroni, que passava pela região das cabeceiras do Ventuari até o Erebáto. Com auxílio dos "Maquiritares" (Yekuaná), construiu-se nessa linha uma cadeia de postos que consistia de dezenove casas firmes. Os soldados oprimiam os índios de todas as maneiras. Então estes atacaram todos os postos militares numa só noite, queimaram as casas e mataram muitos soldados. Só uns poucos deveram suas vidas à compaixão das mulheres índias.[4]

Os Yekuaná de hoje não se lembram dessa época, nem mesmo de "Samburukú", a respeito do qual os Taulipáng sabem todas as minúcias.

Vários dos índios daqui sofrem de uma doença de pele que acentua ainda mais sua feiura. Ela se manifesta por manchas brancas, especialmente nas mãos e nos pés, mas parece não prejudicar o bem-estar geral. É a mesma doença muito disseminada no alto *rio* Negro e em seus afluentes, lá chamada de *purupuru*. No mais, em geral esses Yekuaná são muito musculosos, figuras pujantes de saúde que certamente darão excelentes trabalhadores caso se acostumem a um trabalho regular.

Apesar de toda sua brutalidade, são pessoas bondosas. Percebe-se isso ao serem fotografados. Às vezes, apesar dos mosquitos, ficam diante da câmara dez minutos ou mais, sem mexer um só membro, sob o sol causticante até que uma nuvem o tolde e me permita tirar a fotografia. Manduca manteve a palavra. A cada dois ou três dias envia gente para ser fotografada. Geralmente os homens recebem anzóis pequenos como pagamento, as mulheres, miçangas grandes. Revelo as chapas tão logo posso e as lavo lá embaixo no porto, entre as rochas do Fewéte, quando este não está muito cheio por causa da chuva e não há galhos secos e sujeira rolando pela correnteza amarela por causa do barro.

Certo dia, Manduca traz um jovem vestido, que nos cumprimenta com um aperto de mão. Ele trabalhou no baixo Ventuari, no seringal, para um venezuelano chamado "Schischu". "Ele fala espanhol", Manduca diz. *No* e *si* é tudo que sabe dizer.

Também revemos a índia Kunuaná e seu gigantesco marido. Ambos levam cestos bem carregados às costas. Querem visitar amigos no alto Emecuní. Ele só está vestindo calça. Ela é de novo uma perfeita *señora* e pode-se sentir seu perfume barato a dez metros de distância. "Que faz esse luxo todo em minha cabana?" Mas seu rosto está pintado de vermelho: seu tributo à selva.

Em troca de três metros de chita, eles nos dão um saco de farinha de mandioca. Falo espanhol com ela, mas, pelo visto, não entende uma só palavra. Os Majonggóng, ao contrário de outros índios, parecem não ter talento para outras línguas.

Para comemorar a construção nova, estão preparando uma grande bebedeira nas barracas. Os homens e mulheres jovens vêm buscar dois enormes cochos para *caxiri*, feitos de madeira pesada com os lados pintados toscamente com motivos pretos e vermelhos, e os levam em botes rio abaixo.

---

[4] Alexander von Humboldt. *Reise in die Aequinotial-Gegenden des neuen Kontinents.* Versão alemã de Herman Hauff, v.IV, p.117-8. Stuttgart, 1860.

Temos muita chuva torrencial em todas as horas do dia e da noite, mas também horas de sol, especialmente de manhã, com fresco vento sudoeste que fica forte após o meio-dia. Do dia para a noite a posição do termômetro oscila apenas uns poucos graus. Às 6 da manhã às vezes indica 17 °C. Com céu encoberto, mesmo durante o dia, o tempo é sensivelmente fresco, então ficamos sentados junto ao fogo. Em noites claras cai um orvalho pesado. As observações astronômicas são feitas com dificuldades. O teodolito fica pingando. As lentes do telescópio precisam ser limpas a todo instante. As folhas do caderno de notas estão moles e úmidas e quase não se consegue escrever nelas. Inúmeros *maruins* — os mosquitos mais diminutos, que têm preferência por andar nos cabelos — nos ensinam autodomínio nas observações astronômicas.

Em 29 de junho, por volta das 10 horas da noite, ouvimos um trovão breve e alto vindo da montanha, apesar de não haver sinal de trovoada em parte alguma do céu. Soa como um distante tiro de canhão com eco breve e abafado. Suhí-hede está resmungando por causa dos brancos.

O tempo chuvoso atrai muitos bichos importunos para nossa habitação. Encontro uma pequena *jararaca* negra debaixo da minha rede quando estou indo dormir. À noite, ratos grandes e gordos ficam fazendo barulho entre as malas e roem os pedacinhos mais duros de beiju que estão caídos no chão. Nós os caçamos diligentemente, mas, na maioria das vezes, em vão. Baratas fedorentas de todos os tamanhos encontram-se por toda parte, nas malas, entre os livros, na caixa da câmera fotográfica, na caixa do relógio, no coldre do revólver, nas dobras do pijama, por toda parte. À noite, elas ciciam em nossa despensa e roem nossas bananas mais bonitas, até mesmo pedaços de carne que ficam no moquém. Nem vou falar de formigas, cupins, centopeias, bichos-de-conta, bichos-do-pé e pulgas nesta casa escura e úmida.

Certa noite, Schmidt é picado por um vampiro nas pontas dos dedos e num dos dedos do pé; perde muito sangue, porque dorme como uma pedra quando seus bichos-do-pé não o estão atormentando. Poucos dias depois, de manhãzinha, Kaikuschí aproxima-se ganindo da minha rede e sacode a cabeça com força, fazendo o sangue respingar ao redor. Um vampiro o mordeu na orelha comprida e feriu uma veia, que fica esguichando até que eu a aperto. Por fim, o animal sinistro também me faz uma visita. Agora sempre dormimos debaixo do mosquiteiro, embora não haja mosquitos aqui. Só um dos nossos numerosos companheiros de habitação é inofensivo, até mesmo útil, se bem que não muito apetitoso — um enorme sapo. Ele passa o dia sentado num dos cochos para *caxiri*. À noite, fica rastejando por aí, agacha-se debaixo da minha rede e abre e fecha sua boca larga, como um cachorro grande. Fica abocanhando mosquitos à luz da lanterna. Quando os índios levam o cocho embora, ele emigra, dizendo adeus para sempre. Enquanto tomamos café, aparece junto de nós e vai bamboleando para fora da casa por um dos muitos buracos na parede.

Temos onças em quantidade suficiente na vizinhança. As serras próximas lhes oferecem vários esconderijos. Agora é tempo de acasalamento, por isso ficam ousadas e perigosas. No porto, encontramos fezes frescas durante o nosso banho matinal.

Em noites claras, entre 7 e 9 horas da noite e às 5 da manhã, uma delas anda pela mata ribeirinha do riozinho e, em tons horripilantes, expressa seus sentimentos apaixonados. Uma outra lhe responde da montanha Suhí. Por fim, nós nos acostumamos a esses passeios ao luar. De certo modo, fazem parte de nossa solidão. Uma noite, porém, a coisa fica impossível. Estamos sentados confortavelmente, conversando junto ao fogo, quando, de repente, uma delas urra "hū — hū — hū — " bem perto da casa. Agarro minha Winchester e saímos de maneira furtiva. Schmidt segura Kaikuschí, que quer correr corajosamente ao encontro de seu inimigo figadal e xará, o que provavelmente não lhe faria bem. A onça, pelo visto um senhor velho, nem faz caso dele. Aproxima-se a uma distância de dez passos e rosna furiosa atrás de um algodoeiro à entrada da casa. Infelizmente, está escuro como breu. No fim, a fera corre através da clareira e se perde na floresta, uivando e rosnando aborrecida. Kaikuschí ainda fica tremendo de excitação por muito tempo. Mas, a partir de agora, deixamos à noite as espingardas carregadas, prontas para atirar, ao lado das redes de dormir.

Alguns dias depois, quando conto para Manduca nossa experiência noturna, ele diz:

"Não era uma onça; era um xamã que queria buscar seu banco."

Replico: "Por que ele não me disse? Eu teria levado o banco para fora".

Na casa há um escabelo grande em forma de onça, esculpido em madeira pesada, como os bancos que os xamãs usam em suas curas noturnas.

Para passar o tempo, vou caçar borboletas, que, nas frescas horas matinais, batem as asas de flor em flor numa clareira na floresta. Os índios divertem-se a mais não poder quando me veem pegando borboletas até mesmo das fezes, onde pousam as mais belas e raras. Não conseguem entender essa nova mania do "doturu".

Em dias de chuva sento-me à "escrivaninha", duas caixas postas uma sobre a outra. Copio os textos que José ditou para mim no Paciência e me aprofundo cada vez mais nas sutilezas da língua. Sinto saudade dos meus inteligentes contadores de lendas Mayuluaípu e Akúli.

Manduca não conseguiu resistir. Arranjou outra mulher, uma mocinha delicada com um rosto mais bonito do que se espera de uma Majonggóng. É a filha de seu "tio-sobrinho", que agora se tornou seu sogro; um parentesco complicado. Ele a apresenta para mim. Ainda é quase uma criança, nada desenvolvida, não deve ter mais de onze anos. "Lá na Alemanha esse casamento lhe renderia não menos do que cinco anos de cadeia", acha Schmidt, o pouco sensível.

Converso com Manduca sobre a continuação da viagem.

"Agora não podemos viajar", ele diz. "Os caminhos estão ruins demais por causa das chuvas. Temos de esperar pelo verão, em uma e meia a duas luas. Então não vamos levar a bagagem principal daqui direto até o Matacuní, porque o caminho até lá é muito distante e difícil. Temos de atravessar uma serra alta. Vamos tomar um caminho mais curto, pelo Auarí. De lá são só três dias."

"Então você vai me levar pelo Auarí e o Uraricoera até a nascente do Orinoco? Você vai ganhar minha espingarda com cartuchos; você vai ganhar a *máquina* de cortar cabelo, uma mala de ferro, uma caldeira, duas lanternas e muitas outras coisas que gostaria de ter."

"É certo que vou com você; meu irmão também e um outro Yekuaná. Mas você tem que me pagar aqui. Hermina vai preparar farinha de mandioca para a viagem. Logo que a nova *maloca* ficar pronta, vamos partir."

"Ainda vai demorar muito até eu voltar para casa. Minha mulher e meus filhos vão chorar por minha causa. Meu grande chefe também vai ficar preocupado comigo se não receber notícias minhas por tanto tempo. Ele me mandou até os Yekuaná para eu ver como a sua gente vive e o que ela faz. Ele vai achar que os Yekuaná me mataram e vai mandar soldados para cá para castigarem vocês."

"Já sei o que fazer. Logo virão alguns Kunuaná, mandados por seu chefe Antonio, para buscar a farinha que ele tem que entregar para um espanhol. Eles falam bem espanhol. Você pode dar suas cartas para eles. O chefe vai fazer que elas sejam enviadas."

"Mas se vocês não cumprirem a palavra, vou até os Máku."

"Você vai dizer para eles matarem todos os Yekuaná?", Manduca pergunta receoso. "Os Máku não prestam. Mandam doenças para os Yekuaná e os matam com veneno mágico."

A bebedeira na construção nova parece prosseguir sem interrupção. Por vários dias não nos trazem comida. Hermina vem com algumas mulheres buscar mandioca e estreitas folhas lanceoladas de um arbusto plantado em grande quantidade perto da *maloca,* chamado de *monó'yä* pelos Yekuaná. As folhas são adicionadas ao *caxiri* para deixá-lo mais forte. Não nos trouxeram nada.

A boa mulherzinha, que agora não está mais nas boas graças do marido, nos conta em seu português arranhado sobre a vida nas barracas. Parece que as coisas vão bem por lá. Diz que há muita gente. Eles têm um cocho grande cheio de *caxiri,* e as mulheres têm sempre de preparar bebida nova. Por isso é que elas não têm podido trazer comida, já que todos os beijus são usados para fazer *caxiri,* e que *caxiri!*

"Eles estão dando uma festa?"

"Não é uma festa como as nossas, não tem *parischerá.* Os homens não dançam, eles só tocam flauta e bebem sem parar."

Conta que Manduca saiu para caçar por vários dias com sua jovem mulher; é uma espécie de viagem de núpcias.

Alguns dias depois encontro Mário lá embaixo, no riozinho, pescando peixes pequenos, sem sucesso. O pobre garoto está muito magro. Já faz catorze dias que os Majonggóng estão se embriagando e acham a comida supérflua. Mas Mário não digere essa coisa e, por isso, sai prejudicado. Parece que ele se sente bem infeliz com essa gente selvagem. Eu o levo para a *maloca* e o deixo um pouco satisfeito com nossos vegetais, bananas, beijus e caldo de amido.

Os Majonggóng são um povo inquieto. A época das chuvas também não impõe limites ao seu gosto por viagens. Não admira que sofram tanto de resfriado. Uma tarde, pouco antes de escurecer, um homem mais velho, totalmente exausto, vem com sua mulher até nós. Estiveram no Emecuní. A mulher sofre de forte reumatismo e quase não consegue andar. Ele me pede um remédio. Peço que Schmidt esfregue as pernas inchadas dela com naftalina. Pelo menos não lhe fará mal algum. Mas ela fica com tanto nojo do cheiro forte que quase suja nossa "sala de estar". Assim, o tratamento precisa ser feito ao ar livre.

Parece que ajudou. No dia seguinte, o feroz caçador nos faz uma visita com sua favorita. Ela também se queixa de dores nas pernas; a única coisa que eles trouxeram do Yaniacá. Também quer que lhe esfreguem o remédio. Schmidt aplica o tratamento empregando grande esforço físico; sua vingança pelo sofrimento que suportou há pouco no negócio do cesto. Quando ele termina, sua vítima abre a mão e diz, enérgica: *"mayúlu, mayúlu!".* Quer miçangas pelo tratamento.

Mal os dois foram embora, Hermina chega com a irmãzinha de Manduca. Trazem beijus frescos e *tapioca* e vêm buscar um cesto cheio de mandiocas. Então amarram sua rede conjunta junto de nossa fogueira, espalham todas as suas tralhas e instalam-se em nossa casa. Querem ficar aqui até amanhã e lavar roupas para nós.

À noite, um quadro idílico: estou sentado à minha "escrivaninha". Ao meu lado, agachada, a mulherzinha seminua costura sua saia de chita enquanto canta melodias de Natal alemãs com texto em Makushí. Na rede, junto ao fogo, descansa a dama de honra, a criança índia nua, e, ao fundo, Schmidt, sentado num banquinho, tira seus inevitáveis bichos-do-pé.

No dia seguinte nosso idílio familiar é cruelmente destruído. Chegam algumas mulheres, a favorita de Manduca com parentes. Passam algum tempo diante da casa convencendo, à meia-voz, a irmãzinha de Manduca e desaparecem com a criança a seguir, sem fazer caso de Hermina, que está pendurando roupas com Schmidt. Agora Hermina me conta toda sua trágica história: Manduca, embriagado, a expulsou de casa.

"Agora eu tenho uma nova mulher", ele disse. "Agora você pode ir para onde quiser. Não preciso mais de você. Vá com os brancos e fique com eles!" Ela seguiu sua sugestão à risca. As mulheres vieram para levar a menina para casa; parece que Hermina a trouxera por sua própria conta.

"Agora vou ficar com vocês!", Hermina diz.

Levo um tremendo susto e, em tom calmo e paternal, digo-lhe mais ou menos o seguinte:

"Minha filha, isso é impossível. Pense só no que as pessoas vão dizer! Volte sem medo para o seu marido. Quando ele ficar sóbrio, vai tratá-la bem de novo."

A pobre criatura abandonada me dá uma pena terrível, mas não há outra solução. Não posso ajudá-la. Ela embrulha seus pertences calada, recebe o pagamento por seu bom serviço, um pedacinho de sabão, um pequeno rolo de linha e seis agulhas de costura, e segue o caminho que tem de seguir.

Manduca é um rapaz imoderado com tendência à brutalidade, imaturo, que cede a cada nova vontade. Em vez de proteger sua pobre mulher em terra estrangeira, deixa-se instigar contra ela pelos queridos parentes, para os quais, desde o início, ela foi um aborrecimento.

É como nas aldeias lá em nossa terra: se alguém traz uma mulher do estrangeiro, todos os parentes se voltam contra ela.

A construção da nova *maloca* parece progredir rapidamente. O sogro de Manduca, um homem inteligente e vivo, é patrão e arquiteto ao mesmo tempo. Vem até nós uma manhã e, de pernas abertas, mede o diâmetro da casa velha, já que a casa nova deverá ser tão grande quanto a Suhínya abandonada. Ele me convida a visitá-los e ver a construção nova. Prometo que vou se ele me mandar um garoto para mostrar o caminho e carregar a *sóto mákina* (máquina-gente), a câmera pequena.

A *maloca* Suhínya é uma casa espaçosa. A altura é de 8 a 10 m, o diâmetro é de 15 1/2 m, a circunferência é de 47 m. Os aposentos separados por tabiques de ripa, que dividem o "corredor", têm a largura de 2,70 m. A parede de barro externa tem 1,72 m de altura.

Chove a cântaros a noite toda. Só por volta das 10 horas da manhã é que o tempo melhora. Mário e um dos irmãos pequenos aparecem. Vieram me buscar. Depois do café da manhã

AS CABANAS DE MAUAKÚNYA

nos pomos a caminho. A trilha segue o curso do Fewéte em direção noroeste e, depois de uma hora, desemboca numa roça grande e nova. Passamos com dificuldade pelos troncos de árvore queimados, caídos em desordem, e vemos diante de nós, na elevação do vale no lado de lá, as barracas castanhas, das quais sobe uma fumaça espessa e azul. Não longe delas eleva-se a clara estrutura da casa nova. Sei o que devo fazer, disparo minha Browning duas vezes, uma logo depois da outra, e sou amavelmente recebido por Manduca e os outros homens.

Estão trabalhando diligentemente. É uma construção grande e de estrutura firme. Nada de pregos, nada de ganchos, só madeira presa por cipós. A obra impõe grande respeito. O sogro é quem comanda os trabalhos. Dá o bom exemplo aos jovens, mostra-lhes como têm de prender as vigas com cipós, mantendo o mesmo intervalo entre elas, e os repreende se uma viga fica mais distante do que a outra. Manduca é seu ajudante. Uma irmã mais nova de sua favorita, pintada festivamente, bonita e de pele clara como todas as suas irmãs, serve-me uma cuia grande de *caxiri* pastoso. É preciso fechar os olhos ao bebê-lo; aí fica bom para tomar.

O local onde será a casa nova é aplainado e de chão bem batido. Escolheram bem a posição. O lugar se chama Mauakúnya. Dizem que é salubre. Aqui não há mosquitos nem *piuns,* mas inúmeros *lambe-olhos,*[5] como em Suhínya.

---

[5] Pequenos mosquitos diurnos, assim chamados por atacar especialmente os olhos.

A ESTRUTURA DA NOVA CONSTRUÇÃO EM MAUAKÚNYA

Tiro algumas fotografias dos trabalhos. Então Manduca me chama solenemente para comer, e também aqui o chão nu faz as vezes de mesa. Servem-me carne de porco assada e cozida. O sogro distribui a carne. De todos os lados oferecem-me pedaços. Além disso, há um excelente molho de pimenta ácido e picante e beijus direto do forno. Após a comida, as mulheres trazem *caxiri*. Pensaram especialmente em mim. Engulo com coragem até a última gota de cada cuia que me é oferecida. O mais desagradável é que o mingau azedo gruda no meu bigode comprido. Ainda há bebida suficiente, um cocho grande e várias panelas. No chão, há um monte enorme de massa fermentando, coberto com folhas de bananeira.

As mulheres assam beijus ou torram grãos de milho na chapa do fogão. Assaram no fogo grossos feixes de minhocas, envoltos em folhas verdes, e os consomem com beijus. Bom apetite!

Num canto há dois cestos de farinha de mandioca que a Kunuaná preparou. Dois homens mais velhos estão agachados atrás das barracas e fazem panelas de uma maneira que é muito comum, pondo os rolos de argila um sobre o outro e formando uma espiral. O material é uma argila amarela e consistente. Fora este caso, em toda a América do Sul a cerâmica é feita só por mulheres.

São três lastimáveis cabanas semiabertas; tão baixas que quase não consigo ficar em pé dentro delas. Estão repletas de gente. Todos são amáveis e atenciosos comigo. Alguns estão doentes; também pudera, nessas barracas lotadas de gente. Um homem jovem desceu ontem até o Yatéte para consultar um xamã famoso. O marido da Kunuaná está deitado na rede, com um forte acesso de malária, respirando depressa e com dificuldade. Talvez tenha pegado a febre no Orinoco. Um outro, que trabalhou no Casiquiare, me traz um frasquinho com um remédio, chamado "Venetian" ou coisa parecida, de um certo "Dr. Tobias-New York", que inundou todo o norte da América do Sul com esse seu embuste. O frasquinho ainda está embrulhado no prospecto de várias páginas, impresso em espanhol, que, com as frases mais exageradas, recomenda o remédio para todas, todas mesmo, doenças da humanidade mortal. Segundo o prospecto, se todas as pessoas fizessem o devido uso do remédio desse benfeitor, ninguém mais morreria. Manduca me pergunta se o remédio é bom. Respondo-lhe dizendo a verdade: "Não sei".

Nesse meio-tempo, três homens do Yatéte chegaram e se hospedaram na cabana vizinha Manduca me diz: "Vamos lá cumprimentá-los! Fale espanhol com eles! Devem entender a língua". Estão deitados em suas redes, com olhares indiferentes, e fumam, um atrás do outro, longos charutos embrulhados em entrecasca vermelha, que o pessoal daqui lhes traz, uma espécie de "cachimbo da paz". Quando eu os cumprimento em espanhol, não respondem, mas estendem a mão.

Converso mais um pouquinho com Manduca, que está visivelmente orgulhoso de sua importante visita. Parece que a desavença matrimonial passou. Na minha despedida, Hermina me traz algumas cuias de *caxiri*. Então me ponho a caminho de casa, acompanhado pelo irmão mais novo de Manduca, que leva num cesto cargueiro algumas coisas que comprei, bananas, espigas de milho, um quarto de um tatu, um apá com padrões, além da câmera pequena. Manduca queria — "sempre nobre", como diz Fritz Triddelfitz[*] — me levar para casa de canoa, mas digo a ele que: estou com a barriga cheia de *caxiri* e prefiro andar; é mais saudável!

Pouco antes de Suhínya, a fatalidade me pega. Ao atravessar o riacho num tronco de árvore caído que serve de ponte, caio na água e chego pingando à barraca de Schmidt.

Muita chuva dia após dia. A malária também volta com força. Acho que esses constantes acessos de malária devem-se a nossa desnutrição. Já faz vários dias que não comemos mais carne. As bananas foram consumidas. Só ficaram os alimentos feitos de mandioca. Beijus secos e sopa de farinha de *tapioca* velha, essa é nossa uniforme alimentação diária. De vez em quando, um assado — não precisa ser justamente porco assado — seria uma variação bem agradável e saudável. Estamos emagrecendo de novo a olhos vistos. Quem mais sofre com essa "vida vegetariana e natural" é meu pobre cachorro. Agora ele é um esqueleto ambulante. Seria possível fazer exames anatômicos com ele ainda vivo. Fica procurando ossos velhíssimos espalhados pela *maloca* ou então ossos, como o esterno de aves maiores, que são enfiados no forro do teto acima da entrada da casa, segundo o costume dos Majonggóng. Como legítimo cachorro de índios, ele também come coisas que, na verdade, não deveria comer.[6] Mas o que não se faz na hora da necessidade? Não deixou de ser fiel. Ele me segue a cada passo e é muito alerta, coisa de grande valor neste lugar solitário.

Os pés de Schmidt estão com mau aspecto. Nas feridas purulentas alojam-se cada vez mais bichos-do-pé. Só consegue andar com dificuldade e com dores terríveis e passa metade da noite

---

[*] Personagem da novela de Fritz Reuter *Ut mine stromtid*. (N. T.)
[6] Vide v.II, p.76-7: "Como os homens receberam a rede de dormir".

acordado. Por conseguinte, nossas conversas ficam cada vez mais estúpidas. Giram somente em torno do seu mal e da comida que não temos. É como num sanatório.

Os Majonggóng parecem não dar grande importância à praga de bicho-do-pé, que afeta especialmente indivíduos isolados. Há pouco, nas barracas de Mauakúnya, mostraram-me, entre risadas, um garoto de uns seis anos de idade, cujos dedos do pé haviam sido comidos até a metade por bichos-do-pé. Seus calcanhares e solas dos pés também estavam tomados por ninhos de bichos-do-pé que, como acontece com cachorros, estavam se desprendendo. Manduca, que me mostrou tal curiosidade, disse, fazendo troça: "Talvez ele seja filho de 'Sermáno!'".[7] "Aqui, Schmidt é, geralmente, considerado 'senhor dos bichos-do-pé'". — O menino, que não tinha mais os pais, parecia totalmente indiferente a seus incômodos inquilinos, e os mais velhos riam, mas ninguém pensava em tirar-lhe os bichos-do-pé.

Após uma longa pausa recebemos outra visita de Hermina. A favorita e a irmãzinha de Manduca acompanham-na. Vão buscar mandioca na roça. Não trouxeram comida. Digo a Hermina: "Não estou disposto a passar fome aqui! Diga isso ao Manduca!". Então ela diz, apontando para a favorita: "Fale tudo isso para a mulher dele! Eu vou embora!". Digo: "O caminho é longo, e você não o conhece! Com quem você vai?". Ela responde laconicamente: "Não sei!". Pobre mulher! Tão longe de casa com um bando de gente que a trata mal!

Exponho, pois, com veemência à favorita aquilo que eu desejo. Será que adianta alguma coisa? Ninguém é mais imprevisível do que esses índios.

Hermina conta que, nas barracas, eles próprios não têm o que comer. Diz que já faz um certo tempo que não têm mais caça nem bananas. A única carne que há para comer são minhocas. Até mesmo a maior parte dos beijus foi usada para fazer *caxiri*. Ela diz que quis preparar farinha para nós, mas só conseguiu fazer muito pouca, já que seu Manduca pegou a massa de mandioca para fazer *caxiri*. A bebedeira nem foi interrompida. Os homens estão alternadamente bêbados. Muita gente está com febre, Manduca também.

As mulheres ficam esperando o fim da chuva torrencial sentadas junto ao nosso fogo. Hermina tem um forte acesso de febre e me pede um remédio. Eu lhe dou alguns tabletes de quinino e lhe mostro como tomá-los. De repente, a favorita diz: *"hädúua!"* (chega!, em frente!). Como se obedecesse a um comando, a pobre mulherzinha se levanta, pega seu cesto, despede-se amigavelmente de nós com um aperto de mão e vai embora, tremendo de febre, debaixo de chuva torrencial.

Minhas advertências deram resultado. Na manhã seguinte, quando vou para o banho, uma canoa surge na curva do rio. Um homem esbelto vai em pé na parte dianteira impelindo a embarcação com a vara contra a forte correnteza. Sentada na popa, dirigindo o leme, vai uma mulher com o rosto pintado com riscos vermelhos. No meio da canoa, agachado junto a um grande cesto, há um garotinho fitando os brancos com medo. Eles nos trazem bananas e beijus.

À noite, outra canoa me surpreende no banho. Duas mocinhas vão sentadas nela e riem baixinho do branco nu. Foram buscar bananas numa roça que fica rio acima. Ao meu chamado, atracam.

---

[7] Em português Germano, ou seja, Hermann Schmidt.

Eu lhes dou as frutas para carregar e subimos até a *maloca*, onde recebem suas *mayúlu* e uma agulha grande para cerzir. Não têm a menor vontade de nos deixar: gritam e riem para nós. A mais atrevida das duas, chamada Födi, uma sobrinha de Manduca, vira as pálpebras, mostra a língua para Schmidt e faz caretas horríveis. Para me livrar delas, eu grito: "A correnteza está levando a canoa de vocês!". Zás! Lá vão as pernas robustas pintadas de vermelho descendo a ribanceira. Ainda podemos ouvir seus gritos por um bom tempo.

As mulheres não conseguem parar de roubar. Temos sempre de vigiar atentamente as visitantes. Outro dia elas me roubaram um saquinho de miçangas da mala aberta, justamente quando eu virei as costas. Só percebi o prejuízo no dia seguinte, quando já era tarde demais. Depois faltou um lenço. Uma mulher tentou até surrupiar uma das fotografias dos índios do Uaupés que eu estava lhes mostrando. Agora elas roubaram de minha bolsa de caça, enquanto eu estava fotografando lá fora, um frasquinho com tabletes de quinino. Não vão ter muito prazer com esse roubo.

Agosto.

Faço minha segunda visita aos índios. Desta vez, Manduca foi me buscar. As barracas não são mais moradias dignas de gente. Sujeira e fedor dentro e fora. Com tempo chuvoso, esses ciganos são muito comodistas para satisfazerem suas necessidades lá fora no mato. Veio mais gente para cá, e acrescentaram às três velhas duas cabanas novas, abrigos tão miseráveis quanto aquelas. Tudo continua sob o signo do parágrafo 11.*

Oferecem-me um assado de anta fresco e muito gordo. Mataram o bicho ontem, mas jogaram a maior parte para os numerosos cães. Os Majonggóng não apreciam muito essa caça.

A mãe de Manduca me apresenta a uma mulher velhíssima, toda enrugada, e me pede para chamá-la de *aítya* (vovó); eu o faço, para alegria das mulheres.

Outra vez os homens estão trabalhando diligentemente na construção. Cobrem a parte superior do telhado com folhas de *açaí*, que foram buscar nas cabeceiras do Ventuari, ou do Parauá, que é como eles chamam o curso superior desse rio. Aqui não existe essa que é a mais graciosa de todas as palmeiras.[8] Um andaime do tipo de uma escada, por onde os trabalhadores andam, foi construído junto a toda a parte interna do telhado. Uma escada feita de pequenos troncos de árvore vai do chão até lá em cima. Sobre o andaime horizontal, que vai até acima da travessa principal da casa, ficam as folhas de palmeira empilhadas e dobradas, prontas para o uso. Romeu, a quem eles têm feito trabalhar muito, está em pé sobre esse andaime e passa uma folha depois da outra para o homem de cima. Vinte a trinta homens estão trabalhando. Um põe a folha entre as vigas do telhado sobre a folha precedente, já firme, como se põem telhas de madeira. O próximo a amarra com cipó numa das vigas, seu vizinho amarra-a na segunda, e assim por diante. Outros puxam o cipó com força. Como um dá uma mãozinha ao outro, a obra avança rápida e uniformemente. O trabalho todo é feito de dentro para fora.

---

* Segundo nota de rodapé da tradução para o espanhol, publicada na Venezuela em 1979, 11 é o número dos loucos; Koch-Grünberg parece aludir a um "Regulamento da Loucura". (N. T.)

[8] *Euterpe oleracea*.

De vez em quando o "sogro", o patrão, que, como a maioria dos homens, tem riscos horizontais vermelhos pelo corpo todo, sobe pelo andaime-escada e inspeciona o trabalho, estica um cipó aqui, corta com a faca uma vara saliente lá, é sempre vivo e ativo.

"Veja, doutor! Isso é que são trabalhadores!", Manduca diz, e ele tem razão. Dá gosto vê-los trabalhando. Diz que agora seu sogro é quem manda aqui. Que o velho chefe não tem mais nada a dizer. É isso que acontece com gente velha.

É claro que se bebe avidamente durante o trabalho. Beldades pintadas de vermelho sobem constantemente pelos andaimes com cuias grandes e servem a querida, forte e pastosa bebida aos homens. Eles cospem o sedimento lá para baixo. Também quando sentem uma pequena necessidade, o que é muito comum quando se bebe tanto assim, aliviam-se deixando o líquido cair formando uma grande curva. Tomaria tempo demais descer toda vez para resolver assunto tão urgente.

Um xamã famoso em todo o Ventuari e no alto Orinoco está aqui, uma espécie de "Verdadeiro Conselheiro de Estado com o Título de Excelência",* um homem velhíssimo de corpo magro e emaciado, que ele sustenta com dificuldade andando com um pau, mas de espírito vivo. Sempre demonstra interesse por tudo que acontece a sua volta, especialmente por minha pessoa e minha aparelhagem, a câmera fotográfica e a pistola Browning, com a qual tenho de fazer demonstrações de tiro. Como ele é quase cego, apalpa-me minuciosamente e a todas as minhas coisas e pede que os outros lhe expliquem tudo. "Seus irmãos mais velhos e sua mãe velhíssima ainda vivem", Manduca diz. "Eles não morrem, porque ele é um xamã tão grande!"

"Há muito tempo", conta o ancião, "dois brancos" — "doutores como você", Manduca explica — "estiveram na serra Marauacá e coletaram plantas." Podem ter sido meu amigo Hübner e seu acompanhante, um filho de Pedro Level, conhecido em toda a Venezuela e no norte do Brasil por suas viagens aventurosas; no início dos anos 90 do século passado os dois coletaram orquídeas lá. Poucas décadas significam "há muito tempo" para essa gente sem noção de tempo.

Pedro Level, de antiga linhagem espanhola, irmão de meu velho amigo André,[9] morto nesse meio-tempo, viveu muitos anos com os Kunuaná no alto Orinoco e tinha como mulher uma filha de seu famoso chefe Aramare.

Tiro algumas fotografias do trabalho de construção e de grupos de crianças, meninos e meninas, todos com barriga excepcionalmente dilatada por causa da constante alimentação à base de mandioca. Todos se divertem muito ao ver sob o pano negro a imagem no vidro fosco ou a pequenina imagem nítida no visor. O sogro também está muito interessado neste trabalho.

Por volta da 1 hora, a seu chamado, as mulheres trazem comida, carne assada de anta refogada na gordura, carne de veado cozida com beijus e molho de pimenta, além do inevitável *caxiri*. Primeiro, ele me convida, depois chama os homens da obra, e nós nos agachamos em círculo ao redor da "deliciosa refeição".

---

* Tradução literal de *Wirklicher Geheimrat mit dem Titel Exzellenz*. Título honorífico sem correspondente em português. (N. T.)
[9] Vide Koch-Grünberg, *Zwei Jahre unter den Indianern*, v.I, p.12-3, Berlin, 1909.

Meninas Ihuruána

Antes de voltar para casa, com o auxílio da mãe de Manduca faço um tratamento na melhor cadela de caça dele, a que ele deu o nome português de *Porco,* pois diz que ela é especialmente boa para caçar porcos. Ontem, ao banquetear-se apressadamente com a carne de anta, ficou com um osso pontiagudo entalado na garganta. Enfio a mão bem fundo em sua goela, enquanto a velha escancara a bocarra do bicho. Então apertamos com toda força o pescoço do pobre animal até ele quase passar desta para a melhor. Em vão, o osso não aparece.

A favorita de Manduca, que está com febre, recebe meio grama de quinino: tomara que com mais sucesso.

Pouco antes do pôr do sol estou de novo em Suhínya.

Os índios levaram de nossa habitação tudo que poderiam utilizar na casa nova, o banco do xamã, até mesmo as portas, pranchas talhadas de maneira rudimentar com machado, feitas de madeira muito pesada e durável. Só um tambor grande de pele ainda está pendurado aí. Certo meio-dia chegam dois jovens e dois meninos. Trabalham horas a fio com o tambor até estragá-lo completamente. Como se não bastasse, o menor dos garotos deixa uma das peles do tambor, que ele deveria lavar no rio, ser levada pela correnteza, e leva uma reprimenda de seu jovem papai. Este joga a outra pele para Kaikuschí, que também não sabe o que fazer com ela, e a turma vai embora, deixando a barraca cheia de sujeira e poeira.

"Ara ti' upáua!" — "Os dias não vão acabar!", diz o índio do alto *rio* Negro quando seu patrão o manda apressar um trabalho. O tempo passa uniforme e monotonamente. Estamos presos aqui

como numa cadeia, isolados do resto do mundo. Essa longa época de chuvas, com sua inconsolável uniformidade, esses dias de chuva nublados, frios e úmidos, nos quais não se vê o sol, têm um efeito esmorecedor sobre o ânimo da gente. Há momentos em que nos desesperamos, em que pensamos que as coisas nunca mais serão diferentes. Quando, finalmente, seguiremos viagem?

Manduca, a quem faço essa pergunta, já tem um novo plano. A bagagem principal deverá seguir Ventuari abaixo e Yatéte acima, então será levada por terra até o Padámo. Diz que o trajeto pelo Auarí é muito difícil para os carregadores, já que seria preciso atravessar uma serra.

"Quando vamos partir?"

"Assim que a casa nova fique pronta!"

Talvez esse plano também seja mudado um dia. Neste ermo somos totalmente dependentes dos índios, já que não conhecemos o caminho e não temos outras pessoas em quem possamos confiar. Ou será que deveremos abrir caminho sozinhos, como aventureiros, e abandonar a bagagem, as coleções, as anotações, fruto de uma longa viagem que já foi suficientemente arriscada?

Certa manhã bem cedo aparecem meus dois antigos acompanhantes, que há muito dispensei dos meus serviços, Romeu, o Wapischána, e Mário, o Makuschí. Ficam algum tempo agachados junto ao fogo, de cara triste. Então Romeu desabafa em seu português confuso. Diz que os Majonggóng estão bravos com ele; que não querem mais nada com ele. Roubaram dele e de Mário quase tudo que eu lhes dera como pagamento. Um velho pegou seu machado. Manduca, que se comporta de maneira pouco honesta em relação a seus dois companheiros, deu a faca e outras coisas de Mário a seus irmãos de tribo; e Romeu nos conta outras encantadoras travessuras Majonggóng desse tipo. Diz que Manduca não voltará mais para o Surumu, pois agora tem uma nova mulher aqui. Por isso, Romeu e Mário, e talvez Hermina, voltarão na próxima lua para sua terra.

"Mas você conhece o longo caminho?"

"Oh, sim! Pelo Merewari e o Caroni!"

Eu sei o que eles querem. Querem cair novamente nas minhas graças. Mas ainda não estão suficientemente mal. A influência de Manduca sobre os dois ainda é forte demais. Assim, ouço suas queixas sem uma palavra de ânimo e replico com indiferença:

"Eu disse a vocês em Motokurúnya que isso tudo iria acontecer."

A seguir, conversa longa e decepcionada em Makuschí. Então eles se despedem. Dou-lhes para comerem durante o trajeto um pedaço velhíssimo de assado de anta, que precisa ser partido com facão e quase estilhaça como vidro.

Nas barracas morreram uma mulher e seu filho pequeno. Manduca, que passou por aqui numa caçada a caminho do leste, para as montanhas, nos trouxe a notícia. Disse que o marido da falecida foi *bravo* para a floresta, levando sua filhinha, para procurar o *mauarí* (mau espírito), a quem ele culpa da morte.

Era a mesma mulher em cujas pernas inchadas Schmidt esfregou naftalina. Provavelmente também a mesma que me roubou o frasquinho com tabletes de quinino.

À tarde, duas mulheres mais velhas nos trazem beijus frescos. Elas contam o triste acontecimento com expressões e gestos vivos. O que terá causado essa morte repentina? Ainda há pouco a mulher esteve aqui, aparentemente vendendo saúde. Nas barracas reinam febre e disenteria.

Parece que o fim do inverno se aproxima. É verdade que ainda chove forte quase diariamente, mas a intervalos cada vez maiores. A primavera se anuncia com fortes trovoadas vindas do sul, leste e oeste. A tempestade assobia através dos inúmeros buracos de nossa casa vazia. Ela se enreda no vigamento urrando e gemendo, como se lamentasse os mortos que estão enterrados aqui.

Já temos noites estreladas e frias com forte orvalho e espessa névoa matinal, às 7 da manhã faz somente 16 °C a 17 °C, seguidas de maravilhosos dias ensolarados com fresco vento sul e céu azul-escuro, pelo qual passam, aqui e acolá, pequeninas nuvens brancas. Sentimos novamente ânimo para viver e vontade de viajar.

Passo metade do dia passeando lá fora. Tomo banho de sol, que, para as condições daqui, já está muito bom, e apanho borboletas, que agora voam em grande número de flor em flor. O sol também desperta outros bichos menos inofensivos do torpor da época das chuvas. Há cobras deitadas sob os quentes raios de sol na trilha por onde persigo, descalço, as borboletas.

Agora sempre levo a espingarda quando saio para apanhar borboletas. Não é por causa das cobras, nem por causa das onças, das quais, de vez em quando, ainda encontramos pegadas frescas perto da *maloca*. Certo meio-dia estou lá embaixo à beira do Suhí conversando com Hermina e uma outra mulher jovem, que voltam da roça. De repente, na outra margem do estreito riacho, surgem fêmeas de porcos-do-mato, fáceis de acertar com um tiro, uma, duas, três, um bando inteiro. Surgem fazendo barulho, bufando e correndo no matagal. Um macho forte aparece no meio da trilha, para e nos observa com seus olhinhos. Eu o teria acertado facilmente. Então teríamos comida por um bom tempo e não dependeríamos dos índios, que, na maioria das vezes, nos trazem carne velha e defumada demais. Mas todas as minhas armas de fogo se encontravam pacificamente lá em cima na casa. Subo correndo atrás de Hermina, que vai pulando à minha frente com as saias levantadas. Quando voltamos com a espingarda, os porcos se haviam ido. Eu ainda me embrenho algum tempo pelo mato com Hermina, que leva a Winchester. Em vão. As mulheres correm para as barracas, para chamar os homens até aqui, enquanto eu, armado até os dentes, me dedico à "caça inferior", pegar borboletas. Então duas velhas voltam correndo da roça com alguns cães. De dentro da mata um cachorro late a plenos pulmões. Ele está no rastro, talvez já tenha acuado uma fêmea. *"Urlukádi! Urlukádi!"* (porcos!), as mulheres gritam para mim. Vamos de novo pelo matagal. Quase não consigo acompanhar as duas velhas, de tanto que correm com as pernas secas. Em vão! Os porcos atravessaram o riacho e se foram para as montanhas. Pouco depois chegam alguns jovens. Armados com espingardas e enormes lanças de ferro de dois gumes, acompanhados por uma dúzia de cães, eles irrompem pelo mato como um bando infernal,[*] com os cabelos esvoaçando ao redor dos rostos ferozes. — *Panéma! Panéma!*[10]

Em 25 de agosto o "novo chefe", como Manduca chama seu sogro, nos faz uma visita com um grande séquito, dezessete homens. Quer nos levar para a *maloca* nova, onde hoje taparão com

---

[*] *Wildes Heer* no original; também conhecido por *wilde Jagd* ou *wilde Fahrt*. O autor se refere ao "bando infernal", um grupo de duendes da mitologia germânica. Trata-se de espíritos caçadores que, em suas caçadas selvagens, destroem o solo que pisam. (N. T.)

[10] Uma expressão muito empregada no norte do Brasil quando alguém não tem sucesso na caça. O contrário é *marupiara*.

barro o último pedaço de parede externa. Eu dissera a Manduca que gostaria de fotografar esse trabalho. Para hoje já é tarde demais, explico ao governante; digo-lhe que amanhã cedo ele me mande um barco, uma vez que Schmidt não pode andar por causa dos pés doentes. Após refletir longamente e discutir o assunto com Romeu, que faz as vezes de intérprete, mas que, por falar mal a língua, é recompensado com uma sonora gargalhada pelos senhores Yekuaná, o chefe concorda.

Romeu, que vem nos buscar na manhã seguinte com alguns outros rapazes, conta que, apesar do meu desejo, terminaram de tapar a parede com barro ainda naquela noite, jogando o barro, amassado com grama seca, pelo lado de dentro e de fora contra as ripas da parede da casa, apertando-o e alisando-o de ambos os lados com a palma da mão. Então todos os moradores, até a menor criancinha, foram chicoteados pelo sogro de Manduca. A seguir, todos começaram a dançar e estão dançando até agora. A prova de que as chibatadas não foram de brincadeira são os longos vergões sangrentos que Mário e os outros têm na barriga.

O riozinho, que encheu com a forte chuva noturna e corre caudaloso, nos leva rapidamente até Mauakúnya. A festa está a pleno vapor. Entramos pelo lado leste na maloca nova, que está pronta com exceção das paredes internas de casca de árvore. A parede externa foi bem alisada, sem nenhuma palhinha sobressaindo. Entre as quatro entradas, uma dando de frente para a outra, foram deixadas livres, a determinados intervalos e a meia altura da parede, aberturas retangulares para entrada de luz e ar, tapadas com barro nos cantos, uma espécie de janela, uma para cada família. São fechadas por persianas, trabalhadas como as portas grandes, e também se movem por tarugos. É através dessas aberturas que a lenha para a noite é levada para dentro, chegando, assim, pelo caminho mais curto e cômodo até a fogueira de cada família. Os cães usam esses acessos para entrar e sair. A construção toda, limpa, é uma obra de arte.

Nós nos agachamos perto da entrada principal e somos servidos com o de sempre, beijus com molho de pimenta e *caxiri* forte. À direita da entrada fica o aposento do velho chefe. Fuyúdi, o bobo, cumprimenta-me amigavelmente com *"amokó!"* (avô!). O velho senhor, que, pelo nome, ainda tem o comando supremo, está deitado em sua rede e, enquanto faz nós numa pequena puçá, canta a música para a dança, duas vezes cada estrofe. Nesse meio-tempo, os dançarinos, calados, deram uma volta no grande espaço central da *maloca*. Agora eles cantam e repetem duas vezes a estrofe. Apesar da melodia simples, cantada em tom algo nasalizado e vibrante, o todo tem um efeito solene, épico, como um antigo canto heroico, um longo mito, que o velho bardo canta, e com certeza não é nada além disso. Assim, esses mitos e lendas são transmitidos de pai para filho, de boca em boca, criando a tradição, a história mítica da tribo.

Pena que não consigamos entender o que eles estão cantando com o rosto sério. Manduca ainda não voltou da caça, e ele também não saberia me explicar. É completamente inútil para esse tipo de serviço. Ah, se fosse Mayuluaípu!

Não é uma dança de verdade. Os homens andam de cabeça baixa com passadas desiguais, um atrás do outro. Alguns têm os braços cruzados sobre o peito e seguram na mão o comprido charuto, que fumam de vez em quando. Às vezes, um põe a mão direita no ombro esquerdo do homem à sua frente. O primeiro dançarino leva um bastão na mão direita, de cuja extremidade superior pendem chocalhos feitos de cascas de frutos, e dá o compasso com ele. Toda vez que a volta chega à entrada principal, ao assento do chefe, o primeiro dançarino bate várias vezes, mais forte, com o bastão de ritmo e dá alguns passos para trás, inclinando o tronco a cada passo. Os outros o seguem. E assim prossegue, com a interminável duração indígena.

Quando o velho se cansa, incita o sogro de Manduca, seu irmão mais novo, a continuar cantando, e este então desempenha o papel de primeiro cantor enquanto dança.

As mulheres também participam da dança. Ou elas andam do lado esquerdo dos dançarinos, no intervalo de uma volta, pendurando-se no braço esquerdo de um homem, ou duas mulheres dançam desse modo, uma ao lado da outra, entre dois homens; portanto, sem nenhuma regra.

Os adornos são miseráveis, quase indignos de menção: um aro de palha com peninhas de tucano, alguns bonitos brincos emplumados. Só um garotinho está usando no pescoço um magnífico e grande colar de presas de porco. Eu lhe dou um brinquedo por ele e o ponho em meu pescoço.

A pintura dos dançarinos e dos convidados é igualmente muito simples, ou estão besuntados de vermelho de *urucu,* ou têm listras paralelas pelo rosto e pelo corpo todo, ou motivos simples entrelaçados.

"O velho", como o chefe é chamado aqui, está dando a festa. Ele distribui fumo, um feixe grosso de folhas atadas. Para nossa alegria, ele também nos dá uma boa quantidade desse fumo, pois nosso estoque acabou há muito tempo.

No aposento do chefe há um *kanáua*[11] grande cheio de *caxiri*. A mulher dele, pintada de vermelho, e outras mulheres retiram incessantemente a bebida com grandes cuias e a servem em cuias menores aos dançarinos e às pessoas sentadas ao redor.

De repente, ouvem-se gritos de alegria vindos da mata. Um tiro. Os cães latem. Todo mundo vai para fora. São pescadores e caçadores voltando com as presas. Segue-se uma bela brincadeira: os homens chegam correndo, o rosto e o corpo pintados com riscos brancos horizontais e penugem branca de *mutum* nas orelhas furadas. Na mão direita erguida agitam um pedaço de cipó, do qual pendem, entre folhas, feixes de pequenos peixes. As mulheres jovens e as moças vêm pulando atrás deles e tentam lhes tirar a presa. A caça desenfreada prossegue até dentro de casa. Triunfantes, as mulheres se retiram para preparar os peixinhos para si e para as crianças. Então os caçadores trazem a presa grande, já defumada — *mutum*, porco-do-mato, *paca, cutia,* entre outros bem empacotados em cestos, para dentro da *maloca,* onde parte da carne é cozida imediatamente para a refeição comunitária.

Todo mundo sai novamente. No espaço aberto em frente da casa há lutas entre os recém-chegados e os dançarinos, como é costume entre os Yekuaná na recepção a convidados de uma festa. Essas lutas são bem rápidas. Os dois adversários colocam-se um diante do outro com o tronco curvado para a frente, como galos de briga, agarram-se mutuamente com os braços e, no instante seguinte, um já voa para o chão com um estrondo e o outro, o vencedor, cai sobre ele. Um magnífico espetáculo com essas figuras musculosas!

---

[11] É assim que os Yekuaná chamam o cocho para *caxiri*.

LUTADORES

A seguir, o sogro chicoteia todos os recém-chegados diante da *maloca,* homens, mulheres e crianças. Cada um está diante dele, põe as palmas das mãos na cabeça, fica ereto com as pernas juntas e recebe três chibatadas fortes, duas na barriga da perna, uma simultaneamente nas costas e na barriga. O chicote é feito com folhas de uma bromeliácea,[12] as longas fibras são entrelaçadas formando um cordão semelhante a uma trança, e a outra extremidade das folhas, que ficou intacta, atada grosseiramente com outras fibras, serve de punho curto. As chicotadas são dadas por trás, mas, graças ao comprimento do cordão, envolvem o corpo todo. Homens e mulheres as suportam sem emitir qualquer som de dor. As criancinhas, porém, que são arrastadas pelas mães e recebem, é claro, chibatadas mais leves, opõem-se e gritam, algumas terrivelmente. Schmidt e eu, para grande alegria do sogro, também entramos na fila e levamos nossas três chicotadas, mas atenuadas pelas roupas.

As danças continuam. A bebedeira prossegue até as pessoas vomitarem. Os dançarinos cospem o excesso no chão, que fica escorregadio, de modo que, ao dançar — também dou várias voltas —, pode-se escorregar facilmente e cair.

Nesse meio-tempo, a comida comunitária ficou pronta, *paca* cozida[13] e peixes abafados em folhas. Os dois chefes dão a cada um sua parte, o velho dá os peixinhos, o mais jovem dá carne. As mulheres trazem beijus e molho de pimenta.

---

[12] No norte do Brasil é chamada de *carauá,* um termo da língua geral. As fibras são torcidas até formarem cordões muito duráveis.
[13] Um roedor muito saboroso: *Coelogenys paca.*

Um acontecimento, inexplicável para mim, ocorreu durante a dança. De repente o sogro de Manduca gritou algumas palavras. A seguir, todos os homens saíram correndo do espaço central para os lados e entradas, onde assopravam *"schū — — —schū — — —!"* e movimentavam as mãos no ar para lá e para cá, como os xamãs fazem, quando expulsam a doença.

Por volta das 4 horas eu me despeço. Levo dois garotos que deverão trazer a rede de dormir de Schmidt, que fica aqui. No caminho, encontramos Manduca. Está furioso. Seu bote virou no riozinho caudaloso, e ele perdeu a espingarda e o facão. Ele me diz: "Estou muito *bravo;* agora vou para a *maloca* e mato um!". Eu lhe respondo, zombando: "Mate dois!" – Rapaz tolo!

Na manhã seguinte, bem cedo, estou de novo na casa da festa. O quadro mudou muito, para pior. Homens e mulheres estão deitados nas redes, dormindo para passar o efeito do álcool; alguns dormem juntos. Em alguns pontos o chão da *maloca* virou um lamaçal. O sogro está cambaleando bêbado para lá e para cá e profere longos discursos gritados, correndo ora para esta, ora para aquela rede. O canto dos índios é um berrar confuso, desordenado e rouco. Esse fim de festa é nojento. Só o velho chefe, uma das poucas pessoas sóbrias, está deitado como ontem em sua pequena rede e continua cantando com firmeza.

Manduca também está muito embriagado. Sua mãe me conta que, logo ao chegar, ele brigou com outros homens e até avançou contra eles com uma faca. Ele está "muito embriagado".

À noite eles sopraram dois instrumentos, que estão agora sobre um andaime numa das barracas. São canas de bambu muito grossas, com cerca de 1 m de comprimento, procedentes do Merewari. Em cima foi introduzida uma buzina feita de cana fininha que produz o som sinistro ao se apertar o instrumento com firmeza contra a boca e soprar com força. Soprando com mais ou menos força pode-se modificar o som à vontade, som que lembra o uivo de um animal selvagem.

Por volta do meio-dia a festa termina. A bebida acabou. Os convidados se despedem. Os daqui se recolhem a suas redes de dormir para se recuperar dos enormes esforços da bebedeira que durou vários dias.

Ainda fico um tempinho sentado na casa do irmão do pai de Manduca, um homem calado que ainda mora numa das barracas e nem deu as caras durante a festa. Trouxe de uma montanha próxima um grande feixe de *Arundinaria,* que deixa secar sobre um fogo fraco, endireitando-o para fazer zarabatanas.

Uma mulher vem me buscar para uma cura. Tenho de tratar de Sua Excelência a velha, que está deitada na rede sentindo fortes dores e que em breve deve se mudar para o Além particular dos xamãs. Esfrego uniformemente as partes doloridas do pobre e atrofiado corpo do ancião e sopro fumo sobre elas. Tratamento magnético à moda indígena. Em todo caso não lhe fará mal, mesmo que provavelmente não adiante nada.

A jovem mulher de Manduca continua doente e emagreceu muito. Ele a trata muito mal e berra com ela em todas as ocasiões. Hermina, por motivos facilmente compreensíveis, caiu de novo em suas boas graças — quem sabe por quanto tempo.

Sua mãe, junto com o filho mais novo, nos leva de volta para Suhínya. O riozinho baixou muito. O tempo todo a velha precisa descer e arrastar o bote sobre o cascalho. Por fim, acho a viagem monótona demais. Saio do bote e vou por terra, chegando uma hora antes dos outros. Sou cumprimentado alegremente pelo solitário Kaikuschí.

19

Entre os Majonggóng

Setembro.
Em 1º de setembro nos mudamos de mala e cuia para Mauakúnya. Espero que lá eu consiga tratar da continuação da viagem com mais insistência. Nós nos alojamos na barraca maior, semiaberta dos lados.

No dia seguinte tenho uma discussão desagradável com Manduca. Estamos discutindo outra vez o plano de viagem. De repente, Manduca me vem com evasivas. Diz que está doente. Que não tem canoas e que o pessoal não quer pôr uma à sua disposição.

"Mas você vai receber um pagamento grande se me levar até o alto Orinoco!"

"Eu não quero nenhum pagamento; eu não vou junto!"

Então interrompo a discussão e lhe dou as costas.

Os índios ficam assustados quando me veem furioso e perguntam a Manduca qual o motivo. Num palavreado longo, ele lhes expõe todo o meu plano de viagem. Não me interesso mais pelo assunto e vou para o rio me refrescar um pouco.

Quando volto, meia hora depois, a situação mudou. Logo que saí, Manduca disse arrogantemente a Schmidt que sem ele não poderíamos viajar com a bagagem pesada. Schmidt respondeu que, nesse caso, queimaríamos a bagagem e, levando pouca coisa, desceríamos o rio numa canoa até a próxima *maloca*. De lá conseguiríamos seguir viagem. Então o nobre rapaz cede: diz que só falou besteira, coisa que as pessoas fazem às vezes. Que nos levará adiante com seus companheiros de tribo.

Eu me sento junto a minhas malas e escrevo. Os índios se retiraram para a *maloca*. A barraca está vazia. Aí chega a mãe de Manduca e põe na minha frente um prato com carne de veado cozida. Nem faço caso dela e continuo escrevendo. Ela sai resmungando. Depois de algum tempo começo a comer. Ficaram me observando atentamente da casa. Manduca atravessa a praça com as mãos cheias de fígado de veado cozido. Sabe que gosto disso. Vai embora mais uma vez e traz um prato com carne. Quer jantar comigo, ele diz com a cara mais amável do mundo, como se não tivesse acontecido nada entre nós. Assim são essas crianças crescidas!

Na manhã seguinte todos os homens se reúnem em nossa cabana. Manduca tem a palavra. Primeiro, trata da continuação da viagem com o chefe. O velho conhece o caminho. Então senta-se junto de mim. Longa pausa. Finalmente dispara a falar. Como previ, o plano do Yatéte foi anulado de novo.

"Esse caminho é muito longo. Vamos subir o Fewéte e seguir por terra até o Yaniacá. De lá sai um caminho curto, passando por uma *maloca,* para o Matacuní."

Mas, como iremos de lá para o Auarí e depois para as nascentes do Uraricoera e do Orinoco, por enquanto ainda é um enigma para mim.

Os Máku do Auarí são gente ruim, ele diz. Querem acabar com todos os Yekuaná. Houve briga entre as duas tribos. O motivo foi um negócio: uma chapa de fogão em troca de uma espingarda. Os Máku se consideraram prejudicados, por isso seu xamã mandou um abutre, que trouxe febre para a aldeia. A longa permanência nas barracas desprotegidas e sujas e agora na casa nova úmida, com essas chuvas torrenciais diárias, não conta.

"Por que você não quer descer o Ventuari?", Manduca diz. "O caminho é muito mais fácil. Vou, com minha gente, levar você através dele, até o Orinoco e vamos subi-lo até o Casiquiare."

A sugestão não é má. O curso do Ventuari ainda não foi determinado. Mas não posso ceder. Se o outro plano falhar, ainda me resta esse caminho.

Chamei Romeu, que o povo daqui chama de *Koroméo,* para trabalhar para mim. Estava passando muito mal com esses companheiros selvagens. Ele e Mário, que aqui é chamado de *Madyú,* prenderam suas redes junto ao nosso fogo. Estão fartos dos Majonggóng, que, dizem, lhes roubaram tudo. Romeu, em especial, está furioso porque estão dizendo que ele está se engraçando com Hermina, e ele diz que isso não é verdade. A seu comovente pedido, prometi que o levarei comigo. Quando ele voltar, quer trabalhar para os padres. Diz que, lá, nada lhe será roubado e receberá seu bom pagamento.

Uma mulher calada assumiu parte de nossa alimentação. Toda manhã, ao romper do dia, ela nos traz beijus frescos com molho de pimenta e *mingau* quente. É a ex-mulher de meu antigo acompanhante e amigo, do Purukotó Mönekaí. O filhinho de uns três anos que ele lhe deixou é o pai escrito, um Purukotó genuíno com a cabeça comprida e a pele escura.

Por volta das 7 horas da manhã e pouco antes das 6 da tarde, às vezes também ao meio-dia, somos chamados para as refeições comunitárias com um amável *"a-entanetá!"* (Vem comer!). Muitas vezes há carne de caça fresca cozida. Ora trazem tatus grandes, ora veados robustos, ora porcos-do-mato gordos, ora uma anta nova e tenra. Sempre é um velho, o próprio chefe ou um de seus irmãos, que divide a presa entre as mulheres representantes das diferentes famílias. Cada mulher prepara sua parte em seu aposento, então a traz para a refeição comunitária. O velho mistura toda a carne sobre folhas de bananeira e dá um pedaço a cada um, às mulheres e crianças também, que, às refeições, não podem fazer parte do círculo dos homens e dos rapazes adolescentes. Panelas grandes e fuliginosas contêm o caldo de carne, onde se jogam os ossos roídos, segundo o belo costume dos Majonggóng. Em pequenos potes rasos fica o indispensável molho de pimenta, que muitas vezes adquire um agradável sabor ácido ao ser cozido com caldo de mandioca. Por fim, as mulheres trazem enormes cuias cheias de *chibé,* beijus frescos mexidos em água, para beber. Seguem-se as mesmas regras que em Motokurúnya.

Em geral, só uma parte menor da carne e os despojos, as tripas e coisas desse tipo, são consumidos. Os pedaços grandes como cabeça, pernil e costelas são grelhados durante a noite sobre enormes moquéns numa das barracas vazias para que não apodreçam. Alguns solteiros dormem junto aos moquéns como vigias, e, apesar disso, uma vez Mário consegue roubar um suculento pernil. Na manhã seguinte, tal fato é descoberto imediatamente, mas, por sorte, os cães levam a culpa.

Os porcos-do-mato são escaldados em água fervente antes de ser grelhados e raspados cuidadosamente. A carne de caça é partida ou no espaço central da casa, ou numa das barracas, sob as vistas de um dos anciãos, ou então ele mesmo a parte sobre ramos verdes.

Só a anta é preparada sempre fora da casa. Caso se cozinhasse carne de anta dentro da *maloca*, todos os doentes na casa morreriam. Os cães ficam com a maior parte. Manduca não come absolutamente nada dessa caça. Durante a viagem ele não a desprezou.

Assim como muitos índios, às vezes os Yekuaná comem desmedidamente. Por isso, sofrem com frequência de dor de barriga e procuram remediar esse mal vomitando de maneira forçada. De manhã cedo se agacham diante da *maloca*, formando uma fila, bebem o máximo de água que conseguem, então a vomitam com restos da comida do dia anterior. O mesmo fazem as tribos no leste, Taulipáng e Arekuná, entre outras, como observei várias vezes durante a viagem pelo Uraricoera.

Durante o dia reina grande atividade em nossa barraca. Quase todos os homens estão reunidos aqui, em parte ociosos, em parte laboriosos, trançando apás e peneiras ou confeccionando zarabatanas e raladores. O mais preguiçoso de todos é o marido da Kunuaná. Deixa todo o trabalho para sua mulher fazer. Não vai nem buscar lenha. Em compensação é o bufão de toda a aldeia. Suas piadas dirigem-se principalmente contra Schmidt e provocam as devidas gargalhadas. Esses selvagens sabem rir! Eles gritam, urram, torcem-se de tanta animação.

A Kunuaná, que está sempre vestida, é filha do chefe geral Antonio. Agora ela tem cinco cestos grandes de farinha de mandioca pronta, cada qual contendo de 30 a 40 kg. Ela nem se importa conosco. Pelo visto nos despreza porque somos totalmente diferentes de seus amigos, os *espanyoles*.

Às vezes a alegria perturba. Os solteiros, que dormem na cabana ao lado, junto do moquém, começam a contar histórias no meio da noite, às vezes tocam flauta e cantam alto e gritam, como se quisessem ressuscitar os mortos, até que os interrompo com um grito de raiva. Então somos sobressaltados outra vez pelo chamado para comer que vem da *maloca* na hora do sono noturno. Como não nos mexemos, Fuyúdi, o bobo, aparece, puxa a minha rede e me diz energicamente para ir com ele. Recuso energicamente. Schmidt finge que dorme. Logo a seguir vem uma mulher e, querendo ou não, tenho de esvaziar uma cuia de *caxiri*.

Os homens mais jovens são acometidos repentinamente de um verdadeiro entusiasmo para trançar pequenos apás com padrões. Parece que querem vendê-los para nós, para lucrar o máximo possível conosco antes de nossa partida. Há trançadores muito hábeis entre eles, e é admirável a rapidez com que confeccionam um desses encantadores apás ou um dos gigantescos tubos para prensar a massa de mandioca. Não há dúvida de que aqui também existem talentos especiais que auxiliam os outros no trabalho ou, pelo menos, ficam sentados indicando os padrões. Muitas vezes nos pedem emprestado da coleção um apá com padrões para copiar o modelo. Infelizmente essa habilidade também está desaparecendo cada vez mais por causa do convívio com os brancos.

Ao fazerem seus trançados, às vezes os índios ficam nas posições mais estranhas. Um jovem prefere ficar deitado de bruços na rede de dormir amarrada bem baixo e combina habilmente as tiras do trançado que se encontram à sua frente, no chão, colocadas sobre um ralador virado ao contrário.

Os homens gostam de tirar as medidas dos nossos corpos. Fuyúdi, em especial, é um verdadeiro antropólogo físico. Nossa altura considerável — a maioria dos Yekuaná atinge apenas nosso ombro — é marcada com um risco de carvão num dos postes da cabana. Com uma tira de taquara ele mede a largura de nossa cabeça, a circunferência do pescoço e do peito, a largura dos braços, da barriga, das panturrilhas, o comprimento das mãos, dos pés e dos dedos e os compara com os seus. Ah, ele também quer medir as partes mais íntimas do nosso corpo, mas recusamos.

À noite, há lutas na praça da aldeia, e os meninos também as praticam. Estipulo prêmios para os vencedores.

Os trabalhos científicos prosseguem aqui. Todo recém-chegado é fotografado imediatamente. Também fotografo grupos, homens e mulheres de corpo inteiro, de frente, de lado e de trás. Algumas mulheres carregam seus filhos pequenos nos quadris e não os põem no chão, já que eles começam uma choradeira se as mães tentam fazê-lo. Ponho em ordem as mulheres bem formadas pela natureza para a fotografia de costas. Os homens urram de satisfação. É claro que isso tem um efeito sobre as mulheres. Elas riem e mexem-se para lá e para cá. As crianças gritam e se agitam. Além disso, de repente caem grossos pingos de chuva. Em suma, é um milagre que as fotos tenham saído.

As damas e cavalheiros que, lá na Alemanha, veem as fotos nas preleções, não fazem ideia das dificuldades com que foram feitas. Uma hora antes de amanhecer revelo as chapas em minha apertada tenda de câmara escura feita de tecido grosso de lã, onde o ar fica logo insuportável. A água com que se mistura o revelador e o banho fixador passou a noite ao ar livre num jarro de cerâmica não vitrificada para esfriar, no entanto ela se aquece rapidamente, pondo a película em perigo. As chapas são lavadas no rio. O tripé com esse precioso bem fica pendurado por uns fios num tronco de árvore inclinado sobre a corrente. Ele é levado para lá e para cá pela forte correnteza. Schmidt fica sentado perto dele prestando o máximo de atenção. Às vezes, pula na água para soltar as folhas e galhinhos que são lançados contra as chapas, para que a película não fique arranhada. Depois de uma hora, pego as chapas, onde se depositou uma grossa camada de areia, limpo-as cuidadosamente e removo a última sujeira com algodão e água limpa. A seguir, eu as penduro em nossa barraca, protegidas da poeira e de insetos por duas camadas de gaze, o mais alto possível para que mãos abelhudas não possam alcançá-las. Agora o sol e um vento leve precisam aparecer para que a película seque. Então os índios curiosos querem vê-las, eles que têm uma compreensão impressionante dos negativos e fazem seus comentários a respeito dando sonoras gargalhadas. Por fim as chapas podem ser empacotadas asseadamente, mas ainda não estão na Alemanha, no armário seguro ou no ateliê do fotógrafo. A quantas casualidades e perigos elas ainda estão expostas! Transportes por terra em caminhos escorregadios na mata, por cordilheiras íngremes, viagens vertiginosas por cachoeiras bravias, passando por escolhos dentados e redemoinhos que bramem.

E, no entanto, fotografar é o trabalho mais proveitoso de uma viagem como esta, e uma boa fotografia muitas vezes diz mais do que muitas palavras. Não há dúvida de que todo explorador

HOMENS IHURUÁNA

deveria sujeitar-se ao trabalho de revelar as chapas no próprio local. Só assim ele pode verificar a qualidade de uma fotografia. Mas se ele a empacota, mesmo que com todo o cuidado, e a revela somente meses depois, via de regra até mesmo a melhor fotografia fica embaçada; isso sem considerar o caso ainda pior de um pequeno dano no aparelho, um buraco minúsculo no fole da câmera pode destruir, irreparavelmente, todas as fotografias.

Encontrei um rapaz inteligente para os registros linguísticos, o irmão de Fuyúdi. Foneticamente, o dialeto se distingue só um pouco do Yekuaná do Merewari. A língua Yekuaná, por seus sons suaves e indistintos, é das mais difíceis que já registrei até agora. Além disso, cada um dos meus informantes pronuncia certos sons de um modo um pouco diferente, fazendo que às vezes eu tenha de escrever uma palavra de maneira diferenciada. O Yekuaná diverge muito dos outros idiomas Karib do norte da América do Sul e, certamente, contém muita mistura de outras línguas não aparentadas, mesmo que sua base seja puramente Karib.

Esses registros linguísticos também são uma fonte de diversão para os homens. Choram de rir quando leio para eles aquilo que escrevi, especialmente os nomes de partes do corpo que nós, europeus polidos, não costumamos chamar por seu verdadeiro nome.

Manduca me deu os nomes de quase todas as pessoas que fotografei, mas não passavam de apelidos. Sempre ouvimos os apelidos quando perguntamos pelos nomes. Cada índio tem um apelido e um nome familiar carinhoso. Também quando conversam entre si, só os ouvimos chamarem por esse último. O nome verdadeiro, que a criança recebe logo ao nascer, é pouco conhecido, talvez se restrinja à família. Até mesmo o próprio apelido uma pessoa menciona com envergonhada resistência, geralmente é preciso perguntar a um terceiro. Os apelidos referem-se, com frequência, a características corporais. Assim, um rapaz adolescente, de pele tão escura que chega a chamar a atenção, em geral é chamado, até por seu próprio pai, de *mäkoró* (negro).[1] De fato, ele tem algo de negro, mesmo que, com certeza, seja um Yekuaná puro. Eles sempre ficam muito contentes quando os chamo por seus apelidos, mas em suas risadas há sempre um pouco de constrangimento.

Um velho me conta do curso do Ventuari e das tribos que vivem às suas margens e que não são aparentadas com os Yekuaná. Menciona os Yauaránа, Wönkiári ou Wönkiádi, Kuraschitiánа, Oarámuku, Piaruá e Máku, que seriam apenas um ramo dos Piaruá e uma tribo totalmente diversa dos Máku do Auarí. Um povo mítico, semelhante aos Pischaukó da região do *rio* Branco, são os Tauáni, o terror dos povos vizinhos. Eles apareciam à noite como *kanaimé,* com um assobio especial, e matavam as pessoas. Os conhecimentos do velho, em direção nordeste, vão até o Kuyuíni, Kuyuwín (Cuyuni), às margens do qual viviam os Waídya (Waika, Akawaí, Akawoío).

O número de habitantes de Mauakúnya oscila entre trinta e sessenta almas. É difícil determinar o número real da população de uma *maloca*. Com o pronunciado nomadismo dos Yekuaná, quase nunca todos os moradores estão presentes ao mesmo tempo, ou, ao contrário, quase sempre há visitantes entre eles. Os verdadeiros moradores de Mauakúnya formam uma grande família em sentido amplo, já que todos são mais ou menos consanguíneos ou aparentados entre si.

Finalmente vemos aqui algumas aves domesticadas, de que senti falta nas habitações cheias de cães dos Yekuaná: alguns papagaios, um *cujubim* e dois *jacamis,* as mais confiadas e engraçadas das aves, que não temem nem o cachorro mais bravo nem as cobras, e, onde houver dois bichos brigando, logo aparecem promovendo a paz. De dia, elevam-se de maneira solene e sempre juntas sobre a praça da aldeia, fazendo ouvir seus sons estranhamente estridentes e sussurrantes tão logo cheguem desconhecidos. À noite, têm diferentes locais para dormir. Um fica sentado na ponta da nossa cabana; o outro empoleira-se na orla da mata, que fica próxima. Também é raro os índios conseguirem que eles procriem no cativeiro. As mulheres domesticam facilmente as aves ainda jovens que os caçadores pegam na floresta.

Em geral, nós nos damos bastante bem com os moradores de Mauakúnya. Às vezes ocorrem pequenos furtos. Ocasionalmente as mulheres surrupiam até mesmo bananas e beijus que tinham nos vendido pouco antes. Mas coisas desse tipo também acontecem frequentemente na "civilizada" Europa. O fato de tentarem nos enganar nos negócios é coisa natural num povo negociante como esse. Em troca de uma faca, Schmidt obtém de um senhor idoso, que distribui a carne nas refeições comunitárias, uma zarabatana que este acabou de fazer. O velho pega a

---

[1] Do espanhol *negro*.

faca imediatamente, mas também pega a zarabatana de volta, supostamente para raspá-la ainda mais. Essa transação me parece suspeita. Segundo minha experiência, esse seria o primeiro índio a querer melhorar ainda mais uma coisa depois de já ter recebido o pagamento por ela. Acertei! No dia seguinte, o velho traz a zarabatana sem o bocal, feito da casca dura, dividida ao meio, do fruto de uma árvore. Chamo sua atenção para esse fato, mas ele se recusa a entregar o bocal, com a justificativa de que aqui não existem tais frutos; eles vêm de muito longe e, por isso, são muito caros. Então ele desaparece na *maloca* e não aparece mais. Fico um pouco triste com meu velho amigo, meu *fáha* (papai), que sempre me trata tão afetuosamente por *"i-nédi!"* (meu filho!). Na manhã seguinte ele chega com um bocal de madeira esculpido de modo muito artístico e pintado de vermelho. Ontem passou o dia trabalhando na peça, e isso me reconcilia com ele. Portanto, não queria nos enganar de todo. Apesar disso, recuso seu trabalho. Então ele vai buscar o verdadeiro bocal e o instala na zarabatana. Eu lhe dou um punhado de pólvora e a amizade se restabelece. Ontem lhe contaram imediatamente que eu joguei a zarabatana com desdém diante da cabana. Isso também deve ter surtido algum efeito.

Ainda há muitos doentes aqui; toda noite, às vezes de manhã cedo, antes do nascer do sol, ouvem-se os conjuros dos xamãs. Manduca canta e chocalha horas a fio na *maloca* sobre sua jovem mulher, que, provavelmente, ele mesmo arruinou. O filho de Sua Excelência velha trata seu pai doente bem junto de nós, na barraca ao lado. Podemos ouvir tudo, como se estivéssemos presentes.

Esses conjuros se desenvolvem de maneira semelhante aos dos Taulipáng. Primeiro, enquanto chocalha ininterruptamente, o xamã canta uma melodia longa e solene em estrofes isoladas, que, como todos os cantos dos Yekuaná, é interpretada com voz nasalizada, constantemente interrompida. De repente, cessa o canto; o chocalhar esmorece. Silêncio. O xamã, ou melhor, seu Eu imaterial, sua sombra, ascendeu ao alto para consultar um colega do mundo dos espíritos, que assume o tratamento em seu lugar. Depois de algum tempo, ouve-se um assobio, imitando enganosamente os sons chamarizes do *mutum,* que parece aproximar-se cada vez mais vindo de longe. Ao mesmo tempo, ouve-se um leve chocalhar que se torna cada vez mais forte. O espírito se aproxima. O canto recomeça, mas com uma voz bem diferente, rouca. Então há uma longa conversa entre o espírito e as pessoas presentes. As mulheres também se intrometem. Elas lhe fazem perguntas, que ele responde de maneira espirituosa, pois ouvem-se repetidamente risadas altas. O espírito balbucia as respostas de maneira breve e rouca, acrescentando toda vez um "hm"! Ele também diz o seu nome, *fáui,* portanto um *mutum.* Às vezes ele dá um grito selvagem. Ouve-se um sopro forte "*há(u)" f — — —!,*" "*há(u)f — — —!*", seguido de um "*lúf— — — lúf— — —lúf— — —!*" à meia-voz. De novo, conversa agradável. E assim continua por quase duas horas. Por fim, ouve-se várias vezes o assobio chamariz, que se perde aos poucos a distância com o chocalhar. O espírito se despediu. A sessão terminou.

No dia seguinte o velho xamã, que eu já dera por perdido, sente-se realmente bem melhor. Ele me faz sua visita de despedida, dá-me em troca de uma tesoura seu banco grande em forma de onça e, em troca de pólvora, um grosso feixe de fumo e, soprando um caramujo, parte com toda sua família rio abaixo para sua morada no alto Ventuari.

Todos os doentes graves foram levados da *maloca* para as barracas. Pelo visto, temem precisar abandonar novamente a casa nova se várias pessoas, uma depois da outra, morrerem dentro dela.

O pobre irmãozinho de Manduca, que ele chamava insensivelmente de "macaco" ou de "filho de *mauarí*", morreu e foi enterrado em algum lugar. Não se nota pesar algum em ninguém, nem na própria mãe. Nenhum lamento, nada. Quando ele estava perto do fim, amarraram sua rede lá fora, ao ar livre, entre dois postes. Uma coberta o protegia da chuva. Assim ele morreu, como um animal doente! Ainda ontem eu o vi. Estava bem abatido, deitado no braço de sua mãe. De dentro de seus escuros olhos de criança mirava um mundo de dor inconsciente. Por muito tempo não vou me esquecer daquele olhar.

Manduca me propõe outra vez um plano novo, que, apesar de algumas dúvidas, me parece bom. Em breve, alguns homens partirão rio abaixo para trabalhar para um venezuelano no Casiquiare, que eles chamam de *koronéru* (coronel). Devo entregar a bagagem principal a eles.

É um risco deixar as coleções e, principalmente, as valiosas fotografias entregues a um destino incerto, mas essa gente parece ser de confiança, e o que mais posso fazer? É também a única oportunidade de enviar cartas para casa. Digo que estou de acordo.

Manduca delibera longamente com os outros homens. Parece tratar, sobretudo, de uma embarcação, pois a palavra *kulierá* (canoa) sempre se repete em sua conversa. Dez caixotes e fardos, em sua maior parte pesados e volumosos, precisam ser acomodados. Deixo o grupo discutindo o assunto e não me ocupo mais disso. À tarde, respondendo a minha pergunta, Manduca me informa que tudo está arranjado. Ele próprio me levará com seus parentes "pelo Yaniacá" — por enquanto não me diz até onde.

Como dificuldade principal ele me apresenta o fato de que no alto Auarí não há um barco para descermos o rio. Diz que lá existe uma aldeia de sua tribo, mas está abandonada. Os moradores todos se mudaram para o Merewari. Eu replico sucintamente que para mim isso não é motivo para desistir desse caminho.

Os índios não param de se admirar com o fato de eu preferir o caminho longo, difícil e perigoso à viagem cômoda pelo Ventuari. Os bravos "Schirischána" têm grande importância nessas conversas. Parece que são numerosos como os porcos-do-mato. Os índios daqui representam, com pantomima vívida e risadas maldosas, o modo como aqueles nos acertarão com suas longas flechas. Então eu também dou risada e, fazendo o gesto de atirar, aponto para nossas espingardas: "Deixem que eles venham, senhores; não temos medo e estamos armados!".

Esses heróis daqui também temem os Máku, apesar de serem muito mais numerosos do que aquela pequena tribo, que mal deve contar cinquenta almas.

São esses os orgulhosos Yekuaná, que, como Manduca disse certa vez, gabando-se, "matam todos os espanhóis!".

Escrevo cartas para casa e para o *coronel,* para que ele guarde minha bagagem em sua casa até a nossa chegada. Uma outra carta é dirigida a todos os venezuelanos que os meus remadores encontrarem pelo caminho; uma espécie de passaporte para eles.

Os índios ficam agachados perto de mim e me observam atentamente. Escrever é uma capacidade pela qual o europeu leva vantagem sobre eles, uma arte misteriosa que não conseguem compreender e, por isso, vivem a admirar.

Meus desenhos de cochos para caxiri e outros utensílios domésticos também causam grande impressão em todos. Eles me trazem pedaços de papel que joguei fora. Querem que eu lhes desenhe *urlukádi, wa'schádi, fáui* (porco-do-mato, anta, *mutum*). Minha produção artística passa de mão em mão e é comentada em meio a risadas.

Com a participação curiosa dos índios, empacotamos as coleções, chapas fotográficas e desenhos em malas e caixotes, costuramos arcos, flechas e zarabatanas no último pedaço de tecido. Para ganhar espaço, dou todos os brinquedos de presente, matracas, galos que cacarejam, apitos e outras tralhas inúteis. Para que vou continuar a carregá-las? É um verdadeiro barulho de feira. Todo mundo está zumbindo, cacarejando, apitando e buzinando, e os velhos são os piores.

Com a tinta que sobrou depois que marquei as peças da bagagem, pinto alguns homens e, a pedido do sogro, enfeito a parede de barro da casa com todo tipo de figuras, claro que em estilo indígena, para que cada um possa reconhecê-las. Pode-se ver anta, veado, uma enorme onça pintada que quer pegar uma *paca,* uma cobra gigantesca movendo-se de maneira ousada, papagaio, jacaré, um cavaleiro brandindo uma espingarda, e, por fim, desenho a mim mesmo, reconhecível pelo bigode exageradamente longo, na mão direita o inseparável *fahéta* (papel, livro), na esquerda a *arakusá,* a espingarda. Um pesquisador que vier aqui um dia vai se surpreender e refletir profundamente sobre o talento artístico dos Majonggóng.

Sou muito aplaudido. Todos os moradores daqui olham admirados para minhas pinturas. Uma mulher mais velha me pede para enfeitar o outro lado da parede, onde fica seu aposento. Eu peço que espere até amanhã. À última luz do dia, um jovem pinta os meninos pequenos com o resto da tinta. Mas os Yekuaná não têm nada de artistas, nem na música, nem na pintura.

A doença em Mauakúnya não vai embora. Uma noite, Manduca prepara um remédio para sua jovem mulher. É uma magia, uma contramagia, como ele me explica mais tarde. Atrás da *maloca* foram cavados dois buracos fundos, com um metro de distância um do outro. Entre os dois arde uma fogueira alta que produz um forte calor. Com um pedaço de pau e gritando alto, o xamã esmigalha bulbos da planta *woí,* de folhas longas e aparência semelhante ao ruibarbo, cultivada pelos Yekuaná em suas roças. Ele não bate diretamente nos bulbos, pois estes estão cobertos com folhas de bananeira, pelo visto para que os pedaços não se espalhem ao redor e se percam. Ele joga os bulbos esmigalhados nos dois buracos e derrama muita água neles, que, com o calor, em parte evapora silvando. A seguir, derrama de dentro de uma cuia pequena um pouco de sangue extraído da parte inferior das coxas arranhadas da doente, misturado com um pouco de água. Por fim, os buracos são calçados com pedras e cobertos com terra, que é pisoteada. Assim o inimigo que causou a doença tem de morrer. "Com a planta *woí,* onde vive o xamã mau, matam-se todos os *kanaimé.*"

Alguns dias depois, ao cair da noite, realiza-se outra cura bem junto de nossa cabana. Dois homens mais jovens querem auxiliar sua mãe, gravemente doente, um homem mais velho e sua sogra. Eles fazem a cura de modo diferente.

Os dois filhos esmigalham um bulbo de *woí* e, numa panela grande sobre um fogo gigantesco, cozinham por várias horas os pedaços com água, à qual foi adicionado sangue da doente. Por fim eles entornam a panela, fazendo queimar o resto do bulbo.

O bom genro faz a coisa de maneira mais complicada. Ele despedaça um bulbo enquanto murmura um conjuro, em que se repetem com frequência as palavras "Máku" e *"auarínya"* (Máku, gente do Auarí). Os Máku são considerados os causadores da doença. Então ele corta um pedaço de dois frutos frescos de cabaça[2] um pouco abaixo do talo, deixa-os ocos e os enche com pedaços do bulbo. Nesse meio-tempo, sua mulher lhe trouxe uma tigela com água contendo novamente algumas gotas de sangue da parte inferior das coxas da doente. Ele despeja esse sangue nas cuias, fecha as aberturas com as tampas naturais e põe os frutos no fogo. A seguir, amontoa bastante lenha sobre os frutos e alimenta o fogo por várias horas até que tudo se queime, e, com isso, a magia má é aniquilada.

Portanto, também essa cura, como muitos ritos mágicos dos Taulipáng e seus parentes, pode ser feita por qualquer mortal comum, e não apenas por um xamã.

Esses procedimentos não foram nada solenes. Os cozinheiros envolvidos na cura também não se sentiram incomodados com minha presença. Toquei para eles canções de soldado numa flauta de lata. Conversamos, brincamos e rimos. O homem mais velho foi auxiliado diligentemente por seu filhinho, o *mäkoró*.

Passou-se uma semana desde então. A epidemia, uma espécie de gripe, propagou-se mais ainda. Então, num dia de manhãzinha, Manduca vem até mim vestindo somente a tanga, contrariando seu hábito, com o corpo inteiro pintado com riscos e pontos vermelhos. Ele me pede o banco grande em forma de onça para seu colega, o filho do velho xamã. Eles querem, assim ele me diz, "beber *cipó* até amanhã cedo" para expulsar a doença de uma vez. Para isso é que o outro precisa do banco. Eu lhe explico que o banco está bem guardado numa das malas. Então ele responde, bastante desolado: "Neste caso, ele não tem banco!". Volto, pois, a tirar o banco com poderes mágicos da mala e mando Romeu levá-lo para a *maloca*.

Quando chego lá, a cura está a pleno vapor. Os xamãs estão pintados com riscos vermelhos rudimentares ou simplesmente besuntados de vermelho, assim como todos os doentes e seus familiares. O clima é sério, solene. Os dois "médicos" estão sentados, meio virados um para o outro, de cabeça baixa, junto do poste central da casa. Eles têm à sua frente grandes apás e peneiras cheios de fumo e brácteas de entrecasca marrom, enormes cuias cheias de poção mágica que parece estrume líquido verde-pardacento. Outras cuias contêm pedaços de cipó venenoso, de que é feita a poção. Ao lado ficam os cestinhos de tampa dos xamãs com sua variada tralha mágica.

Os Yekuaná conhecem duas espécies desse cipó. Uma delas cresce na mata; a outra, eles cultivam em suas roças. Esta última, que é muito forte, é bebida pelas mulheres quando querem se tornar curandeiras. Há xamãs mulheres entre os Yekuaná. "Neste *cipó* fica o xamã, a onça", Manduca diz; ou seja, a força mágica que passa para o xamã que bebe a poção e se narcotiza com ela. Só a casca, que tem um gosto muito amargo, é posta algum tempo na água, e a poção mágica está pronta. Os Yekuaná chamam o cipó e a própria bebida de *kahí*. Portanto, é a *kaapí, ka'pi, kachpí* das tribos do Uaupés, cujo efeito observei várias vezes nas festas de lá.[3]

---

[2] *Crescentia cujete* L.

[3] *Banisteria caapi* Griseb. A respeito de seu uso e efeito ver Koch-Grünberg, *Zwei Jahre unter den Indianern*, v.I, p.290*ss*. Berlin, 1909. O nome do cipó e da poção mágica, se levarmos em conta o desvio geral do p em h no Yekuaná, é o mesmo em dois lugares tão distantes entre si, apesar de as línguas não serem aparentadas.

Eu empurro por baixo do xamã mais velho o banco em forma de onça de seu pai, atitude elogiada por todos, tiro dele seu assento ruim, talhado grosseiramente num bloco de madeira, e me sento nele.

Os dois xamãs fumam ininterruptamente grossos charutos de quase um pé de comprimento, que são enrolados e acesos para eles por jovens pintados de vermelho. Durante longo tempo, o mais velho pronuncia palavras mágicas sobre todas as tralhas. A palavra *taméde* — todos, tudo — é repetida várias vezes. Ele sopra vagarosamente fumo sobre as coisas. Um dos anciãos da aldeia, que distribui a carne nas refeições comunitárias, está sentado ao seu lado e repete suas palavras. Então Manduca as repete. Após um diálogo longo e monótono com o xamã mais velho, o distribuidor de carne se retira. Agora eles tiram seus chocalhos dos cestinhos de tampa e os agitam compassadamente sobre as coisas. Eles sopram *"gsch—gsch—gsch—pff — — —"* fumaça de tabaco sobre elas e sobre seus próprios corpos. Gargarejando, bebem da poção mágica e sopram fumo sobre si mesmos como antes. Por meio de um funil feito de folha, o mais velho pinga um pouco da beberagem primeiro em seus próprios olhos, depois nos de seu companheiro. Deve ser muito dolorido, pois ambos fazem caretas horríveis. Então, sob chocalhar constante, começa o canto mágico como num rito de cura comum.

Vou para nossa barraca para o almoço, que hoje é mais frugal do que de costume, pois nenhuma mulher esteve na roça nem assou beijus frescos. Os jovens nos previnem para não atravessarmos a mata para tomar banho, porque muitas onças estão andando por lá, atraídas pelos gritos dos xamãs, seus colegas humanos. O canto ecoa cada vez mais rápido, cada vez mais feroz de dentro da *maloca,* acompanhado por urros de onça imitados e pelo sopro forte *"há(u)f—há(u)f—há(u)f—"* e mais fraco *"lúf—lúf—lúf—".*

Por volta das 10 horas a sessão começou, às 3 entro novamente na casa. Os "médicos" estão sentados um diante do outro. Fumam, cantam e chocalham ininterruptamente sobre as tralhas mágicas. Ambos estão suando em bicas. Seu olhar se perde no vazio. Eles se balançam com força para lá e para cá sob o efeito da narcose. É uma espécie de canto alternado em sequência rápida. Com voz raivosa o mais velho canta as palavras, com voz raivosa seu companheiro as repete. Estrofes isoladas repetem-se sempre: *yetá se sé é mā nū́ ú,* então o refrão prolongado *"é — hē — hē — hē — é — (i) — he".*

Os moradores daqui estão sentados ao redor dos dois xamãs formando um grande círculo, alguns estão deitados nas redes ocupando-se de atividades úteis. Os homens torcem grossos cordões de fibra de *curauá;* as mulheres e moças fiam algodão ou quebram cacos minúsculos de pedra para dentinhos de raladores. Um jovem faz uma rede de dormir; outros trançam após com padrões.

O dia todo, a noite toda ouve-se o canto feroz em sequência cada vez mais rápida, interrompida de vez em quando por gritos, urros e sopros mais ferozes ainda. Um concerto sinistro no interminável silêncio da floresta.

A escuridão se aclara. As sombras profundas empalidecem, o sol olha por sobre os topos das árvores da floresta. Os xamãs continuam trabalhando, mas o canto tornou-se bem mais fraco. Pouco após as 7 horas vou outra vez à *maloca* e chego justamente para o fim da cerimônia. Manduca continua sentado sozinho no mesmo lugar que ontem, canta à meia-voz e chocalha sobre as coisas mágicas. O outro está agachado à parte, junto de uma mulher velha, deitada na rede, e ouve a história da doença dela. De repente, Manduca se levanta devagar. O homem de corpo bem formado e de um brilho avermelhado está em pé, ereto. Segura o chocalho mágico na mão direita. Seu som vai diminuindo até acabar.

Solene como a cerimônia começou, assim também ela termina. Durou 22 horas. Após 22 horas cantando, fumando e chocalhando com força e sem interrupção, os xamãs se retiram para um merecido descanso.

Na hora do almoço comunitário, que consiste em beijus e molho de pimenta e, de sobremesa, *mingau,* já estão bem dispostos novamente. Só as vozes ainda estão um pouco roucas. Pudera! Quero levar meu banco. Então o xamã mais velho me pede para deixá-lo com ele até amanhã. Portanto, parece que a história ainda não acabou.

De fato, às 7 horas da noite o canto recomeça e vai até depois da meia-noite. Eu me retirei para minha rede e me deixo acalentar pelo barulho distante. Diálogo entre os dois xamãs, gritaria feroz, canto alternado, como ontem. Pouco antes da meia-noite acordo com risadas altas. A coisa parece divertida lá na *maloca.* Enquanto Manduca emite um canto monótono, à meia-voz, rítmico, o outro se expressa ora gritando alto, ora em risadas rudes "ho—ho—ho—", ora pronunciando frases curtas, de que os ouvintes, aparentemente todos reunidos, riem de maneira retumbante. É o epílogo burlesco da séria cerimônia de cura.

20

Antonio Yaracúne

Dois dias depois — acabamos de voltar do banho vespertino —, quatro homens de tipo indígena, vestidos, surgem de repente em nossa barraca. Cumprimentam-nos com um aperto de mão e um *buenas noches, señores!* Um homem mais velho de nariz acentuadamente aquilino parece ser o chefe. Está armado com uma Winchester. Todos levam revólveres americanos marchetados com madrepérola junto de punhais em bainhas de couro. Roupas e armas são novas, como se tivessem acabado de sair da loja. A princípio pensamos que fossem venezuelanos, que é o que parecem ser. O velho fala bem o espanhol. Minha primeira pergunta a ele: "Está havendo guerra entre a Alemanha e a França?". Ele responde: "Não sei nada sobre isso". — Há um ano, quando nos despedimos da chamada civilização, o céu político na Europa estava carregado. Ele nos conta que ouviu falar de nós quando estava no curso inferior do rio e que, por isso, navegou até aqui, pois pensou que encontraria comerciantes brancos. Eu o tranquilizo a esse respeito e lhe explico o objetivo da viagem. Mas parece que não me entende — ou não quer me entender. Não consegue compreender que estejamos viajando por estas regiões selvagens não para procurar ouro ou borracha, mas para fotografar as pessoas e comprar cestos, adornos e outras tralhas. Pelo visto, nunca ouviu falar num *museo*. Apalpa, curioso, nossas coisas e quer saber o que há em cada mala. Não sabe ler nem escrever, isso é certo, e também não sabe fazer contas! Digo para Schmidt: "É um índio puro", mas este não acredita e diz que muitos venezuelanos têm essa aparência, o que é bem possível, já que corre muito sangue índio em suas veias.

Pouco a pouco todos os moradores vão se aproximando, cumprimentam primeiro o velho com *kóko* ou *amokó* (vovô), e então, com algumas frases, os jovens. Cada um lhes oferece um charuto aceso. O velho está com a mão cheia deles.

A extensão de nossa viagem, que lhe explico com o auxílio dos mapas, leva-o a exclamar *carajo* várias vezes em sinal de admiração e de reconhecimento. Ele se admira muito com o fato de eu saber tanto sobre as tribos do Orinoco e de eu conhecer tantos venezuelanos que ele também conhece, mas, em especial, com o fato de Tavera Acosta, o antigo *gobernador* do Território do Rio Negro, ser meu amigo.

Eles vieram de San Fernando de Atabapo e dizem ter levado apenas quinze dias para chegar aqui, apesar das numerosas cataratas difíceis.

Jantamos tatu cozido com eles em nossa barraca. As mulheres correm atarefadas para lá e para cá e trazem beijus, molho de pimenta e grandes cuias cheias de *mingau*. Em especial destaca-se a Kunuaná, que em outras ocasiões sempre se manteve retraída.

Os *caballeros* dormem na casa. Nós fumamos todos os charutos deixados pelo velho.

Na manhã seguinte Manduca nos esclarece. Eu estava certo: o velho "venezuelano", que ontem se fez de *racional*[1] para nós, que afirmou falar só um pouco de Yekuaná, que fingiu nunca ter-se agachado para participar de uma refeição indígena, esse velho espertalhão é Antonio, chamado "Yaracúne", chefe geral de toda a tribo dos Yekuaná, genro do famoso Aramáre[2] e pai da mulher Kunuaná! — Daí a excepcional solicitude dela. — Antigamente ele morava no Cunucunúma; diz que agora tem uma casa no Iuréua, um afluente esquerdo do baixo Ventuari. Ele é intermediário, ou melhor, "mercador de escravos" para vários venezuelanos do alto Orinoco, para os quais arranja, em troca de mercadorias e dinheiro, gente de sua tribo para trabalhar nos seringais plenos de febre. Os três jovens, dos quais ele falava ontem como se fossem seus *peones,* são seus três promissores filhos. Os quatro são índios puros da tribo dos Kunuaná! — A velha raposa quis nos enganar. Apesar disso, nós continuamos a tratá-lo como *caballero,* já que isso nos interessa.

Procuro saber dele alguma coisa sobre o curso superior do Orinoco. Não sabe muito. Parece não ter ido muito além da foz do Padámo. Diz que o *coronel* — ele também fala *koronéro* — se chama Perez Franco. Pelo menos é o que suponho. Como índio legítimo, que não consegue pronunciar nem "f" nem o "r" puro, Antonio diz "Perles Branco". Diz que o outro vive dez *vueltas* (curvas do rio) Casiquiare adentro e que trabalha com "Maquiritáres". Seu irmão explora borracha no alto Orinoco, acima da foz do Padámo, diz que até as grandes quedas d'água, o que nos seria muito conveniente. Parece que é para o "koronéro" que este homem de bem contrata gente.

Pelo visto, quer nos tirar o couro, pois me conta, num falatório interminável, que vai fazer sua gente levar minha bagagem *poco a poco,* de *maloca* em *maloca,* Ventuari abaixo até o Orinoco e de lá até o Casiquiare. — Nesse caso, eu teria de pagar muito e provavelmente chegaria antes das minhas coisas! — Respondo que o *gobierno* tem grande interesse em minha viagem e exige que as coisas sejam levadas o mais depressa possível para o local previsto.

Após o almoço, quando os forasteiros se retiraram para a sesta, Manduca vem e me comunica que irá hoje mesmo com seu sogro e todos os familiares para o Yaniacá. Querem fugir da doença que atingiu tantos por aqui. Diz que devo segui-los depois que o pessoal ti-

---

[1] *Racionales* (racionais) é como se chamam na Venezuela os "civilizados", em oposição aos *indios,* os "selvagens".
[2] Aramáre era o famoso chefe geral dos "Maquiritáres" (Yekuaná), que chegou a inspirar um poeta venezuelano a compor uma epopeia. Ele também viveu no Cunucunúma e, de fato, exercia grande influência sobre os índios. O viajante francês Chaffanjon encontrou-o lá em 1886 em sua viagem aventurosa até as cabeceiras do Orinoco. O francês traz em sua obra uma foto dele e de sua família. Vide *L'Orenoque et le Caura*, Paris, 1889, p.265*ss*.

ver partido com minha bagagem. Por causa dos doentes, ele só pode seguir muito devagar. Quando lhe pergunto até onde pretende ir comigo, ele me olha fixamente nos olhos e diz de modo claro: "Vou com você pelo Parime e pela serra para o outro lado até o Orinoco!". Tenho de acreditar nele.

Proponho que ele viaje só amanhã e receba hoje mesmo parte do seu pagamento adiantado. Então lhe arranjamos uma boa gratificação e, à sua vista, nós a pomos na malinha de Schmidt, que também deve ficar para ele. Entrego-lhe a chave. Ele leva a malinha depressa para o aposento de sua família — aqui ninguém confia em ninguém — e volta radiante depois de algum tempo. Está satisfeito, e isso é o principal. Ele até me pergunta se eu tenho isso e aquilo "no outro lado" do Orinoco. Portanto, já está contando com o restante.

O *kapitána*[3] Antonio, como é chamado aqui, é muito curioso. A seu pedido, mostro-lhe todas as minhas coisas mágicas, a câmera fotográfica, os barômetros, o termômetro, os relógios, até mesmo o teodolito e, é claro, os tipos indígenas do Uaupés, os "bravos Schirischána". Depois organizamos exercícios de tiro. Os sujeitos atiram muitíssimo bem com seus revólveres novos. Manduca pega uma das armas e a manuseia de todos os lados. O tiro dispara e a bala passa raspando pela cabeça do "distribuidor de carne", que está agachado junto a um poste, sem que o velho sequer pestaneje.

Na manhã seguinte o sogro de Manduca e um jovem, que nos acompanharão até o Auarí, recebem seu pagamento adiantado, a fim de nos aliviarmos o máximo possível da carga para a difícil viagem que ainda temos pela frente. Logo a seguir todo o grupo viaja levando os utensílios domésticos, parte deles em cinco canoas, parte por terra.

Sua rápida partida parece ter um outro motivo além da doença. Desde a chegada de Antonio houve várias negociações em voz alta entre os índios na *maloca*. O sogro não participou delas. Geralmente ficava sentado conosco em nossa barraca, com expressão constrangida, e cochichava várias vezes com uma mulher velha que lhe trazia novidades e apontava excitadamente para a casa. Ele, assim como Manduca, desviava-se de Antonio. Tudo indica que houve "desavenças relativas ao trono" em Mauakúnya. O sogro já tinha deposto seu irmão, o velho chefe; aí o chefe geral chegou e o reinvestiu no poder, e agora o outro tem de abandonar o campo. Os Montecchio e os Capuletto na selva.

Antonio quer saber o preço de todos os objetos que demos como pagamento ao pessoal. Quer mostrar sua importância para a gente daqui e age como se cuidasse de seus interesses. Schmidt lhe dá preços aleatórios e depois os adiciona numa soma aleatória. O nobre *kapitána* não sabe fazer contas e fica satisfeito. É divertido vê-lo fingir que sabe ler. Eu lhe dou meu cartão de visitas para mostrá-lo aos venezuelanos. Então ele lê todas as palavras espanholas possíveis e me pergunta se está certo, e é claro que respondo afirmativamente.

Na manhã seguinte negociamos horas a fio com os senhores índios. Primeiro fica difícil saber quantos homens deverão levar nossa bagagem para o Casiquiare. O velho cacique fala de seis, mas então se contenta com quatro quando lhe explico energicamente que Manduca só mencionou

---

[3] Do espanhol *capitán*.

estes. Eles também recebem pagamento adiantado e estão radiantes de satisfação. Entre os que querem trocar sua bela vida livre aqui por trabalho forçado no Orinoco está "Fuyúdi, o bobo". Agora os tatus poderão descansar dele por algum tempo.

A seguir me ocupo do *kapitána* e procuro fazê-lo entender que tipo de importante personalidade eu sou; digo que as autoridades de Ciudad Bolívar, Caracas, San Fernando e San Carlos têm informações exatas sobre a minha viagem e que estão me esperando há tempos; que ele, como chefe geral do Ventuari, tem a obrigação de enviar minha bagagem o mais depressa possível para o Casiquiare; que eu o gratificarei por isso e, mais tarde, só informarei coisas boas a seu respeito para o *gobierno* etc. etc., essas coisas que a gente inventa em caso de necessidade.

Seu filho mais velho, Emilio, acompanhará os quatro homens como piloto e intérprete e recebe algumas coisas bonitas por esse serviço, como espelho, miçangas, canivete, pólvora e chumbo.

Eu preferiria prescindir de pagamentos adiantados. Em geral, o índio não se sente preso a eles. Até mesmo com os Makuschí, tão honestos em relação a outros assuntos, tive experiências ruins, mas aqui me vejo numa posição forçada. Se eu tivesse mais um acompanhante branco, poderia enviá-lo, ou a Schmidt, junto com os índios e estaria livre de qualquer preocupação com a minha valiosa bagagem.

Mais tarde tenho outra longa conversa com o velho chefe, que está sentado num canto, com cara descontente, apesar de eu tê-lo presenteado com uma faca grande. Desde que o *kapitána* chegou e seu enérgico irmão mais jovem foi embora, ele está cheio de si novamente e, de vez em quando, se intromete demais em meus assuntos. Parece estar interessado em que partamos ainda hoje. Quer que dois de seus homens me acompanhem até o lugar onde Manduca e os outros estão acampados. Eu lhe explico pela milésima vez que não irei embora enquanto o pessoal não tiver partido com minha bagagem. Verifico agora que, além da canoa do *kapitána,* não há outras canoas; Manduca levou todas. Então eu perco a compostura e lhe digo que ele deve mandar imediatamente gente até lá para buscar as canoas. Antonio intervém como mediador e a coisa finalmente se adianta. Alguns rapazes partem levando remos nos ombros. Mas hoje não iremos embora, a bagagem também não. Aos poucos nos acalmamos. E assim o dia passa. *Paciência! Paciência!*

Comemos com os índios carne de tatu que começa a estragar, pois ficou pendurada lá fora na noite abafada. Durante uma hora sentimos o estômago revirar.

Ao cair da noite o pessoal chega com as canoas, de modo que "podemos ter boas esperanças" para amanhã. Contam que Manduca acertou dois veados hoje e nos espera no caminho para o Yaniacá.

1º de outubro. Tomamos café da manhã na *maloca,* carne de veado cozida na pele. O pessoal trouxe ontem da parte de Manduca. O velho chefe distribui a carne. Ele me dá um farrapo de pele com um pedaço minúsculo de carne. A vingança é doce!

Hoje também não vamos partir. O *kapitána* me diz que eles não têm *casabe*[4] e, por isso, só poderão partir amanhã. Eles já sabiam disso ontem. Esses índios!

---

[4] É assim que os beijus são chamados na Venezuela.

Todos os jovens vão caçar e trazem dois veados fortes e um tatu grande. Nesse meio-tempo procuro anotar frases em Kunuaná com Emilio, que é quem fala melhor espanhol. Ele e seu pai falham totalmente, como tantos desses semicivilizados.

Enquanto nos esforçamos inutilmente, Kaikuschí morde e mata o delicado e manso *cujubim* e leva uma surra. Os índios não se importam com isso; só o bobo me diz, incitado pelos outros: *"hämadéke!"* (pague!). Eu respondo que ele deve falar com Kaikuschí, e os outros riem à sua custa.

No jantar comunitário, o velho chefe me dá de novo só um pedaço de pele de veado, na qual, desta vez, falta até mesmo a carne.

Assim termina o último dia em Mauakúnya.

21

DE VOLTA

2 de outubro. Noite fria; névoa matinal como cortina cinzenta por entre as árvores.

Enfim partiremos! O xamã, filho de Sua Excelência velha, um dos quatro que levarão minha bagagem rio abaixo, despede-se de cada um dos que ficarão aqui com um longo discurso, entremeado por inúmeros e educados *"yädé? yädá? yä'ma! yähä! eyē!"* etc., proferidos pelo ouvinte. Dou a ele, que me parece ser o mais confiável, instruções para o caminho e as cartas, que, tomara, cheguem bem e depressa, especialmente uma longa carta a ela, "que tem a coragem de esperar!".

A carga é embarcada rapidamente e, pouco após as 9 horas, o pessoal parte em três canoas.

Ainda distribuo alguns presentes, pólvora, chumbo e espoletas. O *kapitána* recebe uma caixa pequena de chapa de ferro, minha companheira inseparável na qual eu guardava até agora os papéis mais importantes, minha cadeira dobrável e as duas lanternas a petróleo. Levamos somente o indispensável, uma mala de chapa de ferro com artigos para troca, algumas dúzias de chapas fotográficas e material para escrever, a câmera pequena, o teodolito e os outros instrumentos, espingardas e munição. Tenho cópias dos diários e das listas de palavras, mas tenho de confiar as coleções e as valiosas chapas prontas a um destino incerto.

No entanto, é difícil conseguir mais dois homens que levem nossa bagagem na canoa rio acima. Por fim, estes também partiram e, pouco após as 11 horas, eu me ponho a caminho com Schmidt e Romeu.

A despedida foi breve e indolor. Nenhuma mulher apareceu. O índio em geral é insensível, especialmente em relação a pessoas de outra cor. Como se poderiam esperar tais sentimentos supérfluos num povo como esses Majonggóng, que riem até mesmo da morte de um companheiro de tribo?

Kaikuschí rompeu sua amizade comigo. Não atendeu ao meu assobio, como antes, e ficou deitado tranquilamente na sombra da *maloca*. Para alegria dos índios, sob o suor do meu rosto eu o arrastei por um bom trecho, mas ele continuou deitado. O cão, nesse caso, é mais esperto do que o dono. O pobre animal está quase morto de inanição, é um esqueleto, e suas pernas traseiras estão tão fracas, que ele mal consegue se movimentar no chão plano, que dirá então na viagem vindoura, certamente muito cansativa, pelas serras. Por isso, ele que fique em Mauakúnya como *yekuaná se'há* (cachorro Yekuaná), uma lembrança efêmera e viva do *dútu* ou *kútu!*

Seguindo em direção sul, passamos por Suhínya vazia e, depois de três horas, chegamos à barraca na margem esquerda do Fewéte, de forte correnteza sobre leito de cascalho, onde embarcáramos em 27 de maio. Encontramos a bagagem aqui. Os dois sujeitos fugiram sem receber seu pagamento, com medo de que eu os levasse mais longe ainda. Pelo que Romeu me conta agora, foi o próprio nobre *kapitána* quem os aconselhou a fazê-lo.

3 de outubro. Os pés doentes de Schmidt estão fracos. Ontem mesmo mal conseguiam ir em frente. Por isso, ele fica aqui com a bagagem, enquanto eu e Romeu corremos adiante para alcançar os outros. Também estou com uma ferida grande na sola do pé, mas tenho de prosseguir.

O caminho passa, primeiro, por uma difícil mata pantanosa, então sobe de modo íngreme e segue em direção mais ou menos leste pelo cume de uma serra, de onde se podem avistar, por entre as árvores altas, cordilheiras de ambos os lados. Pelo que podemos reconhecer, elas seguem de leste para oeste. Atravessamos vários riachos que correm à direita para o Fewéte e chegamos no início da tarde ao ponto nas proximidades da montanha Maschiádi onde essa água marrom-avermelhada e límpida, jorrando por entre as altas rochas, cruza o caminho.

Manduca está acampado aqui com seu bando numa confusão pitoresca. Ele acabou de acertar quatro porcos-do-mato. São construídas três barracas e um moquém gigantesco. Jantamos duas vezes. Manduca se comporta de maneira muito amável e até me faz espontaneamente uma longa conferência sobre a cartografia dessa região de cabeceiras.

Sob os abrigos baixos, com tantas pessoas se apertando, não há espaço para minha comprida rede. Assim, durmo ao ar livre, confiando em algumas estrelas que brilham por entre as copas das árvores.

4 de outubro. Às 5 horas sou acordado bruscamente. Cai um forte aguaceiro e, num instante, fico todo encharcado, apesar de eu me cobrir depressa com a capa de chuva e a lona; na realidade, há muito que ambas deixaram de ser impermeáveis e estão cheias de furos. A chuva não para. Fico agachado de pijama molhado e fino, tremendo de frio, bem perto do fogo numa barraca, junto com as pessoas nuas e os cachorros. Em momentos assim temos a impressão de que nunca mais ficaremos secos e aquecidos. Mas logo chega uma panela grande com cabeças de porco cozidas. A gente come até se fartar e volta a ver o mundo sob uma luz mais rósea.

Os tolos índios desprezam a língua e o focinho de porco, "porque os porcos revolvem a terra e comem sujeira". Preferem jogar esses petiscos para os cães. Ontem salvei alguns deles para mim, que a boa Hermina me serve agora numa panelinha extra. Eles também não comem miolos, apesar de partirem os ossos com seus ótimos dentes para chupar o tutano.

Fumando um cigarro, converso com o inteligente Manduca, que outra vez quer saber cada detalhe sobre minha terra e a longa viagem até lá. Em especial quer que eu lhe conte sobre o imenso mar, para o qual os Yekuaná, como muitas tribos do interior, têm um nome. Não lhe entra na cabeça que a terra é uma esfera, ao redor da qual se pode viajar com um navio sem que se precise andar por terra. Ele sorri ceticamente.

Às 9 horas, quando a chuva para, ele manda seu irmão mais novo e um jovem de volta para buscar Schmidt e o resto da bagagem. Por volta do meio-dia os demais partem carregando tudo. Deixaram dois pequenos e gordos pernis de porco para mim. Vou esperar por Schmidt aqui. Na barraca maior arranjo as coisas do modo mais confortável possível. Ponho redes de dormir e outras coisas para secar sobre o fogo e sobre o moquém abandonado que está pingando gordura, fumo um cigarro atrás do outro e como muito por várias vezes. Numerosos mosquitos perturbam um pouco essa agradável solidão.

À noitinha os dois rapazes voltam — sem a carga e sem Schmidt. Pelo que contam, ele ficou deitado em algum lugar da floresta. Fico com o irmão de Manduca e mando o outro ao próximo acampamento, para buscar ajuda.

5 de outubro. Espero em vão por Schmidt. Às 10 horas parto com o rapaz, que leva a pequena bolsa de couro com os instrumentos enquanto carrego a pesada mochila. Subimos pelo divisor de águas em direção lés-sudeste. Uma abertura no mato proporciona uma vista das encostas íngremes da Maschiádi, das quais o Fewéte, cujo volume de água aumentou bastante com os fortes aguaceiros dos últimos dias, cai numa retumbante catarata. Num galho próximo, como uma mancha cor de laranja no verde escuro da floresta, está sentado um galo da serra,[1] esse encantador habitante da serra tropical cuja dança de acasalamento Richard Schomburgk nos descreve de maneira tão viva.[2]

No caminho encontramos Romeu e um jovem Yekuaná que deverão buscar Schmidt e a carga que ficou para trás. Sob a forte chuva que começou ao meio-dia acerto um *mutum*. Ao pular um grosso tronco de árvore — que, derrubado pelas tempestades de inverno, caiu de atravessado no caminho —, por um triz não pisei numa grande cobra venenosa cinzenta que se escondeu do tempo frio com metade do corpo num buraco à nossa frente. Uma pancada com um pau é o golpe de misericórdia.

No fim da tarde chegamos completamente ensopados a Mauarúnya, onde os índios já se arranjaram de maneira "confortável" numa terrível desordem. Ao longo do inverno, a casa velha adquiriu mais buracos ainda, de modo que dá trabalho encontrar um lugar razoavelmente seguro para a rede de dormir.

O pessoal come minhocas. O "sogro" cozinha meu *mutum*, então me convida generosamente para a refeição.

Ao cair da noite Manduca conjura os maus espíritos e livra a *maloca* deles. Nesse meio-tempo ele trata de seu irmão, que há dias está sofrendo de febre e disenteria. Sopra fumaça de tabaco nas costas do irmão, arrota e cospe, como se tivesse se engasgado com alguma coisa. Sopra *"hã̃ – gsch – – – hã̃ – gsch – – –"* fumaça de tabaco sobre o próprio corpo. O charuto não acaba. Se a ponta está no fim, ele chama: *"ã̃ – – – kawaídye[3] nemáne"*, e seu cunhadinho lhe dá um novo charuto aceso de tamanho considerável. O belo garoto é seu companheiro constante, deve ter apenas dez anos, mas já é muito cônscio de si. Talvez ele também queira estudar medicina.

---

[1] *Pipra rupicola.*
[2] *Reisen in Britisch-Guaiana in den Jahren 1840-1844*, v.I, Leipzig, 1847, p.442.
[3] *Kawaí* = fumo, charuto.

É a mesma cerimônia de sempre, só que na presença de todos. Assim, posso observar tudo abertamente, mas, por consideração, não acendi nossa lanterna para não afugentar o espírito, que também não demora a aparecer. O xamã está sentado à minha frente, de costas para o fogo. Chocalha e canta à meia-voz uma longa e solene melodia. Então levanta-se devagar. Ergue o chocalho para o alto. Assobia sons chamarizes que ficam cada vez mais baixos e parecem perder-se ao longe. O chocalhar também cessa baixinho. Após uma breve pausa, ouve-se, como se viesse de longe e aproximando-se cada vez mais, o mesmo assobio chamariz, o chocalhar. O xamã senta-se e se tornou um outro. Um espírito entrou em seu corpo e fala de dentro dele com alta voz de falsete. A mãe de Manduca e seu sogro lhe fazem perguntas, às quais ele responde rapidamente. Também lhe perguntam quem é ele. É claro que é um *urlukádi*. Os porcos-do--mato são muito importantes aqui. Assim a coisa continua. Por fim, o espírito vai embora assim como chegou. O xamã se levanta. Chocalhar e assobio desaparecem ao longe. O espírito deixou o corpo humano. Manduca ainda fica sentado por algum tempo no banco. Então ele fala com sua voz natural. A sessão acabou.

Os restantes deram pouca importância ao ritual. Comeram, conversaram, riram; um jovem cantou uma melodia de dança, um outro soprou o apito de taquara.

6 de outubro. À tarde chegam Schmidt e o pessoal com a bagagem. Romeu sofreu um acesso de febre no caminho. Anteontem Schmidt se desviou do caminho e passou a noite sem rede, dormindo no chão úmido da floresta.

A casa é úmida, fria e insalubre, como um porão. Esses índios tolos! Saíram de sua *maloca* nova e limpa para fugir da doença. Por vários dias dormiram nos úmidos acampamentos da floresta e agora querem morar semanas, talvez meses, nesta ruína! Agora já há mais deles doentes do que na "empestada" Mauakúnya. Não trouxeram nenhum torrador. Assam com dificuldade pequenos beijus sobre uma pedra chata. Mal dá para o consumo diário. Um dos meus cestos com farinha de mandioca já está bastante desfalcado. Eu os comprei em Mauakúnya da filha de Antonio como provisão para a longa viagem por ermos desabitados que ainda temos pela frente. Onde arranjaremos agora essa farinha, e quanto tempo ficaremos outra vez plantados aqui? E assim surgem sempre novas dificuldades com esse povo imprevidente e pouco confiável.

7 de outubro. Um dia quente de início de verão. Lá fora, nuvens de *piuns* sugadores de sangue. Só na casa penumbrosa o ambiente é razoavelmente suportável. À noite, conjuros como ontem.

8 de outubro. Todos os homens saem de manhã cedo para caçar e vão atrás de uns porcos-do-mato anunciados ontem. À tarde eles voltam com duas fêmeas e dois filhotes. Estes últimos são cedidos para nós, já que esse povo esquisito despreza os animais novos e joga a carne para os cães. Os bichos são estripados bem junto à minha rede e se monta o gigantesco moquém. Um cheiro agradável de gordura enche a barraca enfumaçada e abafada, na qual já reinavam antes uma sujeira indescritível e mau cheiro. Eu me protejo mal do calor com a minha toalha de banho suja e gasta. Não é mais possível lavá-la como se deve; ela se desfaria em mil pedaços.

9 de outubro. Nosso estábulo-moradia agora ficou mais escuro. O "sogro" trancou quase totalmente a entrada principal. Com folhas de palmeira e grande pedaços de casca de árvore, ele fez,

perto da minha rede, um tapume para sua família doente e seus cães, de modo que agora fico deitado entre duas fogueiras e sou defumado como uma perna de anta.

Exatas observações astronômicas neste lugar são muito importantes para se determinar a localização da montanha Maschiádi, mas estão associadas a grandes dificuldades. A casa fica num vale profundo e é cercada por bananeiras altas, que dificultam muito a vista livre e, com isso, uma orientação na abóbada celeste. Além disso, à noite fervilham *maruins,* os mais ínfimos sugadores de sangue tropicais, semelhantes aos nossos mosquitinhos* e que, como estes, preferem andar sob o cabelo e podem levar pessoas e animais ao desespero.

À noite, quando estamos montando o teodolito, chega um Yekuaná alto, o rosto terrivelmente coberto de dermatose preta, com um garoto. Ambos levam cestos bem carregados. É um xamã do alto Ventuari que há algum tempo levou uma de minhas malas daqui para Suhínya. Estão indo para Motokurúnya, o último lugar do mundo que eu desejaria rever. Eles observam admirados nossos preparativos misteriosos. Ele trava uma longa e monótona conversa com Manduca.

Durante nossa observação, que vai até de manhã cedo, Manduca faz um outro demorado conjuro na *maloca,* que difere bastante dos anteriores. O sogro faz perguntas minuciosas a esse oráculo de Delfos moderno.

Estou convencido de que os índios acreditam piamente nisso e não duvidam de que o espírito em questão responda a suas perguntas no lugar do xamã. É verdade que o corpo está sentado diante deles, mas a sombra, a alma, saiu. Um outro está falando de dentro dele. Um espírito, chamado pela sombra ambulante do xamã, tomou posse temporária de seu invólucro e está substituindo seu dono. Também tenho a impressão de que, de modo algum, tudo seja embuste consciente do xamã. Durante toda a cerimônia, Manduca ficou sentado de olhos fechados e tinha o rosto desfigurado por rugas profundas. Também em sua aparência ele se tornara outra pessoa. Por meio de narcóticos fortes, fumo desmedido de tabaco, ingestão de caldo de tabaco e também do canto ininterrupto e do chocalhar uniforme, o xamã entra num estado de êxtase narcótico, no qual seu espírito talvez fique mais livre e se eleve acima do que é terreno.

Perto do fim de seu conjuro, que dura quatro horas inteiras, Manduca apresenta um novo sucesso. Seu penúltimo irmão, que é quem lhe entrega os charutos desta vez, espreme folhas de fumo com água numa cuia. As fogueiras que fornecem claridade são apagadas e também o facho de resina de cheiro agradável, que queimava no chão ao lado do xamã. Sua mãe despeja água sobre o fogo do moquém. Impera uma negra escuridão. O xamã se levantou. O chocalho se cala. Sob assobio chamariz, que vai diminuindo cada vez mais, o espírito se despede. Silêncio profundo. De repente, ouve-se novamente um assobio baixinho e chocalhar cada vez mais próximos. Aparece um novo espírito, e é o espírito de um xamã dos Taulipáng ou dos Arekuná! O esperto Manduca mostra para o colega mais velho o que foi que ele aprendeu no estrangeiro. O canto cavernoso ecoa de maneira horripilante na escuridão profunda, o uivo penetrante de um xamã das tribos orientais, interrompido de vez em quando por um gargarejar abafado. O espírito bebe do caldo de tabaco. Esse representante de um mundo de espíritos

---

* *Gnitzen* em alemão; *Heleidae* (*Ceratopogonidae*). (N. T.)

estrangeiros também volta para sua terra depois de algum tempo. As fogueiras são atiçadas novamente; o horror passou.

11 de outubro. De manhã, às 7 horas, faz apenas 15,8 °C, a temperatura mais baixa desde o Roraima. A água do Yaniacá, habitualmente "gelada", parece hoje bem morna em relação ao ar.

O xamã estrangeiro e seu filho seguem adiante. Por um punhado de chumbo, obtemos dele um grosso feixe de fumo. O tabaco dos xamãs é especialmente forte. Dizem que os espíritos das montanhas o cultivam.

Como pagamento, ele recebeu uma lata de pólvora. Talvez já tenha sido pago antes, mas quando não se convive por muito tempo com eles, é difícil distinguir esses Majonggóng um do outro em sua uniforme feiura.

Um índio do meu pessoal, que já recebeu pagamento adiantado para ir até o Auarí, também parte com um cesto cheio. Vai passar alguns dias em Tudukamánya. Ele também vai levar uma canoa para o Merewari até a foz do Wödá, para alguns Arekuná do baixo Parauá que querem vir a Mauakúnya para negociar com os Majonggóng.

Assim que o homem voltar seguiremos adiante, em direção sudoeste, para as cabeceiras do Auarí; uma marcha penosa por algumas serras altas. Dizem que lá fica uma *maloca* dos Yekuaná, onde, tomara, possamos comprar uma boa canoa. Dizem que, sem bagagem, poderíamos chegar lá em um dia. Provavelmente precisaríamos de uns três a quatro dias.

Todos os homens foram caçar de novo. Só ficaram duas mulheres, que estão assando beijus. As crianças brincam à nossa volta e fazem troça de nós. Calma idílica. O ar também está melhor hoje, porque a casa não está tão cheia de gente. Até mesmo os mosquitos parecem menos sedentos de nosso sangue aguado. Assim poderíamos estar bem satisfeitos. E, no entanto, se já estivéssemos andando! Adiante, sempre em frente, em direção ao nosso objetivo, em direção à nossa terra! Os índios não conseguem entender o que me faz seguir em frente.

As mulheres são sempre mais confiantes e amáveis quando os homens não estão em casa. Poderíamos pensar que um sexo exerce má influência sobre o outro. Elas se sentam perto de nós junto ao fogo e fazem uma pergunta atrás da outra:

"Onde foi que você arranjou essas cicatrizes?"

"*Só'to konýˈta* (gente má) me bateu com a espada (*gömö kä*)!"

"Quantos você matou?"

"*Hödáue* (três)!"

Ou, então, ouço de novo:

"*Wönéye ahinyámu, anäde!*" ("Mostre a sua mulher, seus filhos!"), e eu vou buscar as fotos queridas.

"Qual é o menino (*yáue*)?"

"Qual é a menina (*wódi*)?"

"Qual é a altura da sua mulher?"

"Você só tem essa mulher?"

As crianças brincam de xamã; não admira, com conjuros toda noite! É divertido ver o irmão caçula de Manduca, um garotinho gordo e inteligente de uns quatro ou cinco anos, imitando com perfeição os movimentos do xamã, especialmente o momento solene em que este ergue o chocalho. Como ele vê que isso nos diverte, faz a coisa várias vezes. Outro dia, durante uma sessão de cura, ele repetiu o canto mágico palavra por palavra, mas não o levaram a mal.

À noitinha os caçadores retornam sem presa e se jogam aborrecidos nas redes de dormir. Pouco depois o sogro irrompe agitado na maloca. Seu filhinho vem mancando atrás dele. Uma cobra mordeu seu pé, bem longe na floresta. O pai exige de mim *aköyu éhi* (remédio contra cobra), o soro de Pasteur contra picada de cobra que lhe mostrei uma vez. Para disfarçar, dou uma injeção com água pura no menino, já que percebo imediatamente, por seu estado geral e seu pulso, que deve ter sido uma cobra inofensiva. A água não lhe fez mal algum.

É estranho que os índios, que em outros assuntos conhecem tão bem a natureza que os cerca, não façam distinção entre as cobras. Têm um enorme respeito por todas as serpentes.

O menino se chama Yahí (agami); um outro menino, Malitá; a irmãzinha de Manduca, Tuenáde. Sua mãe a chama Tuenadé!, ou, quando está irritada, só de Tuená! Os cães de caça se chamam Intyámu (velho), Xidyumö (pai do bicho-do-pé), Itya (rastro). Manduca, de formação brasileira, batizou sua cachorra de *Porco*.

Portanto, vários desses nomes de cães destinam-se a trazer sucesso, como os nomes de muitos de nossos cavalos de corrida.

13 de outubro. Após uma pausa mais longa, tenho um novo acesso de febre. As frias névoas matinais devem ser culpadas. Cada resfriado provoca malária em nós.

15 de outubro. Uma noite horrível! Às 8 horas começa a sessão de cura. O incansável xamã dessa vez emprega toda sua força, já que a última sessão não adiantou nada. Ele pronuncia alto, depressa e vivamente as estrofes isoladas do canto, enquanto joga com força o tronco para a frente. É uma magia de caça. Além de ritos de cura, esses rituais mágicos que duram várias horas têm a finalidade de tornar a caça do dia seguinte bem-sucedida, de certa maneira atrair a caça, levá-la para o caçador. O sogro conversa longamente com o espírito. Os jovens também fazem repetidas perguntas ao oráculo. O espírito diz o nome de vários animais que deverão ser caçados no dia seguinte: *oróma (paca), akúdi (aguti), fa'kíya* (porco-do-mato pequeno) e, em especial, o apreciado *urlukádi* (porco-do-mato grande).

De repente, a sogra de Manduca geme alto e chama por seu marido. Ela se encontra em estado de avançada gravidez, há meses tem-se sentido muito fraca e se queixa continuamente de dores no baixo-ventre. Seu marido levanta-se de um pulo, corre até o tapume ao lado de minha rede e leva a mulher para diante da casa na noite estrelada e fria. A mãe de Manduca e uma viúva mais velha, que se juntou a nós com sua família, correm para fora. Conversa agitada, entremeada de gemidos e gritos de dor da mulher. As mulheres correm para lá e para cá. Levam água e tições para diante da casa. Os gemidos tornam-se cada vez mais lacerantes. O xamã não se deixa perturbar por isso e continua seu conjuro. Sua mãe corre de novo para dentro da casa e lhe grita algumas frases em tom agitado e um pouco irritado. Logo a seguir o espírito se despede solenemente, como de costume. O xamã se agacha de novo, chocalha e canta em tons insistentes uma nova melodia, na qual a palavra *"aúischkia-aúischkia!"* (bom-bom!) é repetida inúmeras vezes. É para a pobre mulher que está gemendo. Então ele encerra a cerimônia e também sai. O gemido que vem lá de fora até os meus ouvidos fica cada vez mais forte. É intercalado pela fala agitada do marido e pela voz sonora do xamã; então, novamente, sons de sopro: ele está soprando no corpo da doente. Finalmente eles levam a mulher para dentro e a deitam em sua rede junto a uma fogueira pequena, mas não no aposento fechado da família, e sim à direita da entrada, no espaço aberto da *maloca*. Assim desenrola-se, à vista de todos, a seguinte cena: a parturiente geme e se lamenta terrivelmente, retorcendo-se com dores fortíssimas em seu leito oscilante. Seu marido e as duas mulheres mais velhas estão agachados diante dela, a cabeça apoiada nas mãos. Duas criancinhas também estão sentadas com eles. Às vezes, o marido se levanta e apalpa as pernas dela, ou uma das mulheres alisa seu corpo para baixo. Os outros estão agachados no meio da *maloca* ao redor do fogo ou estão deitados, dormindo, nas redes. Manduca diz: "Ela está morrendo! A criança não quer sair!". De repente, gemidos mais fortes da parturiente; ela grita algumas palavras para seu marido. Ele a ajuda a descer da rede. Ela se ajoelha, os braços para trás, emaranhados na rede, torce-se com força e dá à luz uma criança morta. Todo mundo, adultos e crianças, corre para ver o interessante espetáculo. A cena é iluminada por um archote. Romeu volta e cospe de nojo. É uma criança já formada do sexo masculino. Eles se agacham à sua volta, examinam-na como um animal de caça e tecem seus comentários. Com um pau, levantam seus bracinhos frouxos, as perninhas, todo o pobre corpinho, examinam seu órgão genital. A parturiente está ajoelhada ao lado em estado semi-inconsciente. Por fim, a mãe de Manduca leva o cadáver para fora numa folha de bananeira. Lá eles o enterraram!

Foi nojento, no sentido mais profundo da palavra! Que povo grosseiro é esse! Num nível cultural muito mais alto encontram-se os índios do Uaupés, cujas mulheres dão à luz reservadamente, na maioria das vezes numa cabana afastada na floresta, então lavam o recém-nascido e voltam para a *maloca,* onde passam o resguardo com o marido em isolamento rigorosíssimo!

A parturiente permanece muito tempo ajoelhada no chão, diante do fogo, os braços ainda emaranhados na rede de dormir. Seu marido está agachado à sua frente, as costas voltadas para ela. À meia-voz, as duas beatas mais velhas contam horripilantes histórias de partos de sua própria experiência. O xamã vai mais uma vez até lá, sopra fumaça de tabaco nas costas e no baixo-ventre da doente e vai para sua rede. Enquanto assopra, de vez em quando a viúva passa a palma da mão sobre o corpo dela, de cima para baixo. Estão esperando pela placenta.

Finalmente adormeço, mas não é um sono reparador. Sou atormentado por sonhos terríveis. Poucas horas depois, a febre me sacode com toda força.

De manhãzinha a parturiente já tomou outro banho no riozinho frio. Agora está sentada junto ao fogo, fiando.

À noite os caçadores voltam para casa com três fêmeas grandes de porco-do-mato. O conjuro ajudou. Manduca sopra fumaça de tabaco na presa e diz uma fórmula mágica sobre ela, em que a palavra *aúischkia* (bom) é repetida com frequência para que nada de ruim pegue na comida. O sogro corta a presa em pedaços e a deixa pendurada na *maloca* durante a noite. Os caçadores estão deitados nas redes, esgotados. Foram muito longe. Logo todo mundo está dormindo; só Hermina está agachada junto ao fogo, cozinhando carne de porco numa panela grande para amanhã cedo. De vez em quando um dos homens se levanta, agacha-se junto do fogo e come um pedaço, calado. Esses sujeitos comem a qualquer hora do dia ou da noite.

A segunda mulher de Manduca continua doente. É uma pobre criatura fraca. Pudera, ainda é uma criança e era uma criança quando foi feita mulher! Toda manhã, ao nascer do sol, fica sentada diante da casa, em meio à neblina, e limpa seu estômago. Bebe água morna em grande quantidade e a vomita. Seu irmão, também doente, um sujeitinho magro de uns quatro ou cinco anos com dentes muito cariados, lhe faz companhia na maior parte das vezes. Durante o dia, os dois quase não saem do escuro aposento da família. Agora Hermina está nas melhores graças. Ela se recuperou muitíssimo bem desde o parto e já mostra de novo boa perspectiva de descendência.

17 de outubro. Lombo de porco-do-mato refogado na gordura, um petisco excelente! O sogro come pequenos peixes com sua família, que ele pescou com anzol por consideração pelos doentes. Está com uma cara triste e pensativa. Será que é porque não pode comer carne de porco, ou será que ainda está pensando se deve fazer toda a viagem comigo? Ontem ele me disse, com fisionomia séria, que me acompanharia através do Orinoco até o Casiquiare. Fiquei muito admirado, mas não dei a perceber. Talvez seja só conversa. Um índio diz uma coisa hoje e outra amanhã. Manduca, a quem perguntei, não sabia nada desse novo plano de seu sogro.

Por volta do meio-dia pareceu-me, e também aos índios, que alguns tiros tivessem sido disparados rio abaixo. Todos gritaram: "Os Arekuná estão chegando!". Dei alguns tiros na frente da casa com a minha pistola Browning, mas ninguém apareceu.

18 de outubro. Manduca, que hoje está em seu dia amável, me conta no café da manhã estranhas histórias sobre Antonio Yaracúne:

"O kapitána é um ladrão! Vai roubar toda sua bagagem. Disse para o xamã que esteve aqui outro dia que tudo que está nas caixas é dele. Que você mesmo lhe deu permissão para ele pegar o que quiser das malas!"

Não sei como é que ele vai fazer isso, já que as malas possuem cadeados duplos; as caixas de madeira, além disso, estão parafusadas várias vezes.

Diz que Antonio engana seus próprios companheiros de tribo. Que, por um bom pagamento, arranja trabalhadores para os espanhóis, então paga mal a essa gente ou nem lhe paga; ou seja, é um patife como o chefe Makuschí Ildefonso. Diz que agora ele se desentendeu com os brancos e, por isso, foi morar rio acima. Que vai fixar residência no alto Ventuari, abaixo da desembocadura do Fewéte.

O que será verdade disso tudo? Talvez os daqui estejam somente expressando seu ódio ao velho chefe de Mauakúnya, que foi reempossado em seu cargo pelo *kapitána*. Mas o hipócrita Antonio, com sua semicivilização europeia, de fato não é de confiança. Mais essa preocupação!

Conjuros toda noite, das 8 à meia-noite, às vezes de madrugada até o nascer do sol. Os doentes são curados, espíritos aparecem com vozes sobre-humanas e de animais. É verdade que agora temos o melhor tempo para viajar, mas nos fazem esperar dia após dia. Essa inatividade forçada enfraquece os nervos e a resistência. Se pelo menos eu tivesse alguma coisa para ler! Mas tive de enviar todos os livros com a bagagem principal, para nos aliviarmos o máximo possível da carga. Guardamos um pedaço de papel como um bem valioso, tirado de uma folha da *Jugend*,[*] poemas de Erna Heinemann. Nós os relemos sempre, apesar de já os sabermos de cor. Nessa solidão,

---

[*] *Die Jugend* foi uma famosa revista alemã repleta de humor e de sátira (1896-1940). (N. T.)

entre essas pessoas que falam de maneira diferente e que, em muitos pontos, sentem de modo diferente, tem-se verdadeira avidez por texto impresso, seja lá qual for.

O comportamento dos índios em relação a nós é sempre variado, como de costume nessa tribo. Manduca, em especial, é caprichoso como uma criança mal-educada. Hoje ele é de uma amabilidade cativante, amanhã faz cara brava e nos evita, receoso. Não lhe damos atenção quando está assim, até ele voltar por sua própria conta. Mas essas inconstantes disposições de espírito são muito desagradáveis.

Talvez as mulheres doentes tenham culpa, pois seus sentimentos ruins em relação a nós ficam cada vez mais evidentes. Agora elas se queixaram de nós. Dizem que a fumaça de nossos charutos *tauari* são *ká'dota* (ruim). A jovem tem olhos furiosos. Costuma descarregar seu mau humor nos pobres cães. Seu pai, no fundo, é um bom sujeito, mas sua mulher estragou a raça.

Ele é o único sempre igualmente amável conosco. Quando os outros estão caçando, costuma ficar agachado perto de nós, trabalhando em algum objeto, um fuso gigantesco para sua mulher, uma rede de dormir para seu filhinho mais velho, enquanto resmunga num monólogo à meia-voz sobre o infortúnio de sua vida familiar. Sua disposição para viajar parece ter-se evaporado em grande parte. Ele também tem um enorme respeito pelos bravos flecheiros "Schirischána". Tento convencê-lo insistentemente e lhe prometo ó — *he kudufáda* (muita pólvora) se ele for comigo, mas não quer mais me acompanhar pelo Auarí até o "Fadími" (Paríme, Uraricoera) e mais além. Propõe-me o caminho pelo Matacuní até o Orínoco[4] mas eu não quero. Quem, afinal, irá comigo?

Apesar de todos os conjuros, já faz dias que a caçada continua infrutífera. A carne defumada foi consumida há muito tempo, por isso a mãe de Manduca foi buscar minhocas, um petisco Majonggóng com que ainda não nos acostumamos. Uma parte delas é cozida imediatamente e consumida. A velha pendura o restante num pau acima do fogo, para torrá-las e defumá-las. Os meninos as mordiscam. Eu também experimento um pedacinho — por conta da ciência. Tem um forte gosto de óleo de baleia.

24 de outubro. Os índios estão desmatando bem perto daqui para fazer uma nova roça. Portanto, estão se arranjando para uma permanência mais longa. Romeu também precisa ajudar muito. Ele se queixa para mim. Diz que o "sogro" manda nele como um "branco" e que os mosquitos quase o devoram durante o trabalho. Ele está farto dos Majonggóng.

À tarde, finalmente o jovem volta acompanhado do xamã estrangeiro e de seu filho. Foram até Motokurúnya e fizeram negócios por lá. Além de novos cestos para as mulheres, trazem uma enxada e outros utensílios de ferro, boas mercadorias inglesas que os índios do Merewari conseguem na maioria das vezes através dos Arekuná do Caroni.

Dos Arekuná que deveriam vir até aqui ninguém fala mais. Talvez fosse apenas uma fantasia indígena.

Os viajantes ficam contando suas experiências até bem tarde da noite. Hoje o sogro pode satisfazer um pouco seu irrefreável gosto por novidades.

---

[4] O caminho da viagem de Robert Schomburgk.

25 de outubro. Os estrangeiros logo se põem a caminho de casa. Com eles vai um adolescente com o qual eu estava contando como carregador até o Auarí.

Mal eles partiram, para minha surpresa Manduca me pergunta todo amável quando é que partiremos. Eu marco para depois de amanhã.

Reencontramos aqui um velho conhecido, meu facão, em cujo cabo de chifre entalhara minhas iniciais. Eu o tinha perdido em Mauakúnya e logo supusemos que os parentes de Manduca o tivessem roubado. Provavelmente sua mãe foi a autora do crime. Essa gente sem-vergonha! Nem mesmo meus objetos pessoais estão seguros entre eles, apesar de eu os ter cumulado de presentes. Desonestidade é uma das principais características desse povo inferior.

26 de outubro. Hoje também, no último dia, há um longo conjuro, que Manduca procura fazer de maneira especialmente eficaz. É um tratamento em massa. Três doentes estão sentados à sua frente, com as costas voltadas para ele. O xamã sopra fumaça de tabaco em cada um deles "*há — gsch — — —! há — gsch — — —!*". Faz que a mão direita fique com a forma de um funil, põe-na nas partes doloridas do corpo e assobia monotonamente através dela. Então mantém a mão fechada diante da boca e sopra várias vezes baixinho, misteriosamente, para dentro dela, acrescentando cada vez "*há-a-a! há-a-a! á(u)b — á(u)b*". Por fim, com a mão ele afasta para o lado a matéria invisível da doença e assopra "*há-sch — —!*" atrás dela. De vez em quando ele geme terrivelmente, como se fosse vomitar.

Hoje ele se fez especialmente poderoso ao aspirar o *hakúdufa,* um pó de forte efeito narcotizante que seu pequeno ajudante mantém numa salva sobre um fogo fraco, então o junta com uma faca. — É tirado da casca de certa árvore, que é cozida até que toda a água tenha evaporado e só fique uma fina borra no fundo do recipiente. — Primeiro, o xamã sopra um pouco do pó através de um pedaço de *kuratá,* cana *Arundinaria,* da qual esses índios fazem suas zarabatanas. Então, com auxílio da mesma cana, ele inala o pó várias vezes, em ambas as narinas. Parece que o pó tem um efeito excitante. Ele canta de modo estridente as palavras isoladas do canto mágico enquanto joga o tronco ininterruptamente para a frente e para trás.

Durante o epílogo burlesco, toda a juventude está agachada ao redor do espírito e se torce de rir de suas piadas, que infelizmente não entendo.

Apesar de toda a monotonia, o esperto Manduca sempre traz alguma variação em seu canto. Ou ele puxa o refrão "*í — — — hī— yē*" de modo acentuadamente prolongado, ou se dá ao luxo de alguma outra brincadeira. Ontem, perto do fim, apareceu um espírito que exprimia palavras desconexas em tons muito roucos, então uma onça furiosa rosnou e resmungou e, de repente, começou a pular como louca, fazendo os ouvintes jovens fugirem. Então o espírito ficou amável de novo, contou piadas, e todo mundo riu.

27 de outubro. O humor dos índios está pior do que nunca. Muito antes do nascer do sol eles já estavam deliberando baixinho. Estão com alguma trapaça em mente, isso é claro, pois são como as crianças, não conseguem fingir. Manduca faz uma cara teimosa e não diz nada. Ele se refestela na rede, como se a coisa toda não lhe dissesse respeito. Os outros empacotam cargas e víveres em cestos cargueiros. Nada indica uma separação que durará meses.

Partimos pouco antes das 10 horas. Hermina e sua sogra carregam parte da bagagem até uma roça, onde vão pegar mandioca. Manduca leva somente minha carabina. Primeiro subimos, em direção sudoeste, a íngreme elevação em cujo sopé fica a *maloca*. Então descemos um pouco através de uma extensa roça num vale de vegetação emaranhada, que é cortado por claros veios de água. As mulheres ficam aqui. Hermina chora amargamente ao me estender a mão em despedida. Talvez ela seja a única que tenha sentido um pouco de simpatia por nós. Os índios descansam numa elevação baixa. Manduca está entre eles. Olha carrancudo para o chão. O sogro está sentado, com expressão acanhada, vários passos afastado. Pergunto a Manduca o nome da serra alta que se eleva à nossa frente, a sudoeste. Relutante, e após longa hesitação, ele me responde sem erguer os olhos. Os outros fazem cara séria, quase hostil. Parece que houve nova reunião. Continuo andando com pensamentos sombrios. Junto a um pequeno riacho fico esperando demoradamente pelos outros com Schmidt. Eles chegam. Manduca está faltando. Seu irmão, um indivíduo de pele clara, que, creio, nos odeia do fundo da alma, entrega a carabina. Ele a joga aos pés de Schmidt. Ofegantes sob a pesada mochila, andamos por uma subida íngreme através da mata por uma trilha larga e muito percorrida. Schmidt, que está muito anêmico, para a todo instante e respira com dificuldade. À esquerda, um riacho que corre paralelamente ao caminho cai no vale de maneira ruidosa. À direita, entre as árvores, aparecem rochedos escarpados de granito de 150 m de altura ou mais. Os índios chamam essa cordilheira, de cerca de 1.500 m de altitude, de Iháni-hede; nós a subimos com dificuldade. Finalmente chegamos ao alto, onde o pessoal está à nossa espera. Aqui em cima há um fresco ar de montanha. Partindo de Mauarúnya, subimos cerca de 750 m. Aproximo-me da beira da encosta vertical e olho bem longe para o leste e o nordeste, além da terra montanhosa coberta de mata espessa do alto Merewari. A nordeste, a elevada mesa Pauá, onde nasce o Merewari, sobrepuja as terras à sua volta.

Os índios não se ajuntam mais à minha volta como de costume, mas ficam sentados longe, atrás de mim, num tronco de árvore caído, enquanto observo a região com o binóculo. Tenho de chamar o sogro para ele me dizer os nomes das serras isoladas.

A Pauá, ele diz, é uma montanha traiçoeira. É verdade que nela crescem muitas *zarabatanas*,[*] mas não é possível buscá-las. Quando se chega bem perto dela, fica muito escuro, e as pessoas morrem.

Após um breve descanso, seguimos em frente, mas onde está o caminho? O cume plano da Iháni está coberto de troncos de árvore gigantescos, um tanto queimados, caídos uns entre os outros e uns sobre os outros numa confusão desordenada.

Durante o último verão, extraordinariamente quente e longo, a floresta secou. Índios do alto Auarí ou Padámo que retornavam a sua terra, vindos do Caroni, ateavam fogo aqui, provocando grandes queimadas, cuja fumaça encheu o vale do Merewari e, em março, causou crepúsculos que duravam dias. Os ciclones, que voltam regularmente no início e no fim da época das chuvas, derrubavam os troncos de árvore queimados.

Com esforço interminável subimos pelo caos e reencontramos, finalmente, após longa procura, o caminho do outro lado, na orla da floresta. Após uma pequena descida, subimos outra vez uma cadeia. A língua cola no céu da boca. Faz horas que não há água, e a cinza fina do local do incêndio secou a garganta. Mas logo seguimos por uma descida íngreme até um pequeno vale,

---

[*] Assim no original. (N. T.)

onde montamos acampamento na margem de um riachinho de água marrom clara jorrando vivamente. É a nascente do Tauacúni, um pequeno afluente direito do Yaniacá que desemboca pouco acima de Mauarúnya.

28 de outubro. Partimos por volta das 8 horas. A princípio, arrastamo-nos por uma floresta úmida de árvores atrofiadas, com palmeiras espinhosas isoladas, cujos troncos estão cobertos de musgo espesso e liquens compridos. Vem novamente uma cordilheira íngreme, e o caminho acaba. Uma área de mata queimada cobre seu cume, bem maior e pior do que a de ontem. Em alguns pontos as árvores carbonizadas estão caídas umas sobre as outras, formando montes muito altos. Como malabaristas, nós nos equilibramos sobre troncos vacilantes e uma confusão de galhos, sempre sob o risco de cair e quebrar o pescoço e as pernas. A pesada mochila puxa o corpo enfraquecido ora para este lado, ora para o outro. As pontas dos galhos queimados furam dolorosamente os pés nus cobertos de feridas. É um martírio na mais pura acepção da palavra, para os índios também. O irmão de Manduca cai várias vezes e, por fim, rola com sua carga encosta abaixo, onde fica caído chorando alto. Em alguns trechos temos de arrastar a barriga sob árvores mortas, por entre as quais abrimos um caminho estreito com o facão. Apesar disso, a vista dessa altura é indescritivelmente bela. Diante de nós temos um vale profundo, no qual, à direita, iluminado com tons prateados pelo sol intenso, um riacho considerável salta da altura de uns 30 m sobre rochas escuras. É o Cufaracúni, que corre para o Emecuní acima da cachoeira Kuyádi-sóde. A oeste, além de vários cumes de serras, reconhece-se o amplo vale do Auarí e, encerrando o quadro magnífico, a enorme serra Parima, o berço do Orinoco. Numa cadeia de montanhas quase ininterrupta, ela vai de norte a sul, eleva-se a sudoeste em altos cumes isolados e se perde na azul distância desconhecida. Quero ficar várias horas aqui em cima, mas agora não é hora de me regalar com belezas naturais.

Depois de muita dificuldade atingimos a orla da floresta e descemos para o vale, onde reencontramos o caminho. Atravessamos várias vezes o Cufaracúni e nos reunimos sob um velho abrigo. Os índios estão agachados, de mau humor. Os dois irmãos de Manduca estão doentes e voltam sem se despedir de mim. Um cesto de farinha de mandioca tem de ficar aqui. Pergunto ao pessoal: "Onde está Manduca? Ele vai nos seguir amanhã até o Auarí?". Com essa informação, seu sogro me tranquilizara a respeito de sua ausência. Agora me respondem com uma risada irônica e constrangida.

Por bom caminho seguimos andando por uma elevação. Fiquei um pouco para trás. Depois de mim vem um carregador. Eu me ponho diante dele e lhe pergunto bruscamente: "Onde é que está o Manduca?". "Em Mauarúnya!" "Ele vai para o Auarí?" "Não!" O patife nos enganou!

Subimos outra vez por terreno íngreme e outra vez, até onde a vista alcança, estamos diante de uma área de floresta queimada. Somente com muito esforço conseguimos atravessá-la e também não encontramos mais o caminho na mata espessa, apesar da longa procura. As sombras ficam mais profundas; a noite se aproxima. Os índios jogaram as cargas aqui e ali. A mala está no alto da elevação; o teodolito, a câmera fotográfica e as outras coisas estão espalhadas na mata. Como animais selvagens acossados, os índios se lançam através do mato e finalmente encontram água num valezinho. Romeu faz um abrigo para a noite com um dos Yekuaná. O sogro e o outro estão procurando pelo caminho. Chegam com o cair da noite. Não acharam o caminho. Contam que, mais para o oeste, está tudo destruído, pior do que isto. Estão deitados nas redes, com cara preocupada. O velho me diz que estão com fome.

Por dois dias e com o enorme esforço, vivemos apenas de farinha de mandioca e água, já que não há animais de caça na região. Por toda a marcha não se via nem uma ave pequena. Reinava um silêncio inquietante e amedrontador também para os índios. Provavelmente os animais de caça fugiram do extenso incêndio e da fumaça sufocante e ainda não voltaram.

É impossível — o velho prossegue — seguir adiante. Diz que eles voltarão amanhã cedo para Mauarúnya. Que, se não formos com eles, vão nos deixar aqui e a bagagem também.

Devo descrever aqui meus pensamentos e sentimentos? Passo a noite sem dormir, fico sentado junto ao fogo e às vezes ponho gravetos nele, que se inflama e ilumina as escuras figuras dos índios, deitados em suas redes, conversando a meia-voz. Estou diante de uma questão difícil, cuja resposta é evidente. É preciso uma decisão rápida. Schmidt não aguenta mais o esforço. Está doente e seus pés estão dilacerados por feridas purulentas. Hoje mesmo ele quase não conseguiu nos acompanhar. O que fazer sozinho com quatro cargas pesadas neste ermo terrível, sem caminho, sem víveres?

Chamo o velho e lhe explico com toda a calma que reconheço a impossibilidade e que voltarei amanhã. "Então você me leva com sua gente pelo Fewéte até o Ventuari, para que, por esse caminho, eu chegue até o Orinoco?" Ele me responde evasivamente.

Se eu tivesse insistido em fazer minha vontade, talvez nós dois, com o auxílio da bússola, conseguíssemos chegar até o Auarí — talvez! — se não morrêssemos de fome no meio do caminho. Mas o que ganharíamos com isso? Não conhecemos a localização da única povoação Yekuaná nas cabeceiras desse rio, e os índios sempre nos asseguraram que ela está abandonada, que todos os moradores se mudaram para o Merewari. E mesmo que, no fim, chegássemos lá e encontrássemos gente, o que conseguiríamos? Sem instrumentos, desprovidos de todos os meios, seminus, pois nossas roupas já estão em farrapos! Como aventureiros, estaríamos à mercê dos índios!

E mesmo que, talvez numa balsa, chegássemos com instrumentos e artigos para troca até os Máku, três dias de viagem Auarí abaixo, ainda assim não conseguiríamos tripulação para prosseguir viagem, pois os bravos Schirianá, que percorrem sozinhos essas florestas intermináveis da Parima, as cabeceiras do Uraricoera e do Orinoco, são hostis em relação a todos os seus vizinhos e muito temidos por eles. Mesmo que Manduca e Romeu tivessem nos acompanhado, provavelmente nunca teríamos chegado até o Orinoco. Nossos víveres teriam acabado muito cedo. Teríamos de abandonar os barcos muito cedo, já que o alto Uraricoera corre por terreno montanhoso. Não há caminhos nesta parte da serra, temerosamente evitada pelos índios sedentários. A região é pobre em animais de caça. No fim, sucumbiríamos à fome e ao esforço terrível, e homem algum ficaria sabendo do nosso paradeiro.

Manduca tinha razão ao me dizer tantas vezes: "A viagem é impossível!". Eu o forcei e forcei e, por fim, até o obriguei a romper o compromisso dessa maneira genuinamente indígena.[5]

---

[5] Coisa semelhante aconteceu a meu predecessor Robert Schomburgk. Pouco antes de atingir seu destino, "no limiar da nascente do Orinoco", os Majonggóng obrigaram-no a voltar por medo de seus inimigos mortais, os "Kirischanas" (Schirianá), a cujos ataques sangrentos estavam expostos naquela época. Vide *Reise in Guiana und am Orinoco,* p.437-8.

Uma coisa ficou clara para mim nesses dias: chegar às nascentes do Uraricoera e do Orinoco só é possível a uma expedição dotada de maiores meios e se for predominantemente geográfica, pois, do ponto de vista etnográfico, não há muito o que ganhar nesta região escassamente povoada e percorrida apenas por índios nômades que se encontram num estágio cultural muito baixo. Uma expedição como essa precisa compor-se de três, ou, melhor ainda, de quatro membros cientistas, para que possam se separar. Precisa abastecer-se abundantemente de víveres — não precisa levar muitos artigos para troca — a fim de subir o Uraricoera o mais depressa possível em outubro até a povoação dos Máku no médio Auarí. Ficará aqui por várias semanas para produzir alimento para a viagem, especialmente farinha de mandioca, e para avanços no alto Uraricoera, nos quais serão feitos depósitos de víveres o mais longe possível e a determinados intervalos. A continuação da viagem segue o curso do Uraricoera, que, segundo informação dos índios, nasce na mesma montanha que o Orinoco. Mas a primeira condição prévia para o sucesso da expedição é uma tripulação fixa inteiramente confiável, pois não se pode confiar nos índios destas regiões, que, além disso, são mais ou menos inimigos entre si. E mesmo uma expedição bem equipada como essa enfrentaria nessa região selvagem, intransitável e desabitada, dificuldades imensas, talvez intransponíveis.

Uma iniciativa com máxima probabilidade de sucesso teria de ser empreendida simultaneamente de dois lados, ou seja, o Brasil e a Venezuela enviariam cada qual, e ao mesmo tempo, uma expedição, uma auxiliando a outra, a fim de determinar de modo definitivo ambas as cabeceiras e, com isso, a fronteira. A expedição venezuelana teria de estabelecer depósitos de víveres, igualmente a intervalos determinados, no alto Orinoco, acima da desembocadura do Padámo, onde começam as reais dificuldades; esses depósitos seriam completados de vez em quando, coisa relativamente fácil de fazer. A expedição brasileira, por sua vez, entraria em contato com a expedição venezuelana através do Auarí e, por terra, descendo o Padámo, portanto pelo caminho de Schomburgk e, assim, pela velha e ainda hoje muito utilizada rota de troca dos índios sedentários de ambas as regiões, de modo que o avanço para a cadeia Parima poderia ser feito ao mesmo tempo pelos dois lados. Ambas as partes se encontrariam na serra Parima, onde trabalhariam conjuntamente, a fim de, conjuntamente, voltar para casa pelo alto Orinoco, pelo caminho mais confortável. Mas, tendo em vista as enormes dificuldades de transporte, considero impossível que, de uma exploração dessas regiões, possam resultar vantagens econômicas a curto prazo.

Assim, agora só me resta o Ventuari. Se eu conseguir vencer a resistência e a indolência dos índios e chegar ao Orinoco por esse caminho, uma grande e até agora desconhecida região terá sido explorada, e o curso de um dos maiores afluentes do Orinoco terá sido determinado em toda a sua extensão.[6]

---

[6] Sievers e Jahn, repetidas vezes, chamaram a atenção para a importância da exploração desse quase "desconhecido" afluente do Orinoco. Wilhelm Sievers. *Süd- und Mittelamerika*. 2.ed. Leipzig u. Wien, 1903, p.27. Alfredo Jahn. *"Beiträge zur Hydrographie des Orinoco u. Rio Negro"*. *Zeitschrift der Gesellschaft für Erdkunde zu Berlin*, 1909, p.100. — Vide também Sievers. *Süd- und Mittelamerika*. 3.ed. Leipzig u. Wien, 1914, p.25.

29 de outubro. O velho me comunica que, ainda hoje, eles voltarão rapidamente para Mauarúnya, pois estão com fome. Por isso deixarão as cargas caídas pelo caminho e virão buscá-las mais tarde.

Partimos às 7 horas. Os Yekuaná estão bem adiantados. Romeu é nosso guia. Longe da influência de Manduca ele é um rapaz decente e um bom camarada. Só consegue ir em frente com muita lentidão, já que sofre de malária e está muito enfraquecido por causa do esforço. O caminho de volta, uma vez conhecido, nos parece ainda mais terrível do que o de ida. Ao atravessarmos o Cufaracúni, caio por causa da erosão da margem e tomo um banho involuntário junto com a mochila. Numa elevação exposta ao vento tudo seca rapidamente ao sol do meio-dia. Ao seguirmos andando, Romeu acerta um *inambu*[7] gordo. Sob um abrigo estão a mala, a bolsa de couro com o teodolito e a câmera fotográfica sobre um tripé, empilhados cuidadosamente e cobertos. Acampamos de novo junto à nascente do Tauacúni. Romeu, que se antecipara a nós, já cozinhou o pássaro. Raras vezes uma comida me pareceu tão saborosa.

30 de outubro. Por volta das 8 horas continuamos subindo. No cume da serra Ihâni encontramos o saco de roupas, que, além das poucas peças que ainda nos restam, contém alguns machados, pólvora, chumbo e outros artigos necessários para troca. A carga também está colocada cuidadosamente sobre troncos de árvores e protegida da chuva por uma lona. Percebe-se a mão ordeira do sogro. Tiro do saco meu último terno cáqui "quase novo". Dou meus trapos para Romeu, que os veste imediatamente. O hábito faz o monge. Esse homem, que é bonito e esbelto quando está nu, agora parece um vagabundo.

À tarde chegamos a Mauarúnya. O reencontro com Manduca, da minha parte pelo menos, é muito frio. Infelizmente ainda preciso demais dele e de sua gente. Ele é de uma amabilidade encantadora para conosco, como não acontecia nem mesmo em seus melhores tempos; convida-nos várias vezes para comer e até cede sua rede de dormir para Schmidt, que iria dormir no chão, porque sua rede está toda rasgada. Amanhã Manduca vai mandar buscar as cargas e, nos próximos dias, seu sogro nos levará até... o Casiquiare. Nessa eu não caio!

31 de outubro. De manhã cedo — o pessoal está prestes a ir buscar a bagagem que ficou para trás — anunciam uma anta bem perto da *maloca*. Todo mundo que consegue levar uma arma parte depressa com os cães, espingardas e lanças. Gritaria distante e latidos de cães aproximando-se cada vez mais. O sogro aparece no alto da íngreme elevação a oeste, berra alguma coisa para nós aqui embaixo, então desce correndo com sua comprida lança. Nós, com toda certeza, teríamos quebrado o pescoço e as pernas. Bem perto ouvem-se vários tiros, um depois do outro. Manduca é o feliz caçador. Com um tremendo esforço, eles arrastam a presa para cá. Um bicho enorme, forte e gordo como um boi. O velho o estripa e o esquarteja atrás da casa. Lá também fazem o moquém; senão os doentes morreriam. Então todos os moradores mais jovens, rapazes, mulheres jovens e crianças, são chicoteados pelo velho para que a carne de caça não os deixe doentes. Eles ficam diante da cabeça da anta e levam três a quatro chibatadas fortes nas pernas e nos quadris, como aconteceu em Mauakúnya quando foram morar na nova *maloca*. Schmidt

---

[7] *Crypturus* sp.; espécie de perdiz.

observou a mesma cerimônia há um ano em Koimélemong, quando Neves mandou abater um boi para os numerosos convidados da festa.

O jantar também transcorre atrás da casa. Há tripas. O bucho e as tripas foram tão mal limpos que pedaços de fezes ficam nadando na sopa gorda e lhe conferem uma cor esverdeada. Mas, com os Majonggóng, nós já nos habituamos a algumas coisas.

Manduca, seu sogro e seus dois irmãos doentes não comem nada da anta. Um caçador acertou uma *cutia,* e assim eles não saem prejudicados.

Desde a meia-noite há uma cura com inalação de *hakudúfa,* como ontem.

1º de novembro. O bom humor dos índios, que certamente originou-se de sua vergonha, já passou de novo. Por toda parte defrontamo-nos com caras mal-humoradas. Manduca parte com toda sua família para buscar as cargas.

Agora o sogro me diz, de repente, que só nos levará até o *kapitána,* que está morando no Yatéte. Mais tarde ele diz novamente que nos acompanhará até o Casiquiare. É um velho tagarela.

À tarde Manduca volta só e sem a carga. Ficou doente no caminho. Ele se revira gemendo na rede de dormir, mas depois faz seus conjuros por várias horas, desta vez sem rito de cura, talvez para autofortalecimento. O sogro pergunta fervorosamente ao oráculo sobre a continuação da nossa viagem. A seguir, o senhor doutor, ao que parece, sente-se muito bem de novo. Do que a imaginação é capaz!

2 de novembro. Por volta do meio-dia a família de Manduca chega com a bagagem. Alguns objetos de uso diário foram roubados do saco; de que modo conseguiram roubá-los é um enigma para mim, já que a abertura foi fechada com uma amarra e o saco não apresenta nenhum dano. Mas agora não posso perder tempo com tais insignificâncias. Há outras coisas, e mais importantes, em jogo. O que foi feito de minha bagagem principal, de minhas anotações e coleções, que confiei a Antonio? Há dias que esse pensamento tem pesado muito sobre mim. Por isso, quero ir embora daqui o mais depressa possível!

22

Por novos caminhos em direção ao Orinoco

Hoje foi o cúmulo! De manhã cedo, Manduca me comunica que seu sogro nos levará até "Antoniorínya", ou seja, até a casa do chefe geral no Iuréua, um afluente esquerdo do baixo Ventuari, bem abaixo da grande catarata. Diz que hoje poderemos viajar. Então ele se safa, sem ao menos se despedir de mim — que, por bem mais de um ano, o tratei como amigo —, eximindo-se, assim, de qualquer responsabilidade.

Nem bem ele vai embora, a má disposição dos índios subitamente se transforma em inimizade declarada. Ao empacotarmos, falta uma lona grande. À pergunta sobre seu paradeiro, segue-se uma gargalhada irônica. Então fico terrivelmente mal-educado, e a mãe de Manduca traz o objeto desaparecido lá de fora. Ela a tinha escondido na roça. Agora o sogro fica furioso e grita que, se eu não deixar aqui o pano que a velha me jogou aos pés, não irá comigo de jeito nenhum. E a coisa continua assim por um bom tempo, para lá e para cá. Estou em pé no meio da casa, apoiado em minha espingarda, Schmidt está sentado ao meu lado numa mala; o sogro está agachado, à parte, sorvendo alguma bebida de uma cuia que uma das mulheres lhe deu.

Por fim, há um pouco de tranquilidade, e recomeçamos a empacotar. Em troca de pólvora e chumbo, encarrego um jovem Yekuaná, um sujeito bondoso e gordo que já me havia acompanhado até o Auarí, de levar o teodolito, a câmera fotográfica e outras coisas pequenas. Ainda falta um carregador para a mala de chapa de ferro. Os irmãos de Manduca e um outro indivíduo inútil estão deitados nas redes e sorriem zombeteiramente. Então Schmidt também perde a paciência. Com algumas imprecações fortes, pula até lá e lhes tira uma pequena espingarda que eu lhes deixara. Explico que só terão a espingarda de volta no Fewéte, se levarem a mala até lá. Finalmente, o sogro e o gordo partem, acompanhados por Schmidt. Romeu, que ontem teve outra briga feia com o irmão de Manduca e agora se apressa para ir embora daqui, põe, decidido, a mala pesada nas costas, apesar de cambalear num forte acesso de febre. Hermina, a boa alma, pega a carga do seu amigo, um cesto de farinha de mandioca. Ambos desaparecem na floresta. Mario não quer ir conosco. Ele que fique aqui e vire um perfeito Majonggóng!

Ainda estou sozinho aqui. Sentado em minha mochila, enrolo um cigarro para me acalmar e aguardo para ver como as coisas se desenrolarão, sem me importar com a gritaria das mulheres. Perseverança em relação a índios renitentes quase sempre tem êxito. Por fim, o irmão de Manduca também se levanta, enrola sua rede e vai atrás dos outros. Eu sou o último e escolto o grupo todo com três espingardas no braço. Enfiei a lona na minha mochila. A velha ainda me estende a mão. Eu a aperto com tanta força, que ela dá um pulo e grita alto.

Logo encontro Romeu, que segue adiante com dificuldade. Xinga os Majonggóng e diz que quer levar Hermina com ele. Encontramos os restantes numa clareira. A despedida entre Romeu e Hermina é séria e longa. Tenta persuadi-la com veemência. Ela meneia a cabeça. O sogro a vigia com olhos de lince. Dou de presente a ela mais alguns cordões de miçangas grandes, que provavelmente não ficarão por muito tempo em seu poder. Então também lhe digo adeus. É muito difícil para mim deixá-la aqui, a pobre mulherzinha. Agora está entregue, sem proteção nenhuma, a essa gente rude que lhe roubou tudo e a odeia como estrangeira. Provavelmente, nunca mais vai rever sua bela terra e sua família. Sempre terei remorso por tê-la trazido nesta viagem contra sua vontade.

O grupo se põe de novo em marcha. O irmão de Manduca carrega a mala. Logo perdemos os índios de vista. Poderiam jogar as cargas em algum lugar e voltar correndo pela mata. Mas dificilmente um índio age de maneira lógica, o que costuma ser bem desagradável, mas às vezes, como agora, é bom.

Após uma marcha cansativa de sete horas através da mata molhada de chuva, encontramos todo o pessoal debaixo de alguns abrigos.

4 de novembro. Partimos às 7 horas. A chuva começou de novo. Eu me mantenho bem junto dos índios, mas tenho de me esforçar para acompanhá-los, porque, apesar de suas cargas pesadas, os sujeitos avançam em passo acelerado. Após duas horas e meia, chegamos à barraca no Fewéte, onde o riozinho se torna navegável. O bote de Manduca, com o qual pretendíamos subir o rio, não está mais aqui. Provavelmente, índios em trânsito o levaram. Por isso, o sogro vai por terra com Romeu e o gordo até Mauakúnya, para virem aqui amanhã nos buscar de canoa.

O irmão de Manduca volta para casa. Fico feliz por não precisar mais ver esse rapaz repugnante de pele estranhamente branca e rosto e comportamento efeminados.

Schmidt e eu nos acomodamos o melhor possível, cozinhamos uma sopa quente de farinha e mordiscamos beijus secos com sal. Nenhum Majonggóng perturba nossa solidão.

5 de novembro. Por volta do meio-dia, Romeu e o gordo chegam numa canoa grande. Navegamos muito lentamente, porque os índios ficam pescando peixinhos sem parar. Nosso velho lar, Suhínya, foi destruído pelo fogo. Logo a mata vai tomar conta de tudo aqui novamente.

Só no fim da tarde é que chegamos a Mauakúnya, onde somos recebidos amigavelmente pelas poucas famílias presentes e servidos com assado de anta e *caxiri*. Nesse meio-tempo, Kaikuschí caiu ainda mais na miséria. Está quase morto de inanição, é apenas uma sombra, mas reconhece imediatamente seu antigo dono. As pessoas me pedem quinino, já que várias delas estão com febre. Dormimos muito bem na *maloca* espaçosa, quase vazia e limpa. É uma sensação maravilhosa deixar essas terríveis caminhadas por terra definitivamente para trás. Diante de nós temos a estrada aberta de água, o caminho para o Orinoco, o caminho para casa! Agora, cada dia de viagem nos leva para mais perto de nossa pátria!

6 de novembro. No banho matinal eu me despeço do meu pobre amigo de quatro patas. Não vai viver por muito mais tempo. Infelizmente, não posso levá-lo comigo. A canoa já é pequena demais para nós cinco e a bagagem. Por isso, o sogro segue na frente com Schmidt num bote leve. Schmidt está em pé na proa da embarcação vacilante e lida com a vara; o velho está sentado na popa e pilota. No começo, os dois não conseguem chegar a um acordo. O velho comanda e grita, como é do seu hábito, especialmente quando passam por entre pedras muito próximas através das numerosas corredeiras, e Schmidt não entende uma palavra de Yekuaná. Se ele faz uma curva de maneira errada e bate a canoa contra uma pedra, não caindo por um triz, seu companheiro cai numa gargalhada estridente, e nós rimos junto.

O riozinho corre em numerosas curvas para noroeste e é largo e raso. As margens são planas e pantanosas. Num ponto, a margem esquerda se eleva de maneira íngreme e forma uma cachoeira, à qual se une uma corredeira. Sigo por terra com Schmidt, enquanto o pessoal puxa as canoas com a carga através da cachoeira. Aqui, a margem esquerda compõe-se de terra vermelha e argilosa. Abaixo da queda d'água, o Fewéte fica mais estreito e mais profundo e tem alguns bancos de areia. Após três horas de viagem entramos no Ventuari.

Em seu curso superior, o Ventuari é chamado de Parauá pelos índios da região.[1] Vem do nordeste e, segundo os índios, não nasce em nenhuma serra determinada, mas é formado a oeste do monte Pauá por vários riachos da floresta. Na foz do Fewéte, os dois riozinhos têm quase a mesma largura, 30 a 35 m, mas o Parauá é mais fundo do que o Fewéte e tem água branca, ao passo que aquele tem água preta. Dizem que, indo daqui pela montanha, chega-se em três dias à nascente do Ventuari.

Passamos por uma cabana que fica na margem direita, no meio de uma roça. Pertence ao velhíssimo xamã, mas Sua Excelência não está. Uma hora abaixo da foz do Fewéte, uma cordilheira baixa que chega perto da margem direita forma uma pequena queda d'água, Waráme-sóde. Pouco depois, atracamos junto a uma cabana. É aqui que se encontra atualmente o chefe de Mauakúnya. O velhote nos recebe carrancudo. Oferece um lanche aos meus Yekuaná. A nós ele nem convida, o que, segundo os conceitos indígenas de cortesia, é uma grande ofensa. Mas nem fazemos caso disso e comemos assado de anta no barco com Romeu. Parece que, para o nosso piloto, também não é nem um pouco agradável estar na casa de seu irmão e rival. Trava um diálogo indiferente com ele. Então seguimos viagem.

Pouco após as 2 horas chegamos a Tyahokónya (aldeia do tucano), uma *maloca* pequena e suja na alta margem direita. Os moradores são velhos conhecidos nossos, gente amigável. O interior da casa é totalmente escuro. A parede do "corredor" não é feita, como de costume, de largos pedaços de casca de árvore, mas de ripas de palmeira. Schmidt diz que se parece com o porão em que sua mãe guarda as batatas, em Wittstock.

Nós nos acomodamos sob um barracão próximo da casa para passarmos a noite. Infelizmente, não haverá observações astronômicas. Com o cair da noite, o céu se cobre de

---

[1] Parauá ou Palauá (em espanhol Paragua), nas línguas indígenas de lá, designa um "rio grande" ou também o "mar". Além do grande afluente esquerdo do Caroni, os índios também denominam assim o alto Orinoco até a desembocadura do Guaviare. Vide Alexander von Humboldt, *Reise*, v.III, p.286.

nuvens pesadas vindas do oeste, que se descarregam num forte temporal. O vento impele a chuva para dentro da barraca, aberta de todos os lados, e nos faz tiritar de frio. Nem dá para pensar em dormir.

7 de novembro. Partimos às 8 horas, sob chuva espessa. Contratei aqui mais um remador, um moço amigável e solícito de tipo físico Yekuaná fino. Avançamos depressa. O rio é de correnteza forte, e o pessoal rema desembaraçadamente.

Em sua maior parte, as margens são planas e compostas de mata baixa, densamente coberta por trepadeiras, semelhante a um caramanchão. Numerosas palmeiras *paxiúba* e *ambaúvas* de tronco branco destacam-se do verde monótono. Aqui e acolá, a graciosa açaí ergue sua cabeça de plumagem delicada. A fauna é escassa, como sempre ocorre nessas áreas alagadiças: um bando de macacos, um *cujubim,* um *carará* de bico pontudo, um *socó* pequeno; isso é tudo que se avista navegando. A direção principal do rio, desde a embocadura do Fewéte, é oeste. A largura é de cerca de 50 m. De ambos os lados desembocam pequenos riachos, como, à direita, o Wadéku e o Netúka de água branca.

Passamos pela *maloca* Maruránya, que fica numa elevação da margem direita, em meio a uma grande roça. É uma casa espaçosa e bem nova, mas abandonada. Os Yekuaná têm enormes plantações de mandioca, já que pratos à base de mandioca, ao lado da carne de caça, constituem sua principal alimentação.

Ambas as margens elevam-se pouco a pouco. Atravessamos velozmente a Kóno-sóde, cujo forte redemoinho quase vira a frágil canoa. À esquerda deságua o considerável afluente Farídyeta de água preta. O leito do rio é estreitado por margens rochosas. Ilhotas de rocha e recifes pontiagudos elevam-se das vagas espumantes, que lançam seus salpicos na canoa. Corredeiras e quedas seguem-se uma logo após a outra. O rio tomou a direção sudeste e entra numa região serrana, que ele atravessa para o sul em várias cataratas altas. Diante de nós troveja a primeira queda d'água, Wadí-sóde. Seguem-na Gömö-sóde, Kurú'na e a enorme Yalakádu-sóde. Nós, porém, entramos no estreito afluente esquerdo Wadí e o subimos em direção lés-sudeste até um porto, onde uma trilha para o sul dá a volta nessa região de cataratas.

Mal acabamos de chegar, cai uma tempestade torrencial, que persiste com igual intensidade noite adentro.

A temperatura caiu bastante. Desembarcamos parte da bagagem e agora estamos sentados bem juntinhos sobre ela, tremendo de frio com as lonas sobre nós. Mas nada resiste a tais enxurradas celestes. A água cai, gota a gota, por nossos corpos. Em poucos instantes, todos ficamos ensopados, a bagagem também e o saco de roupas com seu conteúdo. Os índios estão agachados, muito pálidos e enrugados, sob algumas folhas de palmeira que fincaram no chão. Por fim, construímos um pequeno abrigo debaixo de chuva torrencial, mas que mal dá para os índios. Pegam de um galho um ninho redondo de cupim e o utilizam de maneira original como fogão, já que toda a lenha seca ficou molhada até o cerne. Arrancam um pedaço do ninho, trituram-no e, com ele, acendem um fogo na cavidade que se formou. O interior do ninho continua ardendo em brasa, como estopim, sob terrível fumaça, e é consumido aos poucos. Pomos a panela sobre esse fogão primitivo e preparamos para nós uma sopa quente de farinha, que reanima um pouco nossa vitalidade entorpecida.

Somente por volta das 8 horas é que a chuva diminui. Amarramos as redes molhadas em algumas árvores e, envoltos nas cobertas úmidas, dormimos profundamente e aquecidos, apesar de continuar pingando água dos ramos em nós a noite toda.

8 de novembro. Partimos às 8 horas através da mata pingando. Sigo o velho com dificuldade, pois ele corre como um veado fugitivo através do mato. Deixamos os outros bem para trás. O caminho, se é que se pode falar de um caminho, segue para o sul através de uma região montanhosa. Vadeamos numerosos pântanos e riachos, que correm para o norte e afluem para o Wadí, e finalmente escalamos na altura do divisor de águas, que se eleva cerca de 210 m acima do nosso último acampamento noturno. Meu novo carregador, que leva a mala de chapa de ferro, chega completamente extenuado. Romeu troca de carga com ele.

Ao meio-dia prosseguimos. Novamente corro na frente com o velho, sempre descendo escarpas, passando por vários veios d'água que correm para o sul. Após uma hora, atingimos o Wö'séto, um afluente esquerdo do Ventuari, de cerca de 50 m de largura e que corre caudalosamente sobre cascalho. O jovem de Tyahokónya nada elegantemente através da correnteza marrom e busca uma canoa, na qual passamos para a outra margem. Na margem esquerda continuamos seguindo para oeste e atravessamos uma cordilheira, através da qual o rio abre caminho em alguns degraus. Através de um largo riacho que brame, passando pelos restos de uma casa destruída pelo fogo, chegamos às 3 horas à pequena *maloca* Kastánya, que fica numa elevação, em meio a uma roça de mandioca.

Nota-se que os moradores nunca viram brancos antes. O chefe da família é um velho de cabelo desgrenhado, evidentemente um xamã, pois há dois banquinhos grandes em forma de onça pendurados numa travessa do teto. Além dele, estão presentes um jovem de beleza notável de tipo Yekuaná, uma mulher igualmente jovem, algumas mulheres mais velhas de cabelo curto e algumas crianças gordinhas, que admiram timidamente os brancos a uma distância segura. Servem-nos a habitual refeição e o "cachimbo da paz", cigarros enrolados em palha de milho para cada um. O sogro trava uma longa conversa com o velho xamã. Então nos instalamos confortavelmente sob um barracão. A noite é agradável. Um fresco vento leste sopra do vale. O céu claro permite uma série de observações astronômicas.

9 de novembro. O sogro quer ir para casa. Diz que não deseja se encontrar com Antonio, que está no Yatéte, próximo daqui. Ao ser pago, ele se comporta de maneira mais decente do que eu pensava. Só pede pólvora, mas também recebe chumbo e um boné esportivo. Causou um mal-estar entre nós e o jovem da "aldeia do tucano", que queria nos acompanhar até o Yatéte. Quer voltar sem pagamento. Eu lhe dou um punhado de chumbo, que ele fez por merecer.

O velho esperto com certeza precisava de mais um remador para poder viajar com mais comodidade. Também queria levar Romeu consigo, mas este ficou firme; está cheio dessa corja.

Os três Majonggóng partem. O sogro carrega orgulhoso uma espingarda inglesa nova, que ele comprou aqui para ser paga depois. Com eles desaparece a última lembrança palpável de Mauarúnya e de todas as coisas desagradáveis relacionadas a ela.

Secamos nossa roupa molhada ao sol, fumamos do forte tabaco do xamã e nos sentimos felizes por finalmente estarmos "entre nós". Romeu está totalmente revigorado desde que se viu livre do velho que o tratava rudemente, como escravo. Ele nos dá informações pouco agradáveis sobre os últimos dias em Mauarúnya: o pálido irmão de Manduca proibira sua mãe de nos trazer comida. O mesmo sujeito traiçoeiro descosturou o saco com roupas no chão para tirar as coisas de dentro dele. O local está costurado com tanto cuidado que só se pode reconhecê-lo examinando-o muito atentamente. Uma trapaça bem refinada! Fico especialmente triste com o que Romeu me conta sobre Manduca: cedeu sua pobre mulher grávida a seu irmão menor! Daí a fúria de Romeu em relação àquele. No início da viagem para o Auarí, quando os índios estavam agachados à beira do caminho, com cara hostil, Manduca aconselhara meus carregadores a nos assassinarem. Deveriam ou nos matar a pauladas durante o sono, ou nos empurrar, pelas costas, das altas escarpas rochosas da serra Ihâni. Então, como ele disse zombando, se poderia chamar a serra de Dotúru-hede (serra do Doutor)![2] Daí sua expressão embaraçada quando, imediatamente depois, lhe perguntei o nome da serra. Ainda na noite de 28 para 29 de outubro, seu sogro, como supus acertadamente naquela ocasião, sugeriu aos outros que simplesmente nos abandonassem com a bagagem. E, no entanto, é provável que devamos nossa vida somente a sua benevolência.

Chega disso! Mauarúnya é coisa do passado! Quem sabe o que ainda nos espera!

Os índios daqui são gente calma e amigável. Em troca de miçangas, eles nos trazem seus pratos vegetarianos, entre os quais milho torrado e socado. Mais, eles próprios não têm. O fresco riacho da montanha, que jorra aqui perto, proporciona um banho excelente.

10 de novembro. Negociações intermináveis com os senhores índios. Por um machado como pagamento antecipado, eles finalmente concordam em me levar até Antonio no Yatéte. Tenho de falar com aquele velho trapaceiro sobre a continuação da viagem e quero, sobretudo, saber a verdade sobre minha bagagem principal, a respeito da qual a gente de Mauakúnya me contou estranhas histórias.

Partimos às 10 horas com o rapaz e duas mulheres. A mais jovem está levando a mala pesada. Seguimos para noroeste ao longo da margem esquerda do Wö'séto, que forma ininterruptamente retumbantes cataratas e corredeiras desenfreadas. Depois de duas horas, paramos. O rio continua caudaloso, mas não tem corredeiras. Passamos para a outra margem numa canoa velhíssima e podre. Os furos são tapados provisoriamente com pedaços de minha toalha de banho. Novas negociações com os índios. O homem quer voltar. Diz que não trouxe rede de dormir e usa de pretextos habituais em tais casos. Provavelmente as mulheres sejam culpadas por essa repentina mudança de opinião. Quando elas estão junto, nunca se pode fazer nada direito com esses senhores da Criação. Schopenhauer e Nietzsche poderiam fazer pesquisas aqui. — Quando insisto nos meus direitos, o valente cede e transporta suas duas mulheres, que voltam para casa, para a outra margem. Finalmente partimos e, depois de vinte minutos, atingimos novamente o Ventuari, que, neste ponto, vem do nordeste.

O Wö'séto dá à corrente principal, que daqui em diante tem uma largura de 80 a 100 m, uma direção noroeste e, depois, norte. Em ambas as margens elevam-se, a princípio, cimos cobertos

---

[2] Os índios gostam de designar lugares de acordo com acontecimentos especiais neles ocorridos. Às vezes também mudam os nomes dos lugares por causa de tais acontecimentos.

de mata, laterais da região montanhosa que ele deixou. Aparecem as primeiras ilhas. Logo ele retoma a direção noroeste e recebe, do su-sudoeste, o Yatéte, um riozinho de cerca de 40 m de largura de água branca, cuja desembocadura pode-se atingir em duas horas partindo-se do Wö'séto com bons remadores.

O Yatéte, que ora subimos, corre em curvas fechadas às vezes separadas umas das outras por estreitas pontes de terra. As margens são moderadamente altas e cobertas por mata baixa, da qual sobressaem árvores mais altas isoladas. Ao lado da característica *ambaúva,* da *paxiúba* de tronco reto, da *açaí* graciosamente inclinada, a real palmeira *inajá* com sua copa majestosa também alegra a vista. A rocha é um granito biotita claro e de granulação fina. Mais acima, em ambos os lados, acompanha o riozinho uma cordilheira longa de 300 a 400 m de altura; à direita Aráuai-hede, à esquerda a Seródi-hede, um pouco mais alta, que forma uma queda d'água muito próxima do rio e distante da foz um dia de viagem. Segundo os índios, navegando por mais seis dias atingem-se as cabeceiras. Dizem que, saindo de lá, há um caminho por terra de quatro dias, três dos quais através da savana, que conduz às cabeceiras do Padámo. Nesse trecho, cruza-se o curso superior do Cunucunúma, que parece impelir-se num arco entre Yatéte e Padámo. Essa região parece ser relativamente bem povoada. Dizem que, no caminho por terra, encontra-se todo dia uma *maloca*. O Padámo é considerado o centro da tribo Yekuaná-Kunuaná.

Bem junto à foz do Yatéte, sob um abrigo, vemos alguns cestos com farinha de mandioca; ao lado deles parte de minha bagagem, os grandes objetos etnográficos costurados em tecido, zarabatanas, arcos, flechas e cestos, entre outros. Logo a seguir, passamos novamente por um abrigo. Aqui estão minhas malas, depositadas em ordem num andaime, uma ao lado da outra! Portanto, o pessoal de Mauakúnya estava certo, toda a minha bagagem chegou somente até o Yatéte. Mas não quero me entregar a pensamentos sombrios. Teria sido um milagre se, dessa viagem tão rica em intermináveis dificuldades, justamente esta parte tivesse transcorrido sem problemas.

Pernoitamos num promontório rochoso na margem esquerda. Romeu parte mais uma vez com o Yekuaná e traz um *mutum* e alguns peixes, entre eles um *pacu*[3] branco, que, dizem, ocorre em grande número Ventuari acima.

Na escuridão, uma canoa atraca. É a filha de Antonio com seu alegre marido, que estão viajando em alguma missão do chefe. Parece que Antonio ainda está no Yatéte com toda sua gente. Contamos nossas aventuras de viagem até tarde da noite. O gordo príncipe-consorte, que em outras ocasiões ri de tudo, fica visivelmente perplexo ao saber do refinado roubo da família de Manduca.

11 de novembro. Partimos às 7 horas. O casal seguiu viagem antes mesmo do romper do dia. Por volta do meio-dia encontramos uma canoa com gente de Kastánya. Meu remador tem uma longa conversa com seus parentes. Quer aproveitar a oportunidade para voltar para casa e não se deixa deter nem mesmo quando lhe prometo uma faca. Schmidt senta-se ao leme, e agora ainda tenho de tirar a água que entra pelos muitos furos dessa nossa velha embarcação

---

[3] *Myletes* sp.

comida pelos cupins. Na mão esquerda seguro a bússola de orientação e o relógio, na direita, o lápis preto para desenhar as inúmeras curvas do rio. Logo a água banha minhas pernas e a parte do corpo sobre a qual estou sentado. Ponho rapidamente o diário e o lápis de lado e pego a cuia. Esse é o círculo de minhas atividades. Nessas horas a gente lamenta não ter quatro mãos.

Nós nos arrastamos rio acima de maneira interminavelmente vagarosa. Romeu pesca peixinhos minúsculos e briga com o piloto, que não conhece bem seu ofício. A qualquer instante ficaremos presos no mato da margem. Paramos por pouco tempo junto a uma plantação. Em um barracão grande pululam as pulgas. Depois de três horas, chegamos a uma nova barraca, mas está vazia. É aqui que Antonio quer fixar residência. O casal, que já está viajando de volta, ultrapassou-nos em sua canoa leve e nos serve *pacus* gordos, um prazer que nos fez falta por bastante tempo. Somente pouco antes do pôr do sol chegamos a Anakadínya.

A *maloca* fica um pouco terra adentro na margem esquerda. Alguns quilômetros adiante se estende a comprida Seródi-hede, de noroeste a sudeste. O bramido da cascata chega claramente até aqui. A casa pequena e suja está cheia de gente. São todos conhecidos de Mauakúnya, entre eles a velha Excelência e os quatro homens que mandei para o Casiquiare com a minha bagagem. Fuyúdi, o bobo, ficou com seu pai. Seu inteligente irmão mais jovem, que me prestou bons serviços quando eu registrava o dialeto Ihuruána, substituiu-o. Uma trapaça, como temi a princípio, parece não ter ocorrido. O chefe precisava temporariamente de gente para suas próprias finalidades. Ele mesmo subiu o rio e é esperado de volta nos próximos dias. Então espero poder seguir viagem com todo o pessoal. Num canto da casa estão depositados vários cestos com farinha de mandioca e muita tralha europeia em desordem. Antonio a trouxe para enganar os tolos. Minhas cartas, que lhe entreguei em Mauakúnya, eu mesmo posso levar, e ainda é muito incerto se poderei enviar notícias para casa de San Fernando, através de Ciudad Bolívar.

12 de novembro. Um quente dia de verão sem nuvens. Depois da longa permanência nas frescas regiões serranas, não estamos mais acostumados com o calor. Aqui há numerosos *piuns,* uma espécie avermelhada que desconhecemos, muito sanguinária. O ar é sufocante no recinto apertado e empoeirado, escurecido por causa dos mosquitos. Estou sentado num banquinho baixo, diante de um furo pequeno na parede de pau a pique, e escrevo ou desenho o mapa. Há sempre alguns índios curiosos agachados à minha volta. Não vamos passar fome. Os moquéns estão cheios de assado fresco de porco-do-mato, e de todos os lados servem-nos pedaços. O velho repartidor de carne de Mauakúnya, meu *fáha* (papai), também aqui cumpre seu dever de maneira imparcial. No porto, estão fazendo uma canoa grande. Temos de contar inúmeras vezes nossas aventuras de viagem, e o roubo da família de Manduca é discutido seriamente.

14 de novembro. Meu estado de saúde é ruim. Estou com disenteria e febre baixa, que quase nunca pego durante a viagem, mas sempre em estadas mais longas nessas *malocas* insalubres, às vezes abafadas, às vezes com corrente de ar. Além disso, há um mês e meio sou atormentado por um persistente catarro brônquico.

À tarde, chega o chefe geral com grande comitiva. Ele nos cumprimenta de modo muito amável e procura me explicar por que ainda não conseguiu enviar minha bagagem adiante. Dentro de quatro dias, pelo menos é o que ele diz, poderemos todos seguir viagem.

Diz que, por três dias, a viagem por rio é boa, então vêm duas cataratas grandes — as últimas —, que têm de ser rodeadas por terra, mas por um caminho fácil, uma vez que lá é savana. Parece que essa região de cataratas constitui a divisa entre os Yekuaná e uma série de outras tribos. Diz que abaixo dela vivem os Wökiáre, Yauarána, Kuraschiquiána, Piaruá e Máku, entre outros, infelizmente todos bem terra adentro nos afluentes (*caños*), menos os Yauarána, que diz terem uma *maloca* na margem do Ventuari. Diz que eles agora não trabalham mais para os brancos no Orinoco, porque, há pouco tempo, um deles morreu lá. Os Máku, parentes dos Piaruá, têm medo dos brancos e, na maioria das vezes, livram-se deles fugindo. Diz que preparam um forte veneno para flechas e o negociam com as outras tribos. Quando alguém vai às *malocas* deles, é recebido com hospitalidade. De todos os lados trazem comida. Cantam noites inteiras e, no outro dia, vão caçar *mutuns* e outros animais com a zarabatana. Abaixo da grande catarata não falta comida, lá há especialmente muitos peixes bons. Navegando depressa, são apenas quatro dias do Yatéte até a foz do Iuréua e à casa do primeiro espanhol chamado Chicho González. Diz que de lá é apenas um dia até a foz do Ventuari, e mais um dia até San Fernando. Lá o trânsito é intenso, também de índios de diferentes tribos.

Uma informação me interessa especialmente: dois *racionales*,[4] um venezuelano branco e um "inglês de cor", negro de Trinidad, encontram-se agora no alto Yatéte buscando índios para trabalhar em breve nos seringais. Diz que foram até lá passando pelo Cunucunúma. O branco é aguardado aqui nos próximos dias. Talvez ele me possa ser útil.

16 de novembro. Antonio me devolve minhas cartas, que agora se tornaram supérfluas. O que virá agora?

Após longa conversa de despedida, como é costume numa separação mais prolongada, duas canoas com índios partem apressadamente rio abaixo, entre eles três dos quatro homens que deveriam levar minha bagagem para o Casiquiare numa canoa grande e vazia. Uns dizem: "Eles vão descer o Ventuari", outros dizem: "Vão voltar para Mauakúnya". Em quem se deve acreditar?

Além disso, Schmidt diz ter visto ontem à noite, nas mãos de Antonio, dois invólucros de celuloide colorido, como os que utilizo para revelar as chapas. Será que o infeliz arrombou e roubou minhas malas?

17 de novembro. Hoje cedo o chefe desfez uma de suas malas com *remédios*. Ele tem uma enorme quantidade dessa coisa em casa, mas não sabe como usá-la, uma vez que não sabe ler, e, por isso, consulta Schmidt sobre cada pormenor. — Então eu vi dois dos meus invólucros de celuloide e a placa vermelha da tenda da câmara escura, através da qual alguns meninos olhavam! É impossível ter havido um engano, pois tudo se deu à nossa vista, mesmo que no fundo a meia-luz da *maloca*. Tenho de me controlar para não bater na cara do sujeito!

Mas o que devemos fazer? Estamos inteiramente nas mãos dele. Os índios são maioria, e o Orinoco ainda está longe.

Sempre volto a me perguntar: o que foi feito de minhas coleções e de minhas anotações? Como estará a valiosa bagagem antes depositada na foz do Yatéte? Será que o pessoal que partiu ontem com a canoa vazia a levou e escondeu em algum lugar, para que depois Antonio

---

[4] "Civilizados", vide cap.20.

possa dizer que os Ihuruána roubaram as coisas e, com isso, eximir-se da responsabilidade? Assim, os pensamentos giram em círculos, e só muito depois da meia-noite é que vem o sono libertador.

18 de novembro. Hoje o nobre *kapitána* se arrumou de maneira especialmente chique e fez suas largas patas de índio entrarem à força em botas de amarrar tinindo de novas com biqueiras de verniz. Essa turma degenerada também se besunta a cada par de dias com perfume barato, do qual possui uma infinidade de frasquinhos, de modo que é quase insuportável ficar na casa já superaquecida, enfumaçada e agora ainda com fedor de cultura. Ontem nos trouxeram um beiju impregnado de patchuli. Até Romeu se arrepiou de nojo.

Por volta do meio-dia chega o filho mais velho de Antonio, Emilio, com o branco e alguns índios. O venezuelano é um rapaz inofensivo de uns vinte anos, que está aqui pela primeira vez. É empregado de um certo Domingo Martínez que mora no Orinoco, alguns dias de viagem acima de San Fernando, como *comisario,* ou seja, uma espécie de comissário de polícia dos índios de sua jurisdição.[5] O rapazola imberbe é de Caicara, no baixo Orinoco. Parece ter pouco sangue índio correndo nas veias, mas não sabe ler nem escrever e é um *peón*[6] como qualquer outro. Também se comporta como um índio e elogia o nobre povo dos "Maquiritáres", com o qual tem convivido por quatro meses. Sem dúvida não tem nada para ser roubado. Ele próprio carrega um cesto com seus poucos pertences. Não serve para nossos propósitos de, talvez, colocá-lo contra o velho pecador, e até que eu o mandasse de volta para seu patrão e viesse auxílio de lá, meses se passariam.

À noite, ele nos traz de Antonio, que está arrumando suas malas outra vez, uma navalha no estojo, para ver se é magnética. Ela pertencera a Schmidt e é identificável por um pequeno dente e pelo carimbo da firma "Hammesfahr-Solingen". Schmidt fica espumando de raiva.

19 de novembro. De novo, o *kapitána* desfaz uma mala. Aparece um monte de coisas roubadas, um pacote de tesouras, um saquinho de miçangas, lenços de bolso floridos, uma caixa de pentes e coisas desse tipo.

O que é que esse gatuno pensa, afinal? Isso é descaramento, ou burrice, ou ambas as coisas? Será que ele pensa que somos idiotas? E não podemos fazer nada contra ele enquanto a bagagem principal estiver em seu poder. Mas a vingança nunca tarda!

Hoje cedo o venezuelano foi por terra com seus dois índios para Kastánya, para buscar um homem. Minha única esperança agora é o *mäkoró,* que dizem ser um homem instruído, pelo menos sabe ler e escrever. Ele se encontra agora com o chefe Karamakáte no *rio Hacha,* um afluente esquerdo do Ventuari, distante daqui um dia de viagem. Vamos procurá-lo o mais depressa possível. Por isso, comunico a Antonio que quero seguir viagem amanhã e preciso de uma canoa e de um remador. Ele promete tudo.

Toda essa ladroeira e o que está relacionado a ela seria motivo de riso, se eu não estivesse sempre preocupado com meu material científico.

---

[5] Esses *comisarios* correspondem aproximadamente aos "diretores dos índios" no Brasil; como estes, têm poder apenas nominal e, frequentemente, nem conhecem as diferentes tribos em seus extensos distritos.
[6] Empregado.

Num pequeno riacho junto à *maloca,* no qual as mulheres costumam pegar água, de repente apareceu um gordo porco-do-mato. O animal parece estar doente ou perturbado, pois não sai do lugar, bufa furiosamente e mostra as presas claras quando chegamos perto dele. Os índios o provocam com paus, mas não o matam e riem zombeteiramente quando digo que vamos pô-lo no moquém. É evidente que têm medo de adoecer se comerem de sua carne.

20 de novembro. Hoje ainda não partiremos. O chefe manda Emilio me comunicar que, primeiro, as mulheres precisam assar *casabe* (beiju) para a viagem. Amanhã seu filho nos levará até o *rio* Hacha, então buscará a bagagem. Ele próprio nos seguirá em breve.

Faz alguns dias que o velho pecador tem-se mostrado reservado em relação a mim. Não deve estar com remorso, mas, talvez, com medo. Aparentemente, não sabe o que acontecerá quando eu descobrir o furto nas malas, uma vez que lhe prometi *plata* (prata, dinheiro) se ele levasse todas as minhas coisas intactas até Chicho González. Não pensou que me veria novamente.

21 de novembro. Partimos às 9 horas com Emilio como piloto. Antonio ainda deu a seu filho longas instruções para o percurso, que Romeu, infelizmente, não entende, já que o Ihuruána que ele aprendeu difere consideravelmente do Kunuaná que Antonio fala.

Uma canoa com gente jovem nos acompanha por um trecho. Como nos últimos dias, vão desmatar floresta rio abaixo para uma roça. Antonio quer construir uma *maloca* lá e morar dois anos nela. Então quer se mudar para o Merewari. Parece ter-se zangado de fato com os venezuelanos do Orinoco.

Só agora Romeu me conta que foi roubado ainda no último minuto. Surrupiaram um saquinho com seus pobres pertences e sua rede de dormir, que ele tinha deixado na entrada da casa enquanto levava a última peça da bagagem para o porto. Assim, essa gentalha decaída viola um dever da hospitalidade, que, via de regra, é sagrado até para o índio mais selvagem. Não posso responsabilizar Emilio por isso, já que ele estava o tempo todo comigo na canoa, mas pelo menos desabafo por meio de palavras.

Quando chegamos ao lugar onde a parte principal da minha bagagem está depositada, mando parar e digo para o piloto: "Quero pegar alguns livros nas malas". Ele empalidece e faz cara de medo. Abro as três malas de chapa de ferro que continham, entre outras coisas, artigos para troca. Dou de cara com um vazio total. O patife fez um trabalho completo! Está faltando a maior parte do conteúdo. De cada tipo de artigo para troca, ele deixou um pouco, como se em Monte Carlo se devolvesse o dinheiro da viagem para o jogador saqueado. Renunciou a meu aparelho de gilete. Provavelmente não sabia o que fazer com ele, pois a navalha de Schmidt, seu espelho para se barbear e o sabonete perfumado sumiram. Minha bolsinha com dinheiro que me restava, meia libra esterlina e um pouco de moeda brasileira, também desapareceu. Ele poupou todas as coisas escritas. Assim, pelo menos o valioso material está salvo!

O velho trapaceiro agiu de maneira bem refinada e também teve sorte. Numa das malas ele empurrou para fora os pinos que seguravam as dobradiças da tampa, e assim levantou-a sem danificar as fechaduras. Por acaso, pegou justamente a mala em que ficavam as chaves de reserva. Assim, o trabalho restante ficou fácil.

Ele também abriu as malas de madeira com os objetos etnográficos, as chapas prontas, o herbário etc. Numa delas, a tampa está rachada. É evidente que ele tirou seu conteúdo e o enfiou de novo à força. Mas parece que não está faltando nada.[7]

Tiro das malas de madeira meus diários e outras anotações, as cartas de casa, reprimo minha fúria e volto para a canoa. Converso amigavelmente com Emilio, como se nada tivesse acontecido. De que me adiantaria se eu o prendesse aqui? Isso não faria minhas coisas chegarem ao Orinoco. Além disso, nossa embarcação não é, nem de longe, grande o suficiente para levar nem mesmo uma parte do que está depositado aqui. Assim, tenho de deixar temporariamente toda a bagagem em poder de Antonio. Só ele pode me arranjar aqui canoas e remadores.

As peças restantes da bagagem na foz do Yatéte parecem estar intactas.

Descemos rapidamente o Ventuari, cuja largura aumentou de 120 a 150 m. Logo ele recebe à direita o riacho Sihéte, de cujas cabeceiras dizem sair um caminho para o Caura, provavelmente para o Erebáto. Perto da margem direita estende-se a cadeia Sainyáua, que origina a cachoeira que leva seu nome. A direção principal do rio é noroeste.

Ao cair da noite, acampamos num largo banco de areia sob a folhagem espessa de árvores inclinadas da margem. Os dois índios navegaram até uma ilhota rochosa para pescar. A lua cheia joga sua luz cintilante sobre a ampla superfície da água. A corrente rumoreja baixinho. Um vento fresco sopra do leste. É um prazer dormir novamente ao ar livre, após a longa estada na quente *maloca* lotada de pessoas.

22 de novembro. Após um curto trajeto, a mata à direita fica mais aberta. Aqui e acolá se avista campo aberto através das árvores. Logo desaparece a estreita mata de galeria e, diante de nossos olhares maravilhados, estende-se a savana aberta. *Curatellas* dentadas e grupos de magníficas palmeiras *Mauritia* proporcionam encanto especial a esses extensos campos, interrompidos apenas por baixos cumes isolados. Lá longe, a nordeste, os olhos se fixam em serras altas, aparentemente cobertas por florestas cerradas, que se estendem de noroeste a sudeste. É o divisor de águas entre Ventuari e Caura, cujas bacias aproximam-se muito uma da outra. Emilio chama de Uaschádi-hede (serra da anta) uma cadeia alta, de cerca de 1.500 m de altitude em suas elevações mais altas. Provavelmente, corresponde à serra Maigualida dos mapas, na qual nasce o Erebáto.

Romeu está radiante. A região lembra-lhe vividamente sua terra distante. Nós também respiramos aliviados. Depois de intermináveis trajetos para lá e para cá através de florestas sombrias, nós nos sentimos como presidiários que fugiram da cadeia após longo período de reclusão.

As rochas no rio são mais e mais numerosas; a correnteza fica cada vez mais forte. Pequenas corredeiras enfileiram-se. Agora a margem esquerda também mostra a savana. Num ponto o rio se alarga e fica extraordinariamente raso, formando a forte corredeira Kuratáke, repleta de ilhotas rochosas. Emilio navega com segurança por entre as rochas. Na saída da corredeira, o rio

---

[7] Como se verificou posteriormente, ele furtou apenas uma dúzia de chapas fotográficas com tipos antropológicos, que mais tarde lhe foram tiradas. Infelizmente, também roubou algumas peças de cerâmica do Matacuní, muito valorizadas pelos índios de lá, de modo que não pude trazer nenhum exemplar dessas interessantes peças. Vide cap. 16.

estreitou-se para cerca de 30 m. Mais uma hora de navegação rápida nos leva até o *rio* Hacha, que em sua foz tem de 30 a 40 m de largura e uma água "negro-escura" e límpida.

O *rio* Hacha, chamado pelos nativos de Wewekúdu, deve seu nome, "rio do machado", ao fato de, antigamente, os índios buscarem aqui o material para seus machados de pedra e os confeccionarem na mesma hora, como atestam numerosas estrias de amolar nas rochas graníticas. Ele vem das serras, que no sul e sudeste elevam-se a uma altitude de 1.000 a 1.500 m e formam o divisor de águas com os afluentes direitos do alto Orinoco. Como impetuoso riacho de montanha com numerosas cachoeiras e corredeiras, ele segue a princípio para sudoeste, ao longo do lado norte da alta cadeia Taraukumádi, que se estende de noroeste a sudeste, dirigindo-se então para o nordeste e mantendo essencialmente essa direção até sua desembocadura no Ventuari. Em seu curso superior, ele corre através da floresta tropical, então se aproxima bastante do *rio* Parú, que conduz sua água igualmente preta para noroeste, para o baixo Ventuari, já que este, mais tarde, faz uma curva para o sul. Ao sair da serra, o *rio* Hacha recebe da direita seu único afluente mais considerável, Seté, formando então, não muito longe uma da outra, as duas quedas d'água Huhúku-sóde e Tóko-sóde. A savana com árvores, que ele atravessa em seu curso inferior, está coberta de rochas escuras e arredondadas. Cumes isolados cobertos de mata e serras baixas elevam-se na savana. Uma estreita mata de galeria cobre parcialmente as margens. A vegetação é mais abundante do que ao norte do Ventuari, como é característico das áreas de transição entre savana e mata úmida. A rocha principal é um granito biotita de granulação média. É intercalado por bolas de hornblenda de cor preta, roxo-escuro-acinzentada e cinza-amarelada com casca de erosão esbranquiçada, parecida com a hornblenda na serra de granito Scharischarináma no Canaracúni.

Pouco antes do pôr do sol chegamos a um porto acima de Huhúku-sóde, na margem esquerda, onde há um pequeno barracão. Enquanto descarregamos, um velho Yekuaná vestindo somente a tanga chega da savana. Com sua rala barba branca comprida no queixo, sua enorme barriga, o corpo medonhamente coberto de *purupuru*[8] preta, cujas crostas ele vive raspando, não pode ser considerado exatamente uma glória de sua raça. Seu rosto tem excessiva semelhança com o de um bugio velho. Ele nos cumprimenta e, após longa conversa com Emilio, convida-nos à sua *maloca*, que fica um pouco terra adentro na savana aberta. É o chefe Karamakáte, o senhor de Huhukúnya.

O inglês negro era um enviado de Chicho González ao Iuréua. Infelizmente, ele seguiu rio acima já faz alguns dias e levou quatro homens daqui. Só ficaram o velho, um filho dele, algumas mulheres e crianças. Nós nos instalamos na *maloca* quase vazia e comemos com o gordo senhor um grande *cujubim* que Emilio acertou no caminho.

Com a escuridão, chegam nuvens de mosquitos. Os moradores fugiram para a estreita faixa de mata na outra margem do riachinho, onde não há mosquitos. Em Motokurúnya, no Canaracúni, as pessoas faziam o mesmo. Estendo minha rede ao ar livre, entre duas estacas, e tento dormir sob o mosquiteiro. Romeu fez sua cama com uma lona debaixo de mim no chão morno e está sob uma coberta. Em vão! Com o cortante vento sul, que, na estiagem, começa aqui toda noite por volta das

---

[8] Uma espécie de herpes; vide cap.18.

8 horas, vindo das serras altas, fomos invadidos por numerosas sanguessugas. Por isso, fumando e conversando e observando o magnífico céu estrelado, esperamos pela manhã, anunciada roucamente pelo velhíssimo galo da casa. Infelizmente, ele não tem uma companheira e é o primeiro de sua espécie que encontramos depois de mais de um ano.

23 de novembro. Emilio vai por terra até o Parú, que fica a apenas poucas horas daqui, atrás da colina mais próxima. Quer contratar quatro ou cinco homens para mim, que deverão buscar toda a minha bagagem numa canoa grande e levá-la até o Iuréua. Com anotações e retoques no mapa, terei muito que fazer nos próximos dias.

Karamakáte é um velho bondoso e um anfitrião atencioso, o que realmente não se pode dizer de todos os seus companheiros de tribo. Três vezes ao dia, ele manda as mulheres servirem comida, molho de pimenta e excelentes beijus frescos. Além disso, há uma cuia de *caxiri*. Em troca de pequenos anzóis e chumbo, ele também nos vende cargas inteiras de grandes mamões amarelo-dourados, uma das frutas mais saudáveis dos trópicos americanos, purgativa do sangue, do estômago e dos intestinos.[9]

A localização de Huhukúnya é extraordinariamente encantadora. A *maloca* se eleva num amplo terreno de terra avermelhada e cascalho, mantido limpo e cercado por algodoeiros e aboboreiras, com vista para todos os lados. Altivas palmeiras *Mauritia* acompanham pequenos veios d'água, em pontos pantanosos agrupam-se em palmeirais densos e destacam-se com seu verde vivo da relva amarelada, da qual se elevam, de vez em quando, rochas enegrecidas pelo vento e pelas intempéries. Até bem longe pode-se observar o curso do riozinho, ora na estreita mata ribeirinha, atrás da qual se esconde a escura corrente, ora na espuma prateada de suas numerosas cachoeiras. Ao sul, as altas serras do divisor de águas formam o horizonte, especialmente a cadeia Taraukumádi, que, com suas rochas escalvadas e seu cume dentado constantemente cercado de nuvens escuras, lembra o Roraima. A ela une-se, a leste, a serra Ewáhi, de seus 1.000 m de altura, em cuja proximidade nasce o Yatéte. A oeste, vê-se a isolada cadeia Waséhi, não menos alta, que se estende além do Parú aparentemente de sudoeste para nordeste. O horizonte a norte e nordeste, por sua vez, é delimitado a uma distância azulada por serras divisoras de águas, das quais a "serra da Anta", de formato característico, sobrepuja seus arredores. Mas, como tudo que é belo, este lugar magnífico também tem seu lado negativo: de dia, *piuns* sedentos de sangue, à noite, mosquitos sedentos de sangue; além disso, inúmeros bichos-do-pé.

24 de novembro. Nosso gordo anfitrião também é ávido por conhecimento, mas ele não tem a incômoda e, muitas vezes, perigosa curiosidade de muitos de seus companheiros de tribo. Até agora não nos roubaram nada aqui, apesar de Karamakáte examinar minuciosamente todas as minhas coisas, também os instrumentos, relógios e barômetro com as próprias mãos. As armas, naturalmente, lhe causam maior impressão, já que seu mecanismo é tão diferente do das espingardas de vareta inglesas, que também são usadas aqui. Para a noite, quando ele foge dos mosquitos para o mato, leva minha Winchester como proteção contra animais selvagens, da qual, evidentemente, tirei as balas.

---

[9] *Carica papaya* L.

Agora dormimos na casa sob o mosquiteiro, onde os importunadores noturnos não aparecem assim em massa.

25 de novembro. Por volta do meio-dia, Emilio volta do Parú, acompanhado por um jovem Yekuaná quase branco, que parece um malandro adolescente das cidades. Ele diz que contratou para mim o chefe Alexandrino com quatro remadores. Naturalmente, só chegarão aqui dentro de alguns dias, já que não têm *casabe* suficiente para a viagem.

Tem chovido toda noite nos últimos três dias, apesar de estarmos no estio. As altas serras ao sul, com sua localização na divisa entre savana e floresta tropical, lembram o Roraima e, por isso, também causam fenômenos meteorológicos semelhantes. A massa principal das precipitações pluviométricas derrama-se sempre sobre as encostas escarpadas de Taraukumádi, onde as nuvens se ajuntam.

Após a chuva de hoje, tivemos o maravilhoso e raro espetáculo de um arco-íris ao luar, que, nitidamente demarcado no ar límpido, estava a sudoeste na savana, perto da *maloca*.

26 de novembro. Emilio se despede. Segue com seu companheiro para o Iuréua. Eu lhe dou uma breve carta para o venezuelano de lá, em que anuncio minha chegada próxima.

Contra o pontiagudo cascalho de quartzo, com o qual meus pés maltratados por bichos-do-pé e *frieiras* não podem competir, Romeu confeccionou para mim um par de sandálias de *miriti*, como as que são usadas em sua terra. Entre os Majonggóng elas não são empregadas.

27 de novembro. Romeu saiu com nosso anfitrião de manhã cedinho para caçar.

Por volta do meio-dia, Antonio aparece com a mulher e alguns filhos. Diz que o restante de sua gente está acampado na foz do *rio* Hacha, de onde seguirão viagem amanhã para o Iuréua. Ele trouxe pouca bagagem. Suas malas com as mercadorias roubadas ficaram no Yatéte. Assim, provavelmente não voltaremos a ver mais nada de nossos pertences. Por enquanto, Antonio não voltará para o Orinoco. Neste verão, pretende colher sementes de *cumaru*,[10] que diz estarem agora com um preço alto em Angostura (Ciudad Bolívar).

Tarde da noite, chegam meus dois caçadores, cansados e famintos, mas muito orgulhosos com duas fêmeas de porco-do-mato; uma agradável mudança depois de vários dias sem carne.

28 de novembro. O atrevimento de Antonio é grande. Seus meninos andam por aí com lenços de pescoço floridos de minha propriedade. Ele mesmo está usando uma longa camisa preta sem mangas, que, ao olhá-la mais de perto, me parece muito familiar. Ele a confeccionou com meu grande pano preto de ajustar o aparelho fotográfico! Ao mesmo tempo, é de uma cativante amabilidade para comigo. Será que ele me acha tão burro, ou tão nobre, a ponto de eu não dar nenhum valor a miudezas como essas?

O dia transcorre com muito trabalho. Os porcos precisam ser cortados em pedaços, escaldados, raspados e assados. Os mandamentos de Jesus Sirach são transgredidos várias vezes. Romeu está sentado ao lado da caçarola prestando atenção para que a água, ao ferver, não derrame e apague o fogo, senão, segundo a crença de sua tribo, para sempre ele seria malsucedido na caça. Ainda tarde da noite ele nos chama do trabalho com o teodolito para uma saborosa

---

[10] Favas-de-cheiro, *Dipteryx odorata*. Sementes odoríferas de uma alta árvore da mata úmida, que contêm muita cumarina e, por isso, são empregadas em perfumaria.

refeição. Ontem, Antonio passou mal do estômago, mas o gordo Karamakáte nos dá a honra e limpa o prato. O pessoal aqui tem muito pouco beiju, porque a roça produz pouca mandioca e só raízes pequenas.

Enquanto estamos lá fora olhando as estrelas, onças pardas pequenas e grandes miam e uivam não longe de nós na savana. Os índios dizem que elas se alegram com o luar. Da borda da mata, um jaguar, um velho senhor perigoso também para os homens, emite seus inquietantes sons de dentro do peito. Dizem que aqui há muitos desses predadores. Que cascavéis também aparecem com frequência. Que, no ano passado, um jovem foi mordido perto da *maloca* e morreu logo a seguir.

Antonio me mostra constelações e me diz os nomes em sua língua. Ele me pergunta se as estrelas são gente. Eu lhe conto da bela "Vênus", a mais bela de todas as mulheres, do feroz caçador "Órion", do *kapitána* "Júpiter", que dizem ter tido tantas mulheres.

29 de novembro a 2 de dezembro. O tempo passa e a gente do Parú não chega. Karamakáte também não aparece faz dias. Dizem que está na mata com dores nas pernas, provavelmente podagra.

Fico balançando na rede, ocioso, leio alternadamente o *Fausto* e *Ut mine Stromtid* ou as últimas cartas de casa, de setembro de 1911. Catorze meses! O que terá acontecido nesse meio-tempo? As próximas cartas esperam por mim em São Felipe, no alto *rio* Negro. Quanto tempo ainda levarei para chegar lá?

Nas horas mais frescas do dia, anoto com o filho mais novo de Antonio uma lista da língua Dekuána. Ele é um menino inteligente, que pronuncia as palavras com muita clareza e não fica satisfeito enquanto eu não as pronuncio corretamente.

Dizem que o Dekuána falado nos rios Hacha, Parú e Iuréua é idêntico ao Kunuaná, a língua do alto Orinoco e de seus afluentes direitos Cunucunúma, Iguapo e Padámo. Em todo caso, as diferenças dialetais são muito pequenas, ao passo que o Dekuána diverge consideravelmente do Ihuruána do Fewéte e do Yekuaná do Merewari, o que, em parte, se manifesta em palavras totalmente diferentes. Romeu diz que entende com muita dificuldade a língua dos daqui. O mesmo acontece a Antonio com a gente de Mauakúnya.

À noite, geralmente somos os senhores absolutos da *maloca*. Ficamos sentados lá fora até tarde da noite com Romeu, sob o brilhante céu estrelado, e conversamos sobre isto e aquilo, ora em alemão, ora em português misturado com indígena. Pode-se ouvir da mata próxima uma ave noturna, provavelmente uma coruja ou um bacurau, que, por causa de seu grito, os Wapischána chamam de *ulýmatekýko* e os Makuschí de *porlótotó*. Romeu conta uma história a respeito:

> Há muito tempo, esse pássaro era gente. Um dia, ele foi caçar com o galo. Eles mataram muitos bichos, moquearam a carne e a puseram nos seus cestos. Quando estavam voltando para casa, caiu uma chuva muito forte. Eles chegaram a um rio grande. A coruja atravessou o rio, mas deixou seu cesto na outra margem. Então ela gritou para o galo: *"Orlý to nokölékö yaký!"* — "Traz minha carne de caça pra cá, cunhado!". Mas o galo não conseguiu atravessar o rio, porque este havia subido demais com a chuva. A coruja gritou, gritou e, aos poucos, foi se transformando num pássaro. E assim ela fica gritando até hoje por sua carne de caça.

3 de dezembro. Por volta do meio-dia, finalmente Alexandrino chega com toda a sua família, um homem de seus quarenta anos. Com seu rosto esperto e de traços marcantes, do qual se projeta um nariz acentuadamente aquilino, ele me lembra um camponês de rosto barbeado da alta Hesse. Trouxe uma canoa grande. Diz que amanhã virão seus quatro homens.

Alexandrino fala um pouco de espanhol. Sua curiosidade não deixa nada a desejar. Mal ele nos cumprimenta e já vai abrindo minha bolsa de couro, que está dependurada num poste da casa, e tirando o relógio e os instrumentos, de modo que Schmidt dá um pulo até ele para lhe mostrar os valiosos objetos e, até onde é possível, explicá-los. Em meio à preleção científica, uma mulher traz a excitante notícia de que apareceram porcos-do-mato na outra margem do rio. Antonio e Alexandrino correm até lá com a minha Winchester. À tarde, eles voltam sem presa. Alexandrino topou com um grande bando de fêmeas, mas, como previ, não conseguiu lidar com a carga da carabina e não deu nenhum tiro.

4 de dezembro. Antonio, esse desavergonhado, ontem à noite nos roubou um pedaço grande de porco assado do moquém.

Para nossa alegria, o gordo Karamakáte está de volta. É verdade que ele está mancando, apoiado num pau, mas seu humor continua o mesmo, e parece que seu apetite também não sofreu nada.

5 de dezembro. A *maloca* está cheia de virgens adolescentes e de crianças. Só Alexandrino tem quase uma dúzia; um homem trabalhador que conhece seu dever e cuida para que seu nobre povo não se extinga tão cedo.

Aqui a gente vê umas coisas engraçadas: Alexandrino está sentado num canto, tomando sopa quente de farinha de uma cuia grande. Uma filhinha de dois anos vai correndo até ele. O pai cuidadoso põe a cuia no chão e alimenta a filha com *casabe*. Um fiozinho d'água cai murmurando na sopa de farinha, que o pai então bebe sem suspeitar de nada. Nós choramos de tanto rir.

Os prometidos remadores não vieram de novo. À tarde, Antonio me comunica que ele mesmo irá amanhã com Alexandrino até o Parú buscar o pessoal. Lá também comprarão o máximo possível de *casabe* para ser consumido durante a viagem. Que, para isso, devo lhe dar artigos para troca. Respondo que aqui quase não temos artigos de troca, em compensação temos uma grande quantidade delas no Yatéte! Digo que pagaremos posteriormente pelos víveres. Desse modo, derroto o patife com suas próprias armas; ele sabe tão bem quanto eu, ou até melhor, que as malas estão vazias.

Se agora Antonio está tratando com tanto empenho da continuação de nossa viagem, certamente não o faz por nossa causa, mas por interesse próprio. O pessoal que nos levará para o Iuréua deverá lhe trazer artigos no barco grande de Chicho González, para quem ele vai colher *cumaru* aqui. Já que não sabe ler nem escrever, dita para Schmidt uma longa lista de coisas que devemos encomendar para ele com o venezuelano. Modesto ele não é.

6 de dezembro. Quase não preguei o olho esta noite. O barulho era terrível no casebre enfumaçado e quente. As mulheres assavam *casabe* e tagarelavam ao mesmo tempo, as criancinhas gritavam, os jovens cantavam melodias de dança, Antonio teve uma longa conversa com Alexandrino. Após o café da manhã, o pessoal parte levando tudo.

À tarde, Romeu acerta um pequeno veado-campeiro que chega bem perto da *maloca*. Infelizmente, não dá para aproveitar a caça. Dois velhos furos à bala no corpo mostram avançado estágio de decomposição e estão fervilhando de vermes. Apesar disso, o bicho não morreu e ainda fugiu rapidamente por um bom trecho, até que meu Wapischána lhe acertou o tiro certeiro no pulmão.

7 a 9 de dezembro. Romeu tem febre todos os dias. A malária também se manifesta em mim, coisa que sempre acontece quando tenho de ficar muito tempo numa dessas *malocas* sujas. Ou será a inatividade forçada? Com o tempo, esse vai e vem com essa gente inconstante e de pouca confiança torna-se insuportável.

10 de dezembro. Finalmente, chega o pessoal do Parú, por enquanto dois homens, um garoto, três mulheres, oito crianças pequenas e quatro cães. Um jovem de feições agradáveis tem pernas compridas como um *maguari* e está usando tornozeleiras de cordões de cabelo humano.

À noitinha, Antonio e Alexandrino também reaparecem. Estão aguardando mais dois homens do alto Parú. Dizem que em todo o Parú há apenas duas *malocas;* no *rio* Hacha, além de Huhukúnya, há mais uma *maloca* rio acima.

11 de dezembro. Outra vez há dificuldades com os senhores índios. Comunico a Antonio que Schmidt deverá ir hoje com o pessoal até a foz do Yatéte buscar a bagagem. Como sempre, ele diz "sim" para tudo, mas então delibera longamente com Alexandrino e Karamakáte. Finalmente, vem o nosso gordo anfitrião, agacha-se junto de nós e, por um bom tempo, tenta nos convencer num tom excitado. Antonio traduz: se Schmidt for junto, o pessoal não irá. Eles não são *ladrones* e não vão tirar nada da bagagem! — Só rindo mesmo! — Eu lhe respondo que não é por esse motivo que Schmidt irá, mas para embarcar direito a bagagem e talvez deixar uma mala para trás se não couber tudo na canoa. Aí o velho se acalma. É evidente que Antonio só o mandou à frente porque ele mesmo é covarde demais para me contestar.

Às 10 horas Schmidt parte na canoa grande com três homens, subindo rapidamente o rio, dois homens do Parú e o filho de Karamakáte, um indivíduo barrigudo e de aparência estúpida.

À noite, tenho uma séria discussão com Alexandrino na frente da casa. Quando lhe digo que ele deverá ser meu piloto para o Iuréua, fica furioso, começa a pular como um louco, agitando os braços e as pernas, e grita que não irá comigo, que as canoas não são suficientes, que as cachoeiras são perigosas demais, que ele não tem vontade de morrer afogado etc. Diz que quer ir a Uránya e comprar lá uma canoa para mim. — Uránya é uma das barracas pouco abaixo da foz do Fewéte! — Então eu lhe explico energicamente que já perdi muito tempo e não estou disposto a ficar semanas aqui esperando. Se ele não for junto, irei com Romeu a San Fernando e contarei ao *gobernador* que tipo de gente eles são aqui. — Então ele corre furioso para dentro da casa e tem uma conversa interminável com Antonio, que voltou da pesca nesse meio-tempo.

Ainda fico muito tempo sentado fora, sozinho na noite escura, e toda a viagem, com suas muitas dificuldades que parecem não ter fim, passa por minha mente.

12 de dezembro. A trovoada de ontem limpou o ar. Alexandrino vem por iniciativa própria e me explica que hoje irá até o Parú para mandar fazerem *casabe*. Dentro de três dias estará de volta, então me levará com sua gente até o Iuréua. Então ele parte.

Antonio também se despede para voltar para o Yatéte. Por seus "fiéis serviços" eu lhe dou um bilhete, que ele deve entregar a Chicho González. Digo que o bilhete é do seguinte teor:

"Tenha a bondade e pague ao senhor Antonio Yaracúne, chefe geral do Ventuari, por seu trabalho de levar minha bagagem do alto Ventuari até a desembocadura do Yatéte, a quantia de 100 pesos, que a Casa Blohm em Ciudad Bolívar restituirá ao senhor."

Isso é o que eu leio para ele. Na verdade, seu conteúdo é bem diferente:

"Eu, abaixo assinado, declaro, pela presente, que Antonio Yaracúne, chefe geral do Ventuari, é um grande ladrão! Ele prometeu levar a mim e a minha bagagem rio abaixo até o Casiquiare, mas, na desembocadura do Yatéte, abriu minhas malas à força e roubou mercadorias, artigos fotográficos e artigos de uso corrente no valor de 350 *pesos*.[11] Tenha a bondade de pagar a esse Antonio tal como se paga aos ladrões na Venezuela!"

O velho trapaceiro vai ficar espantado quando o venezuelano ler esse certificado para ele. Pena que não vou estar lá para ver.[12]

Graças a Deus estou livre desse hipócrita! Com os outros, que ainda foram pouco corrompidos por nossa chamada "cultura", vou conseguir me entender, agora que estão livres da influência dele.

14 de dezembro. Schmidt retorna com os índios no meio da noite. Tiveram de lutar duramente contra a forte correnteza, já que o Ventuari e seus afluentes subiram muito por causa das fortes chuvas dos últimos dias. Deixaram a carga na desembocadura do rio Hacha.

15 de dezembro. Por volta do meio-dia, Alexandrino vem mesmo, como prometera. Amanhã finalmente seguiremos viagem! Ele não trouxe outros remadores; também não precisamos deles. Se diminuirmos um pouco a carga, poderemos viajar todos juntos na canoa grande.

16 de dezembro. Partimos pouco depois das 10 horas, após a amigável despedida de Karamakáte. Seu filho safou-se de noite. Não quis nos acompanhar e prefere renunciar — coisa típica dos índios — a seu pagamento por quatro dias como remador até o Yatéte e voltar; mas conseguiremos, mesmo sem ele.

Navegamos na canoa grande, com Alexandrino e Romeu como remadores principais, um Dekuána velho e simpático como piloto e seu filho como passageiro. Na canoa carunchosa que nos trouxe até aqui, viaja o rapaz de pernas compridas com sua mulher.

Paramos na foz do rio Hacha para pegar a carga. Refazemos as malas. Uma mala de madeira e uma bolsa de couro são esvaziadas e ficam para trás com objetos de que não preciso mais ou que foram destruídos pelos cupins. Os índios devem vir buscá-las. Esses bichinhos laboriosos também entraram no saco de roupas e fizeram um rápido trabalho de destruição. A lona de câmara escura apresenta grandes furos e meu último paletó cáqui, que eu tinha poupado para a "civilização", mostra de maneira muito clara vestígios da atividade deles.

---

[11] Cerca de 700 marcos.

[12] Somente dois anos depois é que Antonio recebeu seu merecido castigo. Quando cheguei a San Fernando de Atabapo, comuniquei o roubo por carta a meu amigo, o engenheiro Alfredo Jahn, em Caracas. Em março de 1915 ele me escreveu contando que o governador Abelardo Gorrochotegui "puniu o ladrão" e lhe tirou alguns dos negativos roubados. Em virtude dos atuais acontecimentos, até agora não pude saber de outros pormenores a respeito do caso, mas tenho de admitir que só essa breve notícia já me proporcionou grande satisfação.

Estou com uma aparência miserável. A camisa está suja e cheia de furos, através dos quais o sol desenha manchas marrons na pele. E a calça, então! Está com franjas embaixo e cada vez mais curta. Rasgou várias vezes nos joelhos e, toda vez, era costurada com fibra de palmeira. Está tão suja que quase fica em pé quando a ponho no chão. Se eu fosse mandar lavá-la agora, iria se desfazer em suas várias partes. Com certeza, vou chegar seminu a São Felipe. Quando penso que há pessoas que vão a reuniões noturnas de fraque e gravata branca, começo a rir.

As canoas comportam facilmente toda a carga. Seguimos em frente em direção noroeste, descendo o Ventuari. Meus dois remadores principais não se esforçam muito. O curioso Alexandrino quer saber de Romeu todos os detalhes da viagem. Na maior parte das vezes, nós nos deixamos levar pela forte correnteza e pescamos numerosos *pacus,* que nos proporcionam uma ceia saborosa.

17 de dezembro. Navegamos vagarosamente e pescamos como ontem. À tarde, chegamos a uma série de cachoeiras. Aqui, o rio se divide em três braços, que abarcam duas ilhas grandes cobertas de mata. Acampamos na esquerda, no alto da corredeira Uaschádi-wenáde.

Meus novos remadores são gente excelente, calmos, amáveis e atenciosos conosco, os europeus. Alexandrino também mudou bastante, para melhor, desde que se viu livre da influência funesta de Antonio. É um homem inteligente e viajado. Chegou até os Arekuná no Caroni para comprar uma espingarda inglesa. Também já esteve com os Piaroa, Máku e Yabarána e conhece numerosas palavras das línguas desses povos. Aliás, ele tem algo de filólogo. Para tudo quer saber a expressão em minha língua e tenta repeti-la em vão. No trabalho, ele é sempre o primeiro. Põe mãos à obra e faz os outros trabalharem. — Em suma, estou muito satisfeito com minha tripulação. A convivência com essa gente amável me compensa de muitas coisas ruins que sofri com seus parentes de tribo.

Eles sempre se divertem muito quando lhes mostro como os "Ihuduána" comem minhocas. Os "Uanyungómu", como os Dekuána se autodenominam, não apreciam esse petisco e até olham com certo desprezo para os habitantes das cabeceiras.

18 de dezembro. O rio é extraordinariamente piscoso. Também há caça aqui. De manhã cedo, o pessoal acerta três *mutuns* na outra ilha.

Então passamos rapidamente pelas corredeiras, que continuam com breves intervalos abaixo das ilhas. Ambas as margens ainda mostram savana. Duas cadeias baixas, que ontem nos acompanharam quase o dia todo, à direita Wedéma, à esquerda Yáua, aproximam-se aos poucos e se unem em sua extremidade noroeste por rochas que atravessam o rio. Os índios resumem a série de cataratas daí resultante sob o nome de Wodintáde. Muitas ilhas pequenas e escolhos dividem a bravia correnteza em numerosas corredeiras e altas cascatas, que, em sua totalidade, sobrepujam uma diferença de altura de 30 m. As rochas são um granito biotita porfírico.

Somos levados em desenfreada carreira através das corredeiras que precedem as quedas. Atracamos à esquerda numa baía. Uma trilha sai daqui e segue através da estreita mata de galeria e pela savana. Ela corta as próximas cataratas. Os índios levam a bagagem por ela até um braço de rio estreito e raso que corre sobre cascalho. Temos de esperar aqui por mais de cinco horas até o pessoal chegar com as canoas. Tiveram um trabalho duro, já que precisaram arrastar as canoas sobre as rochas por um longo trecho. A queda principal é muito alta. Eles carregam rapidamente e prosseguem navegando com cuidado. Vou por terra com Schmidt, para aliviar as canoas, porque virão, ininterruptamente, pequenas quedas e corredeiras. No alto de uma retumbante catarata, encontramo-nos novamente. A carga é levada para um ponto abaixo da queda d'água e empilhada lá. Acampamos junto das canoas.

19 de dezembro. Arrastamos as canoas com dificuldade por mais um quilômetro, descendo a montanha íngreme, através da mata, embarcamos e logo saímos do estreito braço, entrando na corrente principal.

Com Wodintáde, o rio tomou uma direção oeste, que logo passa para oés-noroeste. A savana deu lugar à mata exuberante. Em ambos os lados, desembocam insignificantes afluentezinhos, à esquerda Kumáka e Wahúna, à direita, Harayáta e Kuyúidu. Acampamos cedo, pelo meio da tarde, acima de uma série de ilhas, a fim de grelhar os muitos *pacus* que pescamos durante o lento percurso pelo rio tranquilo. Além disso, agora vem um trecho ruim.

Segundo a crença dos Wapischána e Makuschí, se jogarmos n'água os restos de peixe enquanto comemos, vai haver chuva.

20 de dezembro. Forte chuva pouco após a meia-noite. Depois de uma navegação desenfreada através de ilhas e inúmeras rochas, através de cachoeiras, passando por quedas menores e maiores, paramos numa baía na margem direita, de onde uma trilha contorna a grande catarata de Ekénkua. O pessoal leva a carga até um ponto abaixo da queda d'água e só volta à tarde. Eles dizem que o caminho é longo. Acharam uma canoa pequena do outro lado, assim amanhã só teremos de levar a canoa grande por terra.

Às 8 da noite cai outra vez uma chuva intensa, acontecendo o mesmo por volta das 2 da madrugada. Minha rede está pingando. Eu me enrolo na capa e durmo "profundamente, apesar de tudo, mas um pouco desconfortável", quer dizer, no chão, numa das barracas pequenas que os índios fizeram com folhas de *banana brava,* enquanto a chuva vai escorrendo aos poucos em pequenos riachinhos debaixo de mim.

Em tais viagens por rio, não é tão fácil assim fazer um mapa razoavelmente aproveitável. Sentamo-nos numa madeira redonda, olhamos a cada instante para a bússola, consultando o relógio nesse meio-tempo, perguntamos ao remador principal pelos nomes dos afluentes, das serras, das cachoeiras, escrevemos e desenhamos com a eterna oscilação da pequena embarcação, entre rochas e vagas impetuosas. Quando finalmente desembarcamos da estreita canoa, após um percurso ininterrupto que durou de seis a oito horas, quase não sentimos as pernas enrijecidas, e as nádegas parecem ter sido despedaçadas. E ainda agradecemos aos céus quando não nos mandam uma chuva forte. — Ah, seus geógrafos de gabinete, que muitas vezes olham com desdém para nosso trabalho de pioneiros por não sermos do ramo, quão benéfica lhes seria uma viagem destas!

21 de dezembro. À noite de chuva segue-se uma manhã clara e fresca. Depois de uma hora, atingimos pela trilha larga e muito usada, a base das quedas d'água. Aqui, a margem direita sobressai numa língua de terra cheia de altas rochas, formando, assim, uma baía profunda, cujos redemoinhos não deixam a madeira flutuante ser levada na maré alta. Quando a água baixa, os troncos escorregadios amontoam-se e ajuntam-se um ao lado do outro entre as rochas, fazendo este lugar parecer um enorme canteiro de obras. A rocha é granito biotita, como em todo o Ventuari.

Os índios voltam para buscar a canoa; Schmidt lava seu único terno; eu escrevo e desenho. Infelizmente, neste lugar, fresco em outras ocasiões, fervilham *piuns* e importunas abelhinhas-do-suor, que rastejam por todos os lugares para os quais não foram chamadas.

Pouco após o meio-dia, nós dois nos pomos a caminho da queda d'água principal. É a catarata mais grandiosa que vimos até agora. Livre de ilhas, o rio, que se estreitou muitíssimo, cai com terrível estrondo cerca de 30 m num degrau rochoso vertical e se espatifa no fundo em brancas massas de espuma. O vapor que sobe paira sobre a queda d'água como um véu. Numa grande circunferência ao redor tudo está coberto de umidade. Tenho de ficar bem perto da margem íngreme para tirar minhas fotografias, e mesmo assim a foto não reproduz, nem de longe, a impressão avassaladora que, na realidade, a queda d'água produz no espectador; na fotografia vê-se apenas a parte superior da queda, pois minha posição era muito alta. Depois de seu enorme salto, entretanto, o rio brame através de uma garganta estreita e inacessível. A altura total de Ekénkua é de 50 m.

À tarde chegam os homens com a canoa e nós acampamos rio acima, num limpo banco de areia na margem direita.

22 de dezembro. O rio logo se dirige para oeste. Ao sul, não muito longe, avista-se uma serra de uns 600 m de altitude, Tehúschi, que se estende de sudoeste para nordeste em direção à área de cataratas de Ekénkua e que, provavelmente, origina os degraus de rocha no leito do rio. Agora o Ventuari corre calmamente numa largura média de 120 a 150 m. Só numa curva dupla para sul e leste ele se estreita para 80 a 90 m e tem correnteza mais forte. Ambas as margens são extraordinariamente uniformes. Têm mata baixa espessamente coberta por trepadeiras. É área de inundação na época de chuvas.

Após cinco horas navegando, atingimos o primeiro afluente maior à direita, Aschíta, que dizem nascer nas serras do divisor de águas com o Erebáto. Dois barcos com índios vestidos saem lentamente da foz de uns 60 a 70 m de largura. São índios Yabarána[13] liderados por seu chefe Francisco. Com sua figura esbelta e tipo fino e delgado, eles se distinguem muitíssimo dos Majonggóng, frequentemente toscos e de traços fisionômicos grosseiros. Alguns têm olhos oblíquos e um pouco puxados. Todos estão cobertos de *purupuru* e têm aspecto doente e relaxado. O jovem chefe navega bem junto de mim e informa-se educadamente, em bom espanhol, acerca "de onde venho e para onde vou". Ele me entende imediatamente e me pergunta se quero "explorar o rio".

O trecho reto, de cerca de 3 km de extensão, que vai para oés-sudoeste e por onde navegamos a partir de agora, chama-se Kamáhudi-saruíne, segundo o riacho Kamáhudi, que desemboca em sua extremidade à esquerda. Logo a seguir, chegamos ao porto dos Yabarána na margem direita. Mal acabamos de desembarcar a carga, uma trovoada se aproxima do leste e traz uma chuva forte. Quero correr pela trilha terra adentro até a maloca, mas Francisco me comunica que há algum tempo ela foi destruída pelo fogo com tudo dentro e ainda não foi reconstruída. Ele está morando com sua gente em abrigos miseráveis. Tarde da noite ele nos convida para ir lá. É servido um jacarezinho.

---

[13] Mantenho aqui a grafia em espanhol introduzida na literatura. Os índios dizem Yauarána.

CATARATA EKÉNKUA

23 de dezembro. Passo a manhã toda fazendo estudos linguísticos com o chefe. O Yabarána é um membro ainda pouco conhecido da família Karib, muito diferente do Yekuaná e de seus dialetos. Até agora, só havia uma lista de palavras dessa língua, que, como verifico agora em nossa conversa, Tavera Acosta registrou igualmente da boca de Francisco.[14]

À tarde, há várias trovoadas com chuva ininterrupta vinda do leste.

Nosso trabalho intelectual é imitado. Os Yabarána estão agachados com meu Wapischána sob uma de nossas barracas e comparam suas línguas rindo alto. Também fazem negócios, coisa que sempre ocorre quando uma tribo visita a outra. Alexandrino troca seu cesto com tampa Arekuná por um cestinho com tampa de folha de palmeira lindamente trançado, de origem Piaroa. Grossos cordões de miçangas passam para a propriedade do chefe como pagamento por algum serviço prestado ou a prestar.

Da *maloca,* situada um pouco terra adentro, resta somente uma parte da parede de pau a pique. Seu plano é elíptico e mede 15 m de comprimento e 7 m de largura. Portanto, a casa era muito diferente das *malocas* de traçado circular dos Yekuaná e de seus parentes. Pena que tenha sobrado pouca coisa dela. A parede tem três aberturas para portas, mas nenhuma delas fica imediatamente em frente da outra, provavelmente para evitar uma corrente de ar muito forte.

---

[14] B. Tavera Acosta. *En el Sur (Dialectos indígenas de Venezuela)*, p.108ss. Ciudad Bolívar, 1907.

Dizem que uma outra *maloca* se encontra distante dois dias de viagem por terra, num pequeno afluente do Ventuari, sob o chefe Margarito, o qual, porém, não quer nada com os brancos.

24 de dezembro. Os últimos registros linguísticos com Francisco. Bem que eu gostaria de levar esse homem inteligente e fino comigo, mas ele não quer. Tem medo dos venezuelanos. Ele me pede para fazer que o *gobernador* em San Fernando lhe envie as coisas mais necessárias, porque todos os seus pertences queimaram.[15] Queixa-se amargamente de um venezuelano no Orinoco chamado M., para o qual os Yabarána trabalharam vários anos, de modo que não tinham tempo para cuidar de suas roças e agora estão passando fome; pelo aspecto deles, não se pode duvidar disso. Diz também que ele lhes pagou mal; a queixa de sempre. Na despedida, ainda dou ao pobre sujeito chumbo, anzóis e outras coisas dispensáveis.

Navegamos vagarosamente. O pessoal tem, de novo, muito que contar, então não rema. De vez em quando procuramos minhocas para pescar *matrinxãs* e outros peixes. Aqui também há *piranhas*,[16] que cortam alguns de nossos anzóis com seus dentes afiadíssimos. Usamos como isca para esse voraz peixe predador pedaços de carne de caça ou pedaços de seus próprios companheiros de espécie, aos quais elas se atiram com a mesma voracidade. Para atraí-las, agita-se bem a água com a ponta da vara de pescar. Os peixes pensam que há alguma presa na água e chegam de todos os lados para despedaçar sua vítima.

Não há mais *pacus* abaixo das quedas d'água. Em compensação, agora aparecem numerosos golfinhos, e é uma bonita brincadeira vê-los emergir de repente bem junto do barco e, soprando alto, dar voltas com a metade de seus corpos brilhantes e negros para fora da água.

A largura do Ventuari permanece sempre a mesma. A profundidade parece ser considerável, o cenário das margens é ininterruptamente monótono. Elas consistem de barro e têm poucos metros de altura, mas, na maioria das vezes, não estão expostas a inundações. A noroeste, avista-se uma serra, Yamáda-hede, e, mais ao longe, a alta mesa Anaítya, a terra dos Piaroa e dos Máku. Também longe, ao norte, aparecem serras altas, o divisor de águas com o Caura. Lá nas cabeceiras dos afluentes do Caura moram os bravos Waruwádu.

Ao meio-dia, passamos pelo riacho afluente direito Yakauáhu, em cujo curso superior o chefe Yabarána Margarito encontrou refúgio, e, à tarde, atingimos o grande afluente direito Wanapiári. É verdade que em sua foz ele mede apenas 50 m de largura, mas, graças ao seu volume de água, é o mais importante dos afluentes do Ventuari, cuja largura ele faz aumentar para 150 e até 180 m.

O Wanapiári, como os índios o chamam, "Manapiari" dos mapas, "Manipiare" de Humboldt, nasce no norte, na encosta sul da alta serra em cujo lado norte nasce o Cuchivero, um afluente direito do baixo Orinoco. Um caminho por terra, de apenas um dia, segundo informações dos índios, liga ambas as bacias hidrográficas. Várias tribos habitam aquela região, além dos Piaroa

---

[15] Mais tarde, contaram-me no Orinoco que os próprios Yabarána atearam fogo na *maloca*, depois de terem posto todos os seus bens a salvo bem longe no interior, no alto Aschíta, para escaparem da opressão dos brancos.

[16] *Myletes* sp., *Pygocentrus* sp.

e dos Máku, também os Wökiári e os temidos Kuraschikiána.[17] Dizem que, partindo de Ciudad Bolívar e passando pelo Cuchivero, seria relativamente fácil estudar essas tribos interessantes e de nível cultural evidentemente superior ao dos Yekuaná, contanto que se disponha de víveres em quantidade suficiente e de uma tripulação absolutamente confiável.

Nós nos aproximamos cada vez mais da região serrana a noroeste. Reconhecemos claramente as escarpadas encostas rochosas, brilhando em tom avermelhado à luz do sol crepuscular, da enorme Anaítya, que sobrepuja em muito seus arredores. Ela chega a pelo menos 2.000 m de altitude e parece pertencer à formação de granito.

Acampamos na foz do Wayáhi, um considerável afluentezinho direito. Em sua água límpida e acastanhada, que corre sobre areia clara, podem-se ver cardumes inteiros de peixes de diferentes espécies. Romeu pega um bagre gigantesco, que os Dekuána chamam de *máro* (onça) por causa de suas manchas negras.

Magnífica noite enluarada. Lá em casa estão festejando o Natal.

25 de dezembro. Partimos às 3 e meia à luz do luar. O rio vira em grandes curvas para sudoeste. Do lado direito, ele recebe o Camáni, de 40 a 50 m de largura, e, logo a seguir, o igualmente considerável Mariéte. Em suas cabeceiras, vivem também índios Máku e Piaroa, gente arredia que foge dos brancos. Meu pessoal atribui um pequeno abrigo em ruínas, na margem direita, a esses índios, que vêm aqui quando o nível da água está baixo para pegar tracajás.[18]

O Ventuari, agora numa largura de 200 a 250 m, toma a direção principal sul. Por causa da serra Akúai, que se estende de oeste para leste e que, com seus dois íngremes cumes de 400 a 500 m de altura, chega bem junto da margem direita, o rio estreita-se temporariamente até a metade de sua largura habitual e desvia-se para leste.

Não encontramos nas margens pantanosas nenhum local apropriado para pernoitar e, por isso, seguimos navegando na escuridão. A lua ainda não apareceu. Somente por volta das 10 horas da noite é que atingimos um local excelente para acampar, sobre uma rocha grande e plana, que avança bastante para dentro do rio. O jantar veio tarde, mas abundante; dois pratos: *piranha* e *cujubim* gordo. Dormimos nas rochas de granito quentes, mas já a partir das 4 horas, até amanhecer, estamos detrás do teodolito.

26 de dezembro. Os Dekuána chamam a rocha de Yauitéue-tehúru, por causa do Yauitéue, que desemboca logo em frente e deve ser idêntico ao "Yavitari" dos mapas, mas que não tem, nem de longe, a importância que estes lhe atribuem. Uma ilha maior se chama Yauitéueantáde. Longe, a lés-sudeste, avista-se, por pouco tempo, uma serra de cerca de 1.500 m de altitude, que os índios chamam de Kenéwa. É o cerro de Cuneva dos mapas. O rio tem aqui uma largura de 250 m.

Romeu acerta uma fêmea grande de porco-do-mato. Por isso, paramos cedo na rocha plana Serúrumö-tehuru, que avança para dentro do rio em uma baía ampla na margem esquerda. Hoje temos de suspender o costumeiro banho vespertino. Inúmeras *piranhas*, que nos rasgariam em pedaços, foram atraídas pelo sangue e restos de nossa presa. Jogamos água no corpo com uma cuia grande.

---

[17] Dizem que o chefe Yabarána Margarito pertence à tribo dos Wökiári.
[18] *Emys* sp., chamado de *terecai* na Venezuela.

27 de dezembro. Após breve percurso, chegamos à foz do afluentezinho direito Iyo. Nas savanas de seu curso superior, um dia de viagem por terra e bem longe rio acima, vivem os Máku "em cabanas pequenas e ruins". Uns dizem que eles não têm canoas. Outros dizem que eles têm muitas canoas, as quais mantêm escondidas debaixo d'água na margem do rio principal e que, quando precisam delas, procuram-nas tateando com uma vara grande.

A partir do Iyo, o Ventuari, passando pelo sudeste, vira num arco aberto para sudoeste e mantém essencialmente essa direção até sua desembocadura no Orinoco. À esquerda, ele recebe o Parú, de 40 a 50 m de largura, que em suas cabeceiras aproxima-se bastante do *rio* Hacha, e, logo a seguir, recebe o Maruéto, de 25 m de largura, que nasce na serra Kenéwa. Ambos têm água preta. A lés-nordeste avista-se, a longa distância, a imponente serra Waséhi ou Wasáhi, que vimos de Huhukúnya no oeste. Nas cabeceiras do Maruéto também vivem índios Dekuána, os quais se mantêm distantes dos brancos. Uma longa ilha perto da margem esquerda tem o nome de Maruetantáde.

A partir de agora, o Ventuari tem uma largura de 350 a 400 m. À direita, somente uma mata de galeria o separa da savana, mas ela logo é substituída pela espessa mata úmida.

Com o cair da noite, atingimos um antigo local de acampamento na desembocadura do Iuréua.

28 de dezembro. O Iuréua, chamado de "Iurebe" nos mapas, tem cerca de 25 m de largura em seu curso inferior, mas, aparentemente, uma profundidade considerável. Ele tem uma água branco-leitosa e corre rapidamente entre margens baixas e pantanosas, extensamente inundadas na época das chuvas, cujas matas cerradas contêm numerosas seringueiras. Ainda agora há extensos trechos sob a água. Cremos estar sentindo o cheiro da febre.

Vamos nos empurrando adiante com dificuldade, usando varas contra a forte correnteza. Da margem direita somos chamados em espanhol. Um negro está lá com uma mulher branca, os dois em roupas ofuscantemente limpas. "De onde vocês são? Para onde viajam?" É o "inglês de cor". — Os galos cantam, passamos por algumas cabanas miseráveis, meio submersas na água. Um mulato com sua família olha admirado para nós. Então, detrás de uma volta, várias palafitas grandes; no porto, um amplo barco de carga[19] pintado de azul e branco. Visto rapidamente a calça "nova", comida pelos cupins. Estamos na casa de Chicho González. O lugar se chama *Descanso*. Para nós ele também significa um descanso.

O dono da casa, um homem ainda jovem e esbelto, vem ao meu encontro. Segurando minha mão, ele me ajuda a andar pela madeira flutuante que se amontoou junto da margem e a chegar à terra firme, e me cumprimenta efusivamente. Rafael Federico González é seu verdadeiro nome, Chicho é um apelido familiar que os índios adotaram. Faz vinte anos que ele passa os verões neste riozinho de seringal, o resto do ano vive em San Fernando. Sua doce e jovem mulher dirige sua casa de modo exemplar. A luz de sua cabana é uma encantadora menininha de oito meses.

---

[19] Chamado na Venezuela de *piragua,* uma palavra indígena, e, no Brasil, de *batelão.*

Servem-nos café e cigarros. Sentamo-nos a uma mesa coberta com um pano limpo, servimo-nos de guardanapos limpos, comemos uma comida excelente com garfo e faca e em pratos decentes e bebemos um copo de vinho tinto. Estamos nos sentindo num outro mundo.

A conversa gira em torno de nossa viagem e do "mundo", do qual faz mais de um ano que não sabemos mais nada: a República da China, guerra entre Itália e Turquia por causa de Trípoli, e tantas outras novidades. Um ano é bastante tempo.

Chicho era acompanhante do excelente ex-governador Tavera Acosta nas suas viagens de inspeção. De San Carlos, o atual governador foi informado de minha chegada e desde outubro está me esperando em San Fernando. Por intervenção de Chicho, nossos Dekuána nos levarão até lá amanhã, dois dias e meio de viagem daqui.

29 de dezembro. Nosso olhar bate num calendário: domingo, 29 de dezembro? Nossos dois diários indicam identicamente dia 30 de dezembro! Chamamos a atenção de Chicho para esse fato. Então ele nos pergunta com um fino sorriso: "Os senhores contaram o ano bissexto?".

De repente, Alexandrino e sua gente não querem seguir conosco, por medo do venezuelano M., para o qual trabalharam antigamente. Por isso, Chicho os envia Iuréua acima para buscar alguns de sua própria gente para mim, apesar de eles estarem, agora, no meio do trabalho no seringal e serem quase indispensáveis.

O dia todo reina um constante ir e vir de barcos. O pessoal de Chicho traz borracha em bolas grandes e redondas e recebe mercadorias. Além de negros e mestiços, ele tem índios de diferentes tribos a seu serviço. Makiritáre (na maior parte Dekuána e Ihuruána), Piaroa, Piapóko do Guaviare, Puináve do Inírida, Guahívo do Vichada, Yavitéro do alto Atabapo e até mesmo um Tukáno do distante Uaupés.

À noite, ele me traz um Piapóko, com o qual registro uma pequena lista de palavras. É um dialeto Aruak, parente mais próximo do Karútana que é falado no alto *rio* Negro e no Atabapo.

Antes de irmos para a cama ainda nos servem um excelente chocolate com biscoitos, prazeres dos quais não usufruíamos há muito.

30 de dezembro. Continuo tendo a melhor impressão de nossos anfitriões. São de uma amabilidade natural e que não é cansativa. São gente boa e tranquila, de delicada sensibilidade. Isso já se percebe no modo como brincam com sua filhinha e também como perguntam por meus queridos lá em casa.

É admirável o modo como a pequena e delicada mulher mantém seu lar, uma primitiva cabana de palha de palmeira, em ordem e limpo. Aqui não se ouve gritaria nem barulho de travessas e pratos. Em total silêncio, sem que se perceba alguma coisa, é feito o serviço de casa. A comida está pontualmente na mesa e, apesar de toda a simplicidade, que comida! Depois do variado trabalho do dia, ela ainda se senta até meia-noite à máquina de costura para fazer os delicados casaquinhos e calcinhas para a filhinha.

A praga dos *piuns* é terrível aqui, especialmente de manhã e à tarde. Há horas em que mal dá para respirar. Chicho estende um grande mosquiteiro para mim, sob o qual, pelo menos, estou um pouco protegido das sanguessugas importunas e posso desenhar meus mapas.

Pouco após o meio-dia Alexandrino volta com sua gente. Eles trazem a notícia de que quase todos os seringueiros índios no alto rio, dezoito homens e nove mulheres, estão muito doentes com *sarampión* (sarampo), que foi trazido do Orinoco. Antes de nossa chegada, três índios já morreram dessa epidemia aqui, que para nós, com o tratamento certo, é uma doença infantil relativamente inofensiva. Os fiéis sujeitos recebem seu bem merecido pagamento e partem ainda à noite. Eles têm, com razão, um medo terrível da doença.

No escuro chega o irmão de Chicho, Pedro González, com dois índios, entre eles um velho conhecido de Mauakúnya. Eles vão nos levar amanhã para San Fernando. Até tarde da noite, nosso anfitrião escreve cartas para levarmos. Ele possui uma casa em San Fernando, que põe à nossa disposição enquanto durar nossa estada lá.

31 de dezembro. Despedida da boa gente e da querida criancinha que sempre sorriu tão meigamente para mim.

Depois de muito, muito tempo, foi a primeira experiência agradável, e uma experiência agradável sem sombras. Essa paz foi tão benfazeja depois de longa e selvagem vida errante, um descanso para corpo e alma, mas ela também despertou a saudade de casa.

Chicho nos dá três homens até San Fernando, dois "Maquiritares" e um *racional*. Na canoa nova e espaçosa, podemos até mesmo navegar até a povoação Yavíta no alto Atabapo, se conseguirmos remadores suficientes em San Fernando. De Yavíta, há uma velha e curta trilha indígena, que Humboldt já utilizou, até o Pimichín, um afluentezinho esquerdo do Guainía, alto *rio Negro*, que se atinge por este caminho muito mais depressa do que pelo Orinoco e o Casiquiare.

Nosso amável anfitrião nos supriu abundantemente com cigarros, conservas, farinha, café e açúcar, entre outras coisas. Quando eu quis resistir em aceitar todos esses favores sem pagar em troca, ele me disse com seu jeito calmo e discreto: "Guarde a mim e a minha casa em boa lembrança; isso me basta!" — Disso ele pode ter certeza!

Logo estamos novamente no rio principal e continuamos navegando para sudoeste, para o Orinoco.

A nor-noroeste, a uma distância de cerca de 25 km, surge uma mesa de uns 2.000 m de altitude, de forma semelhante à da Anaítya, com a qual eu a confundi a princípio. É o cerro Sipapo, no qual nasce o afluente direito do Orinoco de mesmo nome. Ele constitui a parte mais ao sul e mais alta de uma cadeia de montanhas, que se estende de nor-noroeste a su-sudeste, e é o símbolo, visível a grande distância, do médio Orinoco.

Do rio sobressaem numerosas rochas de granito. Passamos por duas ilhas maiores e, pouco antes do pôr do sol, acampamos sobre algumas rochas na margem esquerda.

Segundo o costume venezuelano, não preciso me preocupar com nada. O pessoal está sob as ordens do *patrón* (piloto), um atencioso empregado de Chicho. Ele até cozinha e nos serve os pratos: sardinha em conserva, arroz, bolinhos de farinha, café.

1º de janeiro de 1913. Partimos às 4 horas, à luz do luar. Um percurso magnífico na larga correnteza. Um vento fresco anuncia a manhã que se aproxima. A leste, a alvorada se levanta. Aos poucos, o horizonte cobre-se de cores extraordinariamente delicadas. De repente, um raio ofuscante dispara, diante do qual a mágica se desfaz, e, em pouco tempo, a incandescente bola do sol está no céu sem nuvens.

Alguns tiros em homenagem ao recém-nascido: *¡Viva año nuevo!*

Passamos sem dificuldade a fácil cachoeira Picúa, que pode ser desagradável só com o rio muito seco. Na margem esquerda, um pouco terra adentro, estende-se uma pequena savana com baixa elevação. As rochas e ilhas tornam-se cada vez mais numerosas. À esquerda, mostra-se uma ampla abertura. É a entrada do braço de embocadura Macurúcu, que se liga com o Orinoco em curvas fechadas. Ele tem uma cachoeira em seu interior. Aqui, a largura do Ventuari é de 500 a 600 m. Através de uma confusão de ilhas grandes e pequenas, que formam o extenso delta do Ventuari, entramos às 2 horas no Orinoco.

A meta foi atingida por um novo caminho, mesmo que por um caminho diferente daquele em que pensei a princípio.

Temos diante de nós a majestosa corrente, livre de ilhas, de uns 800 m de largura, mas sem nenhuma vida. Só na margem esquerda, onde enormes blocos de granito, arredondados pela correnteza, erguem-se da água, dois companheiros escuros em roupas brancas remam com empenho sua minúscula canoa rio acima. Nosso caminho vai para oeste, um trecho interminavelmente reto, como se aqui o rio já desembocasse no mar. Vê-se o horizonte livre.

O Orinoco nos proporciona um grande alívio. Desde que deixamos o Ventuari, não apareceram mais mosquitos.

Fazemos uma breve parada em Santa Barbara, onde uma barra de pedra atravessa o rio e forma uma leve corredeira. Um negro velho nos cumprimenta e, com inúmeros *carajos*, admira-se com a longa e perigosa viagem que fizemos. A aldeiazinha toda, no tempo de Humboldt uma aldeia de missão de 120 habitantes, compõe-se hoje de duas cabanas de palha de palmeira. Na vegetação singular, ainda se pode reconhecer o lugar da antiga aldeia na extensa savana da margem esquerda, que, mais além, é separada do rio só pela muito estreita mata de galeria de árvores baixas e palmeiras isoladas.

Navegamos por entre várias ilhas, das quais a maior tem o nome de Guayare. A povoação continua escassa; aqui e ali, a habitação pobre de um seringueiro ou um grupo de cabanas maiores de palha de palmeira sob mangueiras verde-escuras. Um grande barco de carga com toldo navega junto à margem, com dificuldade, contra a corrente. A tripulação empurra para frente a tosca embarcação com varas ou então a puxa com ganchos que agarram o mato da margem. A lés-nordeste avista-se, a distância, o Yapacana, um cume isolado de cerca de 2.000 m de altitude na margem direita do alto Orinoco.

Prescindimos de boa vontade de um teto humano e acampamos em algumas rochas sob o cintilante céu estrelado.

2 de janeiro. Às 4 horas seguimos viagem à luz do luar. Novamente navegamos para o oeste por enormes trechos livres. Gigantescos bancos de areia estendem-se em ambos os lados. A nor-nordeste aparece o cerro Sipapo. À direita, atrás da longa ilha Guacamayo,[20] desemboca o *caño* Ubuá,[21] que, no interior, corre através de um lago. Na lamacenta margem esquerda, que cai abruptamente, descobrimos uma grande área devastada. Contam-me que, há muito tempo, muitos índios moravam aqui; agora estão mortos ou, por causa dos brancos, retiraram-se para os afluentezinhos de difícil acesso.

---

[20] A palavra designa, na Venezuela, a *arara*, *Macrocercus macao*.
[21] *Caño* designa afluente na Venezuela.

Acima de uma rocha que sobe aos poucos da água, formando um porto protegido das perigosas tempestades vindas do leste, fica uma comprida construção com algumas cabanas, Guacamayo, a residência do M. tão temido pelos índios. Uma canoa com um branco e quatro remadores negros vem ao nosso encontro. É o dono da casa em pessoa. Está à procura de quatro "Maquiritares" que fugiram dele.

Passamos por dois afluentezinhos consideráveis à direita, *caño* de Pavón e depois *caño* Masagua, e por algumas ilhas, *isla* Palometa e *isla* Tablón, onde o rio estreita-se temporariamente pela metade, e, no início da tarde, junto à grande ilha Guayavayare, entramos no largo Guaviare, que muitas vezes é considerado o principal afluente do Orinoco. Junto à sua margem direita, subimos em direção su-sudeste. Aqui corre água preta do Atabapo, que fica próximo, mas já misturada com a água branca do Guaviare. No meio da corrente, estende-se a *isla* Tambór. Logo a seguir, abre-se à direita uma baía profunda e ampla, fechada por planas rochas de granito salientes. No alto da margem, que se eleva suavemente, há um grande grupo de casinhas e cabanas cobertas com chapas onduladas ou palha de palmeira sob altos coqueiros de folhas compridas, San Fernando de Atabapo, à época de Humboldt o centro das missões do Orinoco e *rio* Negro, hoje a capital do território venezuelano Amazonas.

Atracamos, prendemos a canoa e subimos a margem. Eu me arrumei o melhor que pude, vesti minha calça de "gala", penteei a barba e os cabelos compridos, amarrei um lenço colorido no pescoço; estou usando meias brancas novas e sandálias de *miriti*. Assim faço minha entrada na cidadezinha.

Enquanto seguimos em fila indiana, o *patrón* na frente, pela rua principal até a casa de Chicho, somos chamados por um senhor elegantemente vestido. É Don Pablo Enrique Pulido, *Jefe Civil* de San Fernando, que está representando seu irmão ora ausente, o governador, General Roberto Pulido.

Final

Em San Fernando termina a expedição propriamente dita. O contato com o conhecido foi alcançado. O que ainda resta, pode-se contar rapidamente.

Ainda que o caminho até Manaus seja longo e ofereça algumas dificuldades, elas nem serão dignas de menção, comparadas àquelas por que passamos.

San Fernando fica no lado direito da desembocadura do Atabapo no Guaviare e se parece com muitas outras cidadezinhas rurais nos trópicos sul-americanos. Nas ruas viceja o verde, o gado vive completamente solto, bois, vacas, porcos, uma mula gorda e preguiçosa e vira-latas de mestiçagens as mais inacreditáveis. Em jardins pequenos e incultos, atrás de cercas primitivas feitas de grosseiros e irregulares pedaços de madeira, nos quais pousam abutres negros, escondem-se casinhas baixas e claras e cabanas amarronzadas. Altos coqueiros sobrepujam mangueiras escuras e mato emaranhado. Acrescente-se aqui o céu azul-escuro, salpicado de isoladas nuvenzinhas brancas, do verão tropical, cujo sol ofuscante põe cada detalhe em evidência, e, como pano de fundo, a superfície azul-brilhante da água refletindo o céu, cujas margens distantes desvanecem-se na névoa cinza-azulada.

Os dias agora são ardentes, as noites, frescas, de modo que tremos de frio quando, no banho matinal, saímos da água límpida e negra do Atabapo. Permanecerá inesquecível para mim o quadro grandioso da confluência dos dois enormes rios, imerso nas cores delicadas e, no entanto, vivas da aurora tropical.

Achamos especialmente agradável o fato de inexistirem aqui os pequenos importunadores alados, principalmente os *piuns,* chamados de *mosquitos* na Venezuela, cujas picadas tanto nos fizeram sofrer no Ventuari e nos deixaram feridas doloridas. Todo o Atabapo está livre deles. Mas, quando se parte do porto de San Fernando para o Guaviare, entra-se em nuvens inteiras de mosquitos tão logo se ultrapasse a zona de água negra.

Na época das chuvas, a cidadezinha fica numa ilha formada por um braço do Atabapo com o Orinoco. No verão, esse canal seca.

Por uma curta trilha chega-se, em apenas quinze minutos, de San Fernando até a margem do Orinoco, cujo nível fica muito baixo nesta época do ano. Veem-se por toda parte extensos bancos de areia, gigantescas rochas de granito que, em marcas isoladas e bem definidas, indicam o nível do rio.

Em San Fernando há muitos preguiçosos que gostam de dormir bastante. Muito depois de termos voltado do banho matinal é que essas pessoas ilustres acordam, tomam banho, ficam andando pelas ruas ou então vêm conversar conosco. Passam a maior parte do dia e da noite sentadas no botequim em frente jogando baralho ou dados e fazendo política com muita gritaria.

Dizem que San Fernando tem mais de cem moradias e, no verão, mil habitantes, os quais, no inverno, chegam a alguns milhares, o que me parece um número elevado demais. Acho que na estiagem, quando a maioria está trabalhando nos seringais, vivem aqui não mais de quatrocentas, no máximo quinhentas pessoas.

A igreja é extremamente simples em seu interior e, além disso, está muito descuidada. Ao fundo, no altar, fica a imagem rígida, de tamanho quase natural, esculpida em madeira, de São Fernando, o rei "Fernando de Castilla y Aragón",* com uma coroa dourada na cabeça e cetro dourado na mão, colorida, num uniforme de soldado espanhol. Provavelmente é trabalho indígena do século XVIII, da época das missões. Dois sinos que chamam os fiéis, em sua maioria mulheres e crianças, para o serviço religioso quando há um padre aqui, estão dependurados em algumas vigas na frente da igreja.

Semelhantemente aos grandes centros comerciais no Amazonas, também aqui, na pequena San Fernando, a borracha desempenha o papel principal, pode-se dizer o único papel. Todo o comércio vai em barcos de carga, passando pelos *raudales*, as grandes corredeiras de Maipures e Atures, para Ciudad Bolívar e, de lá, para a Inglaterra e os Estados Unidos.

Passamos catorze dias aqui como hóspedes do governador interino. Não havia remadores até Yavíta. Isso também não teria nos adiantado muito, pois do outro lado, no Pimichín e no Guainía, não havia, como nos disseram, nem barcos, nem pessoal para nos levar adiante, já que todo mundo estava trabalhando nos seringais.

Usei o tempo fazendo registros linguísticos e obtive dos índios que estavam trabalhando em San Fernando e nas imediações listas mais extensas de palavras do Piapóko, do Guahívo e do Puináve.

Infelizmente, não havia comunicação regular com Ciudad Bolívar, mas, em breve, um veloz barco correio iria para lá. Aproveitei a oportunidade e escrevi para o cônsul alemão solicitando que enviasse um cabograma para a Alemanha comunicando minha chegada ao Orinoco. Minha carta foi mandada para Barbados, onde ele estava descansando. Por conseguinte, seu telegrama chegou à Alemanha somente no dia 8 de abril, quase um mês depois de eu mesmo ter mandado um cabograma de Manaus.

Não pude receber dinheiro vivo, que é raro em San Fernando, com minha letra de câmbio em nome de Don Germano Garrido em São Felipe. Mas um italiano amável, que conhecia Don Germano pessoalmente e dele ouvira muito sobre minhas viagens no Uaupés etc., deu-me mercadorias a crédito, de modo que fui bem suprido para a continuação da viagem.

Finalmente, surgiu uma oportunidade de seguir viagem. Em 14 de janeiro chegou um barco correio do Casiquiare, um venezuelano branco com dois homens, um negro e um índio Baníwa do Guainía. Os dois tinham de voltar imediatamente. Assim, pude empregá-los como remadores. Don Pulido me arranjou uma canoa meio decrépita. Dois seringueiros, que também seguiam para

---

* Segundo nota de rodapé na tradução venezuelana, trata-se da imagem de San Fernando III, rei de "Castilla y León", e não de "Castilla y Aragón". (N. T.)

o Casiquiare, se encarregaram da maior parte de minha bagagem. Em 16 de janeiro, à tarde, dissemos adeus aos nossos amigos. Na época, não suspeitávamos que, para a maioria deles, restava pouco tempo de vida. No início de maio (1913) foram vítimas de uma revolta.

Levamos uma grande quantidade de cartas para ser entregues ao longo do percurso. Entre elas havia também algumas cartas que tinham ficado vários meses em San Fernando, endereçadas ao explorador americano Hamilton Rice e a seu acompanhante Peter Paul von Bauer. Na mesma época, esses senhores faziam uma ousada viagem através de regiões desconhecidas entre o alto Guaviare e o Caquetá. Desceram também um longo trecho do Inírida e, passando pelo Uaupés, chegaram ao *rio* Negro e, desse modo, ao contato com a pátria. Assim, infelizmente não tive a alegria de encontrá-los em San Fernando.

Subimos lentamente o Orinoco, de uma distante habitação de seringueiro para outra. Em toda parte fomos recebidos do modo mais amável possível. Em 19 de janeiro estivemos de novo em Santa Barbara, no dia seguinte passamos pelo delta do Ventuari e, dois dias depois, passamos perto do cerro Yapacána, que, na dura estiagem do ano passado, foi totalmente descalvado pelo fogo. Um pouco rio acima desembocam, à direita, dois afluentes consideráveis, Jao, num delta de dois braços, e Purunáme. Seu curso ainda é totalmente desconhecido. Dizem que suas margens são habitadas por índios Piaroa ou Máku. Descansamos por um dia em Maricapana, na casa do *comisario general* Domíngo Martínez, um alegre filósofo que nos contou rindo que, algumas semanas antes, toda a sua propriedade fora destruída pelo fogo com quase tudo que nela havia.

Ele ficou muito indignado com a roubalheira do nobre Antonio Yaracúne e prometeu castigá-lo de maneira exemplar. Infelizmente, ele também foi vítima da revolta. Pude fazer uma lista de palavras com um de seus índios Piaroa. Revi aqui o *espanyol* que eu tinha conhecido em novembro de 1912 em Anakadínya, no Yatéte. Pelo que Martínez me contou, já em outubro índios do Cunucunúma trouxeram a notícia de que havia dois brancos nas cabeceiras do Ventuari. Disseram que um se chamava *doturu;* que ele escrevia muito no papel e sabia tudo de seus papéis: rios, caminhos etc. Que ele fazia desenhos das pessoas e praticava muita magia. Disseram que tinham medo dele. Talvez esse medo tenha salvado a nossa vida.

Pouco acima de Maricapána, um venezuelano que levava a parte principal de minha bagagem nos alcançou. Mudamos para seu grande barco de carga, reforçamos sua tripulação com nossos três remadores e prosseguimos mais depressa. Em 29 de janeiro passamos pela larga foz do Cunucunúma e, na manhã seguinte, ao nascer do sol, entramos no Casiquiare. Sombrio, mas com claridade total, o enorme Duida destacava-se do céu matinal de brilho avermelhado.

Antigamente, a entrada do Casiquiare era muito estreita. Mas alguns anos antes a lamacenta margem direita se desprendeu. Isso ainda era visível no íngreme declive, em cuja borda mais externa havia algumas cabanas que ameaçavam cair no rio na primeira oportunidade. Ainda assim, a abertura é pouco visível. Quando se sobe o Orinoco ao longo de sua margem direita, pode-se considerá-la uma baía mais profunda e errar facilmente a entrada.

Tem-se uma impressão singular quando o barco é repentinamente puxado para dentro do canal caudaloso. Romeu, que em outras situações assimilava cada novidade aparentando estoica indiferença, nem fazia ideia de como se sai do Orinoco e se entra no *rio* Negro sem que seja preciso ir por terra. Ele pode se consolar. Essa grandiosa bifurcação perturbou o equilíbrio geográfico de gente muito diferente. Cinquenta anos depois que La Condamine comunicou a descoberta do canal numa sessão pública da Academia de Paris, um importante cientista francês ainda negou sua existência como uma "monstruosidade geográfica" que foi "divulgada no mundo sem nenhum motivo".[1]

Após navegarmos rapidamente, atingimos em 40 minutos o *caño* Caripo, o primeiro afluentezinho à esquerda de água negra. Encontramos uma rocha grande e plana, sobre a qual havia algumas cabanas, totalmente coberta com numerosos riscos feitos por machados de pedra e interessantes gravuras rupestres. O Casiquiare é rico nesses vestígios da antiga cultura Aruak.

Em Caripo deixamos o barco de carga do venezuelano, que voltou com 600 kg de borracha para San Fernando, e seguimos viagem num barco menor.

Poucas horas rio abaixo conhecemos o coronel Emiliano Perez Franco, o *koronéru* dos Ihuruána. Ele trabalhava com numerosos "Maquiritares" (Kunuaná) do Cunucunúma, do Padámo, do Matacuní[2] e de outros afluentes do alto Orinoco. Da parte do governador, trouxéramos para seu chefe geral, que tinha o estranho nome de "Waíka", um índio velho de rosto esperto, uma patente de seu posto. Ele tinha informações exatas sobre nossa viagem e contou, entre outras coisas, em concordância com as indicações de Manduca, que no alto Matacuní havia uma *maloca* de *Guaríbos mansos,* índios Schirianá ou Waíka, mas que viviam em inimizade mortal com seus bravos parentes de tribo da serra Parima. Já no Orinoco, recebi a mesma notícia do *comisario* Domíngo Martínez e de outro seringueiro. — Para um estudo das tribos selvagens da serra Parima, talvez o Matacuní fosse o ponto de partida mais adequado.

O sarampo também grassava no Casiquiare. Em pouco tempo, oito empregados de Perez Franco morreram de sarampo; num outro lugar, seis. Na maioria das vezes são índios que sucumbem à doença por tomarem banho com febre alta.

A casa do *koronéru* ficava na margem direita, na foz do Cumacápe, um canal estreito do Orinoco, que seca no verão.

Em seu curso superior, o Casiquiare ainda é muito estreito, de 30 a 40 m, mas alarga-se logo, graças a afluentezinhos maiores à esquerda, dos quais o Pamóni e o Curamóni, com sua límpida água marrom-avermelhada, são os mais consideráveis. Ele corre em numerosas curvas. Apesar da água predominantemente negra de seus afluentes, a água do alto Casiquiare tem uma feia cor cinza-sujo e sedimento grosso. A praga de mosquitos é ainda pior do que no Orinoco. A maioria de seus habitantes ribeirinhos sofre de malária. Em alguns anos, o beribéri também aparece com maior intensidade.

Em 1º de fevereiro chegamos a Capihuára, onde fica o ponto mais estreito do Casiquiare, formado por uma rocha gigantesca e plana que avança muito rio adentro, vinda da margem esquerda. Por dez dias gozamos lá da distinta hospitalidade do então *jefe civil,* mais tarde governador, Rodríguez Franco. O trânsito lá era intenso. Entre os numerosos hóspedes, encontrei vários conhecidos de minha viagem anterior, como meu querido amigo Jacinto Gavini, de Vescovato,

---

[1] Alexander von Humboldt, *Reise*..., op. cit., v.IV, p.64-6.
[2] Os venezuelanos dizem Matacóni.

Córsega, e o venezuelano Roberto Molínar, entre outros. Poucas semanas antes, Gavini visitara Don Germano em São Felipe e me contou que o velho senhor estivera muito preocupado com nossa sorte e tinha ficado muito feliz quando soube que dois brancos haviam chegado às cabeceiras do Ventuari. O consulado alemão em Manaus também havia se informado várias vezes sobre meu paradeiro.[3]

O lugar deve seu nome às duas *capihuáras,* uma rocha fendida em duas metades que, na baía de cima, eleva-se da água e é considerada pelos índios como duas capivaras transformadas em pedra em tempos imemoriais.

Reencontrei aqui um inteligente mestiço Baré, com o qual eu registrara uma lista de palavras do Baré em 1903 no vapor Solimões enquanto subíamos o *rio* Negro. O garoto de dez anos tinha se transformado num jovem bem-educado que sabia ler e escrever. Assim, nossos estudos linguísticos, com os quais prosseguimos imediatamente, não nos ofereceram dificuldade e proporcionaram um rico material gramatical dessa língua suave, sonora e de fácil compreensão.

Em 11 de fevereiro chegou o restante da minha bagagem, e prosseguimos viagem rapidamente num barco confortável que Rodríguez Franco pôs à minha disposição com cinco remadores.

Um curto trecho abaixo de Capihuára, o estreito *caño* Mé leva água negra para o Casiquiare. Geralmente, é chamado de *el desecho* (o braço), porque está ligado pelo canal Conorochite ao *caño* San Miguel, que desemboca no Guainía (*alto rio* Negro) abaixo da aldeia indígena Maróa.

Passamos o dia seguinte na casa de Gavini. No *caño* Catiríco, um estreito afluentezinho direito de negra água límpida e fria, ele habitava uma casa grande e limpa situada no meio de um extenso bananal. As horas agradáveis com esse homem amável e fino passaram depressa demais. Ele demonstrou perfeita compreensão de meus estudos e revelou-se um anfitrião atencioso, cuja comida era excelente. Que diferença entre seu magnífico Bordeaux e o *caxiri* pastoso dos Majonggóng, que havíamos bebido poucas semanas antes!

Entre os numerosos índios de Gavini, em sua maioria Baníwa do Maróa, encontrava-se também um Adzáneni,[4] de uma tribo do alto Guainía, chamada pelos Baníwa pelo apelido de Karúsana, Karó, Korikaró ou Koripág. A língua, da qual ainda registrei uma lista de palavras até tarde da noite, tem parentesco muito próximo com as línguas Aruak do Içana.

Também fiquei sabendo algumas coisas sobre o pouco conhecido curso superior do Guainía, O último local habitado desse rio e, ao mesmo tempo, a povoação mais ocidental dos Adzáneni é Lóro, que fica de quatro a cinco dias acima da localidade La Sabána e pouco acima de uma alta catarata. A partir de lá, o rio quase não tem correnteza, resultando, por fim, de uma série de lagoas.

Gavini me deu um barco com remadores até São Felipe. Ele nos supriu abundantemente de víveres. Além disso, pegamos ovos de tartaruga que encontramos em grande quantidade

---

[3] Como eu não podia contar antecipadamente com dificuldades e demoras como as que tive entre os Majonggóng, indiquei um período curto demais até minha chegada a São Felipe, de modo que, na Alemanha, muitas vezes supuseram que eu já não estivesse mais vivo.

[4] "Índios tatu", chamados de Tatú-Tapuyo pelos brasileiros.

nos bancos de areia. De um ninho desenterramos 128 ovos. Uma vez, surpreendemos uma gigantesca *tartaruga*,⁵ com cerca de 40 kg, botando ovos. O pessoal correu depressa até ela e a virou de costas antes que ela pudesse escapar. Assim, ficamos com o bicho e com os ovos.

Em 14 de fevereiro passamos pela desembocadura, de cerca de 140 m de largura, do afluente esquerdo Siápa, sobre cujo curso existem apenas informações imprecisas. Em suas cabeceiras, que, dizem, são habitadas por índios bravos, talvez Schirianá, ele se aproxima do Mavaca, um afluente esquerdo do alto Orinoco, e, por outro lado, liga-se por um curto caminho por terra com o Marari e, por este, com o Padauiri, um afluente esquerdo do médio *rio* Negro.

Com a embocadura do Siápa, a largura do Casiquiare aumenta consideravelmente, mas numerosos mosquitos, *piuns* e *maruins*, também aparecem temporariamente, com certeza por causa da água branca trazida pelo grande afluente.

Antigamente, índios Mandauáka viviam no Siápa. Encontrei numa povoação um índio velho dessa tribo, com o qual anotei uma lista de palavras de sua língua. É um dialeto Aruak. Os Mandauáka vivem espalhados aqui e acolá como seringueiros nas povoações no baixo Casiquiare. Um pequeno grupo restante também se encontra nas cabeceiras do rio Cauaburi, um afluente esquerdo do médio *rio* Negro.

A população indígena do Casiquiare e de seus afluentes diminuíra muitíssimo. Da outrora grande tribo dos Baré, cujo território, ainda no início do século passado, estendia-se até o médio *rio* Negro, só restaram ruínas. O trabalho insalubre nos seringais, o difícil serviço de remador que, ano após ano, leva os índios até Manaus por um lado, até Ciudad Bolívar por outro, dizima-os terrivelmente. O trabalho escravo para os brancos mal lhes deixa tempo para cultivar suas roças. Febre e doenças da civilização fazem o resto. É o triste destino dessa pobre humanidade morena. Ela perece sob as bênçãos duvidosas da chamada "cultura moderna". É sacrificada ao deus Mammon.*

Em 16 de fevereiro passamos pela desembocadura, de aproximadamente 250 m de largura, do afluente esquerdo Pacimóni, que, com a grande quantidade de sua água negra, aumenta muitíssimo o Casiquiare e lhe dá uma coloração mais límpida e escura. O Baría, sua fonte vinda do sul, o berço do povo Baré, está diretamente ligado com o Cauaburi pelo canal Maturacá; desde tempos remotos, um caminho muito utilizado pelos índios de ambas as bacias fluviais.

Quatro horas abaixo da desembocadura do Pacimóni, na margem esquerda, fica a grande rocha de granito Culimacári ou Guanarí, que vai subindo aos poucos do leito do rio e, um pouco terra adentro, sobrepuja a emaranhada mata virgem num pitoresco grupo de vários picos nus. Foi aqui que, em 11 de maio de 1800, Alexander von Humboldt fez suas observações astronômicas quanto à latitude e à longitude, segundo as quais calculou a localização da desembocadura do Casiquiare no *rio* Negro.⁶

No dia seguinte entramos no *rio* Negro, que aqui tem uma largura de aproximadamente 550 m, ao passo que o Casiquiare é apenas cerca de 50 m mais estreito em sua foz. O povoado principal San

---

⁵ Chamada de *tortuga* na Venezuela; *Emys amazonica*.

* Mammon, deus do dinheiro, é mencionado por Jesus no Evangelho de Mateus, cap. 6:24. (N. T.)

⁶ Alexander von Humboldt, *Reisen...*, op. cit., v.IV, p.11.

Carlos, que atingimos duas horas depois, fora assolado pouco antes por um terrível incêndio. Os escombros das 25 casas destruídas pelo fogo davam uma impressão triste. Não tinha sobrado muita coisa da antiga aldeia Baré.

As escassas e pequenas habitações no alto *rio* Negro, cabanas de palha com população predominantemente indígena, ficam em locais extraordinariamente encantadores sob palmeiras de diferentes espécies e sobre rochas salientes, que, com o baixo nível da água, elevam-se em ambos os lados acima da brilhante corrente negra de água límpida.

Numa dessas cabanas visitamos uma curiosidade, conhecida numa extensa área e para a qual já haviam chamado várias vezes a minha atenção no Casiquiare, um Baré mestiço que nasceu sem os braços e que faz tudo com os dedos do pé muito desenvolvidos. A princípio, acanhado, ele permaneceu na meia-luz de sua cabana e não queria se deixar fotografar, até que um de meus remeiros, que o conhecia, o convenceu. Eu lhe estendi meu papel de cigarro e minha bolsinha de fumo. Ele tirou um papel, enrolou um cigarro com grande habilidade e o acendeu com um fósforo. Tira graciosamente o chapéu, enfia uma agulha, prega botões no casaco, atira com a espingarda, acerta peixes com arco e flecha, pesca com anzol, nada, mergulha e agarra tartarugas debaixo d'água. Na época, ele tinha de 20 a 25 anos e um corpo pequeno e atrofiado, uma corcunda, uma cabeça grande e comprida e a expressão facial típica de um aleijado. Os dedos de ambos os pés tinham um comprimento fora do comum e eram usados como os dedos das mãos. Sua mulher era uma jovem e opulenta índia Baré. A princípio, a família da mãe dele queria matá-lo logo que nasceu, pois dizia-se que era filho de um *máguari* (mau espírito).

Em 18 de fevereiro chegamos a Amanadóna, um pequeno povoado de uma dúzia de casinhas na margem esquerda, a sede das autoridades aduaneiras venezuelanas. O *administrador de aduana,* general Antonio Varela,[7] uma magnífica figura de soldado, deu-me de boa vontade um passaporte, de modo que, no dia seguinte, atravessamos a fronteira sem mais demora.

O símbolo da fronteira brasileiro-venezuelana, visível a grande distância, é Cucuhy ou Cocuy, uma rocha de granito de 250 m de altura que termina em três pontas. Em meados do século XVIII, aqui era a residência do "rei dos Manitivitanos", de mesmo nome, um guerreiro valente, mas também, como escreve Humboldt, "famoso por sua crueldade e refinada devassidão".[8] Ainda hoje, os índios do alto *rio* Negro contam muitos de seus feitos.

A estação fronteiriça brasileira ficava pouco abaixo da rocha, na íngreme margem esquerda; um local limpo com a casa do comandante e de um tenente, e seis cabanas de soldados, dispostas uma ao lado da outra numa linha. Alguns canhões estavam virados de modo ameaçador para o rio, mas tão inofensivamente enferrujados quanto alguns montes de balas de ferro.

Ao prosseguirmos viagem, avistamos no distante sudeste uma serra alta e extensa com isolados cimos pontiagudos, o divisor de águas entre Baría e Cauaburi.

---

[7] Também ele, junto com seus dois filhos, pouco depois foi vítima da revolta, não sem antes do ardoroso Nimrod ter matado um agressor a tiros e ferido outros gravemente.

[8] Alexander von Humboldt, *Reise...*, op. cit., v.III, p.277; ver também p.386.

À tarde, passamos pela localidade Marabitánas, cerca de quinze cabanas e uma capela com uma torrezinha com sino na margem direita. Do antigo forte fronteiriço brasileiro só restaram algumas valas cobertas de grama.

Ao meio-dia do dia seguinte atingimos a localidade São Marcelino, na desembocadura do afluente direito Xié, o ponto mais ao norte da minha viagem no ano de 1904. As margens do Xié, que outrora eram habitadas por tribos Aruak, hoje estão totalmente despovoadas. Os seringais arrebataram os moradores.

Depois de termos passado a desembocadura do Içana, no dia seguinte, logo vimos, na saída do longo trecho norte-sul, o gigantesco e reluzente banco de areia de São Felipe. Ao nascer do sol ancoramos no porto. Don Germano veio correndo ao meu encontro. Depois de oito longos anos, eu encontrava novamente meu venerado amigo, que era quase como um pai para mim.

Don Germano não tinha mudado nada em seu jeito de ser. Sua amável bondade continuava a mesma; seu fogo, sua energia tinham diminuído muito pouco. Só sua cabeça tinha ficado totalmente branca.

São Felipe era para mim como uma segunda pátria. Senti isso agora mais ainda do que anos atrás. Só agora senti, de repente e com toda força, que todos os sofrimentos ficaram para trás, estou entre amigos fiéis, não estou mais tão distante assim de tudo que eu amo.

Então li e reli, noites inteiras até amanhecer, as muitas cartas, primeiro as últimas, e, graças a Deus, só li coisa boa!

Os dez dias que passei em São Felipe voaram. Não transcorreram sem proveito para a ciência. Toda noite, índios Tukáno e Desána do Uaupés, Karútana do Içana, gente de Don Germano, apresentavam duetos de flauta que gravei com o fonógrafo. Na *república,* como se chama em São Felipe a casa onde moram os filhos solteiros, a coisa se deu com grande afluência de todos os índios.

São sempre duas flautas de tamanhos diferentes, mas de mesma espessura, de 1 a 1,5 m de comprimento, feitas do lenho da palmeira *paxiúba*.[9] Os índios as chamam de *yapurutú* ou de *yapurúto*. Os componentes de cada par estão afinados entre si. A flauta mais longa e surda sempre faz o acompanhamento.

As melodias que os índios tiram desses instrumentos simples são monótonas, mas muito belas e rítmicas. Elas têm algo de indizivelmente triste, essas dissonâncias que se diluem pouco a pouco em harmonias. Pensa-se numa pobre alma que se separa do corpo e desaparece na eternidade. Nessas melodias, reflete-se, por assim dizer, todo o inevitável destino da raça morena.

Em 2 de março veio a despedida, uma despedida difícil.

Navegamos num barco a remo com Hildebrando Garrido, que levava algumas centenas de quilos de borracha para o vapor. Um português que atracou na hora certa em São Felipe com seu pequeno barco a vapor levou a maior parte de minha bagagem rio abaixo.

Em 8 de março o vapor de hélice José Rozas nos apanhou abaixo de Santa Isabel ou Tapurucuára, o ponto final da viagem a vapor.

---

[9] *Iriartea exorrhiza.*

Enquanto seguíamos viagem, passamos por enormes trechos de mata ribeirinha queimada. Em março do ano anterior, um gigantesco incêndio grassara aqui e cobrira a região toda, especialmente o curso do rio, de sufocante fumaça e de escuridão, de modo que os pequenos barcos a vapor muitas vezes perdiam o caminho entre as inúmeras ilhas, e os vapores maiores não podiam subir o rio de jeito nenhum. Muitos seringais foram totalmente destruídos pelo fogo, e os proprietários ficaram muito prejudicados. Desde então, têm aparecido nesse trecho do rio, especialmente em Santa Isabel, nuvens de mosquitos e febres graves. Foi nessa mesma época que, no Merewari, um espesso véu de fumaça nos escondeu o sol dias a fio, e um incêndio gigantesco destruiu a mata nas serras entre o Merewari e a cadeia Parima e, com isso, nos obstruiu o caminho para as cabeceiras do Uraricoera e do Orinoco. A que ponto a sequidão teve de chegar para que um incêndio geral destruísse essas úmidas florestas tropicais!

Romeu chegou a ser ajudante de cozinha. Lavava pratos e xícaras e, por isso, podia circular pela primeira classe e comer e beber com os criados negros. Portanto, recebeu comida de primeira. Suas bochechas ficavam cada dia mais redondas. Sem dúvida era uma comida diferente das *motó* (minhocas) dos Majonggóng! Quando ele se sentou pela primeira vez à mesa, fiquei curioso para ver como iria se comportar. Lançou um breve e imperceptível olhar de esguelha para os outros; então pegou os talheres corretamente nas mãos, e ninguém teria notado que, desde a sua infância, ele estava acostumado a se agachar no chão e a partir carne e peixe com as mãos.

Em 14 de março passamos pela desembocadura do *rio* Branco e, doze horas depois, entramos no porto de Manaus.

A colônia alemã nos festejou do modo mais caloroso possível, a nós, que já tínhamos sido dados como mortos. Tivemos de nos deixar fotografar em nosso estado esfarrapado, fomos arrastados para as redações dos diferentes jornais e questionados a respeito de tudo. Os convites se sucediam e exigiam quase demasiado de nossas forças. Mas o mais festejado foi meu Romeu, o Wapischána. Recebeu todas as aclamações como se fosse algo natural. Com olhos abertos, assimilou tudo, mas não se admirou com nada. Andava várias horas de carro como se não tivesse feito outra coisa a vida toda. Certa noite, fui convidado com ele à casa de uma família alemã. Ainda o vejo sentado, ereto, correto, o copo de vinho na mão direita, na esquerda a salva de vidro com biscoitos. Foi servido pela bela dona da casa e comportou-se como um perfeito cavalheiro. Quando um senhor tocou para ele ao piano, com grande destreza, uma longa peça musical e lhe perguntou: "Então, Romeu, você gostou?", ele respondeu sem pestanejar: "Foi bonito. Foi como numa máquina de escrever!". Nunca vi uma cara tão surpresa com uma crítica de arte tão aniquiladora. Romeu, que, é claro, achava as melodias simples de sua tribo muito mais bonitas do que esse excesso de sons, só tinha olhado para os dedos ágeis. Isso fez que se lembrasse de nosso amigo Gavini, que ele tinha observado em Capihuára quando escrevia à máquina.

Romeu me fez uma única pergunta em tom de espanto. Certo dia, estava sentado na varanda da casa de Hübner e olhava para a larga avenida Eduardo Ribeiro lá embaixo, onde as pessoas corriam ocupadas para lá e para cá. Então ele me perguntou: "Me diz, doutor, por que as pessoas aqui correm assim de um lado para o outro?". Um índio nunca corre se não estiver brincando, dançando, ou perseguindo um animal de caça.

Romeu também expressou seu espanto com o tamanho dos transatlânticos ancorados no porto.

Quando o vapor alemão que me levaria para casa chegou, sua disposição mudou. Foi ficando, dia após dia, mais pensativo. Perguntou várias vezes para a cozinheira negra do consulado, que cuidava dele: "Eu vou morrer se eu for com o doutor para a terra dele?". Mas ela, que vinha da quente região costeira do Brasil, também não sabia lhe dar nenhuma informação. Ele teria gostado de ir comigo, mas eu acharia um pecado transplantar o fiel rapaz para nosso clima tão variado.

O dia da minha partida chegou. Segundo um velho e bom costume, todos os amigos me acompanharam até o vapor e esvaziamos um último copo brindando a uma boa viagem e a um alegre reencontro. Romeu estava sentado à minha esquerda. Quando o vapor apitou pela primeira vez, dando sinal para que os convidados deixassem o navio, ainda lhe falei algumas boas palavras baixinho e lhe dei conselhos acerca de sua volta para casa. Então ele olhou fixamente para a frente e algumas lágrimas rolaram por sua face morena. Elas apagaram tudo de repugnante que me acontecera durante o último ano com seus companheiros de raça.

Meu fiel Schmidt já me deixara logo depois de nossa chegada a Manaus e fora num vapor brasileiro para Santa Catarina, onde se encontra ainda hoje. Romeu ainda ficou por pouco tempo em Manaus, pois lhe faltava uma oportunidade para viajar. Amigos alemães cuidaram dele e, por fim, o embarcaram num vapor do governo que ia para o *rio* Branco e para sua terra. Ele recebeu tudo que seu coração desejava e tornou-se, com certeza, o homem mais rico e o partido mais cobiçado de sua tribo. Não vai se esquecer de seu amigo, o "doutor", e vai contar para seus filhos e os filhos de seus filhos, até o fim de seus dias, a nossa viagem até a terra dos Majonggóng, do Roraima ao Orinoco.

SOBRE O LIVRO

Formato: 20 x 25 cm
Mancha: 33 x 47 paicas
Tipologia: Cheltenham 10/14
Papel: Offset 90 g/m^2 (miolo)
Capa: dura revestida com papel Couché fosco 115 g/m^2
1ª edição Editora Unesp: 2006
2ª edição Editora Unesp: 2022

EQUIPE DE REALIZAÇÃO

Edição de texto
Armando Olivetti (Preparação de Original)
Sandra Garcia Cortés e Tulio Kawata (Revisão)

Revisões técnicas
Nádia Farage, Paulo Santilli (Etnologia)
Carlos Alberts (Zoologia)
Geraldo A. D. C. Franco (Botânica)

Consultoria técnica geral
Jeiviane Justiniano – Universidade do Estado do Amazonas

Projeto visual
G&C Produções Gráficas
Isabel Carballo e Elbert Stein

Capa
Marcos Keith Takahashi (Quadratim)

Imagem de capa
Jaider Esbell
Transformação/Ressurgência de Makunaimî, 2018
(série *Transmakunaimî: o buraco é mais embaixo*)
Acrílica sobre tela, 89 x 90 cm.
Foto: Filipe Berndt
© Galeria Jaider Esbell de Arte Indígena Contemporânea

Editoração eletrônica
Casa de Ideias (Diagramação)

Assistência editorial
Alberto Bononi
Gabriel Joppert